지봉 이수광이 바라본 세계

『지봉유설』의 외국을 중심으로

<표지설명>

앙리 꼬르디에(Henri Cordier, 1849~1925)가 1894년 대영박물관에서 우연히 발견한 이 '18세기' 조선에서 그렸다고 하는 필사본 지도집에 들어있는 「사해총도(四海摠圖)」이다. '중원(中原)'을 지구의 한가운데 둔 이 '세계지도'는 『산해경』이나 『삼재도회(三才圖會)』에서 보이는 '이상한' 나라들로 둘러싸여 있다. 이 필사본 지도는 19세기 중후반에 유행한(현재 우리나라에 가장 많이 남아있는) 이러한 유의 세계지도 중에서 가장 '진화된' 형태이다. 마테오 리치와 중국학자들의 소위 「곤여만국전도」가 북경에서 간행된 2세기 뒤에도 이러한 중국 중심의 '관념적' 지도가 탄생했다는 점에 주목해야 한다. 이는 19세기 조선 지식인들의 '세계' 인식이 여기 지봉 이수광의 실증적 기술 이후, 신화와 전설의 '세계'로 퇴보했음을 여실히 반증한다. 안타깝게도 지봉 이후 조선의 학자들은 그의 선구적 '세계' 인식을 반영하거나 상고하지 않았다.

"이 논문 또는 저서는 2022년 대한민국 교육부와 한국연구재단의 지원을 받아 수행된 연구임 (NRF-2022S1A5B5A16051980)"

지봉 이수광이 바라본 세계

『지봉유설』의 외국을 중심으로

이수광李睟光 지음 · 박세욱 주해

ATLAS MANUSCRIT SINO-CORÉEN DU MUSÉE BRITANNIQUE

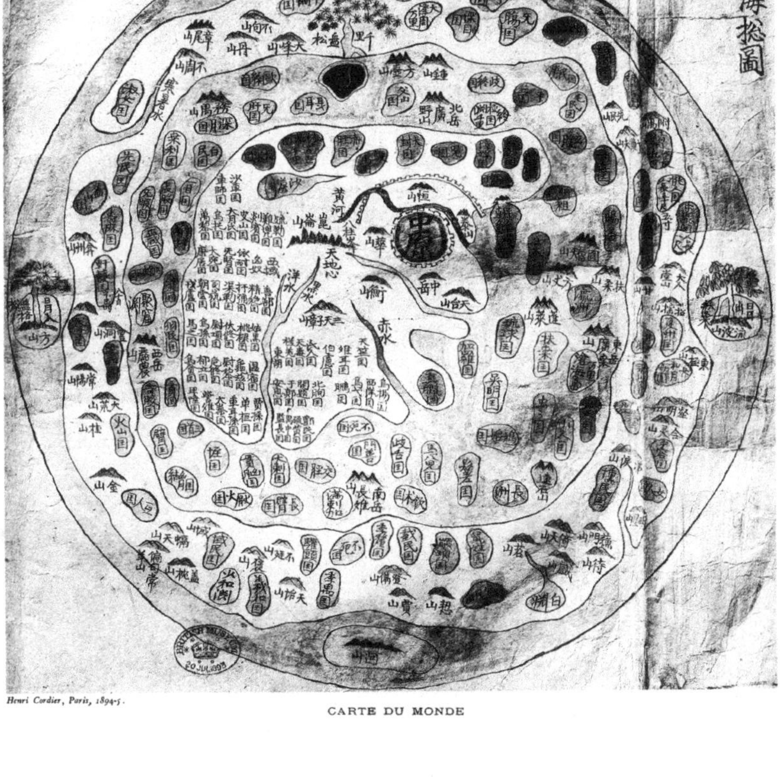

Henri Cordier, Paris, 1894-5.

CARTE DU MONDE

영남대학교출판부

지봉 이수광의 '세계'로 들어가며

아! 지봉(芝峯)이 아니라,
'지혜의 봉우리[智峯]'라고 해야 할 것 같다!
그는 왜 우리에게 이런 자료를 남겨주었을까?

21세기의 내가 골몰하고 있는 작업을 이미 400년 전 지봉 선생이 하고 있었다. 지봉이 그랬듯이 나도 어느덧 13세기, 14세기, 15세기 중국인들의 해외 소식을 탐방하는 여정을 얼추 마무리했다. 사이사이 둘러보지 못한, 그냥 지나치기에 아쉬운 간이역들만 남겨둔 채, 이제 17세기 조선의 '세계'를 돌아보고자 '지봉(芝峯)'의 숲으로 들어가려고 한다.

내가 작업한 중국 자료들이 바다를 건너 전해진, 바다를 끼고 사는 나라와 민족들의 정보들이었다면, 여기 소개하는 지봉의 기록은 제목 그대로 17세기 조선의 '세계 인식'이다. 아프리카와 아메리카를 제외한, 한반도의 동서남북 모두를 다룬 이 자료는, 세계에서 유일하다. 놀랍게도 그는 자신의 견문과 정확하고 탁월한 독서를 통해 '세계'를 우리 앞에 그려놓았다. 그의 자료 선택은 실증적이었다. 지봉은 '소설'이 아닌 '정사'와 직접인 견문 기행록을 찾아다녔다. 그리고 자신의 세계관으로 당시의 세계 인식을 투영했다.

1614년 지봉은 『지봉유설』의 서문을 썼다. 그러나 조선의 학자들은 그 가치를 인식하지 못했을뿐더러, 읽고 이해할 능력을 갖추지 못했던 것 같다. 한갓 '자질구레한 이야기[小說]' 정도로만 이해했는지도 모르겠다. 이 『유설(類說)』의 운명은 문집인 『지봉집』과는 달리 20세기가 되어서 다시 나타났다. 불행하게도, 그 사이 『유설』의 삶을 추적할 수 없다. 모습을 감춘 이 『유설』은 숨겨진 원천으로, 이익(李瀷)의 『성호사설(星湖僿說)』, 이덕무(李德懋)의 『청장관전서(靑莊館全書)』, 이규경(李圭景)의 『오주연문장전산고(五洲衍文長箋散稿)』의 밑거름이 되었다.

20세기 말이 되어서야 이 『유설』은 우리 말로 번역되었다. 특히 권2에 수록된 「제국부·외국」은 여전히 고증이 미흡한 채 주해가 이루어지지 않았다. 반면 『유설』의 다른 부분들은 해당 전공학자들이 성과를 내어왔고, 앞으로도 그렇게 될 것이다. 나는 『제번지』를 역주하던 2017년부터 『유설』의 「제국부·외국」에 주목했다. 마침내, '조선의 서남아시아, 아랍 세계 인식과 문물교류'라는 주제로 연구 지원을 받게 되었다. 돌이켜 보면, 나의 일련 작업은 이 연구를 위한 정지 작업으로 첫 단추를 잘 꿰였다고 생각한다.

확실히 지봉의 텍스트는 나에게 이전 작업을 돌아보게 했고, 새로운 시각을 열어 주었다. 이 연구 결과물은 중국 자료에 매몰되어 있었던 동서양의 연관 학자들에게 새로운 출구가 될 것이라 확신한다. 처음부터 서양 언어로 해설을 작심하기도 했지만, 그것은 나의 주해가 필요한 그들이 해야 할 것이다. 이 작업을 위해 나는 그들의 성과물을 성실하게 읽었다. 이제는 그들의 차례여야 한다. 이 자료의 중요성을 깨닫지 못한다면, 그들은 영원히 '중국의 굴레'를 벗어날 수 없을 것이다.

내가 저본으로 선택한 『지봉유설』 판본은 국립중앙도서관에 소장된 간행연대 미상의 목판본이다. 「제국부·외국」은 1책, 권2, 19a~35b에 수록되어 있다. 원문은 한국고전번역원의 DB를 사용했다. A4 지면으로 환산하면, 5쪽 정도이다. 이 텍스트를 고증하고 해설하다 보니, 어느덧 참고도를 포함하여 560여 쪽에 가깝게 되었다. 이 책을 '역주'라고 해야 할지, '지음[著]'이라고 해야 할지 무척 고민스러웠다. 사실 '역주' 역시 저술의 한 형식이지만, 이 책은 원문의 주석에 주석이 딸려있다. 1차 주석은 본문에 들여쓰기하여 구분하였고, 2차 주석은 각주로 설명했다. 이러한 일련의 작업에서 나는 지봉 텍스트의 출처를 모두 확인하고 그의 지적 탐험에 동행했다. 어쨌든 이 작업은 '역주' 성격의 저술임에는 분명하다. 하지만 「제국부·외국」의 텍스트 이외에 많은 고증 자료를 인용하여 해설했고, 이를 통해 17세기 조선의 '異國' 인식을 조명하려는 목적성, 또한 뚜렷하다.

한 십여 년 전 '한국학' 붐이 일면서, 해외 한국학 자료 조사 및 연구를 '대대적'으로 지원한 바 있다. 내가 알기로 그 사업은 10년 동안 장기적으로 이루어졌다. 반드시 해야 할 과제임에는 분명했다. 문제는 일본의 몇몇 대학 도서관과 미국 버클리대학 도서관 소장 자료가 주류를 이루었다는 점이다. 유럽이 소장한 자료는 수습할 기회조차 없이 사업은 마감되었다. 결과적으로 말하자면, 한국 자료를 많이 소장하고 있다는 도서관을 중심으로 '직접적으로' 접근하려 한 단순한 생각이 용두사미가 되게 만들었다. 해당 도서관에 가서 목록을 찾기, 앞서 필요한 사전 준비 작업이 절실했다.

프랑스에서 둔황의 문서를 공부한 나도 이 '한국학 자료사업' 한중간에 참여했다. 아이러니하게 '해외 권역'이 아니라, '영남권역'에서 대구 경북의 필사본 자료를 강독하며 해제 작업을 했다. 우연히 참여하게 되었지만, 나는 해외 권역에 투입되어야 했다. 한마디로 말하자면 적재적소의 인력배치가 이루어지지 않았다. 내가 유럽에 있는 한국 자료에 대해 해박하여 이런 말을 하는 것이 아니다. 적어도 어떻게 찾을 것인가에 대한 방법 정도는 알고 있고, 누구보다 쉽게 접근할 수 있었기 때문이다. 어떤 자료는 우리도 모르고 그들조차도 모른 채, 엉뚱한 서고에서 먼지만 쌓여 가고 있다.

나의 책 끝부분에는 모리스 꾸랑(Maurice Courant, 1865~1935)이 『한국 서지(Bibliographie Coréenne)』(Paris, II, 1894, no. 2187, 480쪽)에서 자신이 복제한 「천하제국도(天下諸國圖)」가 실려 있다. 이 지도는

꾸랑이 당시 눈으로 확인한 한 '지도집'에 들어있었다. 꾸랑은 이 '지도집'에 대해 다음과 같이 해설했다.

> *I. 1권, 4절판, 병풍식, 46엽, 채색 필사본. 연대는 들어있지 않지만, 1712년 이후이다. 모리스 꾸랑.*
>
> *1. 세계지도, 153개국이 들어있다. [481]중국이 가운데 있고, 나머지 나라는 같은 대륙에, 또는 섬들에, 또는 알려진 바다로 둘러싼 고리 속에 분배되어 있고, 다른 지역들은 띠 모양의 바다로 제한되어 있다. 이 바다 밖에서 우리는 동쪽에 부상(扶桑) 나무의 유파산(流波山)이 있는데 그곳에서 태양이 뜨고, 서쪽에는 반송(盤松) 나무의 만산(万山)이 있는데, 그곳으로 저녁에 태양이 지는 것을 알 수 있다.*
>
> *2. 중국 지도, 아주 환상적인 디자인으로 다른 시기의 옛날 지역 구분과 명나라 시기의 15성(省)이 표기되어 있다. 예를 들어 강남 지역[강소(江蘇)와 안휘(安徽)]은 단순히 '남경(南京)'으로 지칭되었고, 마찬가지로 직예(直隸) 지역은 '북경(北京)'으로 지칭되었다.*
>
> *3. 만주 지도*
>
> *4. 유구 지도*
>
> *5. 일본 지도*
>
> *6. 1712년 분계에 따른 한국 북방의 국경지도*
>
> *7. 한국 지도*
>
> *8. 한국 역사 지도*
>
> *9~16. 한국 8도 지도*
>
> *[각 지도에는] 지리, 행정 그리고 역사에 관한 정보들을 제공하는 긴 텍스트가 딸려있다.*

II. 이 지도집에서 나온 더 늦은 사본들이 있는데, 그것들은 다른 제목을 가지고 있고 다양하게 수정되었다. [482]예를 들어 '천하총도(天下總圖)'라고 제목이 붙은 것이 동양어 학교 도서관에 있고(COR.I.20), 다른 것은 바라(Varat) 컬렉션에 들어있는데, 나는 '여지승람(輿地勝覽)'이라는 다른 것도 보았다.

과연 우리는 이 '지도집'의 행방을 추적했던가? 숭실대학교 기독교박물관에서 소장하고 있는 옛 지도들을 『옛 지도 속의 하늘과 땅』이란 제목으로 간행한 도록에는 1849년경으로 추정하는 목판본 『동국여지도(東國輿地圖)』가 있고, '조선 후기'라고만 추정한 채색 필사본 『사해총도(四海摠圖)』가 수록되어 있다. 꾸랑이 해제한 '지도집'과 매우 유사한 형식을 띠고 있지만, 내용이나 구성이 확실히 다르다. 꾸랑이 본 이 '지도집'은 어디로 갔는가?

한편, 미국 선교사들 중심으로 1892년 1월부터 펴낸 최초의 한국 전문 영문잡지인, 『The Korean Repository』, I, 1892, 11월호, 337~339쪽에는 '이익습(李益習)'이라는 사람이 「한 장의 세계지도(A Map of the World)」라는 글이 실려 있다. 그 글의 전문은 다음과 같다.

> 첨부한 도판은 연대불명의 시기 조선의 세계지도로 인정되는 지도의 윤곽이다. 이 지도는 대원군이 섭정하기 약 20년 전, 김응교(金應校)라는 관리의 검토와 교정을 거쳤다. 그러나 대략적인 윤곽과 다양한 나라와 영토들은 그대로 보인다.
>
> 얼핏 보면, 오래된 물건이라는 점 외에 주목할 만한 가치가 없는 것 같이 보인다. 그 전체적 윤곽이 몹시 당황스럽지만, 자세히 들여다보면 그렇게 이르게 된 지혜에 놀랄 수도 있다. 조선이 틀어박힌 나라이고, 외부로부터 우리에게 들어오

는 희미한 소문에 의존한 지구에 대한 우리의 사고가 유일하게 놀랄만한 거리였음을 감안할 때 그 지도는 최대한 자세하게 그린 것이다.

많은 나라의 외국인이 도착하여 그 나라들이 알려진 이래로, 나는 세계의 동방 지도를 찾아 마침내 두 종을 찾아냈다. 이것은 특이하게 조선인의 지도였고, 다른 하나는 중국의 사본이었다. 이 중국의 지도에는 분명하게 아시아, 아프리카 그리고 유럽이 표시되어 있고, 아메리카를 그리려는 시도도 보이지만, 시카고 근처에서 거대한 폭발이 있어서 대륙을 조각내, 오대호(Great Lakes)에서 태평양으로 항로가 열린 것처럼 보였는데, 이는 일어날 수 없는 일이어서, 나는 무정부주의자나 다이너마이트로 알려진 나라에서 일어날 법한 일이라고 생각했다.

우리 앞의 지도로 돌아가, 평면에 지구를 그리면서 제작자는 큰 실수를 했다. 왜냐하면, 서방의 사람들처럼, 조선인들은 지구가 평평하다고 생각하여 사방을 어떤 방식으로 고정했기 때문이다. 이 개괄적 윤곽이 정확한지와는 별도로, 다섯 대륙, 대양의 구분, 지구의 전체 윤곽이 들어있다.

남북의 아메리카에 관한 육지의 원은 평면에 적합하게 나뉘어있다. 79는 조선이고, 두 80은 양자강으로 둘로 나뉜 중국이며, 33은 일본이고, 81은 안남이며, 82는 인도이고, 84는 아프리카이다. 아프리카 북부 내륙의 바다는 지중해이고, 반면 83과 주변의 섬들은 남태평양의 섬들이다.

카르투슈에는 글자를 써서 각 구역의 민족 나라 등이 기술되어있었다. 나는 그것들에 번호를 매기고 지도를 그린 원작자가 지구 표면의 윤곽뿐만 아니라 사람들에 대해서 타당한 생각을 가졌다는 것을 이러한 약간의 구분을 통해 보여주고자 한다.

78로 번호를 매긴 러시아 근처의 글자들은 '밤중의 왕국'으로 번역될 수 있다[大幽國]. 이는 그 나라에서 일상적인 기나긴 북극의 밤을 의미한다.

우리가 영국 섬으로 추측하는 구역에 있는 1, 2, 3은 '입을 벌린 소'[犂喁], '흰'[白民], '바쁜'[无暇]으로 표기되었다. '희다'는 특징은 글자 그대로 생각해야 한다. 왜냐하면 이들 앵글로색슨족은 다른 어떤 나라의 사람들보다 유난히 피부가 희다고 주장하기 때문이다. 이는 그들이 '비누'라고 부르는 것을 널리 사용하면서 이렇게 '백(白)'이라는 글자로 사실화되었다. '바쁜'은 그들이 교역과 식민지 개척, 사방에 지분을 병합하고 요구함으로써 특별히 그렇게 언급되었다. 이 서방의 '영국 사자'는 지도 양쪽 그들의 위치로 보일 수 있는 것처럼 힘의 균형을 가진 두 나라인 동방의 한국 호랑이에게 명성과 중요도에서 동등한 위상을 차지한다. 세 번째이자 마지막인 '입을 벌린 소'는 정확히 서구의 지칭인 존 불(John Bull)에 해당하는 특징이다. 이들 입을 벌린 소이자 바쁘며, 하얗게 씻는 나라는 영국 섬에 일치하는 공간을 차지하고 있다.

아메리카를 보자. 지도의 오른쪽을 따라서 우리는 71 거인[大], 36 회색의[毛], 38 '검은 다리[玄股]'를 읽을 수 있는데, 육지에 표시된 이들 세 지칭은 그곳에 있는 동물과 사람들이다. 나는 서방을 여행한 사람들에게 로키산맥의 크기는 압도적이고 '어마어마하며'[大], 또한 그 산맥에 사는 검은 동물들은 '회색'(곰)이라고 하고, 그 나라의 사람들은 출신이 알려지지 않았다고 하는 검은 다리로 세상에 알려졌다고 들었다. 나는 그것이 우리가 1,500년 동안 그 사람들을 '검은 다리'로 표기한 것처럼, 조선에서 나왔다고 말할 수 있을 것이다.

다시 남쪽 나라의 34와 35는 밝은[暘] 그리고 거무스름한[明徂] 왕국으로 표기되었는데, 틀림없이 한 자유 유권자로서 공화국에서 자신의 몫을 누릴 권한이 있는 니그로를 포함한다.

다른 두 번호 72 '허리 없는[无腸]' 그리고 44 '완숙한 여인[淑女]'이 있는데, 나는 유럽과 서방의 숙녀들이 일반적으로 하는 허리를 졸라매는 결과임이 분명하다고 생각한다. 내가 아는 한, 사실 당신들이 한 복장보다 더 단단하게 싸맨다. 그래서 나는 지도 그리는 사람이 존재의 완벽한 부재가 최상의 은총을 의미하는 곳인 니르바나와 다름없는 교리인, 완전하게 교양을 갖춘 숙녀의 표시로서 허리의 철저한 부재를 넣은 것은 정확하다고 생각한다.

그렇게 지도는 타조가 사는 '깃털의' 왕국, 오로라가 보이는 '번쩍이는 혀'라는 나라 그리고 근 100개에 달하는 다른 나라들을 표기했는데, 내가 의심하지 않는 그 나라들 모두 깊이 찾아보면 정확해질 것이다. 이익습(李益習).

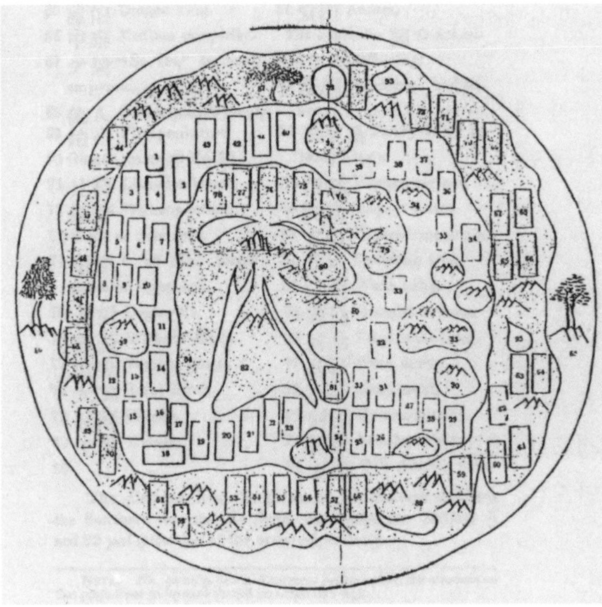

이어서 수록된 이 '세계지도'의 약도와 명칭들은 숭실대학교 박물관에 소장본들이나 꾸랑이 본 지도와 또 다른 세계지도였다. 한국명으로 기록한 것으로 보이는 '이익습'이란 사람이 본 이 세계지도는 또 어디 갔는가?

이제 이 도서의 표지로 넘어가 보자. 아울러 다음 나의 작업을 예고하고자 한다. 이 지도는 이익습과 꾸랑이 본 세계지도, 그리고 숭실대 박물관에 소장된 지도보다 훨씬 진화한 메뉴스크립트이다. 이 자료는 프랑스 동양학자 앙리 꼬르디에(Henri Cordier, 1849~1925)가 1894년 대영박물관에서 우연히 발견한 '18세기 필사본 지도집'에 들어있다. 꼬르디에는 이 지도집을 대영박물관이 소장하게 된 경위에 대해 미국의 한 '여행자'를 통해 구입했다고 밝혔다. 그는 이 지도집의 중요한 지도 몇 장을 촬영하여 1896년 『대영박물관 조·중 필사본 지도집 설명(Description d'un Atlas Sino-Coréen manuscrit du British Museum)』이라는 서명으로 파리에서 소책자로 간행했다.

꼬르디에가 대영박물관에서 본 '지도집'의 목록은 다음과 같다.

1. **일본국도(日本國圖), 유구국도(琉球國圖)**
2. **조선(朝鮮)**
3. 충청도(忠淸道)
4. 전라도(全羅道)
5. 경상도(慶尙道)
6. 강원도(江原道)
7. **함경도(咸境道)**
8. **평안도(平安道)**
9. 황해도(黃海道)
10. 경기도(京畿道)-경(京), 즉 수도가 들어있다.
11. 서울 지도
12. 오부자내(五部字內)-서울 주변 지도
13. **사해총도(四海摠圖)-세계 지도**
14. **중국도(中國圖) 십삼성(十三省)**

이상에서 굵은 글씨로 표시한 지도들만 촬영 출간되었다. 지도집의 구성은 꾸랑이 본 것과 비슷하다. 이 지도는 유감스럽게도 몇 달 전 『통보』를 뒤지다가 나도 '우연히' 이 자료가 있다는 사실을 알았다. 늦어도 너무 늦었지만, 국내에서 처음으로 이 지도를 소개한다. 유감스럽게도 내가 아는 한, 아무도 이 '지도집'을 깊이 다루지 않았다. 특히 이 도서의 표지에 실린 「천하총도」는 가장 많은 정보를 수록하고 있음에도, 그 지도의 허구성 문제는 차치하고, 그 의미를 확인하지 않았던 것인가?

독일 동양학자 푹스(Walter Huchs)는 폴 펠리오가 둔황에서 발굴한

『왕오천축국전』을 『726년경 서북 인도와 중앙아시아를 통한 혜초의 순례(Huei-ch'ao's Pilgerreise durch Nordwest-Indien u. Zentral-Asien um 726)』(Berlin, 1939)라는 서명으로 번역 출간했다. 서양 언어로는 가장 빠른 번역서일 것이다. 이 책은 국내의 한 학자에 의해 여러 학술지에서 세 차례나 소개 또는 해제되었다. 불행하게도 이 책은 아직 우리나라에 번역되지 않았다. 중국 위키백과에는 혜초가 당나라 승려라는 설도 있다고 하고, 2000년 중화서국의 '중외 교통 사적 총서'에 들어가 있음에도, 이 책은 독일어를 아는 사람만 보라고 방치되었다. 나는 푹스의 번역이 성실하다고는 생각하지 않는다. 그러나 이 최초의 '번역'은 의미가 있다.

우리에게 전하는 『왕오천축국전』은 일부에 지나지 않는다. 또한 원본도 아니다. '정본화'는 이미 꿈도 꿀 수 없다. 따라서 교감학적 접근은 탁상공론일 뿐이다. 번역도 진실을 뒤엎을 만큼 결정적인 오역들은 거의 고쳐졌다. 결국 고스란히 남겨진 일은 혜초가 순례한 나라에 대한 고증이다. 이러한 점에서 외국 학자들의 번역 및 주석은 고증의 실마리를 제공해 주고, 객관성을 확보할 수 있다는 점에서 우리에게는 중요한 의미가 있다. 이상의 경우는 우리가 왜 서양 동양학자들의 선행 연구에 주목해야 하고, 원전에 대한 '역주' 작업이 얼마나 중요한 학술 가치를 지니는지 여실히 보여준다. 나의 이 작업도 또 다른 연관 연구의 토대가 될 것이고, 그렇게 되기를 소원한다.

마지막으로 영남대학교 출판부 운영위원회 및 직접 책을 만들어 주신 분들에게 깊은 감사를 드린다. 아무 연고도 없는 한 '학자'의 이처럼 수익성 없는 책들을 그것도 몇 권씩이나 내어 주었다. 이 '대학 출판부다운' 인문학적 배려를 잊을 수 없다.

2024년 1월 사랑하는 아내와 멋진 여행을 꿈꾸며.

차례

지봉 이수광의 '세계'로 들어가며 5

일러두기 18

[01] 안남국(安南國) 23

[02] 유구국(琉球國) 63

[03] 삼불제(三佛齊) 97

[04] 참파[占城] 105

[05] 시암 왕국[暹羅國] 115

[06] 일본(日本) 147

[07] 캄보디아 왕국[眞臘國] 175

[08] 자바[爪哇] 183

[09] 캘리컷[古俚] 189

[10] 말라카[滿剌加] 193

[11] 벵골[榜葛剌] 199

[12] 실론[錫蘭山] 205

[13] 몰디브[溜山] 211

[14] 사마르칸트[撒馬兒罕] 217

[15] 메카[天方] 241

[16] 케슈[渴石] 245

[17] 투루판[土魯番] 257

[18] 흑루(黑婁) 273

[19] 헤라트[哈烈] 283

[20] 호탄[于闐] 287

[21] 카라 호자[火州] 307

[22] 노진(魯陳) 321

[23] 호르무즈[忽魯謨斯] 331
[24] 이스파한[亦思把罕] 341
[25] 아스[阿速] 349
서쪽 오랑캐와 바다 밖 작은 나라들 359
[27] 오로(吾五盧)|중운(仲雲) 383
[28] 숙신씨(肅愼氏) 395
[29] 거란(契丹) 주변의 나라들 407
[30] 회회국(回回國) 427
[31] 나양국(裸壤國) 439
[32] 동제(東鯷) 443
[33] 서역(西域) 459
[34] 불랑기국(佛浪機國) 471
[35] 남쪽 오랑캐 나라[南番國] 493
[36] 영국[永結利國] 597
[37] 쿠리칸[骨利幹] 503
[38] 구라파국(歐羅巴國) 511
[39] 호인국(互人國) 519

부록 I. 『지봉유설』 자서(自序) 525
부록 II. 『지봉유설』 서문-김현성(金玄成) 527
부록 III. 1633년 목판본으로 간행된 『지봉집』 발-이식(李植) 529
색인 532

일러두기

- 본서는 이수광, 『지봉유설』, 권2, 제국부(諸國部), 외국(外國) 조목을 번역하고 해설한 책으로, 저본은 국립중앙도서관에 소장된 연대 미상의 목판본이다. 1면 10행 20자이며 쌍행 주석이 있고, 이엽화문어미(二葉花紋魚尾)의 형식을 갖추고 있다. 1614년 이수광이 쓴 자서가 수록되어있다.
- 자세한 설명을 위해 원문의 주석(1차 주석)은 본문에 들여쓰기로 구분하였고, 원문 주석에 따른 보충 2차 주석은 각주로 처리했다.
  원문의 [첨자] 표기는 원본의 글자이다. 그렇지 않은 경우는 이본을 의미한다.
- [첨자]로 표기한 발음은 상고음으로 칼그렌 표기를 따랐다.
  여러 산물에 대해, 이전 작업인 『제번지』, 『도이지략』, 『영애승람』, 『성사승람』에 보이는 항목들은 별도로 주석하지 않았고, 이전 작업을 보완하거나, 새로운 산물일 경우만 설명했다.
- 지봉이 가장 많이 참고한 정효(鄭曉, 1499~1566), 『황명사이고(皇明四夷考)』는 『오학편(吾學編)』(북경대 소장본)을 따른다.

정효(鄭曉)의 자는 질보(窒甫), 호는 담천(淡泉), 절강 해염(海鹽, 현 저장 자싱시) 출신으로, 가정(嘉靖) 2년(1523)에 진사에 급제하여 병부상서(兵部尙書)를 지낸 경사(經史) 학자이다. 『오학편』은 정사(正史)의 체재에 맞추어 69권으로 편찬한 기전체 사서로 청나라의 금서(禁書)였다. 정효가 외국을 기록한 『황명사이고(皇明四夷考)』는 권67과 권68에 '상하'로 나뉘어 있고, 가정(嘉靖) 갑자년(1564) 3월 초하루에 쓴 서문이 있다. 『오학편』의 현존하는 판본으로 뇌례(雷禮, 1505~1581)의 서문을 갖춘 융경(隆慶) 원년(1567) 초간본[하버드 옌칭 도서관 소장본]이 있고, 만력(萬曆) 연간 중간본으로 만력 27년(1599) 이당태(李當泰)의 발(跋)이 딸려있다[북경대학 소장본].

약칭

『통보』: T'oung Pao

『JA』: Journal Asiatique

『BEFEO』: Bulletin de l'École française d'Extrême-Orient

『도서집성』:	『흠정도서집성(欽定圖書集成)』, 1934년 중화서국 영인본.
『등사룡국조전고』	許大齡, 王天有 點校, 『國朝典故』, 北京大學出版社, 1993.
『대당서역기』	玄奘 著, 季羨林 等校注, 『大唐西域記校注』, 中華書局, 2000.
『남해기귀내법전』	義淨 著, 王邦維 校注, 『南海寄歸內法傳校注』, 中華書局, 1995.
『대당서역구법고승전』	義淨 著, 王邦維 校注, 『大唐西域求法高僧傳校注』, 中華書局, 1988
『통전』	杜佑 著, 『通典』, 中華書局, 1988.
『만서교주』	樊綽 著, 向達 校注, 『蠻書校注』, 中華書局, 1962.
『문헌통고』	馬端臨 著, 『文獻通考』(点校本), 中華書局, 2011.
『계해우형지』	范成大 著, 嚴沛 校注, 『桂海虞衡志校注』, 廣西人民出版社, 1986.
『영외대답』	周去非 著, 楊武泉 校注, 『嶺外代答校注』, 中華書局, 1999.
『제번지교주』	趙汝适 著, 馮承鈞 校注, 『諸蕃志校注』, 商務印書館, 1940.
『제번지교석』	趙汝适 著, 楊博文 校釋, 『諸蕃志校釋』, 『中華書局』, 1996.
『제번지역주』	박세욱 역주, 『바다의 왕국들: 제번지역주』, 영남대출판부, 2019.
『진랍풍토기』	周達觀 著, 夏鼐 等校注, 『眞臘風土記校注』, 中華書局, 2000.
『진랍풍토기역주』	박세욱 역주, 『앙코르 캄보디아: 진랍풍토기역주』, 역락, 2022.
『도이지략광증』	沈曾植, 『島夷誌略廣證』, 叢書集成本

『도이지략교주』	汪大淵 著, 藤田豊八 校注, 『島夷誌略校注』, 文殿閣書莊, 1936.
『도이지략교석』	汪大淵 著, 蘇繼庼 校釋, 『島夷志略校釋』, 中華書局, 1981.
『도이지략역주』	박세욱 역주, 『바다와 문명: 도이지략역주』, 영남대학교출판부, 2022.
『마환』	J.J.L. Duyvendak, 『Ma Huan Re-examined』, Amsterdam, Noord- Hollandsche uitgeversmaatschappij, 1933.
『영애승람역주』	J.V.G. Mills, Ying-Yai Sheng-Lan 'The Overall Survey Of The Ocean's Shores', Cambridge, Published for the Hakluyt Society, at the University Press. 1970.
『영애승람역주』	박세욱 역주, 『영애승람역주』, 세창출판사, 2023.
『명초본영애승람교주	馬歡 著, 萬明 校注, 『明鈔本瀛涯勝覽校注』, 海軍出版社, 2005.
『성사승람역주』	費信 著, 박세욱 역주, 영남대학교출판부, 2023
『서역행정기』	陳誠 著, 周連寬 校注, 『西域行程記·西域番國志』, 中華書局, 1991.
『서양번국지』	鞏珍 著, 向達 校注, 『西洋番國志』, 中華書局, 1961|1982.
『서양조공전록』	黃省曾 著, 謝方 校注, 『西洋朝貢典錄校注』, 中華書局, 2000.
『동서양고』	張燮 著, 謝方 点校, 『東西洋考』, 中華書局, 2000.
『양종해도침경』	向達 校注, 中華書局, 2006.
『고대남해지명회석』	陳佳榮, 謝方, 陸峻嶺 著, 『古代南海地名匯釋』, 中華書局, 1986.
『인도와 실론의 항구들』	「The seaports of India and Ceylon」, 『Journal of the China Branch of the Royal Asiatic Society』, XX, 1885; 「The seaports of India and Ceylon」, 『Journal of the China Branch of the Royal Asiatic Society』, XXI, 1886.

『조여괄』	Friedrich Hirth and William Woodville Rockhill, 『CHAU JU-KUA: His Work on the Chinese and Arab Trade in the Twelfth and Thirteenth Centuries, entitled Chi-fan-chi』, St. Peterbourg, Printing Office of Imperial Academy of Sciences, 1911.
「15세기 초 중국의 대항해」	P. Pelliot, 「Les Grands voyages maritimes chinois au début du XVe siècle」, 『통보』, Vol. 30, 1933. 237~452.
「8세기 말 중국에서 인도로 가는 두 갈래 여정」	P. Pelliot, 「Deux itinéraires de Chine en Inde à la fin du VIIIe siècle」, 『BEFEO』, IV(1904), 131~413쪽; 역주본, 영남대학교출판부, 2020.
『프톨레마이오스의 동아시아 지리에 관한 연구』	Colonel G.E. Gerini, 『Researches On Ptolemy's Geography Of Eastern Asia』, London, 1909.
『말레이반도와 말라카에 관한 주석』	W.P. Groeneveldt, 『Notes on the Malay Archipelago and Malacca』, Batavia, The Hague, 1876.
「14세기 중국과 인도양 연안, 동부 열도와의 무역 관계에 관한 주석」	W. W. Rockhill, 「Notes on the relations and trade of China with the eastern archipelago and the coasts of the Indian Ocean during the fourteenth century」: Part I, 『통보(通報)』, 15-3(1914), 419-447; Part II-1, 『통보(通報)』, 16-1(1915) pp. 61-159; Part II-2, 『통보(通報)』, 16-2(1915), 236-271; Part II-3, 『통보(通報)』, 16-1, 374-392; Part II-4, 『통보(通報)』, 16-1, 435-467; Part II-5, 『통보(通報)』, 16-1, 604-626.
『중국과 이란』	Berthold Laufer, 『Sino-Iranica』, Chicago, 1919.
『영국-인도 용어사전』	H. Yule & A.C. Burnell, 『Hobson-Jobson: A Glossary of Colloquial Anglo-Indian Words and Phrases, and of Kindred Terms, Etymological, Historical, Geographical and Discursive』, London, 1903.

1650년 로마에서 출간된 알렉산드르 드 로데스(Alexandre de Rhodes, 1591~1660)의 『통킹 왕국의 역사(Histoire dv royavme de Tvnqvin)』에 수록된 안남 왕국 지도이다. 17세기 중반 안남을 그린 가장 오래된 유럽인의 지도이다. 아래에 참파 왕국과 왼쪽 중간의 라오스, 그 아래의 캄보디아 왕국과 경계하고 있는 안남 왕국의 17세기 영토를 확인할 수 있다.

[01] 안남국(安南國)

‘안남’이란 남쪽을 평안하게 한다는 의미로, 한나라 시기부터 사용되었다. 여기의 ‘남’은 현 중국과 베트남 경계 이남을 막연히 지칭하는 말로 사용했다. 『구당서』, 권41, 「지리지」(1749쪽)에 따르면, 조로(調露) 원년(679년) 8월 교주도독부(交州都督府)를 ‘안남도호부’로 고쳐 불렀다고 한다(『신당서』, 권43상, 「지리지」, 1111쪽에서도 확인됨). 이로부터 ‘안남’은 홍강 델타지역을 중심으로 한 일대를 지칭하는 말로 사용되었다. 교지군(交趾郡) 또는 교주(交州)를 대체한 이 행정구역은 함통(咸通) 7년(866) 안남도호(安南都護)를 정해군절도사(靜海軍節度使)로 승격시켜 통치하다가(『신당서』, 권69, 표(表), 1949쪽), 전한(前漢)의 개보(開寶) 원년(968)년 정부령(丁部領)이 딘 왕조(丁朝, 968~980년)로 독립했다(『대월사기전서(大越史記全書)』, 「본기」, 권1).

디구에(Colonel Édouard Diguet)의 설명에 따르면, 이 지역은 기원전 111년에서 기원후 931년까지 중국의 행정구역에 속했다. 이후 딘 왕조(968~980년), 전 레 왕조(981~1010년), 후 리 왕조(1010~1226년), 쩐 왕조(1226~1402년), 호 왕조(1402~1407년)의 독립왕국이 들어섰다. 이후 20년간 중국의 재점령 시기(1407~1428년) 중 10여 년 동안 독립 전쟁을 끝내고 후 레 왕조(1428~1527년)가 독립왕국을 세웠다. 그러나 다시 막(Mac)족의 찬탈 왕조가 1592년까지 들어섰다. 이 찬탈 왕조는 1471년 참파 왕국, 1474년 라오스의 침공을 받았다. 다시 후 레 왕조의 유약한 왕들이 1600년부터 1791년까지 왕조의 맥을 이어갔지만, 이 후기 레 왕조 시기는, 통킹에서는 찐(Trinh) 군주들과 코친차이나에서는 응우옌 영주들이 실권을 장악했다. 이들의 활약으로 1650년 참파 왕국에 대한 정복이 이루어졌고, 1658~1758년까지 캄보디아를 흡수하기도 했다(『안남과 프랑스령 인도차이나(Annam et Indo-Chine française)』, 파리, 1908, 7~14쪽).

이처럼 명나라의 짧은 재점령 시기(1407~1428년)에 '교지(交趾)'로 부른 것을 제외하면, 현 베트남 북부지역은 독립왕국을 유지하며, 1804년 '월남(越南)'으로 국호를 바꾸기까지 공식 국호는 대월(大越, Đại Việt)로 불리며, 베트남 홍강 델타 지역을 중심으로 해안선을 따라 중북부지역을 차지하고 있었다. 비록 '대월'이라 불렸더라도, 중국의 관습적 명칭에 따라 조선과 왜국에서는 '안남'으로 불렀다. 지봉 이수광이 알고 있던 안남국은 막의 찬탈 왕조 이후인 후기 레 왕조 시기로, 해안선을 따라 남북으로 제후와 영주들이 활약하고 있었다. 지봉은 북쪽의 안남국=교지국과 남쪽의 점성국으로 나누어 베트남을 기술했으므로, 이 지역에 대한 지봉의 견문은 상당히 정확했다고 인정할 수 있다.

⑴안남국은 중국 서남쪽에 있다. 북경에서 13,000리(대략 5,105km) 떨어져 있다. 진나라 때는 상군(象郡)이었고 한나라 시기에는 교지군(交趾郡)을 두었다. 오대(五代, 907~960) 말 레호안[黎桓, 941~1005년]이 왕호를 참칭했다. 명나라 영락(永樂) 연간(1402~1424년)에 이곳을 평정했다. [이 나라는] 동서로 1,700리(대략 667km)이고 남북으로 2,800리(대략 1,099km)이다. 뒤에 다시 반란이 났다. 가정(嘉靖, 1522~1566) 초에 막당중[莫登庸, 1483~1541년]이 왕을 시해 찬탈했다. 왕으로 봉할 수 없어 안남도통사(安南都統使)로 칭했다. 그러나 여전히 그 나라에서는 스스로 황제라 했다(安南國在中國西南, 距北京一萬三千里. 秦爲象郡, 漢置交趾郡. 至五代末, 黎桓始僭王號. 皇明永樂時, 平定其地. 東西一千七百里, 南北二千八百里. 後復叛. 嘉靖初, 以莫登庸簒弑. 不許封王, 稱安南都統使, 然猶自帝其國).

⑵『사문옥설(事文玉屑)』에 “ⓐ교지국(交趾國)은 ‘안남’이라고도 하는데, 바로 ①반호(槃瓠)와 견융(犬戎)에서 유전된 종족[遺種]들이다. 이들의 성격은 간사하고 교활하며, 머리털을 깎고 맨발로 다닌다. 움푹한 눈에 입은 올라가 아주 추악하게 생겼다. 양광(兩廣)의 사람들은 이 오랑캐를 귀신 모습을 한 사람이라 일컫는다. 바로 마원(馬援)의 군대가 남겨둔 종족이다. ⓑ또 ②노좌국(老撾國)이 안남 서남쪽에 있는데, 옛날 월상(越裳)의 나라로, ⓒ혹자는 바로 ③애뢰[ʔai-lau]국(哀牢國)이라고 한다”라고 하였다(按事文玉屑云交趾國一名安南, 乃瓠犬之遺種. 其性姦猾, 剪髮跣足, 窅目昂喙, 極醜惡. 廣人稱爲夷鬼貌類人者. 乃馬援兵之遺種也. 又老撾國在安南西南, 古越裳之國, 或曰卽哀牢國也).

『사문옥설(事文玉屑)』은 명나라 양종(楊淙)이 지은 24권의 책으로(『명사』, 권98, 「예문지」, 2450쪽), 『사고전서총목제요』 편수관들은 “황당 저속하고 오류가 많아 귀한 종이에 쓰기 어렵다. 명나라 사람들이 저술한 책의 비루함이 이보다 심한 것은 없는 것 같다(荒唐俚謬, 罄竹難書. 明人著述之陋, 殆無出其右矣)”라고 평가한 책이다. 본서에서는 『사고전서존목총서(四庫全書存目叢書)』본(子部, 類書類, 205책)을 활용한다.

①반호(槃瓠)와 견융(犬戎)에 관하여, 견융(犬戎)은 『사기』「주본기」(118쪽)에서 서백(西伯, 이후 문왕으로 추존됨)이 제후들을 규합하여 처음으로 정벌한 민족 또는 나라로 언급되었다. 5세기 중반 범엽(范曄)이 지은 『후한서』, 권86, 「남만열전」(2829쪽)에서는 다음과 같은 신화를 소개하고 있다. 옛날 고신씨(高辛氏) [시기에] 견융의 약탈이 심해 ‘제(帝)’가 그들의 침략을 우려하여 정벌했으나 이기지 못했다. 그래서 견융의 장수인 오장군의 머리를 가져오는 자에게는 상금을 내

리고 어린 딸을 아내로 주겠다며 천하의 인물을 두루 모았다. 그러나 실제 오장군의 머리를 가져온 것은 '제'가 기르던 '반호(槃瓠)'라는 개였다. 여러 방법을 모색하다가 결국 약속을 어길 수 없어 딸을 '반호'라는 개에게 보냈다. 반호는 딸을 업고 인적이 미치지 못하는 곳으로 들어가 숨어버렸다. 3년이 흘러 그 딸은 6남 6녀의 자식을 낳았다. 반호가 죽고 '제'의 딸이 자식들을 데리고 돌아오자, '제'는 그들에게 좋은 산[名山]과 넓은 습지를 주어 살게 했다. 그 후손들이 번성하여 '만이(蠻夷)'라고 불렸다고 한다('중국정사외국전' 번역을 참고하여 정리함). 이어서 범엽은 지금 장사(長沙)와 무릉(武陵)의 만(蠻)이 바로 이들이라[今長沙武陵蠻是也]고 하였다.

위의 출처에서 이현(李賢, 655~684)은 간보(干寶)의 『진기(晉紀)』를 인용하여, "무릉(武陵), 장사(長沙), 여강(廬江) 군의 이(夷)들은 반호(槃瓠)의 후예들이다. 오계(五溪)의 안에 뒤섞여 살았다. 반호는 험준한 산에 의지해 살아 매번 위해가 되었다. 물고기와 고기를 섞어 먹으며, 구유를 두드려 부르며, 그것으로 반호를 제사한다. 사람들이 '붉은 넓적다리 누런 치마[赤髀橫裙]'라고 하는데 바로 그 자손들이다(武陵·長沙·廬江郡夷, 槃瓠之後也. 雜處五溪之內, 槃瓠憑山阻險, 每每常爲害. 糅雜魚肉, 叩槽而號, 以祭槃瓠. 俗稱赤髀橫裙, 即其子孫)"라는 주석을 붙었다.

이어서 이현은 『위략(魏略)』을 인용하여 "고신씨 [시기에] 왕실에 사는 늙은 부인이 있었다. 귓병에 걸려 귀를 파자, 누에만 한 생명체가 나왔다. 부인은 단지에 넣고 채반으로 덮어 두었더니 얼마 되지 않아 오색의 문양이 있는 개로 변하여 '반호'라고 불렀다(高辛氏有老婦, 居王正室, 得耳疾, 挑之,

乃得物大如繭. 婦人盛瓠中, 覆之以槃, 俄頃化爲犬, 其文五色, 因名槃瓠)”라는 정보를 덧붙였다(앞의 출처). 이는 시조 탄생에 관한 또 다른 전설이다. 어쨌든 두 기록은 ‘반호’가 개임에는 일치한다.

『사기정의(史記正義)』(736년), 권4(사고전서본, 5b)에는 “황제(黃帝)가 묘룡(苗龍)을 낳고, 묘룡은 융오(融吾)를, 융오는 병명(竝明)을, 병명은 백견(白犬)을 낳았다. 백견에게는 자식 둘이 있는데 바로 [그 하나가] 견융이다(黃帝生苗龍, 苗龍生融吾, 融吾生并明, 并明生白犬. 白犬有二, 是爲犬戎)”라고 하였다. 이어서 『후한서』를 인용하여 “견융은 반호의 후예이다(犬戎, 槃瓠之後也)”라는 정보(현존하는 『후한서』에는 보이지 않음)를 통해 “장사(長沙)와 무림(武林)의 군들 태반이 이들 민족이다(今長沙武林之郡太半是也)”라고 하였다. 정리하자면, 이상의 정보들은 견융(犬戎)이 바로 반호(槃瓠)임을 진술하고 있다.

그러나 이러한 탄생 신화를 가진 민족이 중국 어느 지역을 차지하고 있었는지는 특정하기 어렵다. 융(戎)은 『삼국지·촉서』, 「제갈량전」(913쪽)에서 “서쪽으로 여러 융과 화합하고, 남쪽으로 이(夷)와 월(越)을 달랬다(西和諸戎, 南撫夷越)”라고 한 것처럼, ‘서쪽의 오랑캐’라는 의미로 주로 사용된다. 하지만 ‘견융’은 중국의 서쪽, 북쪽, 남쪽에서도 언급되고, 『산해경』, 권17(사고전서본, 5b)에서 “서북쪽 바다 밖 유사 동쪽에는 견융국이 있다. [그곳에는] 신(神)이 있는데, 사람의 얼굴에 짐승의 몸을 하고 있어, ‘견융’이라 부른다(西北海外流沙之東…有犬戎國, 有神, 人面獸身, 名曰犬戎)”라고 하였으므로, 더욱 거점을 특정하기 어렵다. 이상의 정보를 종합해 볼 때, '견융'이란 융(戎) 중에서 개[犬]를 시조로 하는 민족 또는 나라를 지칭한다고 추론할 수 있다.

한 가지 지적해 두자면, '중국정사외국전'의 주석에서는 『후한서』, 이현이 인용한 『위략』, 『예문유취(藝文類聚)』에 인용된 곽박(郭璞)의 『현중기(玄中記)』, 간보(干寶)의 『수신기(搜神記)』에 수록된 설들을 비교하여 그 변화되는 과정을 잘 설명했다. 그러나 마지막 부분에서 "『玄中記』와 『搜神記』는 역사서라기보다 魏晋南北朝시에 유행하였던 志怪小說類에 해당하는 것으로, 이러한 내용이 史書에 포함된 것에 대해 唐代 杜佑는 『通典』에서 이를 전재하면서 그 근거가 없으며 '放誕不經'하다고 비판하고 있다"라고 설명한 것은 약간의 수정이 필요하다. 두우(杜佑, 735~812)는 『통전(通典)』, 권187(사고전서본, 2b), 반호 인종[槃瓠種] 조목에서 범엽의 『후한서』의 문장을 따르고 있다. '정사외국전' 역주자가 언급한 내용은 쌍행의 주석으로 처리된 문장에 보인다. 이 주석은 내용에 『송사(宋史)』를 인용하고 있으므로 두우의 원주가 아닐 것이다. 또 '방탄불경(放誕不經)'의 '방(放)'자는 '괴(怪)'자의 오기이다.

중국 자료에는 개의 모습을 한, 나라나 민족을 기술하고 있다. 『후한서』, 권86, 「염방이전(冉駹夷傳)」(2858쪽)에서 이현은 『주서(周書)』를 인용하여 서쪽으로 곤륜(昆侖), 구국(狗國) 등의 나라를 언급하고 있다. 여기의 『주서』는 주나라 역사서로 산실되었지만, 유문들이 『일주서(逸周書)』로 전한다. 이로써 보면 중국 서북쪽에는 '구국(狗國)'이 알려져 있었다. 『위서(魏書)』(554~559년)는 오손(烏孫)에서 서북쪽으로, 대(代)와 10,930리 떨어진 '열반(悅般)'이라는 나라를 기록하고 있다. “연연(蠕蠕)과 우호 관계를 맺고 있었던 그 나라 왕은 수천 명을 거느리고 연연국에 들어가 대단(大壇)과 만나려 한 적이 있다. 그 나라의 경계 100여 리를 들어가자 그 부락 사람들은 옷을 빨지도 않고, 머리카락을 묶지도 않았으며, 손을 씻지 않았고, 부인들이 혀로 그릇을 핥는 것을 보고, 왕은 수행하는 신하들에게 ‘너희가 나를 속여 구국(狗國)으로 들어왔구나’라고 하며 말을 달려 돌아왔다(與蠕蠕結好, 其王嘗將數千人入蠕蠕國, 欲與大檀相見. 入其界百餘里, 見其部人不浣衣, 不絆髮, 不洗手, 婦人舌舐器物, 王謂其從臣曰, 汝曹誑我, 入此狗國中. 乃馳還)”라고 하였다.

『양서(梁書)』(636년, 권54, 「부상국전」(809쪽)에 “천감(天監) 6년(507) 진안(晉安) 사람이 바다를 건너 바람에 표류하여 한 섬에 이르렀는데, 해안에 올라 보니 사람들이 살고 있었다. 여자는 중국 사람 같았으나 말은 이해할 수 없었고, 남자는 사람의 몸에 개의 머리를 하고 있었으며, 그 소리는 개가 짖는 것 같았다. 음식으로는 소두(小豆)가 있었고 옷은 천[布] 같았다. 흙을 쌓아 원형으로 담장을 쌓았고 문은 구멍 같았다고 했다(天監六年, 有晉安人渡海, 爲風所飄至一島, 登岸, 有人居止. 女則如中國, 而言語不可曉; 男則人身而狗頭, 其聲如吠. 其食有小豆, 其衣如布. 築土爲牆, 其形圓, 其戶如竇云)”라고 하였는데, 이 이야기는 『남사(南史)』(659년), 권79, 「부상국전」(1977쪽)에도 그대로 인용되어 있다.

이러한 개와 비슷한 사람들에 관한 이야기는 이후 언급되지 않다가 10세기 유순(劉恂)의 『영표록이(嶺表錄異)』, 권하(사고전서본, 1a)에서 “능주(현 쓰촨 런서우)자사 주우(周遇)는 항상 채식하며 매운 것과 육식을 하지 않았다. 일찍이 나 유순에게 말하기를 '근래 동방[靑社]의 바다에서 민(閩, 광동)으로 돌아오면서 폭풍을 만나 5일 밤낮으로 몇천 리를 표류했는지 몰랐다. 여섯 나라를 거쳤는데, 첫 번째 나라가 구국(狗國)이었다. 배를 같이 탔던 신라인이 이곳이 구국(狗國)이라고 했다. 얼핏 보니 사람처럼 보였는데, 나체에 개를 안고 나와 배를 보고는 놀라 달아났었소'라고 했다(陵州刺史周遇, 不茹葷血. 嘗語恂云, 頃年自靑社之海歸閩, 遭惡風, 飄五日夜, 不知行幾千里也. 凡歷六國, 第一狗國, 同船有新羅客云, 是狗國. 逡巡果見如人, 裸形抱狗而出, 見船驚走)"라고 하였다.

또 『신오대사(新五代史)』, 권73, 「사이부록(四夷附錄)·거란 하」(907쪽)에서 거란의 동북쪽에 있는 '말겁자(韈劫子)'라는 나라를 기술한 다음, "또 북쪽에는 구국(狗國)이 있는데, 사람의 몸에 개의 머리를 하고, 털이 길고 옷을 입지 않으며 맨손으로 맹수를 때려잡는다. 개가 짖듯이 말하고, 그 아내들은 모두 사람으로 중국어에 능했다. 사내아이를 낳으면 개가 되고 여자아이는 사람이 된다. 서로 결혼하여 굴에서 살며 날것을 먹는데, 아내와 딸들도 먹는다(又北, 狗國, 人身狗首, 長毛不衣, 手搏猛獸, 語爲犬嘷, 其妻皆人, 能漢語, 生男爲狗, 女爲人, 自相婚嫁, 穴居食生, 而妻女人食)"라고 하였다.

1290년경 마르코 폴로는 안다만섬에 사는 한 인종을 기록하며 "이 섬에 사는 사람들은 모두 머리와 이와 눈이 개의 모양이다. 그들의 머리는 정말로 커다란 마스티프(mastiff) 개와 비슷하게 생겼다"(김호동 역주, 『동방견문록』, 439쪽)라고 하였다. 마르코 폴로를 이어 반세기 뒤에 이븐 바투타도 인도와 수마트라섬 사이에 사는 개처럼 생긴 어떤 종족을 기술하고 있다(C. Defrémery, B. R. Sanguinetti, 『Voyages d'Ibn Batoutah』,

IV(Paris, 1877), 224~227쪽).

“우리는 이 정크를 타고 15일 만에 바라흐나가르(Barahnagār) 라는 나라에 도착했다. 그곳의 사람들의 입은 개의 턱과 비슷했다. 그곳 사람들은 바보들이었고 힌두나 다른 곳의 종교를 믿지 않았다. 이들의 거처는 갈대로 이은 집으로, 건초로 덮었으며 바닷가에 있었다. 그곳에는 바나나 나무, 빈랑나무, 베틀 후추가 많았다. 이 나라 남자들의 용모는 우리랑 비슷하지만, 입만 개의 턱과 비슷할 뿐이다. 그러나 여자들은 그렇지 않다. 그녀들은 매우 아름답다. 남자들은 옷을 입지 않고 단지 몇 사람만 갈대로 만든 색칠한 통에 음경과 고환을 넣어 복부에 달았다. 여자들은 나뭇잎으로 가렸다. 이곳 사람 중에는 벵갈과 자바 출신의 이슬람교도들이 있다. …술탄은 가죽으로 만든 깔개를 한 코끼리를 타고 우리를 보러 왔다. 왕의 옷은 염소 가죽으로 만들었으며, 털이 밖으로 향해 있었다. 그의 머리에는 여러 색의 비단 숄 3개가 있었고 손에는 갈대창을 들고 있었다. 코끼리를 탄 20여 명의 측근이 수행하고 있었다.”

율(Yule)은 이곳을 니코바르로 보는 설, 안다만으로 보는 설을 소개하고, 니코바르일 가능성에 무게를 두지만, 이븐 바투타가 언급한 코끼리나 향료를 근거로 그 가능성을 의심하고 있다. 이러한 코끼리나 향료들은 내륙에 더 부합하므로, 아라칸 또는 페구의 해안지역일 가능성을 제기했다. 그 위치로는 네그라이스(Negrais) 섬 인근 지역으로 추측하면서, “주목할 만한 점은 시저 프레데릭(Caesar Ferederic) 그리고 몇몇 16세기의 여행자들은 네그라이스 섬 밖의 바다를 ‘바라의 바다(the Sea of Bara)’로 불렀다. 바라-나가리트(Bara-Nagarit)는 고려해볼 만하다. [이븐 바투타가 언급한] 머리에 쓰는 유색의 수건은 의문의 이 종족에 대한 특성이다. 양가죽에 대해서는 그렇게 말할 수 없다. 그러나 뒤로리에(Dulaurier)는 바라 나가르(Barah Nagár)가 말레이어로 '서쪽'을 의미하는 바라트(Bárat)와 '도시' 또는 '나라'를 의미하는 나가라(Nagárá)에 해당할 것이라고 지적했다. 정크의 선원들이 말레이사람들이었을 것이므로 상당히 주목할만하지만, 그 설명은 내가 제시한 위치와 매우 부합한다. 나는 '개의 주둥이'를 인도차이나 사람들의 얼굴에 보이는 공통적인 유형 중 하나인 돌출한 입술과 굵은 특성을 강하게 표현한 것으로 생각한다"라고 추측했다(『Cathay and the Way Thither』, II, 466~467쪽).

베킹햄(Beckingham)도 이곳을 "소나르가온(Sonargaon)에서 출발한 거리와 항해 시간은 미얀마 파고다 포인트(Pagoda Point)로 알려진 네그라이스 곶(Cape Negrais) 근처를 시사한다. 이 당시에 아라칸(Arahan)은 미얀마로부터 독립되어 있었고, 남쪽의 산도웨이(Sandoway)와 해안지역은 아갑(Akyab, 시트웨) 주에 있는 도시인 아라칸으로부터 독립해 있었다"라고 추정했다(Gibb(ed.) & Beckingham(tr. and anno.), 『The Travel of Ibn Battuta, AD 1325-1354』, IV(London, 1994), 874쪽).

이상으로부터, 반호(槃瓠), 견융(犬戎), 구국(狗國) 모두 개와 연관이 있으며, 위치는 중원의 사방, 심지어 미얀마 남단에서도 나타난다. 이들을 이집트, 인도, 그리스, 중국 등에 공통적으로 나타나는 '사이노세팔리(cynocephaly)'라는 신화적 현상으로 읽어야 하는지 아니면, 개의 턱과 비슷한 얼굴을 가진 이민족들에 대한 과장적이며, 조롱하는 표현으로 읽어야 하는가? 반호와 견융은 사이노세팔리 신화로 봐야 할 것 같고,

구국(狗國)은 후자로 해석해야 할 것 같다.

②노좌(老撾)에 관하여, 『강희자전』에 따르면, "'撾'자는 '장[ʈi̯aŋ](張)'과 '과[kwa](瓜)'의 반절로 읽어 음은 돠[ʈwa](檛)로, '친다'는 뜻이다(張瓜切, 音檛. 擊也)"라고 하였다. 이 명칭은 14세기 주치중(周致中)의 『이역지(異域志)』, 권하(陸峻嶺, 『이역지교주』, 54쪽)에서 '료사[lɑu-dʐʱai](潦査)'라는 형태로 가장 빨리 보인다. "료사(潦査)【사람들은 노조[lɑu-tʂau](老抓)라고 부른다.】 이곳에서는 코뿔소[犀], 코끼리[象], 금, 은이 난다. 사람들의 성격은 매우 사나워, 굴에 들어가 활에 독약을 [발라] 사람을 죽인다. 가소로운 점은 음료수를 입으로 마시지 않고, 대롱을 코에 넣어 흡입하는데, 대체로 코끼리와 비슷하다(潦査【俗呼老抓】. 其地產犀·象·金·銀. 人性至狠, 下窩弓毒藥殺人. 其可笑者, 凡水漿之物不從口入, 以管於鼻中吸之, 大概與象類同)"라고 하였다.

또, 『대명일통지(大明一統志)』(1461년), 권87(사고전서본, 48b), "노좌군민설위사사(老撾軍民宣慰使司)는 【동쪽으로 수미(水尾), 남쪽으로는 교지(交阯), 서쪽으로는 영원(寧遠), 북쪽으로는 차리선위사사(車里宣慰使司)의 경계에 있다. …】 풍속과 사람들의 성질은 사납다【『군지(郡志)』에 사람들은 모두 백이(百夷)이며, 의복, 음식 목방(木邦)과 비슷하며, 성질은 사납다. 몸과 눈썹에는 모두 꽃문양을 문신한다. …】(老撾軍民宣慰使司【東至水尾界, 南至交阯界, 西至寧遠界, 北至車里宣慰使司界. …】. 風俗民性獷悍【郡志, 民皆百夷, 衣服·飲食類木邦, 性獷悍, 身及眉目皆刺花. …】)"라고 위치와 풍속을 설명했다. 이로써 볼 때 '老撾=潦査=老抓'임을 확인할 수 있으므로, '老撾'는 우리 발음으로는 '노좌'로 읽는 것이 적합할 것 같다.

별칭으로, 이곳은 '남장(南掌)'이라고도 불렀다. 『운남통지(雲南通志)』(1691년 간행본), 권29(238b)에 "노좌는 사람들이 남장(南掌)이라 부르는 곳으로, 나라 이름이다. 『방언』에 물을 '남(南)'이라 하고, 코끼리[象]를 '장(掌)'이라고 한다고 하였는데, 물에서 코끼리가 나왔으므로, '남장'이라 부른다. 바로 옛날 월상씨(越裳氏)이다(老撾係俗名南掌, 係國號. 方言以水爲南, 以象爲掌, 因水上出象, 故名南掌, 即古之越裳氏)"라고 어원을 설명했다.

따라서 중국 자료에서 보이는 이칭들을 노좌(老撾)-노아(老丫)-노조(老抓)-료사(潦査)를 하나의 계통으로, 남장(南掌)-난장(瀾滄)-남장(纜掌)을 한 형태로, 료(潦)-료(寮)-료(獠)를 하나의 형태로 분류할 수 있을 것이다.

한편, 사조제(謝肇淛), 『전략(滇略)』(1621년), 권9(사고전서본, 29a)에 "노좌는 사람들이 좌가(撾家)라고 하는데, 이 오랑캐는 즐겨 독수리 발톱을 패용한다고 한다(老撾, 俗呼撾家, 以其夷好佩鵰爪云)"라고 했다. 여기의 '조[tʂau](爪)'가 '좌(撾)'로 와전되어 [독수리의] 발톱[爪]을 하는 사람들[撾家]이라고 했다고 추측할 수 있다. 따라서 원래 '라오(Lao)'라는 민족 명칭과 '조(爪)'자가 와전된 '좌(撾)'자를 붙여 '노좌(老撾)'라고 불렀다는 설이 있다[杨舟, 「调査-老挝应该读"老抓"」, 新华网(2015년 7월 20일)]. 이렇게 보면 '남장' 계열의 의역과 '라오(Lao)'라는 민족 명칭을 음역한 표기로 나눌 수 있을 것이다.

③애뢰(哀牢)는 베트남 하노이에서 서북쪽으로 800km 이상, 윈난성 쿤밍에서 서쪽으로 370km 남짓, 미얀마 만달레이에서 동북쪽으로 460km 정도 떨어져 있는 바오산(保山), 옛 명칭으로 용창(永昌) 지역에 있었던[『대청일통지(大淸一統志)』, 권182, 43a~43b] 고대 왕국이다. 『후한서』, 권116, 「남만서남이열전」(2848쪽)에는 '애뢰' 민족의 조상 설화를 다음과 같이 기록했다.

"애뢰 오랑캐 조상 중에 '사일(沙壹)'이라는 부인은 뇌산(牢山)에 살았다. 물에서 물고기를 잡다가 침향목(沈香木)에 닿아 감응이 있는 듯하더니 임신하여 열 달이 지나 사내아이 10명을 낳았다. 뒤에 침향목이 용으로 변해 물에서 나왔다. 사일은 문득 용이 '너는 내 아들을 낳았는데 지금 모두 어디에 있느냐?'라는 말을 들었다. 아홉 아들은 용에 놀라 도망했고, 작은아들만 도망가지 못하고 용을 등지고 앉자 용이 핥아 주었다. 그 어미는 조어(鳥語)에 '배(背)'를 '구(九)'라하고 '좌(坐)'를 '륭(隆)'이라 하니, 아들을 '구륭'이라 하였다. 이후 장성하자 형들은 구륭이 아버지가 핥아 주어 영민하리라 생각하고 함께 그를 왕으로 추대했다. 후에 뇌산 아래에 살던 한 부부가 딸 10명을 낳자, 구륭의 형제가 모두 그녀들과 결혼하여 점차 후손들이 불어났다. 이 종족은 모두 몸에 용을 닮은 문양을 문신하고, 옷에는 모두 꼬리를 붙였다. 구륭이 죽은 뒤에도 대를 이어갔다. 이에 나누어 소왕(小王)을 두고 대체로 마을을 이루어 계곡에 흩어져 살았다. 변방 밖 아무도 가지 않은 지역으로 산천이 막히고, 깊어 사람이 산 이래로, 중국과는 통한 적이 없다(哀牢夷者, 其先有婦人名沙壹, 居于牢山. 嘗捕魚水中, 觸沈木若有感, 因懷妊, 十月, 產子男十人. 後沈木化爲龍, 出水上. 沙壹忽聞龍語曰, 若爲我生子, 今悉

何在. 九子見龍驚走, 獨小子不能去, 背龍而坐, 龍因舐之. 其母鳥語, 謂背爲九, 謂坐爲隆, 因名子曰九隆. 及後長大, 諸兄以九隆能爲父所舐而黠, 遂共推以爲王. 後牢山下有一夫一婦, 復生十女子, 九隆兄弟皆娶以爲妻, 後漸相滋長. 種人皆刻畫其身, 象龍文, 衣皆著尾. 九隆死, 世世相繼. 乃分置小王, 往往邑居, 散在谿谷. 絶域荒外, 山川阻深, 生人以來, 未嘗交通中國)"라고 하였다.

폴 펠리오는 이러한 전설이 불교의 유입과 더불어 전파된 전설 중 하나로 보고, 마가다 아육왕(阿育王)의 손자 '저몽저(低蒙苴)'의 아홉 아들이 티베트, 중국, 스리랑카, 남조(南詔), 파이(擺夷) 등의 조상이 되었으며, 그 중 다섯째 아들 몽저독(蒙苴篤)이 바로 구륭과 아홉 아들을 낳은 떠다니는 나무가 되었다는 전설을 소개했다[『8세기 말 중국에서 인도로 가는 두 갈래 여정』, 75~76쪽]. 이로써 볼 때, 애뢰(哀牢)는 라오스 민족보다는 표국(驃國, 미얀마)이나 남조(南詔) 민족과 더 친연성을 띤다.

『후한서』(2849쪽)는 이들 민족에 관하여 "애뢰 사람들은 모두 코를 뚫고 귀를 늘어뜨리는데, 그들 수장, 스스로 왕이라는 자는 두 귀가 모두 어깨 3촌까지 늘어뜨리고, 일반인들은 어깨까지 이르게 할 뿐이다. 토양은 비옥하여, 오곡과 양잠에 적합하다(哀牢人皆穿鼻儋耳, 其渠帥自謂王者, 耳皆下肩三寸, 庶人則至肩而已. 土地沃美, 宜五穀·蠶桑)"라고 기술하고 있다. 이 나라는 76년 애뢰왕 유뢰(類牢)가 반란을 일으켰고, 77년 진압되어 멸망했다고 하며, 그 지역은 탄국(撣國, 현 미얀마)이 차지한 것으로 보인다(『후한서』, 2851쪽). 지봉이 '노좌'를 '애뢰'라고도 한다는 정보는 어느 자료에서 가져왔는지 확인되지 않으며, 문화적으로도 맞지 않는다.

지봉이 발췌한 ⓐ와 ⓑ의 문장은 『사고전서존목총서(四庫全書存目叢書)』본(子部, 類書類, 205책), 『사문옥설』, 권7, 5b~6a)에서 확인된다. 그 원문은 다음과 같다. “[나라의 풍속으로 아버지와 아들은 같이 살거나 같은 아궁이를 사용하지 않는다. 결혼에는 중매인을 통하지 않고 남녀가 서로 무질서하게 모여 빈랑으로 신표로 삼아 아내처럼 시집간다. 다른 사람과 간통하면 그만두고, 이전 남편은 다른 여자에게 장가들게 한다. 이 나라는 참파[점성]에 속한 군으로, 그 백성들은 참파에 노역하여 해마다 조세를 바친다. 남자들은 도적질을 좋아하고 여인들은 음란함을 좋아한다. 한나라 때부터 중국의 통치를 받아 군현이 되었고 교주자사(交州刺史)를 두었다. 후한 시기에 다시 반역하여 마원(馬援)이 평정했다. 오대(五代) 말에 이르러 절도사 오창문(吳昌文)이 왕호를 참칭했다. 그 후 역대로 왕을 칭했으나 모두 다른 성씨가 찬탈했다. 동쪽으로 흠렴(欽廉), 다로(茶盧)에, 남쪽으로는 참파[점성], 소주(蘇州), 무주(茂州)에, 북쪽으로는 옹관(雍管)에 접해 있으며, 동쪽으로는 온통 바다이다. 서쪽으로 육로가 있어 백의만(白衣蠻)과 통한다. 흠주(欽州)에서 서남쪽으로 배를 타고 가면 하루면 이를 수 있다. 또] 노좌국이 안남 서남쪽에 있는데, 옛날 월상(越裳)의 나라이다. [사람들은 사나워 다른 사람과 화목하지 않으면, 몰래 굴에 내려와 활로 쏴 죽인다. 한 사람을 잡으면 다리와 발꿈치를 돌로 피부를 벗겨내 걸을 수 없게 한다. 나라에서는 코끼리가 나고, 진귀한 조개(珍貝), 금은을 생산한다. 씹는 것을 입에서 떼지 않고, 음료수 같은 것을 마실 때는 코로 흡입하여 마신다.](交趾國一名安南, 乃瓠犬之遺種. 其性姦猾, 剪髮跣足, 窅目昂喙, 極醜惡. 廣人稱爲夷鬼

貌類人者. 乃馬援兵之遺種也. [國俗父子不同居共爨. 凡嫁娶不通媒妁, 男女自相烏合, 以檳榔爲信, 然後歸家若妻. 與他人相通即休, 其前夫令其別娶. 其國乃占城之屬郡, 其民爲占城之役歲供租稅. 男子尙賊盜, 婦女好淫亂. 自漢中國取之治爲郡縣, 入交州刺史. 後漢復叛, 馬援平之. 至五代末, 節度使吳昌文始僭王號. 其後稱王歷代, 俱是異姓篡奪. 東接欽廉·茶盧, 南接占城·蘇·茂戎, 北接雍管, 東西皆大海, 西有陸路通白衣蠻木惠. 自欽西南行舟一日可至. 又]老撾國在安南西南, 古越裳之國, [人性狠戾, 但與人不睦, 則暗下窩弓射殺之. 獲得一人, 脚跟以石磨去皮, 使不能行. 地出象, 産珍貝·金銀. 凡咀嚼之物從口, 而食水漿之類鼻吸而飮])라고 하였다. 그러나 ⓒ의 노좌국(老撾國)이 애뢰국(哀牢國)이라는 정보 보이지 않는다.

(3)『오학편(吾學編)』에 "그곳 풍속을 말하자면, ④이(夷)와 료(獠)가 뒤섞여 살며 예의를 모른다. 사납고 싸움을 좋아한다. 환주(驩州, Nghệ An)와 연주(演州, Diễn Châu) 사람들은 순수하고 학문을 좋아한다. 이 나라 산천으로 ⑤불적(佛跡), ⑥구루(句漏), ⑦부량강(富良江)이 가장 크다. ⑧월왕성(越王城), ⑨천사관(天使館), ⑩랑박(浪泊), ⓓ기둥[柱]이 있다. 황금 구슬[金珠], 여러 향[諸香], 코뿔소[犀], 코끼리, 외뿔 들소[兕], 성성(猩猩), 비비(狒狒), 흰 꿩[白雉], 비취(翡翠) 잭푸르트[波羅蜜]가 난다(吾學編曰, 其俗夷獠雜居, 不知禮義, 獷悍喜鬪. 唯驩演人淳秀好學. 其山川, 佛跡·句漏·富良江最爲大. 有越王城·天使館·浪泊·柱. 産金珠·諸香·犀·象·兕·猩猩·狒狒·白雉·翡翠·波羅蜜)"라고 하였다.

『오학편』, 권26, 『황명사이고(皇明四夷考)』의 원문은 다음과 같다. "그곳 풍속을 말하자면, 이(夷)와 료(獠)가 뒤섞여 살며 예의를 모른다. **사납고 싸움을 좋아하며, 농사를 지을 줄**

모른다. 몽둥이 모양으로 상투를 틀고 머리털을 자른다. 즐겨 목욕하고 물을 좋아한다. 평소에는 모자[冠]를 쓰지 않고, 좋아하는 사람을 만나면 거리낌 없이 접촉한다. 환주(驩州, Nghệ An)와 연주(演州, Diễn Châu) 사람들은 순수하고 학문을 좋아한다. 이 나라 산천으로, 불적(佛跡), 구루해(句漏海), 부랑강(富良江)이 가장 크다. 황금 구슬[金珠], **산호(珊瑚), 대모(玳瑁), 단주(丹珠)**[1], 여러 향[諸香], **소합유(蘇合油), 후추[胡椒], 영양 뿔[羚羊角]**, 코뿔소[犀], 코끼리, 외뿔 들소[兕], **흰 사슴[白鹿]**, 성성(猩猩), 비비(狒狒), 흰 꿩[白雉], 비취(翡翠), **비단뱀[蚺蛇], 개미 알[蟻子], 젓갈[鹽醢]**, 잭푸르트[波羅蜜], **오목(烏木), 소목(蘇木)**이 난다. 경내에는 월왕성(越王城), 천사관(天使館), 랑박(浪泊), ⓓ기둥[柱], **청동 북[銅鼓]**이 있다(其俗夷獠雜居, 不知禮義, 獷悍喜鬪, 不解耕種. 椎髻剪髮. 好浴善水. 平居不冠, 惟交愛人, 偶儻好謀. 驩演人淳秀好學. 其山川佛跡, 句漏海·富良江最爲大. 産金珠·珊瑚·玳瑁·丹珠·諸香·蘇合油·胡椒·羚羊角·犀·象·兕·白鹿·猩猩·狒狒·白雉·翡翠·蚺蛇·蟻子·鹽醢·波羅蜜·烏木·蘇木. 境內有越王城·天使館·浪泊·柱·銅鼓)."

④'이료(夷獠)'에 관하여, 먼저 '이(夷)'는 한나라 시기 형성된 사이(四夷)의 개념으로 동방의 오랑캐(이민족)을 지칭한다. 그렇지만, 『서경』과 『맹자』에는 '서이(西夷)'라는 개념도 보이고, 범엽(范曄, 398~445)의 『후한서(後漢書)』, 권86에는 '남만(南蠻)'과 '서남이(西南夷)'에 관한 열전이 실려있다. 단순히 '서남쪽의 오랑캐[夷]'라는 뜻이었을까? 이 때문에, 여기 '이료(夷獠)'라는 용어가 해석하기 어려워진다. '료(獠)'

1) 단주(丹珠)는 주사(朱砂)인 '단주(丹朱)'의 오기로 추정한다.

의 상고음은 [lieu], [ȶau], [lɑu] 등 세 발음이 있다. 『강희자전』에 인용된 『집운(集韻)』의 설명에 따르면, “서남이(西南夷)를 ‘료(獠)’라 하는데, 혹 ‘료조(僚𤜶)’라고도 한다(西南夷謂之獠, 或作僚𤜶)”라는 풀이가 있다. 이때의 발음은 로[luo](盧)와 호[ɣɑu](皓)의 반절로 읽는다고 했으므로, [lɑu] 즉 현대 중국어로 [lăo]이다. 하지만 폴 펠리오는 『8세기 말 중국에서 인도로 가는 두 갈래 여정』(27쪽)에서 [liao]로 읽어야 한다고 했는데, 무엇을 근거한 것인지 모르겠다.

‘이료’라는 용어가 사용된 예는 『후한서』, 권86, 서남이(西南夷) 중, 대나무[竹] 탄생 신화를 가진 야랑(夜郎)에 관한 기술이 보이는데, 이들은 무제 원정(元鼎) 6년(기원전 111)에 정벌되었으나 “이료들은 모두 죽왕(竹王)이 인간의 혈기로 태어난 사람이 아니라고 매우 소중하게 여기며 후사를 세워줄 것을 요청했다(夷獠咸以竹王非血氣所生, 甚重之, 求爲立後)”라고 하였다. 이로써 볼 때 ‘이료’가 바로 ‘야랑(夜郎)’이고 크게는 ‘서남이’라는 말이다. 이어서 『위서(魏書)』, 권101, 「료전(獠傳)」에서는 4세기 중반 “이세(李勢, 343~347 재위)가 촉 땅에 있을 때 여러 료(獠)가 파서(巴西), 거천(渠川), 광한(廣漢), 양안(陽安), 자중(資中) 등에서 처음 출몰하여 군현(郡縣)을 쳐부수니, 익주(益州)의 큰 환란이 되었다(李勢在蜀, 諸獠始出巴西·渠川·廣漢·陽安·資中, 攻破郡縣, 爲益州大患)”라고 했다. 언급한 지역들은 정확히 추정하기 어렵지만 모두 오늘날 쓰촨에 속한 곳이다. 여러 료(獠)가 이들 지역에 처음 출몰했다고 했으므로, 이들은 원래 살던 곳에서 쓰촨 지역으로 이주 침입해 들어왔다는 말로 읽힌다. 따라서 ‘이료’는 서이(西夷)와 료(獠)의 합칭으로, 중국 서남쪽 중국과 베트남의 경계 지역의 소수 민족을 일컫던 말로 추정한다.

한편, 아래 동고(銅鼓)에 관한 주석에서 보겠지만, 장섭(張燮)의 『동서양고』(셰팡 점교본, 13쪽)가 인용하고 있는 『광주기(廣州記)』에는 청동 북을 만드는 '리료(俚獠)'라는 명칭이 보인다. 『후한서』, 권86, 남월전(南越傳)」(2836쪽)에 건무(建武) 12년(36년) 구진군(九眞郡) 변방의 '만리(蠻里)'였던 장유가 종족을 거느리고 귀화 복속하자 [그를] '귀한리군(歸漢里君)'에 봉했다(九眞徼外蠻里張游, 率種人慕化內屬, 封爲歸漢里君)"라고 했는데, '리(里)'에 관하여 이현(李賢)은 "'리'는 만(蠻)의 별칭으로 지금은 리인(俚人)이라 부른다(里, 蠻之別號, 今呼爲俚人)"라고 하였다. 여기서 '료(獠)'는 통칭이고, '리(里)' 또는 '리(俚)'는 종족 명칭으로 쓰였다고 추론할 수 있다. 또 '료'에는 미개의 '생료(生獠)'가 있고 개화된 '숙료(熟獠)'라는 용어도 사용되고 있다. 이로써 잠정적이지만, '료(獠)'는 남쪽의 만(蠻)과는 달리 서남쪽 이민족을 지칭하는 통칭이므로, '이료(夷獠)'는 '부족 또는 종족의 명칭+료'의 구성방식으로 만들어진 용어로 추정한다.

⑤불적(佛跡)은 바로 불적산(佛跡山)을 말한다. 악사(樂史, 930~1007), 『태평환우기(太平寰宇記)』(사고전서본, 권170, 9a와 권171, 3a)에는 교주(交州) 구진현(九眞縣)의 관할로 처음 언급되어있다. 왕존(王存)의 『원풍구역지(元豊九域志)』(1080년)에 따르면, 취안저우의 고적으로 불적산을 들고, "불적산 위에는 오래된 발자국이 있는데 전하기를 부처의 족적이라고 한다(佛跡山上有足跡故老, 相傳以爲佛跡)"라고 하였는데(사고전서본, 권9, 8a), 같은 곳을 말하는지는 분명하지 않다. 그러나 13세기 축목(祝穆)의 『방여승람(方輿勝覽)』, 권34, 광동과 광남 시박사(市舶司)에 속하는 산천으로 불적산을 들고 "[불적산은] 불적사에 있다. 산 위에는 큰 반석이 있

고 가운데에는 부처의 발자국과 사자, 코끼리의 족적이 완연하다(在佛迹寺上有大盤石, 中有佛足·獅子·象迹宛然)"[사고전서본, 4b]라고 한 것을 보면 같은 곳임을 시사한다. 분명한 설명은 『대명일통지(大明一統志)』(1461년)에 보인다. 안남(安南)의 산천으로 불적산을 제일 먼저 들고, "[불적산은] 교주부 석실현(石室縣)에 있다. [산] 위에는 거인의 발자국이 있고, 아래에는 못이 있다. 풍경이 맑고 고와 하나의 명승지이다(在交州府石室縣. 上有巨人跡, 下有池. 景物淸麗, 爲一方勝槩)"[사고전서본, 권90, 4a]라고 하였다. 여기 석실현(石室縣)은 현 하노이 서쪽 탁텃(Thạch Thất)이다. 이 정확한 설명은 장섭(張燮)의 『동서양고(東西洋考)』, 권1에도 그대로 인용되었다(셰팡, 『동서양고』 점교본, 9쪽).

⑥'구루(句漏)'는 지봉이 인용한 『황명사이고』에는 '구루해(句漏海)'로 되어있다. 『송서(宋書)』(488년), 권38, 주군(州郡) 설명에 따르면(1204쪽), 교지(交趾) 태수는 한나라 무제 원정(元鼎) 6년(기원전 112)에 설치되었고, 12개의 현(縣)을 다스린다고 하는데, 그 관할하는 현으로 두 번째 구루령(句漏令)이 보이고, 한나라 옛 현이라는 설명이 보인다. 또한 『남제서(南齊書)』(537년)에서도(267쪽), 교지군(交阯郡)에 구루(句漏)가 속해 있음을 확인할 수 있다. 『수경주』(사고전서본, 권37, 10a~b)에는 "구진이 그 강물을 안정시키고, 다시 동쪽으로 구루현을 지난다. 구루현은 강물을 둘렀고, 그 강물은 안정현과 마주해있다(九眞乃靖其水, 又東逕句漏縣, 縣帶江水, 江水對安定縣)"라고 하였다. 여기 구진(九眞)은 현 딴 호아(Thanh-hoa)이고 안정(安定)은 현 옌딘(Yên Định)으로, 모두 하노이 남쪽으로 두 곳을 지나는 강물은 남마강이다. 하지만 지봉이 인용한 '구루'는 산 이름이다. 왕존(王存)의 『원풍

구역지(元豊九域志)』(1080년)에는 푸닝현(普寧縣) 고적으로 구루산(勾漏山)이 보이는데, 역시 축목의 『방여승람』(사고전서본, 권42, 3b)에도 같은 곳을 소개하며 갈홍(葛洪)이 연단(鍊丹)하던 곳이라고 설명하고 있다. 확실히 여기의 구루산과는 거리가 멀다. 교주 구루산의 기술은 역시 『대명일통지(大明一統志)』(1461년)의 설명이 가장 정확하다. "[구루산은] 석실현에 있다. 전하기를 옛날 구루현이 그 아래에 있다고 한다. 『한서』에 '구루현에는 물에 잠겨 있는 소들이 있는데, 뭍에 올라 서로 싸움을 하다가, 뿔이 약해지면, [물로] 되돌아갔다가, 다시 나온다'라고 하였다(在石室縣. 相傳古勾漏縣在其下. 漢書, 勾漏縣有潛水牛, 上岸共鬬, 角軟, 還, 復出)"라고 하였다. 여기서 말하는 『한서』는 범엽(范曄, 398~445)의 『후한서(後漢書)』로, 권30, 「군국지」, 교지군(交趾郡)의 '구루(苟漏)' 주에서 『교주기(交州記)』를 인용한 문장이다(3532쪽). 같은 설명이 장섭(張燮)의 『동서양고(東西洋考)』, 권1에도 보인다(쎼팡, 『동서양고』 점교본, 9쪽). 이상으로부터 지봉이 '구루해(句漏海)'가 아니라 '구루[giu-ləu]'로 인용한 것은 정확한 독서에 따른 판단이다. '구루'의 월(粵) 방언 발음은 [ŋ|kɐu-lɐu]로 볼 때, '구루'는 옌딘의 꾸안-라오(Quán Lào)을 음역한 것은 아닌지 모르겠다.

⑦부량강(富良江)은 1178년 주거비(周去非)의 『영외대답(嶺外代答)』, 권2, 안남국 조목에 보인다(양보원, 교주본, 55쪽). "옹주(邕州, 광시 좡족 자치구) 좌강(左江)[2] 영평채(永平寨)[3]

---

2) 좌강(左江)은 광시 난닝 서쪽의 베트남 경계에서 흐르는 강으로, 베트남어로는 '따 기앙(Tả Giang)'이라 한다.

3) 영평채(永平寨)에 관하여 『원사』, 권209, 「안남전」(4638쪽)에 따르면, 지원(至

에서 남행하여 그곳 경계인 궤랑(机榔)[4]현으로 들어간다. 오피(烏皮), 도화(桃花)라는 두 작은 강을 건너면 부량(富良)강이라고도 하는 남정(滴定)강에 이른다. 나흘을 가면 그 나라 도읍에 이르는데, 바로 곽규(郭逵)의 군대가 출전한 곳이다(自邕州左江永平寨, 南行入其境机榔縣, 過烏皮, 桃花二小江, 至滴定江, 亦名富良江. 凡四日至其國都, 乃郭逵師所出也)." 이 기술대로라면, 남정강(滴定江)이 바로 부량강(富良江)이다. 앙리 마스페로(Henri Maspero)는 1916년 주거비의 이 문장을 역주하며 '남정'을 남딘(Nam Định)으로, '부량'을 푸르엉(Phú Lương, 하노이 북부 타이응우옌)으로 추정한 바 있다.[5] 한편 양보원은 이 부량강이 하노이를 북부를 끼고 흐

元) 15년(1278) 교주로 보낸 시춘(柴椿) 일행이 윤11월에 옹주(邕州)의 영평채(永平寨)에 이르자, 쩐 호앙(Trần Hoảng, 陳日烜)이 신하들을 보내 부량강 기슭에 나와 맞았다는 기록이 보인다. 셰팡 씨는 영평채의 위치를 현 좡족 자치구 핑샹시 남서쪽에 국경 관문인 휘 응이 꽌[友誼關] 또는 그 근처에 있었던 요새로 추정했다(『영외대답교주』, 62쪽).

4) 현(縣)의 이름인 '궤랑(机榔)'은 『송회요집고(宋會要輯稿)』[중화서국본, 번이(蕃夷)4, 37과 38쪽], 『송사』, 권290, 「곽규열전」(9725쪽), 권334, 「도필(陶弼)열전」(10736쪽)에는 모두 '광랑(桄榔)'으로 되어있다. 이는 범조우(范祖禹, 1041~1098)가 쓴 곽규 묘지명에서도 확인할 수 있다[『범태사집(范太史集)』(사고전서본), 권40, 15b]. 1768년 완성된 『어비역대통감집람(御批歷代通鑑輯覽)』(사고전서본, 권77, 5a)의 주석에 따르면, 안남국 경계에 있다고 한다. 양보원 씨는 베트남 사회과학위원회에서 펴낸 『월남역사(越南歷史)』를 근거로 광랑현이 베트남 랑선(Lạng Sơn)라고 하였다(『영외대답교주』, 62쪽). 주거비가 언급한 방향과 베트남과의 국경지대인 점으로 볼 때, 랑선은 적합하다. 광랑은 빈랑의 일종으로, 특산물로 지명을 삼은 예일 것이다. 따라서 여기 '궤'자는 '광'자의 오기일 것이다.

5) 「Etudes d'histoire d'Annam」, 『BEFEO』, 1916, 31~33쪽.

르는 홍강의 중심 물줄기, 즉 홍강=부랑강으로 설명했다(앞의 책, 62쪽). 문제는 주거비가 어디에서 나흘을 가야 도읍에 도착하는지 명확히 기술하지 않았다는 점이다. 광시 핑샹시와 하노이 사이의 직선거리 150km 남짓을 고려하면, 전체 여정에 걸리는 일정을 말한 것으로 보인다. 그렇다면 부랑강=홍강이라는 설은 성립한다. 이 홍강은 하노이 남동쪽으로 흘러 남딘을 지나므로 '남정(남딘)의 강'이라고 부를 수도 있다. 그러나 마스페로가 추정한 푸르엉=부랑은 홍강의 물줄기와 거리가 멀므로, 음성적으로는 매우 만족스럽지만 성립하지 않을 것 같다.

그러나 마스페로는 내가 확인하지 못한 응우옌 짜이(Nguyễn Trãi, 1380~1442)의 지리서 『An Nam vũ cống(安南禹貢)』에 보이는 원주를 참고하여, "푸르엉 강은 송 까우(Sông Cầu) 즉 느 응우옛 기앙(Như Nguyệt giang, 如月江)으로, 타이응우옌(Thái Nguyên)에서 발원하여 송 까 로(Sông Cà Lồ)를 받아들여, 박닌(Bắc Ninh) 하류에서, 랑선(Lạng Sơn)에서 내려오는 송 뜨엉(Sông Thương)과 합류한 다음 까날 데 라피드(Canal des Rapides)[송 즈엉(Sông Đuống)]에서 송 타이 빈(Sông Thái Bình)을 이룬다"라고 설명했다(「Etudes d'histoire d'Annam」, 『BEFEO』, 1916, 32쪽). 확실히 주거비의 기술과는 상당히 모순된다. 사실 현재 지도를 놓고 따라가 보면 응우옌 짜이의 설명도 정확히 부합하지 않는다. 하지만 우리는 홍강의 범람으로 인한 수로 변화를 상정하지 않을 수 없고, 가 보지도 않은 주거비의 설명보다는 당연히 현지인의 손을 들어 줄 수밖에 없다.

『명일통지』(사고전서본, 권90, 5a~b)에 따르면, "[부랑강은]

교주부 동관현(東關縣, 하노이 북부의 홍강 일대)에 있는데, '로강(瀘江)'이라고도 한다. 위로는 삼대주(三帶州)의 백학(白鶴, 비엣찌 푸토 Bạch Hạc) 강에 접해 있고, [교주]부의 성 동쪽을 지나, 아래로는 리인(利仁, Lý Nhân, 홍강 삼각주)현의 대황(大黃, Đại Hoàng)강과 합해져 바다에 이른다. 송나라 곽규(郭逵)가 오랑캐[蠻]를 결리액(決里隘)에서 다음으로 부랑강에서 격파했다. 본조[명나라] 장보(張輔) 등이 레[黎] 적을 이곳에서 격파했다(在交州府東關縣, 一名瀘江. 上接三帶州白鶴江, 經府城東, 下通利仁縣大黃江, 以達於海. 宋郭逵破蠻, 決里隘, 次富良江. 本朝張輔等嘗破黎寇於此處)." 이 설명은 장섭(張燮)의 『동서양고(東西洋考)』, 권1에도 그대로 인용되었다(셰팡, 『동서양고』 점교본, 9쪽). 이에 따르면, 부랑강이 로강이다. 이 로강은 앞서 응우옌 짜이의 송 까 로(Sông Cà Lồ)를 말하는 것으로 볼 수 있다. 따라서 『명일통지』와 응우옌 짜이의 설명은 크게 모순되지 않는다. 결국 '부랑'은 푸르엉의 음역 표기이며 그곳에서 발원하기 때문에, 붙여진 명칭으로 하노이 북부의 '홍강'을 말한다고 정리할 수 있겠다.

⑧월왕성(越王城)은 이미 한나라 시기부터 오월(吳越) 지역 여러 곳에 언급되고 있다. 여기 교주(交州)의 월왕성에 관한 기술은 『명일통지(明一統志)』(사고전서본, 권90, 70a)의 설명이 가장 적확하다. "[월왕성은] 예안(乂安)[6]부 동안(東岸)현에 있다. '나성(螺城)'이라고도 하는 것은 그 모습이 소라처럼

6) 예안(乂安)은 응에안(Nghệ An) 지역을 지칭한다. 또한 '의안(義安)'으로도 표기하는데, '예(乂)'자의 고음은 'ŋi̯ɐi'이고 '의(義)'자의 고음은 'ŋi̯ɐi'로 상당히 비슷하다. 이곳은 중국인들에게 만(蠻)의 땅이었으므로 '베다'는 의미의 '예(乂)'자를 사용했을 수도 있다.

굽이졌기 때문이다. 한나라 시기 안양왕(安陽王)[7)]이 지었다.

---

7) 안양왕(安陽王)에 관하여, 먼저, 『사기』, 권113, 「남월열전」(2969쪽)에, "서쪽의 구(甌), 낙(駱), 그리고 나국(裸國)도 왕을 칭하고 있다(其西甌·駱·裸國亦稱王)"라는 기술이 있다. 여기 낙(駱)에 관한 주석으로 사마정(司馬貞)은 『사기색은(史記索隱)』에서 요씨(姚氏)가 인용한 『광주기(廣州記)』를 다시 인용하여 "교지에는 낙전(駱田)이 있는데, 조수가 들고 나감을 살펴 사람들이 그 밭에서 생활하기 때문에 '낙인(駱人)'이라 한다. 낙인의 왕[駱王]과 낙인의 제후[駱侯]가 있으며, 여러 현에는 스스로 낙인의 장군[駱將]이라는 [자들이 있어], 구리 인장과 푸른 인끈을 [가진], 바로 지금의 영장(令長)이다. 훗날 촉나라 왕자가 군대를 거느리고 낙후(駱侯)를 토벌하고 스스로 안양왕이 되어 봉계현(封溪縣)을 다스렸다. 이후 남월왕(南越王) 위타(尉他)가 두 사람을 보내 교지(交阯)와 구진(九眞) 두 군을 다스리게 했다(交趾有駱田, 仰潮水上下, 人食其田, 名爲駱人. 有駱王·駱侯, 諸縣自名爲駱將, 銅印靑綬, 即今之令長也. 後蜀王子將兵討駱侯, 自稱爲安陽王, 治封溪縣. 後南越王尉他攻破安陽王, 令二使典主交阯·九眞二郡人)"라고 하였는데, 이는 『후한서』, 권30, 「군국지」(3531쪽)에 따르면, 무제 때 설치한 교지군(交趾郡)은 '안양왕의 나라[安陽王國]'라는 설명으로 확인할 수 있다. 『구당서』, 권41, 「지리지」(1750~1751쪽)에 『남월지(南越志)』를 인용하여 "교지(交趾)의 토양이 가장 비옥하다고 한다. 옛날 웅왕(雄王)이라는 군장이 있었고 보좌하는 웅후(雄侯)가 있었다. 이후 촉나라 왕이 군사 3만을 통솔하여 웅왕을 토벌하여 멸망시켰다. 촉왕은 그의 아들을 '안양왕'으로 삼고 교지를 다스리게 했다. 그 나라의 땅은 지금 평도현(平道縣, Long Biên) 동쪽에 있다(交趾之地, 最爲膏腴. 舊有君長曰雄王, 其佐曰雄侯. 後蜀王將兵三萬討雄王, 滅之. 蜀以其子爲安陽王, 治交趾. 其國地. 在今平道縣東)"라고 하였다.

한편 『대월사기전서(大越史記全書)』, 권1에 따르면 촉[zjwok]반(蜀泮, Thục Phán)은 파촉(巴蜀) 사람으로 현 탄 꼬로아(Thành Cổ Loa)인 봉계(封溪)에 도읍했고, 기원전 256년에 문랑국(文郎國)을 병탄하고 나라 이름을 구맥국(甌貉國)으로 바꿨다고 한다. 이어서 "왕[촉반]은 월상(越裳)에 성을 쌓았는데, 넓이가 1천 장(丈)으로 소라 모양처럼 굽이져, '나성(螺城)'이라 불렀다. '사룡성(思龍城)'이라고도 부른다【중국인들은 곤륜성(崑崙城)이라 부르며 이 성이 가장 높다고 한다.】(王於是築城于越裳, 廣千丈, 盤旋如螺形, 故號螺城. 又名思龍城【唐人呼曰

안양왕이 옛날 월나라 땅에 도읍했기 때문에 '월왕성'이라고도 부른다. 성안의 궁궐터가 아직 남아있다(在乂安府東岸縣. 又名螺城, 以其屈曲如螺. 漢時安陽王所築. 安陽王舊都越地, 故又稱爲越王城. 城中宮址尙存)." 『동서양고』의 설명도 이를 따르고 있다(셰팡, 점교본, 12쪽).

⑨'천사관(天使館)'은 글자 그대로 중국 사신[天使]을 맞이하는 곳을 의미할 것이다. 당연히 교주부 즉 하노이에 있을 것으로 추정되지만, 정확한 위치는 언급되지 않았다. 다만 펑후(澎湖) 출신 채정란(蔡廷蘭, 1801~1859)이 1835년 베트남에 표류했다가 돌아가 쓴 『해남잡저(海南雜著)』「염황기정(炎荒紀程)」에 따르면, "이하강【옛 부량강】을 건너, 천사관【이하의 왼쪽에 있음】을 둘러보니, 비석들이 많고 기상이 높았다(渡珥河江【古富良江】, 閱天使館【在珥河左側】, 豊碑巍碣, 氣象巖巖)"(대만문헌총간본, 19쪽)라고 한 것으로 확인할 수 있다.

⑩'낭박(浪泊)'이란 곳은 마원(馬援)의 베트남 원정을 통해 이미 한나라 시기부터 익히 알려졌다. 『후한서』, 권24, 「마원열전」(838쪽)에 따르면, 건무(建武) 18년(기원후 42) 봄, 낭박 가에 이르렀다. 적들과 싸워 무찌르며 수천 명의 수급을 베었고, 항복한 사람들이 만여 명이었다. 마원은 쯩 짝(Trưng Trắc) 등을 추격해 금계(禁谿)에 이르러, 여러 차례 무찌르자 적들이 마침내 흩어져 달아났다. 이듬해(43년) 쯩 짝과 쯩 니(Trưng Nhị)를 참수하고 그 머리를 낙양으로 보냈다(十八年

崑崙城, 謂其城最高也】)"라고 하였다. 이로써 소위 '월왕'은 안양왕으로, 바로 촉반(蜀泮)이고, 그 성(城)은 나성(螺城)=사룡성(思龍城)=곤륜성(崑崙城)임을 확인할 수 있다.

春, 軍至浪泊上, 與賊戰, 破之, 斬首數千級, 降者萬餘人. 援追徵側等至禁谿, 數敗之, 賊遂散走. 明年正月, 斬徵側·徵貳, 傳首洛陽). 이러한 승리를 축하는 자리에서 마원은 옛날 사촌 동생이 말했던 대장부의 삶을 떠올리며, 마원 자신이 당시에는 낭박과 서리(西里) 사이에 있었음[當吾在浪泊·西里間]을 다시 한번 확인하고 있다. 이는 『자치통감』(사고전서본, 권43, 23b) 호삼성(胡三省) 주석을 통해 다음과 같이 확인할 수 있다. “낭박은 교지(交趾), 봉계현 경계에 있다. 마원이 교지를 평정하고, 서리(西里)를 나누어 봉계와 망해(望海) 두 현으로 나누도록 주청했다(浪泊在交趾封溪縣界. 按馬援既平交趾, 奏分西里置封溪·望海二縣).” 마지막으로 『명일통지』(권90, 7b)의 원주에 “[낭박은] 교주부 동관현(東關縣)에 있다. ‘서호(西湖)’라고도 한다(在交州府東關縣, 一名西湖)”라고 하였다. 이 정보는 『동서양고』에도 그대로 인용되었다. 요컨대 낭박이 서쪽 호수 즉 ‘호 따이[Hồ Tây]’라는 점이다. 그러나 ‘낭박’의 의미가 무엇인지, 아니면 무엇을 음차한 것인지, 어떻게 ‘호 따이’와 연관되는지 여전히 의문이다. 이 담수호는 동남쪽 모퉁이 부분을 호 쭉 박(Hồ Trúc Bạch)이라고 한다. 낭박의 박[bɦwɑk](泊)은 쭉 박의 ‘박(Bạch, 희다)’을 연상시킨다. ‘박(泊)’자가 희다는 의미인 ‘백[bɦɐk](白)’자의 잘못이라면 ‘낭박’은 의미상 ‘흰 물결’을, ‘쭉박’은 ‘흰 대나무’를 뜻한다.

지봉은 안남국에서 주목할 만한 장소를 언급하며, 『오학편』을 인용하여 ‘낭박’ 다음에 ⓓ‘기둥[柱]’만을 들었다. 하지만 참고한 원문에는 ‘기둥과 청동 북[柱·銅鼓]’[8]으로 되어있다.

8) 지봉이 빠뜨린 동고(銅鼓)에 관한 설명도 역시 『명일통지』(사고전서본, 권90, 8a)에 자세히 보인다. “교지(交趾)에 복역하는 [부족 중에] 머리가 날아가는 료

여기의 '주(柱)'는 마원이 교지(交趾)를 정벌하고 기념으로 경계에 세웠다는 '청동 기둥[銅柱]'을 말하는 것으로 보인다. 이에 관한 설명으로 『명일통지』(사고전서본, 권90, 7b)의 설명이 가장 자세하다. "한나라 마원이 교지(交趾)를 평정하고, 청동 기둥을 세워 한나라의 경계를 표시했다. 전하는 바에 따르면, 흠주(欽州) 고삼동(古森洞)에 있는데 [기둥]에 마원이 서원하여 '[이] 청동 기둥을 부러뜨려 교지를 멸하리라'라고 하였다고 한다. 당나라 마총(馬總)도 두 개의 청동 기둥을 세워 당나라의 덕을 새기고, 자신이 복파장군[마원]의 후예임을 밝혔다고 하는데 지금 그 소재는 알려지지 않았다. 일남군(日

[頭飛獠子], 붉은 바지를 입는 료[赤裩獠子], 코로 마시는 료[鼻飮獠子]가 있는데, 모두 굴이나 나무에서 살며, 음주를 좋아하고 청동 북을 두드린다. 북이 만들어졌을 때, 뜰에 설치하고 동료들을 부르면 오는 자들이 문에 가득했다. 부유한 집의 여자들은 금은의 비녀로 북을 두드리는데, 다 두드리고 나서 주인과 함께 머무른다. 혹 청동 북은 제갈량이 만(蠻)을 정벌할 때 [쓴] 징[鉦]이라고 한다(交趾服役有頭飛獠子·赤裩獠子·鼻飮獠子, 皆穴居巢處, 好飮酒, 擊銅鼓. 鼓初成, 置庭中, 招同類, 來者盈門. 豪富女子以金銀釵擊鼓, 叩竟, 留與主人. 或云, 銅鼓乃諸葛亮征蠻鉦也)." 이 정보는 확실히 료(獠)의 특징적인 악기임을 알려준다. 장섭(張燮)의 『동서양고』(셰팡 점교본, 13쪽)에서는 이 '동고'를 물산(物産) 항목에 넣고, 『광주기(廣州記)』를 인용하여 다음과 같이 설명했다. "이·료(俚·獠)들은 청동을 주조하여 북을 만드는데, 한 면의 폭은 5척 남짓이고, 북의 배꼽[鼓臍]은 돌출했으며 혹 바닷물고기 [모양으로] 만든다고 한다. 둘레에는 12마리의 두꺼비가 서로 짝을 이루어 있다. 처음 마을 아이들이 개구리가 우는 이상한 [소리를] 듣고 오랑캐 추장[蠻酋]의 큰 무덤에서 [그것을] 얻었다고 한다(俚獠鑄銅爲鼓, 面闊濶五尺餘, 鼓臍隱起, 或作海魚. 周回有蝦蟇十二相對. 初因鄕里小兒聞鳴蛙之恠, 得於蠻酋大塚中)." 이어서 장섭은 "『[후]한서』에 따르면, 마원이 교지를 정벌하고 낙월(駱越)의 청동 북을 얻어 마원의 방식대로 고쳐 주조했다고 하므로, 아마도 한나라 때에 있었을 것이다. 오늘날 만드는 것과는 다르다(按漢書, 馬援征交阯, 得駱越銅鼓, 改鑄馬式, 蓋漢而有之與. 今制不同)"라고 하였다.

南郡)의 서쪽에는 서도이의 나라[西屠夷國]가 있는데, 마원이 그곳을 지나면서 또 두 개의 청동 기둥을 세우고 한나라의 경계임을 표시했다. 북으로 돌아올 때, 기둥 아래 10여 가구가 남았는데, 수나라에 이르러서는 300여 가구가 되었고, 성씨는 모두 마씨였다. 『임읍기(林邑記)』에 따르면, 임읍(林邑) 큰 포구에는 다섯 개의 청동 기둥이 있는데, 당나라 천보(天寶, 742~756) 연간에 하리광(何履光)이 윈난을 정벌할 때, 안녕성(安寧城, 현 윈난 안닝시)을 빼앗고 마원처럼 청동 기둥을 세워 나라의 경계로 삼았다고 하는데, 역시 그 소재는 알려지지 않았다(漢馬援既平交趾, 立銅柱爲漢界, 相傳在欽州古森洞. 上有援誓云, 銅柱折, 交趾滅. 唐馬總又建二銅柱, 鑱著唐德, 以明其爲伏波之裔, 今未詳所在. 日南郡西有西屠夷國, 援嘗經其地, 亦植二銅柱, 表漢界. 及北還留十餘户於柱下, 至隋乃有三百餘户, 悉姓馬. 按林邑記, 林邑大浦口有五銅柱, 唐天寶中, 何履光伐雲南, 收安寧城, 立援銅柱, 以定疆界, 亦未詳所在).”

(4)내가 북경에 갔을 때 이 나라의 사신을 두 번 만났는데, ⓔ이빨을 검게 물들였고 ⓕ머리카락을 풀어 헤치고 있었으며 ⓖ문자를 잘 이해했다. ⓗ언어는 입을 다무는 소리[합구성(合口聲)]를 사용했다. ⓘ눈이 움푹하고 입이 치켜 올라갔다는 말과 비슷했다. 단 모두 머리를 풀어 헤쳤다는 점이 옛날 머리를 깎았다는 것과 달랐다(余赴京, 再遇其國使臣, 涅齒被髮, 頗解文字, 言語用合口聲. 所謂窅目昂喙似矣, 但皆被髮, 與古剪髮異矣).

이 마지막 단락은 지봉이 기록상 알고 있었던 지식을 직접 눈으로 확인한 기록이라는 점에서 매우 중요하다. 장유(張維, 1578~1638)가 쓴 『행장(行狀)』에 따르면(『계곡집』, 권15, 26b~36b), 지봉은 1590년(선조 23, 28세)에 성절사(聖節使)

의 서장관(書狀官)으로 처음 북경에 갔고, 1597년(선조 30, 35세)에 진위사(陳慰使)의 부사(副使)로 두 번째 북경에 갔으며, 1610년(광해군 2, 48세)에도 주청사(奏請使) 부사로 세 번째 북경에 갔다. 이들 사행 중에서 두 번째 사행 기록이 바로 『조천록(朝天錄)』과 『안남국 사신과 창화하고 문답한 기록(安南國使臣唱和問答錄)』이다. 또 세 번째 사행에서는 『속조천록(續朝天錄)』과 『유구 사신과 주고받은 기록(琉球使臣贈答錄)』을 남겼다. 여기 지봉이 안남의 사신을 두 번 만났다고 한 말은 바로 1590년과 1611년을 말하는 것으로 보인다. 『지봉집』, 권8, 「안남국사신창화문답록(安南國使臣唱和問答錄)」에 딸린 지(識)[9a~10a]에 지봉이 두 차례 안남국 사신을 만난 다음과 같은 기록이 있다.

나 수광은 만력 경인년(1590, 선조 23)에 서장관으로 차출되어 황제의 생일을 축하하러, 북경[京師]에 갔다가 안남국 사신들을 만났으나, 각기 다른 객관에 머물렀고, 금령으로 소통할 수 없어, 단지 조회할 때 얼굴을 한 번 봤을 뿐이었다. 일을 마치고 조정으로 돌아와 견문, 일의 경과를 개술한 기록을 올리자 상께서 나 수광을 승정원으로 불러, 안남 사신들의 의복과 제도 그리고 그 나라의 풍속이 어떠했는지, 혹 시를 주고받은 것이 있으면, 모두 글로 써서 올리게 하였다. 이에 그 사신들과 서로 문답하고 시를 주고받아 그로써 성상의 질문에 우러러 답하지 못한 것이 더욱 한스러웠다(睟光於萬曆庚寅, 蒙差書狀官, 賀聖節于京師, 遇安南國使臣, 各處異館, 禁不得通, 只於朝會一再見面而已. 及幹事回朝, 於聞見事件中槪錄以進, 則上召臣睟光于政院, 下問安南使臣衣服制度與其國風俗如何, 且或有唱和之作, 竝書啓. 於是益恨不得與其使臣相問答酬唱, 以仰復聖問也).

정유년(1597년, 선조 30) 겨울이 되어서, 위문하는 사신[進慰使]으로 다시 북경에 갔다가, 또 안남 사신들을 만났으나, 마침 동지 성절(聖節)이라, 외국에서 온 사람들이 매우 많아, 객관에도 가득 찼다. 다행히 그 사신들과 같은 곳에서, 마주해 묵으며 50일을 체류했다. 그래서 서로 가까이 매우 친숙해져 문답을 아주 자세하게 나눌 수 있었다. 시를 주고받음에 있어서, 당시 나라가 병화를 당해, 생각이 다른 일에 미치지 못했지만, 감히 붓을 잡고 글을 짓는 것이 아니라, 다만 그저 그들의 문장 스타일을 보고자 함이었다(逮丁酉冬, 以進慰使再赴京師, 又與安南使臣相値, 而適冬至賀節, 外國來者甚夥, 館宇塡滿. 幸與其使臣同處一照, 留過五十箇日. 故得與相接甚熟, 問答甚詳. 至於酬唱則爾時國被兵禍, 念不及他, 非敢操筆爲詞, 唯欲見其文體而止耳).

생각건대, 우리나라는 중국[中朝]과 매우 멀고, 중국은 안남과도 매우 멀다. 그 여정을 계산해보면, 두 나라의 거리는 10,000여 리일 뿐만 아니라, 그 나라의 조공도 일정하지 않게 몇 해 만에 한 번 했으므로, 우리나라 사신들이 [그들을] 거의 만날 수 없었으며, 하물며 그들과 같은 곳에 머물며 시를 주고받는 일은 어떠하겠는가. 그런즉 나 수광이 [그들을] 다시 만날 수 있었던 일이 어찌 그사이에 운명이 있는 것이 아니겠는가. 이러한 [창화시]집도 이전 시대에 없었던 것이다. 글은 비록 몹시 비루하지만 [이러한] 일은 전할 만하기에 남겨두어, 해박하고 고아한 군자들을 기다려, 여기에서 얻을 것이 있기를 바란다. 이수광 쓰다(竊念我國去中朝甚遠, 中朝去安南又甚遠. 計其道途, 則兩國相去, 不啻萬里餘矣, 且其朝貢不時, 累歲一至, 故我國使臣罕能相遇, 況得與之同處唱酬者哉. 然則睟光之得再相遇也, 豈非有數於其間. 而是集也, 亦

前古所未有者也. 文雖甚陋, 事或可傳, 故且存之, 以俟博雅君子, 庶有取焉爾. 李睟光識).

ⓔ의 정보는 이미 『초사·초혼(招魂)』에서 남방에 머물지 말라고 혼을 부르며 "이마를 새기고 검은 이빨의 [사람들은] 인육으로 제사를 지내며, 그 뼈로 젓갈을 만든다네(雕題黑齒, 得人肉以祀, 以其骨爲醢些)"라고 노래하고 있다. 또 『사기』, 권43, 「조세가(趙世家)」(1818쪽)에서도 "머리카락을 깎고 문신하며, 팔을 단청으로 장식하고 왼쪽으로 옷을 여미는 것은 구월(甌越)의 사람이다. 이빨을 검게 하고 이마를 새기며, 물고기 껍질을 모자로 쓰고, 재봉이 거친 옷을 입는 것은 대오(大吳)의 나라이다(夫翦髮文身, 錯臂左衽, 甌越之民也. 黑齒雕題, 卻冠秫絀, 大吳之國也)"라고 기술하고 있다. 이로써 볼 때, 이빨을 검게 물들이는 것은 남방 이민족의 특성으로 이미 잘 알려져 있었음을 알 수 있다. 800년에 죽은 것으로 추정되는 구양첨(歐陽詹)은 「진상론(珍祥論)」(사고전서본, 『구양행주문집(歐陽行周文集)』, 권6, 10a)에서 "머리를 날리고, 코로 마시는 장기가 있고, 이빨을 검게 물들이고 가슴을 뚫은 모습이다(頭飛鼻飲之長, 涅齒穿胷之貌)"라고 하였고, 단성식(段成式)의 『유양잡조(酉陽雜俎)』(사고전서본, 권4, 2b)에도 "서도(西屠)의 풍속은 이빨을 검게 물들인다(西屠俗, 染齒令黑)"라고 한 것을 확인할 수 있다. 이렇게 이빨을 검게 물들이는 민속은 대체로 미적 동기로 추정되며 일본, 베트남, 필리핀, 동남아시아, 심지어 아프리카에서도 발견된다.[9]

9) 자세한 사항은 Thomas J. Zumbroich, 「'Teeth as black as a bumble bee's wings': The ethnobotany of teeth blackening in Southeast Asia」, 『Ethnobotany Research & Applications』, 7(2009), 381~398쪽을 참고하시오.

ⓕ와 ⓘ에 관해서는 『도서집성·변예전(邊裔典)』, 권94에 그림으로 그려진 교지국(交趾國) 사람들 모습을 참고할 수 있다.

ⓖ는 당시 명나라와 접경하고 있었던 하노이 북부 지역의 지배층은 한자문화권이었음을 증언하고 있다. 지봉이 1597년 북경에서 만나 시를 주고받은 안남국 사신은 바로 풍 깍 꽌(Phùng Khắc Khoan, 馮克寬, 1528~1613)이다. 중국의 『신종현황제실록(神宗顯皇帝實錄)』(권306)에 따르면, 안남 사신 풍극관이 관대와 상을 하사한 기사는 만력 25년(1597) 11월 10일로 주어져 있다. 『지봉집』, 권8에 수록된 『안남국 사신과 창화하고 문답한 기록(安南國使臣唱和問答錄)』의 원주에는 "정유년(1597) 겨울 북경에 있을 때(丁酉冬赴京時)"라고 하였다.

ⓗ의 합구성(合口聲)이란 어떤 글자를 발음했을 때 입이 다물어지는 소리를 말한다. 지봉은 『유설』에서 '합구성(合口聲)'에 관해 별도의 설명을 해두었다. 권7, 「문자부(文字部)·자음(字音)」에 따르면, "평성, 상성, 거성, 입성이 네 가지 소리를 이루는데, 갑[kap](甲), 엽[ɕiɛp](葉), 감[kɑm](甘), 함[ɣăm](含) 같은 유를 '합구성'이라 한다. 본조의 최세진(崔世珍, 1468~1542)은 중국 어음을 가장 잘 알아, 『사성통해(四聲通解)』를 저술하여 세상에 전했다. 내가 북경에 사신으로 갔을 때, 안남국 사람들이 합구성을 쓰는 것을 보았고, 중국[中朝]의 남방 사람들도 간혹 쓰는데, 우리나라의 [입성] 음과 가까웠다. 그러나 중국[中朝]의 관리들이 쓰는 말[官話]에서는 합구성을 절대로 사용하지 않는다(平·上·去·入爲四聲, 而如甲·葉·甘·含之類, 謂之合口聲. 本朝崔世珍最曉漢音, 著四聲通解, 以傳於世. 余赴京時, 見安南國人用合口聲, 中朝南方

人亦間用之, 與我國之音相近, 而中朝官話則絶不用合口聲)" 라고 하였다. 정리하자면 '합구성'이란 종성이 'p'나 'm'으로 끝나는 한자의 음을 말한다. 또한 당시 북경 중국어에서 '입성'의 발음이 완전히 사라졌음을 확인할 수 있다.

'안남'에 관하여 지봉은 또 다른 정보를 남겼다. 『지봉집』, 권 8, 「안남국사신창화문답록(安南國使臣唱和問答錄)」[10] 후기[後](5b~6b)에는 안남 사신단의 용모와 관습이 상세하게 기록되어있다. 그 기록은 다음과 같다.

안남국은 북경에서 13,000리 떨어져 있다. 그 나라(안남국)에서는 광동과 광서[兩廣]를 거쳐 남경에 이르렀다가, 남경에서 북경으로 온다. 그 나라 국왕은 원래 '막(莫)'이라는 성을 가졌으나, 중국 조정[中朝][11]에서 그들이 자주 반역하여, 왕의 호칭을 '도통사(都統使)'로 고쳤다.[12] 이제 여씨(黎氏, 후 레)

---

10) "정유년(丁酉年), 즉 1597년[선조 30, 만력 25] 겨울 북경에 있을 때(丁酉冬赴京時)"라는 주기 사항이 딸려 있다. 지봉 자신의 것인지는 확인되지 않는다.

11) 지봉은 청나라를 지칭하며, 일관되게 '중조(中朝)'라는 표현을 사용했다. 안남 사신들이 '천조(天朝)'라고 표현한 것을 보면 의도적이다.

12) '왕'에서 '도통사'로 바뀌는 과정에 대해, 지봉 역시 그 진위에 대해 의문을 품었던 것으로 보인다. 「안남국사신창화문답록(安南國使臣唱和問答錄)」에 수록된 문답 내용을 보면, "옛 소식에 따르면, 귀국의 왕은 막(莫)씨였는데, 지금은 여씨(黎氏, 후 레)가 건국 군주인가? 무슨 변란으로 왕조가 바뀐 것인가(舊聞貴國王是莫姓, 今黎氏乃創業之主耶. 有何變亂而革命耶)"라고 묻자, "이전 우리나라[賤國]는 [전]레[黎] 왕이 관할했으나, 뒤에 막씨에 찬탈되었다가, 지금은 [후]레[黎]가 다시 이전 나라를 회복하여 다시 책봉을 청하는 것이다(前者賤國是黎王管封, 後爲莫氏簒僭, 今黎氏復舊業, 再請封)"라고 대답했다. 이어서 [전]레왕이 나라를 잃은 지 몇 년이 되어서 나라를 다시 회복했는가라는 물

가 [다시] 멸망시켰다(安南國, 距北京一萬三千里. 自其國由兩廣達于南京, 自南京達于北京. 其國王本莫姓, 中朝以其數叛逆, 革王號爲都統使. 至是爲黎氏所滅).

[안남의] 이 사신들은 바로 여씨가 책봉을 청하러 보낸 사람들로, 작년 7월 자기 나라[本國]를 떠나 올해[1597] 8월 북경에 도착하여, 옥하관(玉河館)에 체류한 지도 5개월이나 되었다. 사신의 성은 풍(馮)이고 이름은 극관(克寬)으로, 의재(毅齋)를 자호로 썼으며, 나이는 70세를 넘었다. 생김새가 매우 괴이했고, 이빨은 검고 머리카락은 풀어 헤치고 있었다. 긴 옷은 소매가 넓었고, 한 폭의 검은 베로 승려의 두건처럼 머리를 덮어, 반은 뒤로 어깨 너머로 늘어뜨리고 있었다. 이 사람은 매우 늙었지만, 에너지가 여전히 강건하여 항상 책을 읽고 필사하느라 쉼이 없었다. [그가] 조회하러 대궐에 갈 때가 되면 머리를 묶고 두건과 모자를 썼는데, 한결같이 명나라의 복식으로 했다. 그러나 그의 안색을 살펴보니 코를 씰룩이며[蹙頞] 견디지 못하는 모습이 있었다. [객관으로] 돌아오자마자 벗어버렸다(其使臣卽黎氏請封而來者, 上年七月離本國, 今年八月方到北, 留玉河館又五箇月矣. 使臣姓馮名克寬, 自

음에 50년 남짓 되었다는 문답이 있고(7b), 지봉은 다시 본문에서 말한 '도통사(都統使)'라는 관직에 관해 묻자(8a), "우리나라[賤國]에는 옛날 건국한 이래로, '도통사사(都統使司)'라는 관직은 없었다. 특별히 막씨가 왕조를 찬탈한 것을, 명나라[天朝]에서 [그 죄를] 죽이지 않고 용서하여, 임시로 '도통사사'를 두었다. 품계는 종2품, 배반한 신하[叛臣]로 대우했을 뿐이다. 이제는 왕으로 책봉해 달라고 요청하여, [명나라] 조정 신하들이 상[恩賞]을 의논하고 있다(賤國自古有國以來, 未嘗有都統使司之職. 特以莫氏僭逆, 天朝宥以不死, 權置都統使司. 秩從二品, 以待叛臣耳. 如今要復王封, 廷臣方議定恩賞)"라고 대답한 내용이 보인다. 이에 대해서는 앞의 안남국 해제를 참고하시오.

號毅齋, 年踰七十. 形貌甚怪, 涅齒被髮. 長衣闊袖, 用緇布全幅蓋頭如僧巾樣, 以其半垂後過肩焉. 其人雖甚老, 精力尙健. 常讀書寫冊不休. 若値朝會詣闕, 則束髮著巾帽, 一依天朝服飾. 而觀其色, 頗有蹙頞不堪之狀, 旣還卽脫去).

[그의] 일행은 23인으로 모두 머리를 풀어 헤치고 있었다. [그중] 높은 사람들은 이빨이 검었고, 아래 사람들은 짧은 옷에 맨발로 다녔다. 겨울에도 맨발로 다니며 바지를 입거나 버선을 신지 않았는데, 아마도 그들 풍습이었을 것이다. 그들은 반드시 침상에서 자고 머무르며 온돌[炕突]을 쓰지 않았다. 그들의 음식은 대체로 중국인들과 비슷했지만 정결하지 않았다. 그들의 의복에는 얇고 가는 견직물[綾絹]이 많았고, 문양이 들어간 비단[紋錦]과 면 솜[綿絮]의 옷은 없었다. 그들의 생김새는 모두 눈이 움푹하고 작은 체구였으며, 간혹 원숭이와 비슷한 사람도 있었다. 그들의 성품은 상당히 온순했고 대충 글을 알고 있었다. [그들은] 검술을 즐겨 익혔는데 그 검법이 『기효신서(紀效新書)』[13]에 [보이는 법]과 달라, 군관들에게 배워 익히도록 하고 싶었으나, 비밀에 부치고 가르쳐 주지 않았다. 그들의 언어는 왜(倭)와 비슷했으나 입을 다무는 소리[합구성(合口聲)]를 사용했다. 그중 중국어를 아는 자가 한 사람뿐이어서, 중국어 역관 또는 글로서 소통했다. 그들 나라에서 쓰는 글은 자획이 매우 이상하여 거의 알아볼 수 없었다(一行凡二十三人皆被髮, 貴人則涅齒, 下人則短衣跣足. 雖冬月赤脚無袴襪, 蓋其俗然也. 其寢處必於床上, 不爲炕突. 其

13) 『기효신서(紀效新書)』는 명나라 장수 척계광(戚繼光, 1528~1588)이 절강에 있을 때, 1560년 처음 18권(이후 자신이 14권으로 수정함)으로 완성한 병법서이다.

飮食略如華人, 而不精潔. 其服多綾絹, 無紋錦綿絮之衣. 其狀率皆深目短形, 或似獼猴之樣. 其性頗溫順, 略知文字. 喜習劍技, 其法異於紀效新書, 欲令軍官輩學習, 則祕而不敎. 其言語類倭而用合口聲. 其中解漢音者只一人, 以漢譯或文字相通. 其國俗書則字畫甚異, 殆不能解見矣).”

“당초 그들의 문장 스타일[文體]이 어떠한지를 보고자 시험 삼아 칠언시[長句]를 지어 보냈더니, 사신[풍극관]이 곧바로 화답해 왔다. 이를 계기로 여러 차례 [시를] 주고받았는데, 사신[풍극관]이 우리[睟光等]가 지은 시를 보고, 박자를 맞추며 칭찬하며, 글이 고명하고 분명하여 이후 반드시 큰 문필가[大手筆]로 칭송될 것이라고 했다. 다른 나라의 글로 이처럼 과하게 추켜세웠다(初欲觀其文體如何, 試製長句以送, 則使臣輒和之. 因此往復累度, 使臣每見睟光等所爲詩, 擊節稱賞曰, 文章高了, 自後必稱大手筆. 蓋以他國之文, 過奬如是也).

사신이 또 청하기를, 자기[不佞]에게 만수를 경하하는 시집이 있는데, 내가[使公] 맨 앞에 서문을 지어, 대 문필가의 은택을 입고자 감히 청한다고 운운했다. 간절하게 요청했고, 누차 사양할 수 없어 결국에는 글을 써서 주었다. 사신은 서문을 받고 “당신[使公]이 써준 시집 서문을 기쁘게 보노라니, 글의 수사와 문채[詞藻]가 찬란하다”라고 하였다. 과한 칭찬에 속으로 부끄러웠지만, 감사하고 감사했다. 이어서 전대에 가져온 토산물인 백선향(白線香)[14] 100매, 지향(脂香) 한 그릇을

14) ‘백선향’이란 명칭은 중국 자료에는 보이지 않고, 여기 『지봉집』에만 보인다. 권8, 「안남국사신창화문답록(安南國使臣唱和問答錄)」에 수록된 지봉의 시 「앞의 시 운자를 중첩 사용하여 또 안남 사신[풍극관]에게 드림(又贈安南使臣

[우리 사신 측에] 나누어 보내오며, 또 "귀국의 붓과 먹이 천하의 명품이라 들었으니 그것들을 얻고 싶소"라고 하여, 약간의 붓과 먹을 그들에게 주었다. '백선향'은 [그 연기가] 한 가닥 실처럼 아주 가늘고 길며 향기가 아주 강렬하고, '지향(脂香)'[15]은 연고처럼 푹 졸인 것으로, 몸과 얼굴에 바르면, 하루내내 [향이] 소멸하지 않는다고 한다(使臣且請曰, 不佞有萬壽慶賀詩集, 敢請使公序其端, 以沾大手筆澤云云. 求之甚懇, 屢辭不獲, 遂作書贈之. 使臣致序曰, 喜見使公詩序, 詞藻燁然. 過情之譽, 竊自恥之, 多謝多謝. 仍以橐中所賫土物白線香百枚·脂香一器分送, 又曰, 聞貴國筆墨爲天下絶品, 願得之, 乃以筆墨若干與焉. 白線香者, 極細而長, 如一條線, 香氣甚烈. 脂香者, 爛煮如膏, 塗著身面, 經日不滅云).

疊前韻)」, 6구에(2b) "사신의 향로엔 백선향(仙客金爐白線香)"이라 노래하고, 원주에 "안남에서 나는 것이다(安南所產)"라고 한 것이 이 향에 대한 모든 정보이다. 추측건대, 풍극관이 선물할 때, 그 향의 원래 명칭을 말해 주었을 것이지만, 표기하기 어려워 그 향을 지봉이 피워보고, 그 연기의 모습을 보고 지은 명칭일 것이다.

15) 연고처럼 바른다는 '지향(脂香)'의 경우도 '백선향'처럼, 기름 형태의 바르는 향이기 때문에, 지봉이 붙인 명칭일까? 중국 자료에는 연지향(臙脂香), 날다람쥐의 똥으로 만든 오령지향(五靈脂香)이 보인다. 전자는 여인들의 입술과 볼 화장품으로 사용되었고, 후자는 약재이다.

●
장황(章潢), 『도서편(圖書編)』, 사고전서본, 권53, 3b.

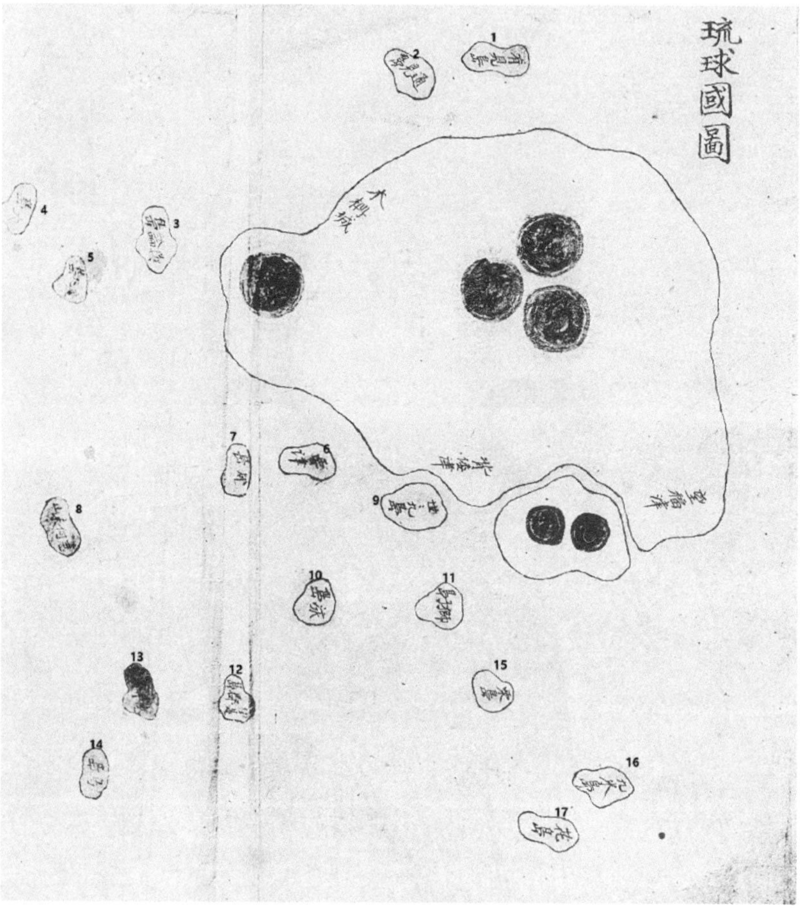

●

앙리 꼬르디에(Henri Cordier, 1849~1925)가 1894년 대영박물관에서 우연히 발견한 이 18세기 조선에서 그린 필사본 지도집에 들어있는 유구도(琉球圖)이다. 꼬르디에는 이 지도집의 일부를 약간의 해설을 붙여 1896년 파리에서 '『Description d'un Atlas Sino-Coréen manuscrit du British Museum』'라는 서명으로 출간했다. 우리나라에서는 처음 찾아내 소개한다. 꼬르디에는 "중심 도시는 슈리[首里]이다. 이 섬들은 오늘날 오키나와현으로 구성되어 있고, 미야코시마[宮古島], 시마지리[島尻], 나카가미[中頭], 나하[那覇], 쿠니가미[國頭], 쿠메시마[久米島], 야에야마시마[八重山島], 슈리[首里]가 보인다. 명나라 홍무제 때 이 왕국은 중산(中山), 산남(山南南山), 중산(中山)으로 나뉘었다"라는 설명을 붙이고 있다. 일련번호는 다음 작업을 위해 붙였다.

명나라 시기까지 '유구국'은 타이완(포르모사)과 오키나와 사이에서 분명한 구분 없이 정보는 혼재했다. 급기야 15세기부터는 '대유구(大琉球)'와 '소유구(小琉球)'라는 지칭까지 생겨났다. 중국의 동남쪽 바다의 가장 큰 섬은 바로 타이완섬이다. 그렇다면 '대유구'는 타이완섬인가? 그렇지 않다. 정보는 일치하지 않는다. 과연 지봉 이수광이 기술한 '유구' 정보에서 우리는 그 구분을 확인할 수 있을까? 중국 자료에 크게 의존하고 있는 지봉 역시 당시까지의 정보를 최대한 활용하고 있지만, 역시 그의 기술은 타이완섬과 오키나와섬 사이에서 방황하고 있다.

(1)유구국은 동남쪽 바다 가운데 있다. 복건 매화(梅花)[16] 항구[所開洋]에서 7일 만에 이를 수 있다(琉球國在東南海中. 自福建梅花所開洋, 七日可至).

『황명사이고』: 유구는 바다 동남쪽에 있다. 복건 매화 항구에서 바람이 순조로우면 배로 7일 만에 이를 수 있다(琉球在海東南. 自福建梅花所開洋, 順颷利, 舶七日可至).

『수서』(권81, 「유구국전」, 1823쪽): 유구국은 바다의 섬들[海島] 가운데 있으며, 건안군(建安郡, 현 푸저우와 취안저우) 동쪽으로, 물길로 5일을 가면 이른다. 땅에는 산과 골짜기가 많다(流求國, 居海島之中, 當建安郡東, 水行五日而至. 土多山洞).

『제번지』(역주본, 277쪽): 유구국(流求國)은 천주(泉州)의 동쪽에 마주하고 있는데 배로 가면 약 5~6일정(日程)이다(流求

16) 푸젠성 창러(長樂) 시 동북단 메이화(梅花).

國當泉州之東, 舟行約五六日程).

『순풍상송』(『양종해도침경』, 96쪽): 정 남풍이 불 때, 매화(梅花)에서 바다로 나가 을진(乙辰, 115도) 방향으로 [항행하면] 소유구(小琉球)에 이른다(正南風梅花開洋, 用乙辰取小琉球).

⑵왕은 소박하게 살며, 금이나 옥[金碧]의 장식이 없다(王居朴素, 無金碧之飾). ⑶세법은 정전법과 대략 같다. 왕, 신하, 국민이 각각 땅을 나누어 식록(食祿)으로 삼고 상하 간에 징수하는 것은 없다(賦法略如井田, 王臣民各分土爲祿食, 上下無征斂). ⑷형벌은 매우 엄격하다(用刑甚嚴).

『황명사이고』: 왕은 산꼭대기에 산다. 나라의 문은 '환회(歡會)'라고 하고 부문(府門)은 '누각(漏刻)'이라 하며, 궁전의 문은 '봉신(奉神)'이라 부르는데, 소박하며 황금이나 옥 장식이 없다. 세법은 정전법과 대략 같으며, 왕, 신하, 백성이 각기 땅을 나누어 식록으로 삼고 상하 간에 징수하는 것이 없다. 일이 있을 때 백성들에게 한결같이 거두고 일이 끝나면 그친다. 형벌의 적용은 매우 엄격하여, 도둑질하면 코를 벤다. 부귀한 사람들의 집은 2~3개의 기둥만 있는 기와집이나, 나머지는 모두 흙과 띠로 [지어] 비바람에도 날린다(王居山巔, 國門名歡會, 府門名漏刻, 殿門名奉神, 樸素無金碧之飾. 賦法略如井田, 王臣民各分土爲祿食, 上下無徵斂. 有事一取諸民, 事已即已. 用刑甚嚴, 盜竊即刵劓. 家富貴者, 瓦屋不過二三楹, 餘皆茅土, 風雨飄搖).

⑸소라 껍데기로 불을 피워 밥을 짓는다(以螺殼炊爨).

『황명사이고』: 소라 껍데기로 불을 피워 밥을 짓지만, 아궁이에는 솥이나 시루가 없다. 농사에는 철제 도구가 없다. **부인들은 쌀을 씹어 술을 만들고** 남자들은 바닷물을 끓여 소금을 만든다. 시장에서는 일본 엽전 10개를 1개로 사용하는데, 송나라 시대의 아안(鵝眼)과 연관(綖貫) 같다(以螺殼炊爨, 爨無釜甑, 耕無鐵. 婦人嚼米爲酒, 男子煮海爲鹽. 市用日本錢十當一, 如宋季鵝眼綖貫). 여기의 '연관(綖貫)'은 『죄유록(罪惟錄)』(북경대 소장본, 권36, 25b)에는 '연환(綖環)'으로 되어 있다.

(6)사람들 모두 용맹하고 건장하여, 의술이나 약을 모르며 질병이 없다. 병장기와 갑옷은 견고하고 날카롭고, 활을 쏘면 200보에 이른다. 걸핏하면 사납게 싸우다가, 곧바로 칼로 사람을 죽인다. 법도에서 벗어날 수 없으면, 곧바로 배를 갈라 자살한다(人皆驍健, 不知醫藥而無疾病. 兵甲堅利, 射至二百步. 好爭狼鬪, 輒刃殺人. 度不能脫, 卽剖腹自斃).

『황명사이고』: 사람들에게는 귀천이 없고 모두 용맹하고 건장하며 잘 달린다. 힘든 고통과 기근 및 추위를 견디며 의약을 모르고 질병이나 역병이 없다. 병장기와 갑옷은 견고하고 날카로우며, [활을] 쏘면 200보에 이른다. 진퇴에는 쇠[金]와 북이 있어 이웃 나라에서는 강적으로 여긴다. 걸핏하면 사납게 싸우다가, 곧바로 칼로 사람을 죽인다. 법도에서 벗어날 수 없으면, 곧바로 배를 갈라 자살한다(人無貴賤, 皆驍健善走, 耐勞苦饑寒, 不知醫藥而無疾疫. 兵甲堅利, 射可至二百步. 進止有金·鼓, 鄰國視爲勍敵. 好爭狼鬪, 輒刃殺人. 度不能脫, 卽剖腹自斃).

(7)①이 나라 산천으로 원타서(黿鼉嶼), 팽호도(彭胡島)가 있다. ②나라의 서쪽에는 고미산(古米山)이 매우 험하여 배가 이르면 바로 부서진다.

③이 산에는 맹수가 없어 야생마가 많다. ④옆으로는 비사나(毗舍那)가 있다. 이 섬에는 작은 오랑캐가 사는데 새처럼 말하고 귀신 모습으로 거의 사람이 아니다(其山川有黿鼊嶼·彭胡島. 國西古米山甚險, 舟至輒敗. 山無猛獸, 以故多野馬. 旁有毗舍那者, 島中小夷, 鳥語鬼形, 殆非人類).

『황명사이고』: 이 나라 산천으로 원타서(黿鼊嶼), 팽호도(彭湖島)가 **크다. 혹자는** 나라 서쪽 고미산(古米山)에는 매우 위험한 암초가 있어 배가 이르면 곧바로 부서진다고 하는데, **바로 낙제(落漈)라고 한다. 말[馬], 해파(海巴), 소가죽[牛皮], 숫돌[磨刀石], 유황(硫黃), 구리[銅], 주석[錫], 부채[扇]가 난다.** 산에는 맹수가 없어 야생마, **소, 돼지가 많다. 투루목(鬪鏤木)**[17]**, 소목(蘇木), 후추[胡椒] 등의 향은 이곳 산물이 아니**

---

17) 이하의 주석은 『유구변증설』 서명으로 예정해 둔 책에서 논의한 것이다. 아직 출판이 확정되지 않은 상태이므로, 중복을 무릅쓰고 여기에 먼저 소개한다. 타이완 유구에 관한 중요한 문제이므로 한 번 더 소개해도 크게 문제가 되지 않을 것 같다. 투루목(鬪鏤木) 또는 투루수(鬪鏤樹)의 '투루'라는 음역 명칭은 『수서(隋書)』(636년)에서 처음으로 보인다. 이 의복 소재는 '유구'가 타이완섬인지 오키나와섬인지를 구분할 수 있는 중요한 단서가 될 수 있다. 그러나 이 '투루'를 설명하는 설들은 현재까지 만족스럽지 못하다. 이 '투루'의 원음 추정을 처음으로 시도한 학자는 슐레겔(Gustave Schlegel)이다. 당시의 연구 상황을 고려하자면, 그 어원을 파보를랑(Favorlang)어에서 찾으려 한 그의 시도는 참신했지만, 그다지 설득력이 있는 것은 아니다.

아쉽게도 스윈호(Swinhoe)는 포르모사에 있으면서도 이 나무를 규명하지 못했다. '투루(鬪鏤)'라는 명칭을 포르모사인들의 어휘에서 찾을 수 없었기 때문이었을 것이다. 하파트(Happart)는 파보를랑어의 어휘에서 아름다운 노란 껍질을 언급하면서 사람들이 그것을 가는 섬유와 얽어 자신들이 짠 옷에 장식으로 사용하는데 그 껍질을 랄라스(Lallaas)라고 한다고 했다. 그러나 이들 섬유가 어떤 나무에서 나오는지는 밝히지 않았다. 사람들은 포르모사에서 하파트가 말한 노란색을 생산하는 푸스테트(Fustet)를 수출한다(『Formosa's wirtschaftliche

Verhältnisse von Alwin Oppel』, Ausland, 1893, 327쪽). '랄라스'라는 단어는 우리의 자작나무(Bouleau)와 비슷한 나무 이름에서 나왔음이 분명하고, 이는 파보를랑 방언으로 달로레스(Dallolees)라고 하는데[여기의 달로(Dallo) 중국어 투루(鬬鏤)에 해당하는지 모르겠음], 이 달로레스는 동사로 '빛난다'는 의미인 마달로레스(Madallolees)에서 나왔다(Gilbertus Happart, 『Dictionary of the Favorlang dialect of the Formosan language』, Batavia, 1840, 107쪽). '투루'와 조금이라도 비슷한 유일한 나무는 한자로 풍(楓) 나무로 알려진 리키담바르 포르모사나(Liquidambar Formosana)이다. 『설문해자(說文解字)』에 따르면, 이 나무의 잎은 두껍고, 가지는 여리며 잘 흔들린다. 그래서 사람들은 '섭섭(欇欇)'이라 부른다[楓木厚葉, 弱枝善搖. 一名欇欇]. 중국인들은 이 나무를 중국에서도 자라므로 잘 알고 있었기 때문에 '투루'라는 나무와 혼동했을 수 있다. 오펠(Oppel) 씨에 따르면, 포르모사 섬의 북부에서 털가시나무(Yeuse), 내륙의 산간에서 녹나무와 아주 희고 단단한 소나무 일종인 사산(Sasan) 나무들 및 둥치가 15~25에 달하는 차올람(Chaolam, Arbor vitae orientalis, 편백 나무), 리키담바르 포르모사나, 옻나무(l'arbre à vernis, vernix vernicia)가 자란다고 한다(「Problèmes Géographiques: Les Peuples Étrangers chez les historiens Chinnois」, 『통보』, 1895, 186~187쪽).

이처럼 '달로레스'로부터 단풍나무(리키담바르 포르모사나)로 이어지는 슐레겔의 추정은 상당히 무리하다. 한편 근대 타이완 문인 연횡(連横, 1878~1936)은 자신의 문집인 『아당문집(雅堂文集)』(대만문헌총간본, 권3, 151쪽)에서 『수서』의 투루수(鬥鏤樹)에 관하여, "생각건대 [『수서』의] 유구는 현 타이완이고, 투루수의 모양으로 볼 때, 용수(榕樹)인 것 같다. 고원지대에는 용수가 많은데, 지금 있는 나무 중에는 수백 년 이전의 것들도 있다(按流求則今臺灣, 而鬥鏤樹以狀觀之, 似爲榕樹. 蓋以臺地多榕, 今其在者尙有數百年前物)"라고 하였다. 이는 『중수대만부지(重修臺灣府志)』(대만문헌총간본, 권18, 517쪽)에서 "용수는 민(閩), 월(粵) 두 성에서 난다. 이 나무는 아주 잘 자라, 키가 수십 아름[圍]에 달하며, 매 가지와 줄기는 실처럼 길고 가는 뿌리로, 드리워 땅에 닿는다(榕樹產於閩·粵二省. 木之最易滋長者, 其大可至數十圍, 每枝幹間即長細根如絲, 垂至地)"라고 한 정보를 근거한 것 같다. 용수(榕樹)는 피쿠스 미크로카르파(Ficus microcarpa), 대만 고무나무로, 『수서』에서의 설명과 비슷한 나무

다. 또한 소유구(小琉球)가 있는데, 천주(泉州)와 가깝다. 민

지만, 뿌리와 말린 잎을 약용으로 사용할 뿐 그 섬유질로 직조했다는 정보는 찾을 수 없다.

또 타이완 역사학자 량자빈(梁嘉彬, 1910~1995)는 명나라 유중달(劉仲達)의 『유씨홍서(劉氏鴻書)』에 보이는 "대유규의 옷은 '벽루'로 만든다(大琉球之衣以闢鏤)"라고 한 문장을 인용하고, "이 '벽루'라는 나무가 유구에서 옷을 만드는 원료로, 유구에서 봉미초(鳳尾蕉) 혹은 포규(蒲葵)라고 하는 모시[紵]를 짜는 식물이다. 『수서』에서 잘못 '투루(鬪鏤)'로 판각되었다"라고 주장했다(「流求辨」(『中央日報』, 民國四十七年 一月二十一日 學人第六七期). 량씨가 오히려 오독하고 있다. 베이징대학 도서관에 소장된 『유씨홍서(劉氏鴻書)』(1610년 서문이 있음), 권8, 11a에는 '벽(闢)'자가 아니라 분명히 '투(鬭)'자로 되어있다. 량씨가 인용한 문장은 『격치경원(格致鏡原)』(사고전서본, 15, 12a)에 "『이사략(夷事略)』에 대유구의 옷은 투루로 [만든다](夷事略大琉球之衣以鬭鏤)"라고 한 문장에서 확인할 수 있다. 게다가 '벽루(闢鏤)'란 나무는 중국자료 어디에도 기록되지 않았고, 유구 사람들의 복식을 언급하면서 '투루 나무의 껍질[鬭鏤皮]'로 직조한다고 하는 정보를 통해, 소철과인 봉미초, 야자수 일종인 포규와는 부합하지 않는다.

'투루수'에 관한 이전 학자들의 설에서는 수긍할만한 해답을 찾을 수 없다. 다른 방향에서 추적하자면, 홍추(洪芻, ?~1126)의 『향보(香譜)』(사고전서본, 권상, 11a)에 "두루향(兜婁香)은 『이물지(異物志)』에 바닷가 나라에서 나는데 도량향(都梁香)과 같다(兜婁香, 異物志云, 出海邊國, 如都梁香)"라는 문장이 보인다. 이 정보는 서응추(徐應秋, 1616년 진사)의 『옥지당담회(玉芝堂談薈)』(사고전서본, 권28, 23a)에서 "『향보』에는 투루향이 있는데, 『이물지』에 두루향(兠婁香)은 바닷가의 나라에서 나며 도량(都梁)과 같다(香譜有鬪鏤香, 異物志兠婁香, 出海邊國如都梁)라고 한 것으로 확인된다. 또한 청나라 진원룡(陳元龍, 1652~1736)의 『격치경원(格致鏡原)』(사고전서본, 권57, 27a)에서는 "『승엄외집·향보(升菴外集香譜)』에 투루향(鬭鏤香)이 보이는데, 지금은 두라향(兜羅香)으로 와전되었다. 삼박(三泊) 지역에 있다(升菴外集香譜有鬭鏤香, 今訛爲兜羅香, 三泊有之)"라고 하였다. 이로써 투루(鬭鬪鏤)=두루(兜婁)=두라(兜羅)=도량(都梁)임을 확인할 수 있다.

'도량(都梁)'이란 식물은 택란(澤蘭)이란 명칭으로 잘 알려졌다. 진장기(陳藏

(閩, 광둥과 광시) 사람들은 갠 날 고산(鼓山)에 올라 바라보면

器)에 따르면, "난초는 습지 가에 자라며, 부인들이 기름과 섞어 머리를 윤기 나게 하므로 '난택(蘭澤)'이라 부른다. 성홍지(盛弘之)의 『형주기(荊州記)』에 따르면 도량(都梁)이라는 산 아래에는 맑고 얕은 물이 있는데, 그 속에 난초가 나므로 '도량향(都梁香)'이라 한다고 하였다(蘭草生澤畔, 婦人和油澤頭, 故云蘭澤. 盛弘之荊州記云, 都梁有山, 下有水淸淺, 其中生蘭草, 因名都梁香)". 이어서 이시진(李時珍)은 이 정보를 설명하며 "도량(都梁)은 현 무강주(武岡州)이다. 또 임회(臨淮) 우이현(盱眙縣)에도 도량산이 있는데, [그곳에서] 이 향이 난다(都梁卽今之武岡州也, 又臨淮盱眙縣亦有都梁山, 產此香)"라고 하였다.

택란은 대체로 국화과(Asteraceae), 등골나무속(Eupatorium)의 패란(佩蘭, Eupatorium fortunei)과 꿀풀과(Lamiaceae), 쉽싸리속(Lycopus)의 지순(地筍, Lycopus lucidus Turcz)을 지칭하는 것이 일반적이다. 여기 도량향은 바로 패란(佩蘭), 유파토리움속이다. 이 유파토리움속에는 대마엽택란(大麻葉澤蘭, Eupatorium cannabinum L.)도 들어있다. 이는 대마 잎 모양을 한 택란 즉 유파토리움속이라는 의미이다. 우리나라 삼베는 바로 대마(大麻, Cannabis sativa L.)의 줄기 껍질을 벗겨 만든다.

잎과 줄기의 모양으로만 봤을 때, 도량향=패란=택란=대마로 연상될 가능성은 다분하지만, 이들은 결국 초본식물이다. 즉 투루수(鬥鏤樹)의 '수(樹)'를 말하지 않을뿐더러, 『수서』의 설명과 부합하지 않는다. 우선 확인해 둘 점은 앞서 『향보』로부터 투루(鬭鏤)는 두루(兜婁), 두라(兜羅)와 혼용되었다는 점이다.

'두라(兜羅)'란 명칭은 이미 6세기 초의 문헌에도 보인다. 양(梁)나라 승민(僧旻)과 보창(寶唱)이 516년 한역한 『경율이상(經律異相)』, 권24(T.2121, 134b)에 "어느 날 왕의 정수리 위에 혹[肉皰]이 하나 생겨났는데, 그 혹은 물렁물렁하여 마치 두라면(兜羅綿)과 같았고, 가늘고 부드러운 겁패(劫貝)와도 같았다(時王頂上生一肉皰, 其皰柔軟, 如兜羅綿細軟劫貝)"라고 하였다.

또 혜림(慧琳, 737~820)의 『일체경음의(一切經音義)』, 권4(T.2128, 329b)에, "도라면(覩羅緜)은 산스크리트어로, 서국(西國)의 가는 면이다. 옛날에는 음역하여 두라면(兜羅綿)이라 했다(覩羅緜【梵語也, 西國細綿也. 古譯云, 兜羅綿】)"라고 하였고, 또 권11(T.2128, 371b)에서 "두라면의 '두'자는 '도[tuo](都)'와 '후[ɣəu](侯)'의 반절로 읽는다. 산스크리트어로 가늘고 부드러운 면으로, 바로 유화서(柳花絮), 초화서(草花絮)라는 것이 이것이다(兜羅綿【上都侯反. 梵語細

보인다고 한다. 입조(入朝)하기는 했으나 조공한 적은 없다.

耎綿也, 即柳花絮·草花絮等是也】)"라고 설명했다. 또 권26(T.2128, 473b)"두라면, 이는 목면(木棉)을 말한다. 아주 가늘고 부드러운 모양은 양류(楊柳) 나무의 꽃과 비슷하다. 이 솜[綿]이 사람의 눈에 닿아도 눈물이 흐르지 않으므로 그 부드러움을 알 수 있다(兜羅綿【此云木綿也. 甚細耎狀似楊柳樹花若用此綿觸人眼, 睛淚不出, 故知耎】)"라고 하였고, 또 권30(T.2128, 510b)에서는 "두라면(蠹羅綿)의 '두'는 '당[tɑŋ](當)'과 '고[kuo](固)'자의 반절로 읽는다. 혹 '투라면(妒羅綿)'으로 된 곳도 있다. 옛날에는 두라면(蠹羅綿)이라 했는데, 모두 같은 것이다(蠹羅綿【上當固反. 或作妒羅綿. 舊言兜羅綿, 皆一也】)"라고 하였으며, 마지막으로 권70((T.2128, 765c)에서는 "투라면(妬羅綿)의 '투'는 '정[tæŋ](丁)'과 '고(固)'자의 반절로 읽는다. 옛날에는 두라면이라 했다(妬羅綿【丁固反. 舊言兜羅綿也】)"라는 주석이 보인다.

이상으로부터 우리는 두라(兜羅)=도라(覩羅)=두라(蠹羅)=투라(妒[妬]羅) 등이 모두 같은 면(棉)제품으로, 산스크리트어를 음역한 글임을 확인할 수 있다. 그 원음은 히어트와 록힐이 『조여괄』(219쪽)에서 '면(棉)'을 의미하는 툴라(tūla)로 복원한 이래, 별다른 이견 없이 인정되고 있다.

두라면의 실체에 관하여 우리는 시대순으로 다음과 같은 정보들을 찾아볼 수 있다. 홍매(洪邁, 1123~1202)는 『용재수필(容齋隨筆)』(1180년), 권66(사고전서본, 6a)에서 "도라면(堵羅綿)은 버들 솜[柳絮] 같은 것으로, 바로 두라면(兜羅綿)이다(堵羅綿, 柳絮之類, 即兠羅綿也)"라고 하였다.

법운(法雲, 1088~1158) 『번역명의집(翻譯名義集)』, 권7(17b), "두라(兜羅), 세향(細香)이라 한다. 『법원주림(法苑珠林)』에서 그 뜻을 '얼음[氷]'으로 번역했다. 혹 두사(兜沙)라고도 하는데 이는 서리[霜]라고 한다. 이들 모두 색(色)을 따라 이름한 것이다. 혹 투라면(妬羅綿)이라 하는데, '투라'는 나무 이름으로, 면(綿)이 나무에서 나므로 붙여진 이름으로, 버들 솜[柳絮]과 같다. '양화(楊華)'라고도 번역한다. 혹 '두라이(兜羅毦)'라고 하는 것은 조수(鳥獸)의 부드러운 솜털이다(兜羅, 此云細香. 苑音義翻氷, 或云兜沙, 此云霜. 斯皆從色爲名. 或名妬羅綿, 妬羅樹名, 綿從樹生, 因而立稱, 如柳絮也. 亦翻楊華. 或稱兜羅毦者, 毛毳也)"라고 하였다. 이 정보는 우리나라 『월인석보』 언해본(1459년)에 "'도라'는 얼음이라는 말이요, '면'은 솜이니, '도라면'은 얼음같이 흰 솜이요, '도라이'라고도 하는데 '이'는 보드라운 털이다"라고 풀이되었다.

혹자는 유구에 병합되었다고 한다.

1225년 조여괄(趙汝适)의 『제번지』 권하에 "'길패(吉貝)'라는 나무는 작은 뽕나무와 비슷하고, 꽃받침[萼]은 부용과 비슷하다. 솜은 ½촌(약 1.6cm)으로, 마치 거위 털 같다. 씨 수십 개가 들어있는데, 남방 사람들은 그 수북한 솜을 채취하여 쇠젓가락으로 돌려 그 씨를 빼, 곧바로 손으로 솜을 잡고 실을 잣는데, 실을 꼬지 않는다. 그것으로 베를 만드는데, 가장 견고하고 두터운 것을 '두라면(兜羅綿)'이라 하고, 다음을 '번포(番布)'라고 하며, 그다음을 '목면(木棉)', 그다음을 '길포(吉布)'라고 한다. 혹 다양한 색으로 염색하고, 기이한 문양을 화려하게 넣어, 폭이 5~6척이나 넓은 것도 있다(吉貝樹類小桑, 萼類芙蓉. 絮長半寸許, 宛如鵝毳. 有子數十, 南人取其茸絮, 以鐵筋碾去其子, 卽以手握茸就紡, 不煩緝績. 以之爲布, 最堅厚者謂之兜羅綿, 次曰番布, 次曰木棉, 又次曰吉布. 或染以雜色, 異紋炳然, 幅有闊至五六尺者)"라고 하였다(『제번지역주』, 381~382쪽).

조소(曹昭) 『격고요론(格古要論)』(1388년), 권하(사고전서본, 8a)에 두라금(兜羅錦)은 "남번(南蕃), 서번(西蕃), 운남(雲南)에서 난다. 사라수(莎羅樹)의 열매 안에 있는 면(綿)으로 짠 것으로, 전융(剪狨)과 비슷하며, 폭은 너덧 척이다. 대부분 이불을 만들고 옷을 만들 수도 있다(出南蕃·西蕃·雲南. 莎羅樹子內綿織者, 與剪狨相似, 濶五六尺, 多作被, 亦可作衣服)"라고 하였다. 여기의 '전융(剪狨)'의 '융(狨)'자는 '융(絨)'자의 잘못일 것이다. 전융은 이미 중국인들에게는 화초 이름으로 알려져 있다. 사전적 해석으로 '전(剪)'='전(翦)'자는 갓 자란 깃털, 또는 가지런하게 자른다는 의미가 있었고, '융'자는 『옥편』에 처음 보이는데, 가는 베[細布]라고 설명했다. 이로써 우리는 '전융'은 '보풀이 가지런한 베'라는 의미를 추론해 낼 수 있다.

『영락대전(永樂大典)』(1409년), 권14563에는 '사라수(莎羅樹)' 표제 아래에 "나무의 키는 3~5장으로, 잎은 수근(水槿)과 같다. 꽃은 처음에는 노란색으로 피다가 열매를 맺으면 흰색으로 변한다. 1년 중, 1월과 4월에 두 차례 개화한다. 열매는 3월에 열리며, 8월에 채취하여 그 깍지를 벗기면, 버들 솜[柳綿]와 같아 길쌈하여 실을 만든다. 백전(白氈), 두라면(兜羅綿)은 모두 이것으로 만든다. 바로 중국 땅의 목면이다(樹大者高三五丈, 葉似水槿. 花初開黃色, 結子變白. 一年正月四月二次開花, 結子以三月, 八月採之, 破其殼, 如柳綿, 紡爲線. 白氈兜羅綿皆此爲之, 卽漢地之木綿也)"라는 설명이 보인다. 여기 '백전(白

氈)'의 '전(氈)'자는 '첩(氎)'자의 오기일 것이다.

1416~1451년 마환의 『영애승람(瀛涯勝覽)』, 방갈랄국(榜葛剌國, 벵골) 조목(『영애승람교주』, 61쪽)에 "하나는 그곳 말로 맥흑맥륵(驀黑驀勒)이라 하는데, 폭은 4척, 길이는 2장 남짓이며, 배면에는 온통 보풀이 나 있고, 두께는 너덧 푼 가량으로 바로 두라금(兜羅錦)이다(有一樣番名驀黑驀勒, 濶四尺, 長二丈餘, 背面皆起絨頭, 厚四五分, 卽兜羅錦也)"라고 하였다.

이시진(李時珍)은 『본초강목(本草綱目)』(1578년), 권36(사고전서본, 75a)에서 목면(木棉)을 설명하면서 "또 『남월지(南越志)』에, '남조(南詔)의 여러 만(蠻)은 양잠하지 않고, 다만 사라목(娑羅木)의 열매 속에 흰 솜으로 이어 실을 만들고, [그 실로] 짜서 폭으로 짜는데, [그것을] 사라농단(娑羅籠段)이라 한다'라고 했다. 축목(祝穆)은 『방여지(方輿志)』에서 '평면(平緬)은 사라수(娑羅樹)에서 난다. 큰 것은 키가 3~5장으로, 그 열매에는 이어진 솜[紉綿]이 있다. [그것을] 짜서 백전(白氈氎)을 만드는데, 두라면(兜羅綿)이라 한다. 이 또한 반지화(斑枝花)의 일종으로 지역마다 호칭이 다를 뿐이다'라고 하였다(又南越志言, 南詔諸蠻不養蠶, 惟収娑羅木子中白絮, 紉爲絲, 織爲幅, 名娑羅籠段. 祝穆方輿志言, 平緬, 出娑羅樹, 大者高三五丈, 結子有紉綿, 織爲白氈氎, 名兠羅綿. 此亦斑枝花之類, 各方稱呼不同耳)"라는 주석을 붙였다. 이는 서광계(徐光啟, 1562~1633) 『농정전서(農政全書)』, 권35(사고전서본, 권35, 2a)에도 그대로 인용되었다.

『동서양고(東西洋考)』(1617년), 권2, 섬라(暹羅, 시암)의 산물에는 두라면(兜羅綿)이 보이는데, 그 주에 구구사(瞿九思, 1546~1617)의 설을 인용하여 "두라면(兜羅緜)은 칼과 화살도 들어가지 않는다(瞿睿夫曰, 兜羅緜, 刀矢不能入)"라고 하였고(셰팡 점교본 『동서양고』, 38쪽), 또 권4에 마육갑(麻六甲, 말라카)의 산물로 두라면을 들고 있는데, 주에는 "[두라면은] 새나 짐승 털로도 짜서 만드는데, 긴 것은 한 필당 대여섯 장에 달하며, 지금은 '다라련(哆囉嗹)'이라 부른다(亦毛毳織成, 長者每疋至六七丈, 今呼爲哆囉嗹)"라고 설명했다(앞의 책, 75쪽). 『동서양고(東西洋考)』(1617년), 권2, 섬라(暹羅, 시암)의 산물에는 두라면(兜羅綿)이 보이는데, 그 주에 구구사(瞿九思, 1546~1617)의 설을 인용하여 "두라면(兜羅緜)은 칼과 화살도 들어가지 않는다(瞿睿夫曰, 兜羅緜, 刀矢不能入)"라고 하였고(셰팡 점교본 『동서양고』, 38쪽), 또 권4에 마육갑(麻

오랑캐[小夷]로, 새 같은 말을 하며 귀신 모습에 알몸으로 눈을 부릅뜨고 있어 거의 사람이 아니다. **중국과 통교하지 않는다**(其山川黿鼊嶼·彭湖島爲大. 或曰, 國西古米山, 有礁甚險, 舟至輒敗, 卽落漈也. 產馬·海巴·牛皮·磨刀石·硫黃·銅·錫·扇. 山無猛獸, 以故多野馬·牛·豕. 鬪鏤木·蘇木·胡椒諸香, 非其產也. 又有小琉球, 近泉州. 閩人言, 霽日登鼓山, 可望而見. 入國朝, 未嘗朝貢. 或曰, 并入琉球. 琉球旁有毗舍那者, 島中小夷, 鳥語鬼形, 袒裸盱睢, 殆非人類. 不通中國).

六甲, 말라카)의 산물로 두라면을 들고 있는데, 주에는 "[두라면은] 새나 짐승 털로도 짜서 만드는데, 긴 것은 한 필당 대여섯 장에 달하며, 지금은 '다라련(哆囉嗹)'이라 부른다(亦毛毳織成, 長者每疋至六七丈, 今呼爲哆囉嗹)"라고 설명했다(앞의 책, 75쪽).

방이지(方以智, 1611~1671)의 『통아(通雅)』, 권37(사고전서본, 24a)에, "서역(西域)의 세포(細布)를 '굴순(屈眴),' 섬파(睒婆)'라고 한다. 『영애승람』에 '방갈랄국(榜葛剌國, 벵골)에는 사탑아(沙榻兒)라는 베가 나는데, 폭은 3.5척, 길이는 5장으로 삼사(三梭)와 같다. 맥흑맥륵(驀黑驀勒)은 폭이 4척, 길이는 2장으로, 배면은 온통 보풀이며, 두께는 5푼가량으로, 바로 두라금(兜羅錦)이다'라고 하였다(西域細布謂之屈眴睒婆. 瀛涯勝覽云, 榜葛剌國出沙塌兒布, 濶三尺五, 長四丈, 若三梭. 有驀黑驀勒, 濶四尺, 長二丈, 背面皆毳絨, 厚可五分, 即兠羅錦也)."

이상의 정보들을 정리하자면, 목면(木棉)에는 초본식물과 나무 두 종이 있다. 두라면은 버들 솜[柳絮]과 비슷한 것이고, '길패(吉貝)' 나무 또는 '사라(莎娑羅)'라는 나무의 열매에 들어있는 솜이다. 이 나무의 명칭은 지역마다 지칭하는 바가 다르다. 색깔은 얼음이나 서리처럼 희다. 대체로 중국의 남해와 서남쪽의 외국에서 나는 산물이다. '면(緜)'이나 '금(錦)'이냐의 차이는 자형(字形)의 유사성과 직물의 외형(外形)으로 인한 혼용일 것이다. 결국 두라면은 목면(木棉, Bombax ceiba L.)으로 비사얀어로 '탈루투(Talutu)'라고 하고 필리핀 지역에선 '타록톡(Taroktok)'이라 한다는 보고가 있다(Multilingual Multiscripted Plant Name Database). 따라서 『수서』의 '투루수(鬥鏤樹)'는 도라(兜羅)의 다른 음역 명칭에 지나지 않는다.

①『수서(隋書)』(636년), 권81, 「유구국전」(1825쪽)에 따르면, "황제는 무분랑장(武賁郎將) 진릉(陳稜), 조청대부(朝請大夫) 장진주(張鎭州)에게 군사들을 데리고 의안(義安)에서 바다로 나가 유구를 치게 했다. 고화서(高華嶼)에 이르러, 다시 동쪽으로 이틀을 항행하여 구벽서(黿鼊嶼)에 이르렀고, 또 하루를 항행하여 유구에 이르렀다(帝遣武賁郎將陳稜·朝請大夫張鎭州率兵自義安浮海擊之. 至高華嶼, 又東行二日至黿鼊嶼, 又一日便至流求)"라고 하였다. 하지만 『수서』, 권64, 「진릉전(陳稜傳)」(1519쪽)에는 "3년 뒤(610년) 조청대부(朝請大夫) 장진주(張鎭周)가 동양(東陽, 현 저장 진화)의 군사 10,000여 명을 징발하여, 의안(義安)에서 바다로 나가 유구국을 치러 갔는데, 1달 남짓 만에 이르렀다(後三歲, 與朝請大夫張鎭周發東陽兵萬餘人, 自義安汎海, 擊流求國, 月餘而至)"라고 했을 뿐 자세한 경로는 언급하지 않았다.

한편 당나라 역사서에는 '유구'를 별도 기술하지 않았다. 다만 『신당서』(1060년), 권41, 「지리지」(1065쪽)에서 천추청원군(泉州清源郡)을 기술하면서, "[천]주에서 정 동쪽 바다에서 이틀을 항행하면 고화서(高華嶼)에 이르고, 또 이틀을 가면 구벽서(黿鼊嶼)에 이르며, 또 하루를 가면 유구국(流求國)에 이른다(自州正東海行二日至高華嶼, 又二日至黿鼊嶼, 又一日至流求國)"라는 설명이 보이는데, 이는 위의 『수서』의 기술을 따른 것임을 알 수 있다.

『명일통지(明一統志)』(1461년), 유구국(琉球國) 조목(사고전서본, 권89, 9b)을 보면, 그곳의 산천으로 "**원벽서**【물길로 하루 걸리는 나라의 서쪽에 있음】, **고화서**【물길로 사흘 걸리는 나라의 서쪽에 있으며, 이들 두 섬은 모두 수나라 진릉이 군사를 거느리고 이곳을 지났음】, 팽호도【나라의 서쪽에 있으며 물길로 닷새 거리에 있다. 복주, 천주, 흥화, 장주 등 4군의 경계와 가깝다. 날씨가 맑을 때 바라보면 희미하게 운무 속에 있는 것 같다】. **낙제**【『원사』에 따르면 물이 팽호에 이르면서 점차 낮아지는데, 유구와 가까운 곳을 낙제라고 한다. '제(漈)'란 물이 빨리 흘러가서 돌아오지 않는 것이다. 서쪽 해안에서 고깃배들이 팽호에 갔다가 폭풍을 만나 낙제에 표류하게 되면 돌아오는 자가 백 명 중 한두 사람이다】(鼋鼊嶼【在國西水行一日】. 高華嶼【在國西水行三日, 二嶼俱隋陳稜率兵過此】. 彭湖島【在國西水行五日地, 近福州·泉州·興化·漳州四郡界. 天氣晴明望之, 隱然若烟霧中】. 落漈【元史, 水至彭湖漸低, 近琉球謂之落漈. 漈者, 水趨下不回也. 凡西岸漁舟到彭湖, 遇颶風, 作漂流落漈, 回者百一二】)"를 들었다. 원주에 보이는 '국(國)'을 중국으로 볼 것인지 유구로 읽을 것인지 어렵다. 중국으로 보면 원벽서-고화서-팽호도-유구 순이겠지만, 유구로 읽으면 순서는 거꾸로 된다.

『서양조공전록(西洋朝貢典錄)』(1520년) 유구국(琉球國) 조목에는 "원별도(鼋鼊島), 고화서(高華嶼), 팽호도(澎湖島)가 있다(有鼋鼊島·高華嶼·澎湖島)"라고 하였다.

원나라 주사본(朱思本)이 그린 지도를 토대로 명나라 나홍선(羅洪先, 1504~1564)이 다시 편집하고 보완한 『광여도(廣輿圖)』(1579년 간행본), 권2에 따르면, '유구'로 가는 여정은 평후제도에서 시작한다. "팽호도에서 동쪽 유구(琉球)까지는 5일 거리이다(彭湖島東離琉球五日)"라고 하였고, 이어서 "고영서(高英嶼)에서 동쪽 유구까지는 물길로 3일 거리이다(高英嶼東離琉球水程三日)", 또 "원별서에서 동쪽 유구까지는 물길로 1

일 거리이다(鼊鼊嶼東離琉球水程一日)”라는 카르투슈가 차례로 보이고 다음으로 ‘유구(琉球)’의 경내가 그려져 있다.

우선 『당서』와 『명일통지』의 고화서(高華嶼)는 『광여도』의 고영서(高英嶼)이다. 이어서 『당서』의 구벽서(鼊鼊嶼), 『명일통지』의 원벽서(黿鼊嶼), 『광여도』의 원별서(黿鼈嶼), 『서양조공전록』의 원별도(黿鼈島)는 같은 곳으로 추론할 수 있다. 하지만 무엇이 선본인지는 판단하기 어렵다. ‘유구’가 타이완이라면 ‘구벽’, ‘원벽’ 또는 ‘원별’이란 섬은 타이완에서 서쪽으로 하루 항해하는 거리에 있다는 말이다. 타이완 자이(嘉義)와 대륙의 샤먼 사이에는 펑후 제도가 있다. 이 펑후는 ‘팽호도’로 별도 언급하고 있다. 이들 펑후 제도의 섬을 제외하면 타이완 해협에 섬은 없다. 셰팡(謝方) 씨는 원별도가 바로 펑후섬 동북쪽 모퉁이에 있는 규벽산(奎壁山)이고, 고화서(高華嶼)는 바로 화서(花嶼)로 펑후 열도의 가장 서쪽에 있는 작은 섬으로 추정했다(『서양조공전록교주』, 51쪽).

명나라 정약증(鄭若曾, 1503?~1570), 『정개양잡저(鄭開陽雜著)』, 권7(사고전서본, 7a~7b), 유구의 산천을 소개하며 “원타서는 동쪽으로 유구에서 물길로 하루거리에 있다. 고화서는 동쪽으로 유구에서 3일 거리에 있다. 수나라 호위 장군[武賁將] 진릉(陳稜)을 보냈는데, 군사들을 이끌고 이곳을 지나면서 남녀 수백 명을 잡아 돌아왔다. 팽호도는 복주, 천주, 흥주, 장주 등 네 군(郡)의 경계와 가까워 날이 청명할 때 멀리서 바라보면 은연히 운무 속에 보인다. 고미산은 [이 나라] 서쪽에 암초가 있는데, 매우 위험하여 배가 닿기만 하면 곧바로 부서진다(黿鼉嶼, 東離琉球水程一日. 高華嶼, 東離琉球水程三日. 隋遣武賁將陳稜, 率兵過此, 掠男女數百人而還. 彭湖

島, 近福泉興漳四郡界, 天氣晴明, 望之隱然煙霧中也. 古米山, 在國西有礁, 甚險舟觸之, 輒敗)"라고 하였다.

1878년 임호(林豪, 1831~1918)가 편찬한 『팽호청지(澎湖廳志)』(대만문헌총간본, 18쪽)에 "규벽산은 대산서(大山嶼, 펑후섬) 규벽오(奎壁澳), 북료사(北寮社) 뒤로, 팽호청 치소에서 20리 떨어져 있다. 원래는 '구벽(黿鼊, 거북)'이라 했는데 그 모양에서 이름을 취한 것이다(奎壁山, 在大山嶼奎壁澳北寮社後, 距廳治二十三里 . 原名黿鼊, 以形似得名)"라고 하였다. 시데하라 단(幣原 坦)은 이 설이 가장 사실에 가깝다고 한 바 있다(林鶴亭, 「隋書流求傳之研究」, 『臺南文化』, 6-4, 34쪽). 이처럼 섬의 모양을 따라 이름을 지었다면, '구벽', '원벽', '원별' 모두 가능하다. 다만 '규벽(奎壁)'의 음에는 '구벽(黿鼊)'이 가장 근접하다. 이러한 추정이 정확하다면, 『명일통지』의 설명은 원벽서-고화서-팽호도-유구 순으로 읽어야 한다. 그렇다면 중국 남해에서 펑후섬까지는 닷새의 거리라는 말이고, 구벽서와 펑후섬은 같은 섬에 있는데, 어떻게 구벽서와 팽호도 사이가 이틀거리가 되겠는가.

지봉이 정효를 따라 언급한 '원타서(黿鼉嶼)'는 바로 '구벽서(黿鼊嶼)'를 지칭하는 것은 분명하지만, 유구가 타이완이든 오키나와이든 구벽서가 펑후섬 동북쪽의 '규벽산'이라는 설은 잘못이다. 어쨌든 『명일통지』와 『광여도』의 기술은 '유구'를 오키나와로 보지 않는 한, 다른 해법은 보이지 않는다. 정효가 언급한 이 단락의 설명은 확실히 타이완섬을 지칭하고 있는 것은 분명하다.

②호종헌(胡宗憲, 1512~1565)의 『주해도편(籌海圖編)』(사고

전서본, 권2, 11b~12b)에는 복건에서 일본으로 가는 침로(針路)를 자세히 기록하고 있다. 그에 따르면, 매화 동외산(東外山)에서 출발하여 120도, 115도 또는 135도로 10경(更)을 항행하면 소유구(小琉球)에 이르고, 소유구의 북쪽에서 바람에 따라, 95도, 90도, 105도 방향으로 10경을 가면 조어서(釣魚嶼)에 이르고, 조어서에서 바람에 따라 90도, 95도 방향으로 4경을 가면 황마서(黃麻嶼)에 이르고, 황마서에서 바람에 따라 90도, 75도 방향으로 10경을 가면 적감서(赤坎嶼)에 이르고, 적감서에서 바람에 따라 90도, 65도, 55도, 85도 방향으로 15경을 가면 고미산(古米山)에 이르고, 고미산에서 바람에 따라 90도, 65도 방향으로 5경을 가면 마기산(馬㠊山)에 이르고, 마기산에서 바람에 따라 85도, 65도 방향으로 5경을 가면 대유구(大琉球)에 이른다고 하였다. 방향을 따라가 보면, 전체적으로 90도 동쪽이다. '소유구'는 확실히 타이완 북단, '조어서'는 센카쿠 열도의 조어도, '황마서'는 바로 쿠바 시마[黃尾嶼], '적감서'는 타이쇼 지마(赤尾嶼), '고미서'는 쿠메지마[久米島], '마기산'은 도나키손(渡名喜村), '대유구'는 오키나와섬에 정확히 대응한다. 이로써 16세기의 소유구는 타이완 북단, 대유구는 오키나와섬임을 확인할 수 있다. 고미산에 관하여 호종헌은 "고미산 북변으로 항해할 때는 암초가 있다는 점을 알고 조심해서 피해야 한다(古米山北邊過船有礁宜知畏避)"라고 하였으므로(12b), 『황명사이고』에서 언급한 '혹자'는 바로 『주해도편』을 말하는 것으로 보인다. 정리하자면, (7)에서 ①의 '원타서'는 타이완 북단의 섬이고, '팽호도(彭胡島)'는 펑후 제도이다. ②의 정보는 확실히 오키나와 서쪽 섬을 말하고 있다. 따라서 정효의 『황명사이고』에서 이미 지리 정보의 오류가 들어있었다.

지봉은 정효의 기술을 따르면서도 ②에서 '낙제(落漈)'를 빠뜨렸다. 앞서 본 것처럼 '낙제'는 타이완 펑후 제도 근처였기 때문에, 오키나와로 생각하고 있는 지봉을 혼란스럽게 했었는지도 모른다. ③『수서』와 『제번지』는 '유구'에 말[馬]이 없다고 기술하고 있다. 그러나 『태조고황제실록(太祖高皇帝實錄)』, 권151, 홍무 16년(1383) 정월 3일 두 번째 기사에서 유구(琉球)의 중산왕 찰도(察度)에게 보낸 조서의 내용에 따르면, 홍무제는 중산왕에게 좋은 말을 팔도록 유시하고 있다. 이는 황성증(黃省曾)의 『서양조공전록』(교주본, 52쪽)에서도 확인된다. 또한, 문순득도 유구(오키나와)에서 말을 조련하는 방법을 기술하며(『표해시말』, 18엽-8행), "말을 조련할 때는 먼저 밧줄로 오른쪽 앞 뒷발을 묶는다【밧줄의 길이는 발을 움직일 수 있도록 한다.】 왼쪽도 그렇게 하여 걷는 것을 익힌다. 다 익히면 두 사람이 같이 달리면서 선후로 승부를 가린다(調馬則以索繫右前後足【索之長短令可運足】, 左亦如之, 以習步, 旣習, 兩人同馳以先後爲勝否)"라고 말의 존재를 기록했다.

④'비사나(毗舍那)'라는 표기는 진간(陳侃)이 1534년 유구국에 사신으로 나갔다가 그 견문을 기록한 『사유구록(使琉球錄)』(상해상무인서관, 1937, 29쪽)에도 보인다. "유구(琉球)는 천주의 섬과 함께 '팽호'라는 곳으로, 연기와 불빛이 서로 보인다. 이곳 사람들은 날래고 건장하여, 칼, □, 활, 검, 북[鼓]을 병장기로 삼는다. 옆으로 비사나국이 있는데, 언어는 통하지 않고 맨몸으로 다니며 눈을 치켜뜨고 있어 거의 사람 모습이 아니다(琉球, 與泉州之島曰彭湖者, 煙火相望. 其人驍健, 以刀·□·矢·劍·鼓爲兵器. 旁有毗舍那國, 語言不通, 袒裸盱睢, 殆非人類)"라고 하였다. 여기의 '비사나(毗舍那)'는 1125년 조여괄의 『제번지』에서 처음으로 기술된 비사야(毗

舍耶)를 말하는 것 같다.

조여괄은 유구국(流求國) 조목에서 “이 나라[유구국] 옆에는 비사야(毗舍耶), 담마안(談馬顔) 등의 나라가 있다(旁有毗舍耶·談馬顔等國)”라고 하였고(『제번지역주』, 280쪽)라고 하였고, 이어서 별도로 기술한 비사야(毗舍耶) 조목에서 “비사야는 언어가 통하지 않아 상인들이 가지 않는다. 알몸에 눈을 부릅뜨고 있어 거의 짐승 같다. 천주(泉州)에는 팽호(澎湖)가 있는데 진강현(晉江縣, 현 푸젠성 취안저우 서남쪽에 붙어 있는 현급 도시)에 예속되어 있다. 이 나라는 [팽호와] 매우 가까워 연기와 불빛을 서로 바라볼 수 있다. 이따금 약탈하러 오지만 그들이 오는 것을 예측할 수 없어, 많은 사람이 산 채로 잡아 먹히는 해를 입어 주민들이 고통을 겪는다(毗舍耶語言不通, 商販不及, 袒裸盱睢, 殆畜類也. 泉有海島曰澎湖, 隸晉江縣, 與其國密邇, 煙火相望, 時至寇掠, 其來不測, 多罹生噉之害, 居民苦之)”라고 하였다. 이로부터 우리는 ‘비사야’란 나라는 당시 취안저우에 속한 ‘팽호’라는 곳과 연기와 불빛을 볼 수 있을 정도로 가까이 있고 유구국과도 가깝다는 사실을 확인할 수 있다. 이로써 히어트와 록힐은 비사야가 포르모사(타이완)의 남서 해안에 있을 것으로 추정했다(『조여괄』, 166쪽).

먼저 『송사』에서는 비사야(毗舍邪)로 표기했고, 왕대연의 『도이지략』에서도 역시 ‘비사야(毗舍耶)’로 표기했으므로, ‘나(那)’자는 ‘야(耶)’자의 오기로 읽는 편이 좋겠다. 그러나 문제는 결국이 이 ‘비사야’가 나라[國]인지 어느 한 부족을 지칭하는 것인지로 귀결된다. 조여괄은 유구국 조목에서는 비사야가 ‘나라’로 언급했지만, 해당 조목의 기술에서는 ‘국(國)’자를 붙이지 않았다. 『제번지』의 정보를 따르고 있는 『송사』에는 당연히 '국'자가 들어있지만, 이후 자료에는 '나라'라고 하지 않았다. 테리앙 드 라쿠페리는 "중세에 일본인들은 해안을 여러 차례 습격하여 파괴하고 아무것도 남기지 않았다. 이는 필리핀의 비사야 사람들(Bisayas)도 마찬가지였다. 이들은 송나라 1174~1189년 기간 동안 푸젠 취안저우의 해안을 습격했었다"라고 하며, '비사야'를 필리핀의 비사야족으로 생각했다. 즉 라쿠페리는 비사야를 나라가 아니라 하나의 부족으로 추정했다(Terrien de Lacouperie, 『The languages of China before the Chinese』, London, 1887, 127쪽). 확실히 필리핀 비사야족과 여기의 '비사야(毗舍耶)'는 음성적으로 상당히 그럴법하다.

하지만 슐레겔(G. Schlegel)은 라쿠페리의 설을 부정하며 "그러나 중국의 역사가들이 말하는 것처럼, 이 섬사람들이 뗏목을 타고 먼 바닷길을 항해했다는 것은 불가능하다. 그 해로가 포르모사에서 푸젠이라면 가능할 것이다"라고 하였다(「Problèmes Géographiques: Les Peuples Étrangers chez les historiens Chinnois」, 『통보』, 1895, 182쪽 주1). 이로부터 데이비슨은 "12세기 말경 수백 명의 포르모사사람이 푸젠성의 작은 해안 마을을 습격하여 약탈했다"라고 하며, 푸젠의 해안을 약탈한 민족을 포르모사 사람들로 읽고 있다(James W. Davidson, 『The island of Formosa, past and present』, London and New York, 1903, 3쪽).

한편 베르톨트 라우퍼는 앞서 본 슐레겔과 데이비슨의 설에 관하여 『송사』의 "원문은 전혀 애매하지 않다. 단순히 그곳은 포르모사의 옆 또는 근처에 있는 나라이며 언어가 다르다는 것을 말하고 있다. 따라서 여기서는 비(非) 포르모사인 종족과 관련된다. 포르모사 종족에 관한 기술에서 중국 저자들은 『송사』에서처럼 비사야(毗舍邪)에 사용한 '국(國)'자를 사용하지 않고, 단지 부족이나 종족이라고 했다. 게다가 비사야란 부족은 포르모사에 존재하지도 않았고 현존하지도 않는다. 단지 비사야(毗舍耶)와 비사야(Visaya, Bisaya)와의 우연한 음성적 유사성이라는 근거만으로 이들 종족을 그러한 지칭의 필리핀 부족으로 추정하기에는 근거가 충분하지 않다. 문화적이며 역사적인 측면을 고려하여, 설득력 있는 근거를 제시해야 한다"라고 하며 푸젠 해안을 약탈한 사람들이 포르모사 사람들이 아니며, 이들이 필리핀 열도에서 진출한 사람들일 것으로 추정했다. 그의 설명은 다음과 같다.

"포르모사 원주민들이 말레이 민족 그룹에 속한다는 점에는 의심의 여지가 없다. 이들에 관련된 가장 오래된 기술 즉 『수서』에서 그 사실의 충분한 증거를 얻을 수 있는데, 중국인들이 처음으로 이 섬을 발견한 7세기 초, 그들의 문화는 완전히 말레이인의 속성을 가지고 있었다. 게다가 포르모사의 언어는 다른 어떤 말레이 종족보다 루손 종족과 더 밀접하다. 공통된 많은 단어, 심지어 친족관계를 표현하는 용어들이 그러하다. 그리고 두 문화 사이에 존재하는 놀라운 일치, 즉 인두(人頭)를 사냥하는 관습이 그렇다고 관찰됐다. 나는 포르모사와 필리핀-말레이인의 문화는 한 뿌리를 가진 두 변형에 지나지 않으며 북방 말레이 문화 형태와 같다고 생각한다. 포르모사인들이 이주자들이라는 사실은 자명하며 원주민의 전통들로 확인된다. 이론적으로 이러한 이주에는 두 갈래 길이 있을 뿐이다. 포르모사인들은 말레이 인종의 본거지에서 왔거나 필리핀 쪽에서 왔다. 나는 말레이인 본고장이 인도차이나 동쪽 해안에서 벗어난 어떤 곳이라고 보는 케른(H. Kern) 교수와 슈미트(W. Schmidt) 신부에 동의한다. 이 설은 몽 크메르(Mon Khmer)어와 말레이어의 친연성을 찾아낸 슈미트에 의해 상당히 입증되었다. 포르모사인들이 그곳으로부터 출발점을 가진다면, 그들은 점점 동아시아 대륙 해안선을 따라갔고 중국의 해안선을 따라 현재의 본거지에 도착했음이 분명하다. 그렇지만 그들이 결코 대륙과 단절된 것은 아니므로, 그들은 중국인들의 어떤 사고를 취했을 것이다. 그러나 607년 이전과 610년 처음으로 군사 원정을 한 시기 이전 포르모사인들이 중국에 대한, 반대로 중국인들이 이들에 대한 어떠한 인식도 없었다는 것은 사실이다. 이들 두 문화는 갑자기 두 개의 이방인 세계처럼 충돌했다. 이렇게 늦은 상호 인식의 원인으로는 섬과 대륙을 분리하고 있는 해협이 항해하기에는 얕고 위험했고 전 지역이 태풍의 중심이라는 점과 같은 자연적 요인에서 찾아야 할 것이다. 한편 포르모사인들은 그들의 상대국들과는 대조적으로 능숙한 선원들이 아니었다는 점을 덧붙여야 할 것이다. 이들에게는 어떤 말레이어와 일치하는 선박에 관한 포르모사어 단어가 없다. 그들의 배는 여전히 뗏목이었다(C. Imbault-Huart, 『L'ile Formose』, Paris, 1893, 273쪽). 우리는 그들의 배와 해상의 시도에 관한 아무것도 듣지 못했다. 사실 그들이 이웃한 중국 해안을 전혀 찾지 않았다는 점은 매우 이상하다. 이 점이 『송사』에서 말하는 것처럼 12세기 말 푸젠으로 약탈에 나섰다는 종족이 포르모사 출신일 일 수 없다고 생각하게 하는 주요 근거이다. 포르모사로 이주할 수 있었던 유일한 가능성을 고려한다면, 바로 필리핀에서일 것이다. 더는 왜 비사야가 같은 방향에서 오지 않아야 했는지 궁금해할 이유가 없다. 포르모사는 그 지역에서만 인구가 유입될 수 있었다. 그러나 과감한 항해의 결과로서가 아니라, 여러 차례의 우연한 사건을 통해서인 것 같다. 이와 관련하여 다음 사건이 유용하다. 1886년 8월에 안핑(安平, 현 포르모사 남서쪽 타이난) 인근의 어떤 어부가 난파한 카누를 구조했는데, 그 배에는 굶주린 남자 셋,

여자 둘, 아이 한 명이 타고 있었다. 그들은 루손 북쪽에 있는 섬 출신으로 바다에 나갔다가 태풍을 만나 결국 포르모사 해안으로 먹을 것도 없이 빗물을 마시며 13일 동안 표류했다. 내가 보기에 과거 필리핀, 특히 루손에서 포르모사로 사람들이 반복적으로 표류하여 결과적으로 섬에 정착한 일련의 이주가 이루어졌다고 충분히 상상할 만하다. 처음으로 포르모사에 도착한 비사야 또한 아마도 이와 같은 우연한 표류일 것이다. 그런 다음 그들은 적대적인 원주민들에게 내몰려 중국의 해안으로 방향을 돌렸을 것이다. 이런 식으로 그 사건에 대한 합리적인 설명이 제시될 수 있다고 생각한다. 『송사』의 기술은 확실히 불충분하고 뜬금없다. 그러나 멀리 떨어진 필리핀 군도에 관해 전혀 몰랐던 중국인들이 어떻게 그들의 해안을 빠르게 약탈한 소수의 사람에 대한 자세한 정보를 얻었을까? 그러나 쇠붙이에 대한 갈망, 전투 방식 그리고 대담한 바이킹식 습격을 보여주는 그들에 관한 간략한 기술은 매우 인상적인 민족학적 자료이다. 만약 비사야(毗舍邪)를 비사야(Visaya)로 보는 추정이 입증된다면 우리는 여기에서 필리핀 사람들의 민족적 이동과 사건에 관하여 현존하는 가장 오래된 역사적 암시를 가진 셈이다"(Berthold Laufer, 「The relations of the Chinese to the Philippine Islands」(『Smithsonian Miscellaneous Collections』, L, Washington, 1908), 253~255쪽).

이상으로부터, 우리는 지봉이 정효(鄭曉)에 따라 표기한 '비사나(毗舍那)'는 '비사야(毗舍耶)' 또는 '비사야(毗舍邪)'의 오기이며, 이 '비사야'라 표기된 나라 또는 종족은 '유구(流求)'라는 나라 인근이면서 평후섬과 가까운 곳에 살았다는 사실을 확인할 수 있다. 또한 이상의 서양학자들은 『제번지』와 『송사』를 통해 모두 '유구'를 타이완섬으로 추정하고 있지만,

지봉은 확실히 오키나와로 보고 있다.

⑻생각건대, 한창려(韓昌黎)가 「정 상서를 전송하는 글[送鄭尙書序]」에서 말한 유구(流求)가 바로 이곳이다. 전하는 소문에 이 나라는 우리나라 제주의 남쪽에 있어, 날이 맑으면 제주에서 멀리 희미하게 보인다고 한다. 바닷길이 그렇게 멀지는 않기 때문일 것이다(按韓昌黎送鄭尙書序所謂流求是也. 聞其國在我國濟州之南, 晴日則自濟州依俙望見云, 蓋海路不甚遠耳).

지봉은 확실히 유구(流求)를 제주도 남쪽에 있는 섬, 오키나와로 보고 있는 것 같다. 그렇다면 한유가 말한 '유구'가 바로 오키나와를 말하는 것인가?

한유(韓愈, 768~824)는 영남절도부에 부임해 가는 정권(鄭權) 상서를 전송하는 글[送鄭尙書序送鄭權尙書序]에서 다음과 같이 말했다. "남쪽 오랑캐들은 사납고 경솔하여, 걸핏하면 원망하고 변심한다. 남쪽에 있는 주(州)들은 모두 큰 바닷가에 있으며 섬이 많다. …통제되지 않는 곳은, 험난함을 믿고 무리 지어, 독화살을 갖추어 [중국의] 문무 관원[將吏]들이 지나가기를 기다린다. …좋으면 사람이지만, 화를 내면 짐승들이다. …몹시 어지러워 다스릴 수 없으면, 풀을 베고 짐승을 죽이듯, 그 뿌리와 둥치를 없애고 엄단(嚴斷)해야 그친다. 탐라(耽浮羅)[18], 유구(流求), 모인(毛人)[19], 이·단주[夷亶

18) 먼저 정조대왕은 탐라(耽羅)의 어원에 관하여, "창려의 전송 서문에서 바다 밖 여러 나라를 열거하며 유구, 부남, 탐부라 등이 동남쪽 끝의 세상이라고 하였다. 그렇다면 『운급(雲笈)』에서 태상노군(太上老君)이 부라악(浮羅嶽)에서 태어났다고 하는데, 혹 이 섬인가? 어쨌든 모(牟)가 부(浮)로 와전된 것이라면, 증

之州][20], 임읍(林邑)[21], 부남(扶南)[22], 진랍(眞臘)[23], 우타리(于陀利)[24] 등과 같이 바다 밖의 잡다한 나라들이 동남쪽으로 바다 끝까지 있고, 땅은 만을 헤아린다. 간혹 바람과 조수를 기다려 조공하기도 하고, 남쪽과 서쪽의 오랑캐[蠻胡] 상인들이 배로 바다에서 교역하기도 한다(蠻夷悍輕, 易怨以變, 其南州皆岸大海, 多洲島. …控御失所, 依險阻, 結黨仇, 機毒矢以待將吏. …好則人, 怒則獸. …至紛不可治, 乃草薙而禽獮之, 盡根株痛斷乃止. 其海外雜國, 若耽浮羅·流求·毛人·夷亶之州·

명할 만한 것이 있는가(昌黎送序, 歷數海外諸國, 而流求·扶南·耽浮羅之屬, 東南際天地, 則雲笈所謂太上老君之降于浮羅嶽者, 疑或此島. 豈牟爲浮訛而嶽有可徵歟)"라고 캐묻는 문장이 보인다(『홍재전서』, 권51, 책문4).

여기서 말하는 '운급(雲笈)'은 바로 당나라 장군방(張君房)의 『운급칠첨(雲笈七籤)』으로, 어머니가 3,700년을 임신하고 있다가 서나천욱찰산(西那天郁察山)의 '부라(浮羅)'라는 악(嶽), 단현(丹玄)이라는 '아(阿)'에서 낳았다는 말이 보인다(권8, 15a). 즉 정조는 이 '부라악'이 한유가 말한 '탐부라'와 어떤 관계가 있는 것은 아닌지를 묻고 있다. 둘째로, 『수서』, 권81, 「백제(百濟) 열전」(1820쪽)에 "그 남해로 석 달을 항행하면, 담모라(聃牟羅)라는 나라가 있는데, 남북으로는 1,000여 리이고 동서로는 수백 리에 달하며, 땅에는 노루와 사슴이 많고 백제에 부속되어있다(其南海行三月, 有聃牟羅國, 南北千餘里, 東西數百里, 土多麞鹿, 附庸於百濟)"라고 하였는데, 여기 '담모라'의 '모(牟)'자가 탐부라의 '부(浮)'자로 와전된 것이라면 그 근거가 무엇이냐를 묻고 있다.

'담(聃)'자는 '담(聸)'의 속자로 그 중고음은 [tʰɑm]이다. '탐(耽)'자의 중고음은 [tɒm]으로 무기냐 유기냐의 차이밖에 없다. 모(牟)의 중고음은 [mĭəu]이고 부(浮)의 중고음은 [bĭəu]로 'm'과 'b'는 모두 쌍순음으로 쉽게 혼용된다. 따라서 담모라(聃牟羅)와 탐부라(耽浮羅)의 음성은 상당히 유사하다. 그러나 이곳이 탐라 즉 제주도라면, 백제에서 석 달을 항해해 가야 하는 거리는 아니다. 또한 제주도는 동서로 더 길다. 그러므로 『수서』에서 말하는 '탐모라'는 제주도에는 부합하지 않는다. 이뿐만 아니라 한유는 영남의 동남쪽이라 했으므로 제주도는 배제해야 할 것 같다.

林邑·扶南·真臘·于陀利之屬, 東南際天, 地以萬數. 或時候風潮朝貢, 蠻胡賈人舶交海中)."(『오백가주창려문집(五百家注昌黎文集)』, 사고전서본, 권21, 16a.)

---

19) 모인(毛人), 즉 모인국(毛人國)에 관해서는 10세기 유순(劉恂)의 『영표록이(嶺表錄異)』, 권하(사고전서본, 1a)에 능주(陵州, 현 쓰촨 런서우) 자사 주우(周遇)가 광동으로 돌아올 때 5일 밤낮을 표류하며 들렸던 여섯 나라 중 두 번째로 언급되어있다. "모인국을 지나면서 보니 몸집은 작았으나 모두 머리를 흐트러뜨렸고 몸에는 털이나 검은 원숭이처럼 덮여있었다(經毛人國, 形小, 皆被髮而身有毛, 蔽如狖)"라고 하였다. 또한 1125년 조여괄(趙汝适)의 『제번지(諸蕃志)』 왜국(倭國) 조목에서 "나라는 사방 수천 리이고 서남쪽으로는 바다에 이르고, 동북쪽으로는 큰 산으로 제한된다. 산 밖은 모인국(毛人國)이다(國方數千里, 西南至海, 東北限以大山, 山外卽毛人國)"라고 하였다(『제번지역주』, 289쪽). 마지막으로 지봉이 아래 일본[06]에서 "'하이(蝦蛦)'란 모인(毛人)일 것이다"라고 한 것을 보아 '모인'은 일본열도에 있는 원주민들을 말하는 것 같다.

20) 『후한서』, 권115, 「동이열전」(2822쪽)에 "회계(會稽, 현 샤오싱) 바다 밖에는 '동대(東鯷)'['鯷'자는 '달dɑt(達)'자와 '해ɣiei(奚)'의 반절로 읽는다] 사람들이 사는데, 20여 나라로 나뉘어 있다. [회계 바다 밖에는] 또 이주(夷洲)와 단주(澶洲)가 있다. 전승되는 말에 '진시황(秦始皇)이 방사(方士) 서복(徐福)에게 남녀 아이들[童] 수천 명을 거느리고 바다로 들어가서, 봉래(蓬萊)의 신선(神仙)을 찾게 하였지만, [서복은] 성공하지 못했다. 서복은 주살될까 두려워하여 돌아오지 못하고, 결국 이들 주(洲)에 머무르게 되었는데, 대대로 이어져서 수만 가구가 되었다'라고 한다. 그 사람들이 이따금 회계(會稽)의 시장에 온다. 회계의 동야현(東冶縣) 사람 중 항해하다가 폭풍을 만나 표류하여 단주(澶洲)에 도착한 자가 있었다. 그곳은 아주 멀리 떨어져 있어, 왕래할 수가 없다(會稽海外有東鯷人, 分爲二十餘國. 又有夷洲及澶洲. 傳言秦始皇遣方士徐福將童男女數千人入海, 求蓬萊神仙不得, 徐福畏誅不敢還, 遂止此洲, 世世相承, 有數萬家. 人民時至會稽市. 會稽東冶縣人有入海行遭風, 流移至澶洲者. 所在絶遠, 不可往來)"라고 하였다.

이주(夷洲)는 장회태자(章懷太子) 이현(李賢, 655~684)이 『후한서』 주석에서 인용한, 230년 삼국시대 심영(沈瑩)이 지었다는 『임해수토지(臨海水土志)』에 따르면, "이주(夷洲)는 임해(臨海, 저장 타이저우台州시) 동남쪽에 있

이상으로부터 한유가 언급한 지역은 탐부라, 유구, 모인은 동

으며 군(郡)에서 2,000리 떨어져 있다. 땅에는 서리와 눈이 내리지 않아 초목이 죽지 않으며 사방이 모두 산과 계곡이다. 사람들은 모두 머리털을 깎고 귀를 뚫지만, 여자들은 귀를 뚫지 않는다. 땅은 비옥하여 오곡이 자라며 물고기와 짐승 고기가 많다. 그곳의 개는 노루 꼬리처럼 꼬리가 짧다. 이곳의 오랑캐들은 시부모, 아들과 며느리 모두 하나의 큰 침상에서 누워 쉬며 대체로 서로 피하지 않는다. 그곳에는 구리와 철이 나지만, 사슴[鹿]과 나무[格]로 창을 만들어 전투하며, 청석(青石)을 갈아 화살촉으로 만든다. 물고기와 짐승 고기를 날로 큰 옹기에 소금으로 한 달 며칠을 저장해 두었다가 먹는데, 최상의 반찬으로 여긴다(夷洲在臨海東南, 去郡二千里. 土地無霜雪, 草木不死, 四面是山谿. 人皆髡髮穿耳, 女人不穿耳. 土地饒沃, 既生五穀, 又多魚肉. 有犬, 尾短如麕尾狀. 此夷舅姑子婦臥息共一大牀, 略不相避. 地有銅鐵, 唯用鹿格爲矛以戰鬪, 摩礪青石以作矢鏃. 取生魚肉雜貯大瓦器中, 以鹽鹵之, 歷月餘日, 乃啖食之, 以爲上肴)"라고 이주(夷洲)를 설명했다.

한편 『삼국지(三國志)』, 권47(1136쪽)에도 보이는데, 단주(亶洲)로 되어있다. 황룡(黃龍) 2년(230) 정월에 위나라가 합비(合肥) 새로운 도성을 세웠다. [손권(孫權)은] 조서로 도강(都講) 좨주를 설립하여 제자들을 가르치게 했다. 장군 위온(衛溫)과 제갈직(諸葛直)에게 정예병 10,000명을 이끌고 바다를 건너 이주(夷洲)와 단주(亶州)를 구하도록 했다(二年春正月, 魏作合肥新城. 詔立都講祭酒, 以教學諸子. 遣將軍衛溫·諸葛直將甲士萬人浮海求夷洲及亶洲). 이어서 기록한 단주(亶洲)의 기술은 앞의 『후한서』와 대동소이하다. 결국 단주(澶洲)와 단주(亶洲)는 같은 곳임을 확인할 수 있다.

하지만 『삼국지』, 권58에 실린 「육손(陸遜) 열전」(1350쪽)에 황룡 원년(229)의 일을 기록하며 "손권은 군대의 일부[偏師]를 보내 이주(夷州)와 주애(朱崖)를 차지하려고 육손(陸遜)에게 자문하여" 이주(夷州)를 정벌했으나 잃은 것을 보상받을 수는 없었다는 내용이 보인다. 또한 권60의 「전종(全琮) 열전」(1383쪽)에는 "당초 손권은 주애(朱崖)와 이주(夷洲)를 포위하려고" 전종의 만류에도 듣지 않고 원정을 감행하여 군사의 십중팔구를 잃고 크게 후회했다는 내용이 보인다. 대체로 이주(夷州)와 이주(夷洲)는 같은 곳으로 보이지만, 단정하기는 어렵다. 왜냐하면 앞서본 이주(夷洲)와 단주(澶[亶]洲)가 이주(夷州)와 주애(朱崖)로 되어있기 때문이다. 결국 '단주=주애'라는 설이 성립해야 한다. 주애

쪽에 있는 나라이고, 임읍, 부남, 진랍, 간타리는 중국의 남쪽에 있는 나라로, 간타리가 가장 남쪽에 있다고 추정된다. 모인(毛人)의 나라 너머에 이주와 단주가 있을 리는 없으므로, 한유가 말하는 이주(夷州)와 단주(亶州)는 해남도 일대로 보는 편이 지리적 순서에 가장 부합한다. 정리하자면, 지봉은 한유의 유구(流求)를 타이완이 아니라, 오키나와섬으로 이해하고 있다. 그렇다면 한유의 시대까지도 타이완섬은 영남의 동남쪽 가장 큰 섬임에도 불구하고 중국과는 어떠한 이해관계가 없었다는 말로 이해할 수 있는가? 따라서 『수서(隋書)』(636년)의 '유구(流求)'는 타이완섬으로 읽어야 할 것이다.

(朱崖)는 바로 해남도를 지칭한다.

이상의 기술들은 이주와 단주 또는 주애가 가까운 거리에 있다는 사실을 암시하고 있다. 『임해수토지』로 돌아가 보면 임해(臨海)의 동남쪽에 '이주(夷洲)'가 있다고 했다. 따라서 주애가 해남도인 이상, 서로 부합하지 않는다. 이치무라 산지로(市村 瓚次郎)는 「당나라 이전 복건과 대만에 관하여(唐以前の福建及び臺灣に就いて)」라는 논문에서 『임해수토지』에 기술된 이주(夷洲)가 타이완을 지칭하는 것으로 추정했다(『東洋学報』, 8-1(1918), 22쪽). 이처럼 이주(夷洲)가 타이완이라면 주애(朱崖) 즉 해남도와는 1,000km 이상 떨어져 있으므로, 한 번의 원정으로 공략할 수 없는 거리이다. 게다가 『임해수토지』가 기술한 내용으로는 타이완으로 특정할 만한 근거가 부족하다. 따라서 우리는 샤오싱의 앞바다에서 또는 동남쪽의 바다에서 이주와 단주가 있다는 사실밖에는 어느 추정도 만족스럽지 못하다. 다시 말해 타이완과 하이난 섬은 지리적 설명으로 전혀 부합하지 않는다.

21) 임읍(林邑)은 현 베트남 하노이 일대의 고대 왕국으로 알려져 있다.

22) 부남(扶南)은 한유의 시대에는 이미 없어진 나라로, 오늘날 캄보디아와 베트남 남부지역을 차지하고 적어도 6세기까지는 존속한 나라로 알려져 있다.

23) 진랍(眞臘)은 현 캄보디아에 해당하는 나라이다. 하지만 '임읍'과 '부남'은 한유의 시대에 이미 존재하지 않는 나라들이었다. 이는 한유의 의고주의를 여실히 보여주고 있으며, 남중국해에 대한 정보가 정확하지 않았음을 보여준다.

24) 우타리(于陀利)의 '우(于)'자는 '간(干)'자의 오기일 것이다. 간타리(干陀利)에

지봉은 1612년(광해군 4, 만력 40년) 북경에서 만난 유구국 사신들은 바로 오키나와 유구였다. 그 전말은 『지봉집』, 권9, 「유구사신증답록(琉球使臣贈答錄)」(4a~6a)에 수록되어 있다. 이 자료는 앞서본 『지봉유설』보다 상세한 정보를 담고 있어, 여기에 붙여 언급할 충분한 의의가 있다. 이 「유구사신증답록」은 유구 사신과 주고받은 14수의 7언율시가 수록되어 있고, 또 유구 사신이 보내준 시, 칼 그리고 부채에 감사하는 지봉의 7언율시 1수가 들어있다.[25] 이어서 보이는 후기[後]에 해당하는 글에 다음과 같은 뒷이야기와 문답한 내용(14개 항목)을 수록하고 있다.

유구국은 동남쪽 바다에 있다. 사신 채견(蔡堅)과 마성익(馬成驥), 그리고 수행하는 17인 모두 명나라[天朝]의 관복을 입고 있었다. 자신들은 "경술년(1610, 광해군 2) 9월에 본국을 떠나 물길로 5일 만에 복건에 도착했고, 복건에서 육로로 7,000리를 이동하여 신해년(1611) 8월 북경에 도착했다"라고 하였다.[26] [그들은] 침소에 온돌을 쓰지 않았고, 한겨울

관하여 『양서(梁書)』(636년)는 "간타리국은 남해의 섬에 있다. 그곳의 풍속은 임읍, 부남과 대략 같다. [그곳에서는] 반포(斑布), 고패(古貝), 빈랑이 난다. 빈랑은 아주 우수하여 나라 중에서 최고이다(干陁利國, 在南海洲上. 其俗與林邑·扶南略同. 出班布·古貝·檳榔. 檳榔特精好, 爲諸國之極)"라고 하였다.

25) 이상 주고받은 시에 관한 번역과 주석은 고전번역원 DB를 참고하시오.

26) 유구국의 사신으로 채견(蔡堅) 등이 1611년 8월에 북경에 도착해 활동한 기록은 중국 역사자료에는 보이지 않는다. 따라서 지봉의 이 기록은 명나라와 유구국의 조공 관계에 있어 중요한 정보이다. 『신종현황제실록(神宗顯皇帝實錄)』, 만력 43년(1615), 3월 9일 첫 번째 기사에 복건 순무 원일익(袁一驥)이 상주한 기록에 따르면, "유구국은 40년(1612) 제정한 '10년마다 한 번 조공'의 제한을 어기고, 41년(1613) 조공을 닦았고, 또 작년 겨울(1614) 11월 조공 사신 채견

에도 반드시 목욕했으며, 용모와 언어는 대략 왜(倭)와 같았다. 우리가 객관에 도착하자, 상당히 은근한 마음을 내어 [우리가] 지어줄 시문으로 좋은 완상 거리를 삼고자 청했다. 그리하여 그들이 응답하는 것을 보고자 [시를] 읊어 주었으나, [채]견 등이 작문에 능하지 않고, 시를 주고받기에는 부족했다. 또 소문을 듣고 우리나라 황필(黃筆, 족제비 꼬리털로 만든 붓)을 사려고 해서 붓 2자루와 먹 2개를 주자, [채]견 등도 칼과 부채 각각 하나로 사례했다. 채견은 중국어를 잘 할 수 있어, 역관의 말로 아래와 같이 서로 묻고 답했다(琉球國在東南海中. 使臣蔡堅·馬成驥, 從人幷十七人, 皆襲天朝冠服. 自言, 庚戌九月離本國, 水行五日抵福建, 由福建陸行七千里, 辛亥八月達北京. 寢處不於炕突, 雖盛冬必沐浴, 狀貌言語, 略與倭同. 自僕等到館, 頗致慇懃之意, 願得所製詩文以爲寶玩. 故欲見其酬答, 略構以贈, 而堅等短於屬文, 不足與唱和耳. 且聞要貿我國黃筆, 乃以二筆·二墨贐之, 堅等亦以刀·扇各一爲禮. 蔡堅則能解漢音, 以譯語相問答如左).

㉠귀국의 땅은 사방 몇 리인가(貴國地方幾里)? 땅덩어리는 좁고 작아서 조선에서 포정사(布政司, 관찰사)가 관할하는 지역 한 곳에도 미치지 못합니다. 동서로 겨우 10,000리, 남북으로 7,000리입니다.【『속문헌통고』에, "유구가 가장 작다"라

등을 보내왔다. 그들이 진상한 것들은 유황과 마필로, 이미 여러 관리가 검사해도 해됨이 없었습니다(琉球違四十年題准十年一貢之限, 既以四十一年修貢, 復於去冬十一月遣貢使蔡堅等來. 其所進硫礦·馬匹, 已經多官驗詳無弊)"라고 하였다. 지봉의 기록이 정확하다면, 채견 등은 1612년 '10년마다 한 번 조공'이라는 원칙을 제정했던 주인공들로 추론할 수 있다.

고 하였으므로,[27] 땅이 사방 10,000리, 7,000리 하는 것은 거짓말이다.】(壤地褊小, 不及朝鮮一布政所, 東西僅萬里, 南北七千里.【續文獻通考曰, 琉球最小, 則地方萬里七千里之說, 謬矣.】)

㉡귀국은 유가의 가르침을 숭상합니까, 아니면 불교인가(貴國尙儒道乎, 釋道乎)? 공자의 도를 존중하지만, 불교도 반은 섞여 있습니다(尊尙孔子之道, 而釋子亦參半焉).

㉢과거로 사람을 뽑는 제도가 있습니까(科擧取人之規)? 3년에 한 번 시험을 치고, 문과와 무과 각각 120명을 뽑습니다. 나라에 경사가 있으면, 별도의 시험이 있습니다(三年一大比, 取文·武科各一百二十人. 國有慶事, 則有別擧. 俺等亦登第之人).

㉣풍토는 춥습니까, 따뜻합니까(風土寒暖)? 땅의 기운이 매우 따뜻하나, 북산 한 곳이 가장 따뜻하여 한 해에 벼가 두 번 익습니다(土氣甚暖, 而北山一都爲最, 稻一歲再熟).

㉤국왕의 성씨는 무엇입니까(國王姓氏)? 성씨는 상(尙)입니다.【이름은 영(寧)이다.】(姓尙【名寧】).[28]

---

27) 왕기(王圻, 1565년 진사)가 1586년 완성한 『속문헌통고(續文獻通考)』(사고전서본, 권238, 2a)에 "대개 유구는 중외 오랑캐 중에서 가장 작고 험하다고 했다(蓋琉球在外夷, 最小而險云)"라고 한 것으로 확인된다. 그러나 이 문장은 왕기가 밝힌 것처럼 『원사』에서 가져왔다. 『원사』, 권210, 「유구(瑠求)전」(4667쪽)에 "유구(瑠求)는 중외 오랑캐 중에서 가장 작고 험하다(瑠求在外夷, 最小而險者也)"라고 하였다.

28) 『명사』, 권21, 「신종본기」(289쪽)에 따르면, 만력 40년(1612) "이 해, 유구 중산

ⓑ나라를 세운 이래 왕의 자리를 전한 것이 얼마입니까(立國以來傳祚久近)? 지금까지 250여 년 지나, 24세를 전했습니다(經今二百五十餘年, 傳二十四世).

ⓢ나라를 건국하기 전에는 어떤 나라였습니까(開國以前爲何國)? 나라는 '오기'라고 불렀고 나라는 겨우 100년 존속했습니다(國名吾氣, 享國僅百年).[29)]

ⓞ'오기' 이전에는 어떤 나라였습니까(吾氣之先爲何國)? '오기' 이전에는 문자도 없어 기록된 서적이 없습니다(吾氣以前, 未有文字, 無書籍可記).

ⓩ일본과의 거리는 얼마입니까(距日本幾許)? 10,000여 리쯤 되는데, 그 사이에 여러 섬이 있고, 각기 자기들의 나라를 일구어 유구와 일본에 조공을 닦습니다.【『속문헌통고』에 "살마(薩摩, 사쓰마, 가고시마현 서부)에서 배로 4일이면 유구에 이른다"라고 했으므로 이 말은 황당하다.】(可萬餘里, 其間有諸島, 各自爲國, 修貢于琉球·日本.【續文獻通考曰, 自薩摩

왕 상녕이 사신을 보내 귀국을 알렸다(是年, 琉球中山王尙寧遣使報歸國)"라는 정보를 확인할 수 있다. 『명실록』 부록에 실린 『숭정장편(崇禎長編)』, 숭정 2년(1629) 윤4월 1일 첫 번째 기사에 보이는 예부상서 하여총(何如寵) 등의 상소문에 따르면, "유구국에서는 중산왕 상녕이 이미 죽고 아들 풍(豊)이 계승했다(琉球國已故中山王尙寧世子尙豊承襲)"라는 정보도 보인다.

29) 지봉은 오키나와 유구와 타이완 유구에 관해 우리처럼 상당한 역사적 의문을 품고 있었던 것 같다. ⓑ, ⓢ, ⓞ, ⓩ, ⓚ, ⓣ의 질문은 확실히 이를 염두에 두고 있다. '오기(吾氣)'는 지봉의 기술에서만 보인다. 'おき'의 음역 표기로 보이며, '먼바다'를 뜻한다. 확실히 지봉이 만난 유구는 오키나와였다.

開船, 可四日到琉球, 則此說謊矣】).[30]

ⓩ귀국은 섬라와 서로 통교합니까(貴國與暹羅相通乎)? 멀어 통상할 수 없고, 도로도 얼마나 되는지 모릅니다(遠不能相通, 道路不知幾何).

ⓚ귀국은 어떤 나라와 가깝습니까(貴國與何國相近)? 명나라[上國]가 가장 가깝고, 귀국이 그다음으로 가깝습니다. 지난번 귀국에서 우리나라의 표류한 사람들을 송환해 주었는데, **그 사람들이 아직 북산에 살고 있습니다.**[31] 이로써 거리가 멀지 않음을 알 수 있습니다(上國最近, 貴國次之. 曩者貴國送回敝邦漂海人口, 其人尙在北山生住, 以此知道里不遠).

ⓣ귀국에는 세 나라로 나뉘어 있는데, 모두 '유구'라고 합니

30) 정약증(鄭若曾, 1503?~1570)은 『정개양잡저(鄭開陽雜著)』(사고전서본, 권2, 54a~b)에서 왜(倭, 일본)를 기술하며, 왜의 "서북쪽으로 고려(조선)에 이르는데, 반드시 대마도에서 바다로 나가 순풍이면 단 하루 이틀 만에 도착한다. 남쪽으로는 유구(오키나와)에 이르는데, 반드시 살마주(薩摩州, 가고시마현 서부)에서 바다로 나가 순풍이면 7일이 [걸린다]. 조공 사신이 올 때는 반드시 후쿠오카현 하카타(博多)에서 바다로 나가 나가사키현 고토(五島)를 거쳐 중국으로 들어온다(其西北至高麗也, 必由對馬島開洋, 順風僅一日二日. 南至琉球也, 必由薩摩州開洋, 順風七日. 其貢使之來, 必由博多開洋, 歷五島而入中國)"라고 하였다. 이 기록은 1562년 완성된 호종헌(胡宗憲, 1512~1565)의 『주해도편(籌海圖編)』(사고전서본, 권2, 34a~b)에도 채록된 것으로 보아, 1562년 이전 정보임이 분명하다. 지봉이 『속문헌통고』(사고전서본, 권237, 21b)에서 발췌한 것도 이를 복제한 것이다. 모두 가고시마현 사쓰마에서 오키나와까지를 '7일'로 기록하고 있다. 아마도 판각이나 인쇄 오류일 것이다.

31) 굵은 글씨로 표기한 정보는 다음 섬라[05] 보충 자료에서 역주해 둔, 『지봉집』, 권9, 「유구사신증답록」, '지(識)'[8b~9a], 네 번째 단락 ⓐ를 참고하시오.

까, 정말 그렇습니까(貴國有三國分立, 皆號琉球云, 信否)? 그렇지 않습니다. 본국은 현재 중산에 도읍해 있지만, 중산, 남산, 북산 세 곳에 모두 도읍이 있습니다. 이는 필시 전하는 말이 잘못되었을 것입니다(否. 本國方都中山, 而設都三處, 曰中山, 曰南山, 曰北山. 此必傳說之誤).

㉲귀[국]의 땅에 앵무새가 있습니까? 【조종조에 유구 사신이 앵무를 헌상했다고 들은 적이 있어 그것을 물은 것이다.】(貴地有鸚鵡乎. 【嘗聞祖宗朝, 琉球遣使獻鸚鵡, 故問之】).[32] 없습니다. 대모, 유황, 바나나 나무로 만든 베[芭蕉布] 같은 것이 토산품입니다(否. 如玳瑁·硫黃·芭蕉布, 是土產也).

㉳그 사신이 또 [우리] 역관에게 묻기를 "귀국의 [사람들은] 항상 사모(紗帽)와 망건(網巾)을 착용합니까(其使臣又問譯官曰, 貴國常着紗帽·網巾乎)"라고 물어, 역관은 "사모는 공식 모임에서 착용하고, 평소에는 모두 관을 씁니다. 망건은 귀천과 관계없이 항상 착용합니다"라고 답하자(譯官答言, 紗帽着於公會, 平居皆着冠. 至於網巾, 無貴賤常着), 그 사신은 "본국에서는 항상 망건과 관을 쓰지 않습니다"라고 하였다(其使臣曰, 本國則常時不着網巾與冠矣).

---

32) 『세조실록』, 권41, 세조 13년(1467), 3월 5일 여섯 번째 기사에서 "유구국왕(琉球國王)이 사신을 보내어 앵무새를 바쳤다"라는 기록이 보인다. 또 권43, 같은 해, 7월 13일 두 번째 기사에 "유구 국왕(琉球國王)이 중 동조(同照)·동혼(東渾) 등을 보내어 와서 앵무(鸚鵡)·대계(大雞, 타조?)·후추[胡椒]·코뿔소 뿔[犀角]·서적(書籍)·침향(沈香)·인도의 술[천축주(天竺酒)] 등의 물건을 바쳤다"라는 기록을 말하는 것 같다.

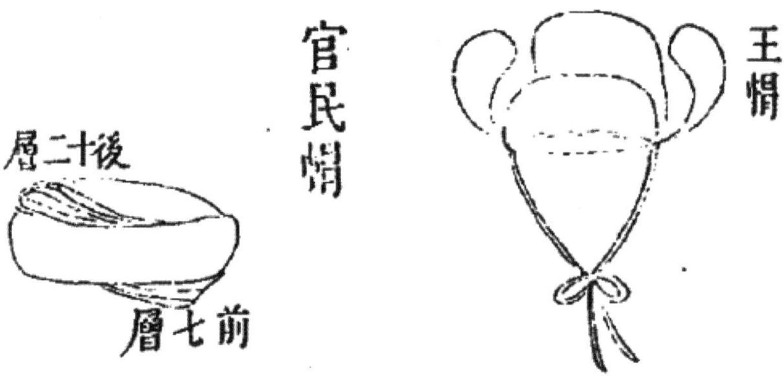

•
서보광(徐葆光), 1720년 『중산전신록(中山傳信錄)』(북경대 소장본), 권5(13a). 오른쪽: 왕모, 왼쪽: 관민모

[03] 삼불제(三佛齊)

지봉이 『지봉유설』을 탈고한 1614년은 '삼불제(三佛齊)'라는 나라는 역사 속으로 사라진 지 200년이 훌쩍 넘은 해였다. 삼불제(三佛齊)라는 나라가 중국 역사 무대에 처음 등장한 것은 『구당서(舊唐書)』(945년), 권20상, 「소종(昭宗) 본기」(781쪽)에 보이는 언급일 것이다. 이에 따르면, 천우(天祐) 원년(904) 6월 경자(庚子)일에 "삼불제국이 입조하여, 사신 포가율가(蒲訶粟可)를 영원장군에 [제수했다](三佛齊國入朝, 使蒲訶粟可寧遠將軍)"라고 한다. 이 문장에는 확실히 빠진 글자가 있다. 어쨌든 이 정보는 『신당서』에서 채택되지 않았고, 조여괄(趙汝适)의 『제번지』(1225년)에서 다시 언급되는데(『제번지역주』, 82쪽), "이 나라는 당나라 천우(天祐) 연간(904~907)에 중국과 처음으로 통교했다(其國自唐天祐始通中國)"라는 기술로 뭉뚱그려졌다.

삼불제(三佛齊)라는 나라를 처음으로 기술한 중국 자료는 주거비(周去非)의 『영외대답』(1178년)이다. "삼불제 왕국[三佛齊國]은 남해의 가운데 있으며, 여러 외국으로 가는 바닷길[諸蕃水道]의 요충이다. 동쪽 자바[闍婆] 등의 나라에서 [오거나], 서쪽 아랍[大食], 퀼론[故臨]에서 [올 때] 이 나라의 경계를 경유하지 않고 중국에 들어오는 사람은 없다(三佛齊國, 在南海之中, 諸蕃水道之要衝也. 東自闍婆諸國, 西自大食、故臨諸國, 無不由其境而入中國者)"[『영외대답교주』, 86쪽]. 주거비가 말하는 이곳은 분명 수마트라섬 동남부 지역으로 당시 스리비자야(Srivijaya) 왕국이 전성기를 맞고 있었다. 여기 삼불제=스리비자야의 음역 문제에 대해서는 나의 『성사승람역주』 해제를 참고하시오.

이 '스리비자야'라는 나라는 『신당서』, 권222하(6305쪽)에

'실리불서(室利佛逝)' 또는 '시리불서(尸利佛誓)'로 표기되었다. 『전당문(全唐文)』, 권22(무영전본, 17b), 현종(玄宗, 712~756년 재위)의 어제문(御製文)[褒賜尸利佛誓國制]에 "시리불서국 삼시리타라발모가 멀리서 조공을 닦아 왔다(尸利佛誓國三尸利陀羅拔魔, 遠修職貢)"라는 8세기 전반의 가장 이른 언급이 보인다. 『고금도서집성·변예전(邊裔典)』, 권102에는 출처를 밝히지 않고 "고종 함형(咸亨, 670~674) 연간에 실리불서가 사신을 보내 조공해 왔다(高宗咸亨年, 室利佛逝遣使朝貢)"라는 기록이 보이지만 두 『당서』 「고종본기」에는 확인되지 않는다.

마지막 이 정보는 670년대에 이미 '실리불서'라는 나라가 알려져 있었다는 말이다. 이는 의정(義淨, 635~719)의 기록으로 확인된다. 그는 671년 광저우에서 배를 타고 인도로 향하는 첫 번째 여행을 했고, 처음으로 도착한 곳이 '불서(佛逝)'라는 곳이었다. 『근본설일체유부백일갈마(根本說一切有部百一羯磨)』(T.1453, 권5, 477c)에서 "이곳 불서의 성곽 아래에는 1,000여 명의 승려가 학문에 뜻을 두고 대부분 탁발한다. 탐구하고 읽은 것들은 중국[인도]과 다르지 않고, 승려[沙門]의 계율과 의식 모두 다름이 없다. 중국 승려 중에 서방에 가서 [불교 경전들을] 듣고 읽으려는 사람은 이곳에 한두 해 머물면서 그 법식을 익힌 다음 중인도로 가는 것도 좋다(此佛逝廓下, 僧衆千餘學問爲懷, 並多行鉢. 所有尋讀乃與中國不殊, 沙門軌儀悉皆無別. 若其唐僧欲向西方爲聽讀者, 停斯一二載, 習其法式, 方進中天亦是佳也)"[33]라고 하였다. 또한

33) 자신 없는 번역이다. 『한글대장경』의 번역은 다음과 같다. "이곳은 부처님께서 가셨던 나라이며, 아래 승가의 대중들도 많은 인연으로 학문을 할 생각을 품고

"함형(咸亨) 2년(671)…2순(旬, 20일)도 되지 않아 마침내 불서(佛逝)에 이르렀다. [그곳에서] 6개월을 머물며, 점차 성명(聲明)을 배웠다. 왕이 지지하며 보내주어 말라유(末羅瑜)【지금은 '실리불서(室利佛逝)'로 바뀌었다】 왕국으로 갔다(咸亨二年…未隔兩旬果之佛逝. 經停六月漸學聲明. 王贈支持送往末羅瑜國【今改爲室利佛逝也】"[『대당서역구법고승전교주』, 중화서국, 1988, 152~153쪽].[34)]

마지막으로 조르주 세데스(George Cœdès)는 스리비자야 왕국의 존재를 증언하는 여러 비문을 찾아내 연구한 결과를 내놓았는데, 그에 따르면, 팔렘방 지역에서 찾은 비문 중 가장 오래된 것은 크두칸 부킷(Kedukan Bukit) 비문이다. 세데스는 그 연대를 682년으로 추정하고, 스리비자야의 승리, 힘 그리고 부를 기록하고 있다고 설명한 바 있다(『Les états hindouisés d'Indochine et d'Indonésie』, Paris, 1948, 156쪽).

이상으로 우리는 스리비자야 왕국은 수마트라 동남부 팔렘방 지역을 중심으로 670년 이전부터 건국되어 671년에서 692년 사이 말라유(末羅瑜)[35)]가 실리불서(室利佛逝)로 고쳐 불렸음

있다. 그들과 나란히 길을 갈 때가 많았는데, 그들은 갖고 있는 책을 찾아 읽는 것이 곧 중국과 다르지 아니하였고, 사문(沙門)의 규범과 의식도 그다지 다른 점이 없었다. 만약 중국의 스님으로서 서방에 가고자 하여 경전을 읽는 사람이라면 이곳에서 1, 2년 동안 머물면서 그곳의 법식을 익힌 다음 비로소 중천축국(中天竺國)으로 가는 것도 좋은 방법이다."(ABC, K0914 v23, p.844a02). 여기에서 '불서(佛逝)'를 '부처님이 간 곳'이라 번역한 것은 명백한 잘못이다.

34) 의정(義淨)이 기술한 '불서' 또는 '실리불서'에 관해서는 역자의 『영애승람역주』 '구항' 조목 해제를 참고하시오.

35) 불서(佛逝)와 말라유(末羅瑜)에 관한 자세한 연구는 내가 역주한 『8세기 말 중

을 알 수 있다.

이 스리비자야의 멸망에 관해서는 아직 의문으로 남겨져 있다. 다만, 중국 사료만 근거한다면, 또 스리비자야가 바로 삼불제라면, 우리는 삼불제의 멸망 시기를 어느 정도 추정할 수 있을 것 같다. 『명사』, 권324, 「삼불제전」(8406~8407쪽)에는 1376년 삼불제가 산물을 바치며 왕위계승을 승인해 줄 것을 간청하자 홍무제는 별도로 사신을 보내 왕으로 책봉하도록 했다. 그러나 당시 조와[마자파힛]는 삼불제를 예속시켰기 때문에 삼불제가 중국의 책봉을 받는다는 소식을 듣고, 명나라의 책봉 사신들을 살해했다는 기록이 보인다. 자바 즉 마자파힛이 사람을 보내 중국의 책봉 사신들을 살해한 사실은 『태조고황제실록(太祖高皇帝實錄)』, 권134, 홍무 13년(1380) 10월 20일 기사에서도 확인된다. 또한 『명사』 「삼불제전」(8407쪽)에는 홍무 30년(1379) 홍무제가 내린 명령이 보이는데, "이제 조와에 사신을 보내려 하니, 삼불제가 중도에 저지할까 두렵구나. 듣자니 삼불제는 원래 자바의 속국이었다고 하니, 짐의 뜻을 기술하여, 시암[暹羅]에 자문(咨文)을 보내 자바에 전하도록 하라(今欲遣使爪哇, 恐三佛齊中途沮之. 聞三佛齊本爪哇屬國, 可述朕意, 移咨暹羅, 俾轉達爪哇)"라고 한 다음, "당시 자바[마자파힛]는 '이미' 삼불제를 격파하고, 그 나라를 차지하고, 그 이름을 고쳐 '구항'이라 했다. 삼불제는 마침내 멸망했다(時爪哇已破三佛齊, 據其國, 改其名曰구항(舊港), 三佛齊遂亡)"라고 하였다. 이로부터 우리는 마자파힛이 삼불제를 복속시킨 것은 1377~1380년 사이로 확인할 수 있다.

국에서 인도로 가는 두 갈래 여정』, 336~356쪽을 참고하시오.

⑴삼불제는 동남해 가운데 있는데, 땅에는 15개의 주(州)가 있다. 동쪽으로 자바[爪哇], 서쪽으로 말라카[滿剌加]와 떨어져 있다(三佛齊在東南海中, 有地十五州. 東距爪哇, 西距滿剌加).

『황명사이고』: "삼불제는 **바로 구항(舊港)으로 발림(浡淋, 팔렘방)이라고도 한다.** 동남쪽 바다 가운데 있다. **원래는 남만(南蠻)의 또 다른 인종으로, 처음에는 자바[爪哇]에 예속되어 있었다.** 15개의 주(州)가 있다. 동쪽으로는 자바, 서쪽으로는 말라카[滿剌加], **남쪽으로는 대산에 떨어져 있다. 서북쪽은 바닷가로 외국 선박[番舶]이 몰려들고, 광둥의 장저우[漳], 취안저우[泉] 사람들이 많다**(三佛齊即舊港, 又名浡淋, 在東南海中. 本南蠻別種, 初隸爪瓜哇. 有地十五州. 東距爪瓜哇, 西距滿剌加, 南距大山. 西北濱海, 番舶輻輳, 多廣東漳泉人)."

⑵토양은 비옥하여 농사에 적합하다. 사람들은 수상 전투를 익힌다. 약을 바르면 칼에도 상처를 입지 않아 적을 만나면 용감하게 싸워 이웃 나라들이 그들을 두려워한다. 물은 많고 땅이 적다. 장령(將領)들은 육지에서 살 수 있지만, 백성들은 모두 뗏목을 지어 물속에 들보와 기둥을 가설해 [산다]. 글자는 산스크리트어를 사용한다(土沃宜稼穡. 人習水戰. 服藥刀不能傷. 遇敵敢死, 隣國畏之. 水多土少. 將領得居陸, 民率架筏, 水中架梁柱. 字用梵書).

『황명사이고』: "토양은 비옥하여 농사에 적합하다. 사람들은 **도박을 좋아하고** 수상 전투를 익힌다. 약을 바르면 칼에도 상처를 입지 않아 적을 만나면 용감하게 싸워 이웃 나라들이 그들을 두려워한다. 물은 많고 땅이 적다. 장령(將領)들은 육지에서 살 수 있지만, 백성들은 모두 뗏목을 지어, 물속에 들보와 기둥을 가설해 [산다]. **언어는 자바[爪哇]와 같으며, [유통**

수단으로] 동전과 베[錢布]를 사용한다. 글자는 산스크리트어를 사용한다. **그 속국으로, 단마령(單馬令), 렌카수카[淩牙斯], 춤폰[蓬豊], 등아농(登牙儂), 실론[細蘭] 등의 나라가 있다**(土沃宜稼穡. 人好賭博, 習水戰. 服藥刀不能傷. 遇敵敢死, 隣國畏之. 水多土少. 將領得居陸, 民率架筏, 水中架梁柱. 言語如爪瓜哇, 用錢布. 字用梵書. 其屬有單馬令·淩牙斯·蓬豊·簦牙儂·細蘭諸國)."

⑶화계(火鷄)는 학보다 크고, 털은 청양(青羊)과 같으며 석탄을 먹는다. ⓐ또 바다에 있는 두파르 왕국[祖法兒國]에서도 3~4척에 달하는 타계(馳鷄)가 나는데, 다니는 모양도 이와 비슷하다(有火鷄大於鶴, 毛如青羊食炭. 又祖法兒國在海中, 産馳鷄長三四尺, 行亦如之).

『황명사이고』: "**산물로 학정(鶴頂), 타조, 신록(神鹿), 금은, 수정, 유리, 산호, 무소뿔, 상아, 용뇌 등 여러 향, 묘정석(貓睛石), 장미수, 아위(阿魏), 몰약(沒藥), 혈갈(血竭)이 난다. 학정조(鶴頂鳥)는 오리보다 크며, 두개골의 두께는 1촌 남짓으로, 밖은 노랗고 안은 붉어, 그 선명한 아름다움이 좋아할 만하다.** 타조[火鷄]는 학보다 크고, **목과 다리는 역시 학과 비슷하며, 연하고 붉은 볏, 날카로운 부리에** 털은 푸른 양의 색이다. **발톱은 매우 날카로워 사람 배를 갈라 죽음에 이르게 하며,** 탄(炭)을 먹는다. **신록(神鹿)은 큰 돼지처럼 크고 키는 3척가량이며, 짧은 털과 돼지 부리에 발톱은 세 쪽이다**(産鶴頂·火鷄·神鹿·金銀·水晶·瑠璃·珊瑚·犀角·象牙·龍腦諸香·猫睛石·薔薇水·阿魏·沒藥·血結. 鶴頂鳥大於鴨, 腦骨厚寸餘, 外黃內赤, 鮮麗可愛. 火鷄大於鶴, 頸足亦似鶴, 軟紅冠, 銳觜, 毛如青羊色, 爪甚利, 傷人腹致死, 食炭. 神鹿大如巨豕, 高可三尺, 短毛豕喙, 蹄三跆)."

ⓐ의 정보는 지봉이 참고한 『오학편』본 『황명사이고』에는 보이지 않는다. 방이지(方以智, 1611~1671)의 백과사전 『통아(通雅)』(사고전서본, 권45, 28a)에는 다음과 같은 인용문이 들어있다. "『오학편』에, '홍무(洪武, 1368~1402) 초에 삼불제가 화계(火鷄)를 바쳤는데, 학만큼 컸다'라고 하였고, 『방우승략(方隅勝畧)』에서는 '수마트라[蘇門荅剌]에는 독수리[鷲]가 나는데, 키는 4척이고 낙타(駱駝)와 비슷하며 양을 삼킨다. 도파르[祖法兒] 왕국에서는 타계(駞鷄)가 나는데, 안장처럼 생긴 혹[肉鞍]이 있어, 탈 수 있다(吾學編云, 洪武初三佛齊貢火鷄, 大于鶴. 方隅勝畧言, 蘇門荅剌産鷲, 高四尺, 似駱駝, 噉羊. 祖法兒國産駞鷄, 有肉鞍可乘)"라고 하였다. 여기 방이지가 인용한 『방우승략』이라는 책은 바로 정백이(程百二)의 『방여승략(方輿勝略)』(1610년)을 말한다. 이 책은 조수삼(趙秀三, 1762~1849)이 『외이죽지사(外夷竹枝詞)』를 쓴 저본이다.

'조법아(祖法兒)'는 오만 남부에 있는 곳으로, 무하파자트 주파르(Muḥāfaẓat Ẓufār)의 음역 명칭이다. 이 나라에 관해서는 나의 『영애승람역주』, 『성사승람역주』, 그리고 '중국정사외국전 DB'를 참고하시오. 마환(馬歡)은 '조법아(祖法兒)'로 표기하고 타계(駝雞)로 언급했고, 비신(費信)은 '좌법아(佐法兒)'로 표기하고 역시 '타계'을 산물로 들고 있다.

⑷『완위여편(宛委餘編)』에 따르면, "서역의 큰 새를 타(駞)라 하였는데", 아마도 이것일 것이다(按宛委餘編云西域大鳥曰駞, 蓋此也).

『완위여편(宛委餘編)』은 왕세정(王世貞, 1526~1590)의 저술로, 『엄주사부고(弇州四部稿)』, 권156~172까지 총 17편으로 구성된 다방면의 잡설(雜說)을 모아 놓은 책이다. '완위'는 바로 사오싱에 있는 산 이름이다. 왕세정이 자신의 별호로 사용했는지는 확인되지 않는다. 『사고전서』본, 『엄주사부고』, 권156, 즉 『완위여편』(1)에 “서역의 큰 새를 ‘타(馳)’라 하고, 제나라 조정의 다리가 하나인 새는 ‘상양’이라 한다(西域大鳥曰馳, 齊庭一足鳥曰商羊)[5b~6a]”라는 설명을 확인할 수 있다. 여기 ‘타(馳)’자는 ‘타(駝)’자의 이체자이다. 결국 지봉이 왕세정의 설을 참고하여 이해한 ‘화계(火鷄)’는 바로 타조(駝鳥)이다.

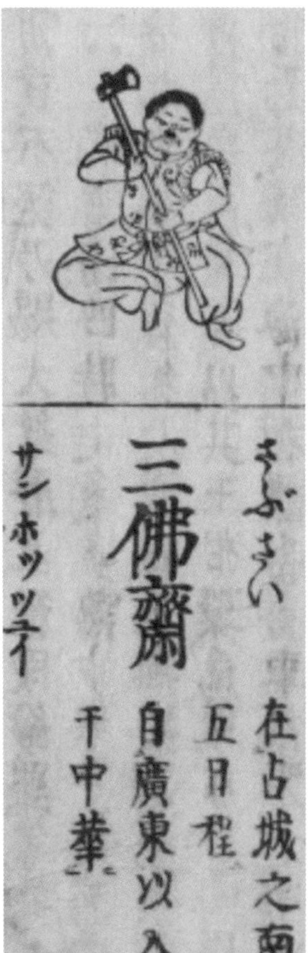

삼불제(三佛齊). 『화한삼재도회(和漢三才圖會)』(일본 국립국회도서관본), 권14, 13a. “참파[占城]의 남쪽으로 5일 가는 거리에 있다. 광동(廣東)에서 중화로 들어온다”라는 설명이 적혀 있다.

[04] 참파[占城]

중국 자료에 따르면, 참파[占城]는 베트남 중남부에서 9세기 초 건국하여 남부 판두랑가 지역으로 축소되었다가, 1832년 베트남에 합병된 나라이다. 현 베트남 지역에는 고대로부터 많은 왕국이 각각 서로 영토를 다투며, 해안선을 따라 명멸했다. 따라서 점성의 영토가 이전 중국 자료에서 말하는 상림현(象林縣)이니 부남(扶南)이니, 임읍(林邑)이니, 환왕(環王)이니, 하는 나라들과 영토나 위치 면에서 부합하는 것도 아니고, 이들의 영역을 분명하게 확인할 수도 없으므로, 중국 학자들처럼 '점성'의 역사를 거슬러 올라가는 고증에 큰 의미를 부여할 필요는 없다. 이 나라에 관해서는 『제번지』, 『도이지략』, 『영애승람』, 『성사승람』의 역주에서 천착한 바 있으니 이를 참고하시오.

'참파(Champa)'의 어원에 관해서는 정해진 설이 없다. 중국 표기인 '점성(占城)'은 점(占)과 도시 또는 나라를 의미하는 '성(城)'으로 구성된 합성어라는 점에 이견은 없는 것 같다. 즉 '참(Cham)사람들의 도시 또는 나라'라는 의미이다. '점(占)'자는 칼그렌이 추정한 상고음에 따르면, '치엄(tɕi̯ɛm)'으로 발음된다. 현대 베트남어로 'Chiêm'의 'ch'는 'ㅉ'라는 음가를 가지므로 '찌엠빠'로 표기할 수도 있다. 그러나 산스크리트어로는 'Campā(नगरचम्प)'라고 하고, 앞서 본 17세기 안남국 지도에서 보는 바와 같이 라틴어로는 '치암파(Ciampa)'로 표기하고 있다. 1590년 스페인 사람의 필사본 소위 『복서코덱스(Boxer Codex)』에 따르면 '첨성(尖城)'으로 표기하고 'Chamcia'라고 표기하고 있는 점을 고려하면, '참파'로 읽는 편이 훨씬 타당하다.

(1)①점성은 옛날 임읍(林邑)이다. 원래 한나라 상림현(象林縣)으로 마원(馬援)이 구리 기둥을 세운 곳이다. ②한나라 말에 이르러 구련(區連)

이 현령을 살해하고 왕을 칭했다. 당나라 원화(元和, 806~821) 초에 '점성국'으로 고쳐 불렸다(占城古林邑. 本漢象林縣, 馬援置銅柱之處. 至漢末, 區連殺縣令稱王. 唐元和初, 改號占城國).

참파에 관하여 지봉은 『황명사이고』를 저본으로, 『진서(晉書)』「임읍전」을 참고하여 기술했다. 먼저 ①은 『진서』「임읍전」에서 "임읍국은 원래 한나라 때 상림현으로, 마원이 [청동] 기둥을 주조하여 [세운] 곳이다(林邑國本漢時象林縣, 則馬援鑄柱之處也)"라는 문장을 가져왔고, ②는 『황명사이고』에서 "참파[占城]은 **옛 월상(越裳), 진나라의** 임읍(林邑), 한나라의 상림(象林)이다. 한나라 말 구련(區連)이 현령을 살해하고 **'임읍왕'으로** 자칭하여 **마침내 [중국] 판도에 들오지 않았다.** 당나라 원화(元和, 806~821) 초에 '점성'으로 고쳐 불렸다(占城古越裳, 秦林邑, 漢象林. 漢末區連殺縣令, 自稱林邑王, 遂不入版圖. 唐元和初改號占城)"라는 문장을 채록했다.

참파 왕국의 건국자 구련(區連)은 『진서(晉書)』(648년), 권97, 「임읍국전」(2545쪽)에 "후한 말에 현의 공조(功曹)였던 성이 구(區)인 사람의 아들 련(連)이 현령을 살해하고 스스로 왕이 된 이래로 자손들이 대를 계승했다(後漢末, 縣功曹姓區, 有子曰連, 殺令自立爲王, 子孫相承)"라고 하였다. 이 자는 구련(區憐)과 같은 인물로 보이는데, 『후한서』, 권86, 남만(南蠻)과 서남이(西南夷) 열전에서(2837쪽) "영화(永和) 2년(137) 일남(日南)과 상림(象林) 변경의 오랑캐[蠻夷]인 구련(區憐) 등 수천 명이 상림현을 공격하여 성과 사찰을 불태우고 장리(長吏)를 살해했다(永和二年, 日南·象林徼外蠻夷區憐等數千人攻象林縣, 燒城寺, 殺長吏)"라는 기록이 보인다. 또한 『양서(梁書)』(636년), 권54, 「임읍국전」(784쪽)에서는 "한나라 말 큰 난리에, 공조(功曹) 구달(區達)이 현령을 죽이고 왕으로 자립했다(漢末大亂, 功曹區達, 殺縣令自立爲王)"라고 하였다. 마지막으로 515년으로 추정되는 역도원(酈道元)의 『수경주(水經注)』(사고전서본, 권36, 27a)에 따르면, "한나라 말 초평(初平, 190~194)의 난으로 인심이 이반하여, 상림(象林)의 공조(功曹) 성이 구(區)인 사람의 아들 규(逵)가 그 현을 공격하여 현령을 살해하고 스스로 왕이라 칭했다(漢末初平之亂, 人懷異心, 象林功曹姓區有子名逵, 攻其縣殺令, 自號爲王)"라는 기록이 보인다. 이로써 구련(區連)=구련(區憐)=구달(區達)=구규(區逵) 모두 같은 인물임을 알 수 있다.[36)] 『어비자치통감강목(御批資治通鑑綱目)』(사고전서본, 권14, 87a)에 "안남 도호 장단(張丹)이 격파하여 마침내 임을 버리고 점(占)으로 나라를 옮겨 '점성'이라 불렀다(安南都護張丹擊破之, 遂棄林邑, 徙國於占, 號占城)"라는 기록이 보인다. 지봉은 이를 근거로 1461년 『대명일통지(大明一統志)』(사고전서본, 권90, 10b)에 "당나라 원화(元和, 806~821) 초에, 환주(驩州)와 애주(愛州) 등에 도적이 침입하여, 안남의 도독 장단(張丹)이 이들을 격파하자, 마침내 임읍을 버리고 점(占)으로 나라를 옮기고 '점성(占城)'이라 불렀다(唐元和初, 入寇驩·愛等州, 安南都護張丹擊破之, 遂棄林邑徙國於占, 因號占城)"라고 한 것에서 가져왔다.

⑵대해의 남쪽에 있으며 남쪽으로 캄보디아[眞臘], 서쪽으로 교지(交趾)와 떨어져 있다(在大海南, 南距眞臘, 西距交趾).

36) 이후 참파 왕들의 계보에 관해서는 나의 『8세기 말 중국에서 인도로 가는 두 갈래 여정』, 449~454쪽을 참고하시오.

『황명사이고』: "**이 나라는 대해의 남쪽에 있으며**, 남쪽으로는 캄보디아[진랍], 서쪽으로 통킹[교지]와 떨어져 있고, **동북쪽은 바닷가이다. 광둥[閩], 장락(長樂) 오호문(五虎門)에서 서남쪽으로 가서, 순풍에 열흘가량 [항행하면] 이른다. 동북쪽 100리의 바다 어귀에는 석탑을 세워 표시해 두어, 배들은 이곳에 댄다**(其國在大海南, 南距眞臘, 西距交趾, 東北際海. 自閩長樂五虎門, 西南行, 順風可十日至. 東北百里海口立石塔爲標, 舟至是繫焉)."

⑶사계절이 항상 여름처럼 덥고, 서리나 눈이 없어 초목은 항상 푸르다(四時常熱如夏天, 無霜雪, 草木長靑).

이 정보는 『황명사이고』에 보이지 않는다. 『진서』「임읍전」에도 "사계절 따뜻하며 서리와 눈이 없다(四時暄暖, 無霜無雪)"라고만 하였다. 이 정보는 육집(陸楫)의 『고금설해(古今說海)』(1544년), 권17에 수록된 비신(費信)의 『성사승람』(소위 '4권본') 점성국(占城國) 조목의 기록에서 가져왔다. "날씨에는 서리와 눈이 없고, 기후는 항상 여름 같아 초목이 항상 푸르며, 수시로 꽃이 피고 수시로 열매를 맺는다(天無霜雪, 氣候常熱如夏, 草木長靑, 隨花隨結)"라고 하였다(사고전서본, 『고금설해』, 권17, 2a). 자세한 사항은 역자의 『성사승람 역주』, 전집, 1-⑬을 참고하시오.

⑷③풍속은 사나워 전투를 잘한다. ④여자는 귀하고 남자는 천하며 검은색이 아름답다고 여긴다. ⑤사는 곳은 띠집으로 3척을 넘으면 안 된다. 출입할 때는 말과 코끼리를 탄다(俗獷悍, 果于戰鬪. 貴女賤男, 以黑色爲美. 所居茅茨, 不得踰三尺. 出入乘馬象).

③은 『황명사이고』의 "풍속은 사나워 전투를 잘한다(俗獷悍, 果于戰鬪)"라는 설명을 채택했고, ④는 『진서』「임읍전」을 따랐다. "사람들은 모두 알몸이며 맨발로 다닌다. 검은색을 아름답게 여긴다. 여자를 귀하게 여기고 남자를 천하게 여긴다(人皆倮露徒跣. 以黑色爲美, 貴女賤男)"라고 하였다. ⑤는 『황명사이고』에 "사는 곳은 띠집으로 3척을 넘어서는 안 된다. 자주색 옷을 입고, 검고 누런 옷을 입으면 사형을 받는다. 출입에는 코끼리와 말을 탄다(所居茅茨, 不得踰三尺, 衣紫衣, 衣玄黃, 罪死. 出入乘象馬)"라고 한 문장을 발췌했다. 밑줄 친 정보는 지봉이 채택하지 않았다.

마환(馬歡)의 『영애승람』 점성국 조목에 따르면, "의복은 흰색의 옷을 금지하여 왕만 입을 수 있다. 백성들은 검고, 누렇고, 자주색 모두 입일 수 있지만, 흰옷을 입는 것은 죽을죄다(服色禁白衣, 惟王可穿. 民下玄黃·紫色並許穿, 衣服白者死罪)"라는 말이 보인다.[37] 이러한 옷 색깔에 대한 정보는 비신(費信)의 『성사승람』에는 채록되지 않았다. 추측건대, 『오학편』의 정효(鄭曉)가 『영애승람』의 이 문장을 잘못 옮겼을 것이다. 앞의 단락에서 본 것처럼, 지봉은 『성사승람』을 참고했지만, 이 정보를 찾을 수 없었을 것이고, 정효가 옮겨 놓은 이 잘못된 문장을 이해하지 못했을 것이다.

흰색의 옷을 왕만 입는다는 『영애승람』의 정보는 거의 같은 내용을 담고 있는 공진(鞏珍)의 『서양번국지(西洋番國志)』(중화서국, 1961, 2쪽)에서도 확인된다. 하지만 이를 증명해 주는 다른 자료는 보이지 않는다. 정효의 『오학편·황명사이고』는

37) 이에 관해서는 나의 『영애승람역주』, 1-3을 참고하시오.

1591년의 서문이 있는 나왈경(羅曰褧)의 『함빈록(咸賓錄)』에 중심 텍스트로 채록되었는데(『총서집성속편』본, 권6, 17a), "백성들의 옷은 자주색이고, 현황(玄黃)의 옷을 입으면 사형에 처한다(民衣紫衣, 衣玄黃, 罪死)"라고 정효의 기술을 그대로 따르고 있다. 또한 『함빈록』을 그대로 채록한, 호방직(胡邦直)이 지었다고 하는 『방여승략(方輿勝略)·외이(外夷)』, 권5의 점성 기술[『사고금훼서총간(四庫禁燬書叢刊)』본, 권5, 9b]에서도 그대로 채록되어있다. [여기 『방여승략·외이』는 추재 조수삼이 지은 「외이죽지사(外夷竹枝詞)」의 저본이 되었다. 이 자료에 대한 주해는 별도의 책으로 준비하고 있다].

하지만 논리적으로 생각해보면, 참파 사람들은 검은색을 좋아하여 치아까지 검게 물들인다. 그런데 그들이 선호하는 검은색의 옷을 입으면 사형에 처한다는 말은 이해하기 어렵다. 지봉은 이 모순을 알아차렸을 것이다. 그래서 지봉은 밑줄 친 정효의 정보를 채록하지 않은 것이다. 이는 지봉의 뛰어난 문해력을 보여주는 대목이다. 그렇다면 정효의 오류는 어디에서 비롯된 것일까?

장승(張勝)의 개정본 『영애승람』에 따르면(『기록휘편』본, 권63, 2a), "許服紫唯王白服禁服玄黃違者死". 사실 이 문장은 끊어 읽기도 어렵다. 나는 이 문장을 백성들에게는 자주색 옷이 허락된다. 왕만 흰옷을 입으므로 그 흰옷을 금하고 검은색 옷을 입도록 한다. 어기는 자, 즉 흰옷을 입는 자는 사형에 처한다는 말로 이해한다. 하지만 이 개정본 문장은 어순에 따라 백성들이 현황의 옷을 입는 것을 금지한다고 이해할 수도 있다. 바로 장승이 잘못 수습한 문장을 보고 정효가 "民衣紫衣, 衣玄黃, 罪死"라는 정보를 만들어냈을 개연성은 충분하다. 이는 정효가 장승이 개정한 『영애승람』을 참고했음을 시사한다.

⑸시두만(尸頭蠻)이 있는데, 부인이다. 밤에 머리를 날려 인가로 들어가 갓난아이의 똥 기운을 먹고 머리가 돌아와 예전처럼 합체한다. 그 몸을 잃어버리면 합해지지 못해 죽는다(有尸頭蠻者, 婦人也. 夜飛頭入人家, 食小兒穢氣, 頭返合體如故, 失其體不得合卽死).

『황명사이고』: "'**시치어(屍致魚)**'라는 사람이 있는데, 부인이다. **눈에 눈동자가 없다**. 밤에는 머리를 날려 인가로 들어가, 어린아이의 똥을 먹는데, **그 기운이 아이의 뱃속으로 들어가면 즉사한다. 머리가 돌아와 예전처럼 합체하는데**, 그 몸체를 잃어 합체하지 못하면 죽는다. 무릇 [이를] 알리지 않는 자는 죄가 된다(有號屍致魚者, 婦人也. 目無瞳. 夜飛頭入人家, 食小兒穢, 氣侵兒腹, 即死. 頭返合體如故, 失其體不得合即死. 夫不聞者罪之)." 지봉의 문장은 확실히 이로부터 가져왔다. 주목할만한 점은 '시치어(屍致魚)'가 아니라 '시두만(尸頭蠻)'이라고 한 점이다. 『영애승람』과 『성사승람』에는 모두 시두만(屍頭蠻)으로 되어있다. 『정자통(正字通)』에 따르면, "옛날 '시(尸)'는 '시(屍)'자로 썼다(古尸作屍)"라고 하였다. 시두만(屍尸頭蠻), 시치어(屍致魚)에 관해서는 나의 『영애승람역주』, 1-14를 참고하시오.

⑹무소 중에 큰 놈은 800근이 나가고, 길이가 1척 5촌쯤 되는 외뿔이 코끝에 있다. 말은 나귀보다 작다(犀大者八百斤, 獨角在鼻端, 長可尺五寸. 馬小於驢).

『황명사이고』: "ⓐ금은, 주석, 철, 사자, 코끼리, 무소, 바다거북[瑇瑁], 여러 향, 조하(朝霞), 대화주(大火珠), 보살석(菩薩石),[38] 『동서양고』, 참파(점교본, 27쪽) 기술에서도 산

38) 『동서양고』, 참파(점교본, 27쪽) 기술에서도 산물 중 하나로 언급되어있고, 그 아

물 중 하나로 언급되어있고, 그 아래에는 다음과 같은 주석이 있다. "[후]주 현덕(顯德, 954~960) 연간 조공을 들여왔다. 『담원』에 '색깔이 수정처럼 밝고 희어, 햇빛에 비추면 부처의 정수리에 있는 둥근 광채처럼 오색이 있다(周顯德中入貢. 談苑曰, 色瑩白若水晶類, 日光射之有五色如佛頂圓光)"라고 설명하였다. 장섭이 인용한 『담원』은 당신미(唐愼微)의 『증류본초(證類本草)』(사고전서본, 권3, 77b)에 인용된 양억(楊億, 974~1020)의 『양문공담원』을 말한다. "가주(쓰촨 둥산), 아미산에는 보살석이 있는데, 많은 사람이 이것을 채취한다. 색은 태산 낭아석이나 상요주(上饒州, 장시성) 수정류처럼 밝고 희어, 햇빛에 비추면 부처의 정수리에 있는 둥근 광채처럼 오색이 있다(楊文公談苑, 嘉州峨眉山有菩薩石, 人多采得之. 色瑩白若太山狼牙石, 上饒州水晶之類, 日光射之有五色如佛頂圓光)"라고 한 것을 참고할 만하다. 장미수, 맹화유(猛火油), 빈랑, 문양이 특이한 여러 나무, 후추[胡椒], 백등(白藤), 길패(吉貝), 사교(絲絞), 백첩포(白氎布), 공작(孔雀), 산꿩[山雉] 등이 난다. ⓑ가남향(伽南香, 침향)은 이곳에만 있는데, 값 또한 비싸다. 관음죽(觀音竹)은 등

래에는 다음과 같은 주석이 있다. "[후]주 현덕(顯德, 954~960) 연간 조공으로 들어왔다. 『담원』에 '색깔이 수정처럼 밝고 희어, 햇빛에 비추면 부처의 정수리에 있는 둥근 광채처럼 오색이 있다(周顯德中入貢. 談苑曰, 色瑩白若水晶類, 日光射之有五色如佛頂圓光)"라고 설명하였다. 장섭이 인용한 『담원』은 당신미(唐愼微)의 『증류본초(證類本草)』(사고전서본, 권3, 77b)에 인용된 양억(楊億, 974~1020)의 『양문공담원』을 말한다. "가주(쓰촨 둥산), 아미산에는 보살석이 있는데, 많은 사람이 이것을 채취한다. 색은 태산 낭아석이나 상요주(上饒州, 장시성) 수정류처럼 밝고 희어, 햇빛에 비추면 부처의 정수리에 있는 둥근 광채처럼 오색이 있다(楊文公談苑, 嘉州峨眉山有菩薩石, 人多采得之. 色瑩白若太山狼牙石, 上饒州水晶之類, 日光射之有五色如佛頂圓光)"라고 한 것을 참고할 만하다.

나무처럼, 길이는 1장 8척쯤 되며, 쇠처럼 검고, 한 마디에는 2~3개의 마디가 있다. 무소뿔, 상아가 가장 많다. 코뿔소[犀]는 물소처럼 생겼는데, 큰 놈은 800근이 나가고 몸은 검으며 털이 없고, 발톱은 세 갈래이다. 코끝에는 뿔 하나가 있는데, 긴 것은 1척 5촌가량 된다. 말은 나귀보다 작다. 잭푸르트[波羅蜜]는 동과(冬瓜)처럼 생겼다(產金·銀·錫·鐵·獅·象·犀牛·瑇瑁·諸香·朝霞·大火珠·菩薩石·薔薇水·猛火油·檳榔·諸文異木·胡椒·白藤·吉貝·絲絞·白氎布·孔雀·山雉. 伽南香唯此地有之, 價亦高. 觀音竹如藤, 長丈八尺許, 色黑如鐵, 寸二三節. 犀角·象牙最多. 犀如水牛, 大者八百斤, 體黑無毛, 蹄有三跲, 獨角在鼻端, 長者可尺五寸. 馬小於驢. 波羅蜜形如東瓜)."

지봉은 여기 산물들을 모두 생략하고, 코뿔소[犀]와 말[馬]에 관한 설명만 채록했다. ⓐ정효가 든 참파의 산물들에 관한 정보는 『대명일통지(大明一統志)』(1461년), 권90(사고전서본, 12b)에 근거했으며, ⓑ의 기술들은 마환의 『영애승람』을 근거했다. 이에 관해서는 『영애승람역주』, 1-4, 1-5를 참고하시오. 마지막으로 언급할만한 점은 잭푸르트, 즉 파라밀(波羅蜜)은 위의 ⓐ에서 언급하지 않았지만, ⓑ에서는 설명하고 있다. 이는 정효의 필사가 성실하지 못했음을 방증하며, 지봉이 정보들을 제한적으로 채록하고 있는 이유이기도 하다.

⑺생각건대, 당 태종(太宗, 627~649 재위) 시기에 임읍이 오색앵무를 헌상했다고 하는데 그곳에서 나는 것이었을 것이다(按唐太宗時, 林邑獻오색앵무(五色鸚鵡), 蓋其所產也).

이 정보는 『구당서』 권197, 「임읍전」(5270쪽)에 보인다. "[정관(貞觀)] 5년(631) 또 오색앵무새를 헌상했다. 태종이 기이하게 여겨 태자우서자(太子右庶子, 정4품) 이백약(李百藥, 565~648)에게 부(賦)로 짓도록 조서를 내렸다(五年, 又獻五色鸚鵡. 太宗異之, 詔太子右庶子李百藥爲之賦)"라고 하였다. 이백약이 지었을 것으로 보이는 이 부는 진원룡(陳元龍, 1652~1736)의 『역대부휘(歷代賦彙)』에는 보이지 않는다. 또한 『신당서』, 권222하에는 「임읍전」이 「환왕(環王)전」(6298쪽)으로 실려있는데, 정관(貞觀, 627~649) 연간에 "또 오색앵무새, 흰앵무새를 헌상했는데, 자주 추위를 호소하여 조서를 내려 돌려보내게 했다(又獻五色鸚鵡·白鸚鵡, 數訴寒, 有詔還之)"라는 기록이 보인다.

비두만(飛頭蠻). 『화한삼재도회(和漢三才圖會)』(일본 국립국회도서관본), 권14, 12b. "민간에서는 '로쿠로쿠비(轆轤首)'라고 한다"라는 설명이 적혀 있다. 이 이야기는 에도시대 널리 유포되었다고 한다.

섬(暹)과 '나혹'이 합쳐져 만들어진 국명이라고 한다. 이 왕국에 대해서는 이미 『제번지』, 『도이지략』, 『영애승람』, 『성사승람』에서 모두 다루었다. 이 두 나라에 관해서는 폴 펠리오가 자세한 고증을 한 바 있다. 이에 대해서는 『8세기 말 중국에서 인도로 가는 두 갈래 여정』, 186~237쪽을 참고하시오.

(1)섬라국은 사방 1천여 리로 바다 가운데에 있다. 산들이 우뚝 솟아 빙 두르고 있다. 땅은 저습하고, 날씨는 안개가 끼고 무더우며 고르지 않다(暹羅國方千餘里, 在海中. 群山峭拔環繞. 地下濕, 氣候嵐熱不齊).

『황명사이고』: "이 나라는 사방 1천여 리로, 여러 산이 둘러 있고, [산들은] 매우 험준하다. 지세는 낮고 습하며 땅은 열악하며, 날씨는 안개가 끼고 무더우며 고르지 않다(其國方千餘里, 群山環繞, 峭拔崎嶇. 地下濕, 土踈惡, 氣候嵐熱不齊)."[39] 확실히 지봉은 이 정보를 채록하고 있다. 그러나 "바다 가운데 있다[在海中]"라는 말은 이해하기 어렵다. 다시 『황명사이고』의 첫 문장을 보면 "섬라는 원래 '섬'과 나혹(羅斛) 두 나라의 땅으로, **남해에 있다**(暹羅本暹與羅斛二國地, 在南海中)"라고 하였다. 지봉이 문장을 재구성하면서 섬라가 바다 가운데 있는 섬나라처럼 오해하게 했다.

(2)원래 섬(暹)과 나혹(羅斛) 두 나라였는데, 섬은 바로 적미(赤眉)의 후손들로, 원나라 지정(至正) 연간(1341~1370년)에 비로서 하나의 나라로 합해졌다(本暹與羅斛二國地, 暹乃赤眉遺種, 元至正間, 始合爲一國).

---

39) 『황명사이고』의 정보들은 대부분 마환의 『영애승람』을 참고했다. 여기 지형과 날씨에 관한 사항들은 『영애승람역주』, 4-1을 참고하시오.

이 정보는 『명일통지』(사고전서본, 권90, 13a)에서 발췌한 것으로 보인다. "**[섬라국은] 원래 '섬'과 '나혹' 두 나라의 땅이다. '섬'은 한나라 적미(赤眉)의 후손들**로, 그 나라의 땅은 척박하여 농사에 적합하지 않고, '나혹'의 농토는 평탄하게 펼쳐져 농사를 많이 지으므로, '섬'사람들이 해마다 그들에게서 공급받는다. 원정(元貞) 원년(1260) 초에 '섬'사람들이 사신을 보내 조공한 적이 있다. **지정(至正, 1341~1370) 연간에** '섬'이 비로서 '나혹'에 항복하여 **하나의 나라로 합쳐졌다**(本暹與羅斛二國地. 暹乃漢赤眉遺種, 其國土瘠不宜耕藝, 羅斛土田平衍而多稼, 暹人歲仰給之. 元貞元初, 暹人嘗遣使入貢. 至正間暹始降於羅斛, 而合爲一國)"라고 하였다.

왕대연(汪大淵)의 『도이지략(島夷志略)』(1349~1350년)에는 나혹(羅斛)과 섬(暹)을 두 나라로 기술하고 있다. 왕대연은 '섬' 조목에서 "지정(至正) 기축년(己丑年, 1349) 여름 5월 나혹에 항복했다"라는 기록이 보인다(『도이지략역주』, 203쪽). 『원사』에는 이 두 나라가 합병된 기록이 없다. 다만 섬국(暹國)이 들인 마지막 조공은 지치(至治) 3년(1323)이다.

'적미(赤眉)'란 서한 말 유적(流賊)으로, 낭야(琅琊)의 번숭(樊崇)을 우두머리로 봉기하자, 왕망의 군대와 구분하기 위해 눈썹을 붉은색으로 칠했기 때문에 붙여진 이름이다(『후한서』 권1, 「유수(劉秀) 본기」, 11쪽). 또한 허난 난양(南阳) 시에도 진(鎮)의 이름으로 보이지만, '섬'사람들이 이들의 후예라는기술은 좀처럼 이해하기 어렵다. 학옥린(郝玉麟, 1680?~1745)의 『광동통지(廣東通志)』, 권58, 섬라국 조목(사고전서본, 9b)에 "수나라 대업(大業) 3년(607) 둔전주사(屯田主事) 상준(常駿) 등이, 남해군(南海郡)에서 배를 타고 적토

(赤土)에 사신으로 갔는데, 오늘날에는 [이것이] 와전되어 '적미(赤眉)의 후손'으로 되었다. [적토는] 나중에 '섬'으로 고쳐 불렀다(隋大業三年, 屯田主事常駿等, 自南海郡乘舟使赤土, 至今訛傳爲赤眉遺種, 後改曰暹)"라는 정보를 얻을 수 있다. 따라서 여기의 적미(赤眉)는 적토(赤土, 현 태국)를 말한다. 또한 『동서양고』, 권2 섬라 항목에서 "섬라는 남해에 있다. 옛날 적토(赤土)와 파라찰[bʱua-lɑ-tʂʰăt](婆羅刹)의 땅이다. 적토였기 때문에, 후대 사람들이 잘못 '적미(赤眉)의 후손'들이라고 했다(暹羅在南海, 古赤土及婆羅刹地也. 以赤土故, 後人訛爲赤眉遺種)"라고 하였다(점교본, 『동서양고』, 31쪽). 1644년 『죄유록(罪惟錄)』(북경대 소장본, 권36, 33a)에 "나혹(邏斛)은 바로 옛 파라찰(婁羅刹)이다(邏斛即古婁羅刹)"라는 설명을 찾을 수 있다.

⑶불교를 숭상한다. 부인들이 지혜가 많아 남편은 아내의 말에 따른다(尙釋教. 婦人多智, 夫聽於妻).[40]

『황명사이고』: "불교를 숭상하여 나라 사람들은 이를 따라 하며 곧잘 승려가 된다. 부인들이 지혜가 많아 남편들은 아내의 말에 따른다. 아내가 중국인과 사통하더라도 괴이하게 여기지 않는다(尙釋教, 國人效之, 好爲僧尼. 婦人多智, 夫聽於妻. 妻與中國人私, 不爲怪)."

⑷상례로, 귀한 사람은 수은으로 씻어내 매장하고, 민간에서는 조장(鳥葬)한다. 수상 전투를 익혀 노략질을 즐겨 한다(喪禮, 貴者灌水銀葬,

40) 자세한 것은 『영애승람역주』, 4-5를 참고하시오.

民間鳥葬. 習水戰喜寇掠).[41]

『황명사이고』: "상례로, 부귀한 자는 수은으로 씻어내 매장하고, 민간에서는 조장(鳥葬)한다. 언어는 광둥[말]과 비슷하다. 민속은 경박하고[澆浮], 수상 전투를 익히고, 싸움을 좋아하여, 노략질을 즐긴다(喪禮貴者則灌水銀而葬, 民間鳥葬. 言語大類廣東. 俗澆浮, 習水戰, 好鬪, 喜寇掠)."

⑸[이 나라에서는] 보석, 기이한 향, 사자, 흰 코끼리, 흰 쥐, 발 여섯 개의 거북[六足龜]이 난다. 소목(蘇木)은 땔나무처럼 지천이고, 색깔은 매우 우수하다(産寶石·奇香·獅·白象·白鼠·六足龜. 蘇木賤如薪, 色絶勝).

『황명사이고』: "보석, 기이한 향, **특이한 나무, 비취 새 깃[翠羽]**, 사자, 흰 코끼리, 흰 쥐가 나며, 소목(蘇木)은 땔감처럼 지천이며 그 색이 아주 뛰어나다. 다리 여섯 거북[육족구(六足龜)], **산호**가 난다(産寶石·奇香·異木·翠羽·獅·白象·白鼠, 蘇木賤如薪, 色絶勝, 六足龜·珊瑚)."

⑹내가 북경에 갔을 때, 지도에서 이 나라를 본 적이 있다. 용아산(龍牙山)이 바다 가운데를 가로질러 있는데, 가운데가 열려 [드나드는] 문으로 삼았고, 형세가 매우 기이했다.[42] **그 나라 사람들은 머리를 잘랐고, 얼**

41) 장례의 방식에 관해서는 『영애승람역주』, 4-9를 참고하시오.

42) 용아산(龍雅山)은 바로 용아문(龍牙門)을 가리킨다. 이 설명은 뒤에 보게 될 「유구사신증답록(琉球使臣贈答錄)」 부록에 실린 「섬라」에서도 확인할 수 있다. 현재까지 알려진 중국의 해양 자료에 따르면, 타이만에서의 '용아산' 또는 '용아문'을 지칭하는 곳은 없었다. 용아문은 언제나 현 싱가포르 해협을 말한다. 말레이반도의 가장 남단이다. 이 시기, 즉 16세기 말에서 17세기 초에 섬라 즉 시암 왕국이 이 지역까지 진출했는지는 확인하지 못했다. 지봉이 본 지도가

굴은 대부분 검었으며, 왼쪽으로 옷을 여미고 맨발로 다녔다. 손으로 음식을 먹고 중국[天朝]의 글자를 몰랐으니, 아마도 관대(冠帶)를 갖춘 나라는 아닐 것이다(余嘗赴京, 見其國地圖, 有龍牙山橫截海中, 中闢爲門, 形勢甚異. 其人剪髮, 面多漆黑, 左衽跣足, 飮食以手, 不識天朝文字, 蓋非冠帶之國也).

지봉이 직접 북경에서 목격한 이 정보는 17세기 초, 섬라 사람들을 묘사한 유일한 기록으로 가장 믿을 만한 '객관적인' 증언이다. ⑹의 정보는 『지봉집』, 권9(6a~7b), 「유구사신증답록(琉球使臣贈答錄)」【신해년(1611) 북경에 갔을 때(辛亥赴京時)】에 부록으로 보이는 '섬라(暹羅)' 기술에 더 자세하다. 우리는 두 자료의 선후를 특정할 수는 없지만, 하나는 다른 하나의 요약이거나, 보충 기술일 수 있다. 그 진술은 다음과 같다.

섬라국은 서남해에 있다. 바닷길로 광둥까지 10,000여 리이다. 광둥에서 육로로 북경까지 또 8,000리이다. 나라에는 네 성씨만 있다. 왕의 성씨는 조[tɕi̯ɛu](照), 관리들의 성씨는 악[ʔɔk](握), 중산층의 성씨는 내[nɑi](奈), 하층민의 성씨는 애[ʔai](隘)이다. 사신 악곤라내만저리(握坤喇奈萬低厘), 부관인 악맹라(握孟喇)가 경술년[광해군 2년, 1610] 3월 자기 나라[本國]을 떠나 신해년(1611) 10월 북경에 도착했다.[43)] 언어는 이민족의

어떤 지도인지는 모른다. 17세기 초 마테오 리치가 간행한 『곤여만국전도(坤與萬國全圖)』에 따르면, 이 지역은 '삼불제(三佛齊)'로 표기되어 있다. 용아문에 관해서는 『도이지략역주』, 용아문 조목(277~281쪽)에서 상세히 고증했다. 또한 『영애승람역주』, 5-1의 주석을 참고하시오.

43) 이 사실은 『신종현황제실록(神宗顯皇帝實錄)』, 권490, 만력(萬曆) 39년(1611), 12월 23일 네 번째 기사에서 확인된다. "섬라국 조공 사절 악곤라내매저리(握坤喇柰邁低釐) 등 26명이 섬라국왕 보애(普埃)의 표문을 올려, 사이관

말[番話]을 사용했고 중국[天朝]의 문자를 알지 못했다. 사신의 나이는 70세였고, 황금 투구[金盔]를 쓰고 있었다. 수행하는 사람은 모두 합해 27인으로, **모두 머리털을 깎고 몇 촌만 남겨두었다. 의복은 이상했고, 용모도 괴이했으며, 얼굴은 대부분 검게 물들어 마치 바다귀신 같기도 했다. 절하고 읍할 줄 몰랐고, 왼쪽으로 옷을 여몄으며, 맨발이었다. 음식은 손으로 [집어] 먹었고, 항상 빈랑(檳榔)과 석굴 가루[石灰]를 복용했다.** 그 나라를 왕래하는 성이 서(徐)인 사람이 통역관[通事官]으로 [사신들을] 따라왔는데, 글을 조금 알아, 그 나라의 땅과 민속을 물어보니, 서신으로 다음과 같이 답해왔다(暹羅國在西南海中. 水抵廣東約一萬餘里. 自廣東陸距北京又八千里. 國姓止有四, 王姓照, 做官姓握, 中戶姓奈, 下戶姓隘. 使臣握坤喇奈萬低厘·副官握孟喇, 庚戌三月離本國, 辛亥十月到北京. 語音用番話, 不識天朝文字. 使臣年七十, 戴金盔. 從人幷二十七人, 皆翦髮僅餘寸. 衣服詭異, 狀貌亦怪, 面多染黑, 或如海鬼樣. 不知拜揖, 左衽跣足. 飮食以手, 常服檳榔石灰. 有華人姓徐者往來其國, 稱通事官隨來, 稍解文字, 問其國土俗, 則以書答曰).

[가는] 길은 광둥 향산현(香山縣)[44]에서 배를 띄워, 북풍을 타고 내려갈 때, 지남침으로 오(午, 180도) 방향으로 가면 칠주

(四夷館)으로 [그 표문을] 보내, 번역하여 보좌하는 신하들에게 올리도록 했다(暹羅國貢使握坤喇柰邁低釐等二十六員, 暹羅國王普埃表文, 發四夷館, 譯之, 輔(臣)繳進).” 여기 ‘악곤라내매저리’의 ‘매(邁)’자를 지봉은 ‘만(萬)’자로 표기한 것이 다르다.

44) 현 광둥 중산(中山)시, 주하이(珠海), 광저우 난사(南沙)구 일대이다.

양(七洲洋)[45]이라는 대해가 나온다. 10일 밤낮을 [항행하면] 통킹의 바다[安南海]에 이를 수 있고, 그 사람 다음에는 외라산(外羅山)[46]이라는 섬[山]이 있다. [이곳에서] 8일 밤낮으로 [항행하면] 참파의 바다[占城海]에 이를 수 있고, 그다음 12일 밤낮으로 [항행하면] 대곤륜(大崑崙)[47]에 이를 수 있다.

---

45) 칠주양(七洲洋)은 칠주양(七州洋)으로도 표기한다. 이 바다는 방향으로 보아 해남도의 동남쪽 바다를 지칭하는 것으로 추측하고 흐루너펠트, 히어트, 록힐 등의 서양학자들은 '칠주'를 파라셀 군도로 추정했다(『조여괄』, 185쪽). 한편 폴 펠리오는 '칠주'를 해남도 동북 해상에 있는 타야(Taya) 군도로 추정했다. 나는 펠리오의 설에 동의한다. 자세한 설명은 나의 『진랍풍토기역주』, 257~264쪽을 참고하시오.

46) 외라산(外羅山)은 『동서양고』, 권9, 서양으로 가는 항로[西洋針路]에 따르면, 교지양(交阯洋)에서 곤미(坤未, 215도) 방향으로 11경(660리)을 항해해 가면 외라산(外羅山)에 이른다고 하였다(점교본, 『동서양고』, 174쪽). 이어서 외라산에 대하여 "멀리서 바라보면 문[의 형태를] 이루고 있고, 가까이서 보면 동쪽은 높고 서쪽은 낮다. 북쪽에는 야자의 모래사장[椰子塘]이 있고, 서쪽에는 노고석(老古石)이 있다(遠望成門, 近看東高西低. 北有椰子塘, 西有老古古老石)"라고 설명했다. 이 항로는 다시 신주항(新州港)으로 이어지는데, 바로 베트남 꾸이년이다. 따라서 해남도 동남쪽에서 통킹의 바다[교지양(交阯洋) 또는 안남해(安南海)]를 건너면 만나는 섬은 바로 레 섬(Cù Lao Ré)이다. 동쪽은 화산, 서쪽은 평탄한 섬이다.

47) 1730년 진륜형(陳倫炯)의 『해국문견록(海國聞見錄)』(사고전서본, 권상, 36a)에 따르면, '곤둔(崑屯)'이라는 다른 표기를 보여주며, "'곤륜'은 황하가 감도는 곤륜이 아니다. 칠주양(七州洋)의 남쪽에는 크고 작은 두 섬[山]이 우뚝 솟구쳐 있는데, 그것들을 '대곤륜', '소곤륜'이라 부른다. 섬은 매우 기이하고, 맛있는 과일이 나지만 사람의 흔적이 없고, 신기한 바다짐승[神龍]들이 살고 있다(崑崙者, 非黃河所繞之崑崙也. 七州洋之南, 大小二山屹立澎湃, 呼爲大崑崙·小崑崙. 山尤甚異, 上產佳果, 無人蹟, 神龍蟠踞)"라고 하였다. 정확히 '대곤륜(大崑崙)'이라고 표기하지는 않았지만, 『동서양고』, 권9, 「서양침로」에는 '곤륜산(崑崙山)'이 보이고, 이어서 곤륜산에서 경(庚, 225도)과 경유(庚酉, 265도)

다시 동북풍을 타고 배를 미(未, 210도) 방향으로 돌리고, 침(針)은 신(申) 3분[217도]으로 하여 5일을 밤낮으로 [항행하면] 대진수(大眞樹)[48]에 이를 수 있다. 5일 밤낮을 [항행하면]

방향으로 3경(180리)을 가면 '소곤륜(小崑崙)'에 이른다고 설명하고 있다(점교본, 『동서양고』, 173쪽). 여기 곤륜산, 즉 대곤륜은 현 베트남 꼰선섬으로 추정하는데 큰 이견이 없다. 그렇다면 서쪽으로 180리 정도에 있는 작은 섬은 혼 쯩 런(hòn Trứng Lớn)이다. 곤륜산에 관해서는 나의 『도이지략역주』, 282쪽 곤륜 조목과 『성사승람역주』, 전집-4를 참고하시오.

48) '대진수[dʱɑi-tɕi̯ĕn-ʑi̯u](大眞樹)'를 언급한 기록은 청나라 시기의 자료들 『대청일통지』(권199, 58b), 『황조문헌통고(皇朝文獻通考)』(권296, 12b)에만 보이는데, 본문과 거의 같은 내용을 복제하고 있다. 본문의 항로는 대곤륜에서 5일 항행하는 거리에 '대진수'가 있다고 하였다. 『동서양고』, 권9, 「서양침로」에 따르면, '소곤륜(小崑崙)'에서 경유(庚酉, 265도) 방향으로 가다가 경(庚, 225도) 방위로 8경(480리)을 항해해 가면 '진서[tɕi̯ĕn-ʑi̯wo](眞嶼)'라는 곳에 도착한다고 하였다. 또 진륜형의 『해국문견록(海國聞見錄)』에 따르면(사고전서본, 권상, 25a), "샤먼(廈門)에서 섬라까지는 바닷길로 칠주양(七州洋)을 지나면 외라산(外羅山)이 나타나고, 남쪽으로 향하면 대모주(玳瑁洲), 압주(鴨洲)가 보이며, 곤륜(崑崙)이 나타난다. 서쪽으로 가면 대진서(大眞嶼)와 소진서(小眞嶼)가 보이고, 서북쪽으로 방향을 돌리면 필가산(筆架山)에 이르며, 북쪽으로 섬라 항구인 죽서(竹嶼)까지 188경이다. 항구에서 또 40경을 들어가니 물길로 총 228경이다. 동쪽으로는 캄보디아[柬埔寨]에 이어져 있는데, 바닷길로 113경일 뿐이다(廈門至暹羅, 水程過七州洋見外羅山, 向南見玳瑁洲·鴨洲, 見崑崙, 偏西見大眞嶼·小眞嶼, 轉西北取筆架山, 向北至暹羅港口竹嶼一百八十八更. 入港又四十更, 共水程二百二十八更. 而東聯柬埔寨, 僅水程一百十三更)"라고 했다. 이로써 볼 때 곤륜, 즉 꼰선섬에서 서북쪽으로 타이만에 진입하면 바로 크고 작은 '진서(眞嶼)'에 이른다는 공통된 기술을 확인할 수 있다. 따라서 '대진수(大眞樹)'의 '수'자는 '대진서(大眞嶼)'의 '서'자와 발음상 혼동으로 추정된다. '진(眞)'자는 진랍(眞臘, 캄보디아)를 지칭하기도 하므로, '캄보디아의 큰 섬'이라는 의미일 것이다. 현 캄보디아의 제일 큰 섬은 코콩(Koh Kong) 섬이다.

섬라의 항구[暹羅港]에 이를 수 있는데, 바로 담수(淡水)[49]이다. 또 5일을 [항행하면] 섬라의 도성에 이르는데, 이는 모두 순풍으로 계산한 것이다. 그 나라의 동쪽은 파타니[大泥]와 연결되어 있고, 남쪽으로는 동우(東牛)에 임해있으며, 서쪽으로는 난장(蘭場)에 접해 있고, 북쪽으로는 대해(大海)와 경계하고 있다.[50] 땅의 크고 작음은 리(里)로 확정하기 어렵다. 산

49) 담수(淡水)는 글자 그대로 민물강, 즉 짜오프라야강을 말하는 것 같다. 이 강물을 따라 올라가면 아유타야에 이른다.

50) 밑줄 친, 지리 정보들은 1577년 장황(章潢)의 『도서편(圖書編)』(사고전서본), 권51, 22b에도 그대로 보인다. 먼저 여기의 방향 정보는 현재까지 알려진 위치 고증 결과를 놓고 볼 때, 남쪽의 '동우(東牛)'를 제외하면 모두 잘못된 것 같다. 얼른 보아도 이 나라의 북쪽이 대해라는 설명은 이해되지 않는다. 현 지도에서 태국을 놓고 보면, 대해는 타이만에서 동쪽으로 펼쳐진 바다와 서쪽으로 미얀마 해가 펼쳐져 있다. 태국의 북쪽은 산악지역으로 몇몇 호수가 보이지만 그 호수를 '대해'라고 부르지는 않았을 것 같다.

먼저 동쪽에 있다는 대니(大泥)는 『동서양고』, 권9, 서양으로 가는 항로[西洋針路]를 설명하면서, 풀로 콘도르[崑崙山]에서 대니국(大泥國)에 이르는 항로에 따르면(점교본, 『동서양고』, 176쪽), 끌란딴(吉蘭丹)은 "바로 대니(大泥)의 항구이다. 곤신(坤申, 235도) 방향으로 7경(420리)을 가서 항구로 들어가면 바로 대니국이다(即大泥港口. 用坤申, 七更, 入港是大泥國)"라고 설명했다. 대체로 학자들은 여기 '대니'를 파타니로 추정하지만, 이견도 만만치 않다. 현재 지도상에는 송클라 아래에 파타니가 보이고 더 남쪽이 끌란딴이다. 그렇다면 「서양침로」에서 말하는 것과 순서가 맞지 않는다. 『동서양고』(앞의 출처)는 대니국(大泥國)에서 "바로 옛 발니(渤泥)이다(即古渤泥也)"라고 설명하고 있다. 우리에게 발니(渤泥)는 보르네오섬으로 알려져 있다. 『명사』, 권325, 「발니(浡泥)전」(8415쪽)에서 발니는 "팔렘방[舊港]의 서쪽에 있으며, 참파[占城]에서 40일을 [항행하면] 이를 수 있다. 처음에는 자바[爪哇]에 속했으나 뒤에 섬라에 속하면서 '대니'라 고쳐 불렀다(在舊港之西, 自占城四十日可至. 初屬爪哇, 後屬暹羅, 改名大泥)"라고 하였다. 이상의 정보로 볼 때, 대니, 즉 파타니 왕국은 끌란딴 남쪽 적어도 트렝가누까지 해안을 따라 펼쳐져 있었고, 당시 도읍은 현 끌

물로, 상아, 후추, 소목(蘇木), 오목(烏木), 단향(檀香), 속향(速香),

란딴의 남쪽에 자리하고 있었을 것으로 추측해 본다.

남쪽에 있다는 '동우[tuŋ-ŋi̯ẹu](東牛)'란 곳은, 뒤에 지봉이 지도를 보고 나라의 주변을 읽고 있는 단락에서 "그 [나라] 남쪽에는 아자국(雅者國), 동우국(東牛國), 아루[雅魯國]가 있다"라고 하면서 다시 나타난다. 확실히 '동우'는 나라를 말하며 섬라의 남쪽의 나라들이다. 이후 다시 언급하겠지만, '아자(雅者)'는 아체로 보이며, '아로(雅魯)'는 수마트라섬 중북부 해안에 차지하고 있는 나라로 알려져 있다. 그렇다면 '동우'라는 나라는 아체와 아루 사이의 나라로 추정할 수 있다. 한편, 『동서양고』, 권2, 섬라 조목에는 "융경(隆慶. 1567~1572) 초에 동만우[tuŋ-man-ŋi̯ẹu](東蠻牛)【민간에서는 '방사(放沙)'라고 한다】가 섬라에 청혼했으나 섬라가 심하게 거절하자, 동만우는 몹시 근심하다가 샤[沙]의 외부 군대를 통솔하여 섬라를 포위해 격파했다. 왕은 스스로 목을 매 죽고, [동만우는] 그 세자와 중국에서 하사한 인장을 빼앗아 돌아갔다(隆慶初年, 東蠻牛【俗名放沙】求婚暹羅, 暹羅拒之峻, 東蠻牛恚甚, 統沙外兵圍暹羅, 破之. 王自經死, 虜其世子及中朝所賜印以歸)"라는 기록이 보이는데(점교본 『동서양고』, 33쪽), 이 정보는 『명사』, 권324, 「섬라전」(8400쪽)에도 채록되었다. 또한 『신종현황제실록(神宗顯皇帝實錄)』, 권11, 만력 원년(1573) 3월 4일 네 번째 기사에는 "동우국(東牛國)이 공격하여 성과 해자가 불타고 무너졌다(東牛國攻破城池燒毀)"라고 호소하는 기록이 보인다. 이로써 볼 때 '동만우(東蠻牛)'는 '동우'의 잘못일 것이다. 『동서양고』에서 '동만우'를 민간에서는 '방사[piwaŋ-ʂa](放沙)'라고 하였는데, 특정하지 못했다. 고증을 기다린다.

난장[lɑn-ɖʱi̯aŋ](蘭場)은 람장[lɑm-tɕi̯aŋ](纜掌), 남장[năm-tɕi̯aŋ](南掌)의 다른 음역 표기로 보인다. 『운남통지(雲南通志)』(사고전서본, 권24, 24b)에 "가정(嘉靖, 1522~1566) 연간 미얀마 사람[緬人]들이 그 나라 동쪽의 람장(纜掌)을 격파했는데, [이 람장은] 또한 남장(南掌)이라고도 하는데, 노좌(老撾, 라오스)에 속한 부로, 그 당에서 가장 황폐하고 먼 곳이다(嘉靖間緬人破其東之纜掌, 亦名南掌, 蓋老撾屬部, 地之最荒遠者)"라고 한 것을 근거 삼을 수 있다. 그렇다면 라오스는 분명 섬라의 동쪽 내지는 북동쪽이다. 그런데 본문에서는 '서(西)'로 방향이 주어져 있다. 본문의 단락은 섬라의 사신단 측에서 서신으로 보내온 정보임을 고려할 때 '동(東)'자의 오기로 읽어야 할 것 같다.

등황(藤黃), 두구(豆蔻) 등이 있다. 기이한 동물로는 악어(鰐魚), 거북, 뱀 등이 있다. 그곳의 기후는 추위는 적고 따스함이 많으며, [절기의] 가고 옴, 늦음과 빠름을 햇수로 추산할 수는 없다고 했다(道路由廣東香山縣開船, 用北風下, 指南針向午行出大海, 名七洲洋. 十晝夜可抵安南海, 次有一山, 名外羅山. 八晝夜可抵占城海, 次十二晝夜可抵大崑崙. 又用東北風轉舟向未, 針兼申三分, 五晝夜可抵大眞樹. 五晝夜可抵暹羅港, 卽淡水. 又五日抵暹羅城, 此皆以順風計也. 其國東連大泥, 南臨東牛, 西接蘭場, 北界大海. 地方大小, 難以里定. 所產象牙·胡椒·蘇木·烏木·檀香·速香·藤黃·豆蔻之類. 其異物則有鰐魚·龜·蛇等項. 土氣寒少暖多, 往還遲速, 未能以年逆計云).

[내가] 그 나라를 지도에서 찾아보니, 나라 안에는 ①점분(沾奔), ②필가산(必加山), ③도뇌곤(島腦綑), ④육곤(六坤), ⑤속골태(束骨胎), ⑥상수(上水), ⑦비서록(比西祿), ⑧난장(蘭場)이 있고, 여덟 포정사사(布政使司)가 모두 열도에 있었다.[51]

---

51) 1577년 장황(章潢)의 『도서편(圖書編)』, 권51, '섬라관(暹羅館)' 조목(사고전서본, 22b~23a)에 "이 나라 경내에는 대고사(大庫司) 아홉이 있는데, 섬라(暹羅), 가랄세마(可刺細馬), 필조본(疋曹本), ⑦**피세록(皮細祿)**, ⑤**속골태(束骨胎)**, 과핑필(果平疋), ③**도뇌세(倒腦細)**, 토왜(討歪), ④**육곤(六昆)**이다. '대고사'란 중국어로 포정사(布政司)이다. 부(府)는 열넷으로, 채납(采納), 노무(老無), 북채(北采), 속판보(束板普), 랄피(辣皮), 필피리(疋皮里), 채야(采野), 다뇨(多鐃), 천무리(千無里), 세사활(細辭滑), 채욕(采欲), 관세만(欵細灣), ①점분(沾奔), 괴산(欵細灣)이다(其境內有大庫司凡九, 曰暹羅, 曰可刺細馬, 曰疋曹本, 曰皮細祿, 曰束骨胎, 曰果平疋, 曰倒腦細, 曰討歪, 曰六昆. 大庫司猶華言布政司也. 府十四, 曰采納, 曰老無, 曰北采, 曰束板普, 曰辣皮, 曰疋皮里, 曰采野, 曰多鐃, 曰千無里, 曰細辭滑, 曰采欲, 曰欵細灣, 曰沾奔, 曰魁山)"라고 하였다.

『동서양고(東西洋考)』, 권2, '섬라(暹羅)' 조목에 수록된 명승고적(形勝名蹟) 표제 아래에 딸린 주에 "이 나라에는 관세만(款細灣), 세사활(細辭滑), ①**점분(沾奔)** 등의 부(府)와, ⑦**피세록(皮細祿)**, ③**도뇌세(倒腦細)**, 가랄(可剌) 등의 사(司)가 있다(其國有款細灣·細辭滑·沾奔諸府, 皮細祿·倒腦細·可剌諸司)"라고 하였다.

①점분[ṭi̯ɛm-puən](沾奔)은 표기가 일치한다. 이곳은 끄라 지협에 있는 춤폰으로 태국어 발음은 [tɕʰūm.pʰɔ̄ːn]으로 중국어 고음과 거의 비슷하다. 『제번지』, 권상, '진랍국(眞臘國)' 조목에 캄보디아와 교역하는 나라로 '심번(潯番)'이 보이는데(『제번지역주』, 63쪽), 양보원 씨는 오늘날 춘봉(春蓬)으로 옮기는 춤폰으로 추정한 바 있다(『제번지교석』, 27쪽).

②필가[pi̯ět-ka]산(必加山)은 『동서양고(東西洋考)』, 권2, '섬라(暹羅)' 조목에 수록된 명승고적(形勝名蹟)에는 필가[pi̯ět-ka]산(筆架山)이 보이는데(점교본, 『동서양고』, 35쪽), 고음이 일치하는 것으로 보아 같은 곳일 것이다. 장섭은 주에서 "세 봉우리가 마치 붓을 거는 틀처럼 연접해 있다(三峯接連如筆架狀)"라고 하였다. 이 설명은 중국에 보이는 '필가산'들에 대한 일반적인 설명으로 내륙의 산을 말하는지 바다의 섬을 말하는지 아무런 도움이 되지 않는다. 『동서양고』, 권9, 서양으로 가는 침로[西洋針路]에 따르면, '곤륜산(崑崙山, 풀로 콘도르)에서 255도로 가다가 265도로 3경(180리)을 가면 소곤륜(小崑崙)에 이르고, 다시 265도로 가다가 255도로 8경(640리)을 가면 진서(眞嶼)에 이르며, 그곳에서 255~300도 방향으로 5경(300리)를 가면 대횡산(大橫山)에 이르는데, 바로 섬라의 경계라고 한다. 이곳 남쪽으로 소횡산(小橫山)이 보이고, 이곳에서 305도로 10경(600리)를 가면 필가산(筆架山)에 이른다고 하였다. 필가산 주에 "멀리서 바라보면 모습이 붓을 거는 틀처럼 보이기 때문에, 붙여진 이름이다. 섬 아래 수심은 14탁이고 배를 타고 나가면 수심은 20탁이다. 임해(335도) 방향으로 5경(300리)를 가면 진공서(陳公嶼)와 여두산(黎頭山)에 이른다(遠望形如筆架, 故云. 山下打水十四托. 開, 打水二十托. 壬亥, 五更, 取陳公嶼及黎頭山)"라고 하였다(점교본, 176쪽). 이로부터 여기 '필가산'은 복수의 섬이다. 아마도 현 캄보디아 푸꾸옥(Phú Quốc)의 서쪽 해상에 있는 카오텡, 풀로 와이 등의 섬으로 이루어진 환도를 말하는 것으로 보인다. 어쨌든 필가산은 타이만 캄보디아 쪽 해상에서 찾아야 할 것이다.

③도뇌곤[tau-nau-kʰun](島腦綑)은 『도서편』과 『동서양고』에서 도뇌세[tau-nau-siei](倒腦細)라는 표기로 일치하고 있고, 『대청일통지(大淸一統志)』, 권199, 58에도 같은 표기를 보여준다. 지봉은 지도를 보고 옮기고 있으므로, '세(細)'자를 자형이 비슷한 '곤(綑)'자로 잘못 옮겼을 가능성이 크다. 더는 고증이 어렵다.

④육곤[lịuk-kʰuən](六坤)은 『동서양고』와 같은 표기를 보여주며, 『도서편』에서는 육곤[lịuk-kuən](六昆)으로 되어있다. 두 고음의 차이는 유기음이냐 무기음이냐의 차이뿐이다. 『동서양고』, 권9, 서양으로 가는 침로[西洋針路]에 따르면, 풀로 콘도르[곤륜산]에서 타이만을 거치지 않고 곧바로 육곤(六坤)에 이르는 항로를 보여주고 있는데, 그 주에 "섬라의 속국이다. 이곳은 파타니[大泥]와 연접해 있다(暹羅屬國也. 其地與大泥相連)"라고 하였다. 또 1730년 진륜형(陳倫炯)의 『해국문견록(海國聞見錄)』을 보면(사고전서본, 권상, 25a), "섬라에서 남쪽으로 챠이야[斜仔], 육곤(六坤), 송클라[宋脚], 모두 섬라의 속국이다(由暹羅而南, 斜仔·六坤·宋脚, 皆爲暹羅屬國)"라고 하였으므로, 여기 육곤은 나콘시탐마랏의 '나콘[[ná(ʔ) kʰɔ̄ːn]'을 음역한 것으로 보인다.

⑤속골태[ɕịwok-kuət-tʰăi](束骨胎)는 태국 중부의 수코타이[sù-kʰǒː-tʰāj]의 음역 명칭일 것이다. 1577년 장황(章潢)의 『도서편(圖書編)』에서 처음 보이는 것 같다. 이 지역에는 1238년부터 수코타이 왕국이 건설되었다가 14세기 중반부터 아유타야 왕국의 속국으로 전락했다. 이에 관해서는 나의 『8세기 말 중국에서 인도로 가는 두 갈래 여정』, 186~237쪽을 참고하시오.

⑥'상수(上水)'는 음역 표기인지 의역한 말인지 분명하지 않다. 마환의 『영애승람』 섬라국 조목에 "나라의 서북쪽으로 2백여 리를 가면 한 시장이 있는데, '상수(上水)'라고 하며, 운남(雲南)의 후문과 통할 수 있다. 이곳에는 현지인[番人] 5~6백 가구가 사는데, 각종 외래 상품을 파는 자들이 있다(國之西北去二百餘里有一市鎭, 名上水, 可通雲南後門. 此處有番人五六百家, 諸色番貨皆有賣)"라고 한 것이 가장 이른 기술일 것이다(나의 『영애승람역주』, 4-10). 진대진(陳大震, 1228~1307)이 약 1304년에 쓴 것으로 추정하는 『대덕남해지(大德南海志)』, 권7에 섬국(暹國)의 관할지로, '상수속고저(上水速孤底)'를 들고 있는데, 여기 '속고저'는 수코타이를 가리키는 말이다. 쑤지칭 씨는 여기 『영애승람』의 '상수'는 바로 '상수속고저'의 약칭으로 생각했다(『도이지략교석』, 157쪽). 여기에서는 이미 수코타이를 언급했으므로, 쑤지칭의 설은 성립하지 않는다.

이 나라의 속국으로 참파[점성국], 감파국(甘坡國)[52], 자바[조와국], 파타니[大泥國], 끌란딴[加蘭丹國], 시국(柴國)[53], 파항

마환은 운남과 통하는 길이 있다고 하였으므로, 추측건대 치앙마이 북쪽 지역, 핑강이나 미얀마의 살윈강 쪽일 것이다.

⑦비서록[bʱi-siei-luk](比西祿)은 『도서편』과 『동서양고』의 피세록[bʱiȩ-siei-luk](皮細祿)일 것이다. 음역 표기로 볼 때, 수코타이 왕조의 중심 도시였던 핏사눌룩[pʰít-sā-nú-lôːk]일 것이다. 세 번째 음절의 비음 'n'는 선행하는 모음 'a'에 동화되었을 것이다. '핏사누'는 바로 힌두교 최고의 신 '비슈누'를 지칭하고, '룩'은 타이어로 '세계'를 의미한다. 이곳의 많은 사원은 13세기 수코타이 왕조 시기에 세워진 것들이다.

52) '감파[kɑm-pʰuɑ](甘坡)'는 캄보디아의 음역인 '간포채[kăn-pi̯u-dʐʱai](柬埔寨)'를 잘못 옮긴 형태일 것이다. 『동서양고』, 권3, 간포채(柬埔寨) 기술에, "간포채는 바로 옛 진랍국이다. 이 나라 [사람들은] 스스로를 '감패지(甘孛智)'라고 불렀는데, 뒤에 '감파자(甘破蔗)'로 와전되었다. 현재 '간포채'라고 하는 것도 '감파자(甘破蔗)'자가 와전된 형태이다(柬埔寨卽古眞臘國也. 其國自呼甘孛智, 後訛爲甘破蔗, 今云柬埔寨者, 又甘破蔗之訛也)"라고 하였다(점교본, 『동서양고』, 48~49쪽). 여기 '감파자'의 감파[kɑm-pʰuɑ](甘破)가 동음의 '감파(甘坡)'로 표기되었을 것이다. 따라서 '감파'는 '감파자(甘破蔗)'의 오기이다. 캄보디아의 명칭에 관해서는 나의 『진랍풍토기역주』, 252~255쪽을 참고하시오.

53) 시[dʐʱai]국(柴國)의 위치는 말레이반도 동안 파타니, 끌란딴, 파항 주변에서 찾아야 할 것 같다. 언뜻 수랏타니 주의 챠이야(ไชยา, [tɕʰāj-jāː])가 일감으로 떠오른다. 조여괄은 『제번지』, 진랍국(眞臘國) 기술에서 "진랍(眞臘)은 참파[占城]의 남쪽에 닿아있고, 동쪽으로는 바다, 서쪽으로는 파간[蒲甘], 남쪽으로는 가라희(加羅希)에 이른다(眞臘接占城之南, 東至海, 西至蒲甘, 南至加羅希)"라고 하였다. 세데스(George Cœdès)는 「스리비자야 왕국(Le royaume de Çrīvijaya)」, 『BEFEO』, 1918-6, 33쪽에서 여기 가라희(加羅希)가 바로 자이야(Jaiya, 즉 챠이야) 불상 하단에 새겨진 비문에 보이는 '그라히(Grahi)'에 해당하는 음이라고 확인한 바 있다. 이 가라희=그라히=차이야 설은 펑청쥔의 『제번지교주』에서 편취했다(『제번지역주』, 57쪽). 최근 양보원 씨는 세데스가 밝힌 사실을 언급하지 않고 펑청쥔의 설을 확신하며, '시야(柴也)'라는 현대적 표기를 제시했다

[彭亨國][54], 오충국(烏沖國)[55], 말라카[滿剌加國], 점파국(沾波國)[56]이 있었다. 그 [나라] 남쪽에는 아자국(雅者國)[57], 동우국(東牛國), 아루[雅魯國][58]가 있고, 그 동쪽으로는 순다[順

(『제번지교석』, 22쪽). 이로써 볼 때, 시국(柴國)은 바로 '챠이야'의 '야'에 해당하는 음가를 빠뜨린 것으로 이해하고자 한다.

54) 팽형[bʱɐŋ-xɐŋ]국(彭亨國)은 말레이반도 동남쪽 현 말레이시아 파항(Pahang)으로 추정해 왔다. 『도이지략』에서는 '팽갱(彭坑)'으로 표기되어 별도의 항목으로 기술되어 있다(『도이지략역주』, 131~133쪽을 참고하시오). 모원의(茅元儀), 『무비지(武備志)』, 권240, 15a에는 '팽항(彭杭)'이란 표기로 그려져 있다.

55) 오충국(烏沖國), 이 나라에 관한 어떠한 실마리도 찾지 못했다.

56) 점파[tʲɛm-pua]국(沾波國)는 앞서 참파[점성]을 언급했으므로, 참파의 다른 음역을 아닐 것이다. 그렇다면 점파[tɕʲɛm-pua]국(占波國)일까? 이 점파[tɕʲɛm-pua]국은 바로 『대당서역기』의 '첨파[tɕʲɛm-pua](瞻波)'로 동북 인도 바갈푸르(Bhagalpur) 일대에 있었다(지센린, 『대당서역기교주』, 786쪽). 인도의 이 나라는 『신당서』, 권222하(6304쪽)에 보이는 첨박(瞻博), 첨파(瞻婆)로 나타난다. 섬라의 영역이 동북 인도까지 펼쳐졌을 가능성은 크지 않다. 1178년 주거비의 『영외대답』, 권10, 성불(聖佛) 조목에 "남해의 여러 나라는 모두 부처[聖佛]를 경배한다. 전하는 바에 따르면 부처가 태어난 곳이 캄보디아[眞臘國]의 점리파(占里婆) 성에 있다고 한다(南海諸蕃國皆敬聖佛. 相傳聖佛出世, 在眞臘國之占里婆城)"라고 하였다(『영외대답교주』, 434쪽). 여기의 점리파(占里婆)를 양우취안 씨는 『제번지』 진랍국 기술에서 보이는 진리부(眞里富), 그리고 『도이지략』 나혹(羅斛) 기술에서 보이는 선사판(善司坂)을 모두 현 타이만 동북쪽 해안에 있는 '짠타반(Chantaban)'으로 추정했다. 점리파와 짠타반 사이의 음성적 유사성은 찾기 어렵다. 어쨌든 '점리파'가 캄보디아에 있는 도성이라면, 우리는 여기 점파국이 바로 '점리파국'의 '리'가 탈락한 형태로 읽을 수밖에 없다.

57) 아자[ŋa-tɕʲa]국(雅者國)은 아제[ʔa-dzʱiei](亞齊) 또는 아제(啞齊), 바로 수마트라 서북단 아체(Aceh, Achem)에 대응하는 음일 것이다. 이 아체에 관해서는 나의 『영애승람역주』와 『성사승람역주』의 사무드라[蘇門答剌]을 참고하시오.

58) 아로국(雅魯國)은 바로 수마트라섬 북안 중부에 있었던 아루(Aru) 왕국을 가리킨다. 『영애승람』에서는 아로(啞魯)로, 『성사승람』에서는 '아로(阿魯)'로 표기

塔國][59], 자카르타[加剌把國][60], 백가산국(白加山國)[61], 용송

되었다. 자세한 사항은 『영애승람역주』, 아루 왕국 조목을 참고하시오.

59) 순탑[dʑʰi̯uěn-tʰɑp]국(順塔國)은 『동서양고』, 권3에 "하항(下港)은 순탑(順塔)이라고도 한다. 당나라 때에는 사바(闍婆)라고 불렸는데, 남해에 있는 나라이다. 가릉(訶陵)이라고도 하고 사바(社婆)라고도 불렀다. 원나라 때 조와(爪哇)로 불렸다(下港一名順塔. 唐稱闍婆, 在南海中者也. 一名訶陵, 亦曰社婆. 元稱爪哇)"라고 하였다(점교본 『동서양고』, 41쪽). '순탑'의 민(閩) 지방 발음으로 [sun-tʰaʔ]로, 7세기 말부터 16세기까지 자바섬 서쪽을 차지했던 왕국 순다(Sunda)에 대응하는 음이다. 한편 『제번지』 삼불제국(三佛齊國) 조목에는 이 나라의 속국으로 '신타(新拖)'라는 나라가 들어있고, 자바 수카다나를 지칭하는 소길단(蘇吉丹) 조목에서는 "소길단은 자바[闍婆]에서 갈라진 나라로 서쪽으로는 신타(新拖)와 접해있다(蘇吉丹卽闍婆之支國, 西接新拖)"라고 하였고, 이조원(李調元)의 주로 보이는, 이 나라의 적대국 목록에서는 '손타(孫他)'라는 명칭이 보인다(『제번지역주』, 118, 123쪽을 참고하시오). 이로써 볼 때, 신타(新拖)=손타(孫他)=순탑(順塔)은 같은 발음에 근거한 형태들임을 알 수 있다.

60) 가랄파[ka-lɑt-pa]국(加剌把國)은 바로 『동서양고』, 권9, 「서양침로」, 하항(下港) 주에 보이는 '가류파(咖嚠吧)'일 것이다. 3권에서는 가류파(加留把)로 표기되어있다(점교본, 『동서양고』, 41쪽). 9권에서 장섭(張燮)은 하항(下港)에 대하여 "바로 옛 자바[闍婆]로, 남해에 있다. 또한 사바(社婆)라고도 하는데, 원나라 때 비로서 조와(爪哇)로 불렸다. 여기 하항은 바로 그 나라의 진(鎭)일 뿐이다. 뱃사람들은 또한 순다[順塔]라고도 부른다. 더 [내륙으로] 들어가면 가류파(咖嚠吧)이다(即古闍婆, 在南海中者也. 亦名社婆, 至元始稱爪哇, 今下港正彼國一巨鎭耳. 舶人亦名順塔, 再進入爲咖嚠吧)"라고 설명했다(앞의 책, 179쪽). 이로부터 어렵지 않게 자카르타임을 추정할 수 있다. 이 자카르타는 『해국문견록(海國聞見錄)』에 보이는 갈라파(噶喇吧)로, 사청고(謝淸高)의 『해록(海錄)』에는 '갈라팔(噶喇叭)'로 표기되었다. 이들은 모두 말레이어 '끌라파(Kelapa)', 즉 야자를 음역한 것으로 보인다.

61) 백가[bʱɐk-ka]산국(白加山國)은 열거한 순서에 따른다면, 자바섬 동쪽에 있는 나라로 보이고, '산(山)'자를 사용한 것으로 보아 섬을 말하는 것 같지만, 중국 자료에서 대응시킬 만한 형태를 찾지 못했다. 고증을 기다린다.

국(龍松國)[62], 마리록국(馬里祿國)[63]이 있었다. 그 밖으로 남해는 매우 깊어 어디에 닿는지 모르지만, 그곳에서 산호가 난다. 가장 동쪽으로 유구국(琉球國, 오키나와)과 일본국이 있었다. 서남쪽에는 불랑기국(佛朗機國)이 있는데, 바로 대서양(大西洋)이다.[64] 바다에는 소횡(小橫), 대횡(大橫), 가수(假樹), 진수(眞樹), 소곤륜(小崑崙), 대곤륜(大崑崙)[65], 오저(烏

62) 용송[ljwoŋ-zjwoŋ]국(龍松國) 역시 어디인지 전혀 정보가 없다. 혹시 루손, '여송(呂宋)'의 잘못된 표기라고 생각해 볼 수도 있겠지만, 지봉이 여송(呂宋)을 몰랐을 리 없고 '용'과 '여'의 발음 차이는 크다. 고증을 기다린다.

63) 마리록[ma-li-luk]국(馬里祿國) 또한 겨우 실마리만 제시할 수 있을 뿐이다. 『도이지략』에는 '마리로(麻里嚕)'가 보이는데(『도이지략역주』, 124~127쪽을 참고하시오), 이곳을 추정하면서 후지타 도요하치는 히어트와 록힐의 설(『조여괄』, 160쪽)을 참고하여, 『제번지』의 포리로(蒲里嚕)와 연결하고, 현 '마닐라'로 추정했다. 사실 이 설은 '포'자와 '마'자의 음성적 차이를 설명하기 어렵다. 마닐라는 『해록주(海錄注)』(권중, 60쪽)에 '만리라(蠻哩喇)'로 되어있으므로 '마리로'를 마닐라로 읽을 수도 있다. 이곳은 지봉이 섬라의 동쪽에 있는 필리핀 제도를 한 번도 언급하지 않았으므로, 그럴법하기는 하지만, '마리록'의 '록'자는 'k' 고음이나 남방 방언에서 여전히 간직하고 있다. 결국 다른 곳에서 찾을 수밖에 없다. 혹시 자바의 동쪽으로 '향료 군도'로 알려진 말루쿠(Maluku) 제도에 해당하는 음을 옮긴 것은 아닐까. 하지만 이 말루쿠는 『동서양고』, 권5(101쪽)에는 '미락거[mi-lak-kjwo](美洛居)'로 나타난다. 여기 '미(美)'자의 민(閩) 발음에 [b|mue]이 있으므로, 충분히 말루쿠에 해당하는 음이 될 수 있다. 잠정적으로 여기 '마리록'은 말루쿠에 해당하는 곳으로 설정해 둔다.

64) 불랑기국(佛朗機國)에 대해서는 지봉이 별도의 항목으로 기술한 만큼 그곳에서 다시 고증하기로 한다. 다만 '대서양(大西洋)'이란 용어는 오늘날 '대서양'을 의미하는 것이 아니라, 인도양 서쪽 바다 정도의 의미로 이해해야 할 것 같다.

65) 여기의 명칭들은 모두 『동서양고』, 권9, 「서양침로」에서 적감(赤坎)에서 섬라까지의 항로를 기술한 단락에 보인다. 먼저 대곤륜-소곤륜으로 이어지며, 소곤륜에서 265도와 270도 방향으로 8경(480리)를 항해해 가면 진서(眞嶼)에 이른다고 했다. 이어서 '진서'의 주에 "보면 세 섬으로 이루어져 있다. 안쪽으로 지

猪)[66], 외라(外羅), 점필라(沾必羅)[67] 등의 섬[山]이있었다. 용

날 때의 수심은 14탁으로, 진흙 땅[泥地]이고, 밖으로 지날 때의 수심은 18탁으로 모래사장[沙地]이다. 멀리 돌아 지날 때의 수심은 겨우 7~8탁으로, 바로 가서(假嶼)이다. 수심이 낮아 항행할 수 없고, 단지 진서(眞嶼) 동북쪽으로 나와, 암초[礁] 옆으로 지나갈 수 있을 뿐이다. 경술(庚戌, 255도~300도) 방향으로 5경(30리)를 가면 대횡산(大橫山)에 이른다(看成三山. 內過, 打水十四托, 泥地. 外過, 打水十八托, 沙地. 遠過只七八托, 便是假嶼, 水淺, 不可行, 只從眞嶼東北邊出水, 礁南邊過船. 用庚戌針, 五更, 取大橫山"라고 하였고, 이어서 이 대횡산이 바로 섬라의 경계라고 기술하고 이 대횡산의 남쪽이 소횡산이라고 설명하고 있다(점교본, 『동서양고』, 175쪽). 이로부터 지봉의 가수(假樹)는 가서(假嶼), 진수(眞樹)는 진서(眞嶼)의 오기임을 확인할 수 있다. 여기 『동서양고』에서 든 섬들의 명칭은 16세기 말의 『순풍상송』에도 정확히 일치한다(『양종해도침경』, 35쪽).

66) '오저[ʔuo-ʈi̯wo](烏猪)'라는 섬[山]은 『무비지』, 권240, 11a에는 '오저문(烏猪門)'으로 그려져 있다. 황충(黃衷, 1474~1553)의 『해어(海語)』(사고전서본, 권상, 1a)에 "섬라국은 남해에 있는데, 광둥 둥관(東莞)의 남정문(南亭門)에서 바다로 나가 남쪽으로 오저(烏瀦), 독저(獨瀦), 칠주(七洲)에 이른다(暹羅國在南海中, 自東莞之南亭門放洋, 南至烏瀦·獨瀦·七洲)"라고 하였다. 『동서양고』, 권9, 「서양침로」에 따르면, 이 '오저'섬에는 도공의 사당[都公廟]이 있어, 지나는 배들은 멀리서 보고 절을 하고, 채색 종이배를 띄워 보낸다고 한다고 하며 "신(申, 240도) 방향으로 13경(780리)를 항행하면 칠주산에 이른다(用單申針, 十三更, 取七州山)"라고 하였다(점교본 『동서양고』, 172쪽). 여기의 '칠주(七州)'는 바로 해남도 동북쪽의 군도를 말하므로, '오저'라는 섬은 홍콩의 서남쪽 바다의 섬 중 하나임이 분명하다. 이는 확실히 섬라 즉 타이만의 섬이라고 볼 수 없다. 뒤에 나오는 '외라산(外羅山)' 역시 잘못 기록된 것으로 보인다.

67) 점필라[ʈi̯ɛm-pi̯ĕt-lɑ](沾必羅)라는 섬은 『동서양고』, 권9, 「서양침로」의 통킹의 바다[交阯洋] 주에 보이는 '점필라(占筆羅)'일 것이다. "곤미(坤未, 215도)의 방향으로 가면 점필라(占筆羅) 섬에 이르는데, 바로 광남(廣南) 항구이다(用坤未針, 取占筆羅山, 是廣南港口)"라고 하였다. 이어서 광남(廣南)은 바로 당시의 예안(乂安), 즉 '응에안(Nghệ An)'이라고 한다(점교본, 『동서양고』, 173쪽). 그

아(龍牙)는 두 산이 바다를 비껴갈라[龍牙二山横截海中],[68] 가운데가 해협[門]을 이루어, 폭은 10여 장으로 바닷물이 통했다. 또 동남쪽 바다에는 만리장사(萬里長沙), 만리석당(萬里石塘)[69]이 연이어져 둘러싸고 있어 그 형세가 매우 기이했다. 유구(琉球)의 동쪽에는 대유황산(大硫黃山)[70], 소유황산

러나 215도 방향으로 통킹의 바다를 건너면 꽝남성, '호이안(Hội An)'일 것이다. 여기 '점필라'는 바로 쿠 라오 짬(Cù lao Chàm)이다. 대략 16세기 말로 추정되는 동서양 침로를 기록하고 있는 익명의 『순풍상송(順風相送)』이라는 책에는 '첨필라(尖筆羅)'로 표기되어 있다(『양종해도침경』, 33쪽).

68) 앞서본 『지봉유설』 (6)의 기술과는 다르다. 여기서는 용산(龍山)과 아산(牙山), 즉 두 개의 섬으로 이루어진 해협을 기술하고 있다.

69) 만리장사(萬里長沙)와 만리석당(萬里石塘)은 같은 곳의 다른 명칭이다. 이미 1178년 『영외대답』(권1, 13쪽)에서 장사(長沙) 석당(石塘)이 수만 리라는 표현이 보이고, 『제번지』에도 '천리장사(千里長沙)', '만리석당'이 보인다(『제번지역주』, 447쪽). 이곳은 바로 파라셀 군도(Paracel Islands)과 메이클즈필즈 천퇴(Macclesfield Bank)를 가리킨다. 자세한 설명은 나의 『진랍풍토기역주』, 262쪽 주석을 참고하시오.

70) 유황산(硫黃山)은 '유황이 나는 섬'이라는 의미일까? 정약증(鄭若曾, 1503~1570)의 『정개양잡저(鄭開陽雜著)』(사고전서본, 권4, 51a)에 기록되어 있다. "[대유구(오키나와)의] 나패[나하]항(那霸港) 밖으로 배를 띄워 자(子, 0도) 방향으로 4경(240리)을 가면 리의(離倚)라는 섬에 이른다. 이 섬 밖을 지나 남풍에 계(癸, 15도) 방향으로 3경(180리)를 가면 **열벽산(熱壁山)**에 이른다. 이 열벽산에서 항행하여 남풍에 15도 방향으로 4경(240리)을 가면 **유황산(硫黃山)**에 이른다(那霸港外開船, 用單子針四更, 船取離倚嶼, 外過船, 南風用單癸針三更, 船取熱壁山. 以行熱壁山, 南風用單癸針四更, 船取硫黃山)라고 하였다. 이 항로는 16세기 말 익명의 『순풍상송』, 푸젠에서 유구(琉球, 오키나와)로 가는 항로를 기술하면서, "유구에서 바다로 나가 정(丁, 195도)의 방향으로 4경(240리)를 항해해 가면 의산(椅山) 외곽을 지나게 된다. 계(癸, 15도) 방향으로 2경 반(150리)를 가면 엽벽산(葉壁山)에 이르는데, 리의산(離椅山)이다. 계(癸, 15도)의 방향으로 4경(240리)를 가면 유횡산(流横山)에 이른다(琉球放洋用單

이 있었고, 북쪽으로 칠성산(七星山)[71], 소동산(小東山)[72]이 있었다. 남쪽에는 용연(龍涎)이 나는 섬[山]이 하나 있었다.[73] 나머지는 다 기록하지 못한다(求見其國地圖, 則國中有沾奔·必加山·島腦綑·六昆·束骨胎·上水·比西祿·蘭場, 八布政使司皆列島也. 其屬國則有占城國·甘坡國·爪哇國·大泥國·加

丁針, 四更船取椅山外過. 單癸針二更半是葉壁山, 離椅山了. 單癸四更取流横山)"라고 하였다(『양종해도침경』, 96쪽). 다시 1719~1720년 유구(오키나와)에 사신으로 다녀와 쓴 『중산전신록(中山傳信錄)』(대만문헌총간본, 권5, 135쪽)에는 **엽벽산(葉壁山)**이 중산(中山, 오키나와) 서북쪽으로 300리에 있다고 하였고, 이어서 **유황산(硫黃山)**에 대하여 "[유황산은] 흑도(黑島)라고도한다. 섬[山]에는 새가 많아 조도(鳥島)라고도 한다. 중산(中山)에서 서북쪽으로 350리에 있으며, 고미산(古米山)과 남북으로 서로 마주하고 있다. 섬에는 초목이 없고, 유황을 채취하는 40여 가구를 두어 해마다 쌀을 보내 양식을 공급해 준다(又名黑島. 山多鳥, 亦名鳥島. 在中山西北三百五十里, 與姑米山南北相峙. 山無草木, 置採硫磺戶四十餘家, 歲遺米廩食之)"라고 하였다. 여기 고미산은 구메(久米) 섬으로 알려져 있다.

71) 칠성산(七星山)은 『중산전신록(中山傳信錄)』(대만문헌총간본, 권3, 45쪽)에 따르면, 천사관(天使館) 동북쪽으로 반 리 못 되는 곳에 천기교(泉崎橋)가 있고 이 다리 옆에 공자묘[孔廟]가 있으며, 그 동쪽이 장강제(長虹隄)라고 한다. 이 제방 2리쯤에 일곱 개의 수문을 만들어 조수를 통하게 했다고 전한다. 이어 그 주석에 "제방 옆에는 작은 돌산이 있는데, 칠성산이라 부른다. 일곱 개의 돌이 떨어져 백사장에 있기 때문이다(隄旁有小石山, 名七星山. 七石離立沙田中)"라고 하였다. 현 오키나와 '나하(那霸)' 항구 근처이다. 이곳을 말하는 것인지 모르겠다.

72) '소동산(小東山)'은 어디를 말하는지 어떤 실마리도 찾지 못했다.

73) 유구(琉球) 남쪽에서 용연이 나는 섬은 알려지지 않았다. 다만 『무비지』, 권240, 『항해도』, 18b에는 수마트라섬 옆으로 '용연서(龍涎嶼)'가 그려져 있다. 이 섬에 관해서는 왕대연이 『도이지략』에서 별도의 항목으로 기술하고 있다. 나의 『도이지략역주』, 63~73쪽을 참고하시오. 또한 고래의 배설물인 '용연'에 관해서는 나의 『성사승람역주』, 전집-14의 용연서 조목을 참고하시오.

蘭丹國·柴國·彭亨國·烏沖國·滿剌加國·沾波國. 其南有雅者國·東牛國·雅魯國, 其東有順塔國·加剌把國·白加山國·龍松國·馬里祿國. 其外南海極深, 不知際岸, 珊湖生於其中. 最東有琉球國·日本國. 西南有佛浪機國, 卽大西洋也. 海中有小横·大横·假樹·眞樹·小崑崙·大崑崙·烏猪·外羅·沾必羅等山. 又龍牙二山横截海中, 中擘爲門, 闊十餘丈, 以通海水. 又東南海中有萬里長沙·萬里石塘, 連亘回抱, 形勢甚異. 琉球之東有大·小硫黃山, 北有七星山·小東山. 南有一山, 產龍涎香. 餘不可盡紀).

이 나라의 사신들이 아뢰어 관대(冠帶)를 청해온 이래로, 마침내 조정에서 하락하여 관복을 하사하게 했다. [그들은] 망건을 하지 않고 모자를 쓰고 허리띠를 매었으니 어긋남이 가소로웠다. 내가 본 안남, 유구, 섬라가 이와 같았으니, 바다 밖에 관대를 하는 나라[74]는 그 자체로도 드물 것이다(其使臣爲奏請冠帶而來, 天朝始許, 欽賜冠服. 不着網巾而穿帽束帶, 齟齬可笑. 余所見安南·琉球·暹羅如此, 則海外冠帶之國, 其亦鮮矣).

이 정보 뒤에는 섬라 사신과 주고받은 2수의 칠언율시가 수록되어 있다. 「섬라 사신을 만나(遇暹羅使臣)」라는 제목이 붙

74) 『신종현황제실록(神宗顯皇帝實錄)』, 권490, 만력(萬曆) 40년(1612), 5월 9일 여섯 번째 기사에 "예부주사 고계원이 이르기를 조공하는 오랑캐 중 유구(琉球, 오키나와), 시암, 조선 등 관대(冠帶)를 하는 나라와 외국 승려와 외래 민족 외에, 삼위(三衛)의 해(海), 건(建) 그리고 여직(女直)이 선후로 몰려왔으니 모두 900명이었다고 하였다(禮部主事高繼元言, 貢夷除琉球·暹羅·朝鮮冠帶之國, 并番僧·番族外, 三衞海·建·女直先後輻輳, 計九百人)"라고 한 것을 참고할 수 있다.

은 첫 번째 시에는 지봉의 부가 정보가 있으므로 여기에서 추가로 언급할 만한 충분한 가치가 있다.

바다 가운데 있는 만 리의 섬라 땅	萬里暹羅塊海中,
칠주양 너머로 바다는 하늘에 닿아있네	七洲洋外水連空.
섬의 형세는 곧 용아(龍牙)에 이르러 끊어지고,	山形直到龍牙斷,
나라의 풍속 일찍이 엽류에게서 이어졌네.	國俗曾將葉柳通.
먼 이 나라 원래 물고기와 자라의 집이었고,	偏壤自來魚鼈宅,
두 나라 서로의 거리는 말과 소의 바람이네.	兩鄕相去馬牛風.
행여 [이] 원로 만난 것은 참 기이한 일로,	幸逢黃耇眞奇事,
안남의 늙은 풍씨를 만난 것에 같으려나.	疑是梅南舊老馮.

친절하게도 지봉은 고유 명사들을 다음과 같은 쌍행 주석으로 다음과 설명했다. "칠주양(七洲洋)[75]은 바다 가운데 일곱 섬이 있어 이름한 것이다. '엽류'[76]는 옛날 부남 국왕이다. '매

75) '칠주양'에 대한 주석은 매우 정확하다. 이에 관해서는 앞서본 「부섬라」의 주석을 참고하시오.

76) 여기 '부남'은 6세기 중반까지 오늘날 캄보디아와 베트남 지역을 차지했던 것으로 추정되는 고대 왕국이다. '엽류'는 『진서』, 권97, 「부남국」(2547쪽) 부남의 첫 번째 '여왕'으로 기록되어있다. "이들의 왕은 원래 '엽류(葉柳)'라는 여자였다. 당시 '혼궤(混潰)'라는 외국인이 있었는데, 그는 신을 모셨다[事神]. 그는 신이 자신에게 활을 주며, 장삿배를 타고 바다로 나가라는 명을 받는 꿈을 꾸었다. 아침에 혼궤는 신을 모시는 사당으로 갔다. 거기에서 활을 찾은 다음 상인들을 따라서 바다로 나갔다. 그는 부남의 바깥 마을[扶南外邑]에 도착했다. 엽류가 군대를 데려와 저항했다. 혼궤는 활을 들었다. 엽류는 겁을 먹고 그에게 항복했다. 그러고 나서 혼궤는 그녀를 아내로 삼고 그 나라를 차지했다. 그의 후손들이 약해지고 자손들이 대를 이어 다스리지 못했다. 장군 범심(范尋)이 부남 왕의 세습 혈통을 다시 열었다(其王本是女子, 字葉柳. 時有外國人混

남(梅南)'[77]은 바로 안남이다. [마지막 구는] 지난날 안남 사신 풍극관과 만났을 때, [그의] 나이는 70세를 넘었었는데, 지금 이 사신도 나이가 그와 같았기 때문에, 이렇게 말한 것이

潰者, 先事神, 夢神賜之弓, 又教載舶入海. 混潰旦詣神祠, 得弓, 遂隨賈人汎海至扶南外邑. 葉柳率衆禦之, 混潰擧弓, 葉柳懼, 遂降之. 於是混潰納以爲妻, 而據其國. 後胤衰微, 子孫不紹, 其將范尋復世王扶南矣)"라고 하였는데, 이것이 '엽류'와 부남에 관한 가장 이른 기록이다. 이와 비슷한 이야기가 『남제서』, 권58, 『부남국전』(1014쪽)에도 보인다. "부남 왕국은 일남(日南)의 남쪽, 대해의 서쪽 만(灣)에 있다. 넓이는 3천여 리이다. 서쪽으로 흘러 바다로 들어가는[西流入海] 큰 강물이 있다. 옛날 이 나라에는 '유엽(柳葉)'이라 부르는 여왕이 있었다. 또 격국(激國)의 사람인 혼전(混塡)이 있었는데 그는 신이 그에게 두 개[二張]의 활을 주고 배를 타고 바다로 나가라고 명령하는 꿈을 꾸었다. 아침에 혼전은 사당으로 가서, 나무 아래에서 그 활을 찾았다. 그리고는 배를 타고 부남으로 향했다. 유엽은 그의 배를 보고 군사들을 데려가 그를 막았다. 그러나 혼전은 활을 들어 멀리 쏘자 배의 한 면을 관통하여 안에 있는 사람을 맞추었다. 유엽은 겁을 먹고 항복했다. 혼전은 그녀를 아내로 삼았다. 알몸으로 다니는 모습을 싫어하여 베를 접어 그 속으로 머리를 통과시키게 했다. 마침내 이 나라를 다스렸다(扶南國, 在日南之南大海西彎中, 廣袤三千餘里, 有大江水西流入海. 其先有女人爲王, 名柳葉. 又有激國人混塡, 夢神賜弓二張, 教乘舶入海. 混塡晨起於神廟樹下得弓, 卽乘舶向扶南. 柳葉見舶, 率衆欲禦之. 混塡擧弓遙射, 貫船一面通中人. 柳葉怖, 遂降. 混塡娶以爲妻. 惡其裸露形體, 乃疊布貫其首)." 두 정사의 자료가 엇갈린다. '엽류'인지 '유엽'인지 선택해야 한다. 폴 펠리오는 「부남(Le Fu-nan)」, 『BEFEO』, III(1903), 254쪽 주에서 여기 『진서』의 '엽류'는 '유엽'의 잘못일 것으로 확신했다. 그의 근거는 이후 이 이야기를 언급한 자료들 대부분이 '유엽'이라 했다는 점을 들었다. 그러나 쉽게 단정할 문제는 아니다. 왜냐하면, 『진서』에서는 분명 그녀의 '자(字)'라고 했기 때문이다. 중국인들이 익숙한 방식으로 '성+이름'으로 바꾸어 읽을 개연성이 다분하다. 나는 지봉의 독서가 정확하다고 생각한다.

77) 안남을 '매남'이라 한 것은 지봉이 유일하다. '매(梅)'자는 민남(閩南)어 발음으로 [buɛ]로 읽는데, '부남(扶南)'에 해당하는 음일 것이다.

다(七洲洋, 海中有七島故名. 葉柳, 古扶南國王. 梅南, 卽安南. 昔與安南使馮克寬相遇, 年七十餘矣, 今使臣齒與之齊故云)"라고 했다.

『지봉집』, 권9, 「유구사신증답록」의 마지막은[8b~9a] '지(識)'의 형식으로 구성되어있다. 이 후기(後記)는 네 단락으로 나뉘어 기술되었는데, 첫 번째와 세 번째 단락은 유구(琉球)와 연관된 추가 언급이 있고, 두 번째 단락[9a~10b]에는 섬라에 관한 부가 기록에 할애되어있다. 마지막인 네 번째 단락에서는 유구와 섬라 기술에 관한 주석들이다.

[첫 번째 단락] 임자년(1612, 광해군 4) 정월에 우리가 북경에 있으면서, 유구국 사신들과 만났고, 5월에 조정으로 돌아왔다. 7월에 제주목사 이현(李玹)[78]이 급히 장계를 올려, "이달 12일에 이상한 배[異樣船] 한 척이 본섬 마라도(麼羅島) 항구에 정박했는데, 여덟 사람이 내려서, 자신들은 '유구국 사신들인데, 조공을 올리고 돌아가다가 [폭]풍을 만나 [표류하는 바람에] 식량이 떨어져, [귀국에서] 물과 쌀을 빌어 돌아가고자 합니다'라고 하였습니다. 목사는 군사들을 거느리고 가서 응접하려 했으나, 배에 타고 있던 사람들이 [공격할까] 의심하여, 하선한 사람들을 버리고, 돛을 펴 방향을 알 수 없는

78) 『조선왕조실록』에 언급되지 않은 인물이다. 『광해군일기』(정초본), 권42, 광해 3년(1611) 6월 23일 첫 번째 기사에 따르면, 사간원이 제주 목사 홍유의(洪有義)를 파직을 건의하여 경질하라는 명을 받았다. 또 광해군 4년(1612) 11월 15일 첫 번째 기사에는 제주 목사 김억추(金億秋)가 하직할 때 상이 전교한 내용이 기록되어있다. 지봉의 기록대로 1612년 7월 이현이 제주 목사였다면, 1611년 6월 이후에 제수되어 1612년 11월 이전까지 재임했다고 추론할 수 있다.

곳으로 달아났습니다. 그 여덟 사람 중에 마희부(馬喜富)라는 사람은 조금 중국어를 알았는데, '저희들은 장사(長史) 채견(蔡堅)을 따라, 명나라[天朝]에 조공을 들이고, 귀국의 사신 누군가와 만났었습니다. 금년 정월 23일 북경을 떠나 5월에 복건에 이르렀고, 7월 1일에 배를 띄워 12일 바다에서 [폭]풍을 만나 귀국 지방에 정박해 왔습니다'라고 [자초지종을] 진술했습니다"라고 하였다. 곧바로 마희부 등을 서울 역관에게 데려가 심문하고, 의복과 노자를 관급하고, 명나라[천조]로 압송하게 하였다. 유구는 우리나라와 바다를 사이에 두고 멀리 떨어져 있는데, 북경에서 복건, 복건에서 우리나라까지는 또한 더 멀어, 물길이든 육로이든 경유하는 바가 몇만 리인지 모르는데, 우리가 그 나라 사람들을 북경에서 만났고, 또 [그들이] 우리나라에 표류해 왔으니, 아! 또한 기이하도다(壬子正月, 僕等在北京, 與琉球國使臣相見, 五月還朝. 至七月, 濟州牧使李玹馳啓, 本月十二日, 有異樣船一隻停泊于本州麼羅島港口, 卸下八箇人. 自說, 琉球國使臣, 進貢回還, 遭風缺食, 要乞水米以歸. 牧使領進軍兵, 將欲接應, 坐船人等疑恐, 却棄卸下人口, 掛帆還走, 不知去向. 其八人中有姓名馬喜富者, 稍解華語. 供稱俺隨長史蔡堅, 進貢天朝, 與貴國使臣某某相見. 今年正月二十三日離北京, 五月到福建, 七月初一日開船, 十二日在海遇風, 來泊貴國地方云. 卽將馬喜富等來京譯審, 官給衣服帽盤纏, 押送天朝. 夫琉球距我國隔海窅遠, 自北京而福建, 由福建而我國又益遠, 水·陸所經, 不知其幾許萬里, 而僕等與其國人相遇於北京. 僅數月間, 又漂到于我國, 吁亦異哉).

[두 번째 단락] 살펴보건대, 『속문헌통고(續文獻通考)』에 "섬라국은 사방 1,000여 리로, 원래는 섬(暹)과 나혹(羅斛) 두 나

라의 땅이었다. 섬(暹)은 적미(赤眉)의 후손[遺種]들이다. 원나라 지정(至正, 1341~1370) 연간에 비로소 하나의 나라로 합쳐졌다"라고 하였다.[79] 만력(萬曆) 20년(1592, 선조 25) 9월에 경략사(經略使) 시랑(侍郞) 송응창(宋應昌, 1536~1606)이 아뢴 말에, "섬라국의 정사 악팔리(握叭喇) 등이 군대를 거느리고 왜의 소굴을 소탕하도록 황제의 교지를 받들기를 원합니다. 오랑캐들이 말한 바가 충의(忠義)를 갖추었습니다. 사안이 중대하니, 별도로 [외교에] 능한 관리를 선발하여, [악팔리와] 같이 저들 나라로 보내 [우리] 조정의 호의[德意]를 펴고 타일러, 답글[回文]을 확보한 뒤에야 거사할 수 있을 것입니다"라고 했다고 한다.[80] 섬라는 일본과 수만 리 떨어져 있음에도 분격하여 국난을 해결하기 위해 거병을 원했다. 일은 행해지지 않았지만, 그들의 뜻과 기상은 높이 살 만하다(按續文獻通考曰, 暹羅國方千餘里, 本暹與羅斛二國地. 暹乃赤眉遺種. 元至正間, 始合爲一國. 萬曆二十年九月, 經略侍郎宋應昌奏, 暹羅國正使握叭喇等, 願督兵蕩勦倭巢, 奉聖旨. 夷使所稱, 具見忠義. 事關重大, 另選一能事官員, 同往彼國, 宣諭朝廷德意, 取有回文, 方可擧事云. 夫暹羅距日本累萬里, 而奮願擧兵紓難, 事雖不行, 其志氣可尙也).

[세 번째 단락] 또 살펴보건대, 유구(琉球)는 중외 이민족[外

79) 지봉이 『속문헌통고』에서 가져왔다는 이상의 기술은 앞서본 『지봉유설』 (1)과 (2)의 내용이다. (1)과 (2)의 내용이 더 자세한 것으로 보아, 이후 지봉이 『속문헌통고』를 통해 보완한 것으로 읽힌다. 그러나 현전하는 『속문헌통고』에서 이 정보는 확인되지는 않는다.

80) 이상 송응창(宋應昌)이 상주했다는 정보 또한 여기에서 유일하다. 1592년이므로 『명일통지』와 『속문헌통고』에는 보이지 않는 당시 최신 자료 중 하나를 활용한 것으로 보인다.

夷] 중에 가장 [땅이] 작으며 험하다. 복건 매화(梅花) 항구에서 순풍이 선박에 유리하면 7일 만에 이를 수 있다. 이 나라는 옛날부터 중국과 통하지 않았고, 원나라 때 사람을 보내 타일렀지만 따르지 않았다. 명나라 홍무(洪武, 1368~1398) 초에 중산왕(中山王)이 자제들을 [국자감에] 들어가 배우게 했다. 그런 뒤로 오랑캐 풍습이 조금씩 변하여 관대(冠帶)를 하고 시문을 지어 중화의 풍속을 갖추었다.[81] 또 『오학편』에 따르면, 유구의 세법은 대략 정전법과 같으며, 왕과 백성이 각기 땅을 나누어 식록(食祿)으로 삼고, 상하에 거두는 세금은 없으며 형벌은 매우 엄격하다. 병장기와 갑옷은 날카롭고 견고하다. 싸움을 좋아하여 사납게 싸우다가 칼로 사람을 죽이는데, 법에서 벗어날 수 없으면 곧 배를 갈라 자살한다고 한다.[82] 대개 그 풍속이 왜(倭)와 서로 비슷하다(又按琉球在外

81) 지봉이 밝히지 않은 이상의 기술은 『명일통지』(사고전서본, 권89, 8b)와 역시 『오학편·황명사이고』(권상 24a)를 참고하여 정리한 내용으로 추정한다.

82) 이상은 지봉이 『오학편·황명사이고』을 참고하여 정리한 것으로, 문장을 인용한 것은 아니다. 원문은 유구국 조목[02]의 ⑵를 참고하시오. 특히 밑줄 친 정보는 『황명사이고』에 보이지 않는다. 아마도 다른 자료에서 채록했을 것이다. 진인석(陳仁錫, 1579~1634)의 1630~1632년 간행본 『잠확거유서(潛確居類書)』(권13, 9a)에, "조세법은 대략 정전법과 같고, 왕, 신하, 그리고 백성들이 각기 땅을 나누어 식록으로 삼는다. 거두는 세금은 없고, 일이 있을 때 한결같이 백성들에게 거두고 일이 끝나면 그친다. 형벌의 적용은 매우 엄격하여, 도둑질하면 코를 벤다. 사람들에게 귀천이 없고, 모두 용감하고 건장하여, 힘든 일이나 기근과 추위를 견딘다. 의약을 모르며 전염병도 드물다. 병장기와 갑옷은 튼튼하고 날카롭다. [활을] 쏘면 200보에 이를 수 있으며, 진퇴에는 쇠북을 사용한다. 이웃 나라가 그들을 두려워한다. 그러나 싸움을 좋아하여 곧바로 손으로 사람을 벤다. 법에서 벗어날 수 없으면, 즉시 배를 갈라 자결한다(賦法略如井田, 王·臣·民各分土爲祿食, 無征歛. 有事一取諸民, 事竟即已. 用刑甚嚴, 盜竊即刵劓. 人無貴賤皆驍健, 耐勞苦·饑寒. 不知醫藥, 亦鮮疾疫. 兵甲堅利, 射

夷, 最小而險. 自福建梅花所開洋, 順風颸利船, 七日可至. 其國自古不通中國, 元遣人招諭不從. 皇明洪武初, 中山王遣子弟入學, 自後夷習稍變, 被服冠帶, 著作篇什, 有華風焉. 又吾學編曰, 琉球賦法, 略如井田. 王及臣民, 各分土爲祿食, 上下無征斂. 用刑甚嚴. 兵甲堅利. 好爭狠鬪, 輒刃殺人, 度不能脫, 卽剖腹自斃云. 蓋其俗, 與倭相類耳).

[네 번째 단락] 살펴보건대, ⓐ고려 시대, 즉 홍무 22년(1389, 창왕 1)에 유구국 중산왕 찰도(察度, 1350~1395년 재위)가 사신 옥지(玉之)를 보내 표문을 올리고 신하를 칭하며 산물을 헌상했다. 왜에 포로가 되었던 [고려의] 사람들을 쇄환하여 순천부(順天府)에 도착하자, 영접하는 사신을 보내 그들을 접대하고, 전객시(典客寺) 영(令) 정윤후(鄭允厚, ?~1419) 등을 차출하여 유구국에 예방토록 했다고 한다.[83] 내가 예년 유구

可至二百步, 進止有金鼓. 鄰國畏之. 然好鬥狠, 輒手刃人. 度不能脫, 即剖腹自斃)"라는 유사한 문장을 찾을 수 있다. 역시 전반은 『황명사이고』를 채록했지만, 지봉의 텍스트와 거의 같은 밑줄 친 정보는 보이지 않는다. 지봉이 이 유서를 참고했을 가능성은 희박하다.

83) 이 사실은 『고려사』, 1389년 8월 기사를 통해 확인된다. "유구국 중산왕 찰도가 옥지를 파견하여, 신하를 칭하며 표문을 바치고, 왜적의 포로가 된 우리 사람들을 돌려보내며, 산물 유왕 300근, 소목(蘇木) 600근, 후추 300근, [대모]갑 20부를 헌상했다. 당초 전라도 도관찰사(全羅道都觀察使)가, '유구 국왕이 우리나라가 대마도를 정벌한다는 소식을 듣고, 사신을 보내와 순천부에 이르렀습니다'라고 보고했다. 의정부[都堂]에서 이전 시대에 온 적이 없다고 그들 접대에 난색을 보이자, 창왕이 '먼 곳의 사람들이 조공해 왔으니 그들을 박대하면, 안되지 않겠는가. 그들을 서울로 들어오게 하여, 위로하여 돌려보내는 것이 좋겠다'라고 하였다. 전 판사 진의귀(陳義貴, ?~1424)를 영접사로 삼았다(琉球國中山王察度, 遣玉之, 奉表稱臣, 歸我被倭賊虜掠人口, 獻方物硫黃三百斤, 蘇木六百斤, 胡椒三百斤, 甲二十部. 初全羅道都觀察使報, 琉球國王, 聞我國伐

사신 채견(蔡堅) 등과 북경에서 교유할 때, 채견 등이 여러 차례 사신을 [두 나라가] 주고받은 일을 언급했는데, 아마도 이를 말하는 것이리라. 또 『용재총화(慵齋叢話)』에 성종조[成廟朝, 1469~1494년]에 유구국이 사신을 보내 조공을 들이고자 했고,[84] 본집(本集)에 유구국이 백앵무를 진상한 표문이 들어있다.[85] 지금도 유구 사신을 접대한 사례들이 규정집[憲典]에 실려 있으나 성종조 이후 결국 관계가 끊어져 왕래하지 않았다. 선왕조 경인년(1590, 선조 23) 유구국 사람 요우(要宇) 등이 우리나라 지방으로 표류해와, 요동으로 압송[押解]하여, 돌려 송환을 아뢰도록 했는데, "그 사람들이 여전히 북산에 살고 있다(其人尙在北山生住)"라고 한 말이 이것이다. ⓑ범지능(范至能, 범성대, 1126~1193)은 『계해[우형]지(桂海[虞衡]志)』에 "남방 사람들은 빈랑을 즐겨 먹는데 현회(蜆灰)와 부류등(扶留藤)을 같이 씹으면 떫지 않다"라고 했고, 또 "빈

對馬島, 遣使, 到順天府. 都堂以前代所不來, 難其接待, 昌曰, 遠人來貢, 待之薄, 則無乃不可乎. 使之入京, 慰送可也. 以前判事陳義貴爲迎接使)"라고 하였다. 이어서 1390년 8월 28일 기사에는 "김윤후 등이 유구국에서 돌아올 때, 중산왕 찰도가 또 사신 옥지 등을 보내 신하를 칭하며 표문을 올리고 피랍되었던 우리 사람 37명을 돌려보내며, 토산물을 헌상했다(金允厚等還自琉球國, 中山王察度又遣其臣玉之等, 稱臣奉表, 歸我被擄人三十七, 仍獻土物)"라는 기록이 보인다. 지봉은 '정윤후'라고 하였고, 고려사에는 '김윤후'로 되어있다. 덧붙여, 나는 『도이지략역주』(43쪽)에서 첫 언급으로 『태조실록』을 인용했으나, 위의 『고려사』 기록이 더 빠르므로, 이로써 보완한다.

84) 대동야승(大東野乘)』(1909년본)에 수록된 『용재총화』, 권7(623쪽)에는 "정유년(1477), 유구국왕 사신이 우리나라에 도착하여, 성종께서 친히 경회루 아래에서 접견했다(丁酉年琉球國王使臣到國, 成宗接見乎慶會樓下)"라는 기록이 보인다.

85) 여기서 말하는 '본집'이란 성현(成俔, 1439~1504)의 『허백당집(虛白堂集)』을 말하는 것으로 보이나, 현전하는 『허백당집』에 '백앵무'는 보이지 않는다.

랑과 석굴 가루[蛤灰]를 손님에게 올린다. 현지 사람들은 작은 합(盒)을 세 칸으로 나누어 칸마다 석굴 가루, 부류등 그리고 빈랑을 담는다"라고 했다.[86] 내가 북경에 갔을 때, 섬라국 사람들이 항상 석회와 빈랑을 먹는 것을 보고 속으로 매우 이상하게 여겼는데, 지금 이 책[『계해우형지』]을 얻어 보고, 비로소 [그들이] 먹는 것이 '석회'가 아니라 바로 석굴 가루[蛤灰]였음을 알게 되었다. 이수광 쓰다(按高麗時, 洪武二十二年, 琉球國中山王察度遣使玉之, 奉表稱臣, 獻方物. 刷還被倭擄人口到順天府, 乃遣迎接使以待之, 差典客令鄭允厚等報聘于琉球國云. 余頃年遇琉球使臣蔡堅等遊北京, 則堅等屢言洪武時通聘之事, 蓋謂此也. 又慵齋叢話言。成廟朝琉球遣使求貢。本集中有琉球國進白鸚鵡表. 今琉球使臣接待事例, 載在憲典, 而成廟朝以後遂絶不通. 至先王朝庚寅, 琉球國人要宇等漂到本國地方, 押解遼東, 轉奏刷還, 所謂其人尙在北山生住者此也. 范至能桂海志曰, 南人喜食檳榔, 用蜆灰竝扶留藤同咀則不澁. 又曰, 以檳榔·蛤灰奉賓客. 士人作小合爲三室, 一貯灰·一貯藤·一貯檳榔云. 余赴京時, 見暹羅國人常喫石灰·檳榔, 意甚怪之, 今得是書, 始知所喫非石灰, 乃蛤灰也. 李睟光書).

86) 범성대(范成大, 1126~1193)의 『계해우형지(桂海虞衡志)』(사고전서본, 16a)에서 빈랑 그릇[檳榔合]을 기술하며, "남방 사람들은 빈랑을 즐겨 먹는데, [먹는] 방법으로, 석회(石灰) 또는 현회(蜆灰)로 부류등(扶留藤)과 같이 씹으면 떫지 않다. 현지인들의 집에서는 심지어 은 덩어리처럼 은이나 주석으로 작은 합(盒)을 만들고, 안에는 세 칸으로 나누어, 한 곳에는 회(灰), 한 곳에는 부류등, 한 곳에는 빈랑을 넣어두기도 한다(南人既喜食檳榔, 其法用石灰或蜆灰並扶留藤同咀則不澀. 士人家, 至以銀錫作小合如銀鋌樣, 中爲三室, 一貯灰, 一貯藤, 一貯檳榔)"라고 하였다.

●

시암[暹羅] 사람들. 『복서 코덱스(Boxer Codex)』로 명명된 이 고문헌[필사본]은 16세기 말 필리핀에서 스페인어로 작성된 자료로, 1947년 영국 역사가 찰스 랄프 복서(Charles Ralph Boxer, 1904~2000)가 구매하여, '마닐라 필사본(Manila Manuscript)'이라 부르며 1950년 영인하여 해설과 함께 출간해 알려졌기 때문에 '복서 고문헌(Boxer Codex)'으로 불렸다.

•
『무비지(武備志)』, 권240, 「항해도」, 13a.

⑴①일본은 옛날 왜노(倭奴)라고 불렀다. ②한나라 무제(武帝) 때 처음으로 중국과 통교했다. ③당나라 시기에 이르러 '일본(日本)'이라 고쳐 불렀다(日本舊名倭奴. 漢武時始通中國, 至唐改號日本).

여기 일본에 관한 기술은 정효(鄭曉)의 『황명사이고(皇明四夷考)』 문장을 그대로 따르지 않고, 지봉이 고증하여 확인된 사실들만 자기의 목소리로 기술하고 있다. ①의 정보에 관하여 5세기 중반에 완성된 『후한서(後漢書)』, 권1, 「광무제본기」에 '왜노국(倭奴國)'이라는 명칭이 기록상 가장 이르게 보인다(중화서국, 84쪽). ②의 무제(武帝)는 전한 시기의 유철(劉徹, 기원전 141~기원전 87년 재위)을 말하는 것이 아니라, 후한 시대 광무제(光武帝, 25~57년 재위) 유수(劉秀)를 지칭한다. 『후한서』, 권85, 「왜전(倭傳)」에, 중원(中元) 2년(57)에 왜노국(倭奴國)이 조공을 바쳐 광무제가 인끈을 하사했다는 기록이 보인다(2821쪽). ③『신당서』, 권220, 「일본전(日本傳)」(6208쪽)에 "함형 원년(670)에 사신을 보내 [당나라가] 고구려를 평정한 것을 축하했다. 그 후 조금씩 당나라의 언어를 익히면서, '왜'라는 이름을 싫어하여 '일본'으로 고쳐 불렀다(咸亨元年, 遣使賀平高麗. 後稍習夏音, 惡倭名, 更號日本)"라고 하였다. 정효(鄭曉)는 이 문장을 "뒤에 조금씩 중화의 언어를 익혀, 당나라 함형 초에 일본이라 고쳐 불렀다(後稍習華音, 唐咸亨初, 惡倭名, 更號日本)"라고 기록했다. 『신당서』에서 '일본'으로 고쳐 부른 시기는 분명하지 않다. 지봉이 그 시기를 명시하지 않은 것은 정확한 문해력이다.

⑵④동서로 5,000여 리이며 남북으로 수백 리이다. ⑤동산도(東山道)와 동해도(東海道) 등은 남북으로 천여 리이다. ⑥그 [나라의] 남북은 좁고 동서는 길어서, 그 나라를 일러 '일자국(一字國)'이라 한다. ⑦『한서』

에 "왜왕은 야마대(邪馬臺)에 산다"라고 하였다. ⑧『속문헌통고(續文獻通考)』에서는 "왜노(倭奴)에는 백여 나라가 있는데, 첫 번째가 '야마(邪馬)'이다"라고 하였다. ⑨강항(姜沆)의 『문견록(聞見錄)』에 "왜왕의 옛 도읍은 야마대(野馬臺)라고 한다. 480개의 사찰이 있는데, 매우 화려하다"라고 하였다. ⑩대저 '남조(南朝) 480개 사찰'이라는 말과 부합한다(東西五千餘里, 南北數百里. 唯東山東海等道, 南北千餘里. 以其南北狹東西長, 故謂之一字國. 漢書曰, 倭王居邪馬臺. 續文獻通考曰, 倭奴有百餘國, 一曰邪馬. 姜沆聞見錄云, 倭王舊都曰野馬臺. 有四百八十寺, 極其華麗. 蓋與南朝四百八十寺相埒耳).

④, ⑤, ⑥의 지리 정보는 중국 자료에 전혀 보이지 않는다. 특히 지형이 '일(一)'자처럼 생겨 '일자국'이라 했다는 정보는 유일하다. ④의 정보와 관련하여 『수서』(636년), 권81, 「왜국전」(1825쪽)에 "동서로는 5개월 가는 거리이고 남북으로는 3개월 가는 거리이다(東西五月行, 南北三月行)"라고 한 것이 고작인데다, 『구당서』, 『신당서』 모두 같은 지리 정보를 인용하고 있다.

지봉이 ⑦~⑨의 정보를 기록한 것은, 사신이 오고 갈 때 가장 중요한 것은 왕이 어디에 사느냐, 즉 도읍이 어딘가인데, 지봉이 저본으로 삼았던 정효의 『황명사이고』에는 왜왕이 어디 사는지 아무런 언급이 없었기 때문이다. ⑦의 『한서』는 『후한서』를 말한다. 권85, 「왜전」(2820쪽)에 "대(大) 왜왕은 야마대국에서 산다(其大倭王居邪馬臺國)"라고 하였다. ⑧의 『속문헌통고』는 왕기(王圻, 1530~1615)가 마단림(馬端臨)의 『문헌통고』를 증보한 책이다. 지봉이 원문을 그대로 옮긴 것이 아니라, 권234, 「사예고(四裔考)」, 일본 조목(9b)의 내용에서 추출한 문장이다.

⑨의 강항(姜沆, 1567~1618)의 『문견록』은 1597년 정유재란에 일본에 포로로 잡혀갔다가 1600년 귀국한 강황이 3년간의 포로 생활 동안 견문을 1권으로 기록하여 조정에 바친 책을 말한다. 이 견문록은 『간양록(看羊錄)』에 수록되어 간행되었다. 말하자면 지봉의 시대 가장 최신 정보인 셈이다. 강황의 문장을 조금 더 자세히 살펴보자면, 그는 기내(畿內) 다섯 나라 중에서 태화(太和)를 다음과 같이 기술했다. “태화는 크다. 15개의 군과 부를 관할하고, 남북으로 200여 리이다. 산이 휘둘렀으나 땅에서 나는 산물이 다른 나라의 열 배이다. 명소와 구적이 매우 많고 커서 상중의 상국이고, 왜의 남도이다. 왜왕이 옛날 이곳에 도읍하고 ‘화국’이라 불렀는데, ‘야마대’라고도 한다. 야마대란 양나라 무제(502~549년 재위) 때 명명한 곳이다. 왜국 사람들의 인도(人道)가 야생마처럼 경박하여 그 도읍을 이름 지었다. 왜인들은 지금도 태화를 야마대라고 한다. 480개의 사찰이 있는데 매우 화려하다(太和大, 管十五郡府, 南北二百餘里. 山繞而土產十倍他國. 名所舊跡繁大, 上上國也, 倭之南都也. 倭王舊都於此, 名曰和國, 亦曰野馬臺. 野馬臺者, 梁武帝之所命也. 以倭國人道輕薄如野馬, 故以名其都. 倭人至今稱大和曰野馬臺. 有四百八十寺, 極其華麗”라고 하였다. 강황의 진술에 따르면, 야마대=태화=수도라는 말이다. 태화=야마토[大和]라면, 『삼국지·위서』, 권30, 「왜전」(854쪽)에 표기된 ‘야마일(邪馬壹)’의 ‘일(壹)’은 ‘대(臺)’의 오자로 읽어야 하는가? 이후 사료들에는 예를 들어 『북사(北史)』를 필두로, ‘야마퇴(邪摩堆)’, ‘야마유(邪摩惟)’, ‘야마추(邪摩推)’ 등의 표기가 보이는데, ‘유(惟)’와 ‘추(推)’자는 ‘퇴(堆)’자의 오기이며, 이 ‘야마퇴’는 대화, 즉 야마토의 음차이므로, 『삼국지』의 ‘야마일’의 ‘일’자는 ‘대(臺)’자의 오기로 읽는 것이 맞을 것이다.

마지막으로 지봉이 떠올린 ⑩'남조 480 사찰(南朝四百八十寺)'이란 시구는 두목(杜牧, 803~852)의 「강남춘(江南春)」에 "[강남] 천릿길에 꾀꼬리 울고 초록이 붉음을 비출제, 강촌 산성곽의 술집 깃발 나부끼네. 남쪽 왕조 480개 사찰이라 하니 그 누대들 얼마나 운무 속에 들었을까(千里鶯啼綠映紅, 水村山郭酒旗風. 南朝四百八十寺, 多少樓臺烟雨中)"라고 노래했다. 이 공교로운 일치에 지봉은 주목했다. 혹 이러한 일치를 통해 남조-백제-신라-왜국으로의 문화적 유사성을 암시하려 했는지도 모른다.

⑶일본은 한 주(州)가 한 나라지만, 육오주(陸奧州)가 가장 커, ⑪54개 군을 관할하며, 동서로 60일 거리이다. 그 바다에는 금산(金山)이 있고 북쪽으로는 하이(蝦蛦)에 접해있다. ⑫[육오주의] 사람들은 키가 크고 몸에는 털이 나 있다. 그곳에서는 문어(文魚), 담비가죽[貂皮] 등이 난다. 또 산융(山戎)이 있는데 자체로 부락을 이루고 사는데 그 땅이 광원하여 끝이 없다. 어떤 이는 오주(奧州)의 평화천(平和泉)에서 이해(夷海)까지는 고작 30리고, 우리나라 야인들과 경계가 이어져 있는데, ⑬몇 해 전 중국 관리[唐官]가 종성(鍾城)에 들어가 홀로(忽虜)에게 황명을 읽어주고 타이를[開諭] 때, 왜인들이 그곳에 있었다고 한다. 이러한 사실을 전해 들었다고 했다. ⑭'이해(夷海)'는 '이도(夷島)'라고도 한다. '하이(蝦蛦)'란 모인(毛人)일 것이다. 신숙주(申叔舟)의 『해동제국기(海東諸國記)』에 "그[일본] 땅은 흑룡강 북쪽에서 시작한다"라고 한 것이 맞을 것이다(日本一州爲一國, 而陸奧州最大, 管五十四郡, 東西六十日程. 其海中有金山, 北接蝦蛦. 其人長大而身有毛, 地產文魚·貂皮等物. 亦有山戎自成聚落, 其地廣漠無際. 或言自奧州之平和泉, 至夷海纔三十里, 與我國野人接界, 頃歲唐官入鍾城, 開諭忽虜時, 倭人在彼地. 聞知其事云. 夷海亦曰夷島. 所謂蝦蛦, 疑卽毛人也. 申叔舟海東諸國記曰, 其地始於黑龍江之北者是矣).

⑶의 정보는 강항(姜沆)의 『문견록』에서 가져왔다. 강황이 들은 이 기록은 오늘날 전하는 『간양록』의 정보와 조금 다르다. "육오(陸奧)는 크다. ⑪49개 군을 관할한다. 동서의 길이는 60일 가는 거리이다. 옛날에는 출우(出羽)와 같은 한 나라였다. 시장, 성, 궁궐이 헤아릴 수 없이 많다. 선경(仙境)도 갖추어져 있고, 조수들이 많이 서식한다. 칠기를 갖추어 바친다. 크기도 크고, 상 중에서도 상등의 나라이다. 바다에는 황금 광산[金山]이 있는데, 지키는 장령(將領)들은 목욕재계하고 그 수량을 [신에게] 간청한 연후에 배를 타고 가서 채취해 온다. 그 수량을 조금이라도 넘기면 돌아오는 배가 반드시 부서진다고 한다. [육오주의] 땅은 하이(蝦蛦)와 접해있고, 드넓어 끝이 없다. 왜국을 다해도 이 한 주(州)의 넓이에 미치지 못한다. 그 도로가 통해 갈 수 있는 곳이 54개 군이다. 산간에 사는 미개인[山戎]들이 자체로 부락을 이루어 살며 호령하고 통제하는 곳이 없다. [그] 땅이 또한 54개 군의 넓이를 초과한다. 그 사람들은 키가 크고 몸에는 털이 있다. 왜인들은 그들을 '하이(蝦蛦)'라고 부른다. 오주(奧州)의 평화천(平和泉)에서 이해(夷海)까지 겨우 30리이다. 어떤 이는 ⑫'하이라는 곳은 바로 우리나라 야인들의 땅으로, 듣건대 그 땅에는 문어(文魚)와 담비 가죽 등의 산물이 많이 난다고 한다'라고 하였다. 믿을만한지 의심스럽다. 왜노들은 항상 '오주(奧州)에서 곧장 조선으로 건너갈 수 있을 정도로 [우리나라] 동북의 도와 아주 가깝지만, 북해(北海)의 바람이 강해 감히 건너려 하지 않는 것 같다'라고 했다. 말은 허황하지만, 우선은 갖추어 기록하는 것은 의심스러운 점을 다른 사람에게 전하여 고증을 기다리는 예[傳疑之例]로 삼고자 함이다(陸奧大管四十九郡. 東西六十日程. 昔與出羽一國. 市城宮室, 不可勝計. 仙窟已共, 鳥獸充饒. 以漆備貢, 大大上上國也. 海中有金

山, 守將齋沐請其數, 然後乃乘船採來, 稍溢其數, 則歸船必敗云. 地接蝦蛦, 廣漠無際. 盡倭國不及一州之長廣. 其道路通行處, 爲五十四郡. 山戎自成部落無有號令節制者, 地方又過五十四郡之延袤, 其人長大而身有毛, 倭人稱之爲蝦蛦. 自奧州之平和泉, 至夷海上纔三十里. 或謂蝦蛦者, 卽我國野人之地, 聞其地多產文魚貂皮等物. 疑或可信. 倭奴常言, 自奧州直渡朝鮮, 東北道里絶近, 而北海風高, 疑不敢渡云. 語涉怪誕, 而姑且備錄, 以效傳疑之例焉)."

지봉과 강황의 두 기술의 큰 차이는 첫째 육오주(陸奧州)가 관할하는 군이 54개인지, 49개인지이다(⑪). 강황은 첫 문장에서 '49개 군'을 언급했지만, '산융(山戎)'들의 땅을 언급할 때는 '54개 군'이라고 했다. 또 『대동야승』에 수록된 조경남(趙慶男, 1570~1641)의 『난중잡록(亂中雜錄)』에도 강황의 견문록의 문장이 인용되어 있는데, 조경남도 '54개 군'으로 옮겨 놓았다. 둘째, 문어와 초피(貂皮)가 난다고 하는 곳이 육오주인지 하이(蝦蛦)가 사는 곳인지의 문제이다(⑫). 언급한 조경남의 『난중잡록』에는 문어와 초피가 나는 곳은 분명 하이(蝦蛦)의 땅이다. 지봉이 잘못 읽었거나 『지봉유설』 편집자들의 책임인지는 모르겠다. 셋째, ⑬의 정보가 강황의 견문록에서 가져온 것인지, 아니면 지봉이 보태 넣은 말인지이다. 이는 강황의 기록에도 조경남의 『난중잡록』에도 보이지 않는다. 강황의 정보를 고증하면서 지봉이 추가한 최신 정보로 읽어야 할 것 같다. 어쨌든 현존하는 자료 중에서 강황의 견문록을 가장 먼저 보고 기술한 사람은 지봉이다.

⑭는 지봉이 강황의 자료에 관해 추가한 주석이다. 먼저 지봉은 이해(夷海)가 '이도(夷島)'라고도 불린다고 설명했지만, 사

실『해동제국지』에 실린「해동제국총도(海東諸國總圖)」에는 북쪽에 '이도'라는 섬을 표기해놓고 있는 것이 고작이다. 아마도 현 일본의 도호쿠 지방 북부 홋카이도를 지칭하는 것으로 보인다. 둘째, 하이(蝦蛦)가 모인(毛人)이라는 설명에 관하여, 지봉은『신당서』, 권220,「일본전」(6208쪽)을 참고한 것 같다. "하이 또한 바다 섬 안에 사는데, 그곳에서 온 사신은 수염 길이가 4척쯤 되고 머리에 화살을 끼고 있다가, 사람이 표주박을 이고 수십 보에 서 있게 하고 쏘면 적중하지 않는 것이 없다(蝦蛦亦居海島中, 其使者鬚長四尺許, 珥箭於首, 令人戴瓠立數十步, 射無不中)"라고 했기 때문이다. 또한 1125년 조여괄(趙汝适)의『제번지(諸蕃志)』왜국(倭國) 조목에서 "나라는 사방 수천 리이고 서남쪽으로는 바다에 이르고 동북쪽으로는 큰 산으로 제한된다. 산 밖은 모인국(毛人國)이다(國方數千里, 西南至海, 東北限以大山, 山外卽毛人國)"라고 하였다(『제번지역주』, 289쪽). '산(山)'자는 섬을 지칭하기도 하므로,『제번지』에서 말한 '산외(山外)'는 일본 본섬 밖을 말한다. 따라서 하이(蝦蛦)=신숙주의 이도(夷島)=모인의 나라[毛人國]라는 등식은 성립한다. 하지만 강황의 텍스트는 산융(山戎)의 사람들이 키가 크고 몸에 털이 나 있다고 전하고 있다. 이 '산융'이 육오주에 속한 것인지 아니면 다른 섬 즉 '하이'를 말하는 것인지 강황의 텍스트는 불분명하다. 셋째, 지봉의 마지막 주석은『해동제국지』서문에 나오는 말이다.

(4)「일본국도」에 따르면, [일본은] 8도, 66주로, ⑮이키[壹岐]와 쓰시마[對馬] 두 섬은 여기에 포함되지 않는다. 이 밖에도 구치노에라부[永良部] 섬, 히라도섬[平戶島], 고토섬[五島], 미시마시섬[三島], 하치조섬[八丈島] 등의 지방이 있다. 고와[鄕]는 92,000개이고, 손[村]은 909,800여

개가 있으며, 덴[田]은 899,160 쪼우[町][87]이고, 하타[畠]는 112,148 쪼우이다. 사원[佛宇]은 2,958개 소이고, 징구[神宮]는 27,613개 소이다. 남자는 19억 9만 4천 8백여 명이고, 여자는 29억 4천 8백여 명이다. ⑯대개 성(城)과 저수지가 있는 곳을 '고와[鄕]'라고 하고, 55칸이 1쪼우[町]이며, 36쪼우가 1리[里]이고, 1리는 우리나라 10리에 해당한다고 한다(按日本國圖, 八道六十六州, 壹岐·對馬二島不與焉. 此外又有永良部·平戶島·五島·三島·八丈島等地方. 其鄕有九萬二千ⓐ, 其村九十萬九千八百餘, 田八十九萬九千一百六十町, 畠十一萬二千一百四十八町ⓑ. 佛宇二千九百五十八, 神宮二萬七千六百十三. 男口十九億九萬四千八百零, 女二十九億四千八百零. 凡城池所在, 謂之鄕. 五十五間爲一町, 三十六町爲一里, 其一里准我國十里云).

⑷의 「일본국도」란 강황의 『간양록(看羊錄)』에 실린 「왜국 8도 66주도(倭國八道六十六州圖)」를 말하는데, '도(圖)'는 전하지 않고 설명만 남아있다.[88] 또한 ⑮의 정보는 『간양록』에 "이키섬과 쓰시마섬은 여기에 포함되지 않는다. 그 섬은 둘이다(壹岐·對馬則不與焉, 其島二)"라고 되어있다. 이는 노

---

87) 1쪼우[町]는 3,000평임.

88) 앙리 꼬르디에(Henri Cordier, 1849~1925)가 1894년 대영박물관에서 우연히 발견한 이 18세기 조선에서 그린 필사본 지도집에 들어있는 「유구도(琉球圖)」 옆에는 나란히 「일본국도(日本國圖)」가 실려 있는데, 상단 카르투슈에는 '키나이[畿內]-5주(州), 토카이[東海]-15주, 토산[東山]-8주, 사이카이[西海]-9주, 난카이[南海]-6군(郡), 호쿠로쿠[北陸]-7군, 산요[山陽]-8주, 산인[山陰]-8주'라는 설명이 보이고, 하단에는 '8도, 66주, 606군[八道六十六州六百六郡]'이라는 기록이 보인다. 확실히 쓰시마섬과 이키섬은 그려지지 않았다. 꼬르디에가 18세기로 추정하는 바와는 달리 나는 19세기 중반으로 생각하는 이 지도는 '대마도'를 조선령으로 그려 넣고 있다. 이 지도집에 관한 연구는 별도의 책으로 준비 중이다.

인(魯認, 1566~1622), 『금계집(錦溪集)』, 권6, 「왜지도(倭地圖)」에도 같다. 분명히 지봉이 인용한 문장이 앞뒤의 문맥에 부합한다. 이는 (3)에서의 경우처럼 『간양록』의 원문이 편집상 오류가 있었음을 보여주는 방증이다.

일본의 행정구역에 관하여 『송사』, 권491 「일본국전」에는 조연(奝然)의 말을 기록해 두고 있는데, 일본 기내(畿內)에는 산성(山城), 대화(大和), 하내(河內), 화천(和川), 섭진(攝津) 등 5주가 있고, 동해(東海), 동산(東山), 북륙(北陸), 산음(山陰), 산양(山陽), 남해(南海), 서해(西海) 7도(道)가 있으며, 일기(壹伎), 대마(對馬), 다예(多褹) 3도(島), 3,772개의 향(鄉), 414개의 역(驛), 88만 3,129의 과정(課丁, 조세와 부역을 지는 사람)이 있다고 하였다(14133~4쪽). 이에 비하여 강황이 말한 인구수는 너무 많다. 여기 인구수는 『금계집(錦溪集)』에도 강황의 기록과 같이 "장정은 19억 9백 4천 8백 28명이고, 여자는 29억 4천 8백 20인에 달한다(男丁十九億九百四千八百二十八名, 女數二十九億四千八百二十口)"라고 하였다. 하지만 1577~1607년간 임진왜란 전후 30년을 기록한 자료인 신경(申炅, 1613~1653)의 『재조번방지(再造藩邦志)』에는 지봉의 숫자가 그대로 인용되어 있다.

⑯의 주석으로 보이는 내용은 강황의 『간양록』 원문 해당하는 곳에 쌍행의 주석으로 된 것을 지봉이 인용하면서 원문 마지막으로 옮겨 놓은 것이다. 이 단락에서 『간양록』의 주석은 ⓐ와 ⓑ두 곳에 보이는데, ⓐ에서는 "城池所在, 謂之鄉"으로 지봉이 인용한 것과 같다. 하지만 ⓑ의 주석은 지봉의 설명보다 상세하다. "왜인들은 우리나라의 5척 남짓의 길이를 1켄[間]이라 하고, 55켄을 1쪼우라고 하며, 36쪼우를 1리라고

한다. 왜국 안에서 1리는 우리나라의 10리 길이와 같고, 관동(關東)에서만 6쪼우가 1리이다. 수답(水畓)을 덴[田]이라 하고, 산에 있는 논을 하타[畠]라고 한다(倭人謂我國五尺長許爲一間, 五十五間爲一町, 三十六町爲一里. 倭中一里猶我國十里之長, 關東則只謂六町爲一里. 謂水田爲田, 山田爲畠).”

⑸⑰일본의 천황(天皇)은 주나라 평왕(平王, 기원전 780?~기원전 720년?)의 시대에 처음 세워져, ⑱하나의 성(姓)으로 전해져 지금까지 끊이지 않는다. 천왕은 정사에 참여하지 않고, 부귀(富貴)를 누릴 따름이다. ⑲관백(關白)이라 부른 국왕이 나랏일을 전적으로 관장하고 천황을 받들어 모시는데, 어찌 주나라 시대 열국(列國)의 유풍이겠는가? ⑳세상에서 하는 일 없는 자를 ‘왜천황’이라 한다. ㉑혹 왜황의 성씨가 희(姬)이고, 오나라 태백(太伯)과 중옹(仲雍)의 후예라고 하고, ㉒혹 ‘왕(王)’을 성씨로 삼았다고도 하는데, 믿을 만한 것인지는 모르겠다(日本天皇, 始立於周平王之世, 一姓相傳, 至今不絕. 天皇不預政事, 惟享富貴而已. 國王號關白, 專管國政, 以尊事天皇, 豈亦周時列國之遺風歟. 世謂無所事事者, 爲倭皇帝. 或曰倭皇姬姓, 吳泰伯·仲雍之後, 或曰以王爲姓, 未知信否).

⑸의 정보는 『해동제국기』나 강황의 견문록을 참고하여 지봉이 기술한 내용이다. ⑰의 정보는 『해동제국기』「일본국기(日本國紀)」에서 “51년 신유(辛酉)【주나라 평왕 51년】, 정월 경신일에 처음으로 천황이라 불렀다(五十二年辛酉【周平王五十一年】, 正月庚申, 始號天皇)”라는 문장에서 가져왔을 것이다. ⑱은 강황의 견문록에 보인다. ⑲와 ⑳은 일본이 ‘천황’을 칭하며 주나라의 전통을 잇는다는 ⑰에 대한 지봉의 일본관을 여실히 보여주는 문장이다. ㉑의 설은 먼저 『해동제국기』「천황대서(天皇代序)」에서 인황(人皇)의 시조로 신무천황의 어머니는 옥의희(玉依姬)라는 말에서 유추한 것으로

보이고, 다음은 『진서(晉書)』, 권97, 「왜전(倭傳)」(2535쪽)에 "남자는 크나 작으나 모두 문신을 한다. 자신들이 태백(太伯)의 후손이라 하고, 또 옛날 중국에 사신으로 올 때는 모두 대부(大夫)라 칭했다(男子無大小, 悉黥面文身. 自謂太伯之後, 又言上古使詣中國, 皆自稱大夫)"라고 한 것에 근거한 것인지 모르겠다. ㉒의 설은 『제번지(諸蕃志)』(1225년)의 「왜국」 조목에서 "왕은 '왕(王)'을 성(姓)으로 삼고, 70세대를 거치면서 바뀌지 않았다(王以王爲姓, 歷七十餘世不易)"라고 하였다(『제번지역주』, 291쪽).

⑰, ⑱, ㉑, ㉒의 정보는 『오주연문장전산고(五洲衍文長箋散稿)』, 「청나라 황제와 일본 천왕의 성씨 변증설(淸帝倭皇姓氏辨證說)」에 인용되었는데, 이규경(李圭景)은 다음과 같이 설명했다. "생각건대, 일본은 신무천황을 인황(人皇)의 시작으로 삼는다. 바로 주나라 유왕(幽王)의 시기이다. 소위 천황들은 모두 원(源) 씨로 하나의 성씨를 이어 전한다. 관백(關白)도 원씨이다. …일본인이 지은 여러 책에 신무천황을 오태백(吳泰伯)으로 보는 것은 매우 잘못이다. …일본은 희(姬) 씨의 나라라고 하는데, 아마도 시조는 천조대신이고 중흥은 신공황후로, 두 여주인이 다른 시대에 신위(神威)를 빛냈으므로 스스로 칭한 것일 것이다(按日本自神武天皇始爲人皇, 卽周幽王之時也. 其所謂天皇, 皆源姓, 而一姓相傳. 關白亦源氏. …日本人所著諸書以爲以神武天皇爲吳泰伯者, 甚非. …或呼日本爲姬氏國, 蓋始祖之天照大神也, 中興之神功皇后也, 共女主而神威耀于異朝, 自所稱矣)."

(6)㉓부산 동쪽에서 일본국의 도읍까지는 바닷길로 거의 4,000리(1,570km)이다. 도읍에서 동북쪽으로 스루가슈[駿河州]까지는 또 1,000

리이다. 그곳에 있는 후지산[富士山]은 높이가 4~5백여 리이다. 바다에 우뚝 솟아 산의 절반 이상이 빙설로 높고 험하여 한여름에도 녹지 않아 천 리 안에서 봐도 보인다. [이 산의] 동쪽은 미시마[三島]라는 땅이다. 미시마의 동북쪽에는 하코네[箱根]라는 준령이 있다. 그 위에는 거대한 호수[芦ノ湖]가 있는데, 기이한 화초들이 즐비하게 호숫가에 있다고 한다. ㉔내가 말한 부사산은 한자어로 번역한 말로, 바로 후시[不死]산이다. 어찌 산 위에 불사약이 많이 날 리가 있겠는가. 송렴(宋濂)의 시에 "유월 눈꽃 흰 솜털처럼 날리고, 굽이진 [연]뿌리 산슈[三州] 사이의 땅을 눌렀네"라고 하였는데, 이곳이로다. 산슈[三州]는 왜의 지명이다(自釜山東抵日本國都, 海路幾四千里. 自國都東北至駿河州, 又一千里, 所有山曰富士山, 高四百餘里. 屹立海中, 山半以上, 冰雪嵯峨, 盛夏不消, 千里內望而見之. 其東則地名三島, 三島之東北, 有峻嶺曰箱根. 其上有巨湖, 奇花異草森列岸上云. 余謂富士山, 譯以漢音, 則乃不死山, 豈山上多生不死藥故耶. 宋景濂詩曰, 六月雪花飄素毳, 蟠根壓地三州間, 是也. 三州, 倭地名).

㉓의 정보는 현지에 다녀온 사신의 기록을 참고한 듯하지만, 근거한 바를 찾지 못했다. ㉔는 지봉의 주석 사항이다. 여기의 '경렴(景濂)'은 송렴(宋濂, 1310~1381)의 자(字)일 것이다. 『명사』, 권128, 「송렴열전(宋濂列傳)」(3787~3788쪽)에 "송렴은 풍채가 좋고 수염이 아름다웠다. 가까이 보는 눈도 밝아 기장 한 알에 몇 글자를 쓸 수 있었다. 어려서부터 늙을 때까지 하루에 서책을 손에 뗀 적이 없어, 학문에 통하지 않는 바가 없었으며 지은 문장은 순심(醇深)하고 연면히 이어져, 옛 저술과 나란하였다. 조정에서는 교사(郊祀), 종묘(宗廟), 산천의 온갖 신에 드리는 제전, 조회, 연회, 율력, 의관의 예제, 사예(四裔)의 조공, 상훈 등의 의전, 아울러 원훈 공신과 거경(巨卿)들의 비문, 각석(刻石)의 글이 모두 송렴에게

맡겨졌고, 여러 차례 개국문신(開國文臣)의 수장에 추천되었다. 사대부 중에서 그의 대문에 이르러 글을 구하는 사람들의 발자국이 앞뒤로 이어졌다. 외국에서 조공 온 사신들도 그의 명성을 알고 자주 송선생의 안부를 물었다. 고려, 안남, 일본에서도 황금으로 그의 문집을 사 갔으니, 사방의 학자들이 모두 성씨로 부르지 않고 '태사공'이라 칭했다. 흰 머리의 시종신으로 공업과 작위는 미치지 못하지만, 한 시대의 예악 제도는 송렴이 마련하고 정한 것이 대부분이다(濂狀貌豊偉, 美鬚髯, 視近而明, 一黍上能作數字. 自少至老, 未嘗一日去書卷, 於學無所不通, 爲文醇深演迤, 與古作者並. 在朝, 郊社·宗廟·山川百神之典, 朝會·宴享·律曆·衣冠之制, 四裔貢賦·賞勞之儀, 旁及元勳巨卿碑記·刻石之辭, 咸以委濂, 屢推爲開國文臣之首. 士大夫造門乞文者, 後先相踵. 外國貢使亦知其名, 數問宋先生起居無恙否. 高麗·安南·日本至出兼金購文集, 四方學者悉稱爲太史公, 不以姓氏. 雖白首侍從, 其勳業爵位不逮基, 而一代禮樂制作, 濂所裁定者居多)"라고 하였다. 하지만 송겸의 문집인 『송학사문집(宋学士文集)』(『사부총간』본)에는 강황, 노인 그리고 지봉이 인용한 시는 보이지 않는다. 게다가 강황과 노인이 인용한 절구 전편은 "만 송이 연꽃 핀 후지산에 그 굽이진 [연]뿌리 산슈[三州] 사이의 땅을 눌렀네. 유월의 눈꽃 흰 솜털처럼 날리니 어느 깊은 숲에서 흰 솔개를 찾을까(萬朶蓮花富士山, 蟠根壓地三州間. 六月雪花飄素竁, 何處深林求白鷴)"라고 하였다. 이상하게도 지봉은 왜 여기의 3구와 2구를 인용한 것인지 의문스럽다. 여기 인용 시에서 '취(竁)'자는 해당하는 의미를 찾을 수 없어, 소리 부분 '취(毳)'자의 의미로 읽었다.

⑺㉕『후한서』에 "서복(徐福)이 바다로 들어가 이단주(夷澶洲)에 이

르렀다"라고 하였는데, ㉖한유의 글에서 '해외 이·단(夷·亶)의 주(州)'라고 한 곳이 이곳이다. 생각건대, '이·단(夷·亶)'은 두 주(州)의 명칭으로, 지금 왜국 남해도에 키이슈[紀伊州]와 탄슈[淡州]가 있는데, '담(淡)'과 '단(亶)'은 음이 근접하다. 아마도 [서복의] 이·단주(夷·澶洲)일 것이다. ㉗강황의 『문견록』에, "왜인들은 이세[伊勢]의 아쯔다산[熱田山], 키이[紀伊]의 쿠마노산[熊野山], 수르가[駿河]의 후지산을 산진산[三神山]이라 한다"라고 하였다. ㉘또 "서복이 죽어서 신이 되었기 때문에 키이슈[紀伊州]라고 하고 지금도 서복사당이 있다"라고 하였으며, ㉙"쿠마노산을 지키는 신이 서복의 신이고, 아타고산[愛宕山]을 지키는 신은 신라인 '일라(日羅)'라는 신이다"라고 하였다. ㉚일라(日羅)는 아마도 연오랑(延烏郎), 세오녀(細烏女)일 것이다. ㉛조완벽(趙完璧)이 일본 도쿄를 말하면서 서복사가 있는데 서복의 후예가 [그곳을] 주관하는 것을 봤다고 한다(後漢書曰, 徐福入海, 止夷澶洲. 韓文所謂海外夷亶之州是也. 按夷亶二州名, 今倭國南海道, 有紀伊州·淡州, 淡與亶音相近, 疑卽夷澶洲也. 姜沆聞見錄云, 倭人謂伊勢之熱田山, 紀伊之熊野山, 駿河之富士山, 爲三神山. 又徐福死而爲神, 故紀伊州. 今有徐福祠. 熊野山守神者, 徐福之神也. 愛宕山守神者, 新羅人日羅之神也. 日羅者, 疑卽三國史所稱迎烏·細烏者也. 趙完璧言日本京都, 見有徐福祠, 徐福之裔主之云).

㉕『후한서』, 권85, 「동이열전(東夷列傳)」(2822쪽)에 "회계의 바다 밖에는 동제인(東鯷人?)이 있는데, 나뉘어 20여 나라가 되었다. 또 이주(夷洲)와 단주(澶洲)가 있는데, 전하는 말에 따르면, 진시황이 방사(方士) 서복(徐福)에게 남녀의 아이 수천 명을 거느리고 바다로 들어가 봉래의 신선을 찾도록 했지만 찾을 수 없었다. 서복은 주살될까 두려워 돌아오지 못하고 결국 이들 섬에 머무르며 대를 이어 전승하며 수만의 가구가 있게 되었고, 회계 동야현(東冶縣) 사람이 바다를 항해할 때 풍랑을 만나 표류하여 단주(澶洲)에 이른 자가 있었지만, 그

곳은 너무 먼 곳에 있어 왕래할 수 없다고 한다(會稽海外有東鯷人, 分爲二十餘國. 又有夷洲及澶洲. 傳言秦始皇遣方士徐福將童男女數千人入海, 求蓬萊神仙不得, 徐福畏誅不敢還, 遂止此洲, 世世相承, 有數萬家. 人民時至會稽市. 會稽東冶縣人有入海行遭風, 流移至澶洲者. 所在絶遠, 不可往來)"라고 하였다.

㉖한유(韓愈, 768~824)는 영남절도부에 부임해 가는 정권(鄭權) 상서를 전송하는 글[送鄭尙書序|送鄭權尙書序]에서 다음과 같이 말했다. "남쪽 오랑캐들은 사납고 경솔하여, 걸핏하면 원망하고 변심한다. 남쪽에 있는 주(州)들은 모두 큰 바닷가에 있으며 섬이 많다. …통제되지 않는 곳은, 험난함을 믿고 무리 지어, 독화살을 갖추어 [중국의] 장리(將吏)가 지나가기를 기다린다. …좋으면 사람이지만, 화를 내면 짐승들이다. …몹시 어지러워 다스릴 수 없으면, 풀을 베고 짐승을 죽이듯, 그 뿌리와 둥치를 없애고 엄단(嚴斷)해야 그친다. 탐부라(耽浮羅), 유구(流求), 모인(毛人), 이·단주[夷亶之州], 임읍(林邑), 부남(扶南), 진랍(眞臘), 우타리(于陀利) 등과 같이 바다 밖의 잡다한 나라들이 동남쪽으로 바다 끝까지 있고, 땅은 만을 헤아린다. 간혹 바람과 조수를 기다려 조공하기도 하고, 남쪽과 서쪽의 오랑캐[蠻胡] 상인들이 배로 바다에서 교역하기도 한다(蠻夷悍輕, 易怨以變, 其南州皆岸大海, 多洲島. …控御失所, 依險阻, 結黨仇, 機毒矢以待將吏. …好則人, 怒則獸. …至紛不可治, 乃草薙而禽獮之, 盡根株痛斷乃止. 其海外雜國, 若耽浮羅·流求·毛人·夷亶之州·林邑·扶南·真臘·于陀利之屬, 東南際天, 地以萬數. 或時候風潮朝貢, 蠻胡賈人舶交海中)."(『오백가주창려문집(五百家注昌黎文集)』(사고전서본), 권21, 16a)

㉗강황은 동해도(東海道) 15국을 자세히 기술하면서 준하(駿河) 조목에서 송렴(宋濂)의 시 아래 쌍행의 주석으로 "왜승(倭僧)들은 항상 이세(伊勢)의 열전(熱田)과 기이(紀伊)의 웅야(熊野)와 부사를 삼신산(三神山)이라 했다(倭僧常傳伊勢之熱田紀伊之熊野與富士爲三神山)"라는 설명이 보인다.

㉘이상의 정보는 강황의 견문록에서 확인되지 않는다. 다만 강황은 홍무(洪武) 연간 왜승 진절해(津絶海)가 중국에 조공하러 갔다가 명 태조의 명을 받아 지은 7언 절구시를 인용해 두었는데, 그 시 1구에 "웅야산 앞에는 서복 사당이 있다(熊野山前徐福祠)"라고 한 정보가 있을 뿐이다.

㉙강황은 승정원에 나아가 계사한 내용[詣承政院啓辭]에 따르면 "천조황 대신궁(天照皇大神宮)은 그 시조(始祖)인 여신(女神)이요, 웅야산(熊野山) 권현수신(權現守信)은 서복(徐福)의 신이요, 애탕산(愛宕山) 권현수신(權現守信)은 신라(新羅) 사람 일라(日羅)의 신이다(有天照皇大神宮者, 其始祖女神也, 有熊野山權現守神者, 徐福之神也, 愛宕山權現守神者, 新羅人日羅之神也)"라고 하였다.

㉚『삼국유사(三國遺事)』, 권1, 「기이(紀異)」에 "제8대 아달라왕(阿達羅王, 154~184년 재위) 즉위한 4년 정유(丁酉)에 동해의 바닷가에 연오랑(延烏郞)과 세오녀(細烏女)라는 부부가 살았다. 어느 날 연오가 바닷가에 나가 해초를 따고 있었는데, 갑자기 바위 하나가 연오를 태우고 일본으로 가 버렸다. 일본국 사람들이 연오를 보고 '이 사람은 보통 사람이 아니다'라고 하고 옹립하여 왕으로 삼았다. 세오는 남편이 돌아오지 않자 이상하다고 생각하고 남편을 찾다가 남편이 벗어놓

은 신이 있음을 보고, 또한 그 바위에 올라가자, 바위는 다시 이전처럼 세오를 태우고 [일본으로] 갔다. 그 나라 사람들이 이를 보고 놀라면서 왕[연오]에게 나아가 아뢰며 [세오를] 바치니, 부부가 서로 만나게 되었다. [세오는] 귀비(貴妃)가 되었다(第八阿達羅王即位四年丁酉, 東海濵有延烏郎細烏女夫婦而居. 一日延烏歸海採藻忽有一巖. 負歸日本. 國人見之曰, 此非常人也, 乃立爲王, 細烏恠夫不來歸, 尋之, 見夫脫鞋, 亦上其巖, 巖亦負歸如前. 其國人驚訝奏献於王, 夫婦相會. 立爲貴妃)"라고 하였다. 지봉은 왜 이 연오랑과 세오녀를 '일라(日羅)'와 연관시켰는지 모르겠다. 다만 『일본서기(日本書紀)』 스아닌천황(垂仁天皇) 3년 조목에 신라 왕자 천일창(天日槍)이 일본으로 건너가 단마국(但馬國)에 정착하여 살았다는 비슷한 설화가 보인다.

㉛『지봉집(芝峯集)』, 권23에는 진주 출신 선비로 정유년(1597)년에 일본으로 잡혀간 조완벽(趙完璧)의 전기가 실려 있는데, "일본에 있을 때, 도쿄에는 서복사가 있는 것을 보았다. 서복의 후예가 주관하고 있었는데, 불법(佛法)을 배우면서 식읍이 있었지만, 나랏일에는 관여하지 않았다(在日本時, 見京都有徐福祠. 徐福之裔主之, 學浮屠法. 有食邑, 不預國政)"라고 하였다.

⑻일본 땅은 온난하고 얼음과 눈이 없으나 그 오쿠로쿠도[北陸道]는 매우 추워, 겨울이면 눈이 수 장(丈) 쌓인다. 또 바다의 섬들은 모두 돌산으로 흙이 덮여있어, 왜인들이 흙의 엷고 두터움으로 비옥하고 척박함을 따진다. 토양이 1척으로 얕으면 오곡이 익지 않고, 흙이 7척~1장이면 아주 두텁다고 여긴다. 우리나라 제주 또한 이와 같다. 토양에는 두께가 3척 되는 땅이 없어 매번 한재에 고통받으며, 항상 뭍에서 곡식을 사 와, 생계

를 유지한다. 죽은 사람을 묻어도 관의 반은 땅 위에 있다고 한다(日本地暖無冰雪, 而其北陸道甚寒, 每冬雪深數丈. 且海島皆石山戴土, 故倭人專以土淺深爲饒瘠. 若土淺一尺, 則五穀不熟, 其深七尺以上至一丈爲最厚, 我國濟州亦如此. 土無三尺之厚, 故每苦旱災, 常貿穀於陸邑, 以資其生. 葬死者, 棺半在地上云).

일본의 기후와 토양을 설명하고 있는 이 단락은 지봉의 책에서만 보인다. 마지막에 '운(云)'자로 판단컨대 현재 전하지 않는 자료에 근거했을 것으로 보이지만, 찾지 못했다. 다만 호쿠로쿠도[北陸道]의 기후에 관하여, 강항이 견문록에서 북륙도 7국을 설명하면서 쌍행의 주석으로 "이곳은 매우 추워, 매년 겨울 눈이 쌓인 깊이가 수 장이다(其地甚寒, 雪深每冬數丈)"라고 한 것만 확인할 수 있다.

⑼일본의 왜장들은 모두 식읍이 있다. [도쿠가와] 이에야스[家康] 같은 자는 식읍이 250만 석이었고, [모리] 테루모토[輝元]는 150만 석이었다. 그밖에는 많게는 40~50만 석이고, 적게는 10만 석인 자들이 헤아릴 수 없다. 식읍이 1천 석인 자는 50명을 양병하고, 1만 석인 자는 500명을 양병한다. 군사의 많고 적음은 곡물의 양에 비례하니, 이 나라의 부강함을 상상할 수 있다(日本諸倭將, 皆有食邑. 如家康所食, 二百五十萬石, 輝元, 一百五十萬石. 其餘, 多或四五十萬石, 少或十萬石者, 不可悉數. 其食一千石者, 養兵五十人, 一萬石者, 養兵五百人. 甲兵多少視穀數, 其國之富强可想已).

왜장의 식읍을 설명하고 있는 이 단락은 강황의 『문견록』에 자세히 기술된 내용을 지봉이 요약한 것이다. 지봉이 요약 정리한 내용은 고스란히 『재조번방지(再造藩邦志)』에 인용되었다. 1577년~1607년까지 임진왜란 전후 30년간 조선과 명나라의 외교사를 다룬 이 책은 신경(申炅, 1613~1653)이 편집한 것으로 1693년 아들 이화(以華)가 영천군(榮川郡)에서 간행되었다. 『지봉유설』은 1614년에 완성된 것으로 알려져 있으므로, 윤경이 지봉의 기술을 인용한 것이다.

⑽대마도 땅은 모두 사석(沙石)으로 사는 왜인들이 전적으로 우리나라와 교역에 의존하는 것을 살아가는 이치로 안다. 평소 영남의 농토세는 태반이 그들에게 돌아간다. 대대로 종통을 전하며 성장했다. 그들의 선조는 원래 우리나라 송씨(宋氏)로, 그 섬에 들어가 도주(島主)가 되어 성을 바꾸고 종주가 되었다. 다이라노 히데요시[平秀吉]에 이르러 그들을 멸하고 다라이노 요시토시[平義智]로 바꾸었다. 결국 침략의 향도가 되었으니 안타깝기 그지없다. 대개 대마도의 왜인들은 우리나라 일에 모르는 바가 없고 우리나라 말을 이해하여 변덕과 속임을 일삼았다. 평소대로 조공을 받고 교역하며 그들을 기미(羈縻)하더라도 훗날 우환이 될 것이다. 어떤 이는 요시토시[義智]가 평씨 성을 바꾸었다고 하지만, 사실 그 종씨는 멸절된 적이 없다고 한다(對馬島地皆沙石, 居倭專靠我國開市, 以爲生理. 平時嶺南田稅, 太半歸之. 世傳宗盛長. 其先本我國宋姓人, 入其島爲島主, 變姓爲宗. 至平秀吉滅之, 而以平義智代之, 遂嚮導入寇, 可勝痛哉. 大槪對馬倭, 於我國事, 無不周知. 且解我國言語, 變詐百出, 雖依平時通貢互市, 以羈縻之, 異日之爲患必矣. 或言義智雖改平姓, 而其實宗氏未嘗滅絶云).

대마도에 관한 기술 역시 강황의 견문록을 상당 부분 참고하고 있지만, 사실은 지봉이 요점만 파악하여 득실을 자신의 목소리로 다시 쓴 것이다. 이 단락은 『오주연문장전산고』, 「인사류·씨성」 단락에 고스란히 인용되었다.

⑾㉜일본 오우미슈[近江州]에는 검은 흙이 벽돌처럼 덩어리를 이루

어 들 밭에서 나는데, 캐내도 그대로니 아마도 없어지지 않는 토양[息壤]일 것이다. 왜인들은 이것으로 불을 때 밥을 짓는다. 흙 땔나무[土薪]라고 하는데 중국의 석탄 같은 것이다. ㉝또 일본에서는 검은 꿩[黑雉]이 나지만 호랑이, 표범, 매, 까치는 없다. 바다에는 물고기 등이 나지만 또한 많지는 않다고 한다(日本近江州, 有黑土作塊如甓, 生田野中, 掘則還平, 蓋息壤也. 倭人用以炊爨. 名曰土薪, 猶中國之有石炭也. 又日本産黑雉而無虎·豹·鷹·鵲. 海産魚物, 亦不多云).

㉜오우미슈에서 나는 토신(土薪), 즉 석탄에 관한 정보는 지봉의 책에서만 보이는 것 같다. 또한 일본의 산물에 관한 정보 역시 매우 소략하고 부정확하게 보인다. ㉜㉝다만 『대명일통지』(사고전서본), 권89, 일본국 조목(8a)에 기록된 일본의 산물로는 금은(金銀), 호박(琥珀), 수정(水晶), 유황(硫黃), 수은(水銀), 동(銅), 철(鐵), 단토(丹土), 백주(白珠), 청옥(青玉), 동청목(冬青木), 다라목(多羅木), 삼목(杉木), 수우(水牛), 나귀[驢], 양(羊), 흑치(黑雉), 세견(細絹), 화포(花布), 벼루[硯], 나전(螺鈿), 부채[扇], 칠(漆) 등이 기록되어있다. 지봉은 이를 통해 유추한 것인지 모르겠다. 이 문장은 『오주연문장전산고』, 「팔진변증설(八陣辨證說)」에 주석으로 인용되어 있다.

⑿백제가 망하고, 임정태자(臨政太子)가 배를 타고 일본으로 들어가, 대내(大內, 황궁)의 좌경대부(左京大夫)가 되어 시와우슈[周防州]에 도읍하고 다이다이덴[大內殿]이라 불렀다. 자신이 백제 출신이라 여겨 우리나라와 가장 친근하다. 현 왜장 테루모토[輝元]의 선조는 바로 그를 따르는 사람이었다. 임정의 후예들이 47세를 이어가다 끊어지고, 데루모토의 조상이 그 땅을 세습 받아 안게이슈[安藝州]에 도읍했다. 그 풍속은 다른 왜들보다 너그러워 우리나라 사람의 기상이 있다고 한다(百濟亡, 有臨政太子乘船入日本, 爲大內左京大夫, 都周防州, 號大內殿. 自以系出百濟, 最

親我邦. 今倭將輝元之先, 乃其從者也. 臨政之裔, 歷四十七世而絶, 輝元之祖, 代襲其土, 都於安藝州. 其俗視他倭寬緩, 有我國人氣象云).

백제의 임정태자(臨政太子)가 일본으로 건너가 시와우슈[周防州]에 도읍했다는 정보는 강항의 견문록에 고스란히 보인다. 이에 대해서 지봉은 고증하지 않았다.

⒀바다 동쪽에는 ㉞모인국(毛人國)이 있다. 그 나라 사람들의 온몸에는 몇 푼짜리 털이 나 있으며, 왜에 복속되어 있다. 양만세(楊萬世)가 일본에 들어가 그들을 봤다고 한다. 생각건대 『산해경』에 "모국(毛國)이 대해 가운데 있다"라고 했는데, 한유의 글에서 말한 바다 밖에 모인(毛人)의 이·단주(夷·亶州)가 이곳이다. 또 양생(楊生)이 ㉟여국(女國)이 일본과 가깝다고 하며, 또 ㊱야차국(夜叉國)이 있는데 사람을 보면 삼켜버려 일본인들이 두려워한다고 했다. 생각건대 『사문옥설(事文玉屑)』 등의 책에, 여국은 동남쪽 바다 가운에 있고, 나체로 바람에 감응되어 태어난다고 한다. 또 우물의 바닥 물을 굽어보면 그 형체를 비추어 교감된다고 한다. 야차국은 유귀국(流鬼國) 북쪽에 있다. 유귀국은 흑수말갈(黑水靺鞨)의 동북쪽에 있고, 동남쪽은 바다와 마주한다고 한다(海東有毛人國, 其國人遍體生毛幾數寸, 服屬於倭, 楊生萬世入日本時見之云. 按山海經云, 毛國居大海中, 韓文曰海外毛人夷亶之州是也. 又楊生言, 女國近於日本. 亦有夜叉國, 遇人輒啖, 日本人畏之. 按事文玉屑等書曰, 女國在東南海中, 裸形感風而生. 又曰俯視井底水, 照見其形, 以爲交感. 夜叉國在流鬼國北. 流鬼國在黑水靺鞨之東北, 東南際海云).

㉞『산해경(山海經)』, 「해외동경(海外東經)」(사고전서본, 권9, 3a)에 "털이 난 사람의 나라는 그 북쪽에 있는데, 사람의 몸에 털이 나 있다(毛民之國在其北, 爲人身生毛)"라고 한 문장을 말한다.

유순(劉恂)의 『영표록이(嶺表錄異)』(사고전서본, 권하, 1a)에 "능주(현 쓰촨 런서우)자사 주우(周遇)는 항상 채식하며 매운 것과 육식을 하지 않았다. 일찍이 나 유순에게 말하기를 '근래 동방[靑社]의 바다에서 민(閩, 광동)으로 돌아오면서 폭풍을 만나 5일 밤낮으로 몇천 리를 표류했는지 몰랐다. 여섯 나라를 거쳤는데, 첫 번째 나라가 구국(狗國)이었다. 배를 같이 탔던 신라인이 이곳이 구국(狗國)이라고 했다. 얼핏 보니 사람처럼 보였는데, 나체에 개를 안고 나와 배를 보고는 놀라 달아났소. 모인국(毛人國)을 지났는데, 체형은 작고 머리를 산발했고, 몸에는 원숭이처럼 털로 덮여있었소. 또 야차국(夜叉國)에 이르렀는데, 배가 암초에 닿아 부서져, 결국 배의 사람과 물건을 뭍에 올리고 썰물을 기다렸다가 배를 들어 올려 수리했다. 처음에는 이 나라가 있는지 몰랐으나, 몇 사람이 깊은 숲으로 들어가 채소를 따다가 갑자기 야차들에게 쫓겼는데, 한 사람이 사로잡히자 나머지 사람들이 놀라 달아났소. 여러 무리의 야차가 함께 잡은 사람을 먹어, 같이 배를 탄 사람들이 경악했으나 방법이 없었소. 얼마 뒤에 붉은 머리털에 알몸인 백여 명의 야차가 눈을 부릅뜨고 입을 벌리며 이르렀소. 나무 창을 든 자도 있고, 아내와 자식을 안은 자도 있었소. 상앗대를 잡은 사람과 상인 50여 명이 일제히 활, 쇠노, 창, 검을 들고 대적하여 두 야차를 쏴서 넘어뜨리자, 곧바로 [그들을] 끌고 소리치며 달아났소. 그들이 간 뒤에 벌목하여 울타리를 세워 다시 올 것에 대비했소. 야차는 쇠노가 두려워 다시 오지 않았소. 이틀을 머물면서 배수리가 끝나자 바람을 타고 떠났소. 또 대인국(大人國)을 지났는데, 사람들이 모두 크고 야만스러웠소. 배에서 북이 요란하게 치게 하자 곧바로 놀라 달아나 나타나지 않았소. 또 유규국(流虬國)에 거쳤는데, 사람들은 많지 않았지만 대개 마(麻)로 만든 옷을 입고 있었고 예절이 있어, 다투어 음식물을 가져와 못이나 쇠로 교역하려 했소. 신라인은 이곳 말도 반쯤 알아들을 수 있어 속히 다녀오게 했더니, 이 나라에서는 중국인 중에 표류한 자가 있으면 재앙이 있을까 걱정한다고 했소. 곧바로 떠나 소인국(小人國)에 갔는데, 사람들은 알몸이었고 대여섯 아이처럼 작았소. 뱃사람들이 식량이 떨어져 줄지어서 그들의 소굴을 찾았다. 얼마 뒤에 보이는 대로 30~40가지를 잡아 돌아와 삶아서 식량으로 충당했소. 이후 이틀을 가서 한 섬에서 물을 길었소. 문득 일군의 산양이 있었는데, 사람을 보고 조심스럽게 바라보며 전혀 놀라 달아나지 않았소. [양들은] 살이 찌고 컸소. 처음 섬에 기르는 사람이 있을 것으로 생각했지만, 인적이 없어, 겨우 포획하여 온 사람이 먹었소'라고 하였다(陵州刺史周遇不茹葷血, 嘗語劉恂云, 頃年自青社之海, 歸閩, 遭惡風, 飄五日夜, 不知行幾千里也. 凡歷六國, 第一狗國, 同船有新羅客云, 是狗國. 逡巡, 果見如人裸形, 抱狗而出, 見船驚走. 經毛人國, 形小皆被髮, 而身有毛蔽如狖. 又到野叉國, 船抵暗石而損, 遂般人物上岸. 伺潮落, 閣船而修之. 初不知在此國, 有數人同入深林採野蔬, 忽爲野叉所逐, 一人被擒, 餘人驚走. 回顧, 見數輩野叉, 同食所得之人, 同舟者驚怖無計. 頃刻, 有百餘野叉, 皆赤髮裸形, 呀口怒目而至. 有執木鎗者, 有雌而挾子者. 篙工賈客五十餘人, 遂齊將弓弩鎗劍以敵之, 果射倒二野叉, 即舁拽嗚嘯而遁. 既去, 遂伐木下寨, 以防再來, 野叉畏弩, 亦不復至. 駐兩日, 修船方畢, 隨風而逝. 又經大人國, 其人悉長大而野, 見船上鼓噪, 即驚走不出. 又經流虬國, 其國人么麽, 一槩皆服麻布而有禮, 競將食物, 求易釘鐵. 新羅客亦半譯其語, 遣客速過, 言此國遇華人飄泛至者, 慮有災禍. 既而又行, 經小人國, 其人裸形, 小如五六歲兒, 船人食盡, 遂相率尋其巢穴. 俄頃, 果見捕得三四十枚以歸, 烹而充食. 後

行兩日, 遇一洲島而取水. 忽有羣山羊, 見人但聳視, 都不驚避, 既肥且偉. 初疑島上有人牧養, 而絶無人踪, 捕之僅獲, 百口食之).

㉟여인국(女人國)에 관한 언급으로, 1178년 주거비(周去非)의 『영외대답(嶺外代答)』(사고전서본), 권2, 「해상제번국(海外諸蕃國)」 조목(10b)에 "자바[闍婆]의 동쪽은 동대양해(東大洋海)이다. 수세가 점차로 낮아지는 곳에 여인국이 있다(闍婆之東, 東大洋海也. 水勢漸低, 女人國在焉)"라고 하였고, 다시 권3, 「동남해상제잡국(東南海上諸雜國)」 조목(6a)에서는 "또 동남쪽에는 여인국이 있는데, 물이 항상 동쪽으로 흘러 수년에 한번 물이 불어난다. 혹 강물에서는 연육(蓮肉)이 나는데 길이가 1척 남짓이다. 핵도(核桃)는 길이가 2척이나 되어 사람들이 그것을 얻으면 여왕에게 헌상한다. 옛날에 배가 표류하여 이 나라에 이르면 여인들이 잡고 돌아가는데, 수일 만에 죽지 않는 자가 없다. 한 지혜로운 자가 밤에 배를 훔쳐 도망하여 가서 이 사실을 전했다. 이 나라 여인들은 남풍이 세게 불 때, 나체로 바람을 쐬면 곧바로 여자아이를 낳는다(又東南有女人國, 水常東流, 數年水一泛漲, 或流出蓮肉長尺餘, 桃核長二尺, 人得之則以獻於女王. 昔嘗有舶舟飄落其國, 群女攜以歸, 數日無不死. 有一智者, 夜盜船亡命得去, 遂傳其事. 其國女人, 遇南風盛發, 裸而感風, 咸生女也)"라고 한 것을 들 수 있다. 이 기록은 1225년 조여괄(趙汝适)의 『제번지(諸蕃志)』에도 고스란히 인용되었다(『제번지역주』. 249~250쪽). 1349~1350년 왕대연(汪大淵)의 『도이지략(島夷志略)』, 마지막에는 기이한 소문을 모아두고 있는데, "저 여인국 같은 나라에서는 우물을 보면 자식을 낳는다(他如女人國, 視井而生育)"라는 짧은 기록이 보인다. 후지타 도요하

치는 이 문장을 『사림광기(事林廣記)』, 권5에서 "그 나라에는 남자가 없고 우물을 볼 때마다 [여자아이를] 낳는다(其國無男, 每視井即生也)"라고 한 문장을 확인해 주고 있다(『도이지략역주』, 510쪽).

㊱야차국(夜叉國)에 관한 정보는 당나라 두우(杜佑, 735~812)의 『통전(通典)』(801년)을 참고한 것으로 보인다. 두우는 권200(사고전서본, 8b), 유귀(流鬼) 조목에서 다음과 같이 기록했다. "ⓐ유귀는 북해의 북쪽에 있고, 북쪽으로는 야차국에 이른다. 나머지 삼면은 모두 대해에 이른다. 남쪽으로 막설말갈(莫設靺鞨)까지는 배로 15일 거리이다. 성곽은 없고, 바다 섬을 따라서 흩어져 살며, 땅을 수 척으로 깊게 파서 양쪽은 비스듬히 나무를 세워 집을 짓는다. 사람들은 모두 가죽으로 옷을 입고, 또 개털에 마(麻)를 섞어 짠 베로 옷을 만들어 입는다. 부인들은 겨울에 돼지나 사슴 가죽을 입고, 여름에는 물고기 가죽을 입는데, 그 제도가 료(獠)와 같다. 대부분 막힌 늪지가 많아 소금과 물고기의 이로움이 있다. 이곳의 기후는 몹시 춥고 서리와 눈이 빠르다. 얼음이 단단히 얼면 폭 6촌, 길이 7척의 나무로 겹겹의 얼음을 타고 달아나는 짐승을 따라잡는다. 민간에는 개가 많다. 정예 병사가 1만여 명이다. 서로 공경하는 예나 관료의 법제가 없다. 사계절의 절기를 모르고 다른 도적들이 경계로 들어오면 서로를 불러낸다. 활의 길이는 4척 남짓이고 화살은 중국과 같으며, 뼈나 돌로 화살촉을 만든다. 노래와 춤이 있다. 죽은 사람은 해체하여 나무에 묻고 3년 동안 애도하지만, 상복을 입는 제도는 없다. ⓑ말갈(靺鞨)이 바닷길로 이 나라에 이르러 교역하여 나라의 성업을 이룬다. 이에 군장인 맹방(孟蜂)이 그의 아들 가야여지(可也余志)를 보내, 당나라 정관(貞觀) 14년(640)

삼중의 통역을 거쳐 조공했다. 처음 말갈이 이르렀을 때 말을 탈 줄 몰라 상(上)이 엎어져 떨어졌다. 그 장로들이 전하는 말에 따르면, ⓒ그 나라에서 북쪽으로 한 달을 가면, '야차(夜叉)'인들이 있는데, 모두 멧돼지처럼 송곳니가 튀어나와 있고 사람을 [잡아] 먹는다고 한다. 그 세계에 이르지 못하여 내왕한 적이 없다(流鬼在北海之北, 北至夜叉國, 餘三面皆抵大海, 南去莫設靺鞨船行十五日. 無城郭, 依海島散居, 掘地深數尺, 兩邊斜竪木, 構爲屋. 人皆皮服, 又狗毛雜痲爲布而衣之, 婦人冬衣豕·鹿皮, 夏衣魚皮, 制與獠同. 多沮澤, 有鹽魚之利. 地氣沍寒, 早霜雪, 每堅氷之後, 以木廣六寸, 長七尺, 施繫其上, 以踐層氷, 逐及奔獸. 俗多狗. 勝兵萬餘人. 無相敬之禮, 官僚之法. 不識四時節序, 有他盜入境, 乃相呼召. 弓長四尺餘, 箭與中國同, 以骨石爲鏃. 樂有歌舞. 死解封樹, 哭之三年, 無餘服制. 靺鞨有乘海至其國貨易, 陳國家之盛業, 於是其君長孟蜂遣其子可也余志, 以唐貞觀十四年, 三譯而來朝貢. 初至靺鞨, 不解乘馬, 上即顚墜. 其長老人傳言, 其國北一月行, 有夜叉人, 皆豕牙翹出, 噉人. 莫有涉其界, 未嘗通聘)."

두우는 ⓐ에서 유귀국을 기술하고 ⓑ에서는 유귀국과 교역하는 말갈(靺鞨)을 기술한 다음 ⓒ유귀국과 말갈의 북쪽에 있는 사람을 잡아먹는 야차국을 언급했다. 주목할 만한 점은 ⓐ의 유귀국(사할린섬으로 추측함) 조목에서 폭 6촌, 길이 7척의 나무로 얼음을 탄다는 설명은 스키에 대한 첫 언급일 것이다.

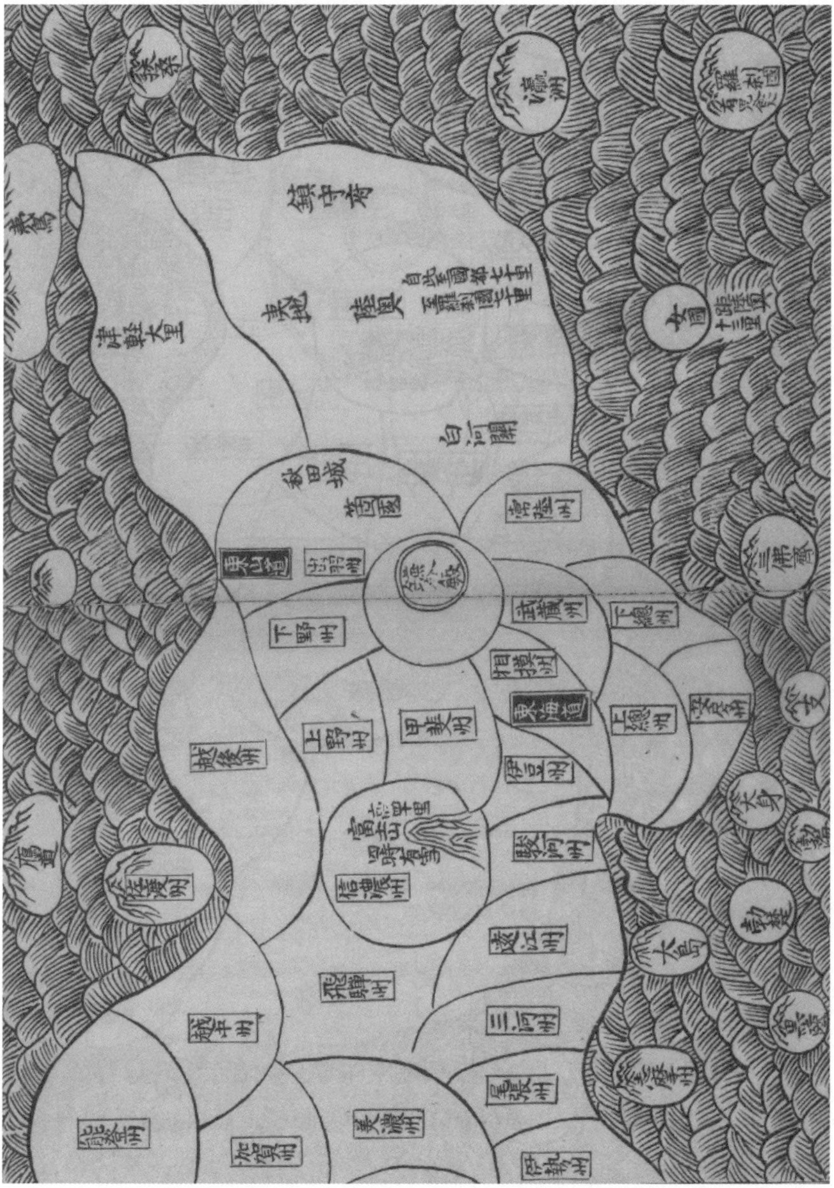

● 콜레주드프랑스 한국학도서관 소장본, 신숙주(申叔舟)의 『해동제국기(海東諸國記)』에 수록된 '일본 본국의 지도[日本本國圖]'.

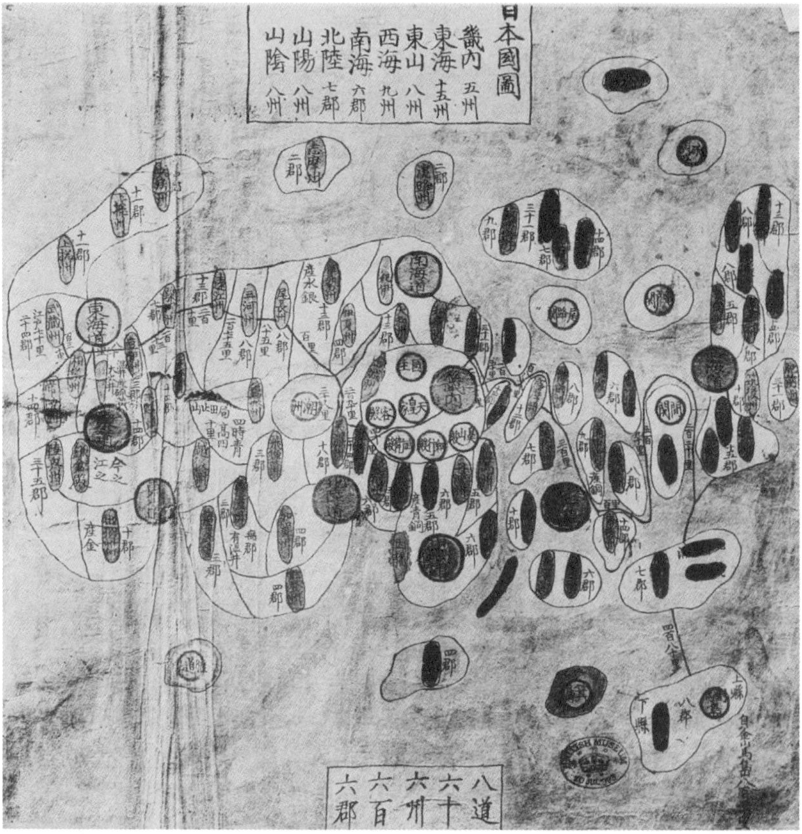

•
앙리 꼬르디에(Henri Cordier, 1849~1925)가 1894년 대영박물관에서 우연히 발견한 이 '18세기' 조선에서 그렸다고 하는 필사본 지도집에 들어있는 일본도(日本圖)이다. 상단 카르투슈에는 "키나이(畿內)-5주; 토카이(東海)-15주; 토산(東山)-8주; 사이카이(西海)-9주; 난카이(南海)-6군(郡); 호쿠로쿠(北陸)-7군; 산요(山陽)-8주; 산인(山陰)-8주"라고 쓰여있고, 하단 카르투슈에는 "八道六十六州六百六郡(8도, 60주, 606군)"이라고 표기되어있다. 오른쪽 맨 아래에는 "부산(釜山), 마도(馬島)에서 8백 20리"라는 거리 설명이 보인다. 대마도는 확실히 이 지도에 표기되지 않았다.

⑴생각건대, ①진랍국은 원래 부남(扶南)이다. ②땅은 사방 7,000여 리이고, 점성(占城) 서남쪽 바다 가운데 있으며, 섬라(暹羅)에서 보름 여정[程]이다(按眞臘國本扶南, 地方七千餘里, 在占城西南海中, 距暹羅半月程).

지봉은 진랍(眞臘), 캄보디아를 기술하면서, ①의 정보만 『황명사이고』에서 취했고, 나머지는 마지막⑸에서 출처를 밝히고 있는 것처럼, 모두 주달관(周達觀)의 『진랍풍토기(眞臘風土記)』에서 가져왔다. ②의 정보는 『진랍풍토기』「총서(總敍)」에서 인용한 『제번지(諸蕃志)』의 문장에서 가져왔다. 현재 가장 오래되고, 가장 정확하다고 알려진 육집(陸楫)의 『고금설해(古今說海)』, 권12에 수록된 『진랍풍토기』(사고전서본, 1b~2a)의 문장은 다음과 같다. "『제번지』에 따르면, 이곳 땅의 넓이는 7,000리이고, 이 나라의 북쪽으로 반 달을 가면 참파[占城]에 이르며, 서남쪽으로 시암[暹羅]과 반 달 가는 거리에 있고, 남쪽으로 번우(番禺)와 10일 가는 거리에 있으며, 그 나라의 동쪽은 대해이다(按諸蕃志, 稱其地廣七千里, 其國北抵占城半月路, 西南距暹羅半月程, 南距番禺十日程, 其東則大海也)"라고 하였다.[89] 하지만 현재 우리가 볼 수 있는 조여괄의 『제번지』에는 "진랍(眞臘)은 참파[占城]의 남쪽에 닿아있고, 동쪽으로는 바다, 서쪽으로는 미얀마-파간[蒲甘], 남쪽으로는 그라히[加羅希, Chaiya]에 이른다. 취안저우에서 배를 타고 순풍이면 달포 만에 도착할 수 있다. 그 땅은 사방 7천여 리에 달하고 나라의 도읍은 앙코르[祿兀]이다(眞臘接占城之南, 東至海, 西至蒲甘, 南至加羅希. 自泉州舟行順風

89) 자세한 정보는 나의 『진랍풍토기역주』, 51쪽과 161~162쪽을 참고하시오.

月餘日可到. 其地約方七千餘里, 國都號祿兀)라고 하였다.[90]

정(程)은 당송시기 거리를 계산하는 단위로 육로이냐 물길이냐에 따라 다르다. 육로로 갈 때는 다시 말을 타고 가는지, 도보인지, 수레를 타고 가는지에 따라 다른데, 말로 가면 하루에 70리, 도보는 50리, 수레는 30리를 간다. 물길로 배를 타고 갈 경우 강인지, 호수인지, 바다인지를 따져야 하고, 또 거슬러 가는지 흐름을 따라가는 것인지에 따라 계산이 복잡하다. 『송회요(宋會要)』 권198책, 「번이(蕃夷)5」에 "[지도(至道) 원년(995)에] 황제는 그 나라 사신을 불러 보고, 그 나라 지리와 풍속을 물었다. 역관이 대답하여 이르기를 '의주(宜州)에서 육로로 45정(程)입니다. 정(程)에는 리(里)나 이정표가 없지만, 새벽에 출발하여 밤까지를 1정(程)이라고 합니다'라고 하였다(帝召見其使, 詢其地理風俗, 譯對曰, 地去宜州陸待四十五程. 程無理堠, 但晨發至夜, 謂之一程)"라고 하였다. 또 『금병매(金瓶梅)』 제84회에 보면 "가을이 깊어졌을 때 날씨는 춥고 해는 짧아 하루에 2정(程) 6~70리의 땅을 갔다(那秋深時分, 天寒日短, 一日行兩程六七十里之地)"고 한 것을 보면 두 역참 사이의 거리를 1정이라 한 것임을 알 수 있다. 따라서 1정은 30리 남짓으로 계산하면 무리가 없을 것으로 보인다.

⑵나라는 매우 부유하여 ③풍속은 화려하고 사치를 좋아한다. ④그래서 옛날에 '부귀진랍국'이란 말이 있다(國甚雄富, 俗尙華侈, 故古有富貴眞臘國之稱).

90) 자세한 설명은 『제번지역주』, 57쪽을 참고하시오.

③의 정보는 『명일통지』(사고전서본, 권90, 16b)에 보이고 ④는 『명일통지』③의 정보 아래 쌍행 주석에 보이는 왕대연의 『도이지략』 내용을 참고했을 것이다. 『도이지략』의 진랍 조목에서 "속담에 '부귀한 진랍 사람들'이라고 하는 것이다. 기후는 항상 따뜻하고, 풍속은 호화스럽고 사치를 좋아하며 밭에 나는 것들은 풍요롭다(諺云富貴眞臘者也. 氣候常暖, 俗尙華侈, 田產富饒)"라고 하였다(『도이지략역주』, 102쪽). 한편 『진랍풍토기』, 「성곽(城郭)」 조목(『고금설해』, 사고전서본, 권12, 3a~3b)에서는 "[금탑에서] 또 북쪽으로 1리 쯤에는 국왕[國主]이 사는 집이 있는데, 그 침실에는 또 금탑 하나가 있다. 그래서 배를 타고 오는 장사치들에게는 '부귀한 진랍'이라는 찬사가 있었으니 생각건대 이 때문일 것이다(又其北一里許則國主之廬也, 其寢室又有金塔一座焉, 所以舶商自來有富貴眞臘之褒者, 想爲此也)"라고 하였다.

⑶이곳의 사계절은 항상 5~6월 같다. 4월에서 9월까지는 매일 비가 내린다. 10월에서 [다음해] 3월까지는 한 방울의 비도 내리지 않는다(其地四時常如五六月, 自四月至九月, 每日下雨, 自十月至三月, 絶無點雨).

이 단락의 정보는 확실히 『진랍풍토기』에서만 보인다. 「경종(耕種)」 조목(17b~18a)에 "일반적으로 이 나라에서는 연간 3~4모작을 한다. 한 해 내내 중국의 5~6월과 비슷하다. 사람들은 서리와 눈을 모른다. 한 해의 반은 비가 내리고, 한 해의 반은 비가 전혀 내리지 않는다. 네 번째 달에서 아홉 번째 달까지는 매일 오후에는 비가 내린다. 톤레사프 호수[淡水洋]의 물이 7~8장 불어 오른다. 큰 나무들은 물에 잠겨 겨우 그 끝만 삐죽하게 나온다. 물가에 사는 사람들은 산으로 물러난다. 두 번째 달에서 세 번째 달까지는 한 방울의 물도 떨어지지 않는다(大抵一歲中, 可三四番收種. 蓋四時常如五六月天, 且不識霜雪故也. 其地半年有雨, 半年絶無. 自四月至九月, 每日下雨, 午後方下. 淡水洋中水痕高可七八丈, 巨樹盡沒, 僅留一杪耳. 人家濱水而居者, 皆移入山後. 十月至三月, 點雨絶無).”(『진랍풍토기역주』, 101~102쪽과 182쪽을 참고하시오).

⑷⑤날짐승에는 공취(孔翠), 앵가(鸚哥)가 있고, ⑥들짐승에는 무소, 코끼리, 들소, 산마(山馬)가 있다. ⑦홍(鴻), 작(鵲), 앵(鶯), 연(燕)은 없다. ⑧쥐는 고양이처럼 크다(禽有孔翠鸚哥, 獸有犀象野牛山馬, 無鴻鵲鶯燕. 鼠大如猫).

⑤와 ⑦의 정보는 『진랍풍토기』의 날짐승[飛鳥] 조목에서 발췌했다. “조류 중에서 공작, 물총새, 앵무새는 중국에 알려지지 않았다. 매, 까마귀, 백로, 참새, 가마우지, 황새, 두루미, 야생 오리, 검은 머리 방울새와 같은 다른 것들은 모두 중국에 있는 것들이다. 까치, 기러기, 꾀꼬리, 두우(杜宇)[91], 제비, 비둘기는 그들에게 없다(禽有孔雀·翡翠·鸚鵡, 乃中國所無. 餘如鷹·鴉·鷺鷥·雀兒·鸕鶿·鸛·鶴·野鴨·黄雀等物皆有之. 所無者, 喜鵲·鴻鴈·黄鶯·杜宇·燕·鴿之屬)”라고 하였다(『진랍풍토기역주』, 112쪽). ⑥과 ⑧의 정보는 네발짐승[走獸] 조목에서 채록했다. “동물들로, 코뿔소, 코끼리, 들소, 그리고 산마(山馬)가 있는데 중국에서는 없다. …고양이처럼 큰 쥐가 있는데, 어떤 쥐는 그 머리가 완전히 강아지 머리와 닮았다(獸有犀·象·野牛·山馬, 乃中國所無者. …鼠有大如猫者. 又有一

91) 사실 중국 문학 작품에 수없이 등장하는 ‘두우(杜宇)’가 어떤 새인지 모른다. 이 명칭은 중국의 전설에서 주나라 시기에 살았고 쏙독새로 변했다고 하는 황제의 한 후손으로 언급되었다.

等鼠, 頭腦絶類新生小狗兒)"라고 하였다(앞의 출처, 113쪽).

⑸⑨정월에 연꽃이 핀다. ⑩가수(茄樹)와 목면수(木綿樹)가 있는데 크기는 지붕을 넘을 만하다. 『풍토기』에 나온다(正月間荷花開, 有茄樹與木綿樹, 高可過屋. 出風土記).

⑨의 정보는 『진랍풍토기』 「초목」 항목에서 가져왔다. ⑩는 「소채(蔬菜)」 단락에서 발췌한 정보이다. "가수(茄樹)는 여러 해 [죽지 않고] 산다. 목화 나무는 집 높이를 넘어 자란다. 십여 년 동안 바뀌지 않는 나무도 있다(茄樹有經數年不除者. 木綿花樹高可過屋, 有十餘年不換者)"라고 하였다(『진랍풍토기역주』, 114쪽).

'가수(茄樹)'란 명칭은 진(晉)나라 계함(稽含)의 『남방초목상(南方草木狀)』(사고전서본, 권상, 6a)에 가장 이른 정보를 제공한다. "가수(茄樹)는 교지(交趾)와 광둥의 초목으로, 겨우내 시들지 않으므로, 텃밭에 가(茄)를 심는다. 묵은 뿌리가 3~5년 되면, 점차 가지와 둥치가 자라 큰 나무가 된다. 여름과 가을에 익을 때면, 나무에 사다리를 놓고 그것을 채취한다. 5년 뒤에 나무가 늙어 결실이 드물어지면 베어버리고 따로 어린 것을 심는다(茄樹, 交廣草木, 經冬不衰, 故蔬圃之中種茄. 宿根有三五年者, 漸長枝榦, 乃成大樹. 每夏秋盛熟, 則梯樹採之. 五年後樹老, 子稀, 即伐去之, 別栽嫩者)"라고 하였다. 이로써 볼 때 우리가 일반적으로 '가(茄)'자에 부여하는 일년생 초목인 '가지'와는 다른 종이다. 또한 이시진의 『본초강목』(사고전서본, 권28, 2a)에서는 유순(劉珣)의 『영표록이(嶺表錄異)』를 인용하여 "통킹과 영남 의 가수(茄樹)는 겨우내 시들지 않고, 2~3년 점차 큰 나무가 되는 종이 있는데, 그 열매가 과(瓜)와 같다(交嶺茄樹, 經冬不凋, 有二三年漸成大樹者, 其實如瓜也)"라고 한다.

한편 이 가지 나무[茄樹]는 왕대연이 수문답랄(須文答剌, 수마트라 서북안 사무드라)의 산물로 특기하고 있다. "[사람들은] 가수(茄樹)를 심는데, 키는 1장 남짓 되고 3~4년이 지나도 시들지 않으며, 자란 가자(茄子)를 사다리에 [올라가] 따면, 수박처럼 크고 무게는 10여 근이 나간다(種茄樹, 高丈有餘, 經三四年不萃, 生茄子以梯摘之, 如西瓜大, 重十餘斤)"라고 하였다(『도이지략역주』, 310쪽). 이상의 정보로 판단하건대, 가수(茄樹)는 호박과 다년생 초목으로 우리가 생각하는 '자주색 가지'와는 다른 채소로 이해해야 할 것이다.

목면수(木綿樹)란 면(cotton)이 나오는 나무란 뜻으로, 열매에 목화 같은 섬유질이 들어있는 케이폭(Ceiba pentandra) 같은 나무를 말한다. 이 나무는 고패(古貝) 또는 길패(吉貝) 나무로도 알려졌다. 이에 관해서는 폴 펠리오의 『마르코 폴로에 관한 주석(Notes on Marco Polo)』, I, 면(Cotton) 항목에서 깊이 천착한 바 있다. 이 책은 별도로 소개할 것이다.

⑹⑪소설(小說)에, 진랍국의 사람들은 술을 마시지 않는 것은 [술이] 음란하다고 여기기 [때문이다]. 다만 아내와 방안에서만 마신다고 한다. ⑫또 서쪽 오랑캐인 호르무즈[忽魯謨] 왕국에서는 술을 마신 자는 시장에서 처형한다고 한다. 시장에서 처형하는 것은 가혹하지만 술을 마시지 않는다는 점은 높이 살만하다(小說, 眞臘國人, 不飮酒, 比之淫, 惟與妻飮房中. 又西番忽魯謨國, 飮酒者棄市. 棄市酷矣, 而不飮, 尤可尙也).

⑪에서 말하는 '소설(小說)'은 장작(張鷟, 658~730)의 『조야

첨재(朝野僉載)』를 말할 것이다. “진랍국은 환주(驩州) 남쪽 500리에 있다. 그곳 풍속에, 손님이 오면, 빈랑(檳榔), 용뇌향(龍腦香) 그리고 조개 가루[蛤屑] 등을 차려 주는 것을 잔치를 열어 주는 것으로 여긴다. 그들은 술이 음란하고 더러운 것으로 여겨, 개인적으로 아내와 함께 마시며, 지위가 높고 나이 많은 사람과는 음주를 피한다(眞臘國在驩州南五百里. 其俗, 有客, 設檳榔·龍腦香·蛤屑等, 以爲賞宴. 其酒比之淫穢, 私房與妻共飮, 對尊者避之)”라고 하였다. 이 정보는 『신당서』, 권222하, 「진랍전」(6301쪽)에도 “손님이 이르면, 빈랑, 용뇌향, 조개 [가루]를 차려 올린다. 술은 마시지 않는데, [술이] 음란하다고 여겨, 아내와 방안에서만 마시며, 존속들과는 피한다(客至, 設屑檳榔·龍腦香·蛤以進. 不飮酒, 比之淫. 與妻飮房中, 避尊屬)”라고 채택되었다.

⑫의 정보는 마환(馬歡)의 『영애승람』, 홀로모시국(忽魯謨厮國, 호르무즈) 기술에서만 보인다. “시장의 여러 점포에는 온갖 물품을 모두 갖추고 있지만, 술집만 없는데, 국법으로 술을 마시는 자는 시장에서 처형된다(其市肆諸般鋪面, 百物皆有, 止無酒館, 國法飮酒者棄市)”라고 하였다(『영애승람역주』, 18-7). 이로써 볼 때, 지봉은 분명 『영애승람』을 참고했다는 것을 확인할 수 있다. 지봉의 ‘홀로모(忽魯謨)’는 바로 홀로모사(忽魯謨斯), 홀로모시(忽魯謨厮), 홀로모사(忽魯模思)에서 ‘s’ 발음을 빠뜨린 형태이다. 지봉은 호르무즈에 대해 별도의 항목으로 기술하고 있다.

●
『도서집성(圖書集成)』「초목전(草木典)」, 권303(1934년 중화서국 영인본).

‘조와(爪哇)’ 즉 ‘자바섬’에 관해서는 이전 『영애승람역주』와 『성사승람역주』에서 자세히 살펴본 바 있다. 여기에서는 ‘자바’란 발음에 관하여 덧붙이고자 한다. ‘조와’는 칼그렌의 상고음에 따르면 ‘자차우-와(tʂau-ʔwa)’로 발음되는데, 산스크리트어 자와카(Javaka)과 현 말레이어로 읽을 때 ‘조와’라는 발음과 잘 부합한다. 그러나 원나라 시기 이전 자바를 지칭하는 표기인 ‘사바(闍婆)’, 프톨레마이오스의 ‘이야바디우(Iabadiu 또는 Jabadiu)’, 10세기 『인도의 경이로운 것들(Ajayib al-Hind)』에 보이는 ‘자바그(Zabag, 아랍어 Zabaj)’는 ‘와’가 아니라 ‘바’로 읽도록 이끈다. ‘j’와 ‘y[i]’의 혼용에 관해서는 예를 들어, 자스민은 페르시아-아랍어 야스민(yāsmīn)에서 나왔다. 또한 ‘jāsamīn’으로도 표기되었는데, 이 경우 ‘j’는 ‘y’로 발음한다. 중국인들은 야실명(耶悉茗), 야실밀(野悉蜜)이라고 음역 표기했다. 이를 로마자로 발음하여 오늘날 자스민이 된 경우와 같다.

(1)조와는 옛날 ‘사바’로 불렸다. 이 나라는 부유하고, 땅은 넓으며 인구는 조밀하여 동양 번국들 중에서 으뜸이다(爪哇, 古名闍婆. 其國富饒, 地廣人稠, 爲東洋諸番之雄).

이 단락의 정보는 비신(費信)의 『성사승람』, 천일각본이 아닌 소위 4권본 『고금설해(古今說海)』에서 가져왔다. “옛날에는 ‘사바’라고 하였다. 참파[점성]에서 출발하여 순풍에 20일 밤낮을 [항행하면] 이 나라에 이를 수 있다. 땅은 넓고 사람은 조밀하여, 군대는 ‘동양’의 여러 나라 중 으뜸이다(古名闍婆. **自占城起程, 順風二十晝夜可至其國**. 地廣人稠, 甲兵爲東洋諸番之雄).”[『성사승람역주』, 전집 7을 참고하시오]

⑵남자는 다박머리이고 여자는 몽둥이 모양의 상투를 한다. 남자들은 반드시 허리에 칼을 차는데 그 칼은 매우 정밀하고 날카롭다. 형벌에는 채찍으로 때리는 것은 없고, 죄의 경중을 막론하고 칼로 찔러 죽인다(男蓬頭, 女椎髻. 男必腰刀, 刀極精利. 刑無鞭[扑]朴, 罪不問輕重, 刃殺之).

『황명사이고』: "민간 남자들은 다박머리이고, 여자들은 몽둥이 모양으로 [머리카락을] 묶는다. 위는 옷을 입고, 아래는 수건[帨]을 [두른다]. 남자들은 허리에 반드시 칼을 [차는데], 그 칼은 매우 정교하다. 형벌에는 채찍으로 때리는 것은 없고, 죄의 경중을 막론하고 등나무로 묶어 칼로 찔러 죽인다(民男蓬頭, 女椎結, 上衣下帨. 男必腰刀, 刀極精巧. 刑無鞭扑, 罪不問輕重, 藤繫刃殺之)." 여기에서 '추결(椎結)'이란 표현은, 『영애승람』 조와국 조목에서처럼 지봉의 '추계(椎髻)'가 맞을 것이다.

『황명사이고』의 정보는 마환의 『영애승람』에 근거한 것으로 보인다. "나라 사람의 반(絆)으로, 남자는 더벅머리를 하고, 여자는 방망이 같은 쪽을 짓고, 상체는 옷을 입고, 하체는 수건을 두른다. 남자는 허리에 부랄두(不剌頭) 한 자루를 꽂는다. …나라에는 매질하는 형벌은 없고, 일의 크고 작음을 가리지 않고 곧바로 가는 등나무 줄기로 두 손을 등 뒤에 묶어, 끼고 몇 걸음 가서, 부랄두로 죄인의 옆구리 혹은 연한 갈비가 있는 쪽을 한두 번 찌르면 즉사한다(國人之扮[絆], 男子鬔頭, 女子椎髻, 上穿衣, 下圍手巾. 男子腰插不剌頭一把. …國無鞭笞之刑, 事無大小, 卽用細藤背縛兩手, 擁行數步, 則將不剌頭於罪人腰眼或軟肋一二刺卽死)"라고 하였다(『영애승람역주』, 2-5를 참고하시오).

⑶의기(義氣)를 중시하고 전투를 좋아한다. 얼굴색은 검푸르며 원숭이 머리를 하고, 다리는 붉다. 먹고 마시는데 수저가 없고 뱀, 개미, 벌레, 지렁이를 먹고, 개와 함께 자고 먹으면서도 더럽다고 여기지 않는다(尙氣好鬪. 顏色黝黑, 猱頭赤脚. 飮食無匙筯, 啖蛇蟻蟲蚓, 與犬同寢食, 不爲穢也).

『황명사이고』: "의기(義氣)를 중시하고 전투를 좋아한다. 얼굴색은 검푸르며 원숭이 머리를 하고, 다리는 붉다. **귀신을 믿는다. 앉거나 눕는 의자나 평상이 없다.**[92] 먹고 마시는데 수저가 없고 뱀, 개미, 지렁이, 벌레를 먹고, 개와 함께 자고 먹으면서도 더럽다고 여기지 않는다(尙氣好鬪, 顏色黝黑, 猱頭赤脚. 信鬼. 坐卧無椅榻, 飮食無匙箸, 啖蛇蟻虫蚓, 與犬同寢食, 不爲穢也)" 이 정보 역시 마환의 『영애승람』에서 가져왔다.

"한 부류는 토착민으로 용모가 매우 추하고 이상한데, 원숭이 머리에 맨발로 다니고, 마교(魔敎)를 숭배한다. 불경에서 '귀신 나라, 그 안에[鬼國其中]'라고 했는데, 바로 이곳이다. [그] 사람들이 먹는 것은 매우 더럽고 혐오스러운데, 뱀, 개미와 여러 벌레, 구더기 같은 것들을 대충 불로 구워 살짝 익으면 곧바로 먹는다. 가축 중에 개는 사람과 같은 그릇에 먹고, 밤에는 함께 자며 거의 거리낌이 없다(一等土人, 形貌甚醜異, 猱頭赤腳, 崇信鬼敎, 佛書言鬼國其中, 卽此地也. 人吃食甚是穢惡, 如虵蟻及諸蟲蚓之類, 略以火燒微熟便吃. 家畜之犬, 與人同器而食, 夜則共寢, 略無忌憚)"라고 하였다(『영애승람

92) 이 정보 또한 『영애승람』에서 발췌했다. "나라 사람들이 앉거나 누울 때 침대나 걸상이 없고, 음식을 먹을 때에는 수저가 없다(國人坐臥無床凳, 吃食無匙筯)"라고 하였다(『영애승람역주』, 2-17).

역주』, 2-18을 참고하시오).

⑷수장(水葬), 화장(火葬), 견장(犬葬)이 있고 망자가 원하는 대로 한다(有水葬·火葬·犬葬, 惟死者所欲).

이 문장은 『황명사이고』에서와 같다. 지봉은 장례의 방식만 발췌했지만, 저본에는 혼례에 관한 정보가 더 들어있다. 이러한 장례 방법은 『영애승람』과 『성사승람』에 모두 보이지만, 『영애승람』의 기술이 가장 자세하다. "장례를 치르는 예는 만약 부모가 죽으려 하면, 아녀자에게 먼저 부모에게 죽은 뒤에 [시신을] 개에게 먹일까, 화장할까, 물에 버릴까를 묻게 한다. 그 부모가 원하는 것을 부탁하면, 죽은 뒤에는 유언에서 결정한 대로 장송한다. 만약 개에게 먹이고자 하는 자는 시신을 해변이나 야외(野外)의 땅으로 들고 가면 수십 마리의 개들이 와서 시신을 먹게 되는데, 남기지 않고 다 먹어 치우는 것을 좋다고 생각한다. 만약 다 먹지 않으면 자녀들은 슬프게 부르짖고 통곡하며 남은 잔해를 바닷물에 버리고 간다(凡喪葬之禮, 如有父母將死, 爲兒女者先問於父母, 死後或犬食, 或火化, 或棄水. 其父母隨心所願而囑之, 死後卽依遺言所斷送之. 若欲犬食者, 卽擡其屍至海邊, 或野外地上, 有犬十數來食盡屍肉, 無遺爲好. 如食不盡, 子女悲號哭泣, 將遺骸棄水中而去)"라고 하였다(『영애승람역주』, 2-22를 참고하시오).

⑸당나라 역사에 따르면 남만(南蠻)의 표국(驃國)을 '도리파(闍利婆)'라고도 부른다. 나라는 가장 부유하여 왕궁은 금으로 벽돌을 만들고 지붕은 은 기와로 덮는다는 곳이 이곳일 것이다(按唐史, 南蠻驃國, 亦號闍利婆. 國最富, 王居以金爲甓, 屋覆銀瓦, 蓋是也).

이 단락의 문장은 『운부군옥(韻府群玉)』(사고전서본, 권11, 62a)에서 가져왔다. 기와[銀瓦] 표제어 아래 주에 "당나라 남만(南蠻) 표국(驃國)은 또한 '도리파[tuo-li-bʱuɑ](闍利婆)'라고도 부르는데, 왕의 거처는 금으로 벽돌을 만들었고, 지붕은 은 기와로 덮는다(唐南蠻驃國亦號闍利婆, 王居以金爲甓, 屋覆銀瓦)"라고 하였다. 여기 표국(驃國)은 현 미얀마 지역에 있었던 옛 왕국이었다는 점에 이견이 없다. 따라서 자바에 끌어다 붙인 것은 결국 '도리파'라는 명칭 때문으로 보이는데, 사실 이 '도리파'라는 명칭은 확인되지 않는다. 지봉이 왜 이런 실수를 했는지 의문스럽다.

『신당서』, 권222하, 「표전(驃傳)」(6306~6308쪽): "표(驃)는 옛 주파[tɕi̯u-puɑ](朱波)로, 자신들을 '돌라주[dʱuət-lɑ-tɕi̯u](突羅朱)'라 불렀다. 자바[闍婆] 사람들은 [이 나라를] '도리졸[dʱuo-li-tɕi̯wɛt](徒里拙)'이라 부른다. …왕의 거처는 금으로 벽돌을 만들었고, 주방은 은 기와로 덮고, 향나무로 불을 때며, 대청[堂]은 밝은 구슬로 장식한다(驃, 古朱波也, 自號突羅朱, 闍婆國人曰徒里拙. …王居以金爲甓, 廚覆銀瓦, 爨香木, 堂飾明珠)"라고 하였다. 이 문장은 지봉이 왜 표(驃)와 사바(闍婆)를 혼동했는지를 보여준다. 여기 '주(廚)'자는 지봉이 이해하고 채택한 것처럼, 『운부군옥』의 '옥(屋)'로 고쳐야 할 것이다. 이로부터 지봉이 『운부군옥』에 따라 옮긴 '도리파[tuo-li-bʱuɑ](闍利婆)'는 바로 '돌라주' 또는 '도리졸'의 잘못된 형태로 읽어야 할 것 같다.

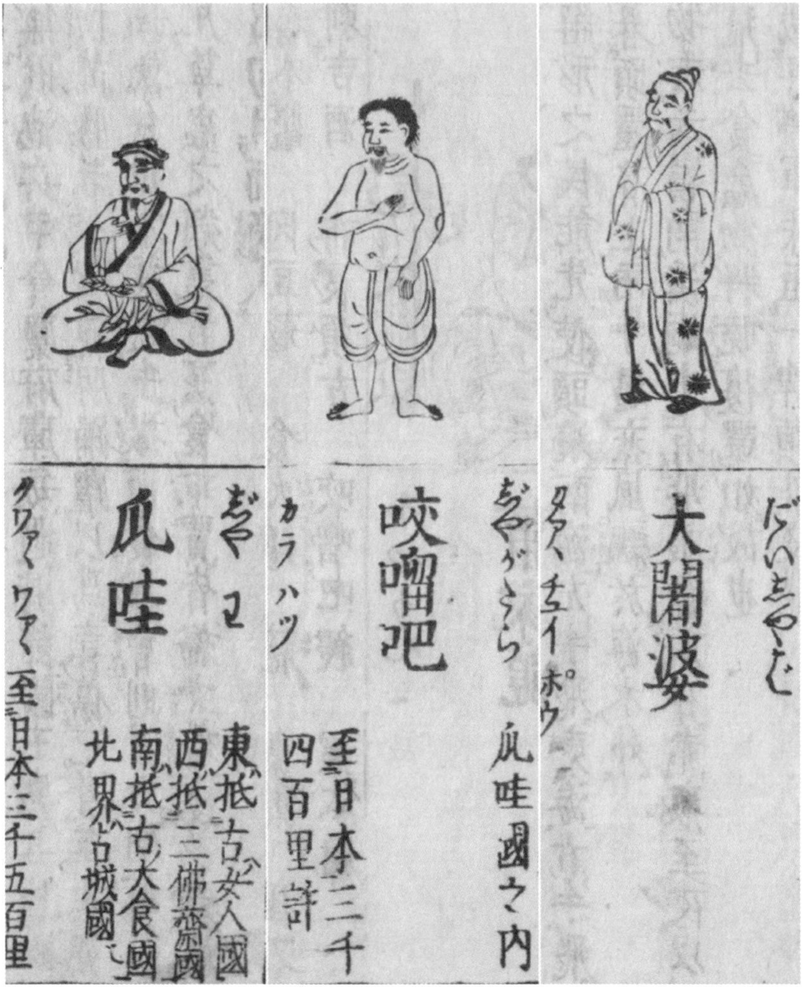

•

『화한삼재도회(和漢三才圖會)』(일본 국립국회도서관본), 권14, 10a, 11a, 12a(왼쪽부터). '조와' 아래에는 "동쪽으로 옛 여인국에, 서쪽으로 삼불제국에, 남쪽으로 옛 대식국에, 북쪽으로 점성국에 이른다"라는 설명과 "일본에서 3,500리이다"라고 기술하고 있다. 또 '교류파'는 자카르타의 음역 표기로, 아래에는 "조와국 안에 있다"라고 하였고 "일본에서 3,400리쯤에 있다"라고 설명하고 있다. 마지막 '대사바'는 자바섬 전체를 지칭하는 명칭으로 사용되었다.

이 고리[kuo-li](古俚)라고 표기한 나라는 바로 『영애승람』과 『성사승람』에 보이는 고리(古里), 즉 인도 서안에 있는 캘리컷[현 코지코드]의 음역 표기이다. 지봉의 기술은 역시 정효의 『황명사이고』만을 근거했다. 정효는 장승(張昇)의 『영애승람』 개정본을 근거했다.

(1)'고리'라는 큰 나라는 서양 여러 나라의 중심이다. 중국에서 10만 리 떨어져 있다(古俚大國, 西洋諸番之會. 去中國十萬里).

『황명사이고』: "'고리'라는 큰 나라는 서양 여러 외국의 중심이다. 중국에서 10만 리 떨어져 있는데, 서쪽은 바다에 임해 있고 남쪽은 코치[柯枝]와 떨어져 있다. 코치에서 바다를 항행하여 3일이면 이른다(古俚大國, 西洋諸番之會. 去中國十萬里, 西瀕海, 南距柯枝. 自柯枝海行, 可三日至)." 이 기록은 장황(章潢)의 『도서편(圖書編)』(1577년), 권51(사고전서본, 68a)에서도 고스란히 복제되었다. 이들이 근거한 자료는 분명 마환의 『영애승람』일 것이다. "바로 서양의 대국이다. 가지국(柯枝國) 항구에서 배를 타고 서북쪽으로 사흘을 가면 도착한다(卽西洋大國. 從柯枝國港口開船, 往西北行, 三日方到)"라고 하였다(『영애승람역주』, 13-1을 참고하시오). 하지만 '고리(古俚)'라는 표기는 장승(張昇)이 개정한 『영애승람집』본의 형태이다.

『황명사이고』에는 "영락 원년(1403) [그 나라의] 왕 마필가랄만(馬那必加刺滿)이 사신으로 마수(馬戍)를 보내, 말을 조공했다.[93] [영락] 5년(1407) 태감(太監) 정화를 보내, [그 나라]

93) 이 정보는 이전 자료 어디에서도 확인되지 않는다. 특히 캘리컷의 말들은 모두

왕에게 고명(誥命)과 [채]폐([綵]幣)를 하사하고, 군관[將領]들에게는 차등을 두어 직책을 올려 주고 상을 내렸다[94](永樂元年, 王馬那必加剌蒲遣馬戍朝貢馬. 五年遣太監鄭和, 賜王誥幣, 陞賞其將領有差)"라는 정보가 더 들어있지만, 다른 나라에서와 마찬가지로 지봉은 조공관계의 정보들을 채록하지 않았다.

⑵왕은 부처를 좋아하고 코끼리와 소를 경배한다. [왕이] 늙어도 아들에게 전하지 않고, 외손(外孫)에게 전하거나 그렇지 않으면 아우에게 전하는데, 외손이나 아우가 없으면, 선을 행하는 사람에게 전한다(王好浮屠, 敬象牛. 老不傳子, 傳外孫, 否則傳弟, 無外孫弟, 傳善行人).

이 단락의 문장은 『황명사이고』와 일치한다. 이어지는 『황명사이고』의 기술은, 마환과 비신이 이 나라의 특징으로 언급한 중요한 정보들임에도 지봉이 왜 생략했는지 모르겠다. "민족의 부류는 코치[柯枝]처럼 다섯으로 나뉜다. 왕은 남곤 사람으로 소[고기]를 먹지 않는다. 군관[將領]들은 아랍 사람[回回人]들로 돼지[고기]를 먹지 않는다. 대가에서는 새벽에 일

아랍 세계에서 수입되었다. 캘리컷의 많은 특산물을 빼고 수입된 말을 중국 조정에 헌상했다는 사실은 이해하기 어렵다. 따라서 이 문장은 편집상 잘못 들어왔을 것이다.

94) 이 두 번째 정보는 정효가 장승(張昇)의 『영애승람』 개정본을 채록하고 있다는 분명한 증거이다. 장승의 개정본에는 "영락 5년에 상(上)은 태감 정화 등에게 명하여, [그 나라] 왕에게 고명을 하사하고, 그 군관들에게는 차등을 두어 직책을 올리고 상을 내리게 했다. 모두 관대와 비석[勒石]을 훌륭하게 여겼다(永樂五年, 上命太監鄭和等, 賜王以誥命, 升賞其將領有差, 皆冠帶勒石美之)"라고 하였다[『기록휘편(紀錄彙編)』, 권63, 『영애승람집(瀛涯勝覽集)』, 14b(총서집성신편본)].

어나면 소똥을 땅에 바르고, 소똥을 태워 [그 재를] 주머니에 넣어 찬다. 매일 아침 [그 재를] 물에 희석하여 이마와 허벅지에 바른다. 나랏일을 모두 두 군관에게서 결정된다. 토양은 밀[麥]에 적합하고 말이 많다(族類分五種如柯枝. 王南毘人, 不食牛. 將領回回人, 不食猪. 大家晨起, 用牛糞塗地, 煅牛糞爲囊佩之, 每旦水調, 抹額及股. 國事皆決于二將領. 土宜麥, 馬多)"라고 하였다. 이 정보들은 이미 마르코 폴로의 『동방견문록』에도 보인다. 자세한 사항은 『영애승람역주』, 13-4와 『성사승람역주』, 전집-19를 참고하시오.

⑶풍속은 신의를 숭상한다. 길가는 사람은 길을 양보하고 길에서 [물건을] 줍지 않는다(俗尙信義. 行者讓路, 道不拾遺).

『황명사이고』: "풍속은 신의를 숭상한다. 길가는 사람은 길을 양보하고 길에서 [물건을] 줍지 않는다. 바닷가에 시장을 형성하여 여러 외국과 통상한다. 금은의 주화를 사용한다(俗尙信義. 行者讓路, 道不拾遺. 海濱爲市, 通諸番. 用金銀錢)." 이들이 사용하는 화폐에 관해서는 『영애승람역주』, 13-8에 자세히 기술되어 있다.

⑷호로(葫蘆)로 악기를 만든다(以葫蘆爲樂器).

『황명사이고』: "호로를 악기로 사용하고, 붉은 구리 선[銅絲]으로 현을 만드는데, 노래와 소리가 서로 '딩딩' 어울리려 들을 만하다. 형벌에는 채찍이나 몽둥이로 때리는 것은 없고, 가벼우면 손발을 자르고, 무거우면 벌금을 내거나, 도륙하거나, 가산을 몰수한다[95](以葫蘆爲樂器, 紅銅絲爲絃, 歌聲相協鏘鏘可聽. 刑無鞭笞, 輕斷手足, 重罰金, 誅戮, 沒産).”

⑸바다 가운데 단절된 나라지만 옛날 삼대(三代, 하은주)의 풍습이 있어 높이 살만하다(蓋海中絶國, 而有上古三代之風, 可尙也).

이 마지막 단락의 기술은 지봉의 생각이다. 캘리컷은 인도양의 동쪽 종점으로, 바스쿠 다 가마가 항로를 개척한 이래로 동서양 교역의 중요한 항구이다. 하지만 지봉의 기술은 소략하기 그지없다. 심지어 자신이 참고한 정보들도 다 채록하지 않았다. 이는 지봉이 문제가 되는 단락이나 자신이 다른 자료에서 확인할 수 없는 정보들이었기 때문일 것이다. 이는 지봉이 중국 자료를 맹신하지 않고, 가능한, 객관적 자세로, 정확한 정보를 전달하려는 실학적 자세로 이해할 수 있을 것이다.

95) 이 형벌에 관한 정보는 장승의 『영애승람』 개정본에 근거했다. “형법에는 때리는 벌은 없고, [죄가] 가벼우면 수족을 자르고, 무거우면 벌금하고 베어 죽이며, 심하면 가족을 없앤다. 오랑캐 종족에게 죄가 있으면, …(刑無鞭笞, 輕則斷手足, 重則罰金珠戮, 甚則沒家. 夷族有罪, …)”라고 되어있다.

'만랄가'는 말라카(믈라카)의 음역 표기이다. 이 나라는 15세기 초 중국이 남해의 세력을 견제하고 서양 진출을 꾀하려는 목적으로 건국을 도와준 나라이다. 이 나라에 관해서는 마환의 『영애승람』과 비신의 『성사승람』에 자세하게 기술되었다. 당시의 정황에 관해서는 두 책의 역주본을 참고하시오.

⑴말라카[滿剌加]는 옛날 다섯 섬[오서(五嶼)]이라 했고, 남쪽 바다 가운데 있다(滿剌加, 舊名五嶼, 在南海中).

『황명사이고』: "이 나라는 옛날에는 '다섯 섬[五嶼]'이라 했다. 동남쪽은 바다이고, 서북쪽은 모두 산으로, 땅은 척박하여, 나라로 불리지 않고, 시암[暹羅]에 예속되어 매년 황금 50냥을 바쳤다. 우리 역법[正朔]을 받들면서 비로서 시암에 예속되지 않게 되었다(其國, 舊名五嶼. 東南距海, 西北皆山, 地瘠鹵, 故未稱國, 隷暹羅, 歲輸金五十兩. 旣奉我正朔, 始不隷暹羅)."[96]

⑵날씨는 아침에 덥고 저녁에는 썰렁하다(氣候朝熱暮寒).

이 정보는 『황명사이고』에 보이지 않는다. 마환의 『영애승람』(역주본, 5-2)과 비신의 『성사승람』(역주본, 9-⑦)에 보이는데, 아마도 지봉은 육집(陸楫)의 『고금설해(古今說海)』 수록된 4권본 『성사승람』을 따른 것으로 추정한다.

---

96) 이 정보들은 마환의 『영애승람』과 비신의 『성사승람』 모두에서 확인된다. 다만 두 자료 모두 섬라에 바치는 세금을 '40냥'이라고 한 것만 다르다. 또한 이 나라가 '나라'로 봉해진 시기는 영락 7년(1409)이라고 하였다. 『영애승람역주』, 5-1과 『성사승람역주』, 9-⑬을 참고하시오.

(3)왕은 흰 비단으로 머리를 싸맨다. 풍속은 순박하고 회회교를 숭상한다(王白帛纏頭. 俗淳朴, 尙회회교(回回敎)).

『황명사이고』: "왕은 흰 비단으로 머리를 싸매고, 푸른 꽃문양 도포를 입으며, 가죽 신발을 신고 가마를 탄다. 민속은 순박하고, 이슬람교[回回敎]를 숭상한다. ⓐ민간 집은 시암[暹羅]과 같으며, 혼인과 장례는 대체로 자바[爪哇]와 비슷하다. ⓑ침상을 이어서 [생활하고] 책상다리를 하고 앉는다. 나무를 파내어 배를 만들어 바다로 나가 고기잡이를 한다(王白帛纏首, 衣靑花袍, 躡皮履, 乘轎. 俗淳朴, 尙回回敎. 民舍如暹羅, 婚喪大類爪哇. 聯榻趺[趺]坐. 刳木爲舟, 泛海而漁)." 정효의 이 정보는 『영애승람』에 근거했다. 다만 ⓐ의 정보만 확인되지 않는다. ⓑ의 정보에 관하여 마환은 "침상을 붙여 평상을 만들고, 양반다리를 하고 앉으며, 먹는 곳, 자는 곳, 부엌 모두 그 위에 있다. 사람들은 물고기 잡는 것을 생업으로 삼고, 통나무를 파내어 배를 만들어 바다로 나가 물고기를 잡는다(連牀就榻, 盤膝而坐, 飮臥廚灶皆在上也. 人多以漁爲業, 用獨木刳舟泛海取魚)"라고 하였다(『영애승람역주』, 5-5를 참고하시오).

(4)인근 바닷가에 [사는] 사람들은 구룡을 무서워하는데, [이] 구룡은 키가 4척이고 네 발이 있으며, 몸에는 비늘 갑옷이 덮여있다. 사람을 보면 바로 무는데, 물리면 즉사한다. 산에는 검은 호랑이[黑虎]가 있는데, 보기에는 여느 호랑이와 차이가 없지만, 간혹 사람의 모습으로 변해, 대낮에 무리 지어 시장으로 들어가기도 한다. [이것들을] 알아보는 사람들이 잡아 죽인다(旁海人畏龜龍, 龜龍高四尺四足, 身負鱗甲, 遇人卽嚙, 嚙卽死. 山有黑虎, 視虎差小, 或變人形, 白晝群入市, 覺者擒殺).

『황명사이고』: “인근 바닷가에 사는 사람들은 구룡(龜龍)을 두려워하는데, [이] 구룡은 키가 4척이고 네 발이 있으며, 몸에는 비늘 갑옷을 덮었고, **긴 이빨을 드러내고 있다**. 사람을 보면 곧바로 무는데, 물리면 즉사한다. 산에는 검은 호랑이[黑虎]가 있는데, 여느 호랑이와 차이가 없지만, 간혹 사람의 모습으로 변해, 대낮에 무리 지어 시장에 들어가기도 한다. [이들을] 알아차린 사람들이 잡아 죽인다(旁海人畏龜龍, 龜龍高四尺四足, 身負鱗甲, 露長牙. 遇人卽嚙, 嚙卽死. 山有黑虎, 視虎差小, 或變人形, 白晝群入市, 覺者擒殺之).” ‘긴 이빨을 드러내고 있다(露長牙)’라는 문장 이외에는 지봉의 문장과 일치한다. 이 정보들은 마환의 『영애승람』에 다음과 같이 보인다.

“이곳 바닷가 물속에는 항상 악어[鼉龍]가 있어 사람을 해치는데, 이 용은 키가 3~4척이고, 네 개의 발이 있으며, 온몸에 비늘과 갑이 있고, 배에는 가시가 가지런하게 나 있다. 용의 머리에는 돋은 이빨이 있어 사람을 만나면 곧바로 물어버린다. 산에는 검은 호랑이가 나는데, 중국의 황호(黃虎)에 비하여 좀 작으며, 그 털은 검고, 어두운 꽃문양도 있다. 황호도 간간이 있다. 나라 안에는 사람으로 변하는 호랑이가 있어, 시장으로 들어가 사람들과 섞여 다니는데, 당연히 알아보는 사람들이 잡아 죽여 버린다(其海邊水內常有鼉龍傷人, 其龍高三四尺, 四足, 滿身鱗甲, 背刺排生. 龍頭撩牙, 遇人卽嚙. 山出黑虎, 比中國黃虎略小, 其毛黑, 亦有暗花紋. 其黃虎亦間有之. 國中有虎化爲人, 入市混人而行, 自有識者, 擒而殺之” 라고 하였다(『영애승람역주』, 5-12를 참고하시오). 이로부터 정효와 지봉의 ‘구룡(龜龍)’은 마환의 ‘타룡(鼉龍)’, 즉 악어이므로 ‘구(龜)’자는 ‘타(鼉)’자의 오기일 것이다.

⑸생각건대 명나라[皇明] 급사중(給事中) 진가유(陳嘉猷)가 이 나라에 사신으로 간 적이 있다. 남긴 시집이 있다(按皇明給事中陳嘉猷, 嘗奉使其國, 有詩集).

지봉은 이 정보를 어디에서 가져왔을까? 『황명사이고』에는 "순천(順天) 3년(1459), 국왕 무답불나사(無答佛哪沙)가 죽고, 아들 술탄 망속사(芒速沙)가 책봉을 청하여, 사신을 보내 왕으로 책립했다. 성화(成化, 1465~1487) 말에 급사중(給事中) 임영(林榮), 행인(行人)[97] 황건형(黃乾亨)이 사신으로 나가 바다에 빠져 죽었다. 이에 음서로 아들이 국자감에 들어와 독서했다(天順三年, 國王無答佛哪沙卒, 子(蘇)丹芒速沙請封, 遣使冊立爲王. 成化末給事中林榮·行人黃乾亨奉使, 溺海死, 廕子入監讀書)"라고 했을 뿐이다.

1467년 완성된 『영종예황제실록(英宗睿皇帝實錄)』, 권306, 순천(順天) 3년(1459) 8월 17일 첫 번째 기사에, "병인일에 급사중 진가유(陳嘉猷)를 정사(正使)로, 행인 팽성(彭盛)을 부사로 부절을 들려 보내, 죽은 말라카 국왕의 아들 술탄 망속사(芒速沙)를 말라카의 국왕으로 책봉하게 했다(丙寅遣給

97) '행인(行人)'이란 관직 명칭은 이미 『주례(周禮)·추관(秋官)』에 "나라에 빈객이 있으면 행인에게 그를 전송하고 맞이하게 한다(邦有賓客, 則與行人送逆之)"라는 전승에서 비롯되었다. 명나라 시기, 홍무(洪武) 13년(1380)에는 이러한 외교 실무를 담당하는 전담 부서 '행인사(行人司)'가 설치되었다. 이 부서는 당연히 예부(禮部)에 소속되었고, 설치 당시 행인(行人) 1명, 좌·우행인(左·右行人)을 각 1명씩 두었다. 이들은 정9품과 종9품으로 시작하여 명나라 말까지 7~9품의 품계가 주어졌다. 주로 번국(蕃國)이나 속국에 책봉하는 대신들을 수행하거나 직접 외교문서를 전달하는 실무를 담당했다. 따라서 '행인'은 '행인사 행인'의 줄임말인 셈이다.

事中陳嘉猷爲正使, 行人彭盛爲副使, 持節, 封故滿剌加國王子蘇丹茫速沙, 爲滿剌加國王)"라고 하였다. 이 기록은 『명사』, 권325, 「만랄가전(滿剌加傳)」(8418쪽)에 "천순 3년, 왕자 술탄 망속사(芒速沙)를 사신으로 보내 조공해 와, 급사중 진가유 등에 [그곳에] 가서 책봉토록 했다. 2년이 지나, 예부의 관원이 '[진]가유 등이 바다로 나간 지 이틀 만에 오저(烏猪)의 바다에 이르렀으나, 폭풍을 만나 배가 부서져 엿새를 표류하다가 청란(淸瀾) 수어(守禦)에게 구조되었다고 합니다. 칙서는 잃지 않았으나, 하사할 물품이 모두 물에 젖었다고 하니, 다시 관급해 주시어 사신들을 다시 보내시기를 바랍니다'라고 아뢰자, [황제가] 따랐다(天順三年, 王子蘇丹芒速沙遣使入貢, 命給事中陳嘉猷等往封之. 越二年, 禮官言, 嘉猷等浮海二日, 至烏猪洋, 遇颶風, 舟壞, 飄六日至淸瀾守禦所獲救. 敕書無失, 諸賜物悉沾水, 乞重給, 令使臣復往. 從之)"라고 한 것으로 확인된다.

진가유(陳嘉猷)란 인물은 『명사』의 열전에 보이지 않는다. 『절강통지(浙江通志)』(사고전서본, 권190, 7a)에 간략한 사적이 소개되어있다. "『양절명현록(兩浙名賢錄)』에 따르면, 자(字)는 세용(世用)으로, 위야오(餘姚, 현 닝보시)에서 항저우로 옮겨 왔다. 경태(景泰) 신미년(1451) 진사에 급제하여, 예과급사중(禮科給事中)에 제수되었다. 두 차례 외국에 사신으로 나간 적이 있다. 주고 받음을 굳건히 사양했고, 고결하고 준절하여 사람들이 모두 그를 존경했다. 우통정(右通政)으로 올랐다. 부친상을 치르다가 죽었다(兩浙名賢録, 字世用, 自餘姚遷家於杭. 擧景泰辛未進士, 授禮科給事中, 嘗兩使外國. 堅辭餽獻, 淸風峻節, 人皆敬之. 陞右通政, 居父喪卒)"라고 하였다.

이 '진가유'는 우리나라에도 사신으로 온 적이 있다. 『세조실록』, 세조 5년(1459) 3월 12일 기사에 따르면, "형과급사중(刑科給事中) 진가유(陳嘉猷)와 서반(序班) 왕월(王軏)이 칙유(勅諭)를 받들어 이달 초3일에 북경(北京)에서 출발했다"라는 기록이 보인다. 그는 4월 8일에 모화관(慕華館)에서 칙서를 전달했고, 4월 14일 그를 전별하는 잔치가 열렸다. 이로써 추정하자면 그는 5월 중순에 북경으로 돌아갔을 것이다. 그런 다음 그는 8월에 다시 말라카의 왕을 책봉하라는 명을 받았을 것이다. 실제 그가 바다로 나간 시기는 계절풍이 바다로 부는 1459년 11~12월 사이였을 것으로 보인다.

마지막으로 그에게 시집이 있다는 정보는 『세조실록』, 세조 10년(1464), 6월 2일 기사에 "명나라 사신이 진감(陳鑑), 고윤(高閏), 진가유(陳嘉猷)의 『황화집(皇華集)』을 청하여 각각 5부씩 주었다"라는 하였는데, 진가유가 사신으로 왔을 때 조선의 원접사(遠接使)들과 나누었던 시집을 말하는 것 같다.

'방갈랄'은 벵골의 옛 명칭인 '방갈라(Vaṅgāla)'를 음역한 명칭이다. 오늘날 방글라데시를 말한다. 이 나라는 『도이지략』의 '붕가랄(朋加剌)'로 표기되어 처음 기술되었고, 『영애승람』과 『성사승람』으로 이어졌다. 가장 생생한 기록은 이 나라에 직접 수행한 비신의 『성사승람』이다. 자세한 것은 세 역주서를 참고하시오.

(1)①벵골[榜葛剌]은 동인도이다. 나라는 매우 크고, 재물이 풍부하여 주변 나라 중에서 으뜸이다(榜葛剌, 東印度也. 國最大, 財物豊衍, 甲於隣國).

『황명사이고』: "서천(西天, 서역)에는 다섯 인도의 나라[五印度國]가 있는데, 이곳[방갈랄]은 동인도(東印度)이다. [다섯 인도 중 이] 나라가 가장 크다. ⓐ사무드라[蘇門答剌]에서 배로 항행하여 니코바르 제도[翠藍島]를 지나 제지항(淛地港)[98]에 이르러, 배를 갈아타고 500리를 가서 쇄납아항(鎖納兒港)[99]에 도착하여, 뭍에 올라 35리를 가면 이른다. 이 나라

98) '제지항(淛地港)'은 『성사승람』에는 '찰지항(察地港)'으로, 『영애승람』에는 '절지항(浙地港)'으로 되어있다. '제(淛)'자는 '절[tɕiɛt](浙)'자의 이체자이다. 따라서 '찰[tʂʰat](察)'자인지 '절(浙)'자인지 선택하면 된다. 위의 항로를 따라가면, 우리는 치타공(Chitagong)을 만날 수 있다. 16세기 포르투갈인 드 바로스(De Barros)의 '차티감(Chatigam)'을 시작으로, 'Satagam', 'Chataguão', 'Chatigan', 'Chittagoung', 'Xatigam', 'Chittigan' 등이 보인다. 이로써 볼 때, '찰지항(察地港)'이 음성적으로 가장 적합하다고 할 수 있다(『영애승람역주』, 17-1의 주석을 참고하시오).

99) '쇄납아항(鎖納兒港)'은 『영애승람』과는 일치하는 형태를 보여주지만, 『성사승람』에는 '쇄납아강(鎖納兒江)'으로 되어있다. 지금의 소나르가온(Sonārgāon)에 해당하는 음이다. '항(港)'자와 '강(江)'자의 고음은 [kɔŋ]으로 같으며 'gāon'에

는 넓고 인구가 조밀하며, 재물이 풍부하여 이웃 나라 중 으뜸이다. 나라에는 성곽(城郭)이 있다(西天有五印度國, 此東印度也. …國最大. 自蘇門答剌海行, 過翠藍島, 至淛地港, 更舟行五百里, 至鎖納兒港, 登陸, 行三十五里至. 其國地廣人稠, 財物豊衍, 甲於諸鄰. 國有城郭).” 지봉은 이 나라에 이르는 여정을 채록하지 않았다.

①의 나라 위치는 비신의 『성사승람』에서, “이곳은 **서인도**의 땅이다”라고 하였는데(『성사승람역주』, 22-①), 정효와 지봉의 ‘동인도’가 맞다. ⓐ의 정보는 마환의 『영애승람』에 보인다. “소문답랄(蘇門答剌)에서 배를 타고 모산(帽山)과 취람도(翠藍島)에 이르렀다가 서북 방향으로 순풍에 20일을 항해해 가서 먼저 절지항(浙地港)에 이르러, 배를 정박시켜 놓은 다음, 작은 배로 항구로 들어가 500리 남짓을 가면 쇄납아항(鎖納兒港)에 도착하고, 뭍에 올라 서남쪽으로 35개 역참을 가면 그 나라에 이른다. 성곽이 있고, 그 왕궁[王府]과 일체 크고 작은 관청들이 모두 성안에 있다”라고 하였다(『영애승람역주』, 17-1을 참고하시오).

⑵왕과 관리들은 모두 아랍인[回回人]이다. 머리털을 깎고 흰 베로 머리를 싸맨다[터번을 한다](王及諸官, 皆回回人. 祝髮白布纏頭).

『황명사이고』: “ⓑ왕과 관리들은 모두 아랍인이다. 남자들은 머리를 깎고 흰 베로 머리를 싸맨다. 도포[圓領] 같은 긴 옷을 입고 유색 수건[彩帨]으로 묶으며, 가죽 신을 신는다. 시장에

해당하는 음일 것이다. 자세한 설명은 앞의 출처를 참고하시오.

서는 은 주화[銀錢][100]와 카우리[海肌]를 사용한다. ⓒ오령산(五領山)이 가장 높고 크다(王及諸官, 皆回回人. 男祝髮白布纏頭. 圓領長衣, 束彩帨, 躡皮履. 市用銀錢·海肌. 五領山最高大).” ⓑ의 정보는 모두 마환의 『영애승람』에서 가져왔다(역주본, 17-2, 17-3). ⓒ의 ‘오령산(五領山)’ 정보는 왕대연의 『도이지략』 붕가랄(朋加剌) 조목은 “다섯 산령(山嶺)이 우뚝 솟아있고(五嶺崔嵬)”라고 시작하는데(『도이지략역주』, 439쪽), 이를 잘못 채록한 것으로 보인다. 지봉이 이 정보를 삭제한 것은 적절하다.

⑶기후는 항상 여름처럼 덥다(氣候常熱如夏).

『황명사이고』: “기후는 항상 여름처럼 덥다. ⓓ세금은 10중 2를 낸다. ⓔ형벌에는 장형(杖刑), 유배가 [있고], 관청에는 인장과 행이(行移)가 있으며 군대가 있다(氣候常熱如夏. 賦十二. 刑笞杖·徒流. 官有印章·行移, 軍有).” ⓓ의 세금 정보는 왕대연의 『도이지략』에서 가져왔다(『도이지략역주』, 439쪽). ⓔ의 정보는 『영애승람』의 문장을 줄여 발췌했다. “나라의 법에는 태형(笞刑), 장형(杖刑), 도형(徒刑, 징역), 유형(流刑, 유배)이 있다. 관의 품급, 아문(衙門), 인신(印信), 행이(行移) 모두 있다. 군대에도 관급(管給)과 군량미를 관리하는 관리가 있다(國法有笞杖徒流等刑. 官品衙門印信·行移皆有. 軍亦有官管給糧餉)”라고 하였다(『영애승람역주』, 17-10을 참고하시오).

100) 이 나라에서 사용하는 은 주화는 ‘당가(倘伽)’라는 주화이다. 자세한 것은 『영애승람역주』, 17-5를 참고하시오.

⑷음양가, 의사, 점쟁이 온갖 장인들의 기예는 대체로 중국과 비슷하다(陰陽醫卜百工技藝, 大類中國).

『황명사이고』: "음양가, 의사, 점쟁이 온갖 장인들의 기예는 대체로 중국과 비슷하다. 흑백의 꽃문양이 있는 적삼을 입고, 수건을 두르며, 산호와 호박의 목걸이를 차고, 팔에는 유리구슬[硝子]의 팔찌[鐲釧]를 맨다. 가무하고 술을 보답받는 자들을 '근초속로내내(根肖速魯奈奈)'라고 하는데, 배우[優人]일 것이다(陰陽醫卜百工技藝, 大類中國. 有. 衣黑白花衫, 縈帨, 佩珊瑚·琥珀纓絡, 繫臂硝子鐲釧. 歌舞侑酒者, 曰根肖速魯奈奈, 蓋優人也)." 지봉이 채록하지 않은 밑줄 친 정효의 기술에는 오탈(誤脫)이 심하다. 『영애승람』의 기술을 잘못 채록한 것으로 보인다. "의사, 점쟁이, 음양가, 온갖 기예인이 모두 있다. 항원(行衏)의 배우들은 몸에 검은 선이 도드라지게 자수한 흰 베로 만든 꽃문양 적삼을 입고, 아래는 각색 명주실로 만든 수건을 두르며, 각색의 초자주(硝子珠, 유리구슬) 사이에 산호 구슬로 넣어 만든 목걸이를 어깨와 목에 차고, 또 청홍의 초자소(硝子燒, 유리구슬)로 탁(鐲, 팔찌)을 만들어 양팔에 찬다(醫卜陰陽百工技藝皆有之. 其行衏身穿挑黑線白布花衫, 下圍色絲手巾, 以各色硝子珠間以珊瑚珠穿成纓絡, 佩於肩項, 又以青紅硝子燒成鐲, 帶於兩臂)"라고 하였다(『영애승람역주』, 17-11을 참고하시오).

⑸달력에는 12개월이 있고, 윤달은 없다. 풍속은 질박하고 [인심이] 후하다. 즐겨 농사를 짓는다. 1년에 두 번 익는다(曆有十二月, 無閏. 風俗朴厚. 好耕殖. 一年二熟).

『황명사이고』와 일치한다. 이 정보는 『영애승람』에 근거했다.

자세한 사항은 『영애승람역주』, 17-2, 17-7을 참고하시오.

⑹부녀들은 연지와 분을 바르지 않아도 저절로 곱고 희다. 음식은 남녀가 같은 자리에서 먹지 않는다. 남편이 죽으면 다시 시집가지 않고, 아내가 죽어도 다시 장가들지 않는다. 고아나 과부가 의지할 데가 없으면, 온 마을[사람들이] 돌아가며 그들을 부양한다(婦女不施脂粉, 自然嬌白. 飮食, 男女不同處. 夫死不再嫁, 妻死不再娶. 若孤寡無倚, 一村輪養之).

이 단락의 정보는 『황명사이고』에는 보이지 않는다. 비신의 『성사승람』에만 보이는 정보로, 4권본 『고금설해』본에서 발췌했다. "부녀자는 짧은 적삼을 입고 유색의 베[色布]나 비단[絲錦]으로 두른다. **연지와 분을 바르지 않아도 원래부터 곱고 희다**. 귀에는 보배 장신구를 늘어뜨리고, 목에는 목걸이를 걸며, 머리 뒤로 방망이 모양의 상투를 하고, 네 팔목과 팔꿈치[四腕]에는 황금 팔찌를 하며, 손발에는 반지를 낀다. 그들 중에 인도인 한 부류가 있는데, 그들은 소고기를 먹지 않는다. **음식을 먹을 때 남녀는 함께 자리하지 않고, 남편이 죽으면 아내는 재가하지 않으며, 아내가 죽어도 남편은 재혼하지 않는다. 고아나 과부[孤寡]로 의지할 데가 없으면 온 마을의 사람들이 돌아가며 그들을 부양하고**, 다른 마을에서 음식을 구하지 않도록 하는데, 그 의로운 기상에 족히 일컬을 만한 것이 있다(婦女穿短衫, 圍色布·絲錦, 不施脂粉, 自然嬌白. 耳垂寶鈿, 項掛纓絡, 髻堆腦後, 四腕金鐲, 手足戒指. 其有一種曰印度, 不食牛肉. 飮食男女不同處, 夫死不再嫁, 妻死不再娶. 若孤寡無倚, 一村人家輪流養之, 不容別村求食, 其義氣有足稱者)"라고 하였다(『성사승람역주』, 22-⑲⑳을 참고하시오).

⑺두라금(兜羅錦)이 있는데, 폭은 4~5척이고 두께는 5푼쯤 되며 뒷면에는 모두 보드랍고 가는 털[毳絨]이다(有兜羅錦, 闊四五尺, 厚可五分, 背面皆毳絨).

『황명사이고』: "여러 종의 천[布] 중에 폭이 4~5척 되는 것도 있다. 맥흑맥륵(驀黑驀勒, mahmal)은 폭이 4척이며, 배면에는 모두 보드랍고 가는 털[毳絨]이고, 두께는 5푼쯤 되는데, 바로 두라금(兜羅錦)이다(布數種有濶四五尺者. 驀黑驀勒, 濶四尺, 背面皆毳絨, 厚可五分, 即兜羅錦也)." 지봉이 '두라금'으로 표기하고 있는 것을 보면 정효의 기술을 따랐음이 분명해 보인다. 그러나 정효의 문장을 자세히 보면, 결국 맥흑맥륵(驀黑驀勒)이 두라금(兜羅錦)이라는 말이다. 한편 『영애승람』에 따르면, "하나는 그곳 말로 '맥흑맥륵(驀黑驀勒)'이라 하는데, 폭은 4척이고 길이는 2장 남짓으로, 뒷면에는 솜털이 나 있으며, 두께는 4~5푼으로, 두라면(兜羅綿)이다(有一様番名驀黑驀勒, 闊四尺, 長二丈餘, 背面皆起絨頭, 厚四五分, 卽兜羅綿也)"라고 하였다(『영애승람역주』, 17-8을 참고하시오). '금(錦)'자와 '면(綿)'자의 자형은 비슷하지만, 의미는 전혀 다르다. '두라(兜羅)'가 산스크리트어로 면을 의미하는 '툴라(tula)'를 음역한 것임에는 분명하므로, 우리는 '두라면'이 더 적합하게 생각한다. 『성사승람』에도 '두라면'으로 되어있다. 두라면에 관한 자세한 설명은 앞의 유구(琉球) 조목의 '투루(鬪鏤)' 설명을 참고하시오.

[12] 실론[錫蘭山]

'석란[siek-lan](錫蘭)'은 실론, 오늘날 스리랑카를 지칭한다. 이곳은 법현(法顯)의 책에서부터 '사자국(師子國)'으로 의역해 사용했다. '신할라(Sinhala)' 또는 '시할라(Sihala)'를 음역하여 승가라(僧伽羅), 승하라국(僧訶羅國), 사하라국(私訶羅國)으로 지칭한 예도 보인다. 또 시할라는 팔리어로 '시할란(Sihalan)'이라 하는데, 여기에서 [h] 발음이 탈락하고 아랍의 선원들이 사란디프(Sarandīp)와 사란디브(Sarandīb)가 형성되었고, 이어서 '실란(Silan)'으로 축약되었다고 추정된다. 이러한 명칭들은 『영외대답』과 『제번지』에서 '세란(細蘭)'으로 음역되었고, 『제번지』 세란 조목에 보이는 '세륜첩(細輪疊)', 『송사·주련전』의 '실란지(悉蘭池)'와 '서란산(西蘭山)', 『대덕남해지』의 '세람(細藍)', 『영애승람』의 석란(錫蘭), 『성사승람』, 『정화항해도』, 『명사』에 보이는 '석란산(錫蘭山)', 『순풍상송(順風相送)』의 '색란산(色蘭山)', 『해국문견록(海國聞見錄)』의 '서륜(西侖)', 『해록』의 '서령(西嶺)' 등이 모두 여기에서 출발하고 있다. 명칭에 관한 자세한 사항은 『제번지역주』, 『도이지략역주』, 『영애승람역주』, 『성사승람역주』의 주석을 참고하시오. '산(山)'자는 '섬'의 의미로 부수적 의미이다. 조여괄은 세란국(細蘭國)으로, 왕대연은 승가랄(僧加剌)로, 마환은 '석란국(錫蘭國)'으로, 비신은 '석란산국'으로 표기했다.

(1)실론[錫蘭山]은 큰 바다 가운데 있다(錫蘭山在大海中).

『황명사이고』: "실론 섬[錫蘭山]은 대해 가운데 있다. 바다에는 니코바르 섬[翠藍山]이 있는데 가장 높고 크다. [이] 섬 동남쪽에서 바람을 타고 3일을 항행하면 ⓐ적란오(赤卵塢)에 이른다. 오(塢)의 사람들은 굴에서 살며, 남녀 모두 들짐승처럼 나체이다. 곡물을 먹지 않고, 바나나[芭蕉子], 잭푸르트[波

羅蜜], 물고기, 새우를 먹는다. 또 서쪽 바다로 10일을 항행하면 불당산(佛堂山)에 이르는데, 배를 대는 곳이다. 바닷가 산기슭에는 와불사(臥佛寺)가 있는데, 보배로 장식한 부처의 침상이 매우 화려하다(錫蘭山在大海中. 海中有翠藍山, 最高大. 自山東南乘風, 可三日至赤卵塢. 塢人穴居, 男女皆裸若野獸. 不粒食, 食芭蕉子·波羅蜜·魚蝦. 又西海行, 可十日至佛堂山, 泊舟處. 濱海山麓有臥佛寺, 佛榻寶飾極華麗)." 지봉은 첫 번째 문장만 따랐다. ⓐ의 정보는 ⑸에 '적인도(赤印島)'로 채록되었다.

ⓐ의 적란[tɕʰi̯ɛk-luɑn]오(赤卵塢)는 장승(張昇)의 개정본 『영애승람』에만 보이는 형태이다. 다른 판본에는 모두 '출란[tɕʰwi—luɑn]오(出卵塢)'로 되어있다. 마환은 니코바르 제도[翠藍山]를 다음과 같이 기술했다. "모산(帽山, 수마트라섬 서북부의 섬) 남쪽에서 대양으로 나가 순풍에 동북쪽으로 3일을 가면 바다 가운데 니코바르 제도[翠藍山]가 보인다. 그 산은 3~4개 좌(座)로 되어있고, 산 한 개가 가장 높고 큰데, 그곳 사람들은 '안독만(按篤蠻)' 산[안다만 제도]이라고 한다. 그곳의 사람들은 동굴에 깃들어 사는데 남녀 모두 나체이며 약간의 실도 없어 짐승처럼 생겼다. 땅에서는 쌀이 나지 않고 산토란, 파라밀(波羅蜜), 파초자(芭蕉子)를 먹으며 혹은 바다에서 물고기와 새우를 잡아먹기도 한다. 사람들이 전하는 말에 따르면, 몸에 약간의 천만 걸쳐도 부스럼이 생긴다고 한다. 옛날 석가불(釋迦佛)이 바다를 지나며 이곳 해안에 올라 옷을 벗고 씻었는데 그 사람들이 그의 옷을 훔쳐 숨겨 버렸다. 이에 석가(釋迦)의 저주를 받아 지금까지 사람들은 옷을 입지 못한다고 한다. 민간에서 '출란오(出卵塢)'[또는 출란서(出卵嶼)]라고 하는 곳이 바로 이곳이다(自帽山南放洋, 好風向東北行三日,

見翠藍山在海中. 其山三四座, 惟一山最高大, 番名梭篤蠻山. 彼處之人巢居穴處, 男女赤體, 皆無寸絲, 如獸畜之形. 土不出米, 惟食山芋·波羅蜜·芭蕉子之類, 或海中捕魚蝦而食. 人傳云, 若有寸布在身, 卽生爛瘡. 昔釋迦佛過海, 於此處登岸, 脫衣入水澡浴, 彼人盜藏其衣, 被釋迦呪訖, 以此至今人不能穿衣, 俗言出卵塢, 卽此地也)."[『영애승람역주』, 10-1을 참고하시오] 이로써 '출란오'가 바로 취람산(翠藍山) 또는 취람[tsʰwi-lɑm]서(翠藍嶼)의 속칭임을 알 수 있다. 따라서 '적(赤)'자보다는 '출(出)'자를 택하는 편이 타당할 것이고, 실제 실론섬과 관련이 없다. 지봉이 ⑸에서 이 정보를 채록한 것은 정효의 오류를 그대로 답습한 셈이다. '오(塢)'는 사방이 우뚝하게 서 있고 안쪽은 낮은 지대를 일컫는 말이다.

⑵왕은 부처를 숭상하고 코끼리와 소를 중시하여, 우유는 마시되 그 고기는 먹지 않는다. 소를 죽인 자는 사형에 처한다(王尙釋, 重象·牛, 飮牛乳, 不食其肉, 殺牛者罪死).

『황명사이고』: "**또 서북쪽으로, 육로로 50리를 가면 왕이 사는 곳에 이른다**. 왕은 부처를 숭상하고, 코끼리와 소를 중시하여, **소똥을 태워 [그] 재를 몸에 바른다**. 우유는 마시지만, 그 고기는 먹지 않으며, 소를 죽인 자는 사형에 처한다. **왕궁과 민간의 집에서는 반드시 소똥을 [물]에 타서 땅에 바르고 예불한다**(又西北陸行五十里至王居, 王尙釋, 重象·牛, 煅牛糞, 灰塗體. 飮牛乳, 不食其肉, 殺牛者罪死. 王宮·民居必調牛糞塗地而禮佛)." 정효의 이 기술은 모두 마환의 『영애승람』에서 채록했다. 자세한 설명은 『영애승람역주』, 10-3을 참고하시오.

⑶나라는 부유하다. 넓은 땅과 사람의 조밀함이 자바[爪哇]에 버금간다. 사람들은 위는 드러내고 아래는 수건[帨]을 맨다(國富饒, 地廣人稠, 亞於爪哇. 民上裸下纏帨).

『황명사이고』: "나라는 부유하다. 넓은 땅과 사람의 조밀함이 자바[爪哇]에 버금간다. 사람들은 위는 드러내고 아래는 수건[帨]을 매고, **압요(壓腰, 허리를 매는 띠)를 한다. 수염과 털은 제거하고, 머리털만 남겨 베로 싸맨다. 여자들은 뒤로 방망이 모양으로 쪽을 짓고, 아래는 흰 베를 두른다. 먹을 때는 다른 사람이 보지 않게 한다**(國富饒, 地廣人稠, 亞於爪哇. 民上裸下纏帨, 加壓腰. 去鬚毫, 留髮, 布纏之. 女椎髻于後, 下縈白布. 飮食不令人見)." 정효의 이 정보 또한 『영애승람』에 근거했다. 『영애승람역주』, 10-7, 10-8을 참고하시오.

⑷진주 연못[주지(珠池)]이 있어 여러 오랑캐 상인들이 다투어 사러 온다(有珠池, 諸番賈爭來市).

『황명사이고』: "**[이 나라에서는] 푸르고, 붉고, 노란 야쿠트[아홀석(鴉忽石)], 수정이 난다**. 바다 모래톱[洲]에는 '진주못[珠池]'이 있는데, 여러 나라 상인들이 다투어 **진주를** 사러 온다. **땅은 벼에는 적합하지만, 맥(麥)에는 적합하지 않다. 시장에서는 금 주화를 사용하고, 사향(麝香), 비단[綺絹], 푸른 자기[靑磁器], 구리, 철, 장뇌를 중시한다**(産靑紅黃鴉忽石·水晶. 海洲有珠池, 諸番賈爭來市珠. 土宜稻, 不宜麥. 市用金錢, 重麝香·綺絹·靑磁器·銅鐵·樟腦)." 지봉의 문장 마지막에는 '주(珠)'자를 빠뜨렸다. 실론의 특산으로 언급한 '아홀(鴉忽)'을 마환은 '아고(雅姑)'로, 비신은 '아골(鴉鶻)'로 표기했다. 모두 아랍어로 보석을 뜻하는 '야쿠트(yāqūt)'에 해당하는 음으로 알려져 있다. 루비나 커런덤을 말한다. 자세한 설명은 『영애승람역주』, 4-10을 참고하시오.

⑸적인도(赤印島)에는 사람들이 모두 동굴에서 살며, 남녀 모두 야수처럼 나체로 다닌다. 곡식을 먹지 않고 물고기, 새우, 바나나[芭蕉子], 잭푸르트[波羅蜜]을 먹는다(有赤印島. 人皆穴居, 男女皆裸若野獸, 不粒食, 食魚·蝦·芭蕉子·波羅蜜).

앞의 ⑴에서 보이는 정보를 지봉이 순서를 바꾸어 놓았다. 여기 '적인도(赤印島)'는 '적란오(赤卵塢)'의 오기일 것이다. 또 지봉은 여기 '오(塢)'자를 '도(島)'의 의미로 이해했을 수도 있다.

⑹생각건대, 파라밀은 남쪽 바다에서 나는데, 모양이 동과(冬瓜)와 같다고 한다(按波羅蜜產南海中, 形如東瓜云).

지봉은 실론의 여러 산물 중에서 파라밀(波羅蜜)이란 과일이 신기했던 모양이다. 파라밀(波羅蜜)은 조여괄의 『제번지』 하권에서 하나의 항목으로 기술되었다. 히어트와 록힐은 이 파라밀이 『수서(隋書)』(636년), 권82, 「진랍전」(1837쪽)에서 기술된 '파나사(婆那娑)'로 이해하고, 산스크리트어 '파나사(pānasa)'에 해당하는 음이라고 추정했다(『조여괄』, 212쪽). 『수서』의 정보는 "기이한 것으로, 파나사 나무가 있는데, 꽃이 없고, 잎은 감나무와 비슷하며, 열매는 동과와 비슷하다(異者有婆那娑樹, 無花, 葉似柿, 實似冬瓜)"라고 한다. 그럴 법한 추정이지만, 파라밀[pua-la-mjĕt]의 '밀'이 꿀처럼 달기 때문에 붙여진 부가 정보라고 하더라도, 적어도 '파라'는 음역 표기일 것이다. 이 파라밀과 파나사[bʱua-na-sa]사이의 음성적 차이는 크다. 사실 '파라'와 '파나'에서 'l'과 'n'의 통용은 상견되지만, '파나사'는 모두가 음역된 형태이므로, 뒤에 '파라' 두 글자로 표기되었다는 것은 수긍하기 어렵다. 어쨌든 『삼재도회』와 『도서집성·초목전』에 수록된 그림은 확실히 잭푸르트를 떠올리게 한다.

[13] 몰디브[溜山]

유산(溜山)은 바로 몰디브 군도를 말한다. 이 군도는 이미 1349~1350년의 『도이지략』에서 '북류(北溜)'로 표기되며 기술되었고, 15세기 초 마환의 『영애승람』, 비신의 『성사승람』에도 자세한 기록이 보인다. 특히 지봉이 참고한 정효의 『황명사이고』의 정보들은 대체로 『영애승람』에서 가져왔다. 자세한 사항은 『영애승람역주』, 14를 참고하시오.

여기서는 『도서집성(圖書集成)』「변예전(邊裔典)」, 권106(1934년 중화서국영인본, 218책, 17b~c)에 인용된 『영애승람』의 내용을 소개하기로 한다. "유산(溜山)과 첩간(牒幹)은 사방이 바다로 단지 섬과 같은 작은 나라이다. '첩간'이라 하는데 성곽이 없고 섬[山]을 따라 모여 살며 서쪽은 바다로 떨어져 있다. 가운데에는 성궐 같은 석문(石門)이 있다. 모두 '유(溜)'라고 이름한 여덟 개의 '큰 땅'[大地池]이 있는데, 배들이 드나들기도 한다. 나머지 작은 '유'들이 무려 3,000여 개에 달해, 소위 '약수삼천'이란 말이 이것이다. 사람들 모두 둥지나 굴에서 살며 콩과 보리를 모르고 물고기와 새우를 먹는다. 의복이 없어 앞뒤의 음부를 나뭇잎으로 가린다. 배가 바람을 만나 잘못 '유'에 들어가면 부력이 약해 빠지므로 뱃사람들은 이에 조심해 대비한다. 첩간의 [사람들은] 모두 아랍인으로, 풍속이 순후하며 행동거지는 이슬람 교리를 준수한다. 물고기잡이를 생업으로 하며 야자수를 즐겨 심는다. 남자들의 피부는 약간 검으며 머리에 흰 천을 싸매고 수건을 두르며 부인들은 짧은 적삼을 입고 아래에도 수건을 두르고, 큰 수건으로 얼굴을 가린다. 혼례와 상례는 이슬람 교리에 따라 행한다. 기후는 항상 여름처럼 덥다. 토양은 척박하여 쌀은 적고 밀이나 보리가 없다. 시장에서는 은주화를 사용한다. 그곳에서는 강진향(降眞香), 야자나무 껍질로 만든 묶는 끈이 나는데, [그것으로] 판자를 뚫어 배를 만들고 역청(瀝靑)을 바르면 쇠못처럼 단단해진다. 그리고 용연향(龍涎香)이 나는데 그것을 태우면 향이 맑으며, 그 값은 은(銀)과 같다. 해파(海肌)를 채취하여 시암[暹羅], 벵골[(榜)葛刺]에 파는데 [그곳에서는] 그것을 돈처럼 사용한다. 교어(鮫魚, 다랑어) 덩어리를 이웃 나라에 팔기도 하는데 그것을 '유어(溜魚)'라고 한다. 명주실로 짠 수건은 매우 정교하고, 금사(金絲)를 넣어 짠 수건도 있어 남자들이 머리에 싸맬 수 있다. 소, 양, 닭, 오리가 모두 있다(溜山·牒幹, 四面濱海, 僅如洲渚, 小國也. 曰牒幹, 無城郭, 依山聚居, 西距海, 中有石門如城闕, 有八大池, 皆以溜名, 亦通舟楫. 餘小溜無慮三千數, 所謂弱水三千者是已. 人皆巢居穴處, 不識菽麥, 而啖魚蝦. 無衣服, 以葉蔽前後陰. 舟行遇風一失入溜, 則水弱而沒溺, 故舟人謹防之. 牒幹國皆回回, 風俗淳厚, 動遵教門. 業漁, 好種椰樹. 男膚微黑, 白纏首下縈帨, 婦人短衫, 下亦縈帨, 大帨蔽面目. 婚喪禮遵教門行. 氣候常熱如夏. 土瘠, 米少無麥. 市用銀錢. 厥產降眞香, 椰皮結繩, 可貫板成舟, 瀝靑塗之, 堅如鐵釘. 龍涎香, 然之香淸, 直與銀同. 海肌采而鬻於暹羅·葛刺, 用與錢同. 鮫魚臠可鬻於鄰國, 曰溜魚. 織絲帨甚精緻, 又織金帨, 男可縈首. 牛·羊·雞·鴨俱有)."

⑴유산(溜山)은 서해 가운데 있다. 사방이 모두 바다이고, 성곽이 없이, 섬[山]을 따라 모여 산다. [이들 섬] 모두 유(溜)로 이름지었는데, 무려 3천[여 개]이다. 배들이 가다가 바람을 만나 [방향을] 잃고 유(溜)에 들어가면 [그 유에] 가라앉는다. 토착민들은 이렇게 얕은 물이 3천[여 곳]이라고 한다. 사람들은 나무나 동굴에서 살고, 물고기와 새우를 먹으며, 옷이 없어 풀이나 나뭇잎으로 앞뒤를 가린다(溜山在西海中, 四面皆海, 無城郭, 依山聚居. 皆以溜名, 無慮三千. 舟行遇風失入溜卽溺, 土人曰此弱水三千也. 人巢居穴處, 啖魚蝦, 無衣, 草木葉蔽前後).

『황명사이고』: "ⓐ유산은 사방이 섬처럼 바닷가로, 서해에 있으며, 성[문]같은 석문(石門)이 있다. 이곳의 땅은 척박하고, 성곽이 없으며 섬[山]을 따라 모여 산다. 여덟 개의 촌락이 제법 큰데, 모두 '유(溜)'라는 이름을 가지고 있으며 배들이 통행할 수 있다. 작은 유(溜)는 무려 3,000[개]이다. 토착민들은 이렇게 얕은 물[弱水]이 3,000[여 곳]이라고 한다. 사람들은 나무나 동굴에서 살며, 콩[菽]이나 곡식을 모르고, 물고기와 새우를 먹는다. 옷이 없어 풀이나 나뭇잎으로 앞뒤를 가린다. 배들이 가다가 바람을 만나 [방향을] 잃고 유(溜)에 들어가면 [그 유에] 가라앉는다. ⓑ유산의 옆에는 '첩간(喋幹)'이라는 나라가 있는데, 모두 아랍인[回回人]들이다. 풍속은 순박하고 [인정이] 두터우며, 고기잡이에 종사하며, 야자수를 즐겨 심는다. 날씨는 항상 여름처럼 무덥다. 시장에서는 은 주화[銀錢]를 사용한다. 용연(龍涎)과 카우리[海肌]가 난다. 야자 껍데기로 엮은 밧줄로, 판자를 뚫어 배를 만들 수 있는데, [그 위에] 역청을 바르면 쇠못처럼 단단하다. 다랑어[鮫魚]는 유어(溜魚)라고도 한다. 명주실로 짠 수건[織絲帨]은 매우 정교하다. 금실로 짠 수건[織金帨]도 있다. 영락(永樂, 1403~1424) 연간에 [그] 나라 왕 역속복(亦速福)이 사신을 보내 조공해 왔다[101](溜山四面濱海如洲, 在西海中, 有石門如城. 闕土瘠, 無城郭, 依山聚居. 八村稍大, 皆以溜名, 可通舟楫. 小溜無慮三千. 土人曰此弱水三千也. 人巢居穴處, 不識菽粟, 啖魚蝦. 無衣, 草木葉蔽前後. 舟行遇風失入溜卽溺. 溜山傍有喋幹國, 皆回回人. 俗淳厚, 業漁, 好種椰樹. 氣候常熱

101) 이 조공 정보는 『명사』, 권326, 「유산전(溜山傳)」(8453쪽)에 "[영락] 14년(1416)에 그 나라 왕 역속복(亦速福)이 사신을 보내 조공했다(十四年, 其王亦速福遣使來貢)"라고 하였다.

如夏. 市用銀錢. 產龍涎·海肌. 椰皮結繩, 可貫板成舟, 塗瀝青, 堅如鐵釘. 鮫魚一名溜魚. 織絲帨甚精緻. 亦有織金帨. 永樂中王亦速福遣使朝貢)."

지봉은 확실히 ⓐ의 정보만 발췌하여 문장을 구성했다. ⓑ의 정보는 채록하지 않았는데, 다른 나라로 인식한 것은 아닌지 모르겠다. 정효는 ⓑ의 정보를 마환의 『영애승람』에서 채록한 것으로 보인다. 사계좌(查繼佐, 1601~1676)가 1644년 명나라 역사를 기록한 『죄유록(罪惟錄)』(북경대 소장본, 권36, 85a)의 유산국(溜山國) 조목에도 채록되었다.

⑵①『운부(韻府)』에 "약수는 서해에 있는데, 깃털도 뜰 수 없다"라고 하였는데 이곳일 것이다. ②『진서(晉書)』에 "부여국(夫餘國)은 현토(玄菟)의 북쪽에 있고, 북쪽에는 약수가 있으며, ③숙신씨(肅愼氏) 동쪽 큰 바다는 북쪽으로 약수에 닿는다"라고 하였다. ④『속선전(續仙傳)』에 "봉래는 약수(弱水)에서 3만 리 떨어져 있는데, 날 수 있는 신선이 아니면 이를 수 없다"라고 하였으므로, 동북쪽에도 약수가 있을 것이다(按韻府曰, 弱水在西海中, 不能負羽, 蓋是也. 又晉書, 扶餘國在玄菟北, 北有弱水, 肅愼氏東濱大海, 北極弱水. 續仙傳曰, 蓬萊隔弱水三萬里, 非飛仙莫至, 然則東北亦有弱水矣).

이 단락은 지봉이 여러 자료에서 발췌한 '약수(弱水)'에 관한 주석이다. ①의 『운부(韻府)』가 어떤 책인지 확인되지 않는다. 『패문운부(珮文韻府)』는 18세기 초에 완성되었으므로, 해당하지 않는다. 『패문운부』가 근거한 원나라 음시부(陰時夫)의 『운부군옥(韻府群玉)』으로 추정되지만, 해당하는 문장을 안타깝게도 찾지 못했다. ②의 정보는 『진서(晉書)』(648년), 권97, 「부여국전(夫餘國傳)」(2532쪽)에서 확인된다. "부여국은 현토(玄菟) 북쪽 1,000여 리에 있다. 남쪽으로 선비(鮮卑)와 접했고, 북쪽에는 약수(弱水)가 있다. 땅은 사방 2,000리며, 가구는 8만 호이다. 성읍과 궁실이 있으며 토양은 오곡에 적합하다(夫餘國在玄菟北千餘里, 南接鮮卑, 北有弱水, 地方二千里, 戶八萬, 有城邑宮室, 地宜五穀)"라고 하였다. ③의 정보는 「숙신씨전」(2534쪽)에 "숙신씨는 읍루(挹婁)라고도 한다. 부함산(不咸山) 북쪽에 있음며, 부여(夫餘)에서 60일 가는 거리에 있다. [이 나라의] 동쪽은 대해이고, 서쪽은 구만한국(寇漫汗國)에 닿아있으며, 북쪽은 약수(弱水)에 이른다(肅慎氏一名挹婁, 在不咸山北, 去夫餘可六十日行. 東濱大海, 西接寇漫汗國, 北極弱水)"라고 하였다. 국사편찬위원회의 '중국정사조선전DB' 의 주석에 따르면, 약수는 아무르(Amur)강 또는 송화강(松花江)을 제시하고 있다. ④의 『속선전(續仙傳)』이란 책은 남당(南唐, 937~975) 시기 도사 심분(沈汾)이 갈홍(葛洪)의 『신선전(神仙傳)』을 이어 편집한 책이다. 『사고전서』본, 권상(19b)에 '자연(自然)'이란 자가 도사(道士)에게 봉래(蓬萊)에 어떻게 가는지를 묻자, 도사가 다음과 같이 대답했다. "봉래는 약수를 사이에 두고 있는데 이 약수는 3만여 리로, 배로도 갈 수 없고, 나는 신선이 아니면 이르지 못한다(蓬萊隔弱水, 此去三十萬里, 非舟檝可行, 非飛仙莫到)"라고 하였다. 마지막 문장에서 밝힌 것처럼, 지봉이 여기 유산(溜山), 즉 몰디브 군도에 관한 정보를 채록하며, 서해에도 '약수'라는 곳이 있지만, 우리 동방에도 '약수'라는 곳이 있다는 점을 상기시키고자 했을 것이다.

살마아한[sɑt-ma-ȵziẹ-xɑn](撒馬兒罕)은 현 우즈베키스탄 사마르칸트(Samarqand)의 음역 표기로 알려져 있다. 실크로드의 중앙 오아시스를 차자하고 있는 이 도시는 이미 알렉산더 대왕이 기원전 329년에 이 도시를 점령했다고 하는 것을 보면, 당시 '마라칸다(Marakanda)'로 불린 이 도시의 건설은 훨씬 이전으로 거슬러 올라갈 수 있을 것이다.

『신당서』, 권221하, 「강전(康傳)」(6243쪽)에 "강(康)은 살말건[sɑt-muɑt-kịɐn](薩末鞬)이라고도 하고, 삽말건[săp-muɑt—kịɐn](颯秣建)이라고도 하는데, 북위(北魏, 386~534년) 시대의 실만근[sịĕt-mịwɐn-kịən](悉萬斤)이라는 곳이다.[102] 남쪽으로 사[ʂi](史)[103]에서

102) 밑줄 친 정보는 『위서(魏書)』(554~559년), 권102, 「실만근국전(悉萬斤國傳)」(2269~2270쪽)에서 확인할 수 있다. "실만근국의 실만근성이다. 미밀(迷密)의 서쪽에 있고, 대(代)에서는 12,720리 떨어져 있다. 이 나라의 남쪽에는 '가색나(伽色那)'라는 산이 있는데, [그곳에] 사자가 난다. 매년 사신을 보내 조공했다(悉萬斤國, 都悉萬斤城, 在迷密西, 去代一萬二千七百二十里. 其國南有山, 名伽色那山, 出師子. 每使朝貢)"라고 하였다. 여기 미밀[miei-mịĕt](迷密)은 중국정사외국전 주석에 따르면, 미국(米國), 미말[miẹ-muɑt](彌末), 미말하[miẹ-muɑt-ɣɑ](弭秣賀)와 같이 마이무르그(Maymurg)라고 했는데, 여기 '실만근'이 사마르칸트라면, '마이무르그'는 사마르칸트 남쪽에 있으므로, 위치가 부합하지 않는다. 고음의 차이도 상당히 크다. 마이마르그(Maimargh)로 표기하는 것이 맞다.

103) '사(史)'라는 나라는 『신당서』, 권221하에 "'사(史)'는 '겁사[kʰịɑ-ʂɑ](佉沙)', 혹은 '갈상나[kịɐt-ʂịaŋ-nɑ](羯霜那)'라고도 부르는데, 독막[dʱuk-mɑk](獨莫) 강 남쪽 강거(康居)의 소왕(小王) 소해[suo-ɣăi](蘇薤) 성의 옛 땅에 있다(史, 或曰佉沙, 曰羯霜那, 居獨莫水南康居小王蘇薤城故地)"라고 하였다. 샤반(Édouard Chavannes)은 '사(史)'를 케슈(Kesch)[『Documents sur les Tou Kiue (Turcs) occidentaux』(St.-Pétersbourg, 1903), 133쪽], 즉 케슈(Kesh), 오늘날 사마르칸트 남쪽에 있는 샤흐리사브즈(Shahrisabz)로 확인한 이래로 별다른 이견이 제시되지 않았다. 여기 '겁사'는 케슈의 음역 표기로 볼 수 있겠으나 다른 명칭으로 제시된

500리, 서북쪽으로 서조[dzɦɑu](西曹)[104]와 100여 리, 동남쪽으

'길상나'는 음성적으로 아무런 관련이 없을 듯하다. 또한 '독막[dɦuk-mɑk](獨莫)'은 사실 카슈 북부에 흐르는 카슈카 다르야(Kaškā-daryā)와는 음성적으로 거리가 멀다. 이 '독막'은 아랄해 70km 남쪽에 있는 토크마크(Tokmak)를 지나는 강, 즉 시르다리야강을 말하는 것으로 보인다. 또한, 키르기스탄 이식쿨 호수의 서북쪽에 있는 토크모크(Tokmok)으로 볼 수도 있겠지만, 역시 거리가 멀다. 따라서 여기 『신당서』의 지리적 정보를 그대로 믿을 수는 없을 것 같다. 이븐 하우칼의 기록에 따르면, "카슈슈(Kaschsch)는 트랜스옥시아나의 한 도시이다. 사방 ⅓ 파라쌍(약 2,000m) 표면을 차지하고 있다. 토양은 비옥하고, 그곳의 과일들은 트랜스옥시아나의 다른 지역들보다 먼저 익는다. 그러나 그곳의 공기는 좋지 않다. 왜냐하면 도시가 저지대에 있기 때문이다. 도시에는 큰 운하 두 개가 있는데, 하나는 나흐 알 까싸린(Nahr al-Qaṣṣarīn, Foulon강)이라 하고, 다른 하나는 나흐 아슈르(Nahr Aschoūr)라고 한다. 이 나흐 아슈르는 도시의 북쪽에서 흐른다"라고 하였다(M. Reinaud, 『Géographie D'Aboulféda』, II(Paris, 1848), 218쪽). 몇몇 사전에 따르면, '갈상나'는 산스크리트어 '쿠사나(Kusana)'에 해당한다고 하는데 이곳이 케슈 또는 케슈슈와 어떻게 대응하는지 모르겠다.

104) 조[dzɦɑu](曹)라는 나라는 『신당서』, 권221하에 '서(西)', '동(東)', '중(中)' 등 세 나라로 나뉘어 기술되어 있다. '서조(西曹)'는 "서조(西曹)는 수나라 때의 조(曹)이다. 남쪽으로 사[ʂi](史)와 파람[puɑ-lɑm](波覽)과 접하며, 치소는 슬저흔[ʂiæt-tiei-ɣən](瑟底痕) 성이다(西曹者, 隋時曹也, 南接史及波覽, 治瑟底痕城)"라고 하였다. 여기 '슬저흔'을 샤반은 이슈티한(Ischtīkhan)으로 추정했다(앞의 출처). "『심장의 정수(Lobāb al-albāb)』에서 '이슈티한(Ischtīkhan)은 소그디아나 사마르칸트에서 7파라쌍(약 35km) 지점에 있다. 속해있는 촌락 중에는 사스(Zāz)라는 촌락이 있는데, 여러 학자가 태어난 곳이라고 했다. 이븐 하우칼의 책에서는 이슈티한은 사마르칸트의 두드러지지 않는 도시이자 구역이다. 이 슈티한 구역은 작은 여러 촌락과 마을로 구성되어있다. 숲, 과일, 과수원, 마을, 정원 그리고 오솔길로 가득 찬 쾌적하고 비옥한 곳이다. 도시에는 성과 강물이 있는 교외가 있다"라고 하였다(M. Reinaud, 『Géographie D'Aboulféda』, II(Paris, 1848), 219쪽). 레이노가 『Kitab al-Aṭwāl』에 따라 제시한 위도에 따르

로 미[miei](米)[105]와 100리, 북쪽으로 중조(中曹)[106]와 50리 떨어져 있다. 나밀(那密) 강 남쪽에 있으며 큰 성은 30개, 작은 보루는 300개가 있다. 왕의 성은 온(溫)으로 원래 월지(月氏) 사

면, 이슈티한은 '39도 55분'이고, 사마르칸트는 '40도'로 사마르칸트가 약간 높다. 즉 『신당서』에서 사마르칸트의 북쪽에 '서조'가 있다는 말과 상반된다.

105) 미[miei](米)는 "혹 미말(彌末)이라고도 하고 미말하(弭秣賀)라고도 한다. 북쪽으로 강(康, 사마르칸트)과는 100리 떨어져 있다(或曰彌末, 曰弭秣賀. 北百里距康"라고 한다. 즉 이 나라는 사마르칸트의 남쪽에 있다. 샤반은 미말[mie-muat](彌末), 미말하[mie-muat-γa](弭秣賀)가 마이마르그(Maimargh)에 해당하는 음으로 추정했다(앞의 출처). "트랜스옥시아나의 마이마르그(Maimargh)는 『심장의 정수(Lobāb al-albāb)』에 따르면, 부하라(Bokhārā)로 가는 길, 나흐샤브(Nakhschab) 인근의 큰 마을이다. 이 명칭으로 된 두 곳이 있는데, 하나는 사마르칸트 근처이고 다른 하나는 옥서스 강안에 있다"라고 하였다(M. Reinaud, 『Géographie D'Aboulféda』, II(Paris, 1848), 215쪽).

106) 중조(中曹)에 관하여 "중조(中曹)는 서조의 동쪽, 강(康, 사마르칸트)의 북쪽에 있다. 왕의 치소는 가저진[kia-tiei-tɕjĕn](迦底眞) 성이다. 그 사람들은 장대하고 전투에 능하다(中曹者, 居西曹東, 康之北. 王治迦底眞城. 其人長大, 工戰鬪)"라고 기술했다. 샤반은 카부단(Kaboūdhan)으로 추정했다(앞의 출처). 레이노(M. Reinaud)가 『아불페다의 지리』에서 이븐 하우칼의 설명을 다음과 같이 인용했다. "카부단자카트(Kaboūdhandjakath)는 마을과 숲으로 둘러싸인 작은 면이다. 카부단자카트의 성은 다른 작은 면 근처에 있는데, 또한 소그디아나 북쪽에 있다"라고 하였다. 주에서는 후예(Goeje)의 편집본을 인용하여 "이 작은 면(즉 Bārkath, 사마르칸트 동쪽)에 인접해 있는 카부단자카트 면도 마을과 숲으로 둘러싸여 있다. 그 성은 아부단자카트이다. 이 면(面) 옆이 위다르(Widhār) 면이다"라는 또 다른 해석을 보여주었다(M. Reinaud, 『Géographie D'Aboulféda』, II(Paris, 1848), 212쪽). 이로써 볼 때 카부단 또는 카부단자카트는 사마르칸트 동쪽에 있다고 추론할 수 있다. 사실 샤반은 가저진[kia-tiei-tɕjĕn](迦底眞)과 비슷한 아불페다의 '카부단(Kaboūdhan)'에 대응시켰으나 음성적으로 전혀 만족스럽지 못하다. 게다가 『신당서』의 '북쪽' 방향과는 부합하지 않는다. 이 가설이 하나의 정설로 인정되어서는 안 된다.

람이다. 처음에는 기련(祁連) 북쪽 소무(昭武) 성에 살았으나 돌궐에 무너져, 조금씩 총령(葱嶺)의 남쪽으로 의지해 살다가 곧 이 땅을 차지했다. 갈라진 여러 혈통을 왕으로 나누어 안(安), 조(曹), 석(石), 미(米), 하(何), 화심(火尋), 무지(戊地), 사(史)라 하였는데, 바로 세상에서 '구성(九姓)'이라 부르는 것으로, 모두 '소무(昭武)'를 성씨로 삼는다. **토양은 비옥하여 벼에 적합하고, 좋은 말이 나며, 군대는 다른 나라들보다 강하다. 사람들은 술을 좋아하고, 길에서 가무를 즐긴다. 왕은 전(氈)으로 만든 모자를 쓰는데, 황금으로 장식하고 보배를 섞었다. 여자들은 둥근 쪽[盤髻]을 하고, 검은 수건을 쓰며, 황금으로 만든 꽃을 이어 붙인다. 신생아는 석꿀[石蜜]을 먹이고 손에는 아교를 쥐여 주는데, 커서 감언(甘言)하고 풀처럼 보배를 가지게 하려는 [뜻이라고] 한다. [그들은] 관습적으로 옆으로 글을 쓴다. 장사에 뛰어나 돈을 잘 버는데, 사내가 20세가 되면 이웃 나라로 떠나며, 돈이 되는 곳이라면 가지 않는 곳이 없다. 12월을 한 해의 시작으로 하고, 부처[浮圖]의 법을 숭상하고 현신(祆神)에게 제사한다. 기계에 출중하고 기술이 정교하다. 11월에는 북을 치고 춤을 추며 추위를 부르면서[乞寒], 물을 서로 뿌리는 것을 놀이로 삼는다**(康者, 一曰薩末鞬, 亦曰颯秣建, 元魏所謂悉萬斤者. 其南距史百五十里, 西北距西曹百餘里, 東南屬米百里, 北中曹五十里. 在那密水南, 大城三十, 小堡三百. 君姓溫, 本月氏人. 始居祁連北昭武城, 爲突厥所破, 稍南依葱嶺, 卽有其地. 枝庶分王, 曰安, 曰曹, 曰石, 曰米, 曰何, 曰火尋, 曰戊地, 曰史, 世謂「九姓」, 皆氏昭武. 土沃宜禾, 出善馬, 兵彊諸國. 人嗜酒, 好歌舞于道. 王帽氈, 飾金雜寶. 女子盤髻, 幪黑巾, 綴金蘤. 生兒以石蜜啖之, 置膠於掌, 欲長而甘言, 持珤若黏云. 習旁行書. 善商賈, 好利, 丈夫年二十, 去傍國, 利所在無不至. 以十二月爲

歲首, 尙浮圖法, 祠祆神. 出機巧技. 十一月鼓舞乞寒, 以水交潑爲樂).”

이상으로부터 강(康) 또는 강국(康國)은 현 사마르칸트에 해당하며, 중국 자료에서는 6세기 중반부터 실만근[sịĕt-mịwɐn-kịən](悉萬斤), 살말건[sɑt-muɑt-kịɐn](薩末鞬), 삽말건[săp-muɑt—kịɐn](颯秣建) 등으로 표기되면서 중국과의 관계를 맺었다. 그렇다고 『사기』와 『한서』에 보이는 ‘강거(康居)’와 같은 나라로는 보이지 않는다.

그러나 ‘사마르칸트’를 가장 정확하게 이해하고 있는 자료는 야율초재(耶律楚材, 1190~1243)가 1228년에 쓴 『서유록(西遊錄)』일 것이다. “오트라르(Otrar, 訛打剌) 서쪽으로 1,000여 리에 심사간[zịəm-si-kɑn](尋思干)이라는 큰 성이 있다. ‘심사간’은 서쪽 사람들은 ‘비(肥)’라고 하는데, 토양이 비옥하여 그렇게 부른다. 서요(西遼)는 이 성을 ‘하중부(河中府)’라 했는데, 강[Zarafchan]가이기 때문이다. 심사간은 물산이 매우 풍부하다. 금과 구리 주화[金銅錢]를 사용하나 구멍이나 테두리가 없다. 모든 물건은 저울로 단다. 성곽 수십 리 모두 숲이다. 집마다 반드시 정원이 있고, 정원들은 반드시 볼만하다. 모두 날리는 도랑과 흐르는 샘, 네모난 연못과 둥근 늪지가 [있고], 측백과 버드나무 서로 닿고, 복숭아와 자두나무 연이어져 또한 한때의 장관이었다. 수박[瓜] 중 큰 것은 말머리만큼 컸고, 긴 것은 여우가 들어갈 수 있었다. 여덟 가지 곡물 중에 기장[黍], 찹쌀[糯], 대두는 없었고 나머지는 모두 있었다. 한여름에는 비가 내리지 않아 강물을 끌어와 흐르게 한다. 2무(畝)마다 1종(鍾)쯤 거둔다. 포도(蒲桃)로 술을 빚는데, 맛이 중산(中山)의 구온(九醞) 같았다. 뽕나무는 좀 있으나 양잠할 수 있는 자가 거의 없고, 고치실은 [구하기] 매우 어려우므로, 모두 굴순(屈眴)[107]을 입는다. **현지인들은 흰옷을 좋은 색으로**, 파란 옷을 상복으로 생각하여, 모두 흰옷을 입는다(訛打剌西千餘里有大城曰尋思干. 尋思干者西人云肥也, 以地土肥饒故名之. 西遼名是城曰河中府, 以瀕河故也. 尋思

107) 굴순[kʰi̯uət-śi̯uěn](屈眴)은 불교 자료에 가장 먼저 언급되었다. 찬녕(贊寧) 등이 988년 완성한 『송고승전(宋高僧傳)』(T.2061), 권8, 「혜능전(慧能傳)」(755b) "그 탑 아래에는 굴순포로 만든 울다라승(鬱多羅僧, 가사의 일종)이 들어있는데, 그 색은 청흑색이며 푸른 비단을 겹쳐 만들어 인간 세상에 있는 것이 아니다(其塔下葆藏屈眴布鬱多羅僧, 其色青黑, 碧縑複袷, 非人間所有物也)" 라고 굴순포로 만든 가사를 설명했다. 또 1143년 법운(法雲)의 『번역명의집(翻譯名義集)』(T.2131, 권7, 1172a)에서는 굴순에 대해, "이것을 '대세포(大細布)'라 한다. 목면의 꽃심[華心]을 이어 짠 것으로, 그 색은 청흑색이다. 바로 달마가 전하는 가사이다(此云大細布. 緝木綿華心織成, 其色青黑, 即達磨所傳袈裟)." 『경덕전등록(景德傳燈錄)』(T.2076, 권5, 236c)에 달마가 전한 가사를 언급하고 그 주에 그 가사는 "서역의 굴순포이다. 목면의 꽃심을 이어 짠 것으로, 후세 사람들이 푸른 비단으로 안감을 만들었다(西域屈眴布也. 緝木綿華心織成, 後人以碧絹爲裏)." 브레트슈나이더(Emil Bretschneider)는 '굴순'을 아랍어 카슴(qaśm)과 연관성을 제기하고, 면은 현재 서투르키스탄에서 '구자(guza)'라고 불린다고 지적했다(『Mediaeval Researches from Eastern Asiatic Sources』, London, I(1888), 21쪽). 그러나 폴 펠리오는 이 '카슴'은 '오래된 면'을 의미하고 의미상으로나 음성적으로 '굴순'과 일치하지 않는다고 지적한 바 있다(『Notes on Marco Polo』, I, 466쪽). 중요한 것은 '목면(木綿)'[Gossypium herbaceum]의 꽃으로 만든다는 점이다. 달마가 전했다는 가사의 색깔은 겹옷 형태였기 때문에, 청흑색이었지만, 굴순, 즉 목면의 색깔은 기본적으로 흰색이었다. 서광계(徐光啟)는 『농정전서(農政全書)』(사고전서본, 권35, 2b)에서 "내가 조계 승려 혜능이 전한 '굴순포'라는 옷을 보니, 바로 백첩포(白氎布)를 말하는 것이었다. 목면의 [꽃]심으로 만든 것으로, 그 색은 고치실과 같았다(余見曹溪釋惠能所傳衣曰屈眴布, 即白氎布云是. 西域木棉心所織者, 其色澤如蠶絲)"라고 설명했다.

干甚富庶. 用金銅錢, 無孔郭. 百物皆以權平之. 環郭數十里皆園林也. 家必有園, 園必成趣, 率飛渠走泉, 方池圓沼, 柏柳相接, 桃李連延, 亦一時之勝槩也. 瓜大者如馬首許, 長可以容狐. 八穀無黍·糯·大豆, 餘皆有之. 盛夏無雨, 引河以激. 率二畝收鍾許. 釀以蒲桃, 味如中山九醞. 頗有桑, 鮮能蠶者, 故絲纊絕難, 皆服屈眴. 土人以白衣爲吉色, 以靑衣爲喪服, 故皆衣白)"라고 하였다(샹다 교주본, 『서유록』, 3쪽). 여기 사마르칸트의 또 다른 음역 표기인 '심사간[zịəm-si-kan](尋思干)'은 베심 아탈라이(Besim Atalay)의 『돌궐어 대사전(Divanü Lūgat-it-Türk)』(Ankara, 1986, 850쪽)에는, 튀르크어 명칭인 '세미즈켄트(Semizkend)'가 보이는데 이를 음역한 것으로 보인다. 한편 클라우슨(Gerard Clauson)의 『An Etymological Dictionary Of Pre-Thirteenth Century Turkish』(Oxford, 1972, 728쪽)에 따르면, 'kent'는 속드어 'knḍ'로, 타쉬켄트(Tashkent)의 '켄트'를 제외한 모든 경우에 '마을'이나 '작은 촌락'을 뜻한다고 한다. 그 면적 때문에, '**살찐(samīna) 도시**'로 불리는 세미즈켄트(Semizkend)를 페르시아인들은 사마르칸트(Samarqand)라고 불렀다고 한다.

클라우슨의 설명은 분명 야율초재의 설명과 놀랍게 일치한다. 따라서 아드리언 룸(Adrian Room)이 『세계의 지명 사전(Placenames of the World)』(London, 2006, 330쪽)에서, 속드어로 '바위'를 뜻하는 '사마르(samar)'와 요새나 도시를 의미하는 'kand'에서 나왔다고 하는 설은 잘못되었다.

1782년 편찬된 『요금원삼사국어해(遼金元三史國語解)·원사어해(元史語解)』(사고전서본, 권4, 7b), 새마이감[sɑĭ-ma-ȵʑie̯-kʰăm](賽瑪爾堪) 표제어 아래에는 "회어(回語, 만주어 또는 몽골어)로 변화하다는 뜻이다. 권1에서는 설미사간[sįɛt-miei-si-kɑn](薛迷思干), 권63에서는 살마이간[sɑt-ma-ȵʑie̯-kɑn](撒麻耳干)으로 되어있는데, 모두 도성의 명칭 또는 지명으로 바뀌었다(回語繁華也. 卷一作薛迷思干, 卷六十三作撒麻耳干, 併改城名, 又地名)"라고 하였다. 『원사』에서 '설미사간'은 총 7차례, 심사간(尋思干)은 5차례, '살마이간'은 단 한 차례 표기되었다. 『명사』에서는 '살마아한(撒馬兒罕)'으로 통일되어있다. '설미사간(薛迷思干)'은 사고전서본 『원사』에는 모두 '새마이감(賽瑪爾堪)'으로 표기되어있다. '새마이감' 형태는 도종의(陶宗儀, 1316~1369) 『철경록(輟耕錄)』(사고전서본, 권10, 7b)에 가장 빨리 보인다. 한편 야율초재와 동시대 기록인 『장춘진인서유기(長春眞人西遊記)』에는 '사미사간[zįa-miei-si-kɑn](邪米思干)'으로 표기되었다.

『명사』에 따르면, 사마르칸트는 만력(萬曆, 1573~1619)에 이르도록 끊임없이 조공 관계를 맺어왔다고 한다(권332, 「살마아한전」, 8602쪽). 그러나 중국 사료에서 이 나라에 대한 자세한 정보는 앞서본 『신당서』 이래로 크게 진전되지 않았다. 『명사』의 열전은 장황하게 조공한 기록만 옮겨 놓다가, 마지막 단락에서 "이 나라는 동서로 3,000여 리로, 땅은 넓고 평탄하며, 토양은 비옥하다. 왕이 사는 도성은 너비가 10여 리이고 사람들이 조밀하다. [이 나라의] 서남쪽 여러 외국[諸蕃]의 산물이 모두 이곳에 모여 부유하고 풍요롭다고 일컬어졌다. 도성의 동북쪽에는 흙을 쌓아 만든 집[土屋]이 있는데 하늘에 예배하는 곳으로, 규모가 정교하다. 기둥은 모두 청석(靑石)이고, 꽃문양이 새겨져 있으며, 가운데는 경전을 읽는 당이 있다. 금을 녹여 쓴 경전은 양가죽으로 싼다. 풍속으로 술을 금한다. 사람들은 수려하고, 공예술은 합렬(哈烈, 헤라트)보다 뛰어나고,

풍속과 토산은 대체로 합렬과 같다(其國東西三千餘里, 地寬平, 土壤膏腴. 王所居城, 廣十餘里, 民居稠密. 西南諸蕃之貨皆聚於此, 號爲富饒. 城東北有土屋, 爲拜天之所, 規制精巧, 柱皆青石, 雕爲花文, 中設講經之堂. 用泥金書經, 裹以羊皮. 俗禁酒. 人物秀美, 工巧過於哈烈, 而風俗·土産多與之同)"라고 하였다.

두우(杜佑)가 801년 완성한 『통전(通典)』(사고전서본 193, 3a~3b)에는 『위절서번기(韋節西蕃記)』를 인용하여, "강국(康國)의 사람들은 모두 장사에 뛰어나, 남아의 나이 5세가 되면 책과 함께하게 하고, [그것을] 조금 이해하면, 장사를 배우러 보낸다. 대부분 돈을 버는 것을 선(善)으로 여긴다. 그 사람들은 음악[音聲]을 좋아한다. **음력 6월 1일을 한 해의 시작으로 하고**, 그날이 되면 왕과 사람들은 모두 새 옷을 입고 머리털과 수염을 깎는다. 나라의 도성 동쪽 숲 아래에서 7일 동안 말을 타며 활쏘기를 하고, 날이 저물려 할 즈음 표제[帖]에 금주화를 놓고 명중시킨 사람이 하루 동안 왕이 된다. 민간에서는 천신(天神)을 섬기는데, 그 숭배함이 매우 엄중하다. 신의 아이[神兒]는 7개월이면 죽고 그 몸뚱이가 사라져 버린다고 한다. 신을 섬기는 사람들은 그달이 되면, **모두 검은 면[黑疊] 옷을 입고**, 맨발로 다니며 가슴을 어루만지고 눈물과 콧물이 섞여 흐르도록 통곡한다. 3~5백 명의 남자와 여인들이 들판에 흩어져 천신 자식[天兒]의 몸뚱이를 찾다가 7일이 되면 그친다. 나라의 도성 밖에는 별도로 200여 가구가 살며, 오로지 장례에 종사한다. 이들은 별도로 하나의 울타리[院]를 만들어 개들을 기른다. **사람이 죽을 때마다 가서 시신을 가져와 이 울타리 안에 넣고 개들에게 먹인다**. 그 뒤에 유골을 수습하여 땅에 묻어 장례 하는데, 관은 없다(康國人並善賈, 男年至五

歲則令與書, 少解則遣學賈, 以得利多爲善. 其人好音聲. 以六月一日爲歲首, 至此日, 王及人庶並服新衣, 剪髮須. 在國城東林下七日馬射, 至欲罷日, 置一金錢於帖上, 射中者則得一日爲王. 俗事天神, 崇敬甚重. 云神兒七月死, 失骸骨, 事神之人每至其月, 俱著黑疊衣, 徒跣撫胸號哭, 涕淚交流. 丈夫婦女三五百人散在草野, 求天兒骸骨, 七日便止. 國城外別有二百餘戶, 專知喪事, 別築一院, 其院內養狗. 每有人死者, 即往取尸, 置此院內, 令狗食之, 由是盡收骸骨, 埋殯, 無棺槨)"라고 하였다. 이 미상의 기록은 앞서 본 자료들의 기록과 상당히 다르며 이곳 사람들이 견장(犬葬)을 지낸다는 풍습에 관한 정보는 이곳에서 유일하다.

(1)사마르칸드[撒馬兒罕]는 한나라 시기 계빈[kɪɛi-pjěn](罽賓)이다. 가욕관(嘉峪關)에서 10,000리 떨어져 있고, [이곳의 면적은] 동서로 1,000리이다(撒馬兒罕, 漢罽賓也. 去嘉峪關萬里, 東西相距千里).

『황명사이고』: "사마르칸트[撒馬兒罕]는 한나라 시기 계빈(罽賓)이다. 헤라트[哈烈] 동북쪽 3,000리에 있다. 동쪽으로 가욕관(嘉峪關)까지는 9,900리이다. [이 나라는] 동서로 1,000리로, 땅은 평탄하다. 산천으로 철문협(鐵門峽)과 아무르강[阿木河]이 가장 크다(撒馬兒罕, 漢罽賓也. 在哈烈東北三千里. 東去嘉峪關九千九百里. 東西相距千里, 地平. 山川, 鐵門峽·阿木河最大)."

여기 살마아한(撒馬兒罕)이 한나라 시대 '계빈'이라는 정보는 완전히 착오이다. 중국정사외국전 주석에는 계빈을 카슈미르로 추정하고 있다. 이 추정은 상당히 일반적으로 받아들여지는 설이다. 이 설은 샤반(Édouard Chavannes)에 의해 제기되고 고쳐진 설로, 사실 계빈=카슈미르는 하나의 혼동에 지나지 않는다.

'계빈'이라는 명칭은 『한서』, 권96상, 「계빈국전」(3884쪽)에서, 「본기」에서는 보이지 않지만, 처음 언급되었다. "계빈국의 왕은 순선[ziuĕn-siɛn](循鮮) 성에서 다스리는데, [이곳은] 장안에서 12,200리 떨어져 있으며, 도호(都護)에 복속되지 않았다. 사람들과 우수한 병사[勝兵]가 많은 대국이다. 동북쪽으로 도호부의 치소까지 6,840리이고, 동쪽으로는 오타[ʔuo-ḍʱa]국(烏秅國)까지 2,250리이며, 동북쪽으로 난두[nɑn-təu]국(難兜國)까지 9일 가야 하고, 서북쪽으로 대월지(大月氏)와 서남쪽으로 오익산리[ʔuo-jĭək-ʂăn-lie](烏弋山離)와 접해있다(罽賓國王治循鮮城, 去長安萬二千二百里, 不屬都護. 戶口勝兵多, 大國也. 東北至都護治所六千八百四十里, 東至烏秅國二千二百五十里, 東北至難兜國九日行, 西北與大月氏, 西南與烏弋山離接)"라고 하였다. 이뿐만 아니라, 『한서』「서역전」에서 '계빈'의 위치를 추적할 수 있는 정보들을 종합하면 다음과 같다.

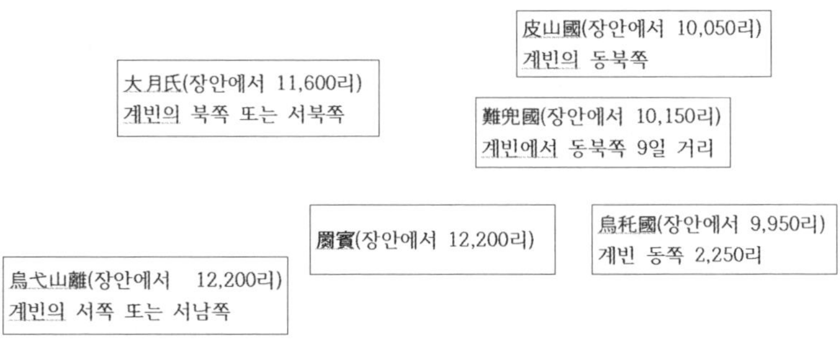

이어서 반고(班固)는 다음과 같이 계빈에 관한 세부 정보를 제시한다. "계빈의 땅은 평탄하고, [기후는] 온화하다. 거여목[目宿], 잡다한 풀, 기이한 나무, 단(檀), 회(櫰), 재(梓), 죽(竹), 옻[漆] 등의 나무가 있다. 오곡, 포도(蒲陶) 등 여러 과일을 심고, 텃밭에는 거름을 주어 기른다. 낮고 습한 땅에서는 벼가 나고, 겨울에는 날채소를 먹는다. 사람들은 손재주가 있어 [나무에] 문양을 새기거나, [쇠붙이를] 아로새겨, 궁궐을 장식하고, 융단[罽]을 직조하고, 자수하며 음식을 즐겨 만든다. 금은, 구리, 주석이 있어 그것으로 기물을 만든다. 시장이 늘어서 있다. 금은으로 주화를 만드는데, 글자가 있는 면[앞면]은 기마(騎馬) 형상이고, 문자가 없는 면[배면]은 사람의 얼굴이다[文爲騎馬, 幕爲人面][108]. 봉우(封牛)[109], 물소[水牛], 코끼리[象], 큰 개[大狗][110], 목후(沐猴)[111], 공작(孔爵=孔雀),

108) 이 주화 정보에 관하여 안사고(顔師古)는 장안(張晏)이 "주화의 글자가 있는 면[文面]은 기마(騎馬) 형상으로 만들었고, 글자가 없는 면[漫面, 뒷면]은 사람의 얼굴로 만들었다(錢文面作騎馬形, 漫面作人面目也)"라고 한 설명을 인용했고, 이어서 여순(如淳)이 '막[mak](幕)'자는 음이 '만[muan](漫)'이라고 한 설명에 대하여, "'막(幕)'은 바로 '배면[漫]'으로, 음을 빌릴 필요가 없다. 요즘 '막피(幕皮)'라고 하는 것 또한 민자[平]이며 문자가 없는 것을 말한다(幕即漫耳, 無勞借音. 今所呼幕皮者, 亦謂其平而無文也)"라고 설명했다.

109) 봉우(封牛)는 『후한서』, 권6, 「순제본기」에 카슈갈[疏勒國]이 헌상한 동물로도 언급되었는데(263쪽), 이현(李賢)의 주석에 "봉우는 그 목덜미 위에 육종(肉腫)이 불룩 튀어나와 봉분(封墳) 같으므로 부르는 명칭으로, 오늘날 봉우(峯牛)이다(封牛, 其領上肉隆起若封然, 因以名之, 即今之峰牛)"라고 하였다. '방우(犎牛)'라고 표기하기도 한다.

110) 큰 개[大狗]에 관하여 안사고(顔師古)는 곽의공(郭義恭)의 『광지(廣志)』를 인용하여, "계빈의 대구(大狗)는 나귀만큼 크고, 적색이며, 몇 리에서 작은 북을 흔들어 부른다(郭義恭廣志云罽賓大狗大如驢, 赤色, 數里搖鞉以呼之)"라고 하였다. 마지막 문장은 자신하지 못하지만, '계빈'에 대구(大狗)가 난다는 것만큼은 확인할 수 있다.

111) 목후(沐猴)는 마카카(Macaca) 속의 원숭이로 20여 종이 있다. 『시경·소아』,

구슬[珠璣], 산호(珊瑚), 호박[虎魄=虎珀=琥珀], 벽유리(璧流離)[112] 등이 난다(罽賓地平, 溫和. 有目宿, 雜草, 奇木, 檀·櫰·

「각궁(角弓)」에 "유(猱)가 나무에 오르게 하지 말라(毋教猱升木)"라는 시구가 보이는데, 육기(陸機)의 소(疏)에 "'유'는 미후(獼猴)로, 초나라 사람들은 '목후(沐猴)'라고 한다(猱, 獼猴也, 楚人謂之沐猴)"라고 하였다.

112) 벽유리(璧流離)의 '유리(流離)'는 '유리(瑠璃, 琉璃)'로도 표기되는 음역 명칭이다. 따라서 '벽(璧)'자는 유리의 색을 의미하는 것일까? 안사고(顔師古)는 주에서 맹강(孟康)이 "유리(流離)는 옥처럼 청색(青色)이다(流離青色如玉)"라는 설을 소개한 뒤에, 다시 "『위략(魏略)』에 대진국(大秦國)에서는 적(赤), 백(白), 흑(黑), 황(黃), 청(青), 녹(綠), 표(縹), 감(紺), 홍(紅), 자(紫) 등 10종의 유리(流離)가 난다고 했으므로 맹강이 청색이라고 한 것은 두루 통하지 않는다. 이것은 자연 산물로 색깔과 광택이 옥보다 뛰어나며 그 색이 일정하지 않다. 오늘날 민간에서 사용하는 유리는 모두 돌을 녹인 즙에 뭇 약을 추가하여 부어 만드는데, 더욱 약하고 일정하지 않은[不貞] 것들로, 사실 진짜 유리가 아니다(魏略云大秦國出赤·白·黑·黃·青·綠·縹·紺·紅·紫十種流離. 孟言青色, 不博通也. 此蓋自然之物, 采澤光潤, 踰於衆玉, 其色不恆. 今俗所用, 皆銷冶洽石汁, 加以衆藥, 灌而爲之, 尤虛脆不貞, 實非眞物)"라고 하였다. 이 설명은 확실히 '벽(璧)'자가 색을 의미하는 글자로 보이지는 않는다. 혜림(慧琳)의 『일체경음의』(T.2183, 권27, 484b)에는 유리(瑠璃) 아래, "폐유리(吠瑠璃)로, 혹 그냥 '유리(瑠璃)'라고도 한다"라는 설명이 있다. 또 법운(法雲)은 『번역명의집(翻譯名義集)』(T.2131, 권3, 1105b)에서 "유리(瑠璃)는 혹 유리(琉璃)라고도 라는 이것은 청색의 보석을 말하는데, 부원[piə̯u-gi̯wăn](不遠)으로도 번역한다. 파라내성(波羅奈城)에서 멀지 않은 산에서 이 보석이 나기 때문에, 그렇게 부른다(瑠璃, 或作琉. 此云青色寶, 亦翻不遠. 謂西域有山, 去波羅奈城不遠山出此寶, 因以名焉)"라고 설명한 다음, 현응(玄應) 법사의 설명을 인용하여 "'폐[bʱi̯wɐi](吠)'자를 추가하거나 '비[bʱi](毘)'자를 붙이기도 하며, 혹 '비두리[bʱi-dʱə̯u-li](毘頭梨)'라고도 하는데, 산(山)에서 이름한 것으로 원산(遠山)의 보석이다. '원산'은 바로 수미산(須彌山)이다. 이 보석은 청색으로, 어떤 보석으로도 파괴할 수도 없고 화염으로 녹여 주조할 수도 없어 오로지 귀신같은 신통력이 있는 자만 파괴할 수 있다고 한다. 또 금시조(金翅鳥)의 알껍데기를 귀

梓·竹·漆. 種五穀·蒲陶諸果, 糞治園田. 地下溼, 生稻, 冬食生菜. 其民巧, 雕文刻鏤, 治宮室, 織罽, 刺文繡, 好治食. 有金銀銅錫, 以爲器. 市列. 以金銀爲錢, 文爲騎馬, 幕爲人面. 出封牛·水牛·象·大狗·沐猴·孔爵·珠璣·珊瑚·虎魄·璧流離).” 이상 『한서』에서 설명하는 풍속이나 산물로서 ‘계빈’의 위치를 특정할 만한 어떠한 단서도 찾을 수 없어 보인다.

샤반(Édouard Chavannes)은 「『위략(魏略)』에 따른 서역 나라들(Les pays d'Occident d'après le Wei Lio)」, 『통보』(1905), 538쪽에서 “‘계빈’은 중국인들에게 다음과 같은 두 가지의 의미가 있다. 먼저 실뱅 레비(Sylvain Lévy)가 보여준 것처럼(『JA』, 1895, 373~374쪽), 카슈미르를 지칭한다. ‘계빈’ 두 글자는 프톨레마이오스가 ‘카스페리아(Kaspē^{ā}ria)’로 옮겼던 명칭과 같은 음역 표기로, 이 ‘카스페리아’가 중국인들에게는 ‘카스피르(Kaspir)’로 들렸을 것이다. 한나라부터 북위(北魏) 시대까지 ‘계빈’이라는 명칭이 유일하게 채택되었고, 승려들의 구법 여행기에서 여러 차례 입증된 것처럼(『BEFEO』, III, 415

신이 얻어 사람들에게 판 것이라고도 한다. 혹 감유리(紺瑠璃)라고도 한다”라고 하였다(應法師云, 或加吠字, 或加毘字, 或言毘頭梨, 從山爲名, 乃遠山寶也. 遠山, 即須彌山也. 此寶青色, 一切寶皆不可壞, 亦非煙焰所能鎔鑄, 唯鬼神有通力者能破壞. 又言金翅鳥卵殼, 鬼神得之, 出賣與人. 或名紺瑠璃). 이어서 법운은 여기 ‘감(紺)’자를 설명하며서 “『석명(釋名)』에 ‘감(紺)은 ‘함(含)’으로, 푸르면서 적색을 머금은 것이다’라고 하였다. 옛날 글자로는 ‘유리(流離)’라고만 했다(釋名云, 紺, 含也, 青而含赤色也. 古字但作流離)”라고 하면서 그 예로 좌사(左思)의 「오도부(吳都賦)」에 사용된 예를 들었다. 이로써 『한서』의 ‘벽$^{\text{[piɛk]}}$(璧)’자는 ‘폐$^{\text{[bʱjwɐi]}}$(吠)’자 또는 ‘비$^{\text{[bʱi]}}$(毘)’자의 다른 표기로 읽어 산스크리트어 바이두리야(vaiḍūrya), 즉 ‘고양이 눈’, 묘정석(貓睛石)에 해당하는 보석으로 추정할 수 있을 것이다.

쪽, 주8; 417쪽 주4, 432쪽 주1, 435쪽 주3) 언제나 카슈미르였다. '계빈'이 카피사(Kapiça)라는 명칭과 잘못 연결된 것은 당나라 시기이다. 이때부터 카피사를 지칭하는 것으로 사용했다"라고 설명한 바 있다. 샤반은 『한서』에서 말한 '계빈'이 현재 인도 북부, 파키스탄 동북부, 중국 서남부가 나누어 차지하고 있는 카슈미르 지역으로 특정하고 있다.

『위서(魏書)』, 권102, 「계빈국전」(2277쪽)의 기술은 『북사』, 권97, 「계빈국전」(3229쪽)에서도 그대로 채록되었다. 이에 따르면, "선현[ʑi̯ɛn-ɣien]성(善見城)에 도읍한 계빈국은 파로[puɑ-luo](波路) 서남쪽에 있으며, 대(代)에서는 14,200리 떨어져 있다. 사방이 산으로 둘러싸여 있다. 이곳의 땅은 동서로 800리이고 남북으로 300리이다. 땅은 평탄하고 [기후는] 온화하며, 거여목[苜蓿], 잡풀, 기이한 나무, 단(檀), 괴(槐), 재(梓), 대나무가 있다. 오곡을 파종하고, 텃밭에는 똥거름을 준다. 낮고 습한 지대에서는 벼가 난다. 겨울에는 날채소를 먹는다. 이곳 사람들은 손재주가 좋아, [나무에] 문양을 조각하거나, 쇠붙이를 아로새기거나 융단[罽]을 직조한다. 금은, 구리, 주석이 있어 그것으로 기물을 만든다. 시장에서는 주화를 사용한다. 가축들은 여러 나라와 같다. 매년 사신을 보내 산물을 바쳤다(罽賓國, 都善見城, 在波路西南, 去代一萬四千二百里. 居在四山中. 其地東西八百里, 南北三百里. 地平溫和. 有苜蓿·雜草·奇木·檀·槐·梓·竹. 種五穀, 糞園田. 地下濕, 生稻. 冬食生菜. 其人工巧, 雕文·刻鏤·織罽. 有金·銀·銅·錫以爲器物. 市用錢. 他畜與諸國同. 每使朝獻)"라고 하였다.

여기 '선현[ʑi̯ɛn-ɣien]성'은 『한서』의 순선[zi̯uĕn-si̯ɛn](循鮮) 성의 또 다른 표기일 것이다. 그러나 거리가 이미 2,000리 이상 차이가 나지만, 토양이나 산물의 기술은 『한서』의 정보와 크게 다르지 않기 때문에, 『한서』와 『위서』의 ‘계빈’은 같은 곳이라고 추론할 수 있다. 『한서』의 거리 정보는 잘못되었다고 상정할 수밖에 없다. 왜냐하면 계빈의 서쪽 또는 서남쪽에 있다는 오익산리(烏弋山離)는 계빈과 같은 거리에 있고, 또한 계빈의 북쪽 또는 서북쪽에 있다는 대월지(大月氏)는 오히려 계빈보다 짧은 거리에 있기 때문이다.

마지막으로 『신당서』, 권221상, 「계빈전」(6240쪽)에서는 “계빈은 수나라 시대의 조[dzɦɑu]국(漕國)으로, 총[tsʰuŋ]령(葱嶺) 남쪽에 있다. 장안에서 12,000여 리 떨어져 있고, 남쪽으로 사위[ɕia-ɣĭwɛi](舍衛)에서 3,000리 떨어져 있다. 왕은 수선[sɨəu-sɨɛn](脩鮮)성에 살며, 항상 대월지(大月氏)에 복속돼 있었다. 이곳은 덥고 습하며 사람들은 코끼리를 타고 민간에서는 부처[浮屠]의 법을 닦는다(罽賓, 隋漕國也, 居葱嶺南. 距京師萬二千里而羸, 南距舍衛三千里. 王居脩鮮城, 常役屬大月氏. 地暑濕, 人乘象, 俗治浮屠法)”라고 하였다.

먼저 밑줄 친 정보는 『구당서』, 권198, 「계빈전」에 보이지 않는다. 여기의 ‘조국(漕國)’은 『신당서』에 보이는 서조[dzɦɑu](西曹), 동조(東曹), 중조(中曹)로 나누어 기술한 나라일 것이다. 이 나라들은 강국(康國) 즉 사마르칸트의 북쪽과 동쪽에 있는 나라이다. 사마르칸트 5시 방향으로 600km 남짓 떨어진 곳에 카피사가 있다. 따라서 이 정보는 완전히 잘못 채록되었다. 여기 계빈의 도읍으로 표기된 수선[sɨəu-sɨɛn](脩鮮)은 『한서』의 순선[zɨuěn-sɨɛn](循鮮)과 『위서』의 선현[zɨɛn-ɣien](善見)으로, 같은 곳의 다른 표기에 지나지 않는다. 게다가 기술된 정보 역시 상치되는 점은 없다. 이는 한나라 시대의 ‘계빈’이 당나라 시기의 '계빈'과 같은 곳임을 말해 준다.

샤반(Édouard Chavannes)은 『서돌궐 자료 집성(Documents sur les Tou Kiue (Turcs) occidentaux)』(St.-Pétersbourg, 1903, 52쪽 주1)에서 실뱅 레비(Sylvian Lévi)와 함께 역주한 「오공입축기(L'Itinéraire d'Ou-K'ong 751~790)」(『JA』, 1895-2, 341~384쪽)을 참고하여 당나라 시기의 '계빈(罽賓)'이 현 아프가니스탄 카피사(Kapisa)의 음역 명칭임을 다음과 같은 세 가지 근거를 들어 설명했다.

첫째, 예언(禮言)의 『범어잡명(梵語雜名)』(T.2135, 1236a)에 따르면, 계빈(罽賓)을 산스크리트어 카르피사야(Karpiśaya)의 음역인 '겁비사야(劫比舍也)'라고 정의했다.

둘째, 『대당서역기』, 권1(『대당서역기교주』, 135~139쪽)에 "가필시 왕국은 둘레가 4,000여 리이고, 북쪽으로 설산을 등지고 있고, 세 방향은 흑령(黑嶺, Siayh-Koh) 근처이다. 나라의 큰 도성은 주위가 10여 리이다. 벼와 맥(麥)에 적합하고, 과실수가 많다. 좋은 말과 울금향이 나며, 다른 나라의 기이한 물품이 이 나라에 모인다. …옛날 간다라 왕국[健馱邏國]의 카니슈카왕[迦膩色迦王]은 위세가 이웃 나라에 미쳤고, 먼 나라까지 교화가 퍼졌으며, 군대를 길러 영토를 확장하여 총령(葱嶺) 동쪽에 이르렀다. 하서(河西)의 서쪽 이민족들은 위세를 두려워하여 볼모[質]를 보내왔다. 카니슈카왕은 이들 볼모를 받자 특별히 예우하여 추울 때와 더울 때 머무는 곳을 바꾸도록 해 주었다. 겨울에는 인도의 여러 나라에 살도록 했고, **여름에는 가필시국으로 돌아오게 했으며**, 봄가을에는 간다라 왕국에 머물게 했다. 따라서 볼모들이 세 계절 머무는 곳에 각기 절[伽藍]을 지었는데, 지금의 이 절로, 여름에 머물도록 지은 것이다(迦畢試國, 周四千餘里, 北背雪山, 三陲黑嶺. 國大都城周十餘里. 宜穀麥, 多果木. 出善馬·鬱金香, 異方奇貨多聚此國. …昔健馱邏國迦膩色迦王, 威被鄰國, 化洽遠方, 治兵廣地, 至蔥嶺東. 河西蕃維畏威送質. 迦膩色迦王既得質子, 特加禮命,寒暑改館. 冬居印度諸國, 夏還迦畢試國, 春秋止健馱邏國, 故質子三時住處, 各建伽藍, 今此伽藍, 即夏居之所建也)"라고 하였다.

한편 『오공입축기』(T.0780, 979c)에서 "[천보(天寶)] 12, 계사년(癸巳年, 753), 2월 21일에 간다라 왕국[至乾陀羅國]에 이르렀는데, 이곳이 바로 계빈 동쪽 도성이다. 왕은 겨울에 이곳에서 머물다가 **여름에는 계빈에 사는데**, 지역의 따뜻함과 서늘함에 따라 성향에 맞춘다(十二載癸巳二月二十一日, 至乾陀羅國, 此即罽賓東都城也. 王者冬居此地, 夏處罽賓. 隨其暄涼, 以順其性)"라고 하였다. 이 두 불교 자료의 내용으로 볼 때, 계빈이 바로 가필시(迦畢試)이고, 이곳은 계빈의 동쪽 도성[罽賓東都城]보다는 서쪽 내지는 서북쪽에 있음을 알 수 있다.

셋째, 『대당대자은사삼장법사전(大唐大慈恩寺三藏法師傳)』(2권, 656c)에 따르면, 현장은 630년 돌궐 섭호가한(葉護可汗)의 환대를 받았다. 가한은 현장의 인도행을 만류하다가 결국 현장을 위해 다음과 같이 배려해 주었다. "가한은 이내 군중에서 중국어와 여러 나라의 말을 아는 사람을 찾도록 했다. 마침내 한 젊은이를 얻었는데, 그는 장안에서 수년 머무른 적이 있어 중국어에 능통했다. 곧바로 통역관[摩咄達官]으로 임명하여, 여러 나라 글을 쓰게 한 다음 그 통역관에게 법사를 가필시 왕국에 이를 때까지 전송하게 했다(可汗乃令軍中訪解漢語及諸國音者. 遂得年少, 曾到長安數年通解漢語. 卽封爲摩咄達官, 作諸國書, 令摩咄送法師到迦畢試國).” 여기서 말하는 ‘엽호가한’은 바로 『신당서』, 권215, 「돌궐전」에 보이는 통엽호가한(統葉護可汗)이다. 이 가한은 “용감하고 지략이 있어 싸우면 승리했기 때문에, 철륵(鐵勒)을 병합했고, 파사(波斯)와 계빈(罽賓)을 치하에 두었다(勇而有謀, 戰輒勝, 因并鐵勒, 下波斯·罽賓)”라고 하였다. 이는 서돌궐의 통엽호가한의 영토가 계빈까지 확장되어 있었음을 의미한다. 따라서 당나라 시대의 ‘계빈’을 카슈미르로 보는 것은 무리하다.

앞서 언급한 것처럼, 여기의 카피사와 카슈미르는 500km 이상 떨어져 있다. 기원전 4세기 산스크리트어 문법에 관한 파니니(Pāṇini)의 『아슈타디야이(Ashtādhyāyī)』에는 ‘카피시(Kāpisī)’라는 카피사 왕국의 도읍 명칭이 보인다(『Ashtādhyāyī of Pāṇini』, IV, 1896년, 2장 99절, 734쪽). 이곳은 바로 현장(玄奘)과 오공(悟空)의 가필시국(迦畢試國)으로 음역되었다. 이 카피시와 카슈미르는 아무런 관련이 없다. 이곳을 프톨레마이오스의 ‘카스페리아(Kaspē̊ria)’를 끌어와 카슈미르에 연결한 사람은 바로 샤반이다. 카슈미르의 산스크리트어 표기는 ‘카슈미라(káśmīra)’로 ‘계빈’으로 옮길 아무런 근거가 없다. 현재로서는 계빈=겁비사야(劫比舍也)=가필시(迦畢試)=카피시(Kāpisī)=카파사의 등식만 받아들여야 한다.

⑵풍경은 크고 화려하며, 농토는 기름져 중원과 상당히 비슷하다. 서남쪽의 외국 상인들이 대부분 이곳에 모인다(風景偉麗, 土田膏腴, 頗類中原. 西南番賈多聚於此).

『황명사이고』: "풍경은 크고 화려하며, 농토는 기름져 오곡에 적합하고 중원과 상당히 비슷하여 여러 나라보다 단연 뛰어나다. 도성은 평원에 기대있고, 해자[濠]는 깊고 험하다. 북쪽에 작은 성들이 있고, 왕이 사는 곳은 높고 넓으며, 도성 북쪽 모퉁이에 있다. 왕은 흰 모자를 쓴다[王白帽]. 성안에는 길들이 종횡으로 나 있고, 점포와 시장은 조밀하여 서남쪽 외국상인[番賈]들이 이곳에 많이 몰려든다(風景偉麗. 土田膏腴, 宜五穀, 頗類中原, 獨勝諸國. 城依平原, 濠深險. 北有子城, 王居高廣, 在城北隅. 王白帽. 城中逵巷縱橫, 肆市稠密, 西南番賈多聚于此)." 여기 "왕은 흰 모자를 쓴다[王白帽]"라는 문장에는 약간의 빠진 글자가 있는 것 같고, 이 정보는 다른 자료에서 보이지 않는다. 앞서 본 야율초재의 『서유록』에서 흰색 옷을 좋게 여긴다는 정보와 관련이 있어 보이지만, 별다른 단서를 찾지 못했다.

⑶이슬람교[회회교(回回教)]를 숭상하며, 예배하는 하늘 집[天屋]이 있는데, 푸른 돌을 아로새겨 매우 정교하다. 사람들은 출중하고 아름다우며 예능에 종사하는 사람이 많다(俗尙回回教, 有拜天屋, 靑石雕鏤極精巧. 人物秀美多藝能).

『황명사이고』: "시장 교역에는 은 주화를 사용한다. 술을 금지한다. 풍속은 이슬람교[回回教]를 숭상하여 하늘에 예배하는 집이 있는데, 푸른 돌을 아주 정교하게 아로새겨 [만들었다]. 양가죽으로 경전글을 싸고[裹], 글자들은 녹인 금으로 썼다. 사람들은 수려하며 예능이 많으며 집을 잘 짓는다(市易用銀錢. 禁酒. 俗尙回回教, 有拜天屋, 靑石雕鏤極精巧. 以羊皮

裹[果]經文,[113] 文字泥金書. 人物秀美多藝能, 尤善作室)."

⑷옛날에 세상을 비추는 잔[杯]이 있었는데, 그 빛이 환히 비추어, 그것을 비추면 세상일을 알 수 있다고 한다(舊有照世杯, 光明洞徹, 照之可知世事).

『황명사이고』에는 홍무 27년(1394) 사신을 보내, 말 200필을 바치며 올린 표문에, "또 칙서를 내려 노고를 위로하시고, 역참들이 서로 통하게 하고 길에는 막힘이 없도록 하시니, 먼 나라의 사람들이 모두 그 구제를 받았습니다. 성심(聖心)을 우러러 바라봄이, 세상을 비추는 잔처럼 신의 마음을 환하게 비추게 합니다(又承敕書恩撫勞問, 使站驛相通, 道路無壅, 遠國之人咸得其濟. 欽仰聖心, 如照世之杯, 使臣心中豁然光明)"라고 하였다. 여기에 보이는 세상을 비추는 잔[照世之杯]에 대하여, 정효가 "조세배(照世杯)란 이 나라에 옛날부터 전해지는 빛이 훤히 비추는 잔이 있었는데, 그것을 비추면 세상의 일을 알 수 있다고 하여 그렇게 부른다(照世杯者, 其國舊傳有杯, 光明洞徹, 照之可知世事, 故云)"라고 한 설명을 옮겨놓은 문장이다.

사실 이 문장은 도종의(陶宗儀, 1316~1369) 『설부(說郛)』(사고전서본, 권94상, 98b)에 가장 빨리 보인다. "사마르칸트 왕국은 바로 한나라 시기의 계빈국(罽賓國)이다. '조세배(照世杯)'라는 잔을 하나 바쳤는데, 빛이 훤히 비추어, 그에 비추면

113) 저본에는 '과(裹)'자가 '과(果)'자로 되어있는데, 『명사』, 권332, 「살마아한전」, 8602쪽에 "금을 녹여 쓴 경전은 양가죽으로 싼다(用泥金書經, 裹以羊皮)"라는 정보에 의거하여 '과(裹)'자로 고쳤다.

세상일을 알 수 있다(撒馬罕兒國, 即漢時之罽賓國也. 進一杯, 名照世杯, 光明洞徹, 照之可知世事)"라고 하였다.

『명사』, 권332, 「살마아한전(撒馬兒罕傳)」(8598쪽)에도 다음과 같이 채록되어있다. "세상을 비추는 잔[照世杯]라는 것은 이 나라에 옛날부터 전해지는 잔으로 빛이 [사물을] 꿰뚫어, 이로써 비추면 세상일을 알 수 있으므로 그렇게 부른다고 한다(照世杯者, 其國舊傳有杯, 光明洞徹, 照之可知世事, 故云)"라고 하였다. 이로부터 이 정보는 『설부』-『황명사이고』-『명사』로 복제되었음을 확인할 수 있다.

⑸생각건대, 『오학편』에 그 나라 왕의 표문이 실려있었는데, 대략 중국의 문자와 같았다(按吾學編, 載其國王表文, 略與中國文字相同).

『황명사이고』에 실린 표문은 홍무(洪武) 27년(1394) 티무르[Tēmōr, 帖木兒. 1336~1405]가 사신 질력필실(迭力必失)을 보내, 말 200필을 바치면서 올린 표문이다. 그 내용은 다음과 같다. "삼가 생각건대, 대 명나라 황제께서 하늘의 밝은 명을 받아, 사해(四海)를 통일하고, 어진 덕을 넓게 펼쳐 은혜롭게 만물을 길러내시니 온 나라가 기쁘게 우러러봅니다. 누구나 다 하늘[上天]이 천하를 평화롭게 다스리고자 특별히 황제께 그 운명[運數]에 나가 부응하도록 하여 억조창생의 주인이 되게 하였음을 알고 있습니다. 광명하고 광대하심은 환하기가 하늘의 거울 같아서 멀고 가까움을 막론하고 모두 비추어 그 [빛이] 임했습니다. 만리 밖 외진 곳에 있는 저[臣] 티무르도 삼가 성덕(聖德)의 관대함이 만고의 세월을 초월한다고 들었습니다. 옛날에도 없던 복을 황제께서는 모두 가지셨으며, 아직 복속하지 않던 나라를 황제께서 복속시켰습니다.

멀리 있는 어두운 땅도 모두 청명하게 하셨습니다. 늙은이들은 안락하지 않음이 없고, 약자들은 생장 육성되지[長遂] 않음이 없었으며, 선한 사람은 복을 받지 않음이 없었고, 악한 이들은 두려움을 모르는 자가 없었습니다. 오늘날 또 먼 나라에 은혜를 베풀어 주시어, 장사하러 중국에 들어온 모든 사람이 도읍과 성지(城池)의 부귀하고 웅장함을 둘러보게 하심이 어둠에서 나와 문득 태양을 갑자기 본 듯하니, 어떤 행운이 이와 같겠습니까. 또 내려주신 칙서로 자상하게 위로해 주시며, 역참[站驛]들을 서로 통하게 해 주시고, 도로에 막힘이 없도록 해 주시니 먼 나라의 사람들이 모두 그 혜택[濟]을 받았습니다. 성심(聖心)을 흠앙하니 세상을 비추는 잔[照世之杯]처럼 저희 마음이 광명으로 환해졌습니다. 신의 나라 모든 부락이 이러한 덕음(德音)을 듣고, 기쁘게 춤추며 감격해할 것입니다. 저희는 [이러한] 은혜에 보답할 길이 없어 단지 하늘을 우러러 성상(聖上)의 만수(萬壽)와 복이 천지가 영영 끝이 없도록 축원합니다(恭惟大明大皇帝受天明命, 統一四海, 仁德弘布, 恩養庶類, 萬國欣仰. 咸知上天欲平治天下, 特命皇帝出膺運數, 爲億兆之主. 光明廣大, 昭若天鏡, 無有遠近, 咸照臨之. 臣帖木兒僻在萬里之外, 恭聞聖德寬大, 超越萬古. 自古所無之福, 皇帝皆有之. 所未服之國, 皇帝皆服之. 遠方絶域, 昏昧之地, 皆淸明之. 老者無不安樂, 少者無不長遂, 善者無不蒙福, 惡者無不知懼. 今又特蒙施恩遠國, 凡商賈之來中國者, 使觀覽都邑·城池, 富貴雄壯, 如出昏暗之中, 忽睹天日, 何幸如之. 又承勅書恩撫勞問, 使站驛相通, 道路無壅, 遠國之人咸得其濟. 欽仰聖心, 如照世之杯, 使臣心中豁然光明. 臣國中部落, 聞玆德音, 歡舞感戴. 臣無以報恩, 惟仰天祝頌聖壽福祿, 如天地永永無極)."

이 표문은 『명사』, 권332, 「살마아한전(撒馬兒罕傳)」(8598쪽)에도 고스란히 채록되었다. 다만 정효는 사신의 이름으로 '질력필실(迭力必失)'을 언급했지만, 『명사』에는 보이지 않는다. 이 표문은 사이관(四夷館)을 통해 한역(漢譯)된 글일 것이다. 이를 보고 이곳의 문자가 중국과 같을 것이라고 추론하는 것은 난센스다.

•

인도 지도(Carte de l'Indoustan)[23x32cm]의 카슈미르 주변 부분. 블랭(Jacques-Nicolas Bellin, 1703~1772), 『Le petit atlas maritime, recueil de cartes et plans des quatre parties du monde』, III, Paris, 1764, no. 21.

[15] 메카[天方]

천방(天方), 천방(天房), 천당(天堂)으로 의역한 이곳은 메카의 카이바를 가리킨다. 이슬람 성지인 메카는 이미 1178년 주거비(周去非)의 『영외대답(嶺外代答)』, 권3에 '마가(麻嘉)'로 음역되어 기술되었고, 주거비의 정보는 조여괄의 『제번지』에서도 채록되었다(『제번지역주』, 191~194쪽을 참고하시오). 또한 왕운(王惲, 1227~1304)의 문집인 『추간집(秋澗集)』에 수록된 유욱(劉郁)의 『서사기(西使記)』(사고전서본, 권94, 10b)에 "바그다드[布達]의 서쪽으로 말을 타고 20일을 가면 천방[국](天房[國]))이 있고, 그 안에는 천사(天使)이자 신(神)인 나라의 개조가 묻힌 곳이 있다. 이 성인[師]은 페이겜베르[peighember, 벽안팔아(癖顔八兒)]라고 한다. 그 방(房, 카아바)안에는 쇠줄이 걸려있어, 손으로 잡는데, 마음이 진실하면 미칠 수 있고, 불성실하면 잡을 수 없다. 경전이 매우 많은데, 모두 페이겜베르가 지은 것이다. [이 천방국은] 10여 개의 큰 도시[城]를 관할하며, 이 [나라의] 사람들은 부유하다[富實](布達之西, 馬行二十日, 有天房, 內有天使神國之祖葬所也. 師名癖顔八兒, 房中懸鐵絙, 以手捫之, 心誠可及, 不誠者竟不得捫. 經文甚多, 皆癖顔八兒所作. 轄大城數十, 其民富實)"라고 하였다.

⑴메카[天方]는 옛날 천당(天堂)이라고 했다(天方, 舊名天堂).

『황명사이고』: "천방(天方)은 옛날 균충(筠冲)의 땅으로, 옛날에는 천당(天堂)이라 하였고, 또 '서역(西域)'이라고도 불렀다. 선덕(宣德, 1426~1435) 연간에 그 나라 왕이 사환(沙瓛)을 보내 와 조공했다(天方古筠冲地, 舊名天堂, 又名西域. 宣德中其王遣沙瓛來朝貢)." 이 문장은 『명일통지』(사고전서본, 권90, 25a) 천방국(天方國) 조목에서도 확인할 수 있다.

여기 '균충[gi̯wĕn-ɖʱi̯uŋ](鈞冲)'이 어떤 의미가 있는지 지금까지도 밝혀지지 않았지만, 1349~1350년 왕대연(汪大淵)의 『도이지략(島夷志略)』으로 거슬러 올라갈 수 있다. 지봉은 이들 자료에서 자신이 확인할 수 없는 '균충'이란 말을 삭제했다.

⑵민간에서는 회회력(回回曆)을 사용한다. 풍경은 조화로워 사계절이 모두 봄과 같다. 농토는 비옥하여 곡물[稻]이 풍요롭고, 사는 사람들이 생업을 즐긴다(俗用回回曆. 風景融和, 四時皆如春. 田沃稻饒, 居民樂業).

이 단락의 기술은 『황명사이고』와 일치한다. 특히 이 기후에 관한 정보는 이미 정효의 텍스트부터 잘못되었다. 더 거슬러 올라가 정효는 그곳에 가 보지 않고 전하는 소식을 기록했을 것으로 보이는 왕대연의 『도이지략』에서 비롯하여 비신의 『성사승람』으로 이어지는 잘못된 정보를 가져왔다(『도이지략역주』, 472쪽과 『성사승람역주』, 후집 44). 비신의 동시대 마환은 "이곳의 기후는 사계절이 항상 여름과 같다(其處氣候四時常熱如夏)"라고 하였다(『영애승람역주』, 19-8). 하지만 마환의 기술이 사실에 부합한다고 해도 마환이 메카에 갔다는 것을 의미하지는 않는다.

⑶풍속은 선함을 좋아하고, 또 형벌이 없이 자연 순화되어, 도적질하지 않는다(風俗好善, 亦無刑罰, 自然淳化, 不作盜賊).

이 단락의 정보들은 『황명사이고』에 보이지 않는다. 게다가 비신(費信)의 주된 참고서였던 왕대연의 『도이지략』에서도 보이지 않는 비신이 기록한 정보이다. 『성사승람』은 2권본과 4권본이 전하고 있는데, 지봉은 『고금설해(古今說海)』(사고전서본, 권20, 8a) 또는 『기록휘편』에 실린 4권본을 따르고 있다. 그 근거는 "도적질하지 않는다"라는 문장은, 2권본에서(풍승균, 『성사승람교주』, 후집, 25쪽) "도적질이 일어나지 않는다(不生盜賊)"라고 되어있기 때문이다.

⑷불서(佛書)에서 말하는 천당(天堂)이 이곳을 가리키는 것 같다(佛書所謂天堂, 疑指此也).

정효의 『황명사이고』에는 분명 메디나[默德那]를 기록한 글이 있다. 분명 지봉도 이를 봤을 것이다. 그러나 메디나를 전혀 알지 못했고, 천방(天方)과 같은 나라임을 파악하지 못한 것 같다. 회회력을 사용한다는 말은 이슬람교도의 나라임을 의미한다. 이전 자료에서 아랍 세계의 이슬람교를 기술하면서, '불(佛)'로 설명한 것을, 지봉은 그 글자 그대로 '부처'로 생각했을 것이다.

●

「곤여만국전도(坤與萬國全圖)」(일본 토호쿠 대학 도서관 소장본). 지도 제작에 참여한 중국인들의 정보에 따라 잘못 선정된 지명들이 보인다. 앞서 본 사마르칸트[撒馬兒罕]는 더 서쪽에 위치해야 한다. 왜냐하면 아래에는 호탄[于闐]이 보이고 그 위로 카라샤르인 '언기(焉耆)'가 더 서쪽에 보이기 때문이다. 사마르칸트 위쪽에는 '천방(天方)'이 표기되어있다. 실제 아라비아반도에 '천방'은 표기되지 않았다.

[16] 케슈[渴石]

갈석[kʰɑt-ʑi̯ɛk](渴石), 즉 케슈[현 Shahrisabz]는 '사국(史國)'이란 지칭으로 7세기 자료에 언급되었다. 현장(玄奘)은 『대당서역기(大唐西域記)』(646년), 권1에서 "호라즘[貨利習彌伽國]은 박추[bɦuɑ-tʂʰi̯u](縛芻, 옥수스, 아무다르야) 강 양안을 따라서, 동서로 20~30리, 남북으로 500여 리이다. 토양은 [농사에] 적합하고, 풍속은 벌지[bɦi̯wɐt-dɦi]국(伐地國, Bētik)과 같지만, 언어는 조금 다르다. 사마르칸트[颯秣建國]에서 서남쪽으로 300여 리를 가면, 갈상나[ki̯ɐt-ʂi̯aŋ-nɑ]국(羯霜那國)【당나라 사람들은 '사국(史國)'이라 한다】에 이른다(貨利習彌伽國, 順縛芻河兩岸, 東西二三十里, 南北五百餘里. 土宜, 風俗同伐地國, 語言少異. 從颯秣建國西南行三百餘里至羯霜【去聲】那國【唐言史國】)"라고 하였고 이어서, "갈상나국(羯霜那國)의 둘레는 1,400~1,500리이다. 토양은 [농사에] 적합하고, 풍속은 사마르칸트[颯秣建國]와 같다. 이곳에서 서남쪽으로 200여 리(대략 78km) 가서, 산으로 들어가면, 산길은 험난하고, 계곡 길은 위험하여, 더는 사람 사는 마을이 없고, 또한 수초도 거의 없다. 동남쪽 산으로 300여 리를 가면 철문(鐵門)으로 들어간다(羯霜那國周千四五百里. 土宜, 風俗同颯秣建國. 從此西南行二百餘里, 入山, 山路崎嶇, 谿徑危險, 既絶人里, 又少水草. 東南山行三百餘里, 入鐵門)"라고 하였다(『대당서역기교주』, 96~98쪽).

갈상나[ki̯ɐt-ʂi̯aŋ-nɑ]국(羯霜那國)은, 지센린의 주석에 따르면, 산스크리트어 카사나(Kasana) 또는 쿠사나(Kuśāna), 아랍-페르시아어로 카슈슈(Kašš), 또는 키슈슈(Kišš)에 해당하는 음이며, 14세기 티무르 시대 '초록의 성'이라는 의미로 '샤흐르이사브즈(Shahrisabz)'라고 불리기 시작했다고 한다(『대당서역기교주』, 98쪽). 이로써 현장의 기술대로라면 길상나국=사국(史

國)=케슈(Kesh, Kesch)=샤흐이사브즈(Shahrisabz)임을 확인할 수 있다. 케슈는 사마르칸트에서 남서쪽으로 직선거리로 65km 지점에 있다.

사국(史國)은 『위서(魏書)』(554~559년), 권102, 「강국전」(2281쪽)에서 사마르칸트[강국(康國)]의 속국 중 하나로 처음 보인다. 그러나 사국(史國)을 기술한 것은 『수서(隋書)』(636년), 권83, 「사국전」(1855쪽)이다. “사[ʂi]국(史國)은 독막[dʱuk-mɑk](獨莫) 강 남쪽 10리에 도읍한 곳으로, 옛날 강거[kʰɑŋ-kɨwo](康居)의 땅이다. 그곳 왕의 성(姓)은 소무[tɕiɛu-mɨu](昭武)이고 자(字)는 적차[tʰiek-tɕia](逖遮)이다. 도성은 사방 2리이다. 정예 병사[勝兵]는 1,000여 명이다. 풍속은 사마르칸트[康國]과 같다. 북쪽으로 사마르칸트와 240리, 남쪽으로 토하레스탄[吐火羅]과 500리, 서쪽으로 나색파[nɑ-ʂiək-puɑ]국(那色波國)과는 200리, 동북쪽으로 마이마르그[米國]와는 200리, 동쪽으로 과주(瓜州)와는 6,500리 떨어져 있다. 대업(大業, 605~618) 연간에 사신을 보내와 방물을 바쳤다(史國, 都獨莫水南十里, 舊康居之地也. 其王姓昭武, 字逖遮, 亦康國王之支庶也. 都城方二里. 勝兵千餘人. 俗同康國. 北去康國二百四十里, 南去吐火羅五百里, 西去那色波國二百里, 東北去米國二百里, 東去瓜州六千五百里. 大業中, 遣使貢方物)”라고 하였다. 이 기술은 『북사』, 권97, 「사국전」(3237쪽)에도 그대로 채록되었다. 여기 나색파[nɑ-ʂiək-puɑ]국(那色波國)은, 샤반(Édouard Chavannes)에 따르면, 현 우즈베키스탄 남쪽, 사마르칸트에서 8시 방향으로 130km 지점에 있는 카르시(Karshi, Qarshi)의 페르시아 명칭인 나흐샤브(Nakhshab)로 추정했다(『Documents sur les Tou Kiue (Turcs) occidentaux』, 146쪽). 이 추정이 정확하다면, 독막[dʱuk-mɑk](獨莫) 강은 현 카슈카드라야

(Kshkadarya) 강일 수밖에 없다. 그러나 '독막'과의 음성적 근접성은 전혀 찾을 수 없다. 아마도 '독막'은 아랄해 70km 남쪽에 있는 토크마크(Tokmak)를 지나는 강, 즉 시르다리야강 또는 이식쿨 호수 서북쪽의 토크모크(Tokmok)에 흐르는 츄(Chu) 강을 편수관들이 잘못 끌어다 붙인 것 같다.

샤반(Édouard Chavannes)은 「『위략(魏略)』에 따른 서역 나라들(Les pays d'Occident d'après le Wei Lio)」, 『통보』(1905), 554쪽 주3에서 갈석[giɛt-ʑiɛk](竭石)에 관하여 "이 명칭은 '카슈(Kach)'라는 요소가 들어간 오늘날 카슈갈(Kachgar)을 지칭하는데 사용한 '겁사(佉沙)'와 '가사(迦師)'라는 음역 명칭과 근접하다. 3세기 중반의 텍스트로 추정되는 『위략(魏略)』의 원문은 내가 아는 한 이 명칭의 존재를 입증해 주는 가장 오래된 증언이다. 이는 프톨레마이오스가 언급한 것과의 간격이 너무 크지 않도록 거슬러 올라가도록 해 준다. '카시아 쇼파(Κάσια Χώρα)'를 카슈가르 지역으로 보는 옛 가설을 고려할 수 있도록 해 주는데, 이 가설은 지금까지 의문으로 남아있다. 왜냐하면 중국 역사서에서는 이 알렉산드리아 대 지리학자의 책에서 볼 수 있는 이 명칭과 비슷한 옛 명칭을 찾아볼 수 없기 때문이다"라고 하였다. 요컨대 샤반은 『위략(魏略)』에 보이는 '갈석(竭石)'을 오늘날 카슈가르와 비슷한 음을 가졌다는 것 외에는 아무런 추정을 하지 못한 셈이다. 어쨌든 여기 '갈석(竭石)'이라는 나라는 카슈가르[疏勒]의 속국으로 언급된 나라이다. 게다가 『신당서』, 권43하, 「지리지」(1155쪽)에서 "사국(史國)은 카슈가르[소륵]에서 서쪽으로 2,000리 떨어져 있다(史國在疏勒西二千里)"라고 했으므로, 『수서』의 '갈석[kʰɑt-ʑiɛk](渴石)'이 『위략』의 '갈석[giɛt-ʑiɛk](竭石)'일 것이라는 추측은 음성적 근접성에 근거한 것일 뿐이다.

『신당서』는 권221하에서(6247~6248쪽), ‘사(史)’를 기술하며, 이곳은 “‘겁사(佉沙)’라고도 부르고 ‘갈상나(羯霜那)’라고 하는데, 독막(獨莫) 강 남쪽으로, 강거(康居) 소왕의 소해(蘇薤) 성 옛 땅이다. 서쪽으로 150리에 나흐샤브[那色波]가 있고, 북쪽으로 200리 [지점은] 마이마르그[米]에 속하며, 남쪽으로 400리에는 토하레스탄[吐火羅]이다. [이곳에는] 철문산(鐵門山)이 있는데, 좌우가 깎아지른 듯 험준하고, 바위 색이 쇠 같다. 관문[關]을 두 나라의 경계로 삼아, 쇠로 문을 막아 둔다. 도성에는 신에게 제사하는 곳이 있는데, 해마다 양 1,000 마리로 제사를 지내고, 군사를 쓸 때는 먼저 [이곳에] 기도하고 출정한다. 나라에는 500개의 성이 있다. 수나라 대업(大業, 605~617) 연간에 군주 적차(逖遮)가 처음 중국과 통교하면서, 가장 강성할 때, 걸사(乞史, 케슈) 성을 지었는데, 당시 땅은 수천 리였다. …천보(天寶, 742~756) 연간에 조서를 내려 ‘사(史)’를 ‘내위국(來威國)’으로 고쳤다(或曰佉沙, 曰羯霜那, 居獨莫水南, 康居小王蘇薤城故地. 西百五十里距那色波, 北二百里屬米, 南四百里吐火羅也. 有鐵門山, 左右巉峭, 石色如鐵. 爲關以限二國, 以金錮闔. 城有神祠, 每祭必千羊, 用兵類先禱乃行. 國有城五百. 隋大業中, 其君狄遮始通中國, 號最彊盛, 築乞史城, 地方數千里. …天寶中, 詔改史爲來威國)”라고 하였다. 여기 『신당서』의 기술은 이전 정보와 크게 달라진 것이 없다. 다만 마지막 국호를 바꾼 정보는 『구당서』, 권9, 「현종본기」(218쪽)에 천보 3년(744)의 일로 기록되어 있다.

진성(陳誠, 1365~1457)은 『사서역기(使西域記)』(『학해류편(學海類編)』본, 15a~b)에서 “갈석은 사마르칸트[撒馬兒罕] 서남쪽으로 약 260리에 있고, 도성은 큰 마을에 있는데, 둘레는 10여 리이다. 도성을 둘러 무논[水田]이 많고, 남북으로는 산에 가깝다. [이곳에서] 몇 리를 가면, 모두 작은 산들로 필사단(苾思檀)[114]이라는 과일나무가 많다. 또 서쪽으로 300여 리를 가면, 큰 산이 우뚝 서 있는데, 그 안에는 도끼로 쪼개 놓은 듯한 수십 장 높이의 암석 협곡이 있고, 협곡 입구에는 ○○관(關)이라는 문(門)이 있으며, 길은 동서로 통한다(渴石, 在撒馬兒罕西南約二百六十里, 城居大村, 周十餘里. 環城多水田, 南北近山. 行數里, 俱小山, 多苾思檀果樹. 又西行三百里餘, 有大山屹立, 中有石峽高數十丈如斧截齊, 峽口有門名○○關, 路通東西)"라고 기술했다.

진성(陳誠)은 1414년, 7월 21일 합랄복란[ŋăp-lat-puk-lan](哈剌卜蘭)에서 서쪽으로 떠나 큰 강물을 건넜는데, 그 강물은 얕고 넓었다고 한다. 이어서 약 40여 리를 가서 사마르칸트[撒馬兒罕] 동쪽 과수원에서 야영하며 10일을 머물렀다고 한다. 8월 1일 다시 서남쪽으로 떠나 약 30리를 가서 미석아[miei-sịɛk-ŋzie](米昔兒)에서 야영하고 이튿날(2일) 다시 서남쪽으로 "작은 언덕을 넘어 약 30리를 가자 돌산 위에 있는 높은 흙집 하나가 있었다. 옛날 티무르 사위가 지은 것이다(度小岡, 約行三十里, 有高土屋一所, 居石山上, 舊時帖木駙馬所築)"라고 하였다(『서역행정기』, 45쪽).

114) 필사단(苾思檀)은 엄종간(嚴從簡, 1529~?)이 1583년 완성한 『수역주자록(殊域周咨錄)』, 권15(1930년 고궁박물관 간행본, 8a), 사마르칸트[撒馬兒罕] 산물에 보이는데, 그 아래 주석에 "나무의 잎은 산다(山茶)와 비슷하고, 열매는 살구와 비슷하지만 작다(樹葉類山茶, 實類銀杏而小)"라고 하였다. 이 나무는 피스타치오(Pistacia vera)의 '피스타(Pista)'를 옮긴 것으로 보인다.

⑴케슈[渴石]는 사마르칸트[撒馬兒罕] 서남쪽에 있다. 성의 둘레는 10여 리이고 사방이 수전(水田)으로, 옛날 원나라 부마가 살았다(渴石, 在撒馬兒罕西南. 城周十餘里, 四面水田, 故元駙馬居也).

『황명사이고』: "케슈[渴石]는 사마르칸트[撒馬兒罕] 서남쪽 260리에 있다. 성은 큰 마을을 차지하고 있으며 둘레는 10여 리이다. 동남쪽으로 산이 가깝고, 안에는 숲이 있는데, 옛날 추장 티무르 사위가 살던 곳이다. [성]의 규모는 매우 웅장하고, 궁궐[堂]의 네 모퉁이는 옥 같은 흰 돌기둥이고, 담장과 벽 그리고 창문들은 모두 황금과 옥으로 장식하고 유리를 이어붙였다(渴石, 在撒馬兒罕西南二百六十里. 城據大村, 周十餘里. 東南近山, 中有園林, 故酋帖木兒駙馬居也. 規模極宏壯, 堂四隅白石柱如玉, 墻壁牕牖盡飾金碧, 綴琉璃)." 이 정보는 장황(章潢)의 『도서편』(사고전서본, 권51, 7a)에서도 채록되었는데, 첩목아(帖木兒)가 '특목이(特穆爾)'로 표기된 것만 다르다.

⑵산에는 기이한 나무가 많고, 바위 협곡이 있는데, 양쪽 벽은 절벽으로 마치 도끼로 쪼개 놓은 듯하다. 2~3리를 가서 협곡을 나오면 철문관(鐵門關)이라는 관문이 있다(山多奇樹, 有石峽. 兩壁懸崖, 宛如斧劈. 行二三里, 出峽口有門, 謂之鐵門關).

『황명사이고』: "[성에서] 서쪽으로 10여 리를 가면 모두 굽이진 산들로 기이한 나무가 많다. 또 서쪽으로 300리를 가면 큰 산이 우뚝 서 있고, 그 안에는 양쪽이 절벽에 걸린 바위 협곡이 있는데, 도끼로 깎아 놓은 듯하다. 2~3리를 가서 협곡 출구로 나오면 문이 있는데, 그곳 사람들[夷人]은 이곳이 철문관이라고 한다(西行十數里, 皆委曲山, 多奇樹. 又西去三百

里, 大山屹立, 中有石峽兩壁[壁]懸崖, 宛如斧劈. 行二三里出峽口, 有門, 夷人曰此鐵門關也).”

현장(玄奘)은 이곳을 다음과 같이 묘사했다(『대당서역기교주』, 98쪽). “철문에는 좌우에 산을 두르고 있는데, 그 산은 매우 험준하다. 좁은 길이 있지만 험난하고도 위험하다. 양쪽은 바위 절벽으로, 그 색이 쇠[鐵] 같다. 문짝을 설치하고, 쇠로 보강했고, 여러 개의 쇠방울을 문짝에 달아 두었는데, 그 험하고 견고함으로 그렇게 불렸다(鐵門者左右帶山, 山極峭峻. 雖有狹徑, 加之險阻. 兩傍石壁, 其色如鐵. 既設門扉, 又以鐵錮, 多有鐵鈴, 懸諸戶扇, 因其險固, 遂以爲名).” 이는 케슈에 있는 ‘철문관’을 기술한 최초의 자료인 셈이다.

⑶잠삼(岑參)의 「교하군에 파견되어(使交河郡)」 라는 시에서 “철관문은 하늘 끝에 걸려있으니 만릿길 얼마나 멀리오”라고 하였는데, 바로 이곳이다(岑參使交河郡詩曰, 鐵關控天崖, 萬里何遼哉, 卽此也).

동서양 실크로드의 한 관문으로 잘 알려진 신장웨이우얼자치구의 ‘철문관’으로 추정되는 가장 이른 언급은 6세기 초 역도원(酈道元)의 『수경주(水經注)』(사고전서본, 권2, 12b~13a)에 보인다. “돈훙(敦薨)[산]의 물줄기는 서해(西海)에서 위리국(尉犁國, Lop nur)을 지나는데, 이 나라는 위리성에서 다스리며, 서쪽으로 도호부 치소에서 300리, 북쪽으로 언기(焉耆, Karasahr)에서 100리 떨어져 있다. 그 강물은 다시 서쪽으로 사산(沙山, Kuruk Tagh), 철관곡(鐵關谷)을 나와 다시 서남쪽으로 흘러 연성(連城)을 지나며 나뉘어 흘러 들어가, 갈라져 농토를 이룬다(敦薨之水自西海逕尉犁國, 國治尉犁城. 西去都護治所三百里, 北去焉耆百里. 其水又西出沙山

鐵關谷, 又西南流, 逕連城別注, 裂以爲田)"라고 하였다. 한편, 『진서(晉書)』(648년), 권97, 「언기국전(焉耆國傳)」(2543쪽)에는 전량(前涼)의 왕 장준(張駿, 307~346)이 사주자사(沙州刺史) 양선(楊宣)을 보내 서역을 공략한 일을 기록하면서, "장식(張植, 양선의 선봉장)이 철문(鐵門)으로 나가 주둔하려 했으나, 10여 리도 못가, 희(熙)가 다시 무리를 이끌고서 먼저 차류곡(遮留谷)에서 지키고 있었다(植進屯鐵門, 未至十餘里, 熙又率衆先要之於遮留谷)"라고 하였다. 또 『신당서』, 권43하, 「지리지」(1151쪽)에 따르면, "카라사르[焉耆] 서쪽으로 50리에서 철문관을 지난다(自焉耆西五十里過鐵門關)"라는 지리 정보가 보인다.

이상의 정보들로부터 '철문관'은 4세기 중반부터 '철문(鐵門)', '철관(鐵關)'으로 알려지기 시작했고, 이 명칭은 음역 표기가 아니라, 쇠처럼 견고한 관문이라는 의미로 사용했음을 알 수 있다. 투루판 서쪽 코를라(Korla) 북부에 있는 철문관(鐵門關)까지는 직선거리로 270km 남짓이고, 카라사르[焉耆]에서는 40km 남짓이다.

지봉이 인용한 당나라 변새(邊塞) 시인 잠삼(岑參, 715~770)의 「교하군에 파견되어(使交河郡)」라는 시제 아래에 "[교하]군은 화산(火山, 투루판 화염산) 동쪽 기슭에 있는데, 이곳은 몹시 덥고 비나 눈이 내리지 않는다. 봉(封) 대부께 바친다(郡在火山東脚, 其地苦熱無雨雪. 獻封大夫)"라는 설명이 딸려 있다. 여기서 말하는 '봉대부'는 바로 봉상청(封常清, 756년 죽음)으로, 천보(天寶) 12년(753) 대발률(大勃律)를 복속시키고 이듬해 어사대부(御史大夫)에 올랐고, 이후 755년 안록산의 난을 진압하기 위해 낙양으로 들오기까지, 북정(北庭)

도호부사, 이서(伊西) 절도사를 역임했다. 시제에서 말한 '교하군(交河郡)'에 관하여 『구당서』, 권40, 「지리지」(1644쪽)에 "서주(西州)의 중도독부(中都督府)는 원래 고창국(高昌國)이었다. 정관(貞觀) 13년(639), 고창을 평정하고 서주도독부(西州都督府)를 세우고 다섯 현(縣)을 설치했다. 현경(顯慶) 3년(658) '도독부'로 고쳤다. 천보(天寶) 원년(742) 교하군(交河郡)으로 고쳐 불렀고, 건원(乾元) 원년(758) 다시 서주(西州)가 되었다(西州中都督府本高昌國. 貞觀十三年, 平高昌, 置西州都督府, 仍立五縣. 顯慶三年, 改爲都督府. 天寶元年, 改爲交河郡. 乾元元年, 復爲西州)"라고 하였다. 다시 『신당서』, 권40, 「지리지」(1046쪽)에 따르면, "서주 교하군(西州交河郡)은 중도독부(中都督府)이다. 정관(貞觀) 14년(640)에 고창을 평정하고 그 땅에 세웠다. 개원(開元, 713~741) 연간에 금산도독부(金山都督府)라 하였고, 천보 원년(742)에 군(郡)이 되었다(西州交河郡, 中都督府, 貞觀十四年平高昌, 以其地置. 開元中曰金山都督府, 天寶元年爲郡)"라고 하였다.

명을 받들어 오랑캐 풍속을 안무하려	奉使按胡俗,
새벽에 윤대(輪臺)로 향했네.	平明發輪臺.
저녁에 교하성에 투숙하니,	暮投交河城,
화염산 붉고 가파르네.	火山赤崔巍.
9월인데도 땀이 흐르고,	九月尙流汗,
열풍에 모래 먼지 날려 오네.	炎風吹沙埃.
어찌하여 조물주는	何事陰陽工,
비와 눈도 보내주지 않는가.	不遣雨雪來.
우리 군주 변방을 걱정하여	吾君方憂邊,
장군들을 나눔에 큰 재주를 받으셨네.	分閫資大才.
지난날 오랑캐를 막 격파하고,	昨者新破胡,

안서병마사로 돌아오셨네. 安西兵馬回.
철문관은 하늘 끝에 걸려있고 鐵關控天涯,
만릿길 얼마나 멀겠는가. 萬里何遼哉.
연기와 먼지도 날지 못하고 煙塵不敢飛,
마른 풀들만 희고 희네. 白草空皚皚.
군중의 나날 무사하여 軍中日無事,
취해 춤추며 술잔을 기울이네. 醉舞傾金罍.
한나라 이 장군이라면 漢代李將軍,
오늘 이 작은 공을 비웃을 만하겠네. 微功今可咍.

이 시에 따르면 잠삼의 목적지는 신장웨이우얼 자치구 룬타이(Bügür)이다. 이곳으로 가는 길은 교하성(투루판)을 지나 서쪽으로 카라사르[焉耆], 다시 서쪽으로 철문관을 넘어 코를라(Korla)를 지나 룬타이에 이르는 여정이다. 따라서 이 시는 당시 교하성에 안서도호부사로 부임해 왔던 시인의 상관인 봉상청(封常淸, 756년 죽음)에게 써 준 시일 것이다. 시인이 담고 있는 지명과 배경은 「천산의 눈을 노래하여 장안으로 돌아가는 소치(蕭治)를 전송함(天山雪歌送蕭治歸京)」이란 시에서도 확인할 수 있다. 이뿐만 아니라 잠삼이 다른 시에서 언급한 '철관' 또는 '철문관'은 모두 카라사르[焉耆] 서쪽으로 40여 킬로미터에 있는 철문관이 분명하다. 그러므로 지봉은 잠삼의 '철관'을 케슈에 있는 '철문산', '철문협' 또는 '철문관'으로 오인한 것일 뿐이다. 잠삼의 '철관' 즉 코를라 북부지역에서 사마르칸트 남쪽 케슈 지역까지는 직선거리로 1,600km 이상 떨어진 곳이다.

마지막으로 철문관(鐵門關)은 중국 허베이 장자커우 줘루(涿鹿)에도 있다는 기록이 보인다. 『신당서』, 권39, 「지리지」

(1022쪽)에서 규주(嬀州), 규천군(嬀川郡)을 기술하며, 속한 현으로 회융(懷戎)을 들고 "[이 현은] 천보(天寶, 742~756) 연간에 [지역을] 나누어 규천현을 만들었다가 곧바로 없앴다. 규수(嬀水)가 [이 현을] 관통한다. [이 현에서] 북쪽으로 90리에는 장성(長城)이 있는데, 개원(開元, 713~741) 연간에 장열(張說)이 축조한 것이다. 동남쪽으로 50리에는 거용새(居庸塞)가 있고, 동쪽으로는 노용(盧龍)과 갈석(碣石)에 닿아있으며, 서쪽으로 태행산(太行山), 상산(常山)에 잇닿아 있어 실로 천하의 험지이다. 철문관(鐵門關)이 있다. 서쪽에는 영무군(寧武軍)이 있다. 또 북쪽에는 광변군(廣邊軍)이 있는데, 옛날 백운성(白雲城)이다(天寶中析置嬀川縣, 尋省. 嬀水貫中. 北九十里有長城, 開元中張說築. 東南五十里有居庸塞, 東連盧龍·碣石, 西屬太行·常山, 實天下之險. 有鐵門關. 西有寧武軍. 又北有廣邊軍, 故白雲城也)"라고 하였다. 이 기록에서 '갈석(碣石)'이란 지명이 '철문관(鐵門關)'과 함께 언급되었다는 점에 주목할 필요가 있다.

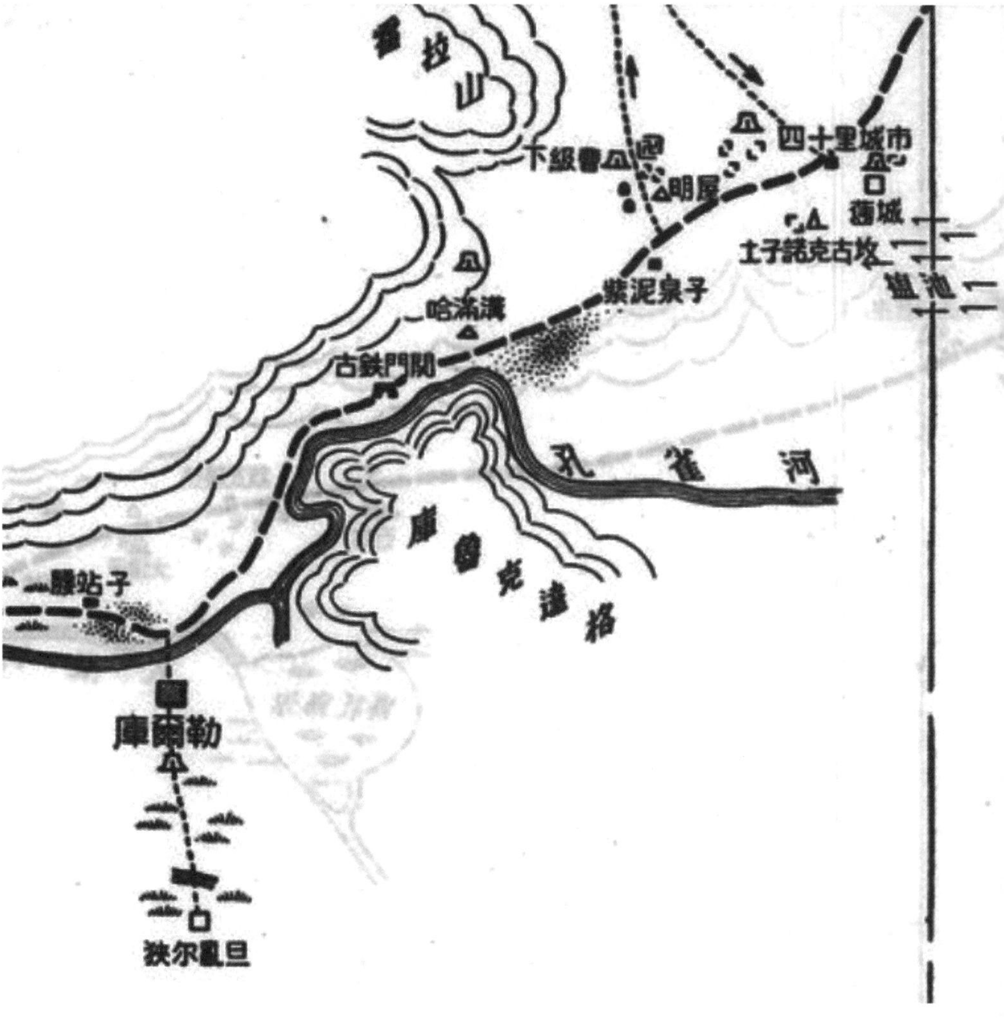

•
황문필(黃文弼), 『타림분지 고고학 보고서(塔里木盆地考古記)』, 중국과학원 고고연구소, 1958, 지도 3.

[17] 투루판[土魯番]

토로번[tʰuo-luo-bʱi̯wɐn](土魯番, 吐魯番, 吐魯蕃)은 위구르어 تۇرپان, 'Turpan|Turfan'의 음역 표기로, 『명사』에 실린 이 나라의 열전에 따르면, 영락(永樂) 4년(1406)부터 중국과 관계를 맺고 있다. '토로'라는 오랑캐[番, 蕃]인지, '토로번' 전체가 모두 음역 명칭인지 알려진 바 없다. 다만 이 지역을 차지한 옛 명칭들만 추적해 볼 수 있다.

『명사』는 권329, 「토로번전(土魯番傳)」(8538~9쪽)에서 이곳의 위치와 연혁에 관해 다음과 같이 기술했다. "ⓐ토로번(土魯番)은 화주(火州)에서 서쪽으로 100리에 있고, 하미[哈密]와는 1,000여 리, 가욕관(嘉峪關)과는 2,600리 떨어져 있다. ⓑ한나라 시기 거사전왕(車師前王)의 땅이고, ⓒ수나라 시기의 고창국이다. ⓓ당나라 때 고창을 멸망시키고 서주(西州)와 교하현(交河縣)을 설치했는데, ⓔ이곳이 교하현 안락성(安樂城)이다. ⓕ송나라 때 다시 '고창'으로 불렀으나 위구르[回鶻]에 점령되어 조공한 바 있다. ⓖ원나라 때에는 [이곳에] 만호부(萬戶府)를 설치했다(土魯番, 在火州西百里, 去哈密千餘里, 嘉峪關二千六百里. 漢車師前王地, 隋高昌國. 唐滅高昌, 置西州及交河縣, 此則交河縣安樂城也. 宋復名高昌, 爲回鶻所據, 嘗入貢. 元設萬戶府)"라고 하였다.

ⓐ의 화주(火州)는 지봉이 별도의 항목으로 다루고 있다. 이곳은 『명사』, 권329, 「화주전(火州傳)」(8528쪽)에 따르면, "투루판[土魯番] 동쪽 30리에 있다(土魯番東三十里)"라고 하였으므로 거리상 차이가 크다. 어쨌든 아래에서 다시 다룰 것이므로 여기서는 단지 화주는 투루판의 동쪽 가까이 있다는 사실만 확인해 둔다.

ⓑ의 '거사전왕(車師前王)'에서 '거사'는 분명 음역한 명칭이 분명하다. 먼저 『한서』, 권96하에서는 「거사전국(車師前國)」(3921쪽)으로 열전이 실려 있다. "거사전국(車師前國)의 도성은 교하성(交河城)이다. 황하가 나뉘어 성 아래를 감싸고 흐르기 때문에, '교하'라고 부른다. 장안에서는 8,150리 떨어져 있다. …서남쪽 도호(都護)의 치소까지는 1,807리이고, 카라사르[焉耆]까지는 835리이다(車師前國, 王治交河城. 河水分流繞城下, 故號交河. 去長安八千一百五十里. …西南至都護治所千八百七里, 至焉耆八百三十五里)"라고 하였다. 이어서 '거사'라는 후국(後國)에 관하여 "거사후국(車師後國)의 도읍은 무도곡(務塗谷)으로, 장안에서는 8,950리 떨어져 있다. …서남쪽 도호(都護)의 치소까지는 1,237이다(車師後國, (王)治務塗谷, 去長安八千九百五十里. …西南至都護治所千二百三十七里)"라고 했다. 장안을 기점으로 '후국'이 '전국'보다 800리 더 멀리 있고, 도호의 치소를 기점으로 보면, '전국'이 '후국'보다 570리 더 멀다. 이 차이는 『후한서』, 권88, 「서역전」(2910쪽)에서 확인된다. "[건초(建初)] 3년(91) 반초가 마침내 서역을 평정하여, 반초를 도호(都護)로 삼고, 쿠차[龜茲]에 머물게 했다. 또 무기교위(戊己校尉)[115]를 설치

115) 사전적 정의에 따르면, '교위(校尉)'란 한나라 시기에 보이는 군직(軍職)으로, 지위는 장군(將軍) 다음이며, 소수 민족이 사는 지역의 일을 관장하는 장관을 교위라고도 했다고 한다. 『전한서』, 권9, 「원제본기」(295쪽)에서 안사고(顔師古)는 무기교위(戊己校尉)에 대하여 "무기교위란 서역을 진압하고 안정시키되, 정해진 치소가 없다. 갑(甲)과 을(乙) 등은 각기 방위가 있지만, 무(戊)와 기(己)는 사계절 왕의 땅에 임시로 살기 때문에, 관직명으로 삼은 것이다. 당시 '무교위'가 있었고 '기교위'가 있었다. 일설에 따르면, '무'와 '기'는 중앙에 자리하는데, 지금 교위를 둔 곳은 36국 안에 있으므로 '무기(戊己)'라고 한다고 한다(戊己校尉者, 鎭安西域, 無常治處, 亦猶甲·乙等各有方位, 而戊與己

하고, 군사 500명을 거느리고 거사전부(車師前部) 고창벽(高昌壁)에 머물게 했다. 또 무부후(戊部候)를 설치하고 거사후부(車師後部) 후성(候城)에 머물게 했는데, 전부와 후부의 거리는 500리였다(三年, 班超遂定西域, 因以超爲都護, 居龜茲.

四季, 寄王, 故以名官也. 時有戊校尉, 又有己校尉. 一說, 戊·己位在中央, 今所置校尉處三十六國之中, 故曰戊己也)"라고 설명했다.

또 『전한서』, 권19상, 「백관공경표(百官公卿表)」(738쪽)에 "무기교위는 원제(元帝) 초원(初元) 원년(기원전 48)에 설치했다(戊己校尉, 元帝初元元年置)"라는 기록에 대해, 안사고는 "갑, 을, 병, 정, 경, 신, 임, 계는 모두 정해진 방위가 있지만, '무(戊)'와 '기(己)'만 임시로 살며 다스릴[寄治] 뿐이다. 지금 교위를 둔 곳도 고정된 거처가 없으므로, '무기(戊己)'를 가져와 이름한 것이다. '무교위'와 '기교위'가 있었다. 일설에는 '무'와 '기'는 중앙에서 사방을 제압하므로, 지금 교위를 둔 것 또한 서역에 살면서 여러 나라를 안무하기 때문이다(甲·乙·丙·丁·庚·辛·壬·癸皆有正位, 唯戊己寄治耳. 今所置校尉亦無常居, 故取戊己爲名也. 有戊校尉, 有己校尉. 一說戊己居中, 鎭覆四方, 今所置校尉亦處西域之中撫諸國也)"라고 하였다.

이상으로부터 무교위(戊校尉)가 있고 기교위(己校尉)가 있다는 말이다. 이상 안사고의 설명을 근거로 샤반(Édouard Chavannes)은 다음과 같이 설명했다. "이 직명의 어원은 정확히 알려지지 않았고, 서로 다른 복잡한 설명들이 제시되었다. 첫째, 가장 단순한 답으로 천간(天干)의 '무(戊)'와 '기(己)'는 실제로 서역에 사는 두 관리에게 적용되었다는 설이다. 둘째, 『예기·월령』에서처럼 '갑(甲)'과 '을(乙)'은 봄에, '병(丙)'과 '정(丁)'은 여름, '경(庚)'과 '신(申)'은 가을, '임(壬)'과 '계(癸)'는 겨울에 해당하지만, '무(戊)'와 '기(己)'는 부여된 계절이 없는 만큼 유목민들이다. 따라서 '무'와 '기'의 교위들은 고정된 거처가 없이 임명되었다는 것이 안사고(顔師古)의 설이다. 셋째, '무'와 '기'는 땅의 요소를 상징하므로, 땅을 경작하는 둔전(屯田)이기 때문이거나, 땅의 요소가 관개를 위해 다스려져야 하는 물의 요소를 이기기 때문이거나, '중앙'의 중국에 대응하는 땅의 요소가 '북방'의 오랑캐에 대응하는 물의 요소를 이겨 '서역'에 대응하는 쇠의 요소를 낳기 때문인지를 선택하면 된다"라고 설명했다(「Les pays d'Occident d'après le Heou Han Chou」, 『통보』(1907), 154쪽, 주2).

復置戊己校尉, 領兵五百人, 居車師前部高昌壁. 又置戊部候, 居車師後部候城, 相去五百里)"라고 하였다.

안사고(顏師古)가 "서역의 나라 이름"(『한서』, 권70, 3003쪽) 이라고 한 '거사(車師)'는 『한서』에서 20여 곳에서 100여 차례 언급된 것으로 볼 때, 한나라 시기 서북쪽 경합에서 중요한 역할을 한 나라로 짐작할 수 있다. 그러나 『사기』에서 이 표기 형태는 전혀 보이지 않는다. 우리는 다른 음역 표기를 상정할 수밖에 없는데, 가장 음성적으로 근접한 것으로, 고사(姑師)를 들 수 있다. 이 고사는 『사기』, 권123, 「대원열전(大宛列傳)」(3160~3173쪽)에서만 6차례 언급된 것 뿐이다. 사마천과 반고의 몰년 시기는 대략 1세기 이상의 차이가 있다. 고사(姑師)가 거사(車師)인지는 확언할 수 없지만, 기원후 1세기부터 '거사'라는 나라가 중요한 역할을 했다는 점은 분명하다.

배인(裴駰)의 『사기집해(史記集解)』에서 인용한 서광(徐廣)의 설(『사기』, 3171쪽), 736년 서문이 있는 장수절(張守節)의 『사기정의(史記正義)』(『사기』, 3160쪽)에 따르면, 고사(姑師)가 바로 거사(車師)라고 한다. 그러나 『사기』에는 이 '고사'의 위치를 정확히 기술하지 않았다. 다만, "누란(樓蘭)과 고사 등의 읍(邑)에는 성곽이 있으며, 염택(鹽澤)에 임해있다(而樓蘭·姑師 邑有城郭, 臨鹽澤)"라고 하였고(3160쪽), "누란과 고사는 작은 나라지만 큰길[空道]을 차지하고 있어 한나라 사신 왕회(王恢) 등을 심하게 겁탈했다"라는(3171쪽) 정보만 보일 뿐이다. 게다가 『한서』에서 '고사'는 '거사'와는 별도로 누란(樓蘭) 또는 선선(鄯善)과 연결하여 6차례 언급하고 있다. 마지막으로 여기서 언급한 염택(鹽澤)이 바로 로프 노르 호수라고 한다면, 『한서』에서 말하는 교하(交河), 즉 투루판 지역에서 5시 방향 남쪽으로 약 300km 남쪽에 위치한다. 결국 고사(姑師)=거사(車師)의 등가는 판단하기 어렵다.

'거사'라는 '전'과 '후' 두 왕국의 위치에 관하여, 폴 펠리오는 다음과 같이 고증 결과를 내놓았다. "보그도 울라(Bogdo-ōla, Bogd Uul, 博格達山, 톈산 동쪽 산맥)의 북쪽과 남쪽의 두 오아시스에 거사[kiwo-ṣi](車師)라는 '전(前)' 왕국과 후(後) 왕국이 있었다. '후' 왕국의 도성은 굿첸(Goutchen, Jimsar 濟木薩) 옆 톈산 북쪽에 있었다. '전국'의 도성은 톈산 남쪽 교하(交河)에 있었다. 이 교하는 분명 야르(Yār, Yarnaz 계곡)의 유허(遺墟)이다. 게다가 중국의 주둔지가 '전국'의 영토인 고창벽(高昌壁)에 세워졌다. 이 고창벽은 확실히 투루판 동쪽에 있는 카라 호자(Qarā-Khodja)가 있는 곳에 해당한다"라고 하였다(Paul Pelliot, 「Kao-Tch'ang, Qočo, Houo-Tcheou et Qarā-Khodja」, 『JA』, 1912, 5~6월호, 579~580쪽). 이 펠리오의 그럴법한 고증에서, '후국'의 위치를 '짐사르'로 비정한 것은 샤반(Édouard Chavannes), 『Les pays d'Occident d'après le Heou Han Chou』, 『통보』(1907), 155~156쪽을 따른 것이다. 이 추정만 제외한다면, 펠리오의 '전국'에 관한 기술은 정확하다. 따라서 거사전국=교하=고창벽=토로번의 등식은 성립한다.

마지막으로 '전'과 '후'을 어떤 기준으로 설명해야 할까? 이 의문도 펠리오가 풀어주고 있다. 그에 따르면, 중국인들은 남향하므로, '전'은 남쪽이고 '후'는 북쪽일 것으로 설명했다. 이에 대한 근거로 옛 왕국인 고려(高麗) 또는 고구려(高句麗)는 다섯 부족[五部]으로 형성되었는데, 이들은 특정한 명칭으로, 혹은 여러 기준점에 해당하는 색깔로, 혹은 '중(內, 중앙)', '후

(북쪽)', '좌(동쪽)', '전(남쪽)' 그리고 '우(서쪽)'라는 부족[部] 명칭으로 지칭되었다(『신당서』, 권220, 「고려전」, 6186쪽)는 기록을 들었다(앞의 출처, 579쪽 주1). 따라서 보그도 울라(Bogdo-ōla)의 남쪽에 있는 왕국이 '전국'이고 북쪽에 있는 왕국이 '후국'이라는 설명이다. 이 설명에 따른다면, 우리는 고사(姑師)가 바로 거사(車師)라는 등식은 분명 성립되지 않는다.

ⓒ수나라 시대에 고창국(高昌國)으로 불렀다는 기술은 그 연원을 충분히 추적할 수 있다. 먼저 『한서』, 권96, 「거사후국전」(3924쪽)에 따르면, 거사후왕국으로 가는 새로운 길이 열리자 한나라의 처지에서는 이 길을 유지하려 했고, 거사후국의 입장에서는 상당히 불편했다. 결국 거사후왕(車師後王) 고구(姑句)는 결국 "곧바로 고창벽을 달려 나와 흉노에 들어갔다(即馳突出高昌壁, 入匈奴)." 이는 앞서 본 『후한서』, 권88, 「서역전」(2910쪽)에서 '거사전부(車師前部) 고창벽(高昌壁)'이라 한 것과 부합하지 않지만, '고창'이란 명칭이 이미 기원후 1세기부터 있었음을 확인할 수 있다. 또한 『위서(魏書)』(554~559년), 권101, 「고창전」(2243쪽)에는 "지세가 높고 넓어 [그곳에서] 사람들이 번성했으므로 '고창'이라 부른다. 또한 이곳에 한나라 시기의 '고창루(高昌壘)'가 있어서 나라의 명칭으로 삼았다고 한다. 동쪽으로 장안까지 4,900리이고, 한나라 때에 서역장사(西域長史)[116]와 무기교위(戊己校

116) '장사(長史)'란 진(秦)나라 시대부터 보이는 관직명으로, 후한(後漢) 시기에는 태위(太尉), 사도(司徒), 사공(司空) 그리고 장군부(將軍府)에 소속된 관리였다. 서역에 장사(長史)를 둔 시기는 후한(後漢)부터인 것 같다. 『후한서』, 「장제(章帝) 본기」에 따르면(156쪽), 원화(元和) 3년(86) 서역장사 반초(班超)가 카슈가르[疏勒]의 왕을 벴다는 기록이 보이고, 「안제(安帝) 본기」(242쪽)에

尉)가 모두 이곳에 있었다(地勢高敞, 人庶昌盛, 因云高昌. 亦云其地有漢時高昌壘, 故以爲國號. 東去長安四千九百里, 漢西域長史·戊己校尉並居於此)"라고 하였다. 고창(高昌)의 '창[tɕʰi̯aŋ](昌)'자는 '창(敞)'자와 음도 같고 의미도 비슷하다. 충분히 '고창'이 중국적 어원을 가지는 지명임을 확인할 수 있다. '벽(壁)'자와 '루(壘)'자의 분기를 어떻게 설명할 수 있을까? 『사기』, 권7, 「항우본기」(307쪽)에 "제후들의 군대는 거록(鉅鹿)에 속한 10여 요새[壁]를 구원하고자 했으나 감히 출병하지 못했다(諸侯軍救鉅鹿下者十餘壁, 莫敢縱兵)"라고 하였는데, 여기 '벽(壁)'자는 군루(軍壘), 즉 요새를 의미한다. 따라서 '고창벽'이란 군대 보루라는 뜻으로 '고창루'와 같은 의미이다.

또한 『위서』, 권101, 「고창전」(2243쪽)에는 "세조(世祖, 423~452년 재위) 때, '감상(闞爽)'이란 자가 스스로 고창태수(高昌太守)가 되었다. …화평(和平) 원년(460)에 연연(蠕蠕)에게 병합되었다. 연연은 감백주(闞伯周)를 '고창왕'으로 세웠는데, 왕으로 칭한 것은 이때부터 시작되었다. 태화(太和, 477~499) 초에 감백주가 죽고 아들 의성(義成)이 즉위했으나 1년 남짓 만에 형 수귀(首歸)에게 살해되고, [수귀]가 스스로 '고창왕'이 되었다(世祖時, 有闞爽者, 自爲高昌太守. …和平元年, 爲蠕蠕所幷. 蠕蠕以闞伯周爲高昌王, 其稱王自此始也. 太和初, 伯周死, 子義成立, 歲餘, 爲其兄首歸所殺, 自立爲高昌王)"라고 하였다. 이로부터 우리는 5세기 후반부터 '고창'

연광(延光) 4년(125) 7월에 반초의 아들 반용(班勇)이 서역장사로 거사후왕(車師後王)을 벴다는 언급도 보이는데, 이현(李賢)은 '서역장사'를 서역도호(西域都護)의 장사(長史)로 설명했다.

이 하나의 나라로 거사국(車師國)의 땅, 즉 교하(交河)에 건국했음을 확인할 수 있다.

ⓓ의 정보는 『구당서』, 권40, 「지리지」(1644쪽)에서 확인된다. "서주(西州)의 중도독부(中都督府)는 원래 '고창국'이었다. 정관(貞觀) 13년(639), 고창을 평정하고 서주도독부(西州都督府)를 설치하고 다섯 현을 두었다. 현경(顯慶) 3년(658)에 도독부로 고쳐 불렀다. 천보(天寶) 원년(742)에 '교하군(交河郡)'으로 고쳐 불렀다. 건원(乾元) 원년(758) 다시 '서주'로 불렀다(西州中都督府, 本高昌國. 貞觀十三年, 平高昌, 置西州都督府, 仍立五縣. 顯慶三年, 改爲都督府. 天寶元年, 改爲交河郡. 乾元元年, 復爲西州)"라고 하였다. 한편 『신당서』, 권40, 「지리지」(1046쪽)에 따르면, "서주(西州)의 교하군(交河郡)은 중도독부(中都督府)이다. 정관(貞觀) 14년(640) 고창을 평정하여 그 땅에 설치했다. 개원(開元, 713~741) 연간에 '금산도독부(金山都督府)'라 하였다. 천보 원년(742)에 군으로 되었다(西州交河郡, 中都督府. 貞觀十四年平高昌, 以其地置. 開元中曰金山都督府. 天寶元年爲郡)"라고 하였다. 『구당서』에서 고창을 평정한 시기를 천보 13년(639)이라 했는데, 이는 『구당서』, 권3, 「태종본기」(51쪽)에 따르면, 정관 14년(640) 8월에 "교하도 행군대총관 후군집이 고창을 평정하여, 그곳에 서주를 설치했다(交河道行軍大總管侯君集平高昌, 以其地置西州)"라고 했으므로, 『신당서』의 640년이 맞다. 두 『당서』 모두 서주의 관할 현으로 교하(交河)를 두고 있으므로, 『명사』의 기술 역시 정확하다.

ⓔ의 정보에 따르면, 토로번(土魯番)은 거사전왕(車師前王)의 땅=고창(高昌)=교하현(交河縣) 안락성(安樂城)이라고 한

다. 먼저 안락성(安樂城)은 원시(元始, 1~5)에 『진서』, 권106, 석계룡(石季龍) 열전(2770쪽)에 보이는데, 이곳은 현 북경 동북부에 있었던 유주(幽州) 어양군(漁陽郡)을 지칭한다. 또한 『주서』, 권4, 「명제본기」(55쪽)에는 하남(河南)에 안락성을 구축했다고도 한다. 마지막으로 『구당서』, 권39, 「지리지」(1502쪽)에서는 안락성이 하북도(河北道) 진주(鎭州)의 치소를 둔 곳이라고 기술하고 있다. 모두 교하현(交河縣)의 안락성과는 거리가 먼 곳들이다. 이 정보에는 오류가 있다. 『명일통지』(사고전서본, 권89, 19a~b)에서는 투루판 지역을 '화작(和卓)'으로 표기하고, 그곳의 위치와 역사를 개술한 다음, 마지막으로 이곳의 산천 중으로 '교하(交河)'를 설명하며 "[화작은] 투루판 서쪽 20리에 있다. 천산에서 출원하는 강물이 교차하며 절벽 아래를 휘감아 돈다. 그곳 사람들[夷]은 애아성(崖兒城)으로 부르는데 당나라 시기의 교하현이다(在土魯番西二十里, 源出天山, 河水交流繞斷岸下, 夷名崖兒城, 唐交河縣也)"라고 기술했다. 이에 따르면 강물이 감돌아 흐르는[交河] 성이 바로 애아성(崖兒城)이라고 한다. 따라서 교하현 치소가 바로 '애아성'이므로 여기의 '애아'가 '안락'으로 잘못 옮겼을 것으로 추정한다.

ⓕ는 송나라 시기 투루판에 관한 정보이다. 투루판은 확실히 송나라 판도에서 독립되어 있었다. 『송사』, 권4, 「태종본기」(66쪽)에 따르면, 태평흥국(太平興國) 6년(981) 3월에 고창국이 사신을 보내 조공했다는 기록이 보이고, 권309, 왕연덕(王延德)의 열전(10157쪽)에서도 확인된다. 무엇보다도 권490에는 고창국 열전이 수록되어 있다. 하지만 북방의 상황은 달랐다. 『요사(遼史)』(1344년), 권36, 「병위지(兵衛志)」의 속국군(屬國軍)의 목록에 따르면(432쪽), 고창(高昌)이 보이고

'화주회홀(和州回鶻)'이 보이는데, 여기의 '화주(和州)'는 바로 '화주(火州)'이고, 왕연덕이 사신으로 간 곳도 고창성(高昌城)이므로 사실상 같은 곳이다. '고창'에 딸린 주는 이 중복기재를 확인시켜 주고 있다. 또한 권70의 속국표(屬國表)에는 고창은 보이지 않고, 화주회홀(和州回鶻)이 태조 원년(916) 12월(1125쪽)과 천경(天慶) 2년(1112) 6월(1180쪽)에 조공한 기록이 보인다. 한편 『금사(金史)』(1344년), 권3, 「태종본기」(63쪽)에서도 천회(天會) 9년(1131) 9월 화주회홀이 조공한 언급이 있다. 이는 10세기 말부터 12세기 중반까지 '화주' 즉 투루판 지역에 위구르인들이 차지하고 있었고, 이들은 다시 요나라에 복속되어 있었다고 추정할 수 있다.

ⓖ『명사』(권329, 「토로번전」, 8529쪽)는 원나라 때 이곳이 어떻게 불렸는지에 대한 정보가 없다. 다만 "원나라 때 [이곳에] 만호부(萬戶府)를 설치했다"라는 정보만 제시하고 있다. '만호(萬戶)'란 '1만 가구의 장'이란 뜻으로, 이러한 규모의 지역을 다스리는 군대 편제이다. 금나라 때 처음 설치되어 원나라 시기로 이어졌다. 각 도[路]에 둔 만호부에는 보통 다루가치[達魯花赤] 1명, 만호 1명을 두었다. 『원사』, 권63, 「지리지」(1568쪽)에는 지원(至元) 18년(1280), 만호 기공직(萬戶綦公直)에게 '다섯 도시'를 의미하는 비슈발릭[Bishbalik, 別失八里][117]을 지키게 했다는 기록을 확인할 수 있다.

『원사』에는 고창왕(高昌王), 고창승(高昌僧), 고창공주(高昌公主) 등의 명칭이 보인다. 이는 '고창'이란 옛 지명이 원나라

117) Emil Bretschneider, 『Mediaeval Researches from Eastern Asiatic Sources』, I, 27~30쪽을 참고하시오.

시기에도 쓰이고 있었다는 말이다. 또한 앞서 『요사』와 『금사』에 보였던 '화주(和州)'가 '화주(火州)'로 표기되어 지칭되기도 했다. 『원사』, 권122, 바우르숙 아르트 테킨(巴而朮阿而忒的斤) 열전(2999쪽)에는 그가 "역도호(亦都護)로, '역도호'란 고창의 국주(國主)를 부르는 호칭이다(巴而朮阿而忒的斤亦都護, 亦都護者, 高昌國主號也)"라는 설명이 보인다. 브레트슈나이더(Emil Bretschneider)가 이 '역도호'를 라시드 웃 딘의 『집사(集史, Jāmiʿ al-tawārīkh)』에 보이는 '이디쿳(Idikut)'에 대응시킨 이래(Emil Bretschneider, 『Mediaeval Researches from Eastern Asiatic Sources』, I, 247쪽 주 608), 이견 없이 따르고 받아들여지고 있다. 이어서 "교주(交州)는 바로 화주(火州)이다. 비슈발릭[別失八里]의 땅을 통칭한다. 북쪽으로는 아출(阿朮) 강에 이르고, 남쪽으로는 주천(酒泉)에 닿아있고, 동쪽으로는 올돈갑석합(兀敦甲石哈)에 이르고, 서쪽으로는 서번(西蕃)에 임해있다(兀敦交州即火州也, 統別失八里之地, 北至阿朮河, 南接酒泉, 東至兀敦甲石哈, 西臨西蕃)"라고 하였다. 여기의 지명 중 '주천(酒泉)'만 확인할 수 있지만, '화주(火州)'란 곳이 투루판 지역을 지칭한다는 점에는 이견이 없을 것이다.

거사(車師)-고창(高昌)-교하(交河)에서 송나라 시기부터 어떻게 서북 중국 이민족들의 입에서 화주(和州) 또는 화주(火州)라는 형태가 나오게 되었을까? 그 실마리를 튀르크[돌궐] 장군 퀼 테긴(Kül Tigin, 闕特勤, 685~731)의 튀르크어 비문에서 찾을 수 있다. "코슈 투투크(Qošu-tutuq)와 싸운"[Qošu-tutuq birlä söngüšmüš][118] 퀼 테긴에 관한 것이다. 서방 연구학

118) W. Radloff, 『Die Altturkischen inschriften der Mongolei』, Neue Folge, Saint-

자들은 코슈(Qošu)를 중국 자료의 화주[ɣuɑ-tɕi̯əu](和州) 또는 화주[xuɑ-tɕi̯əu](火州)에 대응시키고자 했다. 즉 '화주'가 북방 이민족의 입을 통해 '코슈'로 표기되었다는 것이다. 첫 번째 글자 [ɣuɑ] 또는 [xuɑ]는 'Qo'에 해당시킬 수 있을지라도, 두 번째 글자의 초성 'tɕ'는 'š'로의 변화를 설명하기 어렵다. 이에 대해 폴 펠리오는 튀르크어 '코슈(Qošu)'의 한역 명칭이 '화주'라는 가설을 폈다. 그는 '코슈(Qošu)'의 어원으로 고창[kɑu-tɕʰi̯aŋ](高昌)을 제시했다. 'qo'가 'kao'에 해당하는 음임에는 더 말할 필요가 없다. 그리고 두 번째 글자의 후음성 비음 종성[aŋ]의 변화를 다음과 같이 설명했다. "우리가 당나라 시기의 비중국 필사본들에서, 후음성 비음으로 끝나는 한자들을 보게 되는데, 그 후음성 비음은 거의 인식되지 않고 음역에서 표기되지 않는다는 점은 사실상 예상하지 못한 사실 중 하나이다. 이 비음은 오늘날 실제로 푸젠의 몇몇 방언들에서는 탈락되고, 일본 한자 발음에서는 완전히 사라진다는 점을 알고 있다('병(兵)'자는 'hei' 또는 'hyō'가 되고 '장(藏)'자는 'zō'가 되는 등등의 예가 있다). 그러나 그럴법한 진화 과정을 제시하지 않는 북중국의 방언들이 주어진 시기에 조짐을 보였을 것이라고 짐작할 수 있을 뿐이다. 중앙아시아의 필사본에서 'ṅ(ng)'의 탈락은 모음이 'i'일 때 규칙적이다. 병(丙), 정(丁)은 마니교의 문헌에서 'pīy', 'tīy'라는 형태로 나타나며, 의정(義淨)이란 이름은 튀르크어로 'Getsi'로 표기되었고, 내가 둔황에서 가져온 사본들에서 티베트 글자로 된 중국어 음역 표기들은 같은 관습을 따랐다. 모음이 'i'가 아닐 때, 종성 비음은 간혹 표기에 유지되었지만, 항상 그런 것은 아니다. 예를 들어 경(庚)은 'kēy'인 반면 승(升)은 'sing'이고, 불승(佛僧)은

Petersbourg, 1897, 143쪽을 참고하시오.

'bursong'인 경우이다. '용(龍)'자는 튀르크어로 'lüi'와 'lu'라는 형태로 순화되었고, 현대 티베트어에서 'klu'('k'는 묵음임)라는 표기로 남아있는 것 같다. 마지막으로 모음이 'a'일 때, 우리는 '창(倉)'을 'tsang'으로 옮긴 예를 보았고, 의정(義淨)을 칭하는 '삼장(三藏)'을 'samtso'로 옮긴 것을 볼 수 있다. 여기에서 우리는 당나라 시기 같은 지역에서 정확하게 'Qočo'가 고창에 해당한다는 등가를 확보했다. 두 경우에서 후음성 비음은 사라졌지만, 탈락하면서 모음이 'a'에서 'o'로 되었다. 이는 일본어 한자 발음에서 규칙적으로 일어나는 것임을 알고 있다."[Paul Pelliot, 「Kao-Tch'ang, Qočo, Houo-Tcheou et Qarā-Khodja」, 『JA』, 1912, 5~6월호, 588~589쪽] 이 가설을 받아들이지 않는다면, 우리는 '화주'의 출현을 설명할 수 없다.

'코슈(Qošu)'가 화주(和州) 또는 화주(火州)로 다시 한자로 표기되었다는 설은 다음 근거를 통해 확인된다. 『명사』, 권329, 「화주전(火州傳)」(8528쪽)에 "화주(火州)는 '합랄(哈剌)'이라고도 부른다"라고 하였다. 그런데 『원사』에서는 '합랄화주(哈剌火州)'라고 중복된 지칭을 확인할 수 있다(권34, 「문종본기」, 755쪽, 776쪽; 권41, 「순제본기」, 879쪽; 권180, 야율희량(耶律希亮) 열전, 4161쪽). 한편, 이 '합랄화주'라는 표기는 『원사』, 권63, 「지리지」(1569쪽)와 권131, 완자도(完者都) 열전(3192쪽)에는 '합랄화자(哈剌火者)'라고 표기하고 있다. 마지막으로 권128, 수부타이의 손자 아출(阿朮) 열전(3124쪽)에서는 '합랄곽[xwak]주(哈剌霍州)'로 되어있다. 여기에서 '화주(火州)'가 '화자(火者)', '곽주(霍州)'라고 된 것은 '화주'가 음역 표기임을 분명히 시사한다. 이 '합랄화주' 또는 '합랄화자'는 모두 '카라 호자(Qarā-Khodja)' 또는 카라 호조(Qarā-Khodjo)'에 해당하는 음역 표기이다. 따라서 여기의

‘호자’ 또는 ‘호조’는 바로 ‘코슈(Qošu)’의 또 다른 음역 명칭이다. ‘카라’는 검다는 뜻이다. 『명일통지』(사고전서본, 권89, 17a~18a)에서는 여기 ‘화주’를 ‘화탁(和卓)’이라 표기하고 있는데, 이는 ‘호자’ 또는 ‘호조’에 해당하는 음임을 보여준다.

⑴투루판[土魯番]은 화주(火州)에서 서쪽으로 100리에 있다. 옛 교하현(交河縣)으로, 거사국(車師國)이라고도 한다(土魯番, 在火州西百里, 古交河縣, 亦曰車師國).

『황명사이고』: “토로번은 토이번(土爾番)이라고도 하는데, 화주(火州) 100리에 있으며 옛 교하현(交河縣) 안락성(安樂城)이다. 성은 사방 1~2리이고 땅은 평탄하고 사방이 모두 산이다(土魯番, 一名土爾番, 在火州西百里, 古交河縣, 安樂城也. 城方一二里, 地平, 四面皆山).”

⑵기후는 대체로 따뜻하고 비와 눈은 적다. 토양은 마(麻)와 보리[麥]에 적합하다. 사람들은 집을 짓고 살며, 불법(佛法)을 신봉한다(氣候多煖少雨雪. 土宜麻·麥. 人皆屋居, 信佛法).

『황명사이고』: “기후는 대체로 따뜻하고 비나 눈이 적다. 토양은 [대]마(麻)와 밀[麥]에 적합하다. 과(瓜), 과일, 양, 말 등의 이로움이 있다. 사람들은 모두 집을 짓고 살며 부처의 법을 신봉하여 사찰이 많다. 성의 서쪽 20리에는 애아성(崖兒城)이 있고, 성 겨우 2리에 100여 가구의 사람들이 사는데, 전하는 바에 따르면 옛 교하현 치소라고도 하고 옛 거사국(車師國)이라고도 한다(氣候多暖少雨雪. 土宜麻·麥. 有瓜·果·羊·馬之利. 人皆屋居, 信佛法, 多僧寺. 城西二十里有崖兒城, 城僅二里, 居民百餘家, 相傳故交河縣治, 又云古車師國).”

⑶영산(靈山)은 둘레가 10여 리이고, 온통 오색의 모래와 자갈로, 광염이 불타오르고, 가파른 계곡을 네 번 감돌아, 하늘의 공교로움이 매우 뛰어나다. 초목은 자라지 않으며, 금수들이 드물다(有靈山周二十餘里, 悉五色砂石, 光焰灼火, 四回峻壑, 天巧奇絶. 草木不生, 禽獸鮮少).

『황명사이고』: "명나라 영락 12년(1414) 행재 검봉 원외랑(行在驗封員外郎) 진성(陳誠)이 이 나라에 갔다. 진성에 따르면, 성의 서쪽 100리에 있는 영산(靈山)이 가장 크다. 그곳 사람들[夷人]은 이곳이 십만 나한(羅漢)이 열반에 든 곳이라고 한다. 산 가까이에는 높은 누대가 있는데, 이 누대 옆으로 사찰들이 있고, 사찰 아래는 모두 돌샘이 흐르는 숲이다. 여기에서 산으로 들어가 200리를 가면 한 협곡에 이른다. 협곡 남쪽에는 작은 흙집이 있고, 흙집 남쪽으로 산비탈을 오르면, 그 비탈에는 돌집이 있고, 그 집에는 작은 불상 다섯이 있으며, 앞에는 못이 있고, 못 동쪽에는 산이 있는데, 산의 돌들이 푸르고 검어 멀리서 보면 머리카락처럼 어지럽다. 그곳 사람들은 이곳이 십만 나한이 머리를 감고 삭발한 곳이라고 한다. 협곡을 따라서 동남쪽으로 6~7리를 가, 높은 벼랑을 오르면, 벼랑 아래 작은 산이 있는데, 겹겹의 봉우리들이 수려하게 줄지어 늘어서 있다. 봉우리 아래에는 흰 돌들이 무더기를 이루고 있는데, 옥처럼 가볍고 약해도 손에 쥘 수 없었다. 무더기에는 사람의 뼈 같은 것이 있었는데, 돌처럼 단단했고, 문루(文縷, 무슨 의미인지 모르겠음)가 또렷했으며, 색이 매우 윤기가 났다. 그곳 사람들은 십만 나한들의 신령한 유골이라고 한다. 또 동쪽 아래로 바위 절벽이 있는데, 그 절벽 위에는 사람의 수족(手足) 같은 석순(石筍)이 있다. 조금 남쪽으로 산비탈에 이르면, 비탈의 돌들이 옥처럼 맑고 깨끗했는데, 그곳 사람들은 벽지불(辟支佛, Pratyeka-buddha)이 열반에 든 곳이라고 한다. 여러 산을 돌아 약 20여 리를 가면 온통 오색의 모래와 자갈로, 광염이 사람을 그을리며, 사방이 험준한 계곡으로 닿을 수 없는 절벽[窮崖]은 하늘의 공교로움이 매우 뛰어났다. [그곳에는] 초목이 자라지 않고, 새와 짐승도 드물다고 했다. 감숙은 크게 북방 오랑캐[北虜]의 환란에 맞서 사방 오랑캐들을 제압했지만, 이 오랑캐 중에서 토로번이 가장 교활했다(明永樂十二年, 行在驗封員外郎, 陳誠至其國. 誠言, 城西北百里有靈山, 最大. 夷人言, 此十萬羅漢涅槃處也. 近山有高臺, 臺旁有僧寺, 寺下皆石泉林木. 從此入山, 行二百里, 至一峽. 峽南有小土屋, 屋南登山坡, 坡有石屋, 屋有小佛像五, 前有池, 池東有山, 山石靑黑, 遠望紛如毛髮. 夷人云, 此十萬羅漢洗頭削髮處也. 循峽東南, 行六七里, 登高崖, 崖下小山, 纍纍峰巒秀麗, 羅列成行. 峰下白石成堆, 似玉輕脆, 不可握. 堆中若人骨狀者, 堅如石, 文縷明析, 色甚潤. 夷人云, 此十萬羅漢靈骨也. 又東下石崖, 崖上石筍如人手足. 稍南至山坡, 坡石瑩潔如玉, 夷人云, 此辟支佛涅槃處也. 周行群山, 約二十餘里, 悉五色沙石, 光焰灼人, 四面峻壑, 窮崖天巧奇絕. 草木不生, 鳥獸鮮少云. 甘肅大抵北虜患, 專鎭防四夷, 夷種中, 土魯番最爲奸猾)."

⑷아마도 불서(佛書)에서 말하는 영산(靈山)이 이곳일 것이다(蓋佛書所稱靈山是也).

영산(靈山)은 사전적 정의에 따르면, 전설상의 곤륜산(昆侖山)을, 도교에서는 봉래산(蓬萊山)을, 불교에서는 인도 영취산(靈鷲山)의 약칭으로 사용한다.

[18] 흑루(黑婁)

흑루[xək-lịu](黑婁)는 1415년 서역에 사신으로 갔다가 돌아온 진성(陳誠)의 『사서역기(使西域記)』(『학해류편(學海類編)』 본, 1a~3a)의 합렬[ŋăp-lịɛt](哈烈) 기술에 보이는 '흑로[xək-luo](黑魯)'의 또 다른 표기로 보인다. 이 '합렬'은 『명사』(사고전서본, 권546, 16b)에는 '합리(哈里)'로 표제하고, '혁로(赫嚕)'라는 다른 명칭이 보인다. '흑루-흑로-혁로' 등에서 음성적 연관성을 확인할 수 있다. 따라서 이들은 헤라트(Herat) 또는 헤리(Heri)의 음역 표기들일 것이다. 그러나 『황명사이고』는 흑루(黑婁)와 합렬(哈烈)을 별도 항목으로 기술하고 있고, 지봉뿐만 아니라 『명사』에도 별도의 기술이 보인다. 덧붙여 중국정사외국전 역주자들은 이곳을 '해리(海里)', '합리(哈利)', '합라(哈喇)' 등으로도 표기된다고 하였는데, 이는 확인되지 않는다.

이 밖에도 브레트슈나이더(Emil Bretschneider)는 원나라 시기 기록에서 몇몇 다른 명칭들을 헤라트로 추정하고 있다. 오고손중단(吾古孫仲端)의 「북사기(北使記)」에 "또 몇만 리를 가서 위구르[回紇國]의 익리성(益離城)에 이르렀는데, 바로 위구르 왕의 도읍으로, 때는 이미 [1221년] 4월 상순이었다(又幾萬里, 至回紇國之益離城, 卽回紇王所都, 時已四月上旬矣)"라는 기술이 보이는데, 브레트슈나이더는 여기 익리성(益離城)이 어디인지를 확정하지 못했다. 다만 일리(Ili)강에 있는 '일리 발릭(Ili-Balik)'이란 도시를 떠올렸다. 이어서 저자가 말한 익리성(益離城)에 대해 "에리(Eri) 또는 헤리(Heri), 즉 오늘날 헤라트(Herat)라는 곳을 의미하는 것 같다"라고 추정했다(『Mediaeval Researches from Eastern Asiatic Sources』, London, I(1888), 28쪽 주49). 조금 뒤 오고손중단은 "유리(遺里)의 여러 위구르인은 상당히 유순하고 살인을 좋아하지 않았다(有遺里諸回紇者, 頗柔懦, 不喜殺)”라고 기록하고 있는데, 여기에서도 브레트슈나이더는 ‘유리[0i̯wi-li](遺里)’를 일리(Ili)로 옮기고 앞의 ‘익리[ʔi̯ɛk-lie](益離)’의 다른 음역으로 보았다(앞의 책, 30쪽 주 57). 단지 위구르 민족이라는 근거로 두 표기를 같은 곳으로 보는 것은 무리하고, 또 고음의 발음 역시 상당한 차이가 있다.

또한 『성무친정록(聖武親征錄)』(『설부』본, 권55), “1221년 상(上)은 진군하여 철문관(鐵門關)을 지나자 네 태자에게 야리(也里), 니사올아(泥沙兀兒 Nishabur) 등의 성을 공격하게 했다(于是上進兵, 過鐵門關, 命四太子攻也里·泥沙兀兒等城)”라고 하였고, 이듬해 “1222년 봄, 툴루이는 또 도사(徒思, Tus), 닉찰올아(匿察兀兒, Nishabur) 등의 성을 정복했다. 상(上)은 더운 기운이 바야흐로 성해지자 사신을 보내 네 태자를 속히 돌아오게 하면서 목랄이국(木剌夷國)을 지나 크게 약탈했다. 삭삭란(搠搠蘭)강을 건너 야리(野里) 등의 성을 정복했다(壬午春, 又克徒思·匿察兀兒等城. 上以暑氣方隆, 遣使招四太子速還, 因經木剌夷國, 大掠之. 渡搠搠蘭河, 克野里等城)”라고 하였다. 여기 야리(也里, 野里)에 관해 브레트슈나이더는 “일반적으로 중세에 불린 헤라트(Herat) 또는 헤리(Heri)는 고대 아리아(Aria)라는 명칭으로 알려졌다. 1375년의 카탈란(Catalan) 지도에서 율(Yule)의 ‘케세이(Cathay)’를 덧붙였는데, 이 명칭은 에리(Eri)로 표기되었다. 이것은 율의 네스토리안 관구 지도에서 헤라흐(Herah)로 되어있다”라고 설명했다(『Mediaeval Researches from Eastern Asiatic Sources』, London, I(1888), 주 684, 292쪽). 하지만 이들 모두 지역에 관한 상세 기술이 없으므로, 헤라트로 판정할 만한 근거가 충분하지 않다. 따라서 헤라트를 가장 자세하게 기록한 자료는 진성(陳誠)의 『사서역기(使西域記)』(『학해류편(學海類編)』본, 1a~3a)일 것이다. 이 기록은 현재 우리가 거슬러 올라갈 수 있는 헤라트에 관한 가장 빠르면서 가장 상세한 자료로, 그 가치가 매우 크다. 그의 견문은 다음과 같다.

헤라트[哈烈]는 흑로(黑魯)라고도 한다. 사마르칸트[撒馬兒罕] 서남쪽에 있으며, 섬서(陜西) 숙주(肅州) 가욕관(嘉峪關)에서 11,000리 떨어져 있다. 이곳의 사방에는 산이 많고 가운데에는 강물이 서쪽으로 흐르며, 성에서 가까운 동북쪽 산 아래는 사방 10여 리이다. 국왕[國主]은 성 동북쪽 모퉁이에 살며, 돌을 쌓아 집을 만들었는데, 높은 누대처럼 평평하고 사각형으로, 대들보나 기와를 사용하지 않는다. 중앙은 휜하게 비어있고, 방은 수십 칸이며, 크고 작은 창문과 문은 꽃문양으로 조각했고, 금벽(金碧)으로 그렸으며, 바닥에는 양탄자[氈毯]를 깔았다(哈烈一名黑魯, 在撒馬兒罕西南, 去陜西肅州嘉峪關萬一千一百里. 其地四面多山, 中有河西流, 城近東北山下方十餘里. 國主居城東北隅, 疊石爲屋, 平方若高臺, 不用棟梁陶瓦. 中敞虛室數十間, 窗牖門扉雕刻花紋, 繪以金碧, 地鋪氈毯).

임금과 신하의 상하 관계가 없다. 남녀는 서로 모여서 바닥에 자리를 깔고 책상다리로 앉는다. 국왕은 좁은 소매의 옷과 머리를 넣어 입는[貫頭] 옷을 입고, 덮어쓰는 수놓은 작은 모자[小罩刺帽]를 쓰며, 흰 베로, 터번[纏頭]을 하고, 머리를 땋아 가체 뒤로 한다. 복장은 나라 사람들과 같지만 [그를] 존칭하여 술탄[鎖魯擅]이라 하는데, 아마도 중국어로 군왕을 말할 것이다(無君臣上下. 男女相聚, 皆席地趺坐. 國主衣窄袖衣, 及貫頭衫, 戴小罩刺帽, 以白布纏頭, 辮髮後髢. 服制與國人

同, 但尊稱之曰鎖魯擅, 蓋華言君王也).

상하의 사람들이 서로를 부를 때는 부르는 명칭이 있으며 서로 만나면 단지 몸을 약간 굽힌다. 처음 만나 큰 예절을 행할 때는 한 다리를 굽히고 세 번 절하는데 남녀 모두 그러하다. (上下相呼皆稱名, 相見惟稍屈身. 初相識行大禮則屈一足, 三跪, 男女皆然).

음식에는 젓가락을 사용하지 않고 술을 빚을 때는 포도를 사용하며, 마실 때는 바닥에 앉아서 먹고 큰 잔치가 있으면 작은 상에 차린다. 높은 사람이 마시면 아랫사람들은 모두 무릎 꿇는다(飮食不設筋, 釀酒多用葡萄, 飮則坐於地, 大宴會則設小几案. 尊者飮, 下人皆跪).

[의례를] 행할 때는 비단[幣帛]을 펼친 다음 진귀한 보배를 올리고, 또 금은의 주화를 자리 위에 펼쳐 놓는다. 나머지는 자리 사이에 흩어 놓으면, 좌우의 일을 집행하는 자들이 다투어 줍게 하며 야단스럽게 웃는데, 이것을 '희전(喜錢)'이라 한다(行則陳幣帛, 次進珍寶, 又次進金銀錢布之坐上. 餘者撒坐間, 左右執事者競拾之, 諠譁大笑, 名曰喜錢).

시중의 교역은 크고 작은 세 종류의 은 주화를 사용하는데, 아랫사람들이 사사로이 주조하는 것을 금지하지 않지만, 주조하면 국왕에게 세금을 내고 인장 표기를 사용하는데, 인장이 없으면 시장에서 사용하지 못하도록 금한다. 교역하는 상품들은 모두 세금을 내는데, 10의 2를 거두어 나라의 자본으로 삼는다. 두곡(斗斛)을 두지 않고 저울만 사용하며, 관청[官府]을 두지 않고, 일을 관리하는 사람을 두어, 그를 '도완[tauyuan](刀完)'이라 부른다. 국왕과 일을 관리하는 사람은 일이 있으면, 종이를 사용하여 그 일을 그대로 쓰고, 각자 서명하여[花押] 표기한다. 서명하는 제도는 금은으로 반지를 만들고, 위에는 그 일의 명칭을 새긴다(市中交易用大小三等銀錢, 下人私造無禁, 造成, 輸納稅於國主, 用印記, 無印者禁不用市. 易諸物皆有徵[征]稅, 十取其二以資國. 不置斗斛, 惟用權衡, 不設官府, 設管事者, 稱之曰刀完. 國主與管事者, 凡有事, 施用紙直書其事, 各以花押爲記. 花押之制以金銀爲戒指, 上鐫其事名).

나라에는 법률이 없고 형벌을 가하지 않는다. 인명을 해쳐도 벌금에 그친다. 혼인할 때는 자매를 부인과 첩으로 삼고, 함께 살며 남녀가 서로 혼숙한다(國無法律, 不施刑罰. 傷人命亦止於罰錢. 婚姻以姊妹爲妻妾, 同居男女相混).

남자는 머리를 깎고 흰 천으로 터번을 하며, 여자들도 흰 천을 머리에 쓰는데 대략 두 눈만 드러낸다. 상을 당했을 때는 푸르고 검은 옷으로 갈아입고, 100일 동안 상을 치른다. 매장에는 관을 사용하지 않고 부대에 싸서 매장한다. 분묘에서 제사를 지내기도 하지만, 집에서는 조상에게 제사하거나 귀신들에게 제사하지 않고, 다만 하늘에 절하는 예법을 중시한다. 집회처럼 하늘에 절할 때는 날을 골라 행한다. 월삭(月朔)이나 갑자(甲子)가 없어 택일은 7일마다 한 번씩 도는데, 돌면 다시 시작한다(男子髡首纏以白布, 女亦白布蒙首, 略露雙眸. 喪則易以青黑, 居喪止百日. 葬不用棺, 以布囊裹瘞之. 嘗於墳墓設祭, 家不祀祖宗, 亦不祀鬼神, 惟重拜天之禮. 凡拜天若聚會, 則擇日行之. 無月朔甲子, 擇日, 每七日爲一轉, 週而復始).

모여 [하늘에] 절하는 곳은 큰 흙집으로 지었는데, 사람들이 줄지어 서면, 그중 한 사람이 큰소리로 외치면 절을 한다. 매년 2월과 10월은 재계하는 달[把齋月]로 모두 음식을 먹지 않고, 저녁이 되어서야 먹는다. 한 달이 지나서 매운 것을 먹고, 사람들을 모아 호로(葫蘆) 쏘기를 한다. 이 방식은 높이가 몇 장이나 되는 장대를 세우고, 호로를 매달아 두는데, 그 안에는 흰 비둘기 한 마리를 넣어 둔다. 말을 타고 그것을 쏘게 하는데, 호로가 부서져 비둘기를 날려 보낸 자가 이긴다[得采](聚拜之所築一大土屋, 衆列班, 其中一人大呼則皆拜. 每歲二月·十月把齋月, 盡不飮食, 至暮乃食. 周月始食葷, 則聚衆射胡蘆. 其制植長竿高數丈竿木, 懸胡蘆, 中藏白鴿一隻, 躍馬射之, 以破胡蘆, 鴿飛者爲得采).

나라에는 이슬람교[회회교(回回教)] 경전에 능통한 자가 있는데, 사람들은 '만랄[muan-lat](滿剌)'이라 부르고, 국왕에게 존경을 받는다(國人有通回回教經典者, 衆稱曰滿剌, 爲國主所尊敬).

성안에는 큰 흙집을 지어 놓고, 안에는 둘레가 수 장이나 되는 청동 그릇을 놓아두었는데, 위에는 옛날 솥에 쓴 문자 같은 것이 새겨져 있다. 배우러 온 자제들이 모두 이곳에 모이는데, 중국의 태학(太學)과 같다(城中置大土室, 中設一銅器, 周圍數丈, 上刻文字如古鼎狀. 遊學子弟皆聚此, 若中國太學然).

잘 걷고 달리는 사람은 하루에 2~3백 리를 갈 수 있는데, 아마도 어려서부터 걷기를 익혔을 것이다. 급한 용무가 있으면 화살을 들고 달려가 알리게 한다(有善步走者, 日可行二三[三二]百里, 蓋自幼習步, 有急務令持箭走報).

풍속은 사치스럽고, 소비[用度]에 예법이나 절도가 없다. 그곳의 땅은 비옥하고, 기후는 대체로 따뜻하며 비가 적다(其俗侈靡, 用度無禮節. 其土饒沃, 氣候多暖少雨).

그곳에서는 백염(白鹽), 동철(銅鐵), 유리(琉璃), 금은(金銀), 산호(珊瑚), 호박(琥珀), 구슬[珠], 비취[翠] 등이 난다. 양잠을 많이 하여 흰색의 정교한 비단[紈]이나 꽃문양 비단[綺]을 잘 만든다. 나무에는 뽕나무, 버드나무, 느릅나무, 홰나무[槐], 소나무, 회(檜)나무, 백양(白楊)이 있다. 과일에는 복숭아, 살구, 배, 자두, 포도, 석류가 있다. 곡물에는 대마, 콩, 대두[菽], 밀[麥], 조[粟]가 있다. 짐승에는 사자, 표범, 좋은 말, 소, 양, 닭, 개가 있다(土產有白鹽·銅鐵·琉璃·金銀·珊瑚·琥珀·珠·翠之屬. 多育蠶, 善爲紈綺. 木有桑·柳·榆·槐·松·檜·白楊. 果有桃·杏·梨·李·葡萄·石榴. 穀有麻·豆·菽·麥·粟. 獸有獅·豹·良馬·牛·羊·鷄·犬).

사자는 아무르강[阿木河] 갈대숲에서 태어난다고 한다. 처음 태어날 때는 눈이 닫혀 있다가 7일이 되면 눈을 뜬다고 한다. 그곳 사람들은 항상 눈이 닫혔을 때, 잡아 성질을 길들이는데, 조금 더 크면 길들일 수 없다고 한다(獅子生於阿木河蘆林中云. 初生時, 目閉, 七日始開. 土人恆於目閉之時, 取之調習其性, 稍長大則不可馴馭云).

진성의 기록을 근거로 작성된 것으로 보이는 1461년 『대명일통지(大明一統志)』(사고전서본, 권89, 22b)에는 합렬(哈烈)의 다른 표기인 '합리(哈里)'로 표제하고, "동북쪽으로 사마르칸트[賽瑪爾堪]까지는 1,400리이고, 동쪽으로 숙주(肅州)까지는 11,000리이다(東北至賽瑪爾堪一千四百里, 東至肅州一

萬一千里)"라고 그 위치를 설명했다. 사마르칸트에서 헤라트까지의 거리는 직선거리로 720여 킬로미터이다. 이어서 나라의 연혁을 기술하며, "옛날에는 상고할 만한 것이 없었다. 이곳은 광활하고 평탄한 곳에 있으며, 사방은 모두 큰 산이다. 원나라의 부마 티무르[特穆爾]의 아들 샤 록[Shah Rok, 薩哈勒]을 나라 사람들이 높여 술탄[蘇勒坦]이라 했는데, 바로 중국어 '군왕(君王)'과 같다. 안득호이[Andkhoy, 諳都壞], 박라합사(博囉哈斯) 등의 성이 모두 이 나라에 예속되어 있다. 명나라 홍무(洪武) 35년(1402) 사신을 보내 추장을 불러 타이르고, 금실로 문양을 넣어 짠 비단[織金文綺]을 하사했다. 영락(永樂) 7년(1409) 망릐(莽賚) 등이 조정에 들어와 방물을 바쳤다. 정통(正統) 2년(1437) 지휘(指揮), 하지[哈濟] 등이 말과 옥석을 바쳤다(古無可考. 其地居平川, 四面皆大山. 元駙馬特穆爾之子薩哈勒, 國人尊之爲蘇勒坦, 猶華言君王也. 東有諳都壞·博囉哈斯等城, 皆隷焉. 本朝洪武三十五年, 遣使詔諭酋長, 賜織金文綺. 永樂七年頭目莽賚等來朝, 并貢方物. 正統二年指揮哈濟等貢馬及玉石)"라고 하였다. 마지막 조공 정보는 『명사』, 권332, 「흑루전(黑婁傳)」(8619쪽)에서 "정통 2년 그곳의 왕 샤 록 술탄[沙哈魯鎖魯檀]이 지휘(指揮), 하지 무함마드[哈只哈只馬黑麻]를 보내 조공했다(正統二年, 其王沙哈魯鎖魯檀遣指揮哈只馬黑麻奉貢)"라고 한 것과 부합한다. 그러나 『명일통지』는 '흑루(黑婁)'에 관하여 별도의 항목을 두어 기술하지 않았다. 이로써 볼 때, '흑루'와 '합렬'을 두 나라로 기록하기 시작한 것은 『명일통지』 이후이며, 아마도 정효(鄭曉)의 『황명사이고』에서 비롯되었을 것이다.

하지만 여기 지봉이 『황명사이고』에 따라 기술하고 있는 '흑루'의 내용은 이상에서 본 헤라트[哈烈]의 내용과는 매우 다르다. 투루판에서 헤라트까지는 직선거리로도 2,500km가 넘는다. 또 정효가 별도로 기술한 염택(鹽澤)이 로프 노르 호수라면, '흑루'와 '합렬'은 별개의 장소임을 상정해야 한다. 우리는 『명사』의 편집자들이 음성적 유사성으로 두 곳의 정보를 뒤섞어 놓았을 가능도 배제할 수 없다.

⑴흑루(黑婁)는 투루판[土魯番]과 가깝다. 산천, 초목, 금수가 모두 검고, 사람들도 역시 그러하다(黑婁, 近土魯番. 山川·草木·禽獸皆黑, 男女亦然).

『황명사이고』: "흑루는 가욕관 서쪽에 있으며, 가까운 투루판[土魯番]은 대대로 흑루와 친밀했다. 흑루 이민족이 투루판을 따라와 조공을 들었다. 그곳에 들어가면, 산천, 초목, 금수들이 모두 검고, 남녀 모두 그러하다. 명나라 선덕(宣德) 7년(1432) 처음으로 사신을 보내 조공했다(黑婁在嘉峪關西, 近土魯番, 世結好黑婁. 黑婁夷入貢從土魯番. 入其地, 山水·草木·禽獸皆黑, 男女皆然. 明宣德七年始遣使朝貢)."

『사이관고(四夷館考)』: "흑루는 가욕관 서쪽에 있는데, 투루판[土魯番]과 가까워 대대로 친밀했다. 선덕 7년(1432) 처음으로 조공해 왔다. 투루판에서 그 땅으로 들어가면 산천, 초목, 금수들이 모두 검고, 남녀 모두 그러하다(黑婁在嘉峪關西, 近土魯番, 世相結好. 明宣德七年始來貢. 由土魯番入其地, 山水·草木·禽獸皆黑, 男女皆然)." 이상의 정보들은 '흑루'가 투루판과 대대로 친교하는 이웃 나라로, 온통 검은색을 강조하고 있다. 이는 헤라트[哈烈]와는 완전히 상반된다.

⑵소금 못[鹽澤]에서는 석염(石鹽)이 나는데, 돌처럼 단단하고 희며,

깎아서 기물을 만들 수 있다. 술이나 음식을 담아도 짜거나 쓰지 않다(有鹽澤産石鹽, 堅白如石, 可琢爲器. 以盛酒食, 不鹽而鹹).

『황명사이고』에는 염택(鹽澤)이라는 별도의 나라 또는 도시로 언급하고 있는데, 지봉이 여기 '흑루' 항목에 끌어다 붙였다. 같은 지역으로 인식한 것은 아닌지 모르겠다.

『황명사이고』: "염택은 애아성(崖兒城) 서남쪽에 있으며, 투루판과 3,000리 떨어져 있다. 평탄하고 넓은 곳에 있으며, 가운데는 폭이 2리에 지나지 않고 100가구가 산다. 흑적아화자(黑的兒火者)가 왕을 칭하며 염택에 살면서, 현지 추장과 강자들을 죽이고 그곳을 약탈했다. 석염(石鹽)이 나는데, 돌처럼 단단하고 희어 그릇을 다듬어 만들 수 있다. 그 그릇에 고기 음식을 담아도 짜거나 쓰지 않다(鹽澤在崖兒城西南, 去土爾番三千餘里, 在平川, 中廣不二里, 居民百家. 黑的兒火者稱王, 居鹽澤. 旣死土酋强者掠之. 産石鹽, 堅白如石, 可琢爲器. 以盛肉食, 不鹽而鹹)."

⑶헤라트[哈烈] 등지에서도 난다고 한다(哈烈等地亦産云),

『황명사이고(皇明四夷考)』에 보이지 않는 정보이다. 게다가 다음 항목에 보게 될 헤라트[哈烈]의 기술에서도 '소금'에 관한 언급은 없다. 헤라트에서 나는 '백염'은 『황명사이고』에 보이지만, 지봉은 채록하지 않았다.

헤라트[哈烈]에 관한 해제는 앞의 '흑루(黑婁)' 단락을 참고하시오. 여기 정효의 『황명사이고』에 기술된 내용은 모두 진성(陳誠)의 『사서역기(使西域記)』를 근거하고 있다.

(1)헤라트[哈烈]는 가욕관(嘉峪關)에서 13,000리 떨어져 있고, 사방이 큰 산이면서 비가 적게 내린다(去嘉峪關萬三千里, 四面大山而少雨).

『황명사이고』: "헤라트[哈烈]는 흑로(黑魯)라고도 하는데, 사마르칸트[撒馬兒罕] 서남쪽에 있으며, 가욕관(嘉峪關)에서 13,000리 떨어져 있다. 원나라 부마 티무르[帖木兒]의 아들 샤 록[沙哈魯]이 이곳에 산다. 나라 사람들은 술탄[速魯檀]이라 칭하는데, 중국어로 군왕과 같은 뜻이다. 동쪽에는 안득호이[俺都淮], 팔랄흑(八剌黑)[119] 등의 성이 있는데 모두 이 나라에 예속되어 있다. 홍무(洪武) 25년(1392)[120] 사신을 보

119) 팔랄흑[pat-lɑt-xək](八剌黑)은 『대명일통지(大明一統志)』(사고전서본, 권89, 22b)에서는 '박라합사[pwɑk-lɑ-ŋăp-sie](博囉哈斯)'로 되어있고, 장황(章潢)의 『도서편(圖書編)』(사고전서본, 권51, 63b)에는 '파라륵합[pa-lɑ-lək-ŋăp](巴喇勒哈)'으로 되어있다. 브레트슈나이더는 '팔랄흑'를 발흐(Balhk)로 추정했는데(Emil Bretschneider, 『Mediaeval Researches from Eastern Asiatic Sources』, II, London, 1910, 주1124), 발흐로 보면 방향은 근접할지라도 음성적으로 만족스러운지 의문스럽다. 『명사』, 권332, 「합렬전」(8612쪽)의 마지막에, 인근 나라로 든 엄도회(俺都淮)와 팔답흑상(八答黑商)를 들고 있는데, 여기 '팔답흑상'은 바로 '바다크샨(Badashan)'으로 헤라트의 동쪽에 있다. 『명일통지』의 '박라합사'를 고려해 볼 때, 여기 '파랄흑'은 '팔답흑상' 또는 '팔답상(八答商)'을 잘못 옮긴 것은 아닌지 모르겠다.

120) 『대명일통지(大明一統志)』(사고전서본, 권89, 22b)에는 홍무(洪武) 35년(1402)으로 되어있다. 『명사』, 권3, 「태조본기」, 25년과 「성조본기」 영락 원년(1402)에도 확인되지 않는다.

내 추장을 불러 타이르고, 금실로 짠 비단[金綺]을 하사했다. 영락(永樂) 7년(1409) 두목 마래(麼賚) 등이 조공했다. 12년(1414)년 행재 이부 원외랑 진성(陳誠)을 이 나라에 사신으로 보냈다. 정통(正統) 2년(1437) 지휘(指揮), 하지[哈只] 등이 말과 옥석을 바쳤다. 성은 사방 10리고, 넓고 평탄한 곳에 있는데, 들판[川]은 너비가 100리이고, 사방은 큰 산이다. 왕들은 동북쪽에 모여 사는데, 돌을 쌓아 집을 만들었고, 집은 높은 누대 같다. 대들보가 없고, 담장, 벽, 크고 작은 창들은 모두 금벽(金碧, 황금색과 초록색 안료)으로 [칠하고] 유리이며, 크고 작은 문들은 조각하여 뼈나 뿔을 새겨 넣었다. 집 옆에는 다채로운 수를 놓은 장막으로 방을 만들어 궁실로 사용하며, 황금 침상에 이중으로 자리를 깐다. 의관은 대략 일리발릭[亦力把力][121]과 비슷하다. 사람들은 흙집이나 모포 장막에 [사는데], 비가 드물기 때문이다(哈烈一名黑魯, 撒馬兒罕西南, 去嘉峪關萬三千里. 元駙馬帖木兒之子沙哈魯居其地. 國人稱爲速魯檀, 猶華言君王也. 東有俺都淮·八剌黑諸城, 皆隷焉. 洪武二十五年, 遣使詔諭酋長, 賜金綺. 永樂七年, 頭目麼賚等朝貢. 十二年遣行在吏部員外郎陳誠使其國. 正統二

121) 역력파력(亦力把力)은 『원사(元史)』, 「지리지·서북지부록(西北地附錄)」(1569쪽)에 '역랄팔리(亦剌八里)'로 표기되었는데, 브레트슈나이더의 고증에 따르면, "이 명칭은 옛 지도에서 '일리(Ili)의 도시'라는 뜻인 '일리발릭(Ilibalik)'으로 나타나는 것 같다. 이곳은 알말릭(Almalik)의 서남쪽에 보인다. 알말릭에서 서쪽으로 향하던 하이톤(Haithon) 왕은 일란-발렉(Ilan-Balēk)에 도착하여 일란(Ilan, Ili) 강을 건넜다. 이는 중세의 저자 중에서 이 명칭을 사용한 유일한 예인 것 같다. 이 도시는 분명 일리강, 쿨자(Kuldja)에서 타슈켄트까지 강을 가로지르는 장소 근처일 것이다. 일리스코예(Iliskoye) 자치구의 좌안에 있다"라고 하였다(Emil Bretschneider, 『Mediaeval Researches from Eastern Asiatic Sources』, II, London, 1910, 44쪽).

年指揮哈只等貢馬玉石. 城方十里, 居平川. 川廣百里, 四面大山. 王並東北山, 壘石爲屋, 屋若高臺, 無棟梁, 墻壁牕牖, 皆金碧琉璃, 門扉彫刻嵌骨角. 屋傍設綵繡帳房, 爲燕寢所, 金床重茵. 衣冠大類亦力把力. 民土房或氊帳, 以雨少)."

⑵남자들은 머리를 깎고, 옷으로는 흰색을 높이 사며, 상을 당하면 검푸른색으로 갈아입는다. 사람들 대부분이 잘 달려, 하루에 300리를 간다. 기후는 항상 따뜻하다(男髡首, 衣尚白, 乃喪易青黑. 人多善走, 日行三百里. 氣候常煖).

『황명사이고』: "남자들은 머리를 깎고, 옷은 흰색을 높이 사며, 상을 당하면 푸르고 검은 옷으로 갈아입는다. 관곽(棺槨)은 없고, 귀신에 제사 지내지 않고, 묘소에서 조상에게 제사한다. 기후는 항상 따뜻하다. 시내에는 물이 사계절 끊임없이 흘러, 물레방아와 바람으로 돌리는 맷돌[風磨]이 많으며, 옹기는 유난히 정교하다(男髡首, 衣尚白, 乃喪易青黑. 無棺槨, 不祀鬼神, 祭先於墓所. 氣候常煖. 市中流水, 四時不斷, 多水磨風磨, 甕器尤精巧)."

⑶남녀들을 문란하며 부끄러움이 없지만 학교가 있어 경전의 의미를 배우고 익힌다. 형벌을 줄이고 거두어들이는 세금을 적으며, 소송이 적고 잘 베풀며, 농사와 양잠에 힘쓴다(男女瀆亂無恥, 然有學舍, 講習經義. 省刑薄斂, 寡爭好施, 務農桑).

『황명사이고』: "남녀들은 문란하고 부끄러움이 없다. 대체로 서역의 도성이나 여러 나라 중에서 헤라트[哈烈]가 가장 비루하다. 그러나 학교[學舍]가 있어 생도들을 모아 경전의 뜻을 강습한다. 형벌을 줄이고 세금을 가볍게 하며, 소송이 적고 베푸는 것을 좋아한다. 농사와 양잠에 힘쓰는 것은 여러 나라도 미치지 못한다(男女瀆亂無恥, 大抵西域城郭諸國, 哈烈最鄙陋. 然有學舍, 聚生徒, 講習經義. 省刑薄賦斂, 寡爭訟好施予. 務農桑, 諸國又不及也).”

⑷그 풍속 또한 순박할 것이다(蓋其俗亦淳朴矣).

이 정보는 ⑶에 따른 지봉의 추측으로, 『황명사이고』에는 보이지 않는다.

『명사』, 권332, 「서역·합렬」(8609쪽)에서는 ‘합렬’은 ‘흑로(黑魯)’라고도 하는데, 사마르칸트[撒馬兒罕]에서 서남쪽으로 3,000리 떨어져 있다고 하였다. 하지만, 「서역·흑루」(8619쪽)에서 ‘흑루(黑婁)’는 사마르칸트에서 가깝다고 하였다. 또 앞서 정효(鄭曉)의 기술에 따라서 지봉은 ‘흑루’는 투루판[土魯番]과 가깝다는 지리 정보를 보여 준다. 이는 1591년 서문이 있는 나왈경(羅曰褧)의 『함빈록(咸賓錄)』(중국 국가도서관 소장본, 권4, 16a)에서도 확인된다. ‘흑로[luo]’와 ‘흑루[lə̯u]’의 발음은 비슷지만, 같은 곳으로 볼 수 없을 것 같다. 흑루는 산천과 금수가 모두 검다고 하지만, 헤라트[哈烈]에는 검은색을 연상시키는 정보는 없다.

[20] 호탄[于闐]

신장 웨이우얼 자치구에 있는 오아시스 호탄은 이미 기원전 125년경 장건(張騫)의 사신행을 통해 '우전(于窴)'으로 표기되었고, 『전한서』에서 처음 '우전(于闐)'으로 표기되면서, '우전(于塡)' 또는 '우전(釪鏔)' 같은 표기가 보지지 않은 것은 아니지만, 일반적인 음역 표기로 자리 잡았다. 호탄의 이칭들에 관하여 20세기까지 호탄의 어원적 고증에 천착한 학자는 폴 펠리오이다(Paul Pelliot, 『Notes on Marco Polo』, I, Paris, 1959, 408~425쪽). 그의 고증은 오늘날까지 학자들의 중요한 연구자료로 인용되었고, 특히 우리나라에서는 한 차례도 소개되지 않았을뿐더러, 참고했다고 하더라도 중국학자의 재해석본을 근거하고 있어 오류가 많다. 따라서 펠리오의 고증을 따라가며, 저자가 확인하여 이해한 대로, 정리하여 소개한다.

호탄의 이칭들을 보여주는 가장 이른 자료는 『대당대자은사삼장법사전(大唐大慈恩寺三藏法師傳)』(T.2053, 251a)이다. "ⓐ구살단나(瞿薩旦那)국에 이르렀다【당나라 말로는 '지유(地乳)'로, 그곳 사람들의 정식 말이다. 속어로는 ⓑ'환나국(渙那國)'이라 하고, 흉노(匈奴)들은 ⓒ'우둔(于遁)'이라 부르며, 호(胡)들은 ⓓ'활단(豁旦)'이라 부르고, 인도 사람들은 ⓔ'굴단(屈丹)'이라고 한다. 옛날 ⓕ'우전(于闐)'이라 했는데, 와전된 것이다】(至瞿薩旦那國【唐曰地乳, 卽其俗之雅言也. 俗謂渙那國, 凶奴謂之于遁, 諸胡謂之壑旦, 印度謂之屈丹. 舊曰于闐, 訛也.】)"

ⓐ'구살단나(瞿薩旦那)'를 처음 '쿠스타나(Koustana)'로 복원한 학자는 줄리앙(Stanislas Julien)이다.[122] 이후 스타인

122) Stanislas Julien, 『Histoire la vie de Hiouen-Thsang』, Paris, 1853, 280쪽.

(Stein)[123], 헤르만(Herrmann)[124], 그리고 토마스(Thomas)[125] 등이 이 표기를 따랐다. 이렇게 옮긴 근거는 카로슈티(Kharoṣṭhī) 문서에 보이는 '쿠스타나가사(kustañaǵasa)'라는 형태이다. '구[gju](瞿)'자의 음역으로 'ku'는 정확한 것일까? 이에 답한 학자는 실뱅 레비(Sylvain Lévi)이다. 그에 따르면, 현장(玄奘)은 'ko-' 또는 'ku-'가 아니라 'go-', 또는 'gu-'를 옮기는 데 '구(瞿)'자를 사용했으므로, 'Gostana'가 'Kustana'보다 더 잘 '땅의 젖 또는 유방[地乳]'을 의미한다고 하였다. 게다가 인도 어휘학자들은 포도의 명칭으로 '고스타니(gostanī)'를 언급했으므로, '고스타니'는 '호탄어'로, 중국인들과 마르코 폴로가 말한 호탄 포도의 명칭이라고 설명했다.[126]

사실 레비의 설명은 중국 고음과 우리나라 한자 발음에 상당히 부합한다. 현장이 사용한 '구(瞿)'자를 확인한 워터스(Thomas Watters)는 구살단나(瞿薩旦那)의 다른 표기인 ⓕ우전(于闐)과 ⓔ굴단(屈丹)에서 출발하여 이들이 'Go-dan' 또는 'Gothān' 같은 단어에 해당하며 "'고-단(Go-dan)'은 튀르크어에서 발견되며, '고탄(Gothān)'은 인도 구어에서 보이는데, 이들은 산스크리트어 '고스타나(Gosthāna)'에 해당한다. 이 단어들은 '소들을 위한 장소 또는 목장'을 의미한다"라고 덧붙였다.[127]

123) 『Ancient Khotan』, 153~154쪽.

124) 『Southern Tibet』, VIII, 440쪽.

125) 『Tibetan Texts and Documents』, I, 18쪽.

126) Sylvain Lévi, 「Notes chinoises sur l'Inde」, 『BEFEO』, 1905, 259쪽.

127) Thomas Watters, 『On Yuan Chwang's travels in India, 629-645 A.D.』, II, 299쪽.

워터스가 언급한 산스크리트어 '고스타나(Gosthāna)'는 마굿간이나 소(또는 양)의 우리를 뜻한다. 그럼에도 워터스는 튀르크어로 소우리를 의미하는 '고탄(gotan)', 몽골어로 '소우리'와 '도시'를 뜻하는 '코탄(qotan)'을 끌어와 연관 지으려 했으나, 사실 '고스타나'의 의미는 호탄과 아무런 관련이 없다. 다만 '스타나(sthāna)'는 인도 서북방 지명에 자주 등장하는데, 이는 더 흔하게 보이는 이란어 '-stāna'에 해당하며, '나라'를 뜻한다. 따라서 '고스타나'는 당연히 'go+stana', 즉 '땅의 유방[地乳]'를 뜻하는 산스크리트어 합성어로 해석될 수 있었다. 그런 다음, 이 '고스타나'가 호탄어로 된 초기 텍스트에서 'Gostan'으로 변형되었을 것이다. 어쨌든 현장의 구살단나(瞿薩旦那)는 '구+살단나'의 합성어이고, 'k'가 아니라 'g'로 표기되어야 한다는 점은 분명하다. 그러나 'go' 또는 'gu'의 의미는 밝혀지지 않았다.[128]

---

128) 현장(玄奘)은 이 나라의 명칭에 관하여 다음과 같은 전설을 기록했다(『대당서역기교주』, 1008쪽). "공업[건국]을 이룬 뒤에 [왕은] 80에 가까운 노인이 되었으나 후사가 없어, 대를 잇지 못할까 걱정하고 있었다. 이에 바이슈라바나(Vaiśravaṇa, 毘沙門天) 신에게 후사를 이어줄 것을 기도하자, 신상(神像)의 이마가 갈라지면서 갓난아기가 나왔다. [왕이 그 아기를] 받들어 돌아오자, 나라 사람들은 경사스러워했다. [아기가] 더는 젖을 먹지 않아 오래 살지 못할까 걱정하여, 곧바로 사당으로 가서 [아이를] 양육하게 해달라고 거듭 간청했다. 그러자 신[상] 앞의 땅이 돌연 솟구쳐 올랐는데, 그 모양이 유방[乳] 같았다. 이 신동(神童)은 [그것을] 빨아 마시며 마침내 장성하게 되었다. [그의] 지혜와 용맹함이 앞을 비추었고, 교화는 멀리까지 미쳤다. 결국 [사람들은] 사당을 지어 [그를] 종조로 모셨다. 이로부터 아래로 대를 이어, 나라를 전하고 군주를 이어가며 그 실마리를 잃지 않았다. 이런 이유로 지금도 사당에 뭇 보물들이 많고, 예배하고 제사함에 시기에 따라 바뀜이 없는 것이다. 땅의 젖[地乳]이 길러낸 것이므로 나라 이름으로 불렀다(功績已成, 齒耋云暮, 未有胤嗣, 恐絶宗緒. 乃往毘沙門天神所, 祈禱請嗣, 神像額上剖, 出嬰孩, 捧以回駕, 國人稱

ⓑ'속어(俗語)'[아마도 호탄의 일반 사람들이 쓰는 말로 이해해야 할 것 같다] 표기인 환나[xuān-nā](渙那)는 호탄어로 쓰인 자료에서 확인된다. 이들 자료에서 '호탄'에 대한 통상적 명칭은 호탄어로 '화타나(Hvatana-)', '화타나(Hvatäna-)'였고, 더 이후에 보이는 '홤나(Hvaṃna-)', '홤(Hvaṃ-)'이었으며, 단수 격으로 '홤냐(Hvaṃnya)', '화냐(Hvanya)'가 보이고, 형용사 격으로 '화타나(hvatanaa-)', '홤나(hvaṃnaa-)', '환나(hvaṇaa-)'였다.[129] 소그드인들은 '후원닉(Xwōnyk)'를 사용했다.[130] 현장의 음역 표기는 'Hvaṃna'='Hvanna', 'Ḫvanna'의 정확한 음역 표기이다. 이는 모음 사이의 치음이 이미 7세기 초반 뒤에 오는 '-n'에 동화되었음을 보여준다. 그러나 원래 형태는 더 오래된 호탄어 필사본에서 '화터나(Hvatəna-)', '화타나(Hvatana-)'로 표기되었다.[131]

ⓒ우둔[Jju-dʰuən](于遁)은 흉노들이 호탄을 말하는 명칭이었다고 한다. 이 음역 표기는 『개원석교록(開元釋教錄)』(T.780, 716c)과 『속고승전(續高僧傳)』(T.2060, 권4, 484-b)에서도 보인다. 현장이 언급한 '흉노'는 7세기에는 존재하지 않았다. 3세기 말에 축법호(竺法護)는 흉노를 사용했는데, 해당하는

慶. 既不飮乳, 恐其不壽. 尋詣神祠, 重請育養, 神前之地忽然隆起, 其狀如乳. 神童飮吮, 遂至成立. 智勇光前, 風教遐被. 遂營神祠, 宗先祖也. 自茲已降, 奕世相承, 傳國君臨, 不失其緒. 故今神廟多諸珍寶, 拜祠享祭, 無替於時. 地乳所育, 因爲國號)."

129) Sten Konow, 『JRAS』, 1914, 342쪽; 『Saka Studies』, 145쪽; 『BSOS』, IX, 522, 540쪽.

130) W. B. Henning, 『Sogdica』, 10쪽.

131) Leumann, 「Das nordarische Sakische Lehrgedicht des Buddhismus」, 『Abhandlungen für d. Kunde d. Morgenlandes』, xx, No. 3[1936], 528쪽.

티베트어 번역문은Hu-na[護那]=Hūṇa로 되어있다.[132] 흉노를 'Hūṇa'로 옮기는 것은 308년 『보요경(普曜經)』(Lalitavistara)에 보인다.[133] 그러나 서북 인도에서 'Hūṇa'의 시대는 현장이 인도와 중앙아시아를 여행했을 때는 이미 지났다. 7세기에 흉노는 중앙아시아에서 돌궐(튀르크)로 대체되었고, 그들은 맞든 틀리든 자신들의 비문에서 옛 흉노의 후손이자 계승자라고 했다. 현장이 '흉노'라고 지칭한 것은 단순한 의고적 성향 때문이라기 보다는 '흉노'는 중앙아시아, 몽골, 튀르크 유목민들을 범칭하는 것으로 이 '우둔'은 그들 사이에서 '호탄'을 부르는 명칭으로 이해야 할 것 같다. 왜냐하면 우둔은 중세 시기 튀르크어와 몽골어의 호탄 명칭이었던 것, 정확히 말하자면 'Odon'에 확실히 대응하기 때문이다.

ⓓ호(胡), 즉 이란인들은 활단[xuāt-tan](豁旦)이라고 한다. 이 음역 표기의 원음은 '화탄(Ḫwătan)'으로 추정되는데, 이미 이후 이슬람 전승에서 보이는 'Ḫotan'의 전조로, 지금의 'Khotan'이다.

ⓔ'힌두어' 굴단[kʰi̯uət-tān](屈丹)이란 형태로 볼 때, 이것이 산스크리트어 형태를 말하는 것이 아니라, 북인도의 구어에서 당시 사용되던 단어일 것이다. 중인도 언어에는 'ḫ-'가 없으며, 'kh-'가 가장 근접한 대응 값이므로, '후탄(Khutan)' 또는 '호탄(Khŏtan)'으로 예상되는 'kʰi̯uət-tān'으로 이해해야 한다. 그러나 현장 이후, 다른 준-산스크리트어 형태가 『범어잡명(梵語雜名)』에 보이는데, 중간에 어원을 설명할 수 없는 '–r-'을

132) 『BEFEO』, 1905, 289~290쪽. 중국어 목록에 보이는 몇몇 명칭들은 그렇게 이른 시기라는 점은 다소 놀랍다.

133) 『BEFEO』, 1904, 575~576쪽.

가진 '코르타나(Kōrttana)'라는 형태이다.[134]

ⓕ'우전(于闐)'은 '우둔(于遁)'과 같은 흉노 어원을 가진다. 우전(于闐)은 ''Odan'이었을 것이고, 우둔(于遁)은 ''Odon'일 것이다. 우리가 장건이 사신으로 갔던 이야기를 상기한다면, 호탄이라는 명칭이 흉노 채널을 통해 인식되었다고 추측하는 것은 당연한 추론이다. 원래 형태대로 흉노들은 그것을 ''Odan'처럼 두 번째 음절에 '-a-'를 가지는 형태로 발음했을 것이지만, 이후 시기에 초성의 순음 모음은, 알타이어에서 흔히 보이는 경우처럼, 특히 몽골어에서처럼 두 번째 음절의 모음을 순음화하여 ''Odon'이라 했다. 이 예는 몽골어로 '소우리'와 '도시'를 의미하는 'qotan'의 경우와 완전히 일치하는데, 이 'qotan'은 'qoton'>ḫoton 그리고 'ḫoto'로 나타났다.[135] 이러한 맥락에서, 한나라 시기에 '우(于)'자의 발음이 'gịu'였을 것이라는 가설을 제기할 필요가 없을 것 같다. 가장 단순한 해법은 우둔(于遁)이 7세기에 ''Odon'으로 옮겨진 것처럼 우전(于闐)이 이미 한나라 시기에 ''Odan'으로 음역되었다고 결론짓는 방법일 것이다.

이상의 설명을 통해 펠리오는 다음과 같이 결론 지었다. "호탄이라는 명칭은 매우 이른 시기, 적어도 기원전 2세기 'Godan'이란 형태로 존재했으며, 기원후 1세기에 'Gostāna'>'Gostana'라는 형태로 겸용되었음이 틀림없다. 이

134) Prabodh Chandra Bagchi, 『Deux lexiques sanskrit-chinois』, 77, 295쪽; Henning, 『BSOS』, IX, 570쪽을 참고하시오.

135) 'ḫoto'는 이미 『몽골비사』, 124, 195, 247, 272장에서 'qoton', 복수형으로 'qotot'였다. 다만 248장에서 복수형으로 'qotat'가 한 차례 보인다.

두 같은 형태가 다른 언어에서 또는 적어도 다른 방언에서 같은 값을 가졌고, 이들 둘 다 'Go'의 장소(또는 나라)를 의미했다고 상정하는 것이 합리적이다. 더 이상의 추측은 위험하다."

이 밖에도 호탄을 지칭하는 순수한 티베트어 형태를 찾을 수 있다. 스타인(A. Stein)은 "호탄의 역사를 기술한 티베트어 기술은 매우 다른 표기를 보여준다. 이 텍스트는 크게 네 부분으로 나뉜 티베트 불경 총서와 리율(Li-yul), 즉 호탄에서 일어난 일에 대해 붓다에게 청한 설법으로 구성되어있다. '리율(Li-yul) 연대기'로 기술된 텍스트는 이들 중에서 가장 방대하고 가장 중요하다. 이들 텍스트에 최초로 주목한 록힐(W. W. Rockhill)은 『부처의 삶(Life of the Buddhas)』에서 체계적으로 텍스트를 발췌하여 번역했는데, 록힐의 분석에 따르면, 이 자료는 호탄어로 쓰인 책으로부터 번역하거나 발췌한 것으로 보인다"[136)]라고 그 존재를 언급했다. '리율'은 '리의 나라'라는 뜻이고, '리(li)'는 티베트어로 '좋은 금속'을 의미하며, 산스크리트어로는 '캄사(kaṃsa)'이라는 정도로만 알려졌다. 리율과 호탄과의 연관성은 현재까지 밝혀지지 않았다.

티베트 연대기들에서 호탄은 종종 ''U-ten' 또는 ''U-then'으로 언급되었다.[137)] 이는 중국어 '우전(于闐)'에서 차용된 것임이 분명하다. ''U-den' 대신에 ''U-ten' 또는 ''U-then'을 사용한 예는, 중국어로 우두산(牛頭山)으로 불린 호탄의 '고스릉가(Gośṛṅga)' 언덕 명칭에서도 찾을 수 있다. '우두산'이라는 중

136) A. Stein, 『Ancient Khotan』, 152쪽.

137) Thomas, 『Asia Major』, II, 256~257쪽; 『Tibetan Texts and Documents』, I, 129, 306쪽.

국 명칭은 호탄과 관련된 티베트어 텍스트에서 ‘ʾGeʾu-to-šan’ 또는 ‘Gau-to-šan’으로 보인다.[138] 우리는 우전(于闐)의 ‘전(闐)’이 두 가지 성조로 발음되는 것으로 기록되었음을 보았다. 현재 ‘우전’을 읽을 것은 평성(平聲)을 근거한 것이다. 거성(去聲)으로 읽으면 그것은 현대음 ‘dian’에 해당한다. 초성 자음에서 무음(성조에 따라 유기음이 있고 없이)으로의 과정은 북중국에서 1,000년경으로 거슬러 올라가지만, 중국 전체에서 동시에 일어나지는 않았다. 티베트어로 호탄의 연대기를 쓴 티베트인들은 이미 평성의 옛 유성의 초성을 유기성 무음으로 들었을 것이다. 이는 ‘ʾU-ten’과 ‘ʾU-then’, 또는 ‘ʾGeʾu-to-šan’과 ‘Gau-to-šan’으로 설명할 수 있다.[139]

호탄의 옛 수도는 분명 11세기에 버려졌고, 호탄의 새로운 중국인 도시의 서쪽으로 약 5마일 북쪽에서 출발했다. 1870년경에 발굴된 유허는 ‘Yōtkan’이라 불린 고립된 마을 단지 내에 있다.[140] 여기의 ‘Yōtkan’은 ‘Yōtqān’으로 표기되어야 한다. 그러나 이 명칭에 대해 어떠한 의미나 연원도 알려지지 않았다. 그러나 토마스(Thomas)는 중국 명칭인 우전(于闐)에서 나온 ‘U-then’과 이 ‘요트칸’을 연결하려 했다.[141] 이는 어원적으로 이원설이 불가능하며, 호탄과 요트칸 사이의 어떠한 연관성도 찾기 어렵다.

---

138) 『JA』, 1914, II, 144~145쪽; Thomas, 『Tibetan Texts and Documents』, I, 6쪽.

139) 사랏 찬드라 다스(S.C. Das)가 『JASB』, LV, 195쪽에서 ‘ʾU-then’을 ‘lṄa-ldan’ 또는 ‘Pañcavatī’, 즉 ‘다섯 배’로 설명한 것은 황당하다. 『Ancient Khotan』, 583쪽에서 토마스(Thomas)에 의해 언급되었을 것이다.

140) A. Stein, 『Ancient Khotan』, 191쪽.

141) 『Tibetan Texts and Documents』, I, 8쪽과 『Asia Major』, II, 257, 270쪽.

중세 시기 호탄의 알타이어 명칭이 'Odon'으로, 현장의 우둔(于遁), 즉 ''Odon'과 일치한다. 우리는 카슈가리(Maḥmūd al-Kāšɣarī, 1072~1077)의 책에서 'Ḫotan'(Khotan)과 'Odon' 둘 다를 찾을 수 있다.[142] 이 'Odon'과 일치하는 표기들을 중국 자료에서 찾을 수 있다. 1229년에 쓴 야율초재(耶律楚材)의 『서유록(西遊錄)』에서 보인다. 야율초재는 칭기즈 칸의 서역 원정(1219~1224)을 수행했다. 그는 결코 호탄에 가지 않았지만, 톈산 북쪽의 대도회인 베슈발릭(Beš-balīk)을 언급하면서, 더 남쪽에 있는 동투르키스탄의 지역들을 몇 마디로 할애했다. 이들 중에서 그는 "오단(五端)[Udon]은 당나라 시기 우전국(于闐國)과 같다"라고 했다.[143] 야율초재는 엄격한 음성학자는 아니었다. 그래서 두 번째 음절의 '-o-'가 알타이어에서 첫 번째 음절에서도 'o-'를 암시한다. 그가 들었던 형태는 'Odon'이었음이 틀림없다.

이 밖에도 『원사』에는 '알단(斡端)', 아단(阿端) 등의 표기가 보이는데 역시 'Odon' 또는 'Odan'으로 설명될 수 있다. 브레트슈나이더는, 물론 표기는 잘못되었지만, '화돈뇌아(火敦腦兒)'의 '화돈'이 호탄을 지칭하는 것으로 읽었지만,[144] 이는 성수해(星宿海)의 몽골 명칭으로, 몽골어로 별을 뜻하는 'Hodun'과 호수를 뜻하는 '노르(nor)'를 옮긴 것에 지나지 않는다. 마지막으로 『원사』, 권63, 「지리지·서북지부록(西北地附錄)」(1568쪽)에는 위구르 지역에 속한 곳으로 홀탄(忽炭)

142) Brockelmann, 245쪽. 여기에서 이 'Odon'은 'Udun'으로 옮겨졌다, 물론 아랍어 철자는 'u'와 'o'의 구분을 허용하지 않는다.

143) Emil Bretschneider, 『Mediaeval Researches from Eastern Asiatic Sources』, I, 16쪽.

144) Emil Bretschneider, 『Mediaeval Researches from Eastern Asiatic Sources』, II, 208쪽.

이 보이는데, 이것을 브레트슈나이더는 호탄으로 읽었다. 그러나 이 '홀탄'은 『원사』, 권85, 『백관지·공부(工部)』(2149쪽)에 보이는 홀단팔리(忽丹八里)의 '홀단'으로 호탄과는 아무런 관련이 없다.

18세기 동투르키스탄을 재정복했을 당시 만주 왕국은 사용 중인 'Ḫotan'과 옛 중국 음역 표기인 우전(于闐)을 조합하여 호탄에 '화전(和闐)'이라는 새로운 행정 명칭을 부여했다. 그 이후 옛 중국 명칭인 우전은 그대로 다시 살아났지만 케리야(Kerya)에 설치된 현(縣)의 공식 지칭으로 잘못 적용되었다. 이상은 폴 펠리오가 『마르코폴로에 관한 주석(Notes on Marco Polo)』, I, 408~418쪽까지 설명한 내용을 보충하여 정리한 것이다.

다음 논의로 넘어가기 전에 지적해야 할 기존 주석 정보들이 있다. 먼저 자신이 '실크로드학'을 정초했다고 자신하는 정수일 씨는 2004년 혜초의 『왕오천축국전』을 역주한 바 있다. 출처를 밝히지 않은 기술과 오류로 점철되어 있다. 그중 가장 심한 곳이 '우전(于闐)'에 관한 부분이다(439~444쪽). 정 씨는 일관적으로 '우전'을 '우기'로 읽고 있다. 이 '발음'이 어떻게 가능한지 의문이다. 단순한 실수일 수도 있겠지만, 『사기』의 '于窴'은 정확히 '우전'으로 발음하고 있다. 또, 한자표기도 없이 '구로문서'가 언급되었고 '파라미(婆羅謎)' 등의 문서를 언급했다. '구로'는 카로슈티(Kharoṣṭhī)의 현대 중국어 음역인 '취루[佉盧]'이고, '파라미'는 브라흐미(Brāhmī)의 현대 중국어 음역이다. 어쨌든 정 씨는 소위 '구로문서'에 호탄이 'Khotana'로 표기되었다고 한다(442쪽). 물론 잘못된 정보이다. 이는 중국학자의 책을 잘못 옮겨놓았다는 인상을 지울 수 없다. 443쪽의 많은 현대 중국어 발음표기가 이를 잘 방증해 준다. 나는 2008년 6쇄본을 가지고 있다. 이 책이 6쇄가 인쇄되는 동안, 오류들이 고쳐지지 않은 것은 매우 유감스럽다.

몇 년 뒤 '중국정사외국전DB'의 상황도 크게 개선되지 못했다. "타림분지 南邊의 주요한 오아시스 도시인 Khotan(현재 和田). 고대 중국 史書에는 于窴 이외에 ㉠于闐, 烏纏, 于循, 于殿, 屈丹, 喚那 등의 字面으로도 표기되었으며, 몽골제국시대에는 斡端, 忽炭 등으로도 표기되었다. ㉡티베트인들은 이곳을 Lih-yul(Lih國의 뜻) 혹은 U-then이라고 불렀고, 인도식 호칭은 Kustana인데, ㉢프라크리트 방언으로는 Kustanaka이다. ㉣고대문헌의 于窴·于闐 등은 U-then을 옮긴 것이고, ㉤『大唐西域記』의 瞿薩旦那('大地의 젖'이라는 뜻)는 Kustana를 음사한 것이다." ㉠의 이칭 중에 '오전(烏纏)', '우전(于殿)' 등의 표기는 확인되지 않으며, '喚那'는 '환나(渙那)'로 표기해야 한다. ㉡'Lih國의 뜻'은 '리(Li)의 나라'라는 뜻으로 고쳐야 한다. ㉢산스크리트어와 호탄어의 매개음으로 프라크리트어 형태는 확인되지 않았다. ㉣중국어 표기인 '우전'을 티베트인들이 'U-then'으로 옮긴 것이다. ㉤'Kustana'의 표기는 'Gustana' 또는 'Gostana'로 읽어야 한다.

'우전' 즉 호탄에 관한 중국 정사의 기술들은 중국정사외국전DB에 모두 역주되었다. 여기서는 정사 이외의 자료들을 소개한다. 먼저 법현(法顯)은 399년 불교 왕국 호탄을 다음과 같이 기술했다. "[카라샤르에서] 길에 올라, 한 달 닷새 만에 호탄[于闐]에 도착할 수 있었다. 이 나라는 풍요로웠고, 사람들은 많았으며 모두 [부처의] 가르침을 신봉하여 그 법에 따른 선행[法樂]을 서로 즐겼다. 승려들은 수만에 달했고, 대부분 마하야나[大乘]을 배우며, 모두 대중공양[衆食]을 받았다. 이 나라의 사람들은 흩어져 살며[星居], 집마다 문 앞에 작은 탑을 세워두었는데, 가장 작은 것이라도 2장쯤 되었다. 네 방향에는 승려들을 위한 방[僧房]을 마련하여 [우리 같이] 여행하는 승려들[客僧]에게 제공하고 나머지 필요한 것들을 준다. 국왕이 법현 등을 사찰에서 편안하게 머물게 했다. '구마제(瞿摩帝)'라는 그 사찰은 마하야나 사찰로, 3,000 승려가 목어나 종등으로 소리를 내어 함께 하는 식사[犍槌食]를 했다. [식]당에 들어가면 법도가 엄격했고, 순서대로 앉아, 온통 고요하여 그릇과 발우에도 소리가 나지 않았다. 사찰 일을 돕는 사람들[淨人]이 밥을 더 먹을 때도 부르지 못하고 단지 손으로 가리킬 수 있을 뿐이다(在道一月五日, 得到于闐. 其國豊樂, 人民殷盛, 盡皆奉法, 以法樂相娛. 衆僧乃數萬人, 多大乘學, 皆有衆食. 彼國人民星居, 家家門前皆起小塔, 最小者可高二丈許. 作四方僧房, 供給客僧, 及餘所須, 國主安堵法顯等於僧伽藍. 僧伽藍名瞿摩帝, 是大乘寺, 三千僧共犍槌食. 入食堂時, 威儀齊肅, 次第而坐, 一切寂然, 器鉢無聲. 淨人益食不得相喚, 但以手指麾)."

현장(玄奘, 602~664)은 호탄을 '구살단나(瞿薩旦那)'로 옮기고 다음과 같이 나라의 정황을 기술했다(『대당서역기교주』, 1001~1002쪽). "고스타나 왕국[瞿薩旦那國]은 둘레가 4,000여 리이다. 모래사막이 태반으로, 토양은 좁지만, 농사에 적합하고, 뭇 과일이 많다. 양탄자[氍毹], 정교한 펠트[細氈]를 생산하며, 실 잣기[紡績]와 거친 견직물[絁紬]에 능하다. 또 백옥(白玉)과 검은 옥[黳玉]이 난다. 기후는 온화하고, 회오리바람이 먼지를 날린다. 사람들[俗]은 예의를 알고, 인성은 따듯하고 공손하며, 경전 공부를 좋아하고, 여러 기술에 두루 능

통하다. 사람들은 부유하고, 가정은 생업에 편안하다. [이] 나라는 음악을 높이 사, 사람들은 가무를 좋아한다. 더러는 털옷[毛褐]과 모직 외투[氈裘]를 입지만, 대부분 거친 견직물과 흰 면포[白氈]를 입는다. 규범에는 예(禮)가 있고, 행동거지[風則]에는 기강이 있다. 문자와 법률제도는 인도를 따르지만, 형태와 기세를 조금 바꾸어, 다소 따르거나 고친 것이 있다. 언어는 [인도의] 여러 나라와 다르다. 부처의 법을 숭상하여, 사찰[伽藍]은 100여 곳이며, 승려들은 5,000여 명으로 대부분 마하야나[大乘]의 가르침을 익히고 배운다(瞿薩旦那國, 周四千餘里. 沙磧太半, 壤土隘狹, 宜穀稼, 多衆果. 出氍毹·細氈, 工紡績絁紬. 又產白玉黳玉. 氣序和暢, 飄風飛埃. 俗知禮義, 人性溫恭, 好學典藝, 博達技能. 衆庶富樂, 編戶安業. 國尙樂音, 人好歌舞. 少服毛褐氈裘, 多衣絁紬白氈. 儀形有禮, 風則有紀. 文字憲章, 聿遵[尊]印度, 微改體勢, 粗有沿革. 語異諸國. 崇尙佛法, 伽藍百有餘所, 僧徒五千餘人, 並多習學大乘法教)."

혜초(慧超)는 『왕오천축국전(往五天竺國傳)』(펠리오 문서 3532)에서, 727년의 호탄을 다음과 같이 기록했다. "또 안서(安西)[도호부 치소] 남쪽으로 호탄 왕국[于闐國]까지는 2,000리로[호탄 왕국은 안서도호부 남쪽에서 2,000리 떨어져 있는 곳으로], 또한 당나라 군대가 통제하는 곳이다. 사찰도 많고 승려도 많으며, 마하야나(Mahāyāna) 가르침[大乘法]을 행하여 육식하지 않는다. 이곳에서 동쪽은 대당나라 경계이다. [호탄의 동쪽 지역은] 사람들이 모두 알고 있으므로, 말하지 않아도 알 수 있을 것이다(又安西南去于闐國二千里, 亦足漢軍馬領押. 足寺足僧, 行大乘法, 不食肉也. 從此已東, 並是大唐境界. 諸人共知, 不言可悉)"라고 기술했다.

마르코폴로는 호탄을 'Cotan'으로 표기하고 다음과 같이 기술했다(『The Book of Ser Marco Polo』, I, 188쪽). "코탄(Cotan)은 북동쪽과 동쪽 사이에 있는 지역이며, 길이로 8일 여정이다. 사람들은 대칸에 예속되어 있고 모두 모하메드의 신봉자들이다. 이 나라에는 많은 도시와 마을이 있지만, 수도인 코탄이 가장 훌륭하여 왕국의 이름으로도 불렸다. 많은 면(cotton)뿐만 아니라 [아마, 대마, 밀, 포도주 등등] 모든 것이 그곳에 가득하다. 사람들은 포도밭, 정원 그리고 농장을 소유하고 있다. 그들은 상업과 수공업으로 살며, 전사들은 아니다." 율(Yule)은 "대칸에 예속되었다"라는 기술에 대해 "호탄이라는 불교국가는 보그라 칸(Boghra Khan)에게 멸망했다(대략 980~990년). 일리강 유역 출신으로 나이만족의 불교도 추장 쿠츨룩칸(Kutchluk Khan)이 보그라 칸의 무슬림 왕국을 멸망시키고(1209년) 잠시 나라를 재건했지만 칭기즈 칸에게 정복되었다(188~189쪽)"라는 주석을 붙였다.

⑴호탄[于闐] 대국은 총령(葱嶺)의 북쪽에 있고, 동서로는 5,000리이며 남북으로는 1,000리이다(于闐大國, 在葱嶺北, 東西五千里, 南北千里).

『황명사이고』: "호탄[于闐] 대국은 ⓐ총령(葱嶺) 북쪽 **200리**에 있고, ⓑ동서로는 5,000리이며 남북으로는 1,000리이다. 한나라와 당나라 시기 모두 조공을 들였다(于闐大國, 在葱嶺北二百里, 東西五千里, 南北千里. 漢·唐皆入貢)."

ⓐ총령(葱嶺)은 이미 사마천의 시대에도 등장하는 명칭으로, 학자들은 파미르고원을 지칭한다고 확인되어왔다. 그러나 여기 총령 북쪽에 호탄이 있다는 정보는 '총령'을 쿤룬산에 두

지 않는 이상 매우 의아하다. 정효의 이 지리 정보는 『구당서』, 권40, 「지리지·안서도호」(168쪽)에서 "비사도독부는 원래 우전국으로, **총령 북쪽 200리 지점에 있으며**, 정예병은 수천 명이다. 사람들은 총명하고 기술이 많다. 그곳의 왕 복사신(伏闍信)이 개원 22년 입조했다. 상원 2년 정월 비사도독부를 설치하고 처음으로 번주(蕃州) 다섯을 관할했다. 상원 원년에 10개 [주로] 나뉘었다(毗沙都督府, 本于闐國, 在葱嶺北二百里, 勝兵數千. 俗多機巧. 其王伏闍信, 開元二十二年入朝. 上元二年正月, 置毗沙都督府, 初管蕃州五. 上元元年, 分爲十)"라는 기술에 근거한 것 같다. 그러나 『구당서·지리지』의 이 정보는 자체적으로 많은 오류가 있다. 『신당서』, 권43하, 「지리지·양주도독부」(1134쪽)에 따르면, 비사도독부(毗沙都督府)에 딸린 원주에, "원래 우전국으로 정관 22년(648) [호탄국]이 귀부하여, 처음으로 주(州) 다섯을 설치했다가, 고종 상원 2년(761) 주를 10개로 나누었다(本于闐國, 貞觀二十二年內附, 初置州五, 高宗上元二年置府, 析州爲十)"라고 하였다. 『신당서』에서는 『구당서』의 지리 정보가 보이지 않는다.

또한 정효가 근거한 것으로 『구당서』, 권198, 「우전국전」(5305쪽)의 첫 문장을 들 수 있는데, "우전국은 서남쪽으로 총령을 둘렀고, 쿠차[龜茲]와 접해 있으며 장안에서 서쪽으로 9,700리에 있다(于闐國, 西南帶葱嶺, 與龜茲接, 在京師西九千七百里)"라고 하였다. 그러나 『신당서』, 권221상, 「서역·우전」에는 장안에서 9,700리 떨어져 있다는 정보만 채택되고 나머지 지리 정보는 모두 삭제되었다. 바로 『구당서』의 지리 정보 모두 잘못되었음을 확인한 것이다. 마지막으로 ⓑ호탄이 동서로는 5,000리, 남북으로 1,000리라는 정보 역시 다른 자료에서 확인할 수 없다. 따라서 『구당서』의 잘못된 지리 정보를 정효가 부활시켰으므로, 우리는 『신당서』의 정보를 따라야 한다.

⑵사람들은 총명하고 기술이 뛰어나고, 불법(佛法)을 좋아하며 서로 만나면 무릎을 꿇는다. 안부로 보낸 편지를 받으면, 머리에 이었다가 펼쳐본다. [사람들은] 신분의 높고 낮음, 예절을 조금 알고, 용모는 역시 중국 사람과 비슷하다(人機巧, 喜浮屠法, 相見輒跪. 得問遺[遺]書, 戴于首乃發之. 稍知尊卑禮節, 狀貌亦似華人).

『황명사이고』: "사람들은 총명하고 기술이 뛰어나고 불법(佛法)을 좋아한다. **가무를 즐기고 방직을 잘한다**. 서로 만나면 무릎을 꿇는다. 안부로 보낸 편지를 받으면, 머리에 이었다가 펼쳐본다. [사람들은] 신분의 높고 낮음, 예절을 조금 알고, 용모는 역시 중국 사람과 비슷하다(人機巧, 喜浮屠法, 好歌舞, 工紡織. 相見輒跪. 得問遺書, 戴于首乃發之. 稍知尊卑禮節, 狀貌亦似華人)."

⑶백옥하, 녹옥하, 흑옥하가 있다(有白玉河·綠玉河·黑玉河).

『황명사이고』: "그곳의 산으로 총령(葱嶺)이 [가장] 큰데, 산 아래에는 백옥하(白玉河), 녹옥하(綠玉河), 흑옥하(黑玉河)가 있다(其山葱嶺爲大, 嶺下有白玉河·綠玉河·黑玉河)."

『구오대사(舊五代史)』(974년), 권138, 「우전전」에 "나라 성의 동쪽에 백옥하(白玉河)가 있고 서쪽에 녹옥하(綠玉河)가 있으며, 더 서쪽으로 오옥하(烏玉河)가 있다. 그 수원은 모두 곤륜산(崑崙山)에서 나오며, [곤륜산은] 나라 서쪽으로 1,300여

리 떨어져 있다(國城之東, 有曰白玉河, 西有綠玉河, 次西有烏玉河. 其源同出崑崙山, 去國西一千三百餘里)"라고 하였다.

레무사(Jean-Pierre Abel-Rémusat)는 티무르 시기의 한 역사가의 기록을 인용하여(『Histoire de la ville de Khotan』, Paris, 1820, 151쪽), "코탄(Cotan)에는 오랑카슈(Oranccasch)와 카라카슈(Caracasch) 두 강이 있다. 이 두 강의 돌들은 '벽옥(jaspe, yeschm)'으로 사람들은 이곳에서 다른 나라로 가져간다. 이 두 강물은 카랑구타그(Carangoutac) 산에서 출원한다"라고 번역했다. 이어서 '오랑카슈'는 '백옥(白玉)', 카라카슈는 '흑옥(黑玉)'으로 설명하고, 정작 '벽옥(碧玉)'인 '예실 카슈(yeschil kasch)'가 빠졌음을 지적하고 있다.

라시드 웃 딘은 티베트 산맥에서 동쪽과 북쪽으로 흐르는 강물들로, 야르칸트(Yarkand), 악 카슈(Ak-kash), 카라카슈(Kara Kash), 케리야(Kerya), 샤르샨(Charchan) 강을 언급했다(N. Elias(ed.), 『Tarikh-i-Rashidi[집사]』, London, 1895, 406쪽). 이 강들에 관해 엘리아스(N. Elias)는 "카라카슈는 로프 노르로 흘러든다. 케리야 강을 라시드 웃 딘은 유룽카슈(Yurung Kash) 또는 유룽과 카라카슈가 합쳐진 강의 지류라고 보았는데, 그럴법하다. '악 카슈'라는 명칭으로는 추적할 수 없었다. 그러나 나는 문맥으로 보아 라시드 웃 딘은 이 용어를 유룽카슈로 사용했을 것으로 본다. 사실 둘 다 같은 것, 즉 백옥(白玉)을 의미한다. 반면 카라카슈는 흑옥(黑玉)을 의미한다"라고 설명했다.

사실 레무사가 인용한 문장은 『오대사』의 문장과 비슷하다. 현 지도에는 호탄을 동서로 끼고 흐르는 강은 카라카슈와 유룽카슈 두 강밖에 없다. 『오대사』의 기술대로라면 동쪽의 유룽카슈[白玉河]가 있고 서쪽으로 카라카슈[烏玉河]가 있으므로, '녹옥하(綠玉河)'는 두 강 사이에 위치할 수밖에 없다. 『오대사』의 기술이 정확하다면, 우리는 '녹옥하'라는 강물은 카라카슈의 한 지류로 흘렀지만, 현재는 말라버렸다고 추론할 수밖에 없다.

(4)[이곳에서는] 옥, 산호, 올눌제(膃肭臍)가 난다(産玉·珊瑚·膃肭臍).

『황명사이고』: "[이곳에서는] 옥(玉), 호금(胡錦)[145], 쌍봉낙타[雙峯駝],[146] 여러 향[諸香], 구슬[珠], 산호(珊瑚), 비취(翡翠), 호박(琥珀), 화예포(花蘂布),[147] 좋은 말[名馬], 올눌제(膃肭

---

145) 이후 주석에서 보겠지만, 호탄이 조공한 품목을 보면, 서금(西錦)이 바로 호금(胡錦)에 해당한 직물임을 짐작할 수 있다. '호(胡)'는 중국의 서쪽, 북쪽, 즉 중앙아시아, 폴 펠리오가 사용한 '오뜨 아지(Haute Asie)'를 지칭했다. 그러므로 '서역의 브로케이드[錦]' 즉 '서금'과 지역적으로 부합한다. 그러나 구체적으로 어떤 견직물인지는 알 수 없다. 게다가 '면(綿)'와 '금(錦)'의 혼동은 오래되었다. '두라금(兜羅錦)' 또는 '두라면(兜羅綿)'이 그러한 예이다. 중국 사람들의 관점에서 서역의 면(cotton)은 얼마든지 자신들의 금(錦)으로 말할 수 있었을 것이다. 하지만 둔황 사본에서, 예를 들어, P.4908, P.4975(v), S.4215의 '호금' 외에도, P.2613, P.3432, S.6276의 '번금(番錦)'이라는 표현이 보이는데, 여기 '번금'이 바로 '호금'에 해당하는 용어이며, 이것들은 중국 북부 또는 서부 지역 사람들이 짠 견직물임을 시사한다.

146) 『명일통지』(사고전서본, 권89, 24b)에 기록된 우전국 산물 목록에는 '단봉낙타[獨峰駝]'로 되어있다. 일반적으로 단봉낙타는 '아라비아 낙타'로 알려져 있고, 쌍봉낙타는 중앙아시아에 분포한다. 조공품으로 본다면, 쉽게 볼 수 없는 단봉낙타였을 가능성도 있다.

147) 화예포(花蘂布)의 '예[ŋʑwie](蘂)'자의 사전적 정의는 꽃의 암술[pistil]을 말한다. 또한 '화예'는 꽃봉오리[花蕾]를 지칭하기도 한다. 따라서 '화예포'란 후

臍), 금성석(金星石),[148] 수은(水銀), 사자(獅子), 아위(阿魏)가

자의 의미로, 꽃봉오리 문양이 있는 베를 말한다. '화예포'는 왕명청(王明清)이 1166년에 완성했다고 추정되는 『휘진록(揮塵錄)』(사고전서본, 권4, 6b)에 따르면, 고창(高昌)에서 나는 직물로 백첩(白氎)과 수문화예포(綉文花蘂布)를 들었다. 이는 『송사』, 권490, 「고창국전」(14411쪽)에서도 확인된다. 여기 '수문화예포'의 의미는 꽃봉오리 문양을 수놓은 베를 지칭한다. 또 '세백화예포(細白花蘂布)'가 1225년 조여괄의 『제번지』 남니화라국(南尼華囉國)의 산물 중 하나로 언급되었다. 히어트와 록힐은 별다른 주석을 붙이지 않고 'fine white flowered(or dotted) cotton stuffs'로 옮겼다(『조여괄』, 98쪽). 이 포(布)가 면(cotton)인지는 확인할 수 없다. 왜냐하면 대마(大麻), 아마(亞麻)의 천일 수도 있기 때문이다. 어쨌든 이 베에는 꽃봉오리 문양이 있고, 가늘며 흰색이라는 속성을 확인할 수 있다. 구양수(歐陽修, 1007~1072)는 치평(治平) 4년(1067) 정월 26일 쓴 「감사(感事)」라는 칠언율시 제3구에서 "병든 몸 야위어 가니 화예의 따스함이 편하다(病骨瘦便花蕊暖)"라고 하였다. 이어진 쌍행의 원주에 "가우(嘉祐) 8년(1063) 호탄의 국왕이 사신을 보내 조공하자, 중신들에게 은택을 베풀었다. 호탄에서 헌상한 화예포는 응결된 기름처럼 부드럽고, 질기고, 희면서도 바람을 막아, 매우 따스했으며 낙타털로 만든 옷[駝褐]에 못지않았다(嘉祐八年, 于闐國王遣使來朝貢, 恩賜宰臣已下. 于闐所獻花蕊布, 柔韌潔白如凝脂, 而禦風甚溫,不減駝褐也)"라고 설명했다[『구양문충공집(歐陽文忠公集)·외집(外集)』, 사고전서본, 권14, 4a].

'화예포'는 위구르[回鶻](『송사』, 권490, 「회골전」, 14116쪽), 쿠차[龜玆](「구자전」, 14123쪽), 등의 산물들로도 언급되어있으므로, 송나라 시기 '화예포'의 중심지는 바로 중앙아시아였음을 확인할 수 있다. 한편 이들 꽃봉오리를 수놓은 '화예포'와는 달리, 왕대연의 『도이지략』, 삼서(三嶼)와 팔절나간(八節那間)에 보이는 '화인포(花印布)'는 꽃문양을 날염한 베를 말한다. 나의 『도이지략역주』, 45, 182, 183쪽을 참고하시오.

148) 두관(杜綰)이 1133년 지은 『운림석보(雲林石譜)』(사고전서본, 권하, 4b)에는 '우전석'이라는 별도항목을 두고, "우전국의 돌은 단단한 땅속에서 나는데, 색이 아주 검푸르다. 일종은 아롱아롱 흰 맥이 점점 찬란한 것이 있는데, 그것을 금성석이라 한다. 일종은 아주 푸르며[碧] 윤기가 나는데, 그것을 비취라고 부

난다(産玉·胡錦·雙峯駝·諸香·珠·珊瑚·翡翠·琥珀·花蕊布·名馬·膃肭臍·金星石·水銀·獅子·阿魏)."[149]

른다. 여러 차례 시험해보니, 정말 쇠로 부술수 있었고, 윤기가 나고 소리가 없었다. 그러나 돌 일부이며, 폭은 1척 남짓으로, 열의 한둘을 가려내는데, 약간의 흠도 없는 것은 극히 드물어, 산지에서는 비취는 비싸고 금성석은 싸다(于闐國石出堅土中, 色深如藍黛, 一品斑斕, 白脈點點光燦, 謂之金星石. 一品色深碧光潤, 謂之翡翠. 屢試之, 正可屑金, 潤而無聲, 然石之一段, 凡廣尺餘, 擇其十分之一二, 無纖毫瑕玷者極少, 故所產處貴翡翠而賤金星)"라는 설명이 있다.

149) 『송사』, 권490, 「우전국전」(14108)에 따르면, 호탄이 조공한 품목들로, "희녕(熙寧, 1068~1077년) 연간 이래로, 길어도 1~2년을 넘지 않았고, 짧으면 한 해에 두 번 왔다. 조공한 품목으로, 주옥(珠玉), 산호(珊瑚), 비취(翡翠), 상아(象牙), 유향(乳香), [소]목향(木香), 호박(琥珀), 화예포(花蕊布), 요사(硇砂, 천연 염화암모늄), 용염(龍鹽), 서금(西錦), 옥으로 장식한 밀치끈과 고삐를 갖춘 말[玉鞦轡馬], 올눌제(膃肭臍), 금성석(金星石), 수은(水銀), 안식의 계설향[安息鷄舌香]이다"라고 하였다. 서송(徐松), 『송회요집고(宋會要輯稿)』(사천대학 점교본), 「번이(蕃夷)7」(33쪽), 희녕 5년(1072) 12월 26일, "우전국 흑한왕(黑韓王)이 사신을 보내 표문을 올리고, 옥(玉), 호금(胡錦), 옥으로 만든 밀치끈과 안장 그리고 고삐를 갖춘 말[玉鞦鞍轡馬], 유향(乳香), [소]목향(木香), 올눌제(膃肭臍), 금성석(金星石), 화예포(花蕊布)를 바쳤다"라는 기록이 있다.

지봉이 참고한 정효의 『황명사이고』의 기술은 1414년 사마르칸트에 사신으로 갔다가 돌아와 쓴 진성(陳誠)의 『사서역기(使西域記)』의 기록에서 가져왔다. 투루판[土魯番]과 여기 카라호자[화주]는 같은 지역의 다른 명칭임에도 별도로 기술한 것은 진성의 여정에 따른 것으로 이해해야 한다.

(1)카라 호자[火州]는 거사(車師) 전후(前後) 왕의 땅으로, 장안에서 9,000리 떨어져 있다. 원나라 황제가 무기(戊己) 교위를 설치하고, 전왕정(前王庭)에 둔전(屯田)을 두고 그 지세가 높고 탁 트여 '고창(高昌)'이라 불렀다. 당나라 태종 시기에 고창을 평정하고 서주(西州)를 설치했으나 뒤에 티베트[吐蕃]에게 함락되었다. 원나라 시기에 위구르[畏兀兒]라고 불렀고 지금은 '화주(火州)'라고 부른다(火州, 漢車師前後王地, 去長安九千里. 元帝置戊己[戊巳]校尉, 屯田於前王庭, 以地勢高敞, 名高昌. 唐太宗平高昌置西州, 後陷於吐蕃. 元號畏兀兒, 今號火州).

『황명사이고』: 화주(火州)는 가욕관(嘉峪關) 밖에 있는데, 한 달가량 가면 이른다. 원래는 한나라 거사(車師) 전왕과 후왕의 땅이다. 전왕은 교하성(交河城)을 다스렸는데, 바로 당나라 교하현(交河縣)으로, 장안에서 8,000리 떨어져 있다. 후왕(後王)은 무도곡(務塗谷)을 다스렸는데, 바로 당나라 포류현(蒲類縣)으로, 장안에서 9,000리 떨어져 있다. 한나라 원제(元帝, 기원전 76~기원전 33년) 시기 무기교위(戊己校尉)를 설치하고, 전왕정(前王庭)에 주둔시켰는데, 지세가 높고 탁 트여 **'고창루(高昌壘)'**라 불렀다. 후위(後魏, 386~534) 초에 '감백주(闞伯周)'라는 자가 스스로 '고창왕'을 칭했다. 당나라 태종(太宗, 626~649년 재위)이 고창을 평정하고 서주(西州)와 도독부(都督府)를 세웠으나, 뒤에 티베트[吐蕃]에 함락되었다. 이곳에는 위구르인[回鶻]이 섞여 살아, 또한 위구르

[回鶻]라고도 한다. 송나라 시기에 여러 차례 사신을 보내 조공했다. 원나라 시기에는 위구르[畏兀兒]라 불렸고, 마합목팔(馬哈木八)[150]에 예속되었다가, 명나라 시기에 '화주(火州)'로 불렸다. 동쪽 70리에는 류진(柳陳)이 있고, 성의 서쪽 100리에는 투루판[土魯番]이 있다(火州在嘉峪關外, 行可一月至. 本漢車師前後王地. 前王治交河城, 即唐交河縣, 去長安八千里. 後王治務塗谷, 即唐蒲類縣, 去長安九千里. 漢元帝時置戊己[戊巳]校尉, 屯田於前王庭, 以地勢高敞, 名高昌壘. 後魏初有闞伯周者, 自稱高昌王. 唐大宗平高昌, 置西州及都督府, 後陷於吐蕃. 其地有回鶻雜居, 故又名回鶻. 宋時屢遣使貢. 元號畏兀兒, 隸馬哈木八, 國朝號火州. 其東七十里有柳陳, 城西百里有土魯番).

⑵풍속은 흉노와 비슷하며 천신(天神)을 섬기거나, 불법(佛法)을 믿

150) 마합목팔(馬哈木八)은 장황(章潢)의 『도서편(圖書編)』(사고전서본, 권51, 50a)에 '마합목특(瑪哈穆特)'으로 되어있다. 『명사』, 권329, 「토로번전」(8536쪽)에는 술탄 '마흑마[ma-xək-ma](馬黑麻)'라는 인물이 여러 차례 보이는데, 『사고전서』본 『명사』(34b)에는 모두 '마합목특(瑪哈穆特)'으로 되어있고, 『명사』, 권332, 별실팔리(別失八里, 비슈발릭) 열전에는 '마합마[ma-ŋăp-ma](馬哈麻)'가 보이는데(8607, 8608쪽), 『사고전서』본 『명사』(15a)에는 모두 '마합목특(瑪哈穆特)'으로 되어있다. '마흑마'와 '마합마'는 같은 이름이나 인물을 다르게 음역 표기한 것으로 추정할 수 있다. 여기 「별실팔리전」에서는 사마르칸트[撒馬兒罕]의 왕이 마합마(馬哈麻) 즉 마합목특(瑪哈穆特)이라고 하였다(8607쪽). 『명사』, 권332, 천방(天方, 메카) 열전에서 이슬람교의 시조를 '마합마(馬哈麻)'라고 표기했는데(8624쪽), 『사고전서』본에는 역시 '마합목특(瑪哈穆特)'으로 되어있다. 따라서 '마흑마', '마합마', '마합목특' 모두 무함마드(Muhammad, Mohammed, Mahomet)의 음역 표기일 것이다. 이로써 『황명사이고』의 '마합목팔'은 '마합목특'의 오기로 추정한다.

는다(俗類匈奴, 事天神, 信佛法).

『황명사이고』: "풍속은 흉노(匈奴), 오손(烏孫)과 비슷하고, 천신(天神)을 섬기거나, 불법(佛法)을 믿는다. 말 사육을 소중히 여기며, 즐겨 말을 타고 활을 쏜다. 절기[時節]에는 물을 뿌리며 놀이한다(俗類匈奴·烏孫, 事天神, 信佛法. 貴食馬, 好騎射. 時節潑水爲戲)." 『신당서』, 권221하, 「강전(康傳)」(6243쪽)에 "**11월에는 북을 치고 춤을 추며 추위를 부르면서[乞寒], 물을 서로 뿌리는 것을 놀이로 삼는다**(十一月鼓舞乞寒, 以水交潑爲樂)"라고 하였는데, 이곳 화주(火州)가 사마르칸트의 무함마드[瑪哈穆特]에게 예속되어 있었다는 정보와 연관성이 있다. 자세한 사항은 [14] 사마르칸트[撒馬兒罕] 해제를 참고하시오.

(3)『송사』에 따르면, "고창 사람들은 대부분 장수하여, 모두 100여 세로, 요절하는 사람이 없다"라고 하였다(按宋史曰, 高昌人多壽, 率百餘歲, 無夭死).

『송사』, 권490, 「고창국전」(14112쪽): "나라에는 가난한 사람이 없다. 식량이 떨어진 사람들은 함께 구호한다. 사람들은 장수[壽考]하여 모두 100여 세를 살며 요절하는 사람이 없다(國中無貧民, 絕食者共賑之. 人多壽考, 率百餘歲, 絕無夭死)."

『사서역기(使西域記)』(『설부』본, 7a): "성안에는 집들이 있고, 사는 사람들은 불법(佛法)을 믿고, 사찰을 많이 지어 [사람들이] 오래 산다고 한다(城中有屋舍, 居人信佛法, 多建僧寺, 故老云)."

⑷이 나라의 산천으로, 영산(靈山), 포류해(蒲類海), 교하(交河)가 크다(其山川, 靈山·蒲類海·交河爲大).

『황명사이고』: "이곳 산천으로, 영산(靈山), 포류해(蒲類海), 교하(交河)가 크다. 말, 낙타, 소금, 면포[白氎布], 빈철(鑌鐵), 음아각(陰牙角), 아위(阿魏)가 난다(其山川, 靈山·蒲類海·交河爲大. 産馬·駝·鹽·白氎布·鑌鐵·陰牙角·阿魏)."

'포류[bɦuo-lwi](蒲類)'라는 옛 명칭은 이미 『사기』, 권22, 「장상명신연표(將相名臣年表)」(1147)에 기원전 72년 "영평후 조충국을 포류 장군으로 삼았다(營平侯趙充國爲蒲類將軍)"라는 언급으로 보인다. 하지만 『사기』에는 위치 정보를 전혀 찾을 수 없고, 『전한서』의 기록을 참고해야 한다.

『전한서』, 권96하, 「서역전」에는 '포류국(蒲類國)'과 '포류후국(蒲類後國)'이 별도로 기술되어있다. 반고의 기술에 따르면, 포류국의 도읍은 천산(天山) 서쪽 소유곡(疏榆谷)에 있으며, 장안에서 8,360리 떨어져 있다고 하고, 포류후국의 도읍은 정확한 명칭을 밝히지 않고 장안에서 8,630리 떨어져 있다고 한다(3319쪽). 포류국이 270리 더 가깝게 기술되었고, 인구도 2,032명으로 표류후국보다 두 배 이상 더 많은 점으로 보아 포류국이 더 큰 나라였음을 알 수 있다. '후(後)'자는 '전(前)'을 전제하므로, 거사(車師) 전·후왕국처럼, 표류전국과 표류후국으로 읽어야 할 것 같다. '전'은 남쪽을 가리키고, '후'는 북쪽을 지칭하므로, '포류'라는 지점을 기준으로 남북쪽에 있는 왕국으로 이해하고자 한다.

『전한서』, 권6, 「무제본기」에는 천한(天漢) 2년(기원전 99) 5

월에 흉노의 우현왕(右賢王)과 천산(天山)에서 싸웠다는 기록이 보인다(203쪽). 안사고(顏師古)는 천산(天山)을 설명하며, 진작(晉灼)의 설을 인용하여 "[천산은] 서역에 있으며, 포류국과 가깝다. 장안에서 8,000여 리 떨어져 있다(在西域, 近蒲類國, 去長安八千餘里)"라고 한 다음, "[천산은] 바로 기련산(祁連山)이다. 흉노는 '하늘[天]'을 기련[gi-liɛn](祁連)이라 하는데, 현 선비족의 말도 그러하다(即祁連山也. 匈奴謂天爲祁連. 今鮮卑語尚然)"라고 설명했다. 이로부터 포류국은 우선 기련산(祁連山) 서쪽에 있다.

다시 『전한서』, 권8, 「선제본기」(243쪽)에는 본시(本始) 2년(기원전 72) 5월에 조충국(趙充國)을 포류장군(蒲類將軍)으로 삼았다는 기사가 보인다. 안사고는 응소(應劭)가 "포류는 흉노 [지역] 가운데 있는 호수[海] 명칭으로 둔황 북쪽에 있다(蒲類, 匈奴中海名也, 在敦煌北)"라고 한 설과 진작(晉灼)이 "「흉노전」에 포류택(蒲類澤)이 있다"라는 설을 들고, 「흉노전」에 보이는 포류택의 '포류'일 것이라고 했다.

또, 『전한서』, 권60, 두완(杜緩) 열전에서(2666쪽), 본시(本始, 기원전 73~기원전 70) 연간 교위(校尉)로 표류장군[조충국]을 종사하여 흉노를 공략했다는 기사가 실려 있다. 안사고는 포류장군이란 칭호에 관하여 신찬(臣瓚)의 설을 인용하여 "포류해를 정벌하여 그렇게 이름한 것이다(征蒲類海, 故以爲名)"라고 설명했다.

후한(後漢) 시기에는 이미 '포류후국'은 존재하지 않았던 것으로 보인다. 『후한서』, 권88에는 「포류전」만 수록되어 있다(2928쪽). "포류국은 천산[기련산] 서쪽 소유곡(疏榆谷)에 있으며, 동남쪽으로 [서역] 장사(長史)가 있는 곳에서 1,290리 떨어져 있고, 낙양에서는 10,490리 떨어져 있다. 800여 가구에 2,000명 남짓이며 정병은 700여 명이다. 장막을 지어 살고 수초를 따라다니지만, 밭을 일구는 것도 조금 안다. 소, 말, 낙타, 양 등의 가축이 있다. 활과 화살을 잘 만든다. 나라에서는 좋은 말이 난다. 포류는 원래 큰 나라였으나, 이전 흉노에 예속되어 있을 때, 그 왕이 선우에게 죄를 지어, 선우가 화가 나 포류 사람 6,000여 명을 이주시켜 우부(右部, 서쪽) 아악(阿惡) 땅에 넣고, '아악국(阿惡國)'이라 불렀다. 남쪽으로 거사(車師) 후국[남쪽]까지 말로 9~10일 가는 거리에 있었다. 인구가 빈약해져, 산과 계곡으로 도망하여 오래 머무르며 나라를 형성했다고 한다(蒲類國居天山西疏榆谷, 東南去長史所居千二百九十里, 去洛陽萬四百九十里. 戶八百餘, 口二千餘, 勝兵七百餘人. 廬帳而居, 逐水草, 頗知田作. 有牛·馬·駱駝·羊畜. 能作弓矢. 國出好馬. 蒲類本大國也, 前西域屬匈奴, 而其王得罪單于, 單于怒, 徙蒲類人六千餘口, 內之匈奴右部阿惡地, 因號曰阿惡國. 南去車師後部馬行九十餘日. 人口貧羸, 逃亡山谷閒, 故留爲國云)"라고 하였다.

확실히 포류국은 근거지를 잃었고, 나라 이름조차 바뀌어버렸다. 『후한서』, 권88, 「서역전」에는 이지국(移支國)을 설명하며, 이 나라는 포류의 땅에 있다고 하였다(2928쪽). 후한 시기 이후 '포류국'은 사라졌고, 그들이 근거했던 지역인 '포류' 또는 '포류해'라는 명칭만 존속했다.

『신당서』, 권40, 「지리지·북정대도호부(北庭大都護府)」(1047쪽)에는 속현(屬縣)으로 금만(金滿), 윤대(輪臺), 후정(後庭), 서해(西海) 등 네 곳을 들었다. '후정(後庭)'은 "원래 포류로, 서주(西州)에 예속되어 있다가 뒤에 복속해 와, 보응(寶應) 원년(762)에 명칭을 바꾸었다(本蒲類, 隸西州, 後來屬, 寶應元年更名)"라는 주가 보인다. 이어서 주에 "포류, 학차, 함천 등 세 진(鎭)과 특라보(特羅堡)가 있다(有蒲類·郝遮·鹹泉三鎭, 特羅堡)"라고 하였다. 이로써 볼 때, 당나라 시기에도 여전히 '포류'라는 지명이 살아남아 있었다. 하지만 이후 '포류'란 명칭은 정사에서 전혀 언급되지 않았다.

『후한서』, 권23, 두고(竇固) 열전에서(810쪽) 두고가 천산[기련산]에서 흉노를 공격하는 과정을 기술하며, 흉노를 추격하여 포류해(蒲類海)에 이르렀다는 언급이 있다. 이 '포류해'에 대해, 이현(李賢)은 "포류해는 현재 파실해(婆悉海)라고 하는데, 현 정주(庭州) 포창현(蒲昌縣) 동남쪽에 있다(蒲類海今名婆悉海, 在今庭州蒲昌縣東南也)"라고 주석을 붙였다. 포류해가 당나라 시기에는 '파실해(婆悉海)'로 불렸으며, 정주(庭州) 즉 북정도호부의 속현인 포창현 동남쪽에 있다는 중요한 정보를 담고 있다.

두우(杜佑, 735~813)는 『통전(通典)』(사고전서본, 권174, 14b)에서 '포류해'의 또 다른 이름을 보여준다. 당시 고창현(高昌縣)이었던 서주(西州)를 설명하며 정관(貞觀) 14년(640)에 고창을 평정하고 그 땅에 서주(西州)를 설치하고 도호부(都護府)를 두었다가 나중에 금산도호부(金山都護府)라 고쳐 불렀고, 교하군(交河郡)이라고도 했다고 하며, 고창(高昌), 교하(交河), 류중(柳中), 포창(蒲昌), 천산(天山) 등 다섯 개의 현(縣)을 거느렸다고 한다. 여기 포창(蒲昌) 아래에 쌍행의 주석을 붙여 "교하와 같이 설치되었다. 동남쪽에는 옛 '포류해'가 있는데, 지금은 '파실해'라고 부른다(與交河同置. 東

南有舊蒲類海, 今名婆悉海)"라고 하였다. 이 기술은 여실히 이현의 주석을 근거하고 있다.

또한 이 정보는 『구당서』, 권40, 「지리지·서주중도독부(西州中都督府)」(1645쪽)에서도 확인된다. 서주중도독부는 원래 고창국 땅으로, 고창, 류중, 교하, 포창, 천산 등 다섯 현을 관할한다고 하며, '포창(蒲昌)' 아래 "정관 14년(640), 처음 [고]창의 옛 성에 설치했다. 현의 동남쪽에 포류해가 있는데, 호(胡)들은 '파실해'라고 부른다(貞觀十四年, 於始昌故城置, 縣東南有蒲類海, 胡人呼爲婆悉海)"라고 하였다. 말하자면, '포류해'는 한역 명칭이고, '파실해'는 호(胡)의 명칭이라고 하였다. 악사(樂史, 930~1007)는 『태평환우기(太平寰宇記)』(사고전서본, 권156, 4a)에서 서주(西州)의 포창현(蒲昌縣)을 설명하며 "포창현은 [서주 치소에서?] 동북쪽 180리에 있는 두 고을[二鄕]로, 당나라 정관 14년(640), 한나라 초 [고]창 옛 성에 설치했다. 현의 동쪽으로 포류해에 이르는데, 포류해라고 하는 이유는 호(胡)들이 '파실해'라고 부르기 때문이다(蒲昌縣, 東北一百八十里二鄕, 唐貞觀十四年, 置于漢始昌故城. 取縣東蒲類海, 以爲名蒲類海者, 胡人呼爲婆悉海)"라고 하였다. 또 정주(庭州)에 속한 현을 기술하며(7a) "후정현의 두 고을[二鄕]은 바로 거사(車師) 후왕정의 땅으로, 당나라 정관(貞觀) 14년(640) [서주를] 설치하고 금만현(金滿縣)으로 삼았다. 천산[기련산]은 후정현의 동북쪽에 있으며 이주(伊州)와 연접해 있어 하루면 이른다. 포류해는 또한 '파실해(婆悉海)'라고도 하는데, 남쪽으로 이주 납직현(納職縣) 경계로 흘러든다(後庭縣二鄕, 即車師後王庭之地, 唐貞觀十四年置爲金滿縣. 天山在縣東北, 自伊州界連, 一日[亘]而至. 蒲類海, 亦名婆悉海, 南注入伊州納職縣界)"라고 하였다.

한편 '포창(蒲昌)'은 한나라 시기 로프 노르 즉 염택(鹽澤)의 또 다른 명칭이기도 했다. 『사기』, 권123, 「대원열전」(3160쪽)에는 대원의 위치를 설명하며, "우전(于窴, 호탄)의 서쪽은 강물이 모두 서쪽으로 흘러 서해(西海)로 들어가고, 동쪽은 강물이 모두 동쪽으로 흘러 염택(鹽澤)으로 들어간다"라고 하였는데, 장수절(張守節)은 『사기정의』에서 여기 염택(鹽澤)를 설명하며 『괄지지(括地志)』를 인용하여 "포창해는 유택(泑澤), 염택(鹽澤), 보일해(輔日海), 천란(穿蘭), 임해(臨海)라고도 부르는데, 사주(沙州)의 서남쪽에 있다(蒲昌海一名泑澤, 一名鹽澤, 亦名輔日海, 亦名穿蘭, 亦名臨海, 在沙州西南)"라고 하였다. 이렇게 '포류'라는 호수는 '포창'이라는 이중적 명칭으로, 로프 노르 호수와 혼동을 불러왔다.

『명일통지(明一統志)』(사고전서본, 권89, 19a)는 '화주(火州)'를 '화작(和卓, Khoja)'으로 표기하고, 이곳의 산천에 대하여, "[포류해는] 투루판 서남쪽에 있으며, 염택(鹽澤)이라고도 하고 파실해(婆悉海)라고도 한다. [호수의] 둘레는 400리이다. 파미르[葱嶺], 호탄[于闐] 동쪽의 강물은 모두 이곳으로 흘러든다. 한나라 장건(張騫)이 서역으로 갈 때, 두 강물이 교차해 흐르는 것을 보았는데, [이 강들은] 파미르에서 발원하여, 호탄을 따라 흘러 로프 노르[鹽澤]에 모였다가, 땅속으로 1,000리를 흘러 적석산(積石山)에 이르러 다시 나타난다(在土魯番西南, 一名鹽澤, 又名婆悉海. 周四百里. 葱嶺·于闐以東之水, 皆注於此. 漢張騫道西城, 度玉門, 見二水交流, 發葱嶺, 趨于海闐, 匯鹽澤, 伏流千里, 至積石而再出)"라고 하였다.

브레트슈나이더(Emil Bretschneider)는 '포류해'가 '포창해

(蒲昌海)'로 된 『명일통지』를 본 것으로 보이는데, 이에 대해 다음과 같이 설명했다(『Mediaeval Researches from Eastern Asiatic Sources』, II, 191쪽, 주966). "명나라 지리서는 단지 '포류해(蒲類海)'라고만 썼다. 그러나 이 호수에 관한 모든 정보는 『전한서』, 권96에서 가져왔다. 나는 『전한서』의 '포류해'로 표기해야 하는 점에 주저가 없다. 명나라 편집자들은 분명 로프 노르 호수를 말하고 있지만, 포류(蒲類)와 혼동했다. '포류' 또한 옛 지명으로, 중국인들은 바르쿨(Barkul)로 확인해 주었다. 이곳은 톈산 너머 투루판 북동쪽에 있다."

브레트슈나이더의 이 설명은 상당히 정확하다. '포류해'를 '바르쿨[현 바리쿤(巴里坤)]' 호수로 추정한 가장 이른 학자일 것이다. 다만 여기 '톈산'은 기련산(祁連山)을 지칭한다는 점을 밝혀야 했다. 어쨌든 브레트슈나이더의 이 추정은 이후 많은 학자가 따랐다.[151] 서주(西州)는 오늘날 투루판시에 해당한다. 악사(樂史)의 지리 정보에 따르면, 포류해는 현 바리쿤(巴里坤) 호수이다. 그러나 『통전』과 『구당서』의 기술은 동남쪽이라고 한다. 한편 바르쿨(Barkul, Barkoul, Barköl)의 두 번째 음절 '쿨(kul)'은 호수를 의미한다. 따라서 '바르(bar)'가 포류[bɦuo-lwi](蒲類)'에 해당하는 음일 것이다. 썩 만족스러운 대응값은 아니다. '바르쿨'의 현재 중국 명칭인 '바리쿤'의 '쿤'은 역시 '쿨'을 옮긴 것이므로, 결국 '부뤼'-'바르'-'바리'로 변화했을 가능성은 충분하다. 그러나 이미 당나라 시기 '포류해'를 호(胡) 사람들이 '파실[bɦuɑ-si̯ĕt]해(婆悉海)'라고 불렀다는 정

151) Édouard Chavannes, 『Documents sur les Tou Kiue (Turcs) occidentaux』, St.-Pétersbourg, 1903, 62쪽, 주2; W. Heyd, 『Histoire du commerce du Levant』, I, Leipzig, 1885, 42쪽.

보를 알고 있다. [bʱuo-lwi]와 [bʱuɑ-si̯ĕt]에 있어서, 첫 번째 글자는 'a'와 'o'의 전환은 얼마든지 가능하다. 그러나 두 번째 글자의 초성 'l'과 's'의 차이는 극복할 수 없다.

『이슬람 백과사전(Encyclopaedia of Islam)』(1913년)에 따르면, 무함마드 하이다르(Muhammad Haidar)의 책을 참고하여 "비슈발릭(Bishbalik)의 땅은 발하슈(Balkhash) 호수에서 중국 경계에 있는 바르스 쿨(Bars-kul, 지금의 Barkul)까지 펼쳐져 있는 모골리스탄(Mogholistan)에 속했다"라고 하였다(M. Th. Houtsma, T.W. Arnold, et al., 『Encyclopaedia of Islam』, I, London, 1913, 729쪽). 또, 폴 펠리오는 바르콜(Barköl)의 만주어 형태인 바리콜(Bariköl)를 보여주며, '바르콜'이 '바르스 콜(Bars-köl)'일 가능성을 제기했다(「Les 『Conquêtes de l'Enprereur de la Chine』」, 『통보』, 1921, 259쪽). 이후 바르톨드(V.V. Barthold)도 바르쿨(Barkul)이 바로 현 바르스 쿨(Bars-kul)로, '표범의 호수'라는 뜻이라고 하였다(T. Minorsky(tr.), 『Studies on the History of Central Asia』, I, Leiden, 1956, 131쪽). 이로써 당나라 시기 '파실'은 바로 '바르스(Bars)'에 해당하는 음으로 추정할 수 있을 것 같다.

⑸그곳의 산색은 불같고, 날씨는 대부분 덥다(其地山色如火, 天氣多熱).

『황명사이고』: "화주성에 가까운 산들은 낮고, 산색이 불같다. 날씨는 대체로 덥다. 성은 사방 10여 리이다. 영락(永樂) 7년(1409) 그곳의 추장[土酋]이 사람을 보내 조공했다. 12년(1414) 이부 원외랑 진성(陳誠)이 이 나라에 갔다. 진성에 따르면, 이 나라의 풍속은 초라하고[蕭條], 시장과 마을에 사람들이 살지만 사찰[僧堂]이 과반으로, 또한 보잘것없다. 동쪽으로 황폐한 성터가 있는데 옛 고창의 도읍이라고 하며, 한나라 시기의 서역장사(西域長史), 무기교위(戊己校尉) 모두 여기에 있었다. 선덕(宣德) 5년(1430)에 화주의 왕 합산(哈散), 토로번 만호(萬戶) 새인첩목아(賽因帖木兒), 류진성(柳陳城) 만호 와적랄(瓦赤剌)이 모두 사람을 보내, 말과 옥박(玉璞)을 바쳤다. 지금까지도 조공이 끊이지 않는다(火州城近北地卑下, 山色如火. 天氣多熱. 城方十餘里. 永樂七年土酋遣人朝貢. 十二年吏部員外郎陳誠至其國. 誠言, 其國風俗蕭條, 市里民居, 僧堂過半, 亦皆零落. 東有荒城故址, 云古高昌國治, 漢西域長史·戊己巳校尉並居焉. 宣德五年火州王哈散·土魯番萬户賽因帖木兒·柳陳城萬戸瓦赤剌, 俱遣人貢馬及玉璞. 至今入貢不絶)."

⑹『사기』, 「사마상여열전」주에 "곤륜의 북쪽에는 염화(炎火)의 산이 있는데, 물건을 던져 넣으면 곧바로 탄다(史記相如傳註, 崑崙之北, 有炎火之山, 投物輒然)"라고 하였다.

『사기』, 권117, 「사마상여열전」에 수록된 「대인부(大人賦)」(3060쪽)에 "염화산을 왕래하고 약수(弱水)에 떠다녔고(經營炎火而浮弱水兮)"라고 하였는데, 장수절(張守節)은 『사기정의(史記正義)』에서 요승(姚丞)의 설을 인용하여 "「대황서경」에 '곤륜의 언덕 그 밖에는 화염산이 있는데, 물건을 던져 넣으면 곧바로 탄다'라고 하였다(大荒西經云崑崙之丘, 其外有炎火之山, 投物輒然)"라고 출처를 설명했다.

⑺잠삼(岑參)의 시에, "날이 저물어 교하성에 묵으니, 화산은 붉고 가파르구나"라고 한 곳이 이곳이로다(岑參詩云, 暮投交河城, 火山赤崔嵬,

是也).

지봉이 인용한 잠삼의 이 시는 「교하군에 파견되어(使交河郡)」의 3구와 4구에 보인다. 이 시는 앞의 [16] 케슈[渴石]에서도 인용되었다. 자세한 설명은 케슈 항목을 참고하시오.

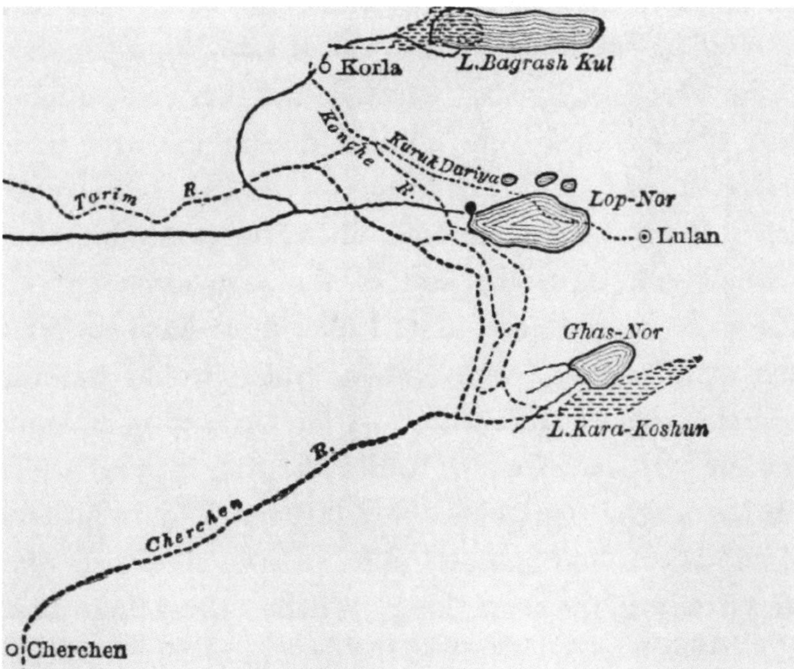

●
엘스웜스 헌팅턴(Ellsworth Huntington, 1876~1947), 『The pulse of Asia』(Boston, 1907),), 284쪽.

火州

西連亦力把力
東距哈密
南抵于闐
北接瓦剌
東南至肅州
凡一月程

万寶全書云火州有城郭及田獸其人男衣短衣婦女似高
麗分髮垂後女載帽好御馬樂器琵琶多用能射
文獻通考云火州丈夫裼襦頭髮皆同華夏兵器有弓箭
刀楯甲矟文字亦同華夏兼胡書有毛詩論語孝經歴代
子史集
火州西北有山名靈山石皆黑紋如毛髮又白石堆石骨
堅潤夷呼爲十萬羅漢削髮涅槃之所

•
『화한삼재도회(和漢三才圖會)』(일본 국립국회도서관본), 권14, 51a. 아래에 설명에는 “서쪽으로 역력파력(亦力把力, Ili)과 이어있고, 동쪽으로 하미와 떨어져 있으며, 남쪽으로 호탄에 이르고, 북쪽으로 와랄(瓦剌)에 접해 있으며, 동남쪽으로 숙주(肅州)에 이르는데, 무릇 1개월 여정이다”라고 하고 있다.

로진[luo-ḍʱi̯ĕn](魯陳)이란 옛 도시가 중국 정사에서 별도로 기술된 것은 『명사』, 권329(8527쪽)에서 '류성[li̯ə̯u-ʑi̯ɛŋ](柳城)'이란 명칭으로 처음 나타난다(『명사』의 「류성전」의 내용은 '중국 정사외국전DB'를 참고하시오). 그러나 이 『명사』의 기록은 온통 1414년 사마르칸트에 사신으로 나갔다가 돌아와 쓴 것으로 보이는 진성(陳誠)의 『사서역기(使西域記)』(『설부』본, 6b~7a)를 근거했다. 다음과 같이 『명사』와 『사서역기』의 내용을 비교한다.

ⓐ류성은 '로진(魯陳)'이라고도 하고 또 '류진성(柳陳城)'이라고도 하는데, 바로 후한(後漢) 시기 류중(柳中) 땅으로, 서역장사(西域長史)가 다스리던 곳이다. 당나라 시기에는 류중현(柳中縣)을 두었다. 서쪽으로 카라호자[火州]와 70리 떨어져 있고, 동쪽으로 하미[哈密]와 1,000리 떨어져 있다(柳城, 一名魯陳, 又名柳陳城, 卽後漢柳中地, 西域長史所治. 唐置柳中縣. 西去火州七十里, 東去哈密千里).

『사서역기』는 "류성은 옛 류중현(柳中縣)[152]으로 카라호자[火州] 동쪽, 하미[哈密]에서 1,000여 리 떨어져 있다(柳城古柳中[中柳]縣, 在火州東, 去哈密千餘里)"라고 하였다.

ⓑ하나의 대평원[大川]을 건너면 길가에는 해골이 많은데, 전하는 바에 따르면, 귀신과 도깨비[鬼魅]가 있어, 여행객들이 아침저녁으로 동료를 잃고 길을 헤매다 많이 죽는다고 한다(經一大川, 道旁多骸骨, 相傳有鬼魅, 行旅早暮失侶多迷死).

152) 『설부』본, 원문에는 '중류현(中柳縣)'으로 되어있으나, 『후한서』, 두 『당서』, 『명사』등에 의거하여 '류중현'으로 바로 잡는다.

『사서역기』는 "큰 주(州) 하나를 지나야 이 나라에 이른다. 땅은 모두 모래가 쌓여 수초가 없다. 길가에는 해골이 많은데, 그곳 사람[土人]들은 귀신과 도깨비[鬼魅]가 있어, 여행객들이 아침저녁으로 동료들을 잃고 길을 헤매다 죽는다고 한다(經一大州至其國. 地皆沙積, 無水草. 道傍多骸骨, 土人相傳有鬼魅, 行旅或早暮失侶多迷死)"라고 하였다. 먼저 『명사』의 '대천(大川)'이 '대주(大州)'로 되어있다. 지도를 놓고 보면 『명사』 편수관들의 '대천[대평원]'이 맞을 것이다. 밑줄 친 정보는 이 '대평원'이 황폐한 사막의 땅임을 암시하고 있지만, 『명사』에서는 채택되지 않았다.

ⓒ대천[대평원]을 나와 사막[流沙]을 건너면 화산(火山) 아래 폭이 2~3리인 우뚝한 성이 솟아있는데, 바로 류성이다(出大川, 渡流沙, 在火山下, 有城屹然廣二三里, 卽柳城也).

『사서역기』는 "큰 주(州)를 나와 모래가 흐르는 강[流沙河]을 건너면, 화염처럼 푸르고 붉은 산이 있고, 산 아래 성이 우뚝 솟아있는데, 폭은 2~3리로, 바로 로진성(魯陳城)[153]이다(出大州, 度流沙河, 有山青紅如火焰, 山下城屹然, 廣二三里, 卽○陳城)"라고 하였다. 『명사』에서는 유사(流沙)를 건넌다고 하였지만, 앞의 황무지 사막 땅인 '대천(大川)'과 중복된다. 따라서 진성의 기술에 따라 '모래가 흐르는 강[流沙河]'으로 '하(河)'자를 살리는 것이 '도(渡)'자와 의미가 부합한다.

ⓓ사방이 모두 밭과 [과수]원으로 흐르는 물이 감돌아 흘러 수목들이 무성하다(四面皆田園, 流水環繞, 樹木陰翳). 『사서

153) 원문에는 '로(魯)'자가 공백으로 처리되어있어 『명사』에 따라 보충했다.

역기』의 정보와 일치한다.

ⓔ토양은 검은 기장[穄], 밀, 콩, 마에 적합하고, 복숭아, 자두, 대추, 과(瓜), 호로 등이 있다. 그리고 포도가 가장 많은데, [알이] 작고 달며, 씨가 없는 것을 '쇄자포도(鎖子葡萄)'라고 한다. 가축에는 소, 양, 말, 낙타가 있다(土宜穄·麥·豆·麻, 有桃·李·棗·瓜·胡蘆之屬. 而葡萄最多, 小而甘, 無核, 名鎖子葡萄. 畜有牛·羊·馬·駝).

『사서역기』는 "토양은 검은 기장[穄], 밀, 콩, 마, 복숭아, 살구, 작은 대추, 과(瓜), 호로 등에 적합하다. 그리고 포도가 가장 많은데, [알이] 작지만 달며, 씨가 없는 것을 '쇄포도(鎖葡萄)'라고 한다. 가축에는 소, 양, 말, 낙타가 있다(土宜穄·麥·豆·麻·桃·杏·小棗·瓜·葫蘆之屬. 而葡萄最多, 小而甘, 無核者, 名鎖葡萄. 畜有牛·羊·馬·馳)"라고 하였다.

ⓕ기후는 항상 온화하다. 그곳 사람들[土人]은 순박하다. 남자들은 몽둥이 모양으로 상투하고, 부인들은 검은 베를 쓴다. 그들의 하는 말은 위구르[畏兀兒] 사람들과 비슷하다(節候常和. 土人純朴. 男子椎結, 婦人蒙皁布. 其語音類畏兀兒).

『사서역기』는 훨씬 더 자세한 복장 설명을 보여준다. "기후는 온화하다. **사람들은 모두** 순박하다. 남자들은 몽둥이 모양으로 상투하고, 여인들은 검은 베를 쓰고 **쪽을 이마까지 드리우는데, 모두 호(胡) [복식]에 따른다. 남자들은 머리를 깎고 덮어쓰는 수놓은 작은 모자[小罩刺帽]를 쓰는데, 이슬람 복장[回回妝]이라 한다. 부녀들은 흰 베로 머리를 싸매는데, 위구르 복장[畏兀兒妝]이라 한다. 사투리는 모두 위구르[畏兒] 말**

이다. 풍속은 대략 카라호자[화주]와 같다(氣候和暖. 人皆醇朴. 男子椎髻, 婦人蒙皁布, 垂髻於額, 俱依胡. 男子削髮, 戴小罩剌帽, 號回回妝. 婦女白市裹頭, 號畏兀兒妝. 方音皆畏兒之語. 風俗大略與火州同)"라고 하였다. 굵게 표기한 정보들은 『명사』에서 채록되지 않았다. 이에 따르면 이곳의 사람들은 대체로 아랍계[胡]와 위구르계[畏兀兒]가 공존하는 지역이었음을 추론할 수 있다.

⑴로진(魯陳)은 류성(柳城)이라고도 한다. 서역 중간에 있다(魯陳, 一名柳城, 在西域中).

『황명사이고』: "로진(魯陳)은 '류성(柳城)'이라고도 하는데, 옛 류중현(柳中縣) 땅으로, 하미[哈密]에서 1,000리 떨어져 있다(魯陳, 一名柳城, 古柳中縣地, 去哈密千里)."

'류중[liəu-tiuŋ](柳中)'이라 지명은 중국 정사에서는 『후한서』에 처음 등장한다. 권19, 경공(耿恭) 열전(720쪽)에 "영평(永平) 17년(74) 겨울에 기도위(騎都尉) 유장(劉張)이 출정하여 거사(車師)를 공격할 때, 경공(耿恭)을 사마(司馬)로 청하여, 봉거도위(奉車都尉) 두고(竇固)와 사촌 부마도위(駙馬都尉) 경승(耿秉)과 함께 거사를 격파하고 항복시켰다. 처음 서역도호(西域都護)와 무기교위(戊己校尉)를 둘 때, 경공을 무기교위로 삼아 거사후왕국[後王部] 금포성(金蒲城)에 주둔했고, 알자(謁者) 관총(關寵)이 무기교위가 되어 거사전왕국[前王] 류중성(柳中城)에 주둔했는데, 각 주둔지에는 수백 명을 두었다(永平十七年冬, 騎都尉劉張出擊車師, 請恭爲司馬, 與奉車都尉竇固及從弟駙馬都尉秉破降之. 始置西域都護·戊己校尉, 乃以恭爲戊己校尉, 屯後王部金蒲城, 謁者關寵爲戊己校尉,

屯前王柳中城, 屯各置數百人)"라고 하였다. 이현(李賢)은 금포성(金蒲城)에 대해, 거사후왕정(車師後王庭)으로 지금 정주(庭州) 포창현(蒲昌縣)의 성이라고 했고, 류중성(柳中城)은 지금의 서주현(西州縣)이라고 했다. '류중성'은 확실히 투루판 지역에 있었음을 확인할 수 있다.

『구당서』, 권40, 「지리지·서주중도독부(西州中都督府)」(1645쪽)에 따르면, 정관(貞觀) 14년(640)에 고창(高昌)을 정복하고 그해에 류중현(柳中縣)을 설치했다고 한다. 이는 『신당서』에서도 확인된다(1047쪽). 한편 『후한서』, 권88, 「서역전」에는 연광(延光) 2년(123), 둔황 태수 장당(張瑺)이 북흉노가 거사(車師)와 연합하여 하서(河西) 지방을 약탈하는 대책을 논한 상소문에 류중(柳中)으로 나가 주둔하는 전략은 두 번째라고 하였다(2911쪽). 이 상소문은 『자치통감(資治通鑑)』(사고전서본, 권50)에서도 인용되었는데, 류중(柳中)에 대해(32b) 호삼성(胡三省)은 "내가 「서역전」을 살펴보니, 류중은 거사후왕국[後部] 금포성(金蒲城) 북쪽으로, 교하성(交河城)에서 80리 떨어져 있었다. 두우(杜佑)는 '당나라가 고창을 평정하고 전지성(田地城)을 류중현으로 삼았다'라고 하였다(余按西域傳, 柳中在後部金蒲城之北, 去交河城八十里. 杜佑曰, 唐平高昌, 以田地城爲柳中縣)"라고 설명했다. 이는 『구당서』, 권198, 「고창전」(5293쪽)에서 전지성(田地城)이 교위성(校尉城), 즉 무기교위(戊己校尉)의 성이라고 하였다. 『자치통감강목』(사고전서본, 권29, 7a)에서는 고창(高昌)을 기술하며 "본조(명나라)에 이르러 그곳을 '화주(火州)'로 불렀다. 성의 동쪽 70리에 있는 것은 류진성(柳陳城)으로, 당나라 시기 류중현이다. 성의 서쪽 100리에 있는 것은 '토로번(土魯番)'이라 하는데 바로 당나라 시기 교하현이다(至本朝

其地名曰火州. 城東七十里曰柳陳城, 即唐柳中縣. 城西百里曰土魯番, 即唐交河縣)"라고 하였다.

앞서 진성(陳誠)이 언급한 것처럼, 이곳에는 아랍계와 위구르계 사람들이 섞여 살았으므로, 그곳을 부르는 명칭도 최소 두 개의 발음이 존재했을 것이다. 샤반(Édouard Chavannes)은 이곳을 여러 차례 'Louktchoun'으로 표기했고,[154] 스벤 헤딘은 'Luktchin'으로 표기했다.[155] 이들은 확실히 류중[liə̯u-ʈi̯uŋ](柳中), 류성[liə̯u-ʑi̯ɛŋ](柳城), 로진[luo-ɖʱi̯ěn](魯陳) 등의 어원적 근거일 것이다.

⑵대평원[大川]의 모래 퇴적층을 지날 때는 수초가 없어, 말이나 소가 이곳을 지나면서 죽는다. 돌풍이 불면, 사람이나 말을 잃는다. 길가에는 해골이 많고, 귀신이나 도깨비가 있어 가는 사람들은 짝을 잃고 백주에도 길을 잃으니 그곳을 '한해(旱海)'라고 한다(經大川沙磧, 無水草, 馬牛過此輒死. 大風倏起, 人馬相失. 道傍多骸骨, 有鬼魅, 行人失侶, 白日迷亡, 謂之旱海).

이 단락은 『황명사이고』와 같다. 대평원[大川]이 바로 '한해(旱海)'라는 정보는 『대명일통지(大明一統志)』(1461년)에서 가져왔을 것이다. 하지만 『명일통지』에는 '로진(魯陳)' 또는 '류성(柳城)'을 별도로 기술하지 않고, 화작(和卓), 즉 카라호

154) Édouard Chavannes, 「Les pays d'Occident d'après le Heou Han Chou」, 『통보』(1907), 149~234쪽; 『Documents sur les Tou Kiue (Turcs) occidentaux』, St.-Pétersbourg, 1903, 310쪽; 『Dix inscriptions chinoises de l'Asie centrale』, Paris, 1902, 21~22쪽.

155) Sven Hedin, 『Through Asia』, I, London, 1898, 14쪽.

자[火州] 항목만 보인다. 이곳의 산천을 기술하면서 '한해(瀚海)'라는 명칭을 찾을 수 있다(사고전서본, 권89, 19a). 딸린 주를 보면, "[한해는] 류진성(柳陳城) 동쪽에 있다. 땅이 모두 모래 퇴적층으로, 큰바람이 불면, 가는 사람과 말들이 서로 길을 잃는데, 그곳 사람들[夷人]은 '한해(瀚海)'라고 한다. 『송사』에 모래의 깊이는 3척이고, 오곡이 자라지 않는다. 모래에 자라는 풀을 등상[təŋ-si̯aŋ](登相)이라 하는데, [그곳 사람들은] 그것을 거두어 먹는다[156](在柳陳城東. 地皆沙磧, 若大風, 則行者·人馬相失, 夷人呼爲瀚海. 宋史云, 沙深三尺, 不育五穀, 沙中生草, 名登相, 收之以食)"라고 하였다. '한해(瀚海)'든 '한해(旱海)'든 모두 사막을 뜻하는 표현이다.

⑶서쪽에는 유사하(流沙河)가 있고, 북쪽에는 화염산(火焰山)이 있는데, 산색이 불과 같다. 기후는 온난하고, 토양은 대마[麻]와 밀[麥]에 적합하다. 작은 포도는 달고 씨가 없다고 한다(西有流沙河, 北有火焰山, 山

156) 『송사(宋史)』(1345년), 권490, 「고창국전(高昌國傳)」(14110쪽), 옹희(雍熙) 원년(984) 4월 왕연덕(王延德)이 사신행에서 돌아와 여정을 기술한 기록을 황제에 헌상한 내용에 보인다. "다음으로 모녀왕자[mau-ni̯wo-gi̯waŋ-tsi](茅女王子)의 개도[kʰăi-dɦɑu](開道) 부족[族]의 땅을 거쳐 육과(六窠)[li̯uk-kʰuɑ] 사막[沙]으로 들어가면, 모래 깊이가 3척이나 되어 말이 가지 못하므로, 가는 사람들은 모두 낙타를 탑니다. [이 사막에는] 오곡이 자라지 않고, 모래 속에 등상[təŋ-si̯aŋ](登相)이라는 풀이 자라는데, 그것을 거두어 먹었습니다(次歷茅女王子開道族, 行入六窠沙, 沙深三尺, 馬不能行, 行者皆乘橐駝. 不育五穀, 沙中生草名登相, 收之以食)"라고 하였다. 여기 '모녀왕자[mau-ni̯wo-gi̯waŋ-tsi](茅女王子)'는 『송사』, 권490, 「회흘전(回鶻傳)」에서(14115쪽) 위구르[回鶻]의 네 부족 중 하나인 막나왕자[mək-na-gi̯waŋ-tsi](邈拏王子)의 다른 음역 표기가 아닌지 모르겠다. '육과(六窠)'의 '과'자는 이곳의 위구르 명칭인 'Louktchoun' 또는 'Louktchin' 따위를 잘못 옮긴 것으로 보인다.

色如火. 氣候和煖, 土宜麻·麥. 有小蒲萄, 甘甜, 無核云).

『황명사이고』: "[대]평원을 나와 서쪽으로 가면 모래가 흐르는 강[流沙河]에 이르는데, 강에는 작은 언덕이 있다고 한다. 바람이 날리는 모래를 말아 올려 길에 쌓인 곳이다. 북쪽의 화염산(火焰山)은 산색이 불과 같다. 성은 사방 2~3리이고, 사방에는 밭과 [과수]원이 많고, 흐르는 물이 감돌아 흘러 수목들이 무성하다. 토양은 검은 기장, 밀[麥], 대마, 콩에 적합하다. [알이] 작은 포도는 달고 씨가 없는데, '쇄자포도(鎖子葡萄)'라 부른다. 기후는 온난하다. 풍속은 순박하다. 사람들은 두 인종으로, 아랍[회회] 남자들은 머리를 깎고 덮어쓰는 수놓은 작은 모자[小罩刺帽]를 쓰고, 부녀들은 흰 베로 머리를 싸맨다. 위구르[畏兀兒] 남자들은 몽둥이 모양으로 상투하고, 부인들은 검은 베를 쓰고 쪽을 이마까지 드리우는데, 대체로 모두 호(胡)의 복장이다(出川, 西行至流沙河, 河上有小岡云. 風捲浮沙, 所積道. 北火焰山, 山色如火. 城方二三里, 四面多田園, 流水環繞, 樹木陰翳. 土宜穄·麥·麻·豆. 有小葡萄, 甘甜, 無核, 名鎖子葡萄. 氣候和煖. 風俗醇朴. 人二種, 回回男子削髮, 戴小罩刺帽, 婦女白帀裹頭. 畏兀兒男子椎髻, 婦人蒙皂布, 垂髻於額, 大抵皆胡服)."

(4)'유사하(流沙河)'라는 곳은 아마도 우공(禹貢)의 유사(流沙)일 것이다(所謂流沙河, 蓋卽禹貢流沙也).

지봉은 여기 '유사하(流沙河)'를 '사막'으로 읽은 것 같다. 『서경·우공(禹貢)』에 "약수(弱水)를 이끌어 합려(合黎)에 이르고, 남은 물결이 유사(流沙)로 들어간다(導弱水至於合黎, 餘波入於流沙)"라고 하였다. 『사기집해(史記集解)』(사고전서본, 권2, 8b)에 따르면, 공안국(孔安國)은 "약수의 남은 물결이 서쪽으로 유사로 흘러 든다(弱水餘波西溢入流沙)"라고 하였고, 정현(鄭玄)은 "『지리지』에 '유사(流沙)는 거연(居延, 간쑤 진타金塔현) 동북쪽에 있어 거연택(居延澤)이라 한다'라고 하였고, 『지기(地記)』에서 '약수는 서쪽으로 합려산(合黎山, 간쑤 장예시, 간저우甘州구에 있는 산) 앞으로 흘러들고, 나머지 물결은 유사(流沙)로 들어가 남해로 통한다'라고 했다(地理志流沙, 在居延東[西]北, 名居延澤. 地記曰, 弱水西流入合黎山腹, 餘波入于流沙, 通于南海)"라고 하였다. 또 마융(馬融)과 왕숙(王肅)은 합려(合黎)와 유사(流沙)는 모두 지명(地名)이라고 한다. 다시 『사기색은(史記索隱)』(사고전서본, 권1, 12b)에 따르면, 『지리지(地理志)』에 "장액(張掖) 거연현 서북쪽에는 거연택이 있는데, 옛글에서는 '유사'라고 했다(張掖居延縣西北有居延澤, 古文以爲流沙)"라고 하였고, 『광지(廣志)』에 "유사는 옥문관 밖에 있는데, 거연택과 거연성(居延城)이 있다(流沙在玉門關外, 有居延澤·居延城)"라고 하였다. 이에 사마정(司馬貞)은 "이곳에는 물도 있으므로, 지명이라고도 하고 물 이름이라고도 하며 마융과 정현의 설이 다르니 어느 설이 타당할까(是地兼有水, 故一云地名, 一云水名, 馬鄭不同, 抑有由也)"라고 하며 판단하지 못했다.

여기 '유사하'의 '하'는 『황명사이고』에 이곳 성에는 물이 감돌아 흐른다(流水環繞)고 했으므로, 강물로 읽는 것이 맞을 것 같다.

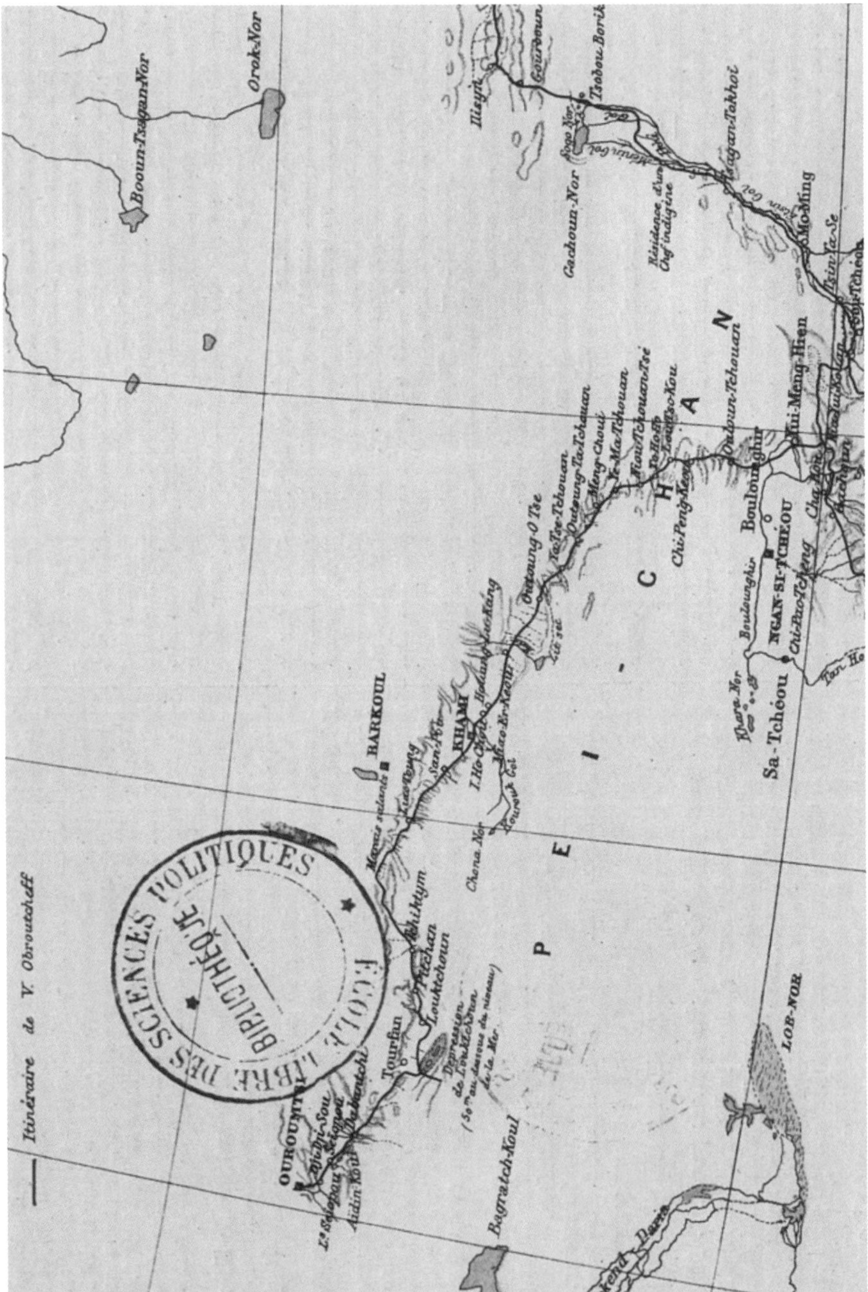

● Franz Schrader, 『L'Année cartographique』, Paris, 1908.

14세기부터 중국 자료에서 알려진 호르무즈의 음역 표기인 홀로모사(忽魯謨斯)는 '홀로모시(忽魯謨厮)', '홀로모사(忽魯模思)'로도 표기되었다. 동서양 교통 요지인 이곳은 마환의 『영애승람』과 비신의 『성사승람』에서 자세하게 기록되었다. 이곳의 역사와 명칭에 관한 고증들은 두 책의 역주서를 참고하시오[『영애승람역주』, 18, 『성사승람역주』, 20].

여기에서 이전 두 작업을 보충하자면, 1225년 조여괄(趙汝适)의 『제번지』는 이미 메카, 아프리카 동안 잔지바르까지 기록한 것을 보면, 호르무즈가 13세기에도 알려졌을 가능성은 충분하다. 히어트와 록힐은 『조여괄』(14쪽)에서 『신당서·지리지』에 인용된 8세기 가탐(賈耽)의 『황화사달기(皇華四達記)』에 보이는 '말라국(末羅國)'을 옛 호르무즈로 추정했으나, 음성적으로도 전혀 부합하지 않는다. 폴 펠리오의 추정에 따르면,[157] 이 '말라'는 유프라테스강 어귀에서 멀지 않은 내륙에 있는 '바스라'일 것이라는 헤르만(Herrmann)의 설에 동의하고 있다.

『원사』, 권63, 「지리지·서북지부록(西北地附錄)」은 중국 서북방 지역을 셋으로 나누어 나라의 목록을 제공하고 있다. 가장 동쪽 지역은 독래첩목아(篤來帖木兒, Dure Timur), 서북 지역은 월조백(月祖伯, Uzbeg), 서남 지역은 부새인(不賽因, Abu Said)으로 분류했다. 모두 몽골 칸들의 명칭으로 나누었음을 알 수 있다. 지역으로 말하자면 투르키스탄, 킵착 그리고 페르시아에 해당한다. 여기 부새인(不賽因)는 아부 사이드 바하두르 칸(Abu Sa'id Bahadur Khan, 1317~1335)으로,

157) 『Notes on Marco Polo』, I, 577쪽.

브레트슈나이더의 고증에 따르면,[158] 솔타니예(Soltaniyeh)의 대주교는 그를 '부사이(Bussay)'라고 불렀다고 하고, 페골로티(Pegolotti)가 그를 지칭한 '본사에트(Bonsaet)', 교황[John XXII]이 그에게 보낸 편지에 보이는 '보이세(Boysset)'를 소개하고 있는데, '부새인'은 바로 이를 음역 표기한 것일 것이다. 이 '부새인' 지역 아래 '홀리모자[xuət-li-muo-tsi](忽里模子)'라는 곳이 들어있다. 이 '홀리모자'를 브레트슈나이더는 호르무즈로 확신하고 있다.[159]

이 '홀리모자' 아래에, 쉽게 확인할 수 있는 시라즈[設剌子], 이스파한[亦思法杭] 등이 들어있고, 음성적으로도 홀로모사(忽魯謨斯)와 멀지 않으므로, 충분히 호르무즈로 이해할 수 있다. 그러나 이 '홀로모자'의 표기는 여기 『원사』에서만 보이고, 호르무즈로 입증할 만한 방증 자료가 전혀 없다.

『원사』, 권123, 아스[阿速, 알란]인 아아사란(阿兒思蘭)의 열전(3038쪽)에, 그의 아들 홀아도답(忽兒都答)이 쿠빌라이의 명을 받아, 부라나안(不羅那顏)을 따라서 합아마모(哈兒馬某)의 땅에 사신으로 갔다가 질병에 걸려 죽었다는 기록이 보인다. 브레트슈나이더는 이 '합아마모'의 '모(某)'자가 '사(思)'자의 오기로 추정하고 합아마사(哈兒馬思), 즉 호르무즈의 음역 표기일 것으로 추측했다.[160] 폴 펠리오는 이 가정

158) Emil Bretschneider, 『Mediaeval Researches from Eastern Asiatic Sources』, II, London, 1888, 6쪽, 주789. 또한 율(Yule), 『Cathay and the Way Thither』, I, 238쪽을 참고하시오.

159) 앞의 책, 130쪽.

160) 앞의 책, 89쪽, 주850.

을 일축하고, 합아마모(哈兒馬某)는 바로 '카라 봄베이(Qara-Bombay)'를 표기한 것이라고 확인했다.[161] 호르무즈에 해당하는 중국 자료의 다른 음역 표기를 14세기 이전으로 거슬러 올라갈 수 있는 실마리는 없는 것 같다.

⑴호르무즈[忽魯謨斯]는 서남쪽 바다에 있다. 토양은 두터워 농사에 적합하다. 사람들의 성질은 곧고, 용모는 훤칠하며, 불사(佛事)를 즐겨 행한다(忽魯謨斯, 在西南海中. 土厚宜耕種. 人質直, 狀貌偉碩. 喜作佛事).

『황명사이고』: "홀로모사는 서남쪽 바다에 있으며, ⓐ**동쪽으로 큰 산에 이어져 있다. 나라 안의** 토양은 두터워 농사에 적합하다. 사람들의 성질은 곧고, 용모는 훤칠하며, ⓑ불사(佛事)를 즐겨 행한다. ⓒ**항상 노래하고 춤추며 살인을 혐오한다**. ⓓ영락 3년(1405) 국왕이 마랄족(馬剌足)을 보내와 조공했다(忽魯謨斯, 在西南海中, 東連大山. 國中土厚宜耕種. 人質直, 狀貌偉碩. 喜作佛事. 常歌舞惡殺. 永樂三年, 國王遣馬剌足來, 朝貢)."

먼저 지봉이 참고한 『황명사이고』에는 이 '홀로모사' 바로 앞에 별도의 조목으로 '홀로모은(忽魯母恩)'에 관한 기술이 보인다. "홀로모은은 동남쪽 바다에 있다. 혹 서쪽 먼 변방[徼外]에 있다고 한다. 나라는 작고 토양은 척박하여 산물이 적다. 영락 3년 국왕이 사즉정(巳即丁)을 보내 조공했다(忽魯母恩, 在東南海中. 或曰在西徼外. 國小土瘠, 物産薄. 永樂三年, 國王遣巳即丁朝貢)"라고 하였다. 지봉이 '홀로모은'을 채록하지 않고, '홀로모사'를 선택한 것은 탁월하다.

---

161) 『Notes on Marco Polo』, I, 581쪽.

『황명사이고』의 '홀로모은(忽魯母恩)'은 1461년의 『대명일통지(大明一統志)』(사고전서본, 권90, 29b~30a)를 근거로 기술한 것으로 보인다. "연혁은 이전 시대에 참고할 것이 없다. 본조[명나라] 영락 3년 국왕이 그의 신하 이즉정(已即丁) 등을 조정으로 보내와 방물을 바쳤다. 그곳에서는 단향, 속향(速香), 후추가 난다(沿革前代無考. 本朝永樂三年, 國王遣其臣已即丁等來朝, 并貢方物. 土産檀香·速香·胡椒)"라고 하였다. 사실 이렇게 언급된 나라는 중국 자료에서 찾을 수 없다. 홀로모은의 '은'자는 '사(思)'자의 오기일 것이다. 1644년의 『죄유록(罪惟錄)』(북경대 소장본, 권46, 66a)에는 홀로모사(忽魯謨斯)가 바로 '홀로모은(忽魯母恩)'이고 '홀로모사(忽魯母思)'라고도 한다는 정보를 읽을 수 있다. 『명회전』(사고전서본, 권98, 13b)에도 홀로모사(忽魯母思)로 표기되어있다. 따라서 홀로모사(忽魯謨斯)=홀로모사(忽魯母思)=홀로모은(忽魯母恩)이다.

"동쪽으로 큰 산이 이어져 있다(東連大山)"라는 ⓐ의 정보를 지봉은 채록하지 않았다. 정효가 이 산이 왜 중요한지 기술하지 않았기 때문일 것이다, 사실 정효 또한 이 정보를 어디서 가져왔는지 확인되지 않는다. 15세기 호르무즈를 가장 자세히 기록하고 있는 마환의 『영애승람』에는 네 가지 특산물이 난다는 '대산(大山)'을 언급하고 있다(『영애승람역주』, 18-12를 참고하시오). 그러나 그 산의 방향을 '동쪽'이라 특정하지는 않았다. 이 산은 오색 소금이 나는 곳으로 비신(費信)도 『성사승람』에서 특기하고 있다(『성사승람역주』, 20-⑥을 참고하시오). 앞서 확인한 것처럼 지봉은 4권본 『성사승람』을 참고하기도 했었다.

ⓑ지봉은 여기의 '불사(佛事)'를 실제로 불교와 관련된 일로 생각했다. 이러한 오류는 저본인 『황명사이고』의 탓이다. 이 잘못된 정보는 얼마 뒤 엄종간(嚴從簡) 『수역주자록(殊域周咨錄)』(1583년), 권9에서 "호르무즈는 서남쪽 바다 가운데 있다. 동쪽으로는 큰 산이 이어지고, 서쪽은 바닷가이다. 나라의 토양은 두터워 농사에 적합하다. 사람들의 성격은 곧고 용모는 훤칠하며 불사를 즐겨 행하고, 항상 가무를 즐기며 죽이는 것을 싫어한다. 이전 시기에 고증할 것이 없다(忽魯謨斯在西南海中. 東連大山, 西傍海. 國中土厚, 宜耕種. 人質直, 狀貌偉碩, 喜作佛事, 常歌舞惡殺. 前代無考)"라고 이어졌다. 여기의 '불(佛)'은 이슬람교를 의미한다. 서역을 기록한 문서에서 이교도의 성인을 종종 '불(佛)'로 표기했다. 주거비(周去非)가 1178년에 쓴 『영외대답(嶺外代答)』 권3의 「대식제국(大食諸國)」 조목(『사고전서』본, 2b)에서일 것이다. 주거비는 메카를 '마가(麻嘉)'라고 음역하고 다음과 같이 기술했다. "마가국이 있다. 마리발(麻離拔)에서 육로로 서쪽으로 80여 정(程)[162]을 가면 도착한다. 이곳은 무함마드[麻霞勿]가 태어난 곳으로 **성인[佛]**이 거처하는 방장(方丈)이 있는데, 오색 옥과 벽돌로 담장과 집을 만들었다. 매년 탄생일이 되면 대식(大食)의 여러 나라 왕이 모두 사람을 보내 보배와 금은을 보시하고 비단으로 그 방장을 덮었다. 매년 여러 나라에서 앞다투어 와, 방

162) 정(程)은 『송회요(宋會要)』 권198책, 「번이(蕃夷)5」에 "[지도(至道) 원년(995)에] 황제는 그 나라 사신을 불러 보고, 그 나라 지리와 풍속을 물었다. 역관이 대답하여 이르기를 '의주(宜州)에서 육로로 45정(程)입니다. 정(程)에는 리(里)나 이정표가 없지만, 새벽에 출발하여 밤까지를 1정(程)이라고 합니다'라고 하였다(帝召見其使, 詢其地理風俗, 譯對曰, 地去宜州陸待四十五程. 程無理堠, 但晨發至夜, 謂之一程)"라고 하였다.

장에 예배하고, 아울러 다른 나라 관리들과 부호들이 멀다 하지 않고 모두 와서 참배한다. 방장 뒤에는 **성인의 묘[佛墓]**가 있는데, 밤낮으로 언제나 노을빛을 드러내어, 사람이 가까이 다가가지 못하고 종종 눈을 감고 지나간다. 만약 사람이 죽음이 임박했을 때 무덤 위의 흙을 가슴에 바르면 곧바로 성력[佛力]으로 다시 태어날 수 있다고 한다(有麻嘉國. 自麻離拔國西去, 陸行八十餘程乃到. 此是佛麻霞勿出世之處, 有佛所居方丈, 以五色玉結甃成牆屋. 每歲遇佛忌辰, 大食諸國王, 皆遣人持寶貝金銀施捨, 以錦綺蓋其方丈. 每年諸國前來就方丈禮拜, 幷他國官豪, 不拘萬里, 皆至瞻禮. 方丈後有佛墓, 日夜常見霞光, 人近不得, 往往皆合眼走過. 若人臨命終時, 取墓上土塗胸, 卽乘佛力超生云)." 한편, 정효 이전 15세기 초 정화 원정에 따라간 사람들의 기록에는 정확히 회회교(回回教), 즉 이슬람으로 표기하고 있다.

어느 자료에도 보이지 않는 ⓒ의 정보를 삭제한 것은 지봉의 지혜로운 선택이다. ⓓ의 정보는 앞서 본 것처럼 『명일통지』을 통해 확인할 수 있다. 그러나 『명사』, 권6, 「성조본기」에 따르면, 이 해에 조공한 나라들 목록에 홀로모사는 보이지 않는다. 게다가 『태종문황제실록(太宗文皇帝實錄)』에도 보이지 않는다. 두 사료 모두 첫 조공은 영락 10년(1412)에 보인다. 『선종장황제실록(宣宗章皇帝實錄)』, 권105, 선덕 8년(1433), 윤8월 1일에 "홀로모사 국왕 새불정(賽弗丁)이 그곳 사람[番人] 마랄족(馬剌足) 등을 보내 왔다(魯謨斯國王賽弗丁遣番人馬剌足等)"라는 기사를 읽을 수 있다. 따라서 '영락 3년'은 '선덕 8년'으로 교감해야 할 것이다.

한편 위의 『명일통지』에서 "영락 3년 국왕이 그의 신하 이즉정(巳即丁) 등을 조정으로 보내와 방물을 바쳤다"라고 한 정보에서 '이즉정'과 『명사』, 권326, 「홀로모사전」(8452쪽)에서 말한 '배신 이즉정(陪臣已即丁)'은 잘못되었음을 짐작할 수 있다. 위에서 언급한 『황명사이고』 '홀로모은(忽魯毋恩)'에서 "영락 3년 국왕이 사즉정(巳即丁)을 보내 조공했다"라고 하였는데, '이즉정'이 '사즉정'으로 되어있다. 이 '사즉정'은 『선종장황제실록』에서 보이는 '새불정(賽弗丁)'의 오기일 것이다. 브레트슈나이더는 이 '새불정'이 후앙 드 바로스(João de Barros, 1496~~1570)의 『아시아』를 참고하여 세이파딘(Seifadin)으로 확인한 바 있다.[163] 따라서 국왕은 '새불정', 그가 보낸 사신은 '마랄족'이 되어야 할 것이다.

⑵[이곳에서는] 사자, 타조[駞鷄], 얼룩말[福鹿], 영양(靈羊), 마합수(馬哈獸)가 난다(產獅子·駞鷄·福鹿·靈羊·馬哈獸).

『황명사이고』: "[이곳에서는] ⓔ큰 말, ⓕ서양포(西洋布), 사자, 타조[駝鷄], ⓖ[화]복록(花福祿), ⓗ영양(靈羊), 마합수(馬哈獸)가 난다(產大馬·西洋布·獅子·駝鷄·福綠·靈羊·馬哈獸)."

『정효』의 기술은 이현(李賢) 등이 황제의 명을 받아 1461년 완성한 『명일통지(明一統志)』(사고전서본), 권90, 29b에 기록된 홀로모사국(忽魯謨斯國) 조목을 참고했다. "이곳에서는 큰 말, 서양포, 사자, 타조【머리를 들면 높이가 7척가량이다】, 복록(福祿)【나귀와 비슷하며 꽃문양이 예쁘다】, 영양(靈羊)【꼬리가 큰 것은 무게가 20여 근이 나가, 다닐 때는 수레

163) Emil Bretschneider, 『Mediaeval Researches from Eastern Asiatic Sources』(London, 1888), 133쪽, 주869.

로 꼬리를 싣는다】, 긴 뿔이 난 마합수【뿔이 길어 몸체를 넘는다】가 난다(土産大馬·西洋布·獅子·駝雞【昂首高可七尺】·福祿【似驢而花文可愛】·靈羊【尾大者重二十餘斤, 行則以車載尾】·長角馬哈獸【角長過身】).”

지봉이 채록하지 않은 ⓔ의 대마(大馬)는 사실 아랍과 서구 여행자들의 기록에는 보이지 않았다. 비신의 『성사승람』에도 말에 관한 언급은 없다. 다만 마환의 『영애승람』에만 말의 존재를 언급하고 있으며, 이 나라에서 조공한 물품 속에 들어있다[『영애승람역주』, 18-17].

ⓕ서양포(西洋布)가 구체적으로 어떤 베를 말하는지 몰랐기 때문에, 지봉이 채록하지 않은 것일까? 여기서는 서양에서 나는 직물이라는 통칭으로 사용되었다. 마환은 이곳에서 나는 직물로 십양금전융화담(十樣錦翦絨花毯), 사폭(梭幅), 살합라전(撒哈喇氈), 모라(毾羅), 모사(毾紗) 등이 보이고[『영애승람역주』, 18-17을 참고하시오], 비신은 이곳의 산물로 살합랄(撒哈剌), 사복(梭腹), 융담(絨毯)이 보인다[『성사승람역주』, 20-⑩을 참고하시오].

ⓖ복록(福祿)은 마환의 『영애승람』에 보이는 화복록(花福祿), 즉 꽃문양이 들어있는 얼룩말 제브라를 말한다. 『영애승람역주』, 16-2를 참고하시오.

ⓗ영양(靈羊)은 '영양(羚羊)'의 다른 표기로 읽을 수도 있겠지만, 여기서는 글자 그대로 '신기한 양들'이라는 의미일 것이다. 마환은 이 양들에 관해 면양(綿羊), 구미양(狗尾羊), 투양(鬭羊)으로 특별한 기록을 남겼다(『영애승람역주』, 18-15

를 참고하시오).

ⓘ'마합수(馬哈獸)'라는 동물은 비신의 『성사승람』 후집 복랄와(卜剌哇), 즉 아프리카 동안의 바라와(Baraawe)에 관한 기록에 보인다. 펑 청쥔 씨는 『성사승람교주』에서 오릭스(oryx)라고 추정했다(후집, 24쪽). 이러한 추정은 『고금설해』와 『기록휘편』본 『성사승람』에 "마합수는 노루처럼 생겼다(馬哈獸, 狀如麞獐)"라는 설명에서 나왔을 것이다[『성사승람역주』, 43-⑨를 참고하시오]. 영양(羚羊)의 일종인 오릭스는 아덴만 북쪽에서 보이는 아라비안 오릭스(Arabian oryx)와 북아프리카 튀니지 일대에서 보이는 치미타르 오릭스(Scimitar oryx), 그리고 동아프리카의 오릭스(East African oryx)와 이와 유사종인 남아프리카 젬스복(gemsbok)이 있다. 비신의 '마합수'라는 음에 대응할만한 명칭이 보이지 않는다. 리빙스턴(David Livingstone, 1813~1873)은 『Missionary travels and researches in South Africa』(London, 1857), 56쪽에서 사막의 동물들을 기술하며, '젬스부크(gemsbuck, Oryx capensis), 즉 쿠카마(kukama)'를 언급했는데, '마합'은 이 '쿠카마'의 잘못된 표기가 아닐까.

(3)생각건대, 한유(韓愈)의 ①"산물은 사자국과 통했고[貨通獅子國]"라고 한 시구 주석에 "사자국은 남쪽 바다 가운데 있으며, ②사람들의 키는 1장 5척이다. 배들은 매우 크고 높아 사다리를 타고 올라간다"라고 하였는데, 바로 이곳인 것 같다(按韓詩貨通獅子國註, 獅子國在南海中, 人長丈五尺, 船極高大, 梯而上之云, 疑卽此也).

①한유(韓愈, 768~824), 「남해로 부임하는 정 상서를 전송하며(送鄭尙書赴南海)」에 "산물은 사자국과 통했고, 음악은 월

왕대에서 연주했네(貨通師子國, 樂奏越王臺)"라고 하였다. 송나라 서적상 위중거(魏仲擧)가 1200년 판각했다고 전하는 『오백가주창려문집(五百家注昌黎文集)』(사고전서본, 권10, 18a)에 "한유가 말한 사자국은 서남해에 있는데, 비스듬히 2,000여 리 이어져 있다. 『국사보(國史補)』[164]에 이르기를 사자국의 배는 아주 커 사다리를 타고 수 장(丈)을 오르내리는데, 모두 보화를 적재했다고 운운했다(韓曰師子國在南海中, 斜袤二千餘里. 國史補云, 師子國船最大, 梯而上下數丈, 皆積寶貨云云)"라고 하였다. 여기서 말하는 사자국(師子國)은 스리랑카, 즉 실론섬을 지칭한다. 지봉은 '사자'라는 단어를 통해 호르무즈를 스리랑카로 이해했다.

②신장에 관한 정보는 어디에서 온 것일까? 지봉이 잘못 붙여넣은 것으로 보인다. 『법원주림(法苑珠林)』(T.2122, 권5, 308a)에 따르면, "『외국도(外國圖)』에 동로마[대진국]의 사람들은 키가 1장 5척이고, 원숭이 팔과 긴 겨드랑이를 [가졌으며], 낙타 타기를 좋아한다(外國圖曰, 大秦國人長丈五尺, 猨臂長脇, 好騎馲駝)"라고 하였다.

164) 『국사보(國史補)』는 9세기 당나라 이조(李肇)의 『당국사보(唐國史補)』을 말한다. 이조는 남해의 선박들을 기술하며, "남해의 선박들은 외국에서 오는 선박들이다. 매년 베트남[安南]과 광저우에 이른다. [그중] 실론[師子國]의 배가 가장 커, 사다리를 타고 수 장(丈)을 오르내리는데, 모두 보화를 적재하고 있다. [배들이] 이르면 본도(本道)에 알리는데, 군읍(郡邑)이 이 때문에, 떠들썩하다(南海舶, 外國船也. 每歲至安南·廣州. 師子國舶最大, 梯而上下數丈, 皆積寶貨. 至則本道奏報, 郡邑爲之喧闐)"라고 하였다(사고전서본, 권하, 190b).

역사파한[zi̯ăk-si-pa-xɑn](亦思把罕)은 '역사법항[zi̯ăk-si-pi̯wɐp-ɣɑŋ](亦思法杭)', '이사파한[ʔi-sie̯-măt-xɑn](伊斯帕罕)'[165], '역사불한[zi̯ăk-si-pi̯uət-xɑn](亦思弗罕)'으로도 표기되는 곳으로, 이란 이스파한(Isfahan)에 잘 대응하는 음역 표기이다. 그러나 지봉이 정효의 『황명사이고』를 근거로 기술하고 있는 내용은 이란의 이스파한이 아니다.

『명사』(무영전본, 즉 중화서국본)에서는 '역사불한(亦思弗罕)'으로 다섯 차례 표기되었고, 권332에는 열전이 수록되어 있다(8616~8617쪽). 이 기록에 관해서는 '중국정사외국전DB'를 참고하시오. 여기서는 고유명사의 표기가 다른 『사고전서』본의 기록을 소개한다(권332, 25b~26a).

"이소포합[ʔi-suo-puo-ŋăp](伊蘇布哈)의 땅은 ⓐ안디잔[愛達罕][166]에 가깝다. 영락 14년(1416) 안득호이[安都呼], 사마르칸트[賽瑪爾堪]에 사신으로 간 자가 가는 길에 이곳에 들러 그 추장에게 꽃문양 비단[文綺] 등의 물품을 하사했다. ⓑ17년(1419) 이웃 나라인 실라소(實喇蘇)와 함께 와 사자, 표범, 서양 말[西馬]를 바쳐, 백금과 지폐[鈔幣]를 하사했다. 사신들이 돌아갈 때, 노안(魯安) 등에게 전송하게 했다. 무함마드[瑪哈穆特]라는 자가 도성에 머물기를 원하여 그의 청을 따라

165) 이 표기는 확실히 몽골어 음역 표기이다. '파(帕)'의 몽골어 발음은 'p^ha'이다. '역사법항'과 '이사파한'은 몽골 시기 표기이고, '역사파한'과 '역사불한'은 명나라 표기이다.

166) 애달한[ʔăi-tʰɑt-xɑn](愛達罕)은 중화서국본에 '엄적간[ʔi̯ɛm-tiek-kɑn](俺的干)'으로 되어있다. 두 표기 모두 현 우즈베키스탄 안디잔을 음역한 명칭일 것이다. '중국정사외국전DB'의 주에서 밝힌 것처럼 '애달한(愛達罕)'으로 교감할 필요는 없다.

주었다. 성화(成化) 19년(1483) 사마르칸트와 함께 사자, 명마, 그곳의 칼[番刀], 면포[兜羅], 새털로 만든 직물[鎖幅][167] 등의 물품을 바쳐, 예물을 더해 하사했다. 이보다 앞서, 선덕 6년(1431)에 이소포합의 사신 밀이아리(密爾阿里)라는 자가 있었는데, 어떤 이는 [그가] 바로 '이소포합'이라고 한다(伊蘇布哈, 地近愛達罕. 永樂十四年, 使安都呼·賽瑪爾堪者道經其地, 賜其酋文綺諸物. 十七年, 偕隣國實喇蘇, 共貢獅·豹·西馬, 賚白金·鈔幣. 使臣辭還, 命魯安等送之. 有瑪哈穆特者, 願留京師, 從其請. 成化十九年, 與賽瑪爾堪, 共貢獅子·名馬·番刀·兜羅·鎖幅諸物, 賜賚有加. 先是, 宣德六年, 有伊蘇布哈遣使臣密爾阿里朝貢, 或云即伊蘇布哈)"라고 하였다.

'중국정사외국전DB'의 주석은 무영전(武英殿)본에 따라, '역사불한(亦思弗罕)'을 현 이란 이스파한(Isfahan)이라 했다. 그러나 ⓐ내용은 고유명사의 표기만 다를 뿐 무영전본과 일치하므로, 이스파한이 될 수 없다. 안득호이[安都呼]에서 이스파한까지는 직선거리로 1,320km이고, 사마르칸트까지는 1,573km이다. 게다가 사마르칸트로 가는 길에 들렀다고 했으므로, 이곳은 사마르칸트 이전에 있어야 한다. ⓐ가 지칭하는 곳은 중앙아시아 옛 도시 중 하나인 타지키스탄의 이스파라(Isfara)일 것이다. 그러나 ⓑ의 '실라소[dzʰi̯ĕt-lɑt-suo](實喇蘇)'는 무영전본에 '실랄사[ɕi̯ĕt-lɑt-si](失剌思)'로 되어있다. 이곳은 『명사』에 별도로 기술되어있는데, 그에 따르면(8615쪽), 사마르칸트와 가깝다고 하였다. '중국정사외국전DB'의 주석처럼 이란

167) '쇄폭(鎖幅)'이란 직물은 『영애승람』 아단(阿丹) 조목에 '사폭(梭幅)'으로 표기된 직물을 말하는 것으로 보인다. 이에 관해서는 『영애승람역주』, 16-3을 참고하시오.

의 '시라즈'로 보면, 사마르칸트에서 시라즈까지는 직선거리로 1,726km이므로 부합하지 않는다. 게다가 이란의 시라즈는 『원사』, 권63, 「지리지·서북지부록」(1571쪽)에 '설랄자[ɕj̯ɛt-lɑt-tsi](設剌子)'로 표기되어 있다. 따라서 여기 '실라소', '실랄사'를 사마르칸트 근처에서 찾아야 한다. 16세기 전반, 가욕관에서 메카까지 그린 『몽고산수지도(蒙古山水地圖)』에 따르면, 실랄사(失剌思)는 확실히 사마르칸트 동쪽에 그려져 있다.

무영전본의 '역사불한(亦思弗罕)'은 『원사』, 권63, 「지리지·서북지부록(西北地附錄)」(1572쪽)에서 '역사법항(亦思法杭)'로 표기한 곳으로, 이란 이스파한의 음역 표기에 부합한다. 이는 『요금원삼사국어해(遼金元三史國語解)』(사고전서본, 권6, 6b) '이사파한(伊斯帕罕)' 아래 쌍행 주석에 아랍의 나라 명칭을 음역한 것으로, 『원사』 권63에는 '역사법항(亦思法杭)'으로 되어있다고 한 기술로 입증된다. 또한 마지막 글자인 '한(罕)'과 '항(杭)'자에는 'n'과 'ng'의 종성이 들어있지만, 『사고전서』본 이소포합(伊蘇布哈)에는 'n'이 없다. 그렇다면 『명사』의 편수관들이 타지키스탄의 '이스파라'를 비슷한 이란의 '이스파한'과 혼동한 표기일 것으로 추론해 볼 수 있다. 따라서 『사고전서』본의 '이소포합'을 채택하는 편이 더 유리하다.

그러나 '이소포합(伊蘇布哈)'은 『원사』(사고전서본)에서 16곳에 보이는데, 중화서국본에는 16곳 모두 '야속부화(也速不花)'로 되어있고, 인명으로 사용되었다. 『요금원삼사국어해(遼金元三史國語解)』(사고전서본, 권1, 30b), 이소포합(伊蘇布哈) 아래 쌍행 주석에는 "'이소'는 숫자 아홉의 뜻이고, '포합'은 황소이다. 권109에는 야속부화(也速不花)로 되어있다

(伊蘇, 九數也. 布哈, 犍牛也. 卷一百九作也速不花)"라고 하였다. 이는 『사고전서』본 『명사』의 '이소포합(伊蘇布哈)' 역시 잘못 표기되었을 가능성을 상정하고 있는지 모르겠다. 어쨌든 타지키스탄의 옛 도시 '이스파라'는 15세기 전반부터 기록되기 시작했다.

여기 이스파라가 중국에서 사마르칸트로 가는 여정에 있으며, 중앙아시아의 오래된 도시 중 하나였다면, 15세기 이전 이 도시를 어떻게 기록했을까?

『신당서』, 권43하, 「지리지·봉주도독부(峯州都督府)」(1150쪽)에 "수이압[碎葉, Ak-Beshim]에서 서쪽으로 40리를 가면 마이마르그[米國] 도성에 이르고, 또 30리를 가면 신성(新城)에 이르며, 또 60리를 가면 돈건성(頓建城)에 이르고, 또 50리를 가면 아사부래성(阿史不來城)에 이르며, 또 70리를 가면 구란성(俱蘭城)에 이르고, 또 10리를 가면 세건성(稅建城)에 이르며, 또 50리를 가면 탈라스[怛羅斯城]에 이른다(自碎葉西十里至米國城, 又三十里至新城, 又六十里至頓建城, 又五十里至阿史不來城, 又七十里至俱蘭城, 又十里至稅建城, 又五十里至怛羅斯城)"라는 지리 정보가 보인다. 말하자면 악베심에서 서쪽으로 탈라스까지 280리(대략 109km)라고 한다. 현재 지도상 악 베심 유적에서 탈라스까지는 약 250km 정도이다.

바르톨드(W. Barthold)의 추정에 따르면, '아사부래(阿史不來)'는 아슈파라(Aschpara), 현 찰디와르(Tschaldywar)이고, 구란(俱蘭)은 아랍어 쿨란(Kulan)으로 타르티(Tarty) 근처라고 한다.[168] 이를 참고하여 샤반(Édouard Chavannes)은 "아스바라(Asbara) 강에 있는 아슈파라(Aschpara), 오늘날 찰디와르(Tschaldywar)는 아사부래(阿史不來)에 해당한다"라고 하였다.[169] 샤반은 색인에서 '아슈파라'는 이븐 코르다드베(Ibn Khordādhbeh)의 책에서 언급되었다고 한다(316쪽). 이 아슈파라는 온라인 이란백과사전에 따르면 바로 현 이스파라의 다른 표기로 나타난다(www.iranicaonline.org). 『신당서』에서 탈라스에 이르는 여정은 확실히 소위 '천산북로'에 해당하는 루트이다. 여기 '아사부래(阿史不來)'가 아슈바라, 즉 이스파라라면 이는 사실 '천산남로'에 해당하는 길이다. '아사부래'와 아스파라의 음성적 근접성은 만족스럽지만, 지리적 상황으로 부합하지 않는다.

(1)이스파한[亦思把罕]은 서남쪽 바다 가운데 있는 대국으로, 가로세로 1,000리이다(亦思把罕, 西南海中大國, 廣袤千里).

『황명사이고』: "역사파한은 서남쪽 바다 가운데 있는 대국으로, 가로세로 1,000리이고, 사방은 모두 바다이다. 서북쪽에는 산이 많고, 동북쪽은 모두 백사장이다. 나라에는 견고하고 웅장한 성이 있다(亦思把罕, 西南海中爲大國, 廣袤近千里, 四面皆海. 西北多山, 東南皆平沙. 國有城堅壯)."

여기 '역사파한(亦思把罕)'이 이란의 이스파한이든, 타지키스탄의 '이스파라'든, 모두 내륙에 있는 곳으로, 바다와는 아무런 관련이 없다. 심지어 정효의 기술은 이곳이 섬임을 지시하

168) 『Die alttürkischen Inschriften und die arabischen Quellen』, 17쪽 주7(18쪽).

169) 『Documents sur les Tou Kiue (Turcs) occidentaux』, St.-Pétersbourg, 1903. 304쪽.

고 있다. 앞서본 『명사』의 기록에도 바다를 연상할만한 아무런 실마리도 없다. 『황명사이고』을 참고한 장황(章潢)의 『도서편(圖書編)』(1577년)에서도 이곳이 동남해(東南海)에 있는 대국으로 기술하고 있다. 현재로서는 정효가 어떤 자료를 근거했는지 확인할 수 없다. '서남해(西南海)'가 '서역(西域)'의 오기로 볼 수도 있겠지만, 정효는 확실히 바다의 섬을 말하고 있다. 추측건대, 정효가 이전 항목인 호르무즈[忽魯謨斯]의 정보를 잘못 옮겼거나, 그 인근의 또 다른 섬으로 인식했을 수 있다.

⑵왕이 사는 곳은 화려하고, 산물은 풍부하다. [사람들은] 불(佛)을 숭상하며 형벌을 두려워하고, 즐겨 남에게 베풀고 빼앗은 것을 싫어한다(王居侈麗, 物産豊厚. 尙佛畏刑, 喜施惡奪).

『황명사이고』: "왕이 사는 곳 또한 화려하고, 산물은 풍부하다. 풍속은 순박하고 후하며, [사람들은] 불(佛)을 숭상하며 형벌을 두려워하고, 즐겨 남에게 베풀고 빼앗은 것을 싫어한다. 또한 임시로 그곳에 사는 중국인들이 있는데, 수시로 사마르칸트[撒馬兒罕]로 나가 장사한다(王居亦侈麗, 物産豊厚. 風俗朴厚. 尙佛畏刑, 喜施惡奪. 亦有中國人寓寄者, 時時出賈撒馬兒罕)." 여기서 말하는 '불(佛)'은 당연히 이슬람교를 지칭할 것이다. 이슬람을 '불(佛)'로 지칭한 예는 조여괄(趙汝适)의 『제번지』에 보이는 아랍의 나라들로부터 그 용례를 쉽게 찾아볼 수 있다.

⑶[이곳에는] 주(珠)와 호박(琥珀)은 있지만, 벼와 기장은 없어, 매일 검은 기장과 밀[麥]만 먹는다. 밀알은 거칠고 크지만 감미롭다(有珠珀而無稻·黍, 日食惟穄·麥, 麥粒麤壯甘美).

『황명사이고』: “말과 낙타는 많지만, 베와 비단은 적다. [유리] 구슬과 호박은 있지만, 벼와 기장은 없어, 매일 검은 기장과 밀[麥]만 먹는데, 밀알은 거칠고 크지만 감미롭다. 영락(永樂, 1403~1424) 연간에 사신 44명을 보내와 조공했다(多馬·駝, 少布·帛. 有珠·珀而無稻黍, 日食惟穄·麥, 麥粒麤壯, 甘美. 永樂中遣使四十四人來朝貢).”

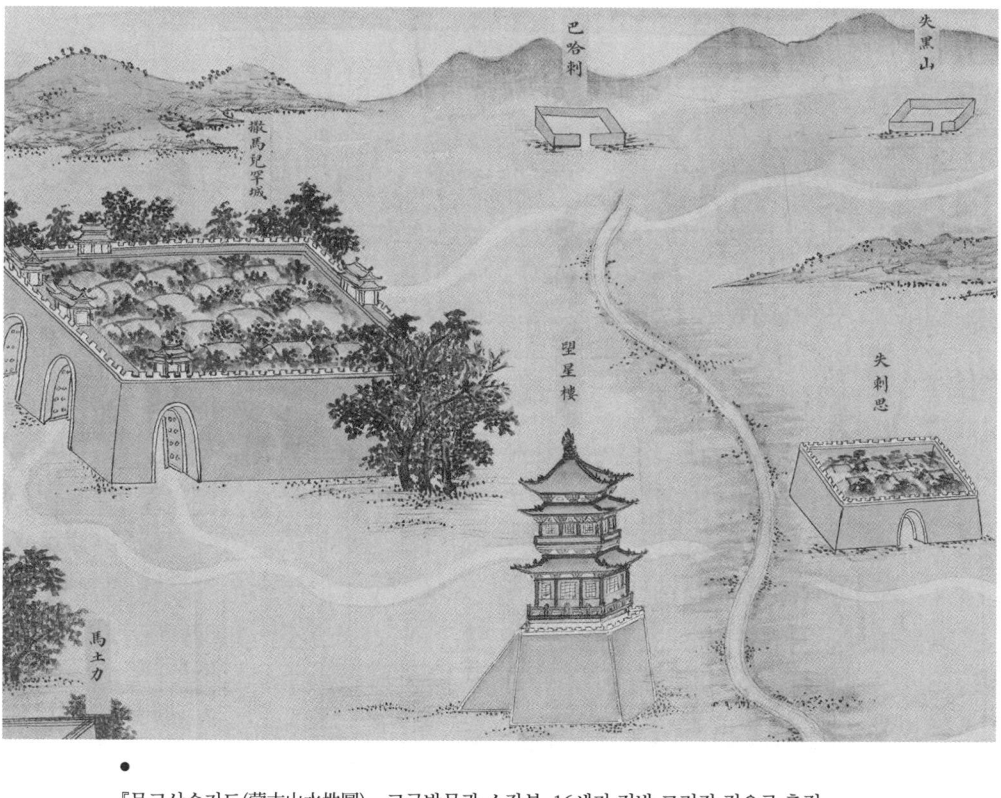

『몽고산수지도(蒙古山水地圖)』, 고궁박물관 소장본, 16세기 전반 그려진 것으로 추정.

•

가르니에(F.A. Garnier, 1803~1863), 『Atlas Sphéroïdal et Universel de Géographie』, Paris, 1862, no. 6. 상단 왼쪽 카슈갈(Kashgar)-파미르고원-아스프라(Asferah)-사마르칸드(Samarcande)-부하라(Bukhara)로 이어지는 루트를 확인하시오. 나는 여기 '아스프라'로 표기된 곳이 여기 '이스파한'으로 추정한다.

[25] 아스[阿速]

아속[ʔɑ-suk](阿速)은 중국 역사에서 13세기 몽골 시기부터 나타나는 민족 또는 나라 명칭이었다. '아속'은 'As'의 몽골어 복수형인 '아수트(Asut)'[『원조비사』. 262, 270, 274절]를 음역 표기한 것으로 알려져 있다.170) 그런데, 이 '아스'는 13세기 카르피네(Giovanni da Pian del Carpine)와 루브릭(William of Rubruck)의 기록에 따르면171), '알라니 또는 아씨(Alani sive Assi)'라고 하거나 "알라니는 그곳에서 '아아스'라고 한다(Alani qui ibi discuntur Aas)"라고 하였다. 이들은 '아스'가 바로 알란(Alan) 임을 말하고 있다.

클라포르트(Julius von Klaproth)는 아란 사람들이 이른 시기부터 코카서스 북부[현 조지아 북부]에 정착했다고 한다(『Asia polyglotta』, Paris, 1823, 85쪽). 이들은 1세기 초부터 로마와 그리스 저자들뿐만 아니라 이후 비잔틴 그리고 아랍의 지리학자들에 의해 언급되었다.172) 이들로 추정되는 사람들에 관하여 학자들은 오늘날 코카서스(다리엘 협곡의 인근, 즉 조지아와 러시아 경계)의 이란 오세트(Osset) 인들에게서 찾을 수 있다고 한다. 원래 오우(Ows) 사람들의 조지아어 형태인 오우세티(Owseti)로 불렸고, 이는 중세 이슬람 저자들에게서 보이는 'Ās' 또는 'Āś', 즉 'As' 또는 'Aas'와 같은 형태이다.173)

---

170) Emil Bretschneider, 『Mediaeval Researches from Eastern Asiatic Sources』, II, 90쪽과 특히 Paul Pelliot, 『Notes on Marco Polo』, I, 17쪽.

171) Anastasius van den Wyngaert, 『Sinica Franciscana: Itinera et relationes Fratrum Minorum saeculi XIII et XIV』, 89쪽과 191, 199쪽.

172) Yule, 『Cathay and the Way Thither』, II, 316쪽.

173) Paul Pelliot, 『Notes on Marco Polo』, I, 17쪽.

아불페타(Aboulféda, 1273~1331)는 이븐 사이드(Ibn Said)의 기술을 인용하여 "아브카제(Abkhaze)의 동쪽, 바닷가에 알란 사람들의 도시가 있다. 이 도시는 알란 종족의 사람들이 차지하고 있어 그렇게 불린다. 알란 사람들은 그리스도교를 받아들인 튀르크인들이다. 이 도시의 경도는 69도이고 위도는 46도이다. 알란 사람들은 이 지역뿐만 아니다 (서쪽) 협곡들의 관문 너머에까지 많이 살고 있다. 인근에는 '아쓰(Asse)[Alass]'라는 튀르크 종족의 사람들이 있는데, 이들은 알란 사람들과 같은 혈통과 종교를 가졌다"라고 하였다.[174] 이븐 사이드는 알란과 아쓰 사람들을 구분하고는 있지만 사실 같은 혈통의 사람들임을 확인해 준다.

알란의 어원에 관하여 드 귀네스(De Guines), 비비안 드 생 마르탱(Vivien de Saint Martin), 그리고 샤르펜티에(Charpentier)[175]는 '중국 자료'에 따라, '아란(阿蘭)'이 알타이(Altai), 즉 만주어로 '산'을 뜻하는 '알린(alin)'에 어원을 두며 그들은 원래 그곳에 살았다는 설을 폈으나, 사실 코카서스 북부지역과는 너무 멀고, 또 '중국 자료'에는 어원에 관한 한 마디도 없다. 이 설에 대해 펠리오는 이들이 "암미아누스 마르첼리누스(Ammianus Marcellinus)가 '…할라니(Halani)…, 산의 별칭(...Halani..., ex montium appellatione cognominati)'이라고

174) M Reinaud, 『Géographie d'Aboulféda』, II(Paris, 1848), 286~287쪽.

175) De Guines, 『Histoire générale des Huns, des Turcs, des Mogols, et des autres Tartares Occidentaux』, 279쪽; Vivien de Saint Martin, 『Études de géographie ancienne et d'ethnographie asiatique』, Paris, 1850, I, 109~110쪽; 샤르펜티에르(Charpentier), 『Zeitschrift der Deutschen Morgenländischen Gesellschaft 』, 1917, 361쪽.

한 문장을 '알타이' 즉 '알린(alin)'으로 설명하려 한 것일 뿐이다"[176]라고 일축했다.

한편 아속(阿速)은 『원사』, 권63, 「지리지·서북지부록(西北地附錄)」(1570쪽)에서 '아사(阿思)'로 표기되었고, 권18, 「성종본기」(389쪽)에 "아사의 사람들은 카이두[海都]에게 포로가 되었다(阿思民爲海都所虜)"라고 하였는데, 이 또한 '아속'의 다른 표기로 추정된다. 또한 『원사』, 권25, 「인종본기」(570쪽)에서는 '아숙(阿宿)'으로도 한 차례 표기되었는데, 중화서국본 교감기(校勘記)에는 아속(阿速)=아사(阿思)의 다른 표기로, 부족 명칭으로 설명했다(576쪽). 이로써 우리는 아속=아사=아숙이 같은 어원인 '아수트'의 음역 표기임을 확인할 수 있다. 그런데, 앞서본 카르피네와 루브릭의 명칭이, 『원사』에서도 나타나는데, 바로 '아란아사(阿蘭阿思)'라는 형태이다. 이로써 우리는 알란이 '아스'이고 그 복수형인 '아속'으로 같은 민족 또는 나라를 지칭하고 있음을 알 수 있다. 우리는 '아란(阿蘭)'이라는 표기를 통해, 알란 사람들을 중국 역사에서 추적해 볼 수 있다.

『후한서』, 권88, 「서역전」(2923쪽)에 "엄채국은 아란료국(阿蘭聊國)으로 고쳐 불렀다(奄蔡國改名阿蘭聊國)"라는 기술이 보인다. 이 『후한서』의 기술은 3세기 전반 『위략(魏略)』의 기술을 따르고 있다는 점은 잘 알려져 있다. 『위략』에는 "류국(柳國), 암국(巖國), 엄채국(奄蔡國)이 있는데, 이 엄채국은 '아란(阿蘭)'이라고도 부른다"라고 하였다. 확실히 『후한서』 '아란료(阿蘭聊)'의 '료(聊)'자는 자형이 비슷한 '류(柳)'자가

176) Paul Pelliot, 『Notes on Marco Polo』, I, 16쪽.

잘못 덧붙여진 것으로 읽어야 한다.[177] 결국 엄채(奄蔡)가 아란(阿蘭)이라는 말이다.

『전한서』, 권96상, 「서역전·강거국(康居國)」(3893쪽)에 "강거의 서북쪽 2,000리 가량 되는 곳에는 엄채국이 있다. 활을 당길 수 있는 사람[控弦者]이 10여만 명이다. 강거와 풍속이 같다. 큰 호수[大澤]에 임해 있는데, 끝이 없이 넓어 '북해(北海)'라고 부른다고 한다(其康居西北可二千里, 有奄蔡國. 控弦者十餘萬人. 與康居同俗. 臨大澤, 無崖, 蓋北海云)"라고 하였다. 또 『위서』, 권102, 「속특국전(粟特國傳)」(2270쪽)에서는 "속특국은 총령의 서쪽에 있다. 옛날 엄채로, 온나사(溫那沙)라고도 한다. 큰 호수[大澤]에 살며, 강거 서북쪽에 있다(粟特國, 在葱嶺之西, 古之奄蔡, 一名溫那沙. 居於大澤, 在康居西北)"라고 하였다. 그렇다면 엄채=아란=속특이므로, 소그디아나 사람이 바로 알란 사람들이라고 말할 수는 없다. 이에 대해 펠리오는 "엄채에서 아란으로의 변화에 관하여 기원후 1세기 초에 아랄 지역에서 패권이 엄채 부족들에게서 알란 사람들까지 미쳤음을 의미한다고 생각한다"라는 조심스러운 견해를 폈다.[178]

'As'의 가장 빠른 언급은 언제일까? 의견들이 분분하다. 다만 누구나 인정하고 있는 사실은 러시아 연대기에서 10세기

177) Édouard Chavannes, 「Les pays d'Occident d'après le Wei Lio」, 『통보』(1905), 558~559쪽과 Paul Pelliot, 『Notes on Marco Polo』, I, 16쪽.

178) Paul Pelliot, 『Notes on Marco Polo』, I, 16쪽. 사실, 강거(康居)의 기술을 제외한, 엄채(奄蔡), 속특(粟特)에 관한 중국 정사의 기록들은 모호성이 강해 음성적 유사성만으로 같은 민족 또는 나라를 지칭하는지 판단하는 것은 무리하다.

중반을 언급하면서 사용된 'Yasy(Yas의 복수형)'라는 명칭이 'As' 즉 오세트(Osset)를 말한다는 점이다. 따라서 '알란'과는 달리 '아스'라는 명칭은 10세기부터 확인될 수 있다. 결국 정확한 언급은 13세기 몽골 시대로 물릴 수밖에 없다.

마르코폴로는 장쑤의 창저우(常州)를 기술하며, "만지(Manzi)의 큰 성을 정복할 때, 바이얀(Bayan)이 장군으로 있었는데, 그는 '알란'이라 부르는 사람들로 구성된 그의 군대를 보냈다. 이들은 기독교도들로 이 도시를 정복했다. 그들은 그곳을 차지한 다음 그들은 그들의 길을 가다가, 좋은 술을 발견하고는 완전히 취할 때까지 마시고는 돼지처럼 잠들어 버렸다. 그렇게 밤이 되자 도시 사람들은 그들이 완전히 취한 것을 보고 그들을 습격하여 그들 모두를 죽여버렸다. 한 사람도 달아나지 못했다"라고 하였다(『The Book of Ser Marco Polo』, II, 178~179쪽).

이 알란 사람들로 구성된 몽골의 군대에 관해서는 『원사』에 실린 아속(阿速) 출신 사람들의 열전에서 확인할 수 있다. 권123에 보이는 날고랄(捏古剌, Nicholas?), '아아사란(阿兒思蘭)' 등을 비롯해 권132의 항홀사(杭忽思)와 그의 두 아들과 옥와실(玉哇失), 권135 고아길(口兒吉) 등이 보이는데, 대부분 친위대에 배속되어있었고, 남송(南宋) 원정에 참여하여 혁혁한 공을 세운 것으로 기록되어 있다. 주목할 만한 점은 이들은 모두 '아속씨(阿速氏)' 즉 '알란 성씨의 사람'으로 기록하고 있다는 점이다. 권132의 항홀사(杭忽思) 열전(3205쪽)에서는 '아속국(阿速國)'으로 지칭한 유일한 예를 볼 수 있는데, 그는 오고타이에게 항복하고 속국이 되었다고 하였다. 이때부터 그들은 '아속씨(阿速氏)'로만 불렸다.

14세기 중반 마리뇰리(Giovanni de' Marignolli)는 알란 사람들에 관하여 다음과 같이 썼다. "현재 그들은 세상에서 가장 크고 가장 고상한 나라를 건설했다. 그들은 가장 공평하고 가장 용맹한 사람들이다. 이들의 도움으로 타르타르인들이 동방의 제국을 정복했다. 그들이 없었다면 그들은 한 번의 승리도 얻지 못했다. 타르타르의 첫 번째 왕인 칭기즈 칸은 신의 섭리로 세상을 징벌하러 갈 때, 수하에 72명의 이들 신하를 두었다."[179)]

몽골 시대의 '아속(阿速)'은 명나라 시대로 접어들면서 '아소[ʔa-suo](阿蘇)'로 표기된 경우가 꽤 많다. 육용(陸容, 1436~1494)의 『숙원잡기(菽園雜記)』(사고전서본, 권5, 7b)에는 천순(天順) 7년(1463) 2월 12일 사신으로 보낸 나라들 목록에 '아소(阿蘇)'라는 나라가 보인다. 지봉 이수광이 참고한 정효의 『황명사이고』에는 '아속(阿速)'으로 표기하고 있다. 그러나 조금 뒤 장황(章潢)의 1577년 『도서편(圖書編)』(사고전서본, 51, 65a)에는 '아소'라고 표기했고, 1587년 완성된 『명회전(明會典)』(사고전서본, 권104, 5b)에서도 '아소'라고 되어있다. 확실히 '아속'과 '아소'의 표기는 명나라 시기 공존했다. 이는 무영전본(중화서국본)과 『사고전서』본 『명사』의 기술에서 확인할 수 있다. 무영전본은 '중국정사외국전DB'를 참고하기로 하고, 여기서는 고유명사의 표기가 다른 『사고전서』본(권332, 29a~b)의 기술을 살펴보자.

179) Yule, 『Cathay and the Way Thither』, II, 376쪽. 뒤에 보게 되겠지만, 원나라에서 차지한 알란 사람들의 탁월한 지위에 관한 마리뇰리의 언급은 완전히 『원사』에서 확인된다. 우리가 본 것처럼 알란 사람들의 나라는 오고타이 시대에만 정복되었을 뿐이었다.

“아소는 ⓐ메카[天方], 사마르칸트[賽瑪爾堪]와 가깝고 강역은 매우 넓다. 도성은 산 측면의 하천을 따라 있고, 그 하천은 남쪽으로 흘러 바다로 들어가, 물고기와 소금의 이점이 있고, 토양은 농사와 목축에 적합하다. 불(佛)을 경배하고 신을 두려워하여, 베푸는 것을 좋아하고 싸움을 싫어한다. 산물은 풍부하고, 추위와 따스함이 절기에 맞아, 사람들에게는 기근과 추위가 없으며, 밤에도 도둑이 드물다. ⓑ낙토(樂土)라 칭할 만하다. 영락 17년(1419) 그곳 추장 아고사(雅固沙)가 사신을 보내, 말과 방물을 바쳐, 예제에 따라 잔치를 베풀고 하사품을 내렸다. 땅이 멀어 항상 조공할 수 없었다. ⓒ천순 7년(1463)에 백전(白全) 등을 이 나라에 사신으로 보냈으나, 끝내 더는 조공해 오지지 않았다(阿蘇, 近天方·賽瑪爾堪, 幅員甚廣. 城倚山面川, 川南流入海, 有魚鹽之利, 土宜耕牧. 敬佛畏神, 好施惡鬭. 物産富, 寒暄適節, 人無飢寒, 夜鮮寇盜. 雅稱樂土. 永樂十七年, 其酋雅固沙遣使貢馬及方物, 宴賚如制. 以地遠, 不能常貢. 天順七年, 命都指揮白全等使其國, 竟不復再貢).”

『명사』의 기록은 확실히 『황명사이고』의 기술을 가져왔음을 알 수 있다. ⓐ의 정보는 확실히 잘못된 정보이다. 코카서스 북부에서 사마르칸트까지는 직선거리로만 1,800km가 훨씬 넘고, 카스피 해를 건너야 하며, 메카까지는 2,400km가 훨씬 넘는 거리이다. 따라서 『황명사이고』에서처럼, 메카와 사마르칸트의 사람들이 많다고 이해해야 할 것이다. ⓑ는 어디에서도 확인되지 않는 유일한 언급이다. ⓒ는 앞서 언급한 육용의 『숙원잡기』를 통해 확인된다.

⑴아스[阿速]는 서쪽 바다 가운데 있으며, 역시 대국이다(阿

速在西海中, 亦大國).

『황명사이고』: "아속(阿速)은 서해에 있는 대국이다. **사마르칸트[撒馬兒罕], 메카[天方] 등의 나라 사람들이 많다**. 성은 산 측면의 하천을 따라 있고, 그 하천은 남쪽으로 흘러 바다로 들어간다. 물고기와 소금 시장[市]이 있고, 들에는 농사와 목축의 이점이 있다(阿速在西海中, 爲大國. 多撒馬兒罕·天方諸國人. 有城倚山面川, 川南流入海. 有魚鹽之市, 野有耕牧之利)."

'아스'를 알란 사람들이 살았다고 하는 위치로 보면, 카스피해와 흑해 사이에 있다. 그렇다고 '서해(西海)'에 있는 대국이라고 기술할 수는 없다. 앞의 이스파한의 위치 정보와 같다. 정효가 '서역(西域)'을 '서해'로 잘못 인식한 것인가? 『명사』의 위치 정보는 확실히 '서역'이다.

⑵불(佛)과 귀신을 경배하며 즐겨 보시한다. 물산은 풍요롭고, 서늘하고 따스함이 절기에 알맞다. 사람들에게는 굶주림과 추위가 없고, 밤에는 도적이 없다(敬佛鬼, 好布施. 物産饒裕, 凉暄適節. 人無飢寒, 夜無寇盜).

『황명사이고』: "불(佛)과 귀신을 경배하고 즐겨 보시하고, **싸움을 싫어한다**. 물산은 풍요롭고 서늘하고 따스함이 절기에 알맞다. 사람들에게는 굶주림과 추위가 없고, 밤에는 도적이 없다. 영락(永樂, 1403~1424) 연간에 112명을 보내와 조공했다(敬佛鬼好布施, 惡爭鬪. 物産饒裕, 凉暄適節. 人無飢寒, 夜無寇盜. 永樂中遣百十二人來朝貢)."

1587년 완성된 『명회전(明會典)』(사고전서본, 권104, 5b)에

"아소(阿蘇) 지방에서 영락 연간, 사신 112인을 보내와, 3일에 한 번씩, 양 8마리, 거위 4마리, 닭 8마리, 술 140병, 쌀 2섬 5말, 면(麵) 150근, 과일 네 종류, 유리병[燒餅] 120개, 채소 및 주방 재료를 [주었다](阿蘇地面, 永樂間, 使臣一百十二人, 三日一次, 羊八隻·鵝四隻·雞八隻·酒一百四十瓶·米二石五斗·麪一百五十斤·果子四色·燒餅一百二十箇·蔬菜·厨料)"라는 기록이 보인다.

먼저 불귀(佛鬼)를 병렬구조로 읽을 것인지 아니면 『명사』에서처럼 '불신(佛神)'으로 이해할 것인지 판단하기 쉽지 않다. 어쨌든 여기에서 '불(佛)'은 불교나 부처를 의미하지는 않을 것이다. 앞서 본 것처럼, 마르코폴로는 알란 사람들이 기독교도였다고 하였고, 루브릭 신부도 "펜트코스트 이브(6월 6일)에 우리에게 알란 사람들이 찾아왔다. 그들은 그곳에서 아아스(Aas)로 불렸고, 그들은 그리스 의례에 따른 기독교도로, 그리스어 표기를 사용했고, 그리스 신부들이 있었다"라고 하였다.[180] 또 아불페타(Aboulféda)는 이븐 사이드(Ibn Said)의 기술을 인용하여 "아브카제(Abkhaze)의 동쪽, 바닷가에 알란 사람들의 도시가 있다. 이 도시는 알란 종족의 사람들이 차지하고 있어 그렇게 불린다. 알란 사람들은 그리스도교를 받아들인 튀르크인들이다"라는 기술이 보인다.[181] 이들은 알란 사람들이 기독교도임을 증언하고 있다. 이후 이슬람교도로 개종했을 것이다. 따라서 여기의 '불(佛)'은 적어도 불교는 아니라고 이해해야 한다.

---

180) William Woodville Rockhill, 『The Journey of William of Rubruck to the Eastern Parts of the World, 1253-55』, London, 1900, 88쪽.

181) M Reinaud, 『Géographie d'Aboulféda』, II(Paris, 1848), 287쪽.

앞서 본 『명사』에서는 영락 17년(1419) 사신을 보내와 조공한 것으로 기록하고 있다. 그때 112명의 사신단이 온 것인지는 확인되지 않는다.

⑶아마도 낙토(樂土)일 것이다(蓋樂土也).

이 마지막 정보는 지봉의 판단으로 보이는데, 흥미롭게도 앞서 본 『명사』에서는 "낙토라 칭할만 하다(雅稱樂土)"라는 기록이 보인다. 지봉은 당연히 『명사』를 참고하지 못했을 것이다.

이상의 여러 나라는 『오학편(吾學編)』 등의 책에 보인다(以上諸國, 出吾學編等書).

이 제목은 편의상 붙였다. 이 단락부터 지봉은 더는 정효의 『황명사이고』를 전적으로 활용하지 않았다. 사실상 하권에 해당한다.

또 『송사』에, "주련국(注輦國)은 옛날부터 중국과 통교하지 않았다. 물길로 광주까지 대략 410,000여 리이다"라고 한다(又宋史曰, 注輦國, 自古不通中國, 水行至廣州, 約四十一萬餘里云).

'주련[tɕju-ljɛn](注輦)'이라는 나라 명칭은 중국 정사에서 처음 등장하는 것은, 『송사』, 권8, 「진종본기」(159쪽), 대중상부(大中祥符) 8년(1015), "9월에 주련국이 토산물과 진주, 얇은 모자[衫帽]를 바쳤다. …기사일에 주련의 사신에게 도포와 제사용 술을 하사했다(九月, 注輦 國貢土物·珍珠·衫帽. …己巳, 賜注輦使袍服·牲酒)"라고 가장 이른 조공기록이다.

심괄(沈括, 1032~1096)은 『몽계필담(夢溪筆談)』(사고전서본, 권24, 6b)에서 "희녕(1068~1077) 연간에 주련국(注輦國) 사신이 조정에 들어와 자기 나라의 풍속인 '살전(撒殿)'을 청하여 조서로 허락했다. 사신이 황금 쟁반에 구슬을 담아 대전 헌함 중간에서 무릎을 꿇고 [그 쟁반을] 받쳐 들고, 금련화와 진주를 황제가 앉은 자리에 뿌렸는데 그것을 '살전'이라 했다. 바로 그 나라의 가장 존경하는 의례였다(熙寧中, 注輦國使人入貢, 乞依本國俗撒殿, 詔從之. 使人以金盤貯珠, 跪捧於殿檻之中間, 以金蓮花·眞酌珠, 向御座撒之, 謂之撒殿, 乃其國至敬之禮也)"라고 한 것을 보면, 중국인들은 11세기부터 '주련'이라는 나라를 알고 있었다.[182]

182) 심괄의 기록은 섭몽득(葉夢得, 1077~1148), 『석림연어(石林燕語)』(사고전

1225년 조여괄의 『제번지』에 기록된 '주련국'은 온통 1178년, 주거비(周去非)의 『영외대답(嶺外代答)』, 권2(사고전서본, 15a~16a), 주련국(注輦國) 기술을 가져왔다. 주거비는 다음과 같이 주련국을 기록했다. "주련국(注輦國)은 서천(西天) 남인도이다. 이 나라에 가려면 고림[kuo-ljəm]국(故臨國, 퀼론?)에서 배를 갈아타고 가야 한다. 파간 왕국[蒲甘國, 미얀마]에서도 갈 수 있다고 한다. 국왕의 왕관에는 밝은 구슬과 기이한 보석이 있다. 여러 차례 서천의 나라들과 전쟁한다. 나라에는 전투용 코끼리 6만 마리가 있는데, 모두 키는 7~8척이다. 전쟁할 때 코끼리 등에 집을 세우고, 용사들을 실어, [적이] 멀리 있으면 화살을 사용하고, [적이] 가까이 있으면 창[槊]을 사용한다. 전쟁에 승리한 자의 코끼리도 호(號)를 주어, 그 공로를 표창한다. 심지어 비단 휘장[錦帳]과 황금 구유[金槽]를 주기도 한다. 매일 코끼리도 왕을 알현한다. 국왕, 관리, 백성 모두 상투를 틀고 흰 베로 두른다. 금은으로 주화를 만든다. 지환뇌자(指環腦子)【아마도 묘아정의 일종일 것이다】, 진주, 상아, 잡색의 호박(琥珀), 유색 사포(絲布)가 난다. 기녀(妓女)

서본, 권2, 16a~b)에서도 확인할 수 있다. "원풍(1078~1085) 연간에 팔렘방[三佛齊], 주련국(注輦國)이 조정에 들어와, 바친 금련화(金蓮花), 진주, 용뇌[향]으로, 그들 나라의 법에 따라, 직접 황제가 앉는 자리에 뿌리는 '살전(撒殿)'을 청하여, 조서로 특별히 허락했다. 황제가 연화전(延和殿)에 나가 보니, 사신이 무릎을 꿇고 대전 기둥 밖에 뿌렸다. 이전에 없는 일이었다. 주련은 광저우 남쪽에 있는데, 물길로 약 4,000리를 항행하여 광저우에 이르렀다(元豊間, 三佛齊·注輦國入貢, 請以所貢金蓮花·眞珠·龍腦, 依其國中法, 親撒於御座, 謂之撒殿, 詔特許之. 御延和殿引見, 使跪撒於殿柱外, 前未有也. 注輦, 在廣州南, 水行約四千里至廣州)"라고 하였다. 『송사』, 권15, 「신종본기」(293쪽), 희녕(熙寧) 10년(1077), "6월 임오일에 주련국이 조공했다(六月壬午, 注輦國朝貢)"라는 기록이 보이므로 '살전'이란 풍습을 행한 시기는 1077년이라고 추론할 수 있다.

는 만 명에 달하여, 매일 번갈아 기녀 3천 명이 조정에 들어가 [왕을] 받들어 모신다[祇役]. 나라 사람들은 의기를 중시하며 목숨을 가벼이 여긴다. 서로에게 굴복하지 않는 자들은 매일 수십 차례 왕 앞에서 단도로 다투는데, 죽어도 후회하지 않는다. 부자와 형제는 솥을 같이하여 밥을 짓지 않고, 그릇을 공유하여 식사하지 않지만, 매우 의리를 중시한다. 진종(眞宗) **대중상부(大中祥符) 8년(1015)**에 주련 국왕이 사신을 보내 진주 등을 조공했다. 역관이 그의 말을 전하기를 '이로써 멀리 있는 사람이 교화를 흠모하는 마음을 표합니다'라고 하였다. 신종(神宗) **희녕(熙寧) 10년(1077) 6월**에 이 나라는 또 그 나라의 산물을 바쳤다. 상(上)은 내시를 보내 노고를 위로했는데, 바로 이 나라이다(注輦國是西天南印度也. 欲往其國, 當自故臨國易舟而行. 或云蒲甘國亦可往. 其國王冠有明珠異寶. 多與西天諸國戰爭. 國有戰象六萬, 皆高七八尺. 戰時象背立屋載勇士, 遠則用箭, 近則用槊. 戰勝者象亦賜號以旌其功, 至有賜錦帳金槽者. 每日象亦朝王. 國王及官民皆撮髻, 繞白布. 以金銀爲錢. 出指環腦子【蓋猫兒睛之類也】·眞珠·象牙·雜色琥珀·色絲布. 妓女近萬家, 每日輪妓三千入朝祇役. 國人尙氣輕生. 有不相伏者, 日數十對在王前用短刀格鬬, 死而無悔. 父子兄弟不同釜而爨, 不共器而食, 然甚重義. 眞宗大中祥符八年, 注輦國王遣使貢眞珠等. 譯者道其言曰, 願以表遠人慕化之心. 至神宗熙寧十年六月, 此國亦貢方物. 上遣內侍勞問之, 乃此國也)."

히어트와 록힐의 설명에 따르면, "주련(注輦)은 촐라(Chola), 또는 솔라데삼(Soladesam)으로, 칸치(Kanchi, Conjeveram)가 이 나라의 수도였다. 대체로 '솔라(Sola)'에서 '솔라-만달라(Sola-mandala)' 또는 '촐라-만달라(Chola-mandala)'가 형성되었다. 이를 포르투갈인들은 쇼로만델(Choromendel)로, 네덜란드인들은 코로만델(Coromandel)로 읽었다”(『조여괄』, 98쪽)라고 하였다. 부연하자면, ‘만델라(mandela)’는 왕국을 의미하므로, ‘솔라 왕국’ 또는 ‘촐라 왕국’이라는 뜻으로, 유럽인들이 ‘쇼로만델’ 또는 ‘코로만델’로 읽었다는 말이다. 이어서 히어트와 록힐은 “7세기 현장은 크리슈나(Krishna)강 하류와 펜나르(Pennar)강 사이에 있던 나라인 주리야(珠利耶)라는 왕국을 기술했다”[183)]라고 하면서 ‘주리야=주련=촐라’라는 설을 제기했다.

현장의 ‘주리야’를 촐라(Tchōla, 즉 Chola)로 본 학자는 1858년 『대당서역기』을 번역한 스타니슬라스 줄리앙이다(『Memoires sur les Contrees Occidentales par Hiouen-Thsang』, II, 116쪽). 줄리앙의 이 추정은, 충분한 고증이 없음에도, 서방 학자들에게 받아들여졌고, 중국의 불교학자 지셴린의 교주(校注)까지 이어지며(『대당서역기교주』, 847쪽), 이견 없이 받아들여지고 있다.

현장(玄奘)은 『대당서역기(大唐西域記)』(T.2087, 권10, 931b)에서 남인도의 경계에 있는 “주리야국은 둘레가 2,400~2,500리(대략 942~981km)로, 나라의 큰 도성은 둘레가 10여 리이다. [경작하는] 땅과 들이 광활하고, 초목이 우거

183) 랄 데이(Nundo Lal Dey)가 『The Geography dictionary of Ancient and Medieval India』(Calcutta, 1899), 15쪽에서 촐라(Chola)는 “카베리(Kaveri)와 크리슈나(Krishna)강 사이에 있는 코로만델 해안이다. 수도는 칸치(Kánchi), 즉 칸치프라(Kánchipura)였다. 촐라는 또한 ‘드라비다(Drávida)’라고도 부른다”라고 한 것도 참고할 수 있다.

진 습지는 사람의 손길이 닿지 않았다. 사는 집들도 드물고, 도적들이 활개 치고 다닌다. 기후는 무덥고, 풍속은 문란하다. 사람들의 성품은 사납고, 이교[外道]를 신봉한다. 사찰들은 퇴락하고, 승려들도 거의 없다. 배화교 사원[天祠] 수십 곳에서는 대부분 몸을 드러낸 이교도[外道]들이다(珠利耶國, 周二千四五百里. 國大都城周十餘里. 土野空曠, 藪澤荒蕪. 居戶寡少, 群盜公行. 氣序溫暑, 風俗姦宄. 人性獷烈, 崇信外道. 伽藍頹毁, 粗有僧徒. 天祠數十所, 多露形外道也)."

커닝엄(Alexander Cunningham, 1814~1893)은 '주련'을 촐리야(Choliya), 또는 조리아(Joriya)로 옮기고 "현장은 다나카카타(Dhanakakata, 馱那羯磔迦)에서 서남쪽으로 1,000리(167마일)을 여행하여 주리야에 이르렀다. 현장은 그곳의 둘레가 2,400리(400마일)인 작은 지역으로 묘사했다. 알려지지 않은 이곳의 위치를 확정하기 위해서는 현장이 다음 여정으로 1,500, 또는 1,600리(약 260마일)을 남쪽으로 여행하여 도착한 칸치프라(Kánchipura), 바로 드라비다[達羅毘荼]의 잘 알려진 수도 콘제베람(Conjeveram)이었다는 점에 주목할 필요가 있다. 키스티나(Kistina)에서 칸치푸라까지의 거리는 240~260마일 정도이므로, 주리야는 키스티나 강의 남안을 따라 다라니코따(Dháranikoṭṭa)까지 167마일 지점에 있는 곳으로 봐야 한다. 이 위치는 대체로 카르눌(Karnūl)에 해당하는데, 카르눌은 직선거리로 칸치푸라의 북북서 방향으로 230마일, 다라니코따의 서남서 방향으로 160마일 지점이다. 줄리앙(Julien)은 주리야를 촐라(Chola)로 추정하고, 그 명칭을 촐라-만달라(Chola-mandala), 즉 코로만델(Coromandel)을 부여했다. 그러나 촐라는 드라비다의 남쪽이고, 현장의 주리야는 드라비다의 북쪽에 있다. 현장의 방위와 거리가 대략 정확하다고 믿는다면, 주리야의 위치는 분명 카르눌 인근에서 찾아야 한다."[184)]

사실, 커닝엄의 주장대로 '주리야=촐라'라는 줄리앙의 추정은 따져봐야 하는 점이 많다. 그렇지만 커닝엄의 카르눌, 현 쿠르눌(Kurnool)은 인도 동부 해안에서 약 250km 떨어진 내륙에 있는 곳이다. 『송사』, 권489, 「주련국전(注輦國傳)」(14095쪽)에 따르면 "주련국은 동쪽으로 바다에서 5리 떨어져 있다(注輦國東距海五里)"라고 한 설명과 부합하지 않는다. 또한 현장의 기술에 따르면, 이 이교도의 왕국은 사람들이 많이 살지 않고, 수목이 우거져 도적들이 활보하는 작은 나라이다. 법현(法顯)이 실론까지 가면서 이곳은 언급하지 않았다. 한편, 닐라칸타 사스트리(Nilakanta Sastry)에 따르면, 비자얄라야(Vijayālaya) 계열인 촐라인들의 흥기는 9세기 중반이며, 촐라 제국의 형성은 950년경으로 추정했다.[185)] 이는 중국 자료에서 나타나는 '주련' 언급과 상당히 부합한다.

『영국-인도 용어 사전』(257쪽)에서 율(Yule)은 촐라의 어원에 관하여 다음과 같이 설명했다. "타밀족과 그들의 왕국의 명칭으로서 촐라(Chola)는 아쇼카(Asoka) 왕의 비문 중 하나와 챨루키야(Chālujya) 왕국의 텔루구 비문에서 '초다(Choḍa)'로 나타난다. …탄조레 지방에서 사용된 '솔리(Soli)'라는 단어는 마르코 폴로의 책에서 보이는데, 촐라가 그런 형태로 그의 시대에 사용되었음을 보여준다. 사실 솔리는 실론에서 사용되었다. 발데우스(Baldaeus)와 다른 네덜란드 저자들이 말하는

184) 『The ancient geography of India』(London, 1871), 545쪽.

185) K. A. Nilakanta Sastry, 『A History Of South India』(Oxford univ. press, 1958), 5쪽.

'쇼로만델(Choromandel)'이 그들의 언어로 발음된 만큼, 모호하고 오류가 있기는 하지만, 팔렌틴(Valentijn)은 그 지역을 '숄라(Sjola)'라고 부르고 나가파탐(Nagapatam)에서 오리싸(Orissa)까지 범위를 한정하고, 어떤 왕국에서 그 명칭을 가져왔다고 하며, 만달람(mandalam)은 '왕국'의 뜻이라고 덧붙였다. 이처럼 팔렌틴은 이미 코로만델(Coromandel)의 실제 어원을 분명하게 설명했다. 팔렌틴의 책에 보이는 몇몇 옛 자료들은 '코로만델의 옛 도시'에 관해 언급하고 있다. 어느 장소가 그렇게 불렸는지(주요 도시를 그 지방의 명칭으로 부르는 아랍인들의 관습에 따른 것으로 보임) 분명하지 않지만, 그 지칭하는 바는 대체로 확실히 네가파탐을 가리킨다."

이 설명을 정리하자면, 요컨대 타밀족 또는 그들의 왕국을 지칭하는 촐라(Chola)에서 '코로만델' 해안이라는 단어가 만들어졌고, 그 '코로만델'이란 단어의 구성은 바로 왕국 또는 민족(Chola)+왕국(mandel)이 결합한 형태이고 또 그 범위는 네가파탐에서 오리싸까지이며, 중심 도시는 네가파탐이었다는 말이다. 결국 '코로만델'은 인도 동해안 전역을 가리킨다. 따라서 '현장의 주리야=촐라'라는 설에는 동의할 수 없다. 11세기 중국 자료에 보이는 '주련=촐라'는 크게 문제가 될 것이 없다. 그렇지만 '촐라'의 음역 표기가 '주련'이라는 것을 입증해 주지는 않는다.

『송사』, 권489, 「주련국전(注輦國傳)」(14095쪽)에 "주련국은 동쪽으로 바다에서 5리 떨어져 있고, 서쪽으로는 천축(天竺)이 1,500리(대략 589km)에 있으며, 남쪽으로는 나란[la-lan](羅

蘭)[186]이 2,500리(대략 981km)에 있고, 북쪽으로는 돈전[tuən-dʱien](頓田)[187]이 3,000리(대략 1,178km)에 있다. 옛날부터 중국과는 통교하지 않았으며, 바닷길로 광주에서 약 411,400리(대략 161,567km)이다(注輦國東距海五里, 西至天竺千五百里, 南至羅蘭二千五百里, 北至頓田三千里, 自古不通中國, 水行至廣州約四十一萬一千四百里)"라고 하였다. 밑줄 친 부분의 정보는 모두 조여괄의 『제번지』에서 보이는 내용이다(『제번지역주』, 141쪽을 참고하시오).

이상하게도 13세기로 접어들면서 '주련'이란 나라는 보이지 않고, 인도 동쪽 해안에 있던 나라로 보이는 '마팔아(馬八兒)'라는 나라가 등장한다. 『원사』, 권10, 「세조본기」(214쪽)에 따르면, 지원(至元) 16년(1279) 사신을 보내 조공한 기록이 보인다. 이후 20여 차례 '마팔아'란 나라를 언급하고 있지만, 이곳이 정확히 어디인지를 말해주는 기술은 없다. 다만, 권219에 '마팔아' 등의 나라를 기술한 열전에(4669쪽) "콜람

---

186) '나란(羅蘭)'은 실론을 지칭하는 '세란(細蘭)', '서란(西蘭)', '석란(錫蘭)' 또는 '실란(悉蘭)'의 잘못된 표기일 것이다. 조여괄의 『제번지』에 근거하고 있는 마단림(馬端臨)의 『문헌통고(文獻通考)』(1307년), 주련(注輦)에서(사고전서본, 권332, 332a) "[주련]국의 남쪽 약 2,500리에는 '실란지[siĕt-lan-ḍʱie](悉蘭池)'국이 있다(國東南約二千五百里有悉蘭池國)"라고 하였다. 여기 '실란지'의 '실란'은 실론을 뜻하고, '지'는 섬을 의미하는 '드위빠(dvipa)'를 줄여 음역한 것으로 보인다. 록힐과 히어트의 『조여괄』, 99쪽과 K. A. Nilakanta Sastry, 『Foreign notices of South India』(Univ. of Madras, 1939), 141쪽을 참고하시오.

187) '돈전(頓田)'이란 나라는 중국 자료에서 찾을 수 없다. 히어트는 원문의 오기를 상정하며, '돈손(頓遜)'일 가능성을 제기했다(『조여괄』, 99쪽). 그의 추정대로 '돈손'이 말레이반도 남단에 있는 곳이라고 하면, 실론과 '돈손'까지의 거리가 500리 차이가 날 뿐이므로, 성립하지 않는다.

[俱藍]은 또한 마팔아의 뒤를 막고 있다(俱藍又爲馬八兒後障)"라고 하였으므로, 콜람의 맞은편, 즉 동쪽으로 확인할 수 있는 정보가 고작이다. 1349~1350년 왕대연(汪大淵)이 쓴 『도이지략』에도 '마팔아'라는 섬[嶼]이 별도로 기술되었지만, 위치를 추정하는 데는 도움이 되지 않는다(『도이지략역주』, 462~465쪽을 참고하시오). '마팔아'라는 나라를 특정하기 위해서는 마르코폴로의 기술을 참고할 수밖에 없을 것 같다.

13세기 말 마르코폴로는 '마아바르(Maabar)'라는 지역에 대해 다음과 같이 기술했다. "세일란(Seilan) 섬을 떠나 서쪽으로 약 60마일(96km)을 항해가면, '인도에서 가장 큰 곳'으로 불리는 '마아바르'라는 큰 지역에 이른다. 이곳은 모든 인도 중에서 최고이며 본토에 있다. …이 지역에는 형제들로 구성된 다섯 왕이 있다. …이 지역은 세상에서 가장 훌륭하고, 부유하다. 이 지역의 '이' 끝에서(at this end of the Province), 다섯 왕실 형제 중 한 사람이자, [다섯] 왕 중의 왕이 다스리는데, 그의 이름은 손데르 반디 다바르(Sonder Bandi Davar)이다. 그의 왕국에서는 매우 훌륭하고 큰 진주가 난다. 어떻게 진주를 잡는지 말해주겠다"라고 하였다(『The Book of Ser Marco Polo』, 331쪽).

여기 '이(this)'가 가리키는 말이 없다. 마르코폴로가 당시 있었던 도시를 말할 것이다. 그곳은 어디일까? 마르코폴로는 '다바르'라는 왕의 왕국에서 진주를 채취하는 방법을 기술하면서 그 산지로 실론 섬과 본토 사이의 만(gulf)을 소개하고 있다. 따라서 우리는 '마아바르'라는 지역 중에서 가장 남쪽으로 실론 섬과 마주 보는 곳이 바로 마르코폴로가 도착한 곳이고, 바로 그곳이 '다바르'가 다스리는 왕국의 중심으로, 다섯 형제 왕국 중에서 가장 큰 왕국이며, 가장 훌륭하고 큰 진주가 나는 곳으로 이해해야 할 것이다. 다섯 명의 형제들에 관한 기술은 『원사』, 권219에서 '마팔아' 등의 나라를 기술한 열전에(4669쪽), 지원(至元) 18년(1821) "현 술탄[算彈]인 다섯 형제가 카일[加一]이란 땅에서 모두 모여 콜람[俱藍]과의 전쟁을 논의하고 있다(今算彈兄弟五人皆聚加一之地, 議與俱藍交兵)"라고 한 정보와 일치한다. 따라서 '마아바르'는 『원사』에서 말하는 '마팔아'임을 알 수 있고, 이 지역은 다섯 명의 형제들이 나뉘어 왕국을 구성하고 있었으므로, '마팔아'라는 지역으로 지칭했을 것이라고 추론할 수 있다.

율(Yule)은 '마아바르'가 이 당시(13, 14세기), 이슬람교도들이 부른 '마아바르(Maʾbăr)'이며, 그 지역은 대체로 우리가 코로만델 해안이라고 부르는 곳에 해당한다고 한다. 이어서 '마아바르'라는 단어는 "아랍어로 수로(Passage) 또는 나루터(Ferry)를 의미하는데, 실론과의 교통을 말한 것일 수도 있고, 또는 더 그럴법하게, 그 당시 아라비아와 걸프만에서 오는 여행자들이 가장 자주 드나드는 해안이었기 때문에, 그렇게 불렸을 것이다"라고 추정했다(『The Book of Ser Marco Polo』, 332쪽). 어쨌든 『원사』의 마팔아(馬八兒)는 '마아바르'의 음역 표기임에는 분명하다.

원나라 시기의 '마팔아' 지역은 14세기 말에서 15세기에 접어들며, 촐라(Chola) 또는 '솔리(Soli)'를 직접 음역한 표기로 보이는 '쇄리(瑣里, 鎖里, 鎖俚)'로 대체되었다. 그러나 이 시기는 비자야나가라(Vijayanagara) 제국의 상가마(Sangama) 왕조가 이 남인도를 차지하고 있었다. 15세기 초 정화(鄭和)의 항해에 따라갔던 마환과 비신의 기록에는 '쇄리'라는 나라는 없고, 단지 '씨(氏)'를 붙여 일종의 부족으로 기술하고 있다. 자세한 사항은 『영애승람역주』와 『성사승람역주』, 참파, 시암, 실론 기술을 참고하시오.

이 밖에도 서쪽 오랑캐와 해외의 작은 나라들로, ①파항[彭亨], ②루손[呂宋], ③아루[阿魯], ④감파리(甘巴里) 같은 나라를 다 수록할 수 없었다. 이들은 중국과 통교하지 않아 서적에 기재된 것이 없으니 또한 얼마나 안타까운가(此外西番及海外小國, 如彭亨·呂宋·阿魯·甘巴里等國, 不能悉錄. 其不通中華, 不入載籍者, 亦何限乎).

①'팽형[bʱɐŋ-xɐŋ](彭亨)'으로 표기된 나라는 명나라 홍무(洪武) 11년(1378) 처음 조공한 사실이 확인된다(『명사』, 권2, 「태조본기」, 33쪽). 또한 권325에는 '팽형' 아래 "분형[bʱuən-xɐŋ](湓亨)으로 된 곳도 있고, 팽갱[bʱɐŋ-kʰɐŋ](彭坑)으로 된 곳도 있다(一作湓亨, 又作彭坑)"라는 주기 사항이 보인다(8411쪽). 여기 '분형'으로 표기된 자료는 찾지 못했다. 이어서 『명사』는 팽형에 관한 기술을 시작하며, 팽갱은 "시암[暹羅]의 서쪽에 있다(在暹羅之西)"라고 위치 정보를 제공하고 있다(8426쪽). 이 열전이 기술하고 있는 풍속과 산물에 관한 정보들은 왕대연의 『도이지략』을 근거하고 있는데[자세한 것은 '중국정사외국전 DB'를 참고하시오], 왕대연은 사실 이 나라의 위치를 특정하지 않았다. 확실히 왕대연은 이곳을 '팽갱(彭坑)'으로 표기한 것을 확인할 수 있다(자세한 것은 『도이지략역주』, 131쪽을 참고하시오).

또 다른 음역 표기로, 1206년 완성된 조언위(趙彦衛)의 『운록만초(雲麓漫抄)』, 권5에 "불라안, 붕풍, 달라제, 달마국에서는 목향(木香)이 난다(佛囉安·朋豊·達囉啼·達磨國則有木香)"

라고 언급하고 있는데, 쑤지칭 씨는 여기의 '붕풍(朋豊)' 또한 팽갱(彭坑)의 다른 음역 표기라고 추적했다(『도이지략교석』, 97~98쪽). 나 또한 이를 따랐지만(『도이지략역주』, 133쪽, 주 6), 성급했던 것 같다. 왜냐하면, 조언위가 말하는 '목향(木香)'은 홍추(洪芻)의 『향보(香譜)』(사고전서본, 권상, 6a)에 따르면 "『본초』에서는 밀향(蜜香)이라고도 하는데, 외국 선박들이 가져온 것으로, 잎은 참마[薯蕷]와 비슷하지만, 뿌리는 더 크며, 꽃은 자주색이다. …요즘 [사람들은] 계골처럼 견실하다고 하는데, 씹어서 이에 달라붙는 것이 상품이다(本草云, 一名蜜香, 從外國舶上來, 葉似薯蕷而根大, 花紫色…今以如雞骨堅實, 齧之粘齒者爲上)"라고 하였다. 이 목향은 사실 왕대연이 언급한 산물에 보이지 않는다.

『운록만초』의 '붕풍'에 관한 쑤지칭의 추정은 1225년 조여괄의 『제번지』 스리비자야[三佛齊] 조목에서 속국으로 언급한 '봉풍(蓬豊)'과의 음성적 근접성에서 기인한 것으로 보인다. 조여괄의 '봉풍'은 히어트[『조여괄』, 65쪽]와 펠리오[『8세기 말 중국에서 인도로 가는 두 갈래 여정』, 375쪽, 주576]에 의해 정확히 말레이반도 동안에 있는 '파항(Pahang)으로 고증된 바 있다. 여기까지 우리가 확인할 수 있는 것은 봉풍(蓬豊)-팽갱(彭坑)-팽형(彭亨) 순으로 음역 표기되었다.

중국 역사에서 좀 더 거슬러 올라가고 싶었던 쑤지칭은 『신당서』, 권222하, 「남만·다마장(多摩萇)」에서 "또한 다마장(多摩萇)이 있는데, 동쪽으로는 파봉(婆鳳), 서쪽으로는 다융(多隆), 남쪽으로 간지불(千支弗), 북쪽으로 가릉(訶陵)과 떨어져 있다(又有多摩萇, 東距婆鳳, 西多隆, 南千千支弗, 北訶陵)"라고 기술하고 있는데, 여기의 '파봉' 또한 '파항'의 다른 음역이라 추정했다. 이는 심각한 오류이다. 여기에 언급된 나라들은 최소한 인도에서 찾아야 한다. 자세한 고증은 『8세기 말 중국에서 인도로 가는 두 갈래 여정』, 287쪽을 참고하시오.

마지막으로 슐레겔은 『송서(宋書)』(488년)에 보이는 '파황국(婆黃國)'을 여기 파항(Pahang)으로 추정하도 했는데(『통보』, 1899, 40쪽), 이는 음성적 유사성에서 출발한 가설일 뿐인데도, 확인 없이 쑤지칭은 따르고 있다. 따라서 '중국정사외국전DB'에서 "역대의 각종 史書에서 婆鳳, 朋亨, 朋豊, 蓬豊, 湓亨, 彭杭, 彭坊, 邦項 등의 別稱으로도 기재되어 있다"라고 한 설명은 잘못이다. '팽항(彭杭)'은 '팽갱(彭坑)'으로 표기되어야 하고, '파황'은 근거 없는 가설이며, '팽방(彭坊)'은 중국 자료에서 확인되지 않고, '붕풍(朋豊)'은 근거가 미약하다. 마지막으로 '붕형(朋亨)'은 『영락대전』에 명칭만 언급되었으므로, 확인할 길이 없다.

중국 자료를 통해 봉풍(蓬豊)-팽갱(彭坑)-팽형(彭亨)을 쿠알라룸푸르에서 서쪽으로 200여 킬로미터 지점, 즉 말레이반도 동쪽 해안에 있는 '파항(Pahang)'으로 정확히 추정할 수 있는 자료는 장섭(張燮)의 『동서양고(東西洋考)』(1617년)이다.

권5(『동서양고』, 점교본, 77쪽)에 "팽형은 동남쪽 섬들 가운데 있는 나라이다【『성사승람』에는 '팽갱(彭坑)'이라 하였다. 『속문헌통고』에서는 시암[暹羅] 서쪽이라고 했다】. 나라는 온통 산이며, 산 옆으로 평원이 많은데, [그 평원에는] 초목이 무성하지만, 날짐승과 들짐승은 극히 적다. 비옥한 토양은 곡물에 적합하고, 채소나 과일도 풍부하다(彭亨者東南島中之國也【星槎勝覽名彭坑, 續文獻通考曰暹羅迤西】. 國並山, 山

旁多平原, 草樹繁茂, 然鳥獸希少. 沃土宜穀, 蔬果亦饒)”라고 하였다.

이어서 권9 「서양침로(西洋針路)」에 기록된 한 항로를 다음과 같이 기술했다(『양종해도침경』, 점교본, 176쪽). “또 풀로 콘도르[崑崙山]에서【215도 방향으로 30경을 항행해 가면 두서(斗嶼)[188]에 이른다】. 두서에서【185도 방향으로 5경을 가면 팽형국에 이른다】. 팽형국에서【‘팽갱(彭坑)’이라고도 한다. 180도 방향으로 5경이면 지반산(地盤山)에 이른다】. 지반산(地盤山)에서【팽형 항구 밖에 있다. 바깥 바다는 수심이 28탁이고 안쪽 바다는 44탁으로, 3경을 항행하면 풀로 아우르[東西竺]에 이른다】. 동서축은【이곳은 조호르[柔佛]과 경계이다】(又從崑崙山【用坤未針三十更, 取斗嶼】. 斗嶼【用丁午針五更, 取彭亨國】, 彭亨國【一名彭坑, 單午五更, 取地盤山】. 地盤山【在彭亨港外, 外打水二十八托, 内四十四托, 三更, 至東西竺】. 東西竺【此柔佛地界也】).” 이로써 우리는 팽형(彭亨)이 바로 파항(Pahang)에 해당하는 음역임을 알 수 있다. 따라서 『명사』에서 “시암[태국]의 서쪽에 있다”라고 한 기술에서 ‘서(西)’는 ‘동(東)’의 잘못일 것이다.

---

188) 『정화항해도』에 보이는 ‘두서’에 관하여, 필립스(George Phillips)는 케당(Kedang) 제도 중 하나일 것으로 추정했다(「The seaports of India and Ceylon」, 『Journal of the China Branch of the Royal Asiatic Society』, XXI, 40쪽). 여기 ‘케당’은 ‘레당(Redang)’의 오기일 것이다. 한편 밀스(J. V. Mills)는 파항과 트렝가누(Trenganu) 사이에 있는 풀라우 텡골(Pulau Tenggol)로 추정했다. 밀스 씨는 섬의 외형이 뒤집힌 말[斗]과 같아서 그렇게 불린 것 같다고 추측했다(「Malaya in the Wu-Pei-Chih Charts」, 『MBRAS』, XV(1937), 32쪽). 『동서양고』의 항로로 볼 때, 풀라우 텡골이 더 잘 부합한다.

②'여송[lịwo-suoŋ](呂宋)'[189)]은 따갈로그어 '루송(lusong)', 즉 현 '루손'의 음역 표기로, 명나라 시기부터 사용되었다. 이곳은 포르투갈인들이 1521년 처음 도착했고, 1560년 스페인의 식민지가 되었다. 이전 자료에서 현 필리핀 북부를 기술한 1225년 조여괄 『제번지』의 마일(麻逸)과 삼서(三嶼)[『제번지역주』, 270~276쪽을 참고하시오], 1349~1350년 왕대연 『도이지략』의 삼도(三島)와 마일(麻逸) 등이 언급되었다(『도이지략역주』, 44~54쪽을 참고하시오). 그러나 서양인의 진출 이전 '여송'이란 명칭으로, 이곳을 기술한 중국 정보는 거의 없다.

1461년 『대명일통지(大明一統志)』(사고전서본, 권90, 27b~28a)의 기술이 가장 이르다. 이에 따르면 15세기 중후반에도 '여송'이란 나라는 잘 알려지지 않은 것 같다. "[이 나라의] 연혁은 이전 시대 상고할 만한 것이 없다. 본조[명나라] 영락 3년(1405) 국왕이 신하 격찰로(隔察老)를 보내와 방물을 바쳤다. 그곳에서는 황금이 난다(沿革前代無考. 本朝永樂三年, 國王遣其臣隔察老來朝, 并貢方物. 土産黃金)"라고 한 것이 고작이기 때문이다.

『명일통지』보다 자세한 기록은 정효(鄭曉)의 『황명사이고』에 보이는데, 이 자료는 지봉이 주로 참고한 자료인데도 이 나라에 대해 별도로 채록하지 않고, 전하는 기록이 없다고 안타까워한 것은 의문스럽다. 정효가 채록한 정보는 다음과 같다. "여송은 바다 가운데 있다. 이 나라는 매우 작고, 겨우 황금만 난다. 이러한 이유로 부유하며, 사람들은 상당히 질박하고, 다툼을 좋아하지 않는다. 영락 3년(1405) 국왕 격찰로(隔察老)

189) 샤먼(廈門) 발음은 [lu-sɔŋ]으로 타갈로그어 '루송'에 정확히 일치한다.

가 조공해 왔다(呂宋在海中. 其國甚小, 顧産黃金. 以故富厚, 人頗質樸, 不喜争訟. 永樂三年, 國王隔察老來朝貢).” 확실히 『명일통지』의 내용을 근거로 작성되었고, 특히 ‘격찰로(隔察老)’라는 사신이 국왕으로 기록되어 있다.

스페인이 식민지화한 이후에 쓰인 탓인지는 모르지만 『동서양고(東西洋考)』(1617년)의 상황도 서양인의 도래 이전 상황은 크게 알려지지 않았다. “여송(呂宋)은 동해에 있다. 초기에는 작은 나라였지만 이후 점차 커졌다【『오학편』에, “황금을 생산하기 때문에, 부유하다. 사람들은 질박하고, 다투는 것을 좋아하지 않는다”라고 하였다】 영락 3년(1405) 국왕이 사신 격찰로(隔察老)를 보내화 방물을 바쳤다. 이곳은 장저우(漳州)와 가까워 상선들이 많이 간다(呂宋在東海中. 初爲小國, 而後寖大.【『吾學編』曰, 產黃金, 以故亦富厚. 人質樸, 不喜爭訟.】永樂三年, 國王遣其臣隔察老來朝, 拜貢方物. 其地去漳爲近, 故賈舶多往).”

『명사』, 권323에 수록된 「여송전」(8370~8373쪽)은 대체로 앞서본 『동서양고』를 근거하고 있다. 스페인 점령 이전의 기술은 이전과 크게 달라지지 않았다. 나머지 기록들은 크게 만력(萬曆) 21년(1593) 스페인 사람들이 미락거(美洛居, 말루쿠?)를 치면서, 그곳에 살고 있던 중국인들을 동원했는데, 이들이 총독을 죽이고 배를 탈취한 사건의 경위를 기술했고, 이어 1602년 4월부터 1605년까지 이어진 기역산(機易山, Cavite)의 금은을 둘러싼 스페인과의 이권 다툼을 기록했다(자세한 것은 ‘중국정사외국전DB’를 참고하시오). 이 두 사건은 모두 스페인의 점령 이후의 일들이다. 포르투갈에 이어 스페인 사람들이 점령하면서, 이곳은 중국 자료에서 ‘불랑기(佛

朗機)'란 나라로 기술되었다. '불랑기'에 대해서는 지봉이 별도의 항목으로 다루고 있으므로, 그때 다시 상술하기로 한다.

③아로[ʔa-luo](阿魯)는 13세기 수마트라섬 서북부에 출현한 나라로 1613년 아체 술탄국에 병합되었다. 중국 정사에서 이 나라는 영락 5년(1407) 처음 명나라와 접촉했다(『명사』, 권6, 「성조본기」, 85쪽). 따라서 이 나라에 관한 기술은 정화의 원정에 따라나선 마환과 비신의 기록에 가장 자세하게 기록되었다. 이 증언에 관해서는 『영애승람역주』, 6장과 『성사승람』 후집 [45]를 참고하시오. 앞서 언급한 것처럼, 지봉은 『성사승람』 4권본을 참고했다는 근거를 볼 수 있었다. 여기 아로(阿魯)는 4권본 『성사승람』에 수록되어있지만, 지봉은 확인하지 못한 것으로 보인다. 여기서는 지난 두 작업에서 언급하지 못한 토메 피레스(Tome Pires, 1465?~1524)의 기술을 소개한다.

"아루 왕국은 지금까지 수마트라에서 언급한 어떤 다른 나라보다 더 큰 왕국이다. 산물이 없었기 때문에, 상품과 교역을 통한 번영을 이루지는 못했다. 이곳의 [왕]은 많은 인구와 선박(lanchar)를 소유했다. 그는 수마트라 전역에서 가장 영향력 있는 왕으로 약탈에 가장 강력했다. 그는 이슬람교도로, 내륙에 살았으며 나라에 있는 많은 강을 소유했다. 토양 자체가 습지로 침투할 수 없었다.

이 왕은 항상 왕궁에 살았다. 그의 신하와 사람들은 바다에서 노략질해서 [노획물을] 나누는데, 왕이 함대를 제공했기 때문이다. 말라카가 건국한 이래로, 그는 항상 말라카와 전쟁했고 말라카의 사람들을 많이 잡아 왔다. 그는 마을을 덮쳐 모든 것, 심지어 어부들도 잡았다. 그래서 말레이 사람들은 아루 사람들을 항상 경계했다. 왜냐하면 이러한 다툼은 이미 오래 전부터 있었고, 여전히 남아있기 때문이었다. 그래서 아루와 말라카, 아친(Achin)과 페디르(Pedir), 페디르와 크다(Kedah), 파항(Pahang)과 시암, 다른 쪽에서는 팔렘방과 링가(Linga), 셀라트 사람(Celates)과 부기 사람(Bugis) 등의 속담이 있었다. 이들 모든 나라가 서로 싸웠고, 우호적 관계는 드물었다.

아루의 사람들은 뻔뻔스럽고 호전적으로, 아무도 그들을 신뢰하지 않았다. 훔치지 않으면 생활하지 못하므로 아무도 그들과 좋게 지내지 못한다….

아루의 땅에는 많은 쌀이 생산되는데 매우 희고 우수하다. 그들이 먹고 마실 수 있는 정도의 육류, 생선 그리고 술이 가득하고 과일들도 풍부하다.

많은 양의 식용 장뇌(camphor), 황금 그리고 다량의 좋은 벤조인이 난다. 약용 알로에, 등나무, 역청(pitch), 왁스, 꿀, 남녀 노예들이 있고 약간의 상인들도 있다. 이러한 상품의 일부는 파쎄(Pase)와 페디르(Pedir)를 통해 팔리고, 일부는 판수르(Panchur)를 통해 팔리는데, 아루의 땅 일부는 미낭카바우(Minankabau)에 있고, 그곳에서 그들은 내륙의 큰 강들을 차지하고 그 강들을 따라 수마트라섬 전역으로 항해할 수 있어, 이곳들로부터 그들의 의복용 천과 다른 산물을 얻을 수 있기 때문이다.

아루는 아르카트(Arqat) 땅에 도시를 소유하고 있는데, 그곳에서는 노예 시장이 몇 달 동안 열린다. 그곳은 모두에게 열려 있다. 원하는 사람이면 안전하게 그곳에 갈 수 있다. 많은 사람이 그곳에 가서 노예를 산다. 어떤 이들은 그곳에서 아들, 딸, 어머니, 남편, 아내를 산다. 그들은 다른 상품들도 그곳에서 취급한다….”(Armando Cortesão, 『The Suma oriental of Tome Pires』, I, London, Hakluyt Society, 1944, 146~148쪽)

④‘감파리[kɑm-pa-li](甘巴里)’라는 나라는 『명사』「본기」에 영락 13년(1415), 영락 19년(1421), 선덕 8년(1433) ‘감파리(甘巴里)’가 조공했다는 언급이 보인다. 『명사』, 권304, 「정화열전」(7768쪽)에는 정화가 가신으로 간 나라 목록에는 ‘감파리(甘把里)’라는 다른 표기가 보인다.

1461년의 『명일통지』(사고전서본, 권90, 29a~b)에 “[이 나라의] 연혁을 이전 시대 상고할 [자료가] 없다. 본조[명나라] 영락 12년(1414)[190], 국왕 두와랄사(兜哇剌查)가 그의 신하 득명공갈갈(得名公葛葛) 등을 보내 와, 방물을 바쳤다. 그곳에서는 명주실[絲]과 비단[錦]이 난다(沿革前代無考. 本朝永樂十二年, 國王兜哇剌查遣其臣得名公葛葛等來朝, 并貢方物. 土産絲·錦).” 이 기술은 장황(章潢)의 1577년 『도서편(圖書編)』(사고전서본, 권51, 74b)에서도 그대로 복제되었다.

190) 『명사』, 권7, 「성조본기」(95쪽)에 따르면, 영락 13년에 조공해 온 나라 중 하나로 ‘감파리(甘巴里)’가 들어있다. 또, 권326, 「외국전·감파리전」(8454쪽)에는 영락 13년 사신을 보내 방물을 바쳤다는 기록이 보인다. 그러나 ‘감파리(甘把里)’로 표기한 1578년 『명회전(明會典)』(사고전서본, 권98, 13a), 1620년 『예부지고(禮部志稿)』(사고전서본, 권35, 21b)에서는 ‘12년’으로 되어있다. 『태종문황제실록(太宗文皇帝實錄)』, 권168, 영락 13년(1415) 9월 9일 기사에는 ‘감파리(甘巴里)’가 조공한 것을 확인할 수 있으므로, ‘13년’을 따르기로 한다.

그러나 장황은 같은 발음의 다른 표기인 '감파리(甘把里)' 항목을 별도로 두고(권51, 77b), "감파리(甘把里)는 영락 연간에 여섯 명을 보내와 조공했다. 자기 나라를 말하여, 나라는 작고 서남해 가운데 있는데, 여러 이웃 나라들과 교역하지 않으며, 사람들은 궁핍하지만, 불(佛)을 신봉하며 선행을 좋아하여, 재산 축적을 추구하지 않지만 구걸하는 사람은 없다고 했다(甘把里, 永樂中遣六人來朝貢. 自言, 其國小, 介於西南海中, 與諸鄰國不通交易. 人民艱窘, 然奉佛好善, 不求積聚, 無乞丐者)"라고 하였다.

모서징(茅瑞徵, 1577~?)의 『황명상서록(皇明象胥錄)』(『보안당비급』본, 권5, 26b)에 "감파리는 감파리(甘把里)라고도 한다. 나라는 서남해 큰 섬에 있다. 많은 사람이 비단을 짜고, 곡물을 먹으며 생식하기도 한다. 영락 12년(1414) 국왕 두와랄사(兜哇剌查)가 사신을 보내 조공했다. 혹 감파리(甘巴里)는 작은 나라로, 서남쪽 바다에 가깝고, 이웃 나라들과 교역하지 않으며, 산물은 엷고 용품도 궁핍하지만, 불(佛)을 신봉하여 또한 재산 축적을 추구하지 않는다고 한다(甘巴里, 又名甘把里. 國在西南海中大島上. 人多織錦, 粒食亦鮮食. 永樂十二年, 國王兜哇剌查遣使朝貢. 或曰, 甘巴里小國, 介西南海中, 不通鄰境交易, 產薄用窘, 然奉佛, 亦不求積聚)"라고 하였다. 이전 자료를 종합한 이 기록은 1644년 『죄유록(罪惟錄)』(북경대 소장본, 권36, 85a~b)에도 채록되었다.[191)]

191) 『죄유록』의 기록은 『황명상서록』보다 거칠며, 약간의 출입이 있다. "감파리(甘巴里)국은 남해 큰 섬에 있다. 영락 13년(1415), 국왕 두와랄사(兜哇剌查)가 사신 득명공갈비(得名公葛匕)를 보내 조공해 왔다. 그곳 사람들은 곡물을 먹고 생식도 하며, 비단 자수를 많이 한다. 감파리(甘把里)는 서남해에 있다.

이상이 『명사(明史)』 편찬 이전 중국 자료에서 찾을 수 있는 '감파리(甘巴里, 甘把里)'에 관한 정보들이다. 이로부터 '감파이'라는 나라를 특정하기는 어렵다. 『명사』, 권326, 「외국·감파리전」(8454~8455쪽)에서의 지리적 실마리는 "감파리는 '서양'의 작은 나라이다. …인근 경계로 아발파단(阿撥把丹)과 소아란(小阿蘭) 두 나라가 있다(甘巴里, 亦西洋小國…其隣境有阿撥把丹·小阿蘭二國)"라고 하였다. 이에 따르면, '감파리'란 나라로 '아발파단'과 '소아란' 두 나라에 인접해 있는 나라임에는 분명하다.

하교원(何喬遠, 1558~1632) 『명산장(名山藏)·전모기(典謨記)』(1640년 간행본, 권7, 7a)에 따르면, 영락(永樂) 6년(1408) 9월에 정화(鄭和) 등을 사신으로 보낸 나라를 열거하면서, "캘리컷[古里], 말라카[滿剌加], 사무드라[蘇門荅剌], 아루[阿魯], 카일[加異勒], 자바[瓜哇], 시암[暹邏], 참파[占城], 코치[柯枝], 가발파단(柯撥把丹), 소가란(小柯蘭), 람브리[南巫里], 감파(甘巴)"가 언급되어있다. 이 정보는 『태종문황제실록(太宗文皇帝實錄)』, 권83, 영락 6년 9월 28일 기사에서도 확인할 수 있는데, "계유일에 태감 정화 등에게 칙서를 가지고, 고리, 만랄가, 소문답랄, 아로, 가이륵, 조와, 섬라, 가지, 아발파단(阿撥把丹), 소가란(小柯蘭), 남무리, 감파리 등의 나라에 사신으로 가, 그곳 왕들에게, 금기(錦綺)와 사라

영락 연간에 여섯 명을 보내 와, 말하기를 나라가 작고, 산물이 적어 [이웃 나라와] 교역하지 않으며, 불(佛)을 신봉하여, 재산 축적을 추구하지 않지만, 구걸하는 사람은 없다고 했다(甘巴里國南海中大島上. 永樂十三年, 國王兆哇剌查遣使得名公葛匕, 朝貢. 其人粒食亦鮮食, 多錦[綿]繡. 甘把里國, 西南海中. 永樂間, 遣六人來朝, 自言, 國小, 産薄, 不通交易, 奉佛, 不求積聚, 然無丐者)."

(紗羅)를 하사하게 했다(癸酉太監鄭和等賫勑, 使古里·滿剌加·蘇門答剌·阿魯·加異勒·爪[瓜]哇·暹羅·占城·柯枝·阿撥把丹·小柯蘭·南巫里·甘巴里諸國, 賜其王錦[綿]綺·紗羅)"라고 하였다. 이로써 『명산장』의 정보는 신뢰할 만하다. 『명사』에서 본 '아발파단'과 '소아란'의 '아(阿)'자는 '가[ka](柯)'자로 되어 있다.

이로부터 『명사』의 '소아란(小阿蘭)'은 바로 '소가란(小柯蘭)', 바로 소갈란(小葛蘭)의 또 다른 음역 표기로, 남인도 서해안 퀼론(콜람)이다. 하지만 아발파단(阿撥把丹)은 어디인지 판명되지 않았다. 아발파단이든 가발파단(柯撥把丹)이든, '파단(把丹)'은 땅이나 나라를 뜻하는 '파탄(patan)' 또는 '파탐(patam)'의 음역 표기임에는 분명하다. 록힐(W. W. Rockhill)은 「14세기 중국과 인도양 연안, 동부 열도와의 무역 관계에 관한 주석」, 464쪽에서 '아발파단'이 『도이지략』에 기술된 '사리팔단(沙里八丹)'의 또 다른 음역 표기로 주르파탄(Jurfattan) 즉 현 코치에서 서북쪽으로 274km 지점에 있는 '칸누르(Kannur)'로 추정했지만, 너무 멀고, 음성적으로 전혀 부합하지 않는 가설일 뿐이다(『도이지략역주』, 357~359쪽을 참고하시오). 어쨌든 『명사』에 따른 '감파리'는 남인도 콜람 근처에 있어야 한다. 15세기 초 정화를 수행했던 마환과 비신의 기록에 이 감파이는 보이지 않는다.

마환은 『영애승람』, 캘리컷 왕국[古里國] 기술을 시작하며 캘리컷이 "멀리 감파이국(坎巴夷國)과 통한다(遠通坎巴夷國)"라고 하였다(『영애승람역주』, 하, 24쪽). 나는 이전 작업에서 '감파이'를 정확히 특정하지 못하고, 코얌파디(Koyampadi, 지금의 Coimbatore), 또는 인도 서북부의 '캄바이(Cambay, 현 구자랏 Khambhat)'로 보는 두 견해만 언급했었다. 이 '감파이'는 칼그렌의 고음에 따르면 캄파이[kʰăm-pa-i]로, 지봉의 '감파리(甘巴里)'는 캄파리[kɑm-pa-li]로 발음된다.

『서양조공전록』(1520년)은 고리국(古里國)을 시작하며 "그 나라[캘리컷]는 코치[柯枝] 서북쪽으로 약 600리에 있고, 동쪽으로 감파이체국(坎巴夷替國)에 이르며, 그 서쪽은 대해에 임해 있고, 남쪽으로 코치와 붙어있으며, 북쪽으로 호노레[狠奴兒]에 접해 있다(其國在柯枝西北可六百里, 東至坎巴夷替國, 西臨大海, 南連柯枝國, 北接狠奴兒國)"라고 하였다(교주본, 97~98쪽). 황성증이 캘리컷의 위치를 기록한 대로라면 셰팡(謝方) 씨가 주석한 대로 코얌파디(Koyampadi, 지금의 Coimbatore)로 추정할 수밖에 없다. 그러나 「곤여만국전도」(토호쿠 대학 소장본)에 따르면, '감파이체'는 고아[卧亞] 북쪽에 그려져 캄베이에 있다.

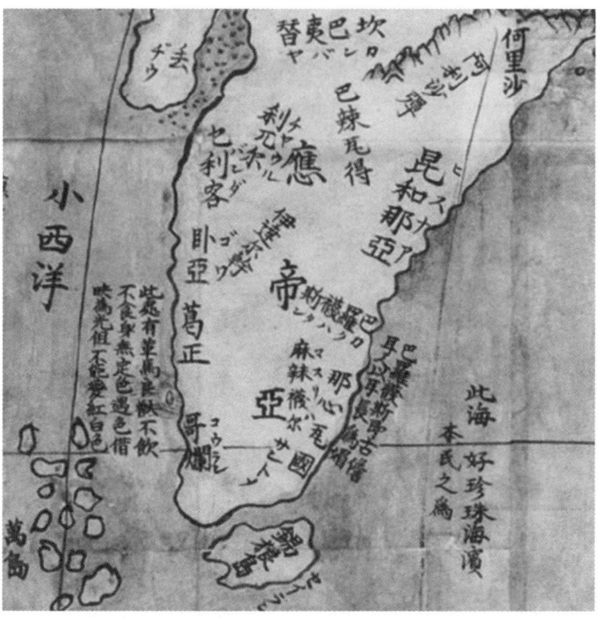

한편 공진(鞏珍)의 『서양번국지(西洋番國志)』, 고리국 조목에 따르면(교주본, 27~28쪽), “그 나라는 바닷가에 있으며, 동쪽으로 감파이국과 통하고, 서쪽은 대해이며, 남쪽으로 코치[柯枝國]에 연이어있고, 북쪽으로 호노레[狠奴兒國]에 임해 있다(其國邊海山遠, 東通坎巴夷國, 西臨大海, 南連柯枝國, 北臨狠奴兒國)”라고 한다. 여기 ‘동(東)’자는 『영애승람』의 ‘원(遠)’에 해당한다. 『서양조공전록』은 확실히 『서양번국지』의 문장에 가깝다. 샹다(向達)는 이 ‘감파이’가 ‘코얌파디’가 아니라, ‘캄바이(Cambay)’라고 주석했다. 결국 셰팡 씨는 ‘동(東)’자에 중심을 두고 위치를 추정했다. 아무래도 『영애승람』의 ‘원(遠)’자로 읽어야 할 것 같다.

이곳 캄바이는 구자라트 지방의 대표적 항구도시로, 마르코폴로는 ‘캄바에트(Cambaet)’로 표기하고 한 단락을 할애했다(김호동, 『마르코폴로의 동방견문록』, 487쪽을 참고하시오). 1225년 조여괄은 남비국(南毗國, 말라바르의 음역으로 추정함)을 기술하며 속국으로 ‘감파일(甘琶逸)’을 들었는데(『제번지역주』, 130쪽), 폴 펠리오는 이 ‘감파일’을 ‘캄바이’로 확인하고 있다(『Notes on Marco Polo』, I, 140쪽). 14세기 중반 페골로티(Francesco Pegolotti, 1347년 죽음)는 ‘콘바이티(conbaiti)’로 표기했다(『La pratica della mercatura』, (Allan Evans(ed.), 1936, 420쪽). 『서양번국지』의 ‘감파이체’는 마르코폴로의 ‘감바에트’, 페골로티의 ‘콘바이티’에 해당하는 음일 것이다. 결국 감파리(甘把里)-감파리(甘巴里)-감파이(坎巴夷)-감파일(甘琶逸)-감파이체(坎巴夷替) 모두 인도 서북부의 캄바이, 즉 캄바트(Khambhat)를 가리킨다.

이 단락은 지봉의 방대한 독서를 가장 여실히 보여준다. 지봉이 발췌한 정보는 중국 자료에서도 유일하게 『신오대사』에만 보이는 기록이다. 지봉은 지금까지도 확인되지 않는 그곳으로 다음과 같은 문헌적 여행을 떠났다.

(1)『오대사』에, 서역의 오로(吾五盧) 땅에는 물이 없다. 그러나 항상 춥고 눈이 많이 내려, 날씨가 따뜻할 때마다 눈이 녹으면 물을 얻는다고 한다. 또 중운(仲雲)의 경계에는 물이 없는데, 땅을 파, 습한 모래를 얻어, 사람들은 그것을 가슴에 놓으면 갈증이 그친다고 한다(五代史, 西域吾五盧地無水, 而常寒多雪, 每天暖雪消, 乃得水. 又仲雲界無水, 掘地得濕沙, 人置之胸以止渴).

『신오대사』, 권74, 「사이부록(四夷附錄)·우전(于闐)」(918쪽)에는 장광업(張匡鄴)과 고거회(高居誨)가 938~942년간 호탄[于闐]에 사신으로 다녀온 기록이 다음과 같이 인용되어 있다. 사주(沙州)[192)]의 서쪽은 '중운(仲雲)'[193)]이라 하는데, 그 군영[牙帳]은 호로적(胡盧磧)[194)]에 있다. '중운'이라 하는 것은

192) '사주(沙州)'는 당나라 622년 둔황 지역에 서사주(西沙州)를 설치했다가 633년 '사주(沙州)'로 고쳐 불렀다. 그 중심 치소는 항상 현 둔황시에 있었다. 후진(後晉, 936~946) 시기 조원충(曹元忠)을 사주유후(沙州留後)로 임명한 기록이 있다.

193) '중운(仲雲)'은 『한어대사전』에 따르면, 여기 『신오대사』를 근거로 부족 명칭으로 설명하고 있다. 그러나 기술한 내용을 보면, 부족 명칭보다는 유목 왕국으로 이해해야 할 것 같다.

194) '호로적(胡盧磧)'은 '호로[yuo-luo]'의 사막이란 뜻으로, 뒤에 설명하고 있는 것처럼, 후한 시대 '오로[ŋuo—luo](吾盧)'라는 곳이다. 『후한서』, 권88, 「서역전」(2909쪽) 영평(永平) "16년(73) 명제(明帝)는 장수들에게 명하여 북쪽으로 흉노를 정벌하고 이오로(伊吾盧)의 땅을 취해 의화도위(宜禾都尉)를 설치하여 주둔

소월지(小月支)[195]의 후손[遺種]이기 때문이다. 그 사람들은 용맹하고 호전적이어서 과주(瓜州)와 사주(沙州)의 사람들이 그들을 두려워했다. '호로적'은 [후]한나라 명제(明帝, 57~75년 재위) 때, 흉노를 정벌하고 오로(吾盧)에 둔전(屯田)을 두었는데, 아마도 그곳일 것이다. 이곳에는 물이 없고 항상 춥고 눈이 많이 내려, 날씨가 따뜻해질 때 눈이 녹아야 물을 얻을 수 있다. 장광업(張匡鄴) 등은 서쪽으로 '중운'의 경계로 들어가 대둔성(大屯城, 미상)에 이르자, '중운'의 [왕]이 재상 4명과 도독 37인을 보내 [후]진([後]晉)의 사신들을 기다리게 하여, 장광업 등은 조서(詔書)로 그들을 위로하고 타이르자

[屯田]하게 하자, 마침내 서역과 통하여, 호탄[于竇] 등의 나라가 모두 아들을 보내 입시했다(十六年, 明帝乃命將帥, 北征匈奴, 取伊吾盧地, 置宜禾都尉以屯田, 遂通西域, 于竇諸國皆遣子入侍)"라고 하였다. 이현(李賢)의 주석에 따르면, '이오로(伊吾盧)'는 "지금의 이주(伊州) 이오현(伊吾縣)이다"라고 했다. 따라서 후한 시기 '오로'는 바로 '이오로'의 약칭으로, 후진(後晉) 시기 '호로'로 표기되었다. 하미(Hami)에 해당한다.

195) '소월지(小月支)'는 바로 소월지(小月氏)로, 대소의 구분은 이미 『사기』에서 보인다. 권111, 「위장군표기열전(衛將軍驃騎列傳)」(2931쪽)에서, 사마정(司馬貞)은 『한서·서역전』을 인용하여 "대월지는 원래 둔황과 치롄 사이에 있었고, 나머지는 남산을 지키며 마침내 소월지라 불렸다(大月氏本居敦煌·祁連間, 餘衆保南山, 遂號小月氏)"라고 하였다. 『전한서』, 권96상, 「서역전·대월지국」(3890~3891쪽)에 대월지국은 "원래 둔황과 치롄 사이에 살다가 묵특선우[冒頓單于]가 월지를 격파하고 노상선우가 월지[왕]을 죽이고 그 머리로 술그릇으로 삼자, 월지는 멀리 달아나 페르가나[大宛]을 지나 서쪽으로 파르티아[大夏]를 쳐 신속시키고, 규수(嬀水) 북쪽에 왕정을 두었다. 가지 못하고 남아있던 작은 무리는 남산 강족(羌族)의 보호를 받으며 '소월지'라 불렸다(本居敦煌·祁連間, 至冒頓單于攻破月氏, 而老上單于殺月氏, 以其頭爲飲器, 月氏乃遠去, 過大宛, 西擊大夏而臣之, 都嬀水北爲王庭. 其餘小衆不能去者, 保南山羌, 號小月氏)"라고 하였다.

모두 동쪽을 향해 절했다. '중운'의 경계 서쪽에서부터 감적(醶磧)[196]이 시작되었다. 물이 없어, 사람들이 땅을 파 젖은 모래를 얻어 그것을 가슴에 대자 갈증이 그쳤다(沙州西曰仲雲, 其牙帳居胡盧磧. 云仲雲者, 小月支之遺種也. 其人勇而好戰, 瓜·沙之人皆憚之. 胡盧磧, 漢明帝時征匈奴, 屯田於吾盧, 蓋其地也. 地無水而嘗寒多雪, 每天暖雪銷, 乃得水. 匡鄴等西行入仲雲界, 至大屯城, 仲雲遣宰相四人·都督三十七人候晉使者, 匡鄴等以詔書慰諭之, 皆東向拜. 自仲雲界西, 始涉醶磧. 無水, 掘地得濕沙, 人置之胸以止渴).

⑵또『오학편』에 서역의 큰 사막, 약 200리에는 물이 없다. 물이 있어도, 사람이 마실 수 없고, 소나 말을 먹여도 곧 죽는다고 한다(又吾學編, 西域大沙河可二百里無水, 卽有水, 人不可飮, 飮牛馬輒死).

지봉은『오대사』에서 말한 '호로'라는 사막이 어딘지 추적하고 싶었던 것일까? 이 물이 없는 곳을 찾기 위해 지봉은『황명사이고』에 보이는 정보를 채록했다. "사록해아(沙鹿海牙)는 사마르칸트[撒馬兒罕] 동쪽 500리에 있다. 성은 작은 언덕에 의지해 있고, 서북쪽은 산과 강에 임해 있다. 그 강은 '수참(水站)'[197]이라 하는데, 물살이 급하여 부교[浮梁]가 있다. 그

196) '감적(醶磧)'의 '감(醶)'자는 중국 자전에 음이 알려지지 않았다.『강희자전』도, 여기『신오대사』의 출처를 제시하고 있지만, 별다른 설명이 없이, '감(鹻)'자가 와전된 형태로 추정했다. 결국 '감적'이란 '염분이 들어간 모래사막' 정도로 이해할 수밖에 없다. 아마도 타클라마칸 사막을 지칭하는 것으로 보인다.

197) '수참(水站)'은 정효의『황명사이고』를 고스란히 옮긴 장황의『도서편』(사고전서본, 권51, 61b)에도 '수참'으로 되어있다. 그러나 진성의『사서역기』에는 '화참(火站)'으로 되어있고, 무영전본과 사고전서본『명사』에는 모두 '화참(火站)'으로 되어있다. 사전적 정의로 '수참'은 '역참(驛站)'에 상응하는 표현으

곳 남쪽 가까운 산에는 삼면이 모두 평원[平川]으로 사람들이 많고, 산골짜기를 따라 사는데, 과수원과 숲이 넓고 무성하다. **서쪽에는 200여 리쯤 되는 큰 사막[沙洲]이 있는데, 물이 없고, 있더라도 사람이 마실 수 없다. 소나 말에게 마시게 하면 즉사한다**. 냄새나는 풀[臭草]은 뿌리와 둥치가 의지하지 않고 자라며, 키는 1척 남짓이고 잎은 개(蓋)와 같으며 봄에 나서 가을에 시든다. 악취가 심해지면, 사람들은 생즙을 채취하여 그것을 졸여 아위(阿魏)를 만든다. 또한 연약한 풀이 있는데, 졸이면 그 맛이 꿀과 같다(沙鹿海牙在撒馬兒罕東五百里. 城據小岡, 西北臨山河. 河名水站, 勢衝急, 有浮梁. 其地南近山, 三面皆平川, 人繁庶, 依崖谷而居, 園林廣茂. 西有大沙洲可二百餘里, 無水, 卽有水, 人不可飮. 飮牛·馬輒死. 有臭草, 根株獨立, 高尺餘, 葉如蓋, 春生秋死. 臭氣逼, 人取生汁, 熬膏爲阿魏. 亦有細草, 可熬膏, 味如蜜)."

진성(陳誠, 1365~1457)의 『사서역기(使西域記)』에 가장 이르게 기술된 '사록해아[ʂa-luk-xɑĭ-ŋa](沙鹿海牙)'라는 나라는 정효의 『황명사이고』에 그대로 인용되었고, 다시 『황명사이고』를 근거로 쓴 장황의 『도서편』(사고전서본, 권51, 61b)에는 '실라합아[dʑʰi̯ĕt-lat-ŋăp-ŋa](實喇哈雅)'로 기술되어있다. '사록해아'는 무영전본(중화서국본) 『명사』, 권332, 「서역전」에서 채택되었고, '살라합아'는 『사고전서』본, 『명사』(권332, 9b)에서 채

로, 수로에서 '역참'의 역할을 하는 곳을 말한다. 여기서는 분명 강의 이름을 지칭하고 있으므로, 음역 표기일 가능성이 크지만, 그 강의 뜻을 의역해 옮겼을 수도 있다. '화참'은 호젠트의 음역 표기로 이해할 수도 있겠지만, 이 '사록해아'를 샤흐루히아로 놓고 보았을 때, 서북쪽에 있는 강이라고 하였지만, 호젠트는 동남쪽에 있으므로, 부합하지 않는다.

택되었다. 한편 1461년의 『대명일통지(大明一統志)』에는 별도의 항목으로 채록되지 않고, 사마르칸트[賽瑪爾堪] 항목에서는 사마르칸트의 속국으로 기술되어있는데, '소로극합아(蘇嚕克哈雅)'로 표기되었다. 결국 진성의 '사록(沙鹿)'이 '소로극[suo-luo-kʰək](蘇嚕克)', '실라(實喇)'로 옮겨졌을 것이다.

『황명사이고』의 기술은 진성(陳誠, 1365~1457)은 『사서역기(使西域記)』(『학해류편(學海類編)』본, 4a~b)를 고스란히 가져왔다. 그의 사신행은 1413~1415년간 이루어졌으므로, 이곳을 직접 다녀와 쓴 가장 믿을 만한 가장 이른 자료이다. 진성의 기술은 다음과 같다. "사록해아(沙鹿海牙)는 사마르칸트[撒馬兒罕] 동쪽 500리(대략 196km)에 있다. 성은 작은 언덕에 의지해 있고, ⓐ서북쪽은 강에 임해 있다. 그 강은 '화참(火站)'이라 하는데, 물살이 급하여 부교[浮梁]를 가설하여 건너거나 작은 배가 있다. 남쪽 가까운 산에는 사람들이 산골짜기를 따라 사는데, 과수원과 숲이 많다. ⓑ**서쪽으로 가서 200여 리(대략 78km)의 큰 강[大川]을 지나면, 물이 없고, 간혹 있더라도 염분이 많다**. 이곳에는 냄새나는 풀[臭草]이 자라는데, 줄기가 1척 남짓이고 가지와 잎은 띠[茅草] 같다. 그 즙을 졸여 고약을 만드는데, 바로 아위(阿魏)이다. 또한 키가 1~2척 되는 작은 풀이 있는데, 가지와 잎에 가시가 나 있고, 잎은 쪽[藍]처럼 부드럽다. 가을이 깊어지면, 이슬이 가지에 구슬처럼 응결되는데, 그것을 먹으면 엿처럼 달다. [그것을] 채취해 졸여 당(糖)을 만드는데, '달랑고빈(達郎古賓)'이라 한다(沙鹿海牙在撒馬兒罕東五百餘里. 城在小岡上, 廣數里. 西北臨河, 名火站, 水勢衝急, 架浮梁以渡, 亦有小舟. 南近山, 人居[居人]依崖谷, 多園林. 西行過一大川二百餘里, 無水, 間有水, 多鹹. 地生臭草, 莖高尺餘, 枝葉如蓋. 煮其液成膏,

卽阿魏. 又有小草高一二尺, 枝葉生棘刺, 葉細如藍. 秋深, 露凝結枝上如珠, 食之, 味甘如餳[餳]. 採煮爲糖, 名達郞古賓).”

『명사』, 권332, 「서역·사록해아」(8603쪽)의 기술은 진성의 『사서사기』를 근거한 『황명사이고』를 따르고 있다.[198] 이상 언급한 사료에 따르면, ‘사록해아=소로극합아=실라합아’라는 도시는 한결같이 사마르칸트의 동쪽에 있다고 증언하고 있다. 특히 동쪽으로 ‘500리’ 지점에서 우리는 우즈베키스탄의 ‘샤흐루히야(Shahrukhiya)’라는 유네스코 세계 문화유산으로 등재된 고대 유적지를 만날 수 있는데, 여기 ‘사록해아’와 매우 만족스러운 거리뿐만 아니라, 음성적 대응을 보여준다. 이제 우리는 샤흐루히야를 놓고 진성의 기술을 살펴봐야 한다.

ⓐ샤흐루히야의 서북쪽에 있다는 ‘화참(火站)’이라는 강을 찾아야 한다. 사흐루히야의 서쪽 옆으로 흐르는 강은 ‘시르다리야’이다. ‘중국정사외국전DB’의 주석에 따르면 ‘화참’은 “호젠드(Khojend)의 音譯이다. 火站河는 忽氈河라고도 하는데, 오늘날의 錫爾河이다”라고 하였다. 여기의 ‘석이(錫爾)’는 시르다리야의 현대 중국어 음역 명칭이다. ‘홀전(忽氈)’은 브레트슈나이더가 의심 없이 확인하고 있는 것처럼[199] 호젠트(Khojend)의 음역임이 분명하다. 시르다리야는 호젠트로 이어지므로, ‘호젠트강’이라고 해도 문제 될 것은 없지만, 이 호젠트는 샤흐루히야의 동남쪽 82km 지점에 있다. 따라서 ‘서북쪽’의 방향과 부합하지 않는다.

198) 자세한 내용은 ‘중국정사외국전DB’를 참고하시오.

199) Emil Bretschneider, 『Mediaeval Researches from Eastern Asiatic Sources』, II, 54쪽.

ⓑ의 정보는 『황명사이고』에서 "**서쪽에는 200여 리쯤 되는 큰 사막[沙洲]이 있는데, 물이 없고, 있더라도 사람이 마실 수 없다. 소나 말에게 마시게 하면 즉사한다**"라는 기술로 구체화하였고, 이를 『명사』는 따르고 있다. 결국 '대천(大川)'이냐 '사주(沙洲)'냐는 문제로 귀결된다. '200여 리'나 되는 큰 강을 건넜는데, 물이 없다는 기술은 이상하다. 과연 사흐루히아와 사마르칸트 사이에 이렇게 큰 호수나 강은 보이지 않는다. 그렇다면 이렇게 큰 사막지대는 있는가? 역시 현재 지도로는 확인이 어렵다. 우리는 또 다른 가능성을 찾아야 할 것 같다.

『원사』, 권63, 「지리지·서북지부록(西北地附錄)」(1574쪽), 부새인(不賽因, Abu Said) 지역에 '살랄합알[sɑ-lɑt-ŋăp-ŋɑt](撒剌哈歹)'라는 비슷한 지명이 들어있다. 「교감기(校勘記)」에 따르면, 『몽사(蒙史)』, 권160, 『서북삼종번지통석(西北三宗藩地通釋)』에, 살랄합서(撒剌哈西)는 "『경세대전』의 지도에는 기재되지 않았고, 옛 기록에는 원래 '살랄합알(撒剌哈歹)'로 되어있다. 「원대강역도」에는 '알(歹)'이 '서(西)'로 되어있는데, 이것이 맞다"라고 한 것을 근거로, "'살랄합석(撒剌哈夕)'은 주베이니[志費尼]의 『세계정복자의 역사(Ta'rīkh-i Jahān-gushā')』에 보이는데, 이 도시는 호라산(Khorasan, 呼羅珊) 마리(Mary) 서남쪽, 투스(Tus, 이란 마슈하드 북쪽)의 동쪽에 있다. 여기의 '알(歹)'자는 '석(夕)'자의 오기일 것이다"라고 추정했다(1585쪽). 결국 『원사』를 교감한 중국학자들의 '살랄합석(撒剌哈夕)'는 사락스(Sarakhs)이다. 이곳에서 동북쪽에 있는 사마르칸트까지는 직선거리로 611km로 꽤 먼 곳에 있다. 사마르칸트에 사신으로 갔던 진성이 과연 이곳까지 갔을까? 사실 진성이 기록에서 처음 언급한 나라는 헤라트[哈烈]이었음을 상기한다면, ⓑ정보는 이곳에 더 부합한다.

브레트슈나이더(Emil Bretschneider)도 『원사』의 '살랄합알(撒剌哈歹)'의 '알'을 '석(夕)'자로 읽고 "이곳은 초기 아랍 지리 학자들이 언급한 호라산(Khorasan)의 도시인 사락스(Sarakhs)를 말하는 것 같다. 이 도시의 건설은 페르시아 초기 왕들로 추정된다. 이러한 명칭의 도시는 메르브 서남쪽, 헤리루드(Herirud)[200] 강에 여전히 남아있다. 이곳은 칭기즈 칸의 서아시아 원정을 기술한 무슬림의 기술에서 언급되었다(d'Osson, I, 281쪽). 석랄사(昔剌思)를 몽골이 점령한 것은 『원사』에서 1221년으로 기록되었는데, 이 '석랄사'는 메르브[馬魯], 마루차크[Maruchak, 馬魯察葉可]와 함께 언급되었다. 아마도 이 '석랄사'가 '사라스'일 것이다"라고 추정했다.[201]

⑶바다 가운데 있는 탈라즈[討來思]에는 산 아래에 물이 있는데, 불이 타는 듯이 붉은색이라고 하니 또한 기이하다(討來思在海中, 山下有水, 赤色如火燃, 亦異矣).

'서역'에 관한 지봉의 호기심은 결국 '토래사(討來思)'라는 나라에 관한 『황명사이고』의 기술에 이르렀다. "토래사(討來思)는 바다 가운데 있으며, 둘레는 100리가 못 된다. 성은 산

200) '헤리루드(Herirud)'의 'rud'는 페르시아어로 강을 의미한다. 이 강은 아프가니스탄 중부 산에서 출원하여 투르크메니스탄으로 흐르는 1,100km의 긴 강으로, 테젠트(Tejend) 오아시스를 형성했다가 카라쿰(Karakum) 사막에서 사라진다. 따라서 이 강은 하리(Hari), 헤라트(Herat), 테젠(Tejen) 등의 이칭을 가지고 있다.

201) 『Mediaeval Researches from Eastern Asiatic Sources』, 102쪽.

과 가까운데, 산 아래 있는 강물은 멀리서 보면 불이 타는[火然] 것처럼 적색이다. 사람들은 불(佛, 모하메드)을 숭상한다. 부인들이 가사를 전담한다. 시장에는 낙타, 양, 말, 소가 많고, 또한 천, 실, 털옷, 갈옷도 있다. 교역에는 주화를 사용한다. 토양은 밀[麥]과 기장[穄]에 적합하고 벼[稻穀]는 없다. 선덕 6년(1431) 사람을 보내 조공한 적이 있다[202](討來思在海中, 周徑不百里. 城近山, 山下有水, 赤色望之如火然. 俗尙佛. 婦人主家事. 市中多駝·羊·馬·牛, 亦有布縷毛褐. 交易用錢. 土宜麥穄, 無稻穀. 宣德六年嘗遣人朝貢).”

‘토래사[tʰau-lăi-si](討來思)’는 사고전서본 『명사』(권332, 28a)에는 ‘탁라사[tʰau-luo-si](托喇思)’로 표기되었고, 1784년의 『흠정속문헌통고(欽定續文獻通考)』(사고전서본, 권248, 33a)에는 ‘도로소[dʱuo-luo-suo](圖魯蘇)’로 표기되었다. 『도서집성(圖書集成)·관상전(官常典)』, 권408(1934년 중화서국영인본)에 인용된 부안(傅安) 열전에는 ‘토락사[tʰau-lak-si](討落思)’라는 이칭이 보인다. 이상 음역 표기들이 모두 세 글자로 표기되고 있음에 주목하시오.

『명사』, 권332의 ‘토래사’ 열전은 확실히 정효의 『황명사이고』를 그대로 따르고 있다. 브레트슈나이더는 『명사』의 ‘토래사(討來思)’가 ‘타우리즈(Tauriz)’, 즉 이란 북서부 타브리

202) 1431년 조공 정보는 『명사』의 본기에서는 확인되지 않지만, 『선종장황제실록』, 권82, 선덕 6년(1431) 8월 26일자 기사에 토래사(討來思)의 만호(萬戶) 역사마인(亦思馬因, Ismail?)이 사신을 보내 방물을 바쳤다는 기록으로 확인할 수 있다.

즈(Tabriz)라고 읽었다.[203)] 이 설은 확인 없이 '중국정사외국전 DB'의 주석으로도 이어졌다. 브레트슈나이더가 말한 '타우리즈'는 마르코폴로가 언급한 곳이다.

"타우리스(Tauris)는 크고 훌륭한 도시로, '이락(Yrac)'이라 불리는 큰 지역에 있다. 여기에는 다른 많은 도시와 마을이 있다. 그러나 타우리스가 가장 훌륭하므로 그곳에 대해 말해주겠다. 타우리스 사람들은 무역과 수공업으로 생활한다. 그들은 비단이나 금실로 짠 많은 종류의 아름답고 값비싼 직물을 짜기 때문이다. 이 도시는 상품이 인도, 바우다스(Baudas), 크레메소르(Cremesor)와 다른 지역으로부터 들어오는 좋은 위치를 차지하고 있다. 그래서 특히 제노아 사람들 같은 많은 라틴계 상인들이 상품을 사러 와 이곳에서 장사한다. 게다가 그곳은 큰 보석 시장이기도 하다. 사실 상인들이 큰 이익을 보는 곳은 이 도시이다. 이곳의 사람들은 불쌍한 사람들로, 다른 계층의 사람들과 뒤섞여 있다. 아르메니아인, 네스토리안교도, 아콥교도, 조지아인, 페르시아인, 그리고 이 도시의 원주민들이 있는데, 이 원주민들은 모하메드 신봉자들이다. 이들은 매우 사악한 사람들로, 이들은 타우리지(Taurizi)로 알려졌다. 이 도시는 매력적인 과수원으로 둘러싸여 있어 크고 뛰어난 많은 과일로 가득하다(『The Book of Ser Marco Polo』, I, 74~75쪽)."

마르코폴로가 말한 '타우리스'는 분명 이란의 타브리즈가 분명해 보인다. 율(Yule)은 "아불페다(Abulfeda, 1273~1331)는 타브리즈(Tabríz)가 속어로 '타우리즈(Tauriz)'로 발음되었다

203) Emil Bretschneider, 『Mediaeval Researches from Eastern Asiatic Sources』, II, 294쪽.

고 하는데, 이를 서부 유럽사람들이 채택해 쓴 것 같다. 페골로티(Pegolotti, 1290?~1347)에게서 이 명칭은 항상 '토리씨(Torissi)'였다"라고 하였다. 마르코폴로의 '타우리스'와 페골로티의 '토리씨'는 여기 '토래사(討來思)'와 음성적으로 상당히 근접하다.

폴 펠리오는 "1330년 타브리즈는 이미 일한국의 수도였음에도, 『원사』, 권63, 「지리지·서북지부록(西北地附錄)」에 빠져 있다는 점은 의아하다"라고 의문을 남긴 다음,[204] 브레트슈나이더의 추정에 따라, "1431년 조공해 온 『명사』의 토래사(討來思)는 타브리즈임이 분명하다. 이 음역 표기는 아마도 쉴트베르거(Schilberger)의 '타우레스(Thaures)'와 아르메니아어 '타브레즈(Tavrēž)'와 유사한 '타우레즈(Taurēz)'라는 발음에 해당하는 것 같다. 이 타브리즈는 『명사』, 권332(8626쪽)에서 '첩필력사(帖必力思, Täbris)'[205]라는 표기로 한 번 더 보인다"라고 설명했다(『Notes on Marco Polo』, II, 848쪽). 한편 브레트슈나이더는 『천하군국리병서(天下郡國利病書)』, 권48에 보이는 '첨가렬사(帖乩列思)'라는 나라를 설명하며, 두 번째 글자 '가(乩)'가 '백(白)'의 오기로 이해하고, 타브리즈의 또 다른 음역 표기로 설명했다.[206]

---

204) 『원사』, 권63에 타브리즈가 빠진 것이 아니라, 역자의 생각으로, '탑미설[tʰap-miei-ɕi̯ɛt](塔米設)'이 타브리즈에 해당하는 음일 것이다.

205) '첩필력사[tʰiep-pi̯ĕt-li̯ək-si](帖必力思)'는 사고전서본에 '특박리소(特博哩蘇)'로 표기되어 있다.

206) Emil Bretschneider, 「Chinese Imtercouse with the Counties of Central and Western Asia in the Fifteenth Century」, 『China Review』, V(1876~1877), 239쪽.

이상 브레트슈나이더와 펠리오는 결국 마르코폴로와 14세기의 속어 발음인 '타우리스'로부터 '토래사(討來思)'를 설명하고 있다. 그러나 마르코폴로가 기술한 '타브리즈'라는 대도시와 여기 『명사』가 근거하고 있는 '토래사(討來思)'의 초라한 기술과는 상당한 차이가 있다. 사마르칸트에서 타브리즈까지는 직선거리로만 1,792km이다. 『명사』, 권332에서 선덕 7년(1432)년 환관 이귀(李貴)라는 사신이 갔다고 기록한 서역의 나라는, 사마르칸트[撒馬兒罕], 사록해아(沙鹿海牙, 샤흐루히야?), 타슈켄트[達失干], 사이람[賽藍], 헤라트[哈烈], 그리고 여기 토래사(討來思)이다. 이들 나라 중 가장 먼 곳은 헤라트[哈烈]이다. 따라서 여기 '토래사'는 우리에게 '탈라스'로 알려진 카자흐스탄의 타라즈(Taraz)에 해당하는 음일 것이다.

[28] 숙신씨(肅愼氏)

‘숙신씨[sįuk-ʑįĕn-tɕie](肅愼氏)’의 문법적 구성은 ‘숙신+씨’인지 ‘월지(月氏)’처럼 하나의 ‘부족’으로 읽어야 하는지 어렵다.

이 명칭은 이미 『좌전(左傳)』 소공(昭公) 9년에 보인다. 바로 “숙신, 연, 호는 우리[주나라]의 북쪽 땅이다(肅愼·燕·亳, 吾北土也)”라고 한 것이다. 『죽서기년(竹書紀年)』 제순(帝舜), 25년 조목에 “식신씨(息愼氏)가 조정에 와, 활과 화살을 바쳤다”라는 기록이 보이고, 『사기』, 권1, 「오제본기」(43쪽)에 동쪽의 이민족으로 식신[sįək-ʑįĕn](息愼)을 언급하고 있는데, 『사기집해(史記集解)』에서는 정현(鄭玄)의 설을 인용하여 “식신, 혹은 ‘숙신’이라고도 하는데, 동북쪽의 이민족[夷]이다”라는 설명이 보인다. 한편 『일주서(逸周書)』(사고전서본, 권7, 7b)에 “서쪽을 향하는 이들로, 정북방 직신(稷愼)이 큰사슴[大麈]을 [바쳤다](西面者正北方稷愼大麈)”라는 기록이 보이는데, 진(晉)나라 공조(孔晁)는 “직신[tsįək--ʑįĕn](稷愼)은 숙신이다. 바친 ‘주(麈)’는 사슴과 비슷하다. ‘정북’은 내대(內臺)의 북쪽이다(稷愼, 肅愼也. 貢麈似鹿. 正北, 內臺北也)”라고 설명했다.

『죽서기년』과 『사기』의 언급은 ‘전설’ 수준이므로 논외로 한다. 어쨌든 숙신=식신=직신 모두 같은 이민족에 대한 이칭들이며, ‘숙신+씨’로 이해해야 할 것 같다. ‘숙신’이라는 ‘부족’이 사는 지역은 동쪽인지, 북쪽인지, 동북쪽인지 의견이 갈린다. 결국 이를 포괄하는 방위는 ‘동북방’일 뿐이다. 이 밖에도 『사기』, 권47, 「공자세가」(1922쪽)과 권117, 「사마상여열전」에 실린 「자허부(子虛賦)」에 두 차례 언급이 보인다(3015, 3016쪽). 이전 언급한 정보 수준을 벗어나지 않으며, 자체적 설명은 보이지 않는다.

중국 정사로서 『후한서』에서 숙신에 관한 언급들은 모두 '열전'에 들어있는데, 사실 이전 정보의 재인용에 지나지 않는다. 확실한 조공기록은 위(魏)나라 시기부터 나타난다. 진수(陳壽, 233~297)의 『삼국지(三國志)·위서(魏書)』, 권2, 「명제본기」(107쪽)으로, 청룡(青龍) 4년(236), 5월 정사(丁巳)일에 "숙신씨가 싸리나무로 만든 화살[楛矢]을 바쳤다(丁巳, 肅愼氏獻楛矢)"라는 기록이 보이고, 권4, 「삼소제(三少帝) 본기」(149쪽)에서는, 경원(景元) 3년(262), "여름 4월, 요동군(遼東郡)에서 이르기를, '숙신국(肅愼國)'이 사신을 보내, 통역을 통해 조공하며, 그 나라의 길이 3척 5촌의 활 30장(張), 길이 1척 8촌의 싸리나무로 만든 화살[楛矢], 석노(石砮) 300매(枚), 가죽·뼈·쇠를 섞어 만든 갑옷 20령(領), 담비 가죽 400매(枚)를 헌상했다고 했다(夏四月, 遼東郡言, 肅愼國遣使重譯入貢, 獻其國弓三十張, 長三尺五寸, 楛矢長一尺八寸, 石砮三百枚, 皮骨鐵雜鎧二十領, 貂皮四百枚)"라고 기술했다. 주목할만한 점은 '숙신국'으로 처음 표기되었다는 점이다. 그러나 '동이열전'에서는 '읍루(挹婁)'라는 명칭으로 기록되어 있다는 점이다. 지봉이 '숙신씨'를 기술하면서, 『진서(晉書)』의 기록을 채택한 것은 탁월한 선택이다.

'숙신'을 기술한 가장 이른 자료는 3세기로 추정되는 『위략』일 것이다. 『한원(翰苑)』(『요해총서(遼海叢書)』본, 25a)에 인용된 『위략(魏略)』에서 "숙신씨의 땅은 부여국에서 북쪽으로 10일 가는 곳에 있다. 동쪽은 대해(大海)에 가깝고, 서쪽으로 관만행국(冠漫行國)에 접해 있으며, 북쪽으로 약수(弱水)에 닿는다. 땅의 경계는 가로세로 수천 리이다. [사람들은] 깊은 산 외진 골짜기에 살다가, 여름이면 나무에 깃들어 살고, 겨울에는 굴에서 산다. 부자가 대를 이어 군장(君長)을 지내며, 글로 쓰는 이치[文理]가 없어 말로 약속한다. 돼지털을 이어 베를 만들고, 발에 고기를 끼워 먹으며, 언 고기가 있으면 그 위에 앉아 녹인다. 땅에는 소금과 철이 없어 나무를 태워 재를 만들어 물을 뿌린 다음 그 즙을 짜, 먹는다(魏略曰, 肅愼氏, 其地在夫餘國北十日行. 東濱大海, 西接冠漫行國, 北極弱水. 其土界廣袤數千里. 居深山窮谷, 夏則巢居, 冬則穴處. 父子代爲君長, 無文理, 以言語爲約束. 續豬毛以爲布, 以足挾肉而噉之, 得凍肉坐其上令醽. 地土無鹽·鐵, 燒木作灰, 灌取汁而食)"라고 하였다. 『진서』의 「숙신씨전」은 이 기술에서 비롯되었음을 알 수 있다.

당나라 648년 완성된 『진서(晉書)』, 권2, 「태조문제본기」(37쪽)에서 경원 3년(262), 여름 4월에 "숙신이 와서 싸리나무로 만든 화살, 석노(石砮), 활, 갑옷, 담비 가죽 등을 바치자, 천자는 대장군부(大將軍府)에 귀속시켰다(肅愼來獻楛矢·石砮·弓·甲·貂皮等, 天子命歸於大將軍府)"라고 하며, 『삼국지』의 기록을 보충했다. 또 권3, 「세조무제본기」(70쪽)에도, 함녕(咸寧) 5년(279)년 12월 "숙신이 와 싸리나무로 만든 화살[楛矢], 석노를 헌상했다"라고 조공 사실을 기록하고 있다. 이는 권6, 「중종원제본기」(152쪽), 태흥(太興) 2년(319) 8월에도 같은 조공이 이루어지고 있음을 확인할 수 있다. 『진서』, 권97, 「동이·숙신씨」 열전(2534~2535쪽)은 "숙신씨는 읍루라고도 한다"라는 정보로 시작한다.

앞서본 조공기록에서 모두 '숙신'으로 언급하고 있는 것을 보면, '숙신'이 원래 명칭이고, '읍루'는 별칭임을 암시하고 있다. 앞서 언급한 것처럼, 정사에서 '읍루[ʔiəp-liu](挹婁)'라는 명칭은 『삼국지·위서』, 권30, 「동이열전」에서 처음 보인다. 이어서 범엽(范曄, 398~445)의 『후한서(後漢書)』에 따르면, 「열전」에서만 다섯 곳에서 ‘읍루’을 언급하고 있는데, ‘숙신’은 읍루의 부가 정보로 나타난다. 특히 권70의 「공융(孔融) 열전」(2272쪽)에 보이는 ‘숙신’에 대하여 이현(李賢)은 3세기로 추정되는 『위략(魏略)』을 인용하여 “읍루는 숙신씨라고도 한다(挹婁一名肅愼氏)”라고 하였다. 첫 조공기록인 청룡(青龍) 4년(236)부터, 즉 3세기 중반부터 ‘숙신’에서 ‘읍루’로의 변화가 예상된다. 두 명칭의 음성적 연관성을 찾기 어려우므로, 숙신 혈통[숙신씨]의 다른 부족, 즉 ‘읍루’가 그들 지역에서 우세했다는 의미로 읽어야 할 것 같다. 『삼국지』 열전에 기술된 ‘읍루’는 『진서』의 ‘숙신씨’ 기술과 상당 부분 일치한다.[207] 따라서 『진서』에서 ‘읍루’ 대신에 ‘숙신씨’로 중심을 두어 기술한 점은 역사성을 고려한 선택일 것이다.

한편 『위서(魏書)』(554~559년), 권100, 「물길전(물길(勿吉)傳)」(2219쪽)에 “물길[mi̯uət-ki̯ĕt]국은 고구려 북쪽에 있다. 옛날 숙신국이다(勿吉國在高句麗北, 舊肅愼國也)”라고 하였고, 이를 그대로 옮긴 『북사(北史)』(643~659년), 권94, 「사이·물길」(3123)에서는 “물길국은 고구려의 북쪽에 있는데, ‘말갈[muɑt-ɣɑt](靺鞨)’이라고도 한다(勿吉國在高句麗北, 一曰靺鞨)”라고 하였다. 고음으로 ‘물길’과 ‘말갈’의 연관성은 가시적이며 그럴법하다. 그렇다면 ‘숙신-읍루-물길 또는 말갈’의 변화과정을 읽을 수 있다. 『위서』의 「본기」에는 ‘물길’이 사신을 보내 ‘호시(楛矢)’를 헌상했다는 기록이 자주 보인다. 그러나 『위서·물길전』에서 기술한 내용은 ‘숙신’과 상반되는 결정적인 기술이 있는데(3124쪽), 바로 “물에는 소금기가 있고, 소

207) 자세한 사항은 ‘중국정사동이전DB’의 번역과 주석을 참고하시오.

금은 나무껍질에서 나며, 소금기가 있는 못도 있다(水氣鹹, 生鹽於木皮之上, 亦有鹽池)"라고 한 것이다.

(1)『진서(晉書)』에 숙신씨(肅愼氏)는 읍루(挹婁)라고도 하는데, ①부함산(不咸山) 북쪽에 있으며, ②부여(扶餘)에서 대략 60일 거리에 있다. 동쪽으로는 큰 바다가 있고, 서쪽으로는 ③구만한국(寇漫汗國)에 접해 있으며, 북쪽으로는 ④약수(弱水)에 닿는다. 넓이는 수천 리이다(晉書, 肅愼氏, 一名挹婁, 在不咸山北, 去扶餘可六十日, 東濱大海, 西接寇漫汗國, 北極弱水, 廣袤數千里).

『진서』, 권97, 「사이·숙신씨」(2534쪽): "숙신씨는 '읍루'라고도 하는데, 부함산(不咸山) 북쪽에 있으며, 부여(夫餘)에서 대략 60일 거리에 있다. 동쪽으로는 큰 바다가 있고, 서쪽으로는 구만한국(寇漫汗國)에 접해 있으며, 북쪽으로는 약수(弱水)에 닿는다. **그 땅의 경계는** 넓이가 수천 리이다(肅愼氏, 一名挹婁. 在不咸山北, 去夫餘可六十日行. 東濱大海, 西接寇漫汗國, 北極弱水. 其土界廣袤數千里)."

①부함산[piəu-γăm](不咸山)은 『산해경(山海經)』(사고전서본, 권17, 1b)에 "큰 황무지[大荒] 가운데 '부함(不咸)'이라는 산이 있는데, [이 산에] 숙신씨의 나라가 있었다(大荒之中, 有山名曰不咸, 有肅愼氏之國)"라고 하며 가장 이른 언급을 보여준다. 곽박은 "지금 숙신국은 요동에서 3,000여 리 떨어져 있다. 굴에서 살며, 옷이 없어 돼지가죽을 입는다. 겨울에는 기름[膏]을 두껍게 여러 번 발라, 그것으로 바람과 추위를 물리친다. 그 사람들은 모두 활쏘기에 능한데, [그 활은] 길이가 4척이며 강력하다. 화살은 싸리나무로 만드는데, 길이는 1척 5촌으로, 청석으로 촉을 만든다. 이것이 춘추시대 매가 진후(陳

侯)의 뜰에 모였을 때, [매를] 잡은 화살이다. 진(晉)나라 대흥(大興) 3년(320), 평주자사 최비(崔毖)가 별가 고회(高會)를 사신으로 보내 와, 숙신씨의 활, 화살, 화살촉을 헌상했는데, 청동 같은 뼈로 만든 것도 있었다. [이에 대해] 묻자 답하기를, 해내의 나라에 전해져 이것이 두루 쓰이게 되었다고 했다. 지금은 이곳을 '읍루국'이라 한다. 좋은 담비[가죽]와 붉은 옥이 나는데, 어찌 바다 밖에서 전해져 이곳에 이르게 되었겠는가. 『후한서』에서 말하는 '읍루'라고 한 것이 맞다(今肅愼國, 去遼東三千餘里. 穴居, 無衣, 衣猪皮. 冬以膏塗體厚數分, 用却風寒. 其人皆工射弓, 長四尺, 勁强. 箭以楛爲之, 長尺五寸, 靑石爲鏑. 此春秋時, 隼集陳侯之庭所得矢也. 晋大興三年, 平州刺史崔毖遣別駕高會使來, 獻肅愼氏之弓矢·箭鏃, 有似銅骨作者. 問云, 轉與海內國, 通得用此. 今名之爲挹婁國. 出好貂·赤玉, 豈從海外轉而至此乎. 後漢書所謂挹婁者, 是也)"라고 설명했다.

'부함산'은 백두산을 말한다. 『만주원류고(滿洲源流考)』(사고전서본, 권14, 17b)에 "장백산은 길림 오라성에 있다. 동남쪽으로 1,000여 리 비스듬하게 이어져 있는데, 동쪽 영고탑(寧古塔)에서 서쪽 봉천부(奉天府)까지 이르는 산들은 모두 이 산에서 맥을 틔운다. 산꼭대기에는 담(潭)이 있는데, 압록(鴨綠), 혼동(混同), 애호(愛嘑) 세 강의 원천이다. 옛날에는 부함산(不咸山)이라 했고, 태백산(太白山), 백산(白山), 도태산(徒太山), 태말산(太末山)으로도 불렀다. '장백산'이란 명칭은 금나라 때 비롯되었다. 금나라 대정(大定) 12년(1172) 태백산신을 흥국영응왕(興國靈應王)에 봉하고, 그 산 북쪽에 사당을 지었다. 명창(明昌) 4년(1193)에 다시 '개천굉성제(開天宏聖帝)'로 책봉했다(長白山, 在吉林烏拉城. 東南橫亘千餘里,

東自寧古塔, 西至奉天府, 諸山皆發脈於此山. 巓有潭爲鴨綠·混同·愛嘽三江之源. 古名不咸山, 亦名太白山, 亦名白山, 亦名徒太山, 亦名太末山. 其名長白山, 則自金始也. 金大定十二年, 封太白山神爲興國靈應王, 即其山北地建廟宇. 明昌四年, 復冊爲開天宏聖帝)"라는 기록을 근거로 삼을 수 있다.

②'부여(夫餘)'라는 명칭은 『전한서』, 권28하, 「지리지·연지(燕地)」(1657쪽)에 가장 이른 언급을 보여준다. 안사고(顔師古)는 "부여는 장성의 북쪽에 있으며, 현토(玄菟)에서 1,000리 떨어져 있다. '부[bʱi̯u|pi̯u](夫)'의 음은 부[[bʱi̯u](扶)이다(夫餘在長城之北, 去玄菟千里. 夫讀曰扶)"라고 설명했다. 안사고의 지리 정보는 『삼국지·위서』, 권30, 「동이·부여」(841쪽)에 보인다. 발음 설명은 '부(扶)'자로도 쓰일 수 있음을 의미한다. 『삼국지·위서』, 권2, 「문제본기」(58쪽)에는 연강(延康) 원년(220) "예맥과 부여(扶餘)의 선우(單于), 카라사르[焉耆]와 호탄[于闐]의 왕이 각기 사신을 보내 [예물을] 헌상했다(濊貊·扶餘單于, 焉耆·于闐王皆各遣使奉獻)"라고 한 것을 보면 '부(夫)'와 '부(扶)'는 같이 쓰였음을 알 수 있다. 하지만 수나라 이후에는 '부(扶)'자로 표기된 예가 더 많다.

『삼국지·위서』, 권30, 「동이·부여」(841쪽)에 따르면, 부여는 동쪽으로 읍루(挹婁)와 접해있다고 한다. 또 「동이·읍루」(847쪽)에 따르면, 읍루는 부여 동북쪽 1,000여 리에 있다고 한다. 지봉이 인용한 『진서』에서는 방향은 밝히지 않았고, 말을 타고 가는지, 도보로 가는지는 밝히지 않았지만, 부여와 숙신은 '60일' 거리라고 했다. 한편 『양서(梁書)』, 권54, 「동이·고구려」(801쪽)에서는 고구려의 위치를 설명하며, "북쪽으로 부여와 접해있다(北與夫餘接)"라고 하였다. 정리하면 '부여'는 고구려의 북쪽이며, 숙신의 서쪽 또는 서남쪽으로 60일 거리에 있는 곳이다. 『요사(遼史)』, 권38, 「지리지·안원군(安遠軍)」(468쪽)에 따르면, "통주(通州)[208]의 안원군절도는 원래 부여국 왕성으로 발해는 '부여성'이라 불렀다. [요] 태조(907~926년 재위)가 용주(龍州)로 고쳤고, 성종(982~1031년 재위) 때 현재 명칭으로 바뀌었다. 보령(保寧) 7년(975), 황룡부(黃龍府) 반역자 연파(燕頗)의 잔존 무리 1,000여 가구를 안치하고 절도사로 승격했다(通州, 安遠軍節度, 本扶餘國王城, 渤海號扶餘城. 太祖改龍州, 聖宗更今名. 保寧七年, 以黃龍府叛人燕頗餘黨千餘戶置, 升節度)"라고 하고, 이어서 관할하는 네 현을 들었는데, 모두 발해(渤海)의 땅에 있는 곳이다. 이로써 부여의 중심은 통주 또는 용주였고 그곳은 발해의 땅이었다.

③한[ɣɑn|kɑn](汗)은 『광운(廣韻)』(사고전서본, 권1, 78b)에 "한(汗)은 가한(可汗)으로 번왕(藩王)의 칭호이다(汗, 可汗, 蕃王稱)"라고 정의하고 있다. 칸(khan, ghan)에 해당하는 음으로, '가한(可汗, 可寒)'은 'gaghan' 또는 'gakhan'에 해당하는 표기이다. 『신당서』, 권215상, 「돌궐」(6028쪽)에 "튀멘[吐門] [시

208) '통주(通州)'에 관하여 증공량(曾公亮, 998~1078) 등의 『무경총요(武經總要)』(사고전서본, 전집, 권16상, 64a~b)에 "통주의 부여국은 고구려 북쪽에 있는데, 원래는 예맥의 땅이었다. 이 나라는 장성의 북쪽에 있으며, 서쪽으로 선비(鮮卑)와 접해 있다. 땅은 사방 2,000리로, 뒤에 발해국이 되었다. 아보기(阿保機, 요 태조, 907~926년 재위)가 그곳을 평정하여 '동란왕국'이라 불렀다. 지금은 통주로 고쳤으나, 여전히 '부여국'이라고 부른다(通州夫餘國, 在高勾麗北, 本濊貊之地. 其國長城之北, 西與鮮卑接. 地方二千里, 後爲渤海國. 阿保機平之, 爲東丹王國. 今改爲通州, 仍名曰夫餘國)"라고 한 기록을 참고할 수 있다.

기에] 이르러 마침내 강대해져, '가한(可汗)'으로 고쳐 불렸는데 이는 선우(單于)와 같은 것으로, 그의 아내는 카툰[可敦]이라 했다(至吐門, 遂彊大, 更號可汗, 猶單于也, 妻曰可敦)"라고 한 것으로 확인할 수 있다. 한편 『한원(翰苑)』에 인용된 여기 '한국(汗國)'은 칸 또는 가한의 나라라는 의미로 추론할 수 있다. 앞서본 『위략』에 '행국(行國)'의 '행[ɣaŋ](行)'자 또한 '한(汗)'의 또 다른 표기일 것이다.

결국 '구만[kʰəu-muan]](寇漫)'이 칸국의 명칭이다. 이 '구만'은 『위략』에 '관만[kuan-muan](冠漫)'으로 되어있다. '구(寇)'자와 '관(冠)'자는 자형이 비슷하여 하나는 다른 하나의 오기임에 분명하지만, 어느 글자가 선본인지는 판단할 수 없다. 아래 (2)에서는 '구막[kʰəu-mak](寇莫)'이라는 칸국도 보인다. '중국정사동이전DB'의 주석은 '구만'과 '구막'이 '곰'을 뜻하는 '쿠마(kuma)'에 해당하는 음일 가능성을 제시했지만, '구만'과 '구막'은 상당히 멀리 떨어진 나라이고, '만(漫)'자와 '막(莫)'자의 음성적 차이는 크다.

④'약수(弱水)'란 수심이 얕아 배가 다니지 못하는 강, 호수, 또는 바다를 지칭하는 일반적이 표현이다. 물 이름으로 사용된 것은 첫째, 『사기』, 권2, 「하본기」(65, 67쪽)에 두 차례 언급되었는데, 주석가들은 약수는 장액(張掖)에서 출원한다고 했다. 이는 『전한서』, 권28상, 「지리지」(1532, 1534쪽)에서도 확인된다. 둘째, 『전한서』, 권96상, 「서역전·오익산리국(烏弋山離國)」(3888쪽)에서 "안식의 연장자가 소문을 전하여 조지(條支)에는 약수와 서왕모가 있다고 했다(安息長老傳聞條支有弱水·西王母)"라고 하였다. 셋째, 『산해경』(사고전서본, 권16, 5a)에는 곤륜지구(崑崙之丘) "아래에는 약수(弱水)

라는 연(淵)이 둘렀다(其下有弱水之淵環之)"라고 하였고, 곽박은 "이 물에는 기러기 털도 뜨지 않는다(其水不勝鴻毛)"라고 설명했다. 넷째, 『자치통감』(사고전서본, 권121, 15b), 원가(元嘉) 6년(429) 조목에 "위나라 왕[魏主]은 약수로 달아났다가 서쪽으로 가서 탁야산에 이르렀다(魏主循弱水, 西行至涿邪山)"라고 하였으므로, 약수는 네이멍구 경내에 있다. 『구당서』, 권197, 사천 지방 여인의 나라라는 「동녀국전(東女國傳)」(5277쪽)에 "그 왕의 거처는 강연천(康延川)이라 하는데, 그 안에 있는 약수가 남으로 흘러, 소가죽으로 배를 만들어 건넌다(其王所居名康延川, 中有弱水南流, 用牛皮爲船以渡)"라고 했다. 마지막으로 숙신과 부여의 북쪽에 있다는 약수이다. 『위서(魏書)』, 권100, 5~6세기 숙신의 땅에 등장한 '물길(勿吉)'이란 나라 열전에는 '약수'는 보이지 않는다. 하지만, 북쪽으로 7일 거리에 있는 여락괴수(如洛瓌水), 또 북쪽으로 15일 가는 거리에 있다는 '태로수(太魯水)', 폭이 3리나 되는 '속말수(速末水)'가 언급되어있다. 만약 '물길'이 바로 옛 '숙신'이라면 약수는 이 세 강물 중 하나일 것이다.

⑵비리국(裨離國)은 숙신씨의 나라 서북쪽에 있는데, 말을 타고 가면 200일 거리에 있다. 양운국(養雲國)은 비리국에서 말을 타고 50일 거리에 있다. 구막한국(寇莫汗國)은 양운국에서 또 100일 거리에 있다. 일군국(一群國)은 [구]막한[국]([寇]莫汗[國])에서 또 150일 거리에 있다. 계산해보면 숙신(肅愼)에서 50,000여 리이다(裨離國, 在肅愼氏國西北, 馬行二百日. 養雲國, 去裨離馬行又五十日. 寇莫汗國, 去養雲國又百日. 一群國, 去莫汗又百五十日, 計去肅愼五萬餘里).

『진서』, 권97, 「사이·비리 등 10국(裨離等十國)」(2536쪽): "비리국(裨離國)은 숙신의 서북쪽에 있는데, 말을 타고 가면 200일 거리에 있으며, **20,000가구를 다스린다**. 양운국(養雲國)은 '비리'에서 말을 타고 또 50일 가는 거리에 있는데 **20,000가구를 다스린다**. 구막한국(寇莫汗國)은 양운국에서 또 [말을 타고] 100일 거리에 있는데, **50,000가구를 다스린다**. 일군국(一群國)은 '막한'에서 또 [말을 타고] 150일 가는 거리에 있는데, 계산해보면 숙신에서 50,000여 리이다. **이곳들의 풍속과 토양은 모두 상세하지 않다**(裨離國在肅愼西北, 馬行可二百日, 領戶二萬. 養雲國去裨離馬行又五十日, 領戶二萬. 寇莫汗國去養雲國又百日行, 領戶五萬餘. 一羣國去莫汗又百五十日, 計去肅愼五萬餘里. 其風俗土壤並未詳)."

여기 거론된 '막연한' 나라는 하나도 확인되지 않았다. 다만 '비리국(裨離國)'은 『삼국지·위서』, 권30, 「동이·한(韓)」(849~850쪽)에는 마한(馬韓)의 50여 개국을 열거하고 있는데, 그중에는 '비리국(卑離國)'이 보이고, 남해(監奚) 비리국, 내(內) 비리국, 벽(辟) 비리국, 모로(牟盧) 비리국, 여래(如來) 비리국, 초산도(楚山塗) 비리국 등 여섯 나라가 보인다. 또 '운(雲)'자를 사용한 나라로, 신운신국(臣雲新國), 부운국(不雲國)이 들어있고, '일(一)'자를 사용한 나라로는 일리국(一離國), 일난국(一難國)이 들어있다.

(3)진(晉)나라 무제(265~290년 재위) 때 각기 [복속된] 작은 부족들을 보내 그곳의 산물들을 헌상했다(晉武時各遣小部, 獻其方物).

『진서』, 권97, 「사이·비리 등 10국(裨離等十國)」(2536~2537쪽)에 "정시(正始) 3년(242) 각기 작은 부족[小部]를 보내 그곳의 산물을 바쳤다(泰始三年, 各遣小部獻其方物)"라고 하였다. 지봉이 '진나라 무제'를 언급한 것은 착오일 것이다.

⑷생각건대, 흑수말갈(黑水靺鞨)이 바로 숙신씨이다. 흑수(黑水)는 지금의 흑룡강이다(按黑水靺鞨, 卽肅愼氏也. 黑水, 今흑룡강(黑龍江)也).

지봉의 이 결론은 『구당서』, 권199하, 「말갈전(靺鞨傳)」(5358쪽)을 근거했다. "말갈은 대체로 숙신의 땅으로, 북위[後魏, 386~534년] 시기에는 '물길'이라 하였다. 장안에서 동북쪽으로 6,000여 리에 있다. 동쪽으로 바다에 이르고, 서쪽으로 돌궐(突厥)에 접해 있으며, 남쪽으로는 고구려[高麗]와 접해 있고, 북쪽으로 실위(室韋)와 가깝다. 이 나라는 수십 부족[部]으로 구성되어 각기 수령[酋帥] 있다. 혹 고구려에 부속되기도 했고, 혹 돌궐에 신속하기도 했지만, 흑수(黑水)의 말갈은 가장 북방에 있었고, 더욱 강성했는데, 매번 그 용맹함을 자신하여 항상 이웃 나라의 걱정거리가 되었다(靺鞨, 蓋肅愼之地, 後魏謂之勿吉. 在京師東北六千餘里. 東至於海, 西接突厥, 南界高麗, 北鄰室韋. 其國凡爲數十部, 各有酋帥. 或附於高麗, 或臣於突厥, 而黑水靺鞨最處北方, 尤稱勁健, 每恃其勇, 恆爲鄰境之患)"라고 하였다.

우리 한자음 '거란'의 '결(契)'자는 칼그렌 고음에 따르면 [kʰiei]와 [kʰi̯ət] 두 발음이 있고, 몽골어 발음은 [k˒ji]와 [k˒jɛ]이다. '단(丹)'자의 고음과 몽골어 발음은 모두 [tɑn]이다. 이로부터 종성 비음인 'n' 발음이 탈락하고(이는 북방 방언에서 흔한 현상), 'Khita' 'Khitai', 'Kitai', 'Kythay', 'Cathay', 'Catay' 등으로 옮겨졌다.[209] 즉 이러한 현지 발음으로부터 '契丹'이란 한자어 표기가 생겨났다고 보는 편이 자연스럽다. 한자음 '결'에서 '거'로의 변화는 그럴법한 설이 제기될 수 있지만,[210] 두 번째 글자인 '단'이 어떻게 '란'으로 발음되었는지, 다시 말해 't' 음이 어떻게 'l'로 발음되었는지는 설명하기 어렵다. 목단(牧丹)을 '모란'으로, 보제(菩提)를 '보리'로, 도장(道場)을 '도량'으로 읽는 현상에서 우리는 어떤 규칙성을 발견할 수 있을까?

974년 완성된 『신오대사』, 권72, 「사이부록(四夷附錄)·거란 상」(855쪽)에 따르면 "거란은 북위[後魏, 386~534] 아래로 그 명칭이 중국에 나타났다(契丹自後魏以來, 名見中國)"라고 한다. 이는 『위서(魏書)』(554~559년), 권4상, 「세조태무제 본기」(87쪽), 태연(太延) 3년(437)에 "고구려, 거란국이 모두 사신을 보내 조공했다"라는 조공기록으로 확인할 수 있다. 그러나 이보다 좀 더 이 나라의 출현을 거슬러 올라갈 수 있다.

---

209) C. Raymond Beazley(ed.), 『The Texts and Versions of John de Plano Carpini and William de Rubruquis as Printed for the First Time by Hakluyt in 1598』, London, Hakluyt Society, 1904, 276쪽.

210) 장재웅, 「한국 한자음 거란(契丹)의 발생 시기와 원인 연구」, 『중국언어연구』, 21집(2005), 277~278쪽을 참고하시오. 아쉽게도 '단(丹)'자에 관해서는 별다른 연구를 보여주지 못했다.

『요사(遼史)』(1344년), 권63, 「세표(世表)」(949쪽)에 따르면, 묵돈가한(冒頓可汗)의 공격으로 선비산(鮮卑山)으로 달아나 살면서 '선비씨(鮮卑氏)'라 불린 사람들은 "모용연(慕容燕, 前燕, 337~370년)에 패하여 그 부족들을 우문(宇文), 고막해(庫莫奚), 거란(契丹)으로 나뉘었다. '거란'이란 명칭은 여기에 처음 보인다(既而慕容燕破之, 析其部曰宇文, 曰庫莫奚, 曰契丹. 契丹之名, 昉見于此)"라고 하였다. 전연(前燕)의 건국자 모용황(慕容皝)은 여러 차례 선비(鮮卑)와 다투다가, 건원(建元) 2년(344)년 2월 "모용황은 선비의 장수 우문귀(宇文歸)와 창려(昌黎)에서 싸우다가 우문귀의 무리가 대패하여 몽골사막 북쪽[漠北]으로 달아났다(慕容皝及鮮卑帥宇文歸戰于昌黎, 歸衆大敗, 奔于漠北)"라는 기록을 확인할 수 있다(『진서』, 권7, 「강제본기」, 186쪽). 또한 『진서(晉書)』, 권124, 후연(後燕) 소문제(昭文帝) 모용희(慕容熙, 385~407) 열전에 따르면(3106쪽), "모용희는 거란을 습격하여 대파했다(熙北襲契丹, 大破之)"라는 기록을 통해 '거란' 명칭의 출현은 북위(北魏) 건국 반세기 전으로 거슬러 올라갈 수 있다.

5세기로 접어들면서 거란은 후연(後燕)과 세력 다툼에서 밀려났다. 6세기로 접어들면서 선비에서 나뉘었던 같은 혈통의 고막해(庫莫奚)와 거란은 서로 대립했다. 이는 수나라의 북방정책과 관련이 있어 보인다. 『수서』, 권84, 「해전(奚傳)」(1881쪽)에 "매번 거란과 서로 공격하며 재물과 가축을 약탈하여 포상을 받았다(每與契丹相攻擊, 虜獲財畜, 因而得賞)"라고 하였고, 『수서』, 권1, 「고조본기」(21쪽)에 따르면, 개황(開皇) 4년(584)에 거란이 항복한 사실이 언급되어있고, 이후 대업(大業) 11년(615)까지 조공한 사실이 확인된다. 반면 '해(奚)'

는 「수서·본기」에 조공기록이 전혀 없다.[211] 이는 6세기 후반 해(奚)가 거란과의 다툼에서 크게 무력화되었다고 추론하게 한다.

수나라의 멸망 이후 618년 당나라의 건국 이전까지 거란과 해(奚)는 돌궐의 지배를 받으며 경쟁했다. 이전 수나라 시기와 같은 현상이 돌궐을 중심으로 펼쳐졌다.[212] 630년 돌궐이 당나라에 멸망하면서 이들 선비 후예들은 다시 당나라의 판도로 귀속되었다. 그러나 680년대 돌궐이 흥기하면서 거란과 해(奚)의 운명은 당나라와 돌궐의 통치권 다툼에 좌지우지되었다. 8세기 전반은 당나라의 통제권에 들어왔으나 755년 안록산의 난은 서북 중국의 판도를 위구르 세상으로 뒤엎어 버렸다. 이는 위구르 제국의 멸망(840년)까지 지속되었다.[213]

위구르 제국의 붕괴와 노쇠한 당나라의 약화는 거란의 흥기를 예고했다. 『신당서』, 권219, 해(奚) 열전(6174쪽)에 따르면, "함통(咸通) 9년(868), 해의 왕 돌동소(突董蘇)가 대도독 살갈(薩葛)을 사신으로 보내 조정에 들어왔다. 이후 거란이 강성해지자 해(奚)는 대항할 수 없어 온 부족들이 [거란에] 예속되어 사역했다. 포로들을 가혹하게 다루자 해는 원망하여 추장 거제(去諸)가 다른 부족과 귀부했던 부족을 이끌고

211) 『수서』, 권84, 해(奚)의 열전(1881쪽)에 "대업(605~617) 연간에 해마다 사신을 보내 산물을 바쳤다(大業時, 歲遣使貢方物)"라고 했지만, 「본기」에서는 확인되지 않는다.

212) 『구당서』, 권199하, 「거란전」(5350쪽)에 "본디 돌궐에 신속하고 해(奚)와 자주 다투었다(本臣突厥, 好與奚鬭)"라고 하였다.

213) Xu Elina-Qian, 『Historical development of the pre-dynastic Khitan』, Helsinki, 2002, 167~171쪽을 참고하시오.

규주(嬀州) 북쪽 산을 보전하며 동해(東奚), 서해(西奚)가 되었다(咸通九年, 其王突董蘇使大都督薩葛入朝. 是後契丹方彊, 奚不敢亢, 而擧部役屬. 虜政苛, 奚怨之, 其酋去諸引別部內附, 保嬀州北山, 遂爲東·西奚)"라고 하였다.

907년 당나라가 멸망하자 거란은 야율아보기(耶律阿保機, 872~926)의 시대를 맞았다. 그는 동북, 서북의 이민족을 통합하여 916년 황제를 칭했고(『요사』, 권1, 「태조본기」, 3쪽), 대동(大同) 원년(947), 2월 국호를 '대요(大遼)'로 불렀다(『요사』, 권4, 「태종본기」, 59쪽). '대요'까지의 건국 과정은 '중국정사외국전DB' 『오대사』, 거란전을 참고하시오.

여기 지봉이 인용한 거란의 이웃 나라에 관한 정보들은 야율덕광(耶律德光, 902~947)이 죽은 뒤 후진(後晉, 936~946년)의 함양 현령(郃陽縣令)이었던 호교(胡嶠)가 당시 선무군절도사(宣武軍節度使)였던 소한(蕭翰)의 서기가 되어 거란에 들어갔다가, 소한이 모반의 혐의를 쓰고 처형되어, 7년간 거란에 머물다 광순(廣順) 3년(953) 중원으로 돌아옴으로써 알려진 기록이다. 호교가 남긴 책으로, 『송사』, 권204, 「예문지」(5112쪽)에는 '호교(胡嶠)의 『함료기(陷遼記)』 3권'이 보이고, 뒤(5156쪽)에는 '호교(胡嶠)의 『함로기(陷虜記)』 1권'이 기록되어있다. 어느 책인지는 분명하지 않고, 원본들은 전하지 않지만, 여기 『신오대사』에 인용된 기록은 10세기 중반 요나라와 주변 지역을 기술한 유일한 자료임에는 분명하다.

(1) 『오대사』에 거란(契丹) 동쪽으로 바다를 사이에 두고 철전(鐵甸)이 있는데, 그 땅에는 초목이 드물고, 물은 짜고 피처럼 탁하다(五代史曰, 契丹東距海有鐵甸, 其地少草木, 水鹹濁如血).

호교(胡嶠)의 기술에서 발췌한 정보이다. 『신오대사』, 권73, 「사이부록·거란(契丹)하」(906쪽): “거란국에서 동쪽으로 바다에 이르면, 철전(鐵甸)이 있다. 이 부족은 황야에서 가죽 천막[皮帳]에 살았고 사람들은 강인하고 용감하다. 그곳에는 초목이 드물고 물은 짜고 탁하며, 색은 핏빛이나, **오랫동안 맑게 한 뒤에는 마실 수 있다**(距契丹國東至于海, 有鐵甸. 其族野居皮帳, 而人剛勇. 其地少草木, 水鹹濁, 色如血, 澄之久而後可飮).” 확실히 지봉의 독서가 정확하다.

『오대사』(974년)의 철전[tʰiet-dʱien](鐵甸)은 마단림이 1307년 『문헌통고』(사고전서본, 권327, 8a)에서 여진(女眞)을 기술하며 “남쪽으로 고려와 이웃하고 있고, 북쪽으로 실위(室韋)와 접해 있으며, 서쪽으로 발해, 철전(鐵甸)과 경계하고, 동쪽으로 바다에 가깝다(南鄰高麗, 北接室韋, 西界渤海鐵甸, 東瀕海)”라고 하였다.[214] 그러나 『만주원류고(滿洲源流考)』(사고전서본, 권2, 3a)에 『대금국지(大金國志)』를 인용하여 “북쪽으로 실위(室韋)에 접해 있고, 서쪽으로 발해의 철리[tʰiet-lie](鐵離)와 경계하며, 동쪽으로 바다에 가깝다(北接室韋, 西界渤海鐵離, 東瀕海)”라고 하였는데, 확실히 ‘철전’이 ‘철리’로 표기되어 있다.

한편 『요사』, 권60, 「식화지하」(930쪽)에는 “신책(神冊, 916~922) 초에 발해를 평정하고 광주(廣州)를 얻었는데, 원래 발해(渤海) 철리부(鐵利府)로, ‘철리주(鐵利州)’라 고쳐 불렀다. 그곳에는 또한 철(鐵)이 많다(神冊初, 平渤海, 得廣州,

214) 이 문장은 장황의 『도서편』(사고전서본, 권50, 17b)에서도 철전(鐵甸)으로 인용되었다.

本渤海鐵利府, 改曰鐵利州. 地亦多鐵)"라는 기록을 통해 철리(鐵離)가 '철리(鐵利)'로도 표기되었음을 알 수 있다.

섭융례(葉隆禮, 1247년 진사)의 『거란국지(契丹國志)』(사고전서본, 권22, 7b~8a)에는 세 차례 '철리(鐵离)'라는 나라가 언급되었는데 "[거란의] 정 동북쪽으로 철리국에 이르는데, [이 나라의] 남쪽으로 아리마등국(阿里瑪等國)의 경계에 이른다. [이곳 철리국에] 사는 사람들의 언어, 복장, 주거, 농경과 목축은 약간 아리마 등국과 상통한다. 군장은 없고, 모두 산림에 뒤섞여 산다. [거란에] 복속되어 통제받지 않았고, [거란과의] 전쟁도 없어 더는 조공을 들이지 않았다. 다만 큰 말, 진주[蛤珠], 매류[鷹鶻], 푸른 쥐[靑鼠], 담비[貂鼠], 교어피(膠魚皮) 등으로 [거란과] 교역했다. 서남쪽으로 상경(上京)[네이멍구 바린 좌기]까지 5,000여 리이다. 그다음 동북쪽으로 말갈국에 이르고, [이 나라의] 동북쪽[215]은 철리국과 경계를 이룬다. … 또 다음 북쪽으로 철리실보선국(鐵离實保禪國)에 이른다(正東北至鐵离國, 南至阿里瑪等國界. 居民言語·衣裝·屋宇·耕養稍通阿里瑪等國. 無君長, 皆雜處山林. 不來服屬統押, 亦無爭戰, 復不貢進. 惟以大馬·蛤珠·鷹鶻·靑鼠·貂鼠·膠魚皮等物, 爲交易. 西南至上京五千餘里. 次東北至靺鞨國, 東北與鐵离國爲界. …又次北至鐵离實保禪國)"라고 하였다.

밑줄 친 부분은 『오대사』에서 말한 '철전'과 상당한 차이를 보인다. 요나라의 도성인 상경임황부(上京臨潢府, 네이멍구,

215) 여기 '동북'은 '서남'의 오기로 일 것이다. 그러나 뒤에 '철리실보선국'이 보이므로, '철리' 이후에 몇 글자가 빠졌을 가능성도 있다.

바린 좌기)를 중심으로 동북쪽으로 2,000km 정도 떨어진 지역일 것이다. 여기서 말하는 '교어'란 상어[鮫魚]를 말할 것이므로, 이 나라는 확실히 바다와 가까워야 한다. 동쪽으로 가까운 바다는 오호츠크해이다.

철리(鐵离)가 바로 철리(鐵利)라면, 이 나라는 『요사』에서 수십 차례 조공기록을 가진, 같은 발음의 '철려[tʰiet-lie](鐵驪)'라는 나라일 것이다. 이 철려는 천현(天顯) 원년(926)부터 건통(乾統) 원년(1101)까지 지속적인 조공 관계를 유지했고, 바친 산물은 주로 매와 말이었다. 1344년 완성된 『금사(金史)』, 권67, 해왕(奚王) 회리보(回离保) 열전(1587쪽)에 "해는 거란과 함께 흥기하여, 북위[元魏] 시기에는 '고막해(庫莫奚)'로 불렸고, 북주[宇文周, 557~581년], 수나라, 당나라를 거치면서 모두 강병(强兵)으로 호령했다. 그 후 거란이 해(奚)를 패주 시켜, 해는 서쪽 냉형산(冷陘山, 네이멍구, 바린 좌기)을 차지했고, 나머지는 거란에 신속하며, 동해(東奚), 서해(西奚)로 불렸다. 그 후 요나라 태조(太祖, 耶律阿保機, 872~926년)이 황제를 칭했을 때, 여러 부족이 모두 귀부(歸附)했다. '철륵(鐵勒)'이란 옛 부족 명칭으로, 해(奚)가 그들의 땅을 차지하여 '철륵주(鐵勒州)'로 불렸고, 사서에서는 '철려주(鐵驪州)'로 되어있다. 해(奚)에는 다섯 왕족이 있었는데, 대대로 요나라 사람들과 혼인하여, '술률(述律)'이라는 성씨를 받았다. 이러한 일들은 『요사』에 자세하므로 여기서는 수록하지 않는다(奚, 與契丹俱起, 在元魏時號庫莫奚, 歷宇文周·隋·唐, 皆號兵強. 其後契丹破走奚, 奚西保冷陘, 其留者臣服于契丹, 號東·西奚. 厥後遼太祖稱帝, 諸部皆內屬矣. 鐵勒者, 古部族之號, 奚有其地, 號稱鐵勒州, 又書作鐵驪州. 奚有五王族, 世與遼人爲昏, 因附姓述律氏中, 事具遼史, 今不載)"라고 하였다.

여기 『금사』의 기록은 거란과의 경쟁에서 밀려난 해가, 철륵(鐵勒)의 땅을 차지해 그곳을 '철륵주'로 불렀고, '철려주'로 기록되었다는 흥미로운 사실을 확인할 수 있다. 이 '철려주'는 바로 앞서 본 『요서』의 '철리주(鐵利州)'일 것이다. 또 주목할 만한 점은 바로 철륵[tʰiet-lək](鐵勒)의 발음이 '철리[tʰiet-lie]' 또는 '철려'와 비슷하다는 점이다. 중국 북방 방언에서 종성들은 탈락하는 현상은 매우 규칙적이다. 『구당서』, 권199하, 「철륵전」(5343쪽)에 따르면, 7세기 초 철륵은 서돌궐(西突厥)에 흡수되었다. 어쨌든 『금사』의 기록이 정확하다면, '철전'은 '철륵'과 무관치 않다. 또한 샤반(Édouard Chavannes)이 '철륵(鐵勒)'을 튀르크어 비문들에 보이는 '톨로(Tölö)'로 사람들로 추정한 것을 보면,[216] 우리는 '철륵-철려-철리'의 연관성을 확인할 수 있지만, 『오대사』와 『문헌통고』의 '철전'은 '철전'의 'dʱien'이 'lie̯'로, 즉 'd'가 'l'로 전환했고, 종성의 비음 'n'은 탈락했다고 가정하지 않는 한, 또는 '전'자의 오기를 가정하지 않는한 연관성을 찾기 어렵다. 이 첫 번째 가정을 근거로, 거란(契丹)에서 '단'이 '란'으로 변화한 것을 설명할 수 있을지도 모르겠다.

(2)북쪽에는 우제돌궐(牛蹄突厥)이 있는데, 사람의 몸에 소의 다리를 하고 있다(北有牛蹄突厥, 人身牛足).

이 단락 또한 호교의 기술에서 가져왔다. 『신오대사』, 권73, 「사이부록·거란(契丹)하」(907쪽): "또 북쪽의 우제돌궐(牛蹄突厥)은 사람의 몸에 소의 발을 가지고 있다. **그곳은 더 춥**

216) Édouard Chavannes, 『Documents sur les Tou Kiue (Turcs) occidentaux』, St.-Pétersbourg, 1903, 250쪽.

고 '호로(瓠𤬮)'라는 강은 여름과 가을에도 얼음의 두께가 2 척이나 되며, 봄과 겨울에는 얼음이 바닥까지 꽁꽁 얼어 항상 솥에 얼음을 녹여야 마실 수 있다(又北, 牛蹄突厥, 人身牛足. 其地尤寒, 水曰瓠𤬮河, 夏秋冰厚二尺, 春冬冰徹底, 常燒器銷冰乃得飮)."

'우제돌궐' 즉 사람들의 발이 소 발굽처럼 생겼다고 붙여진 튀르크 계열의 이곳은 두우(杜佑, 735~813)의 『통전(通典)』(사고전서본, 권193, 30a)에는 두환(杜環)의 『경행기(經行記)』를 인용한 문장에 언급되었다. "기고국(其苦國)에는 다섯 절도사가 있고, 병마가 1만 이상이다. 북쪽으로 가살돌궐(可薩突厥)에 접해 있고, 가살 북쪽에는 또 돌궐이 있는데, **발이 소 발굽과 비슷하며**, 즐겨 인육을 먹는다(其苦國有五節度, 有兵馬一萬以上. 北接可薩突厥, 可薩北又有突厥, 足似牛蹄, 好噉人肉)"라는 기록이 보인다.[217] 여기의 '기점국'이란 나라는 알 수 없지만, '가살돌궐'의 가살[kʰɑ-sɑt](可薩)은 바로 위구르어 'Qasar'에 해당하는 음으로,[218] 7세기 중반에 건국하여 10세기 중반까지, 카스피해와 흑해 사이에 있었던 유목국가인 튀르크 계열의 하자르(Khazar) 칸국이다.

한편, 『삼국지·위서』(중화서국본, 권30, 863쪽)에는 『위략(魏

217) 이 기록은 악사(樂史, 930~1007), 『태평환우기(太平寰宇記)』(사고전서본, 권186, 19b), 정초(鄭樵)의 『통지(通志)』(사고전서본, 권196, 119a), 『문헌통고』(사고전서본, 권339~24a)에도 채록되어있다.

218) 시로다 순(城田俊), 「The Chinese Chroniclers of the Khazars: Notes on Khazaria in Tang Period Texts」, 『Archivum Eurasiae Medii Aevi』, 14(2005), 231~261쪽을 참고하시오.

略)·서융전』을 다음과 같이 수록하고 있다. "오손(烏孫)의 장로가 이르기를, 북쪽 정령[北丁令]에는 마경국(馬脛國)이 있는데, 그곳 사람들의 음성은 기러기나 오리 같고, 무릎 이상의 몸과 머리는 사람이지만 무릎 이하는 털이 나 있고, 말의 정강이에 말의 발굽이어서 말을 타지 않아도 말처럼 질주하며, 그들은 용감하고 건장하며 전투에서는 과감하다고 했다(烏孫長老言, 北丁令有馬脛國, 其人音聲似雁鶩, 從膝以上身頭, 人也, 膝以下生毛, 馬脛馬蹄, 不騎馬而走疾馬, 其爲人勇健敢戰也)." 어환(魚豢)은 사실 두 곳의 '정령(丁令)'을 언급하고 있다. 먼저 "정령국은 강거(康居)의 북쪽에 있으며, 정예 병사는 6만이며, [계절에] 따라 목축하며, 유명한 쥐 가죽[名鼠皮], 백곤자(白昆子), 청곤자(青昆子)의 가죽이 난다(丁令國在康居北, 勝兵六萬人, 隨畜牧, 出名鼠皮, 白昆子·青昆子皮)"라고 하였고, 조금 뒤 "혹, 이 '정령'이 바로 흉노의 북쪽 '정령'이라고 하는데, 북쪽 '정령'은 오손의 서쪽에 있으므로, 그 인종이 다른 것 같다. 또 흉노 북쪽에는 혼유국(渾窳國), 굴사국(屈射國), '정령국', 격곤국(隔昆國), 신리국(新梨國)이 있다. 분명 북해(北海)의 남쪽에 원래 '정령'이 있으므로 이곳은 오손의 서쪽에 있는 정령이 아니다(或以爲此丁令即匈奴北丁令也, 而北丁令在烏孫西, 似其種別也. 又匈奴北有渾窳國, 有屈射國, 有丁令國, 有隔昆國, 有新梨國, 明北海之南自復有丁令, 非此烏孫之西丁令也)"라고 하였다. 이처럼 '정령'을 구분한 것에 관하여, 샤반(Édouard Chavannes)은 꾸며낸 것이라고 했지만,[219] 성급한 판단이다. 강거(康居)가 소그디아나든 사마르칸트든 그 북쪽으로 '정령'이란 부족 또는 나라가 있었고, 그 북쪽에 말 정강이와 발을 가진 인종이 살

219) 「Les pays d'Occident d'après le Wei Lio」, 『통보』(1905), 560쪽.

았다는 것이다. 결국 '말'이 '소'로 바뀌었을 뿐, 지역적으로도 맞으며, 이야기의 구조 또한 비슷하다. 이것이 우리가 추적할 수 있는 전부이다.

(3)또 북쪽으로 구국(狗國)이 있는데, 사람의 몸에 개의 머리를 가졌으며, 긴 털이 나 있어 옷을 입지 않고, 말은 개가 짖는 듯하다. 사내를 낳으면 개가 되고 딸이면 사람이 된다(又北狗國, 人身狗首, 長毛不衣, 語爲犬嘷, 生男爲狗, 女爲人).

역시 호교의 기록을 채록했다. 『신오대사』, 권73, 「사이부록·거란(契丹)하」(907쪽): "또 북쪽으로 구국(狗國)이 있는데, 사람의 몸에 개의 머리를 가졌으며, 긴 털이 나 있어 옷을 입지 않고, **손으로 맹수를 때려잡고, 말은 개가 짖는 것 같다. 부인들은 모두 사람으로 중국말[漢語]을 잘하고**, 사내를 낳으면 개가 되지만, 딸이면 사람이 된다. **스스로 상대와 결혼하여 굴에 살며 날것을 먹지만, 아내와 딸은 사람의 음식을 먹는다. 어떤 중국인이 이 나라에 간 적이 있는데, 그 부인이 가엽게 여겨 달아나 돌아가게 하며, 젓가락 10여 개를 주며 10여 리마다 젓가락 하나를 흘리면, 개인 남편이 그것을 따라가다가 자기 집 물건임을 알고, 입에 물고 돌아올 것이니 더는 따라갈 수 없을 것이라고 했는데, 그 말 그대로였다고 한다**(又北, 狗國, 人身狗首, 長毛不衣, 手搏猛獸, 語爲犬嘷. 其妻皆人, 能漢語, 生男爲狗, 女爲人. 自相婚嫁, 穴居食生, 而妻女人食. 云嘗有中國人至其國, 其妻憐之使逃歸, 與其筯十餘隻, 教其每走十餘里遺一筯, 狗夫追之, 見其家物, 必銜而歸, 則不能追矣. 其說如此)."[220]

220) 이상의 기술은 『거란국지(契丹國志)』(사고전서본, 권25, 4b~5a), 『문헌통고』

『산해경·해내북경(海內北經)』(사고전서본, 권12, 1b)에는 '견봉국(犬封國)'이 보이는데, 그 주에 "옛날 반호가 융왕을 죽이자, 고신은 예쁜 딸을 아내로 삼게 했다. [반호를] 더는 타이를 수 없자, 회계(會稽)의 동쪽 바다로 그들을 배에 태워 보내고, 300리의 땅에 그들을 봉했다. 사내를 낳으면 개가 되었고, 딸이면 미인이 되었기 때문에, 개에게 봉한 나라가 되었다(昔盤瓠殺戎王, 高辛以美女妻之. 不可以訓, 乃浮之會稽東海中, 得三百里地, 封之. 生男爲狗, 女爲美人, 是爲狗封之國也)"라는 전설적인 이야기가 들어있다. 반호에 관해서는 안남국 조목을 참고하시오.

개의 형상을 한 사람들에 관한 이야기는 13세기 말 마르코 폴로가 안다만 제도의 원주민들을 기술하며 "사실 그들은 큰 마스티프(mastiff) 개와 똑같이 생겼다"라고 기록한 바 있다(『The Book of Ser Marco Polo』, II, 309쪽). 율(Yule)의 주석에 따르면, "개의 머리를 한 사람들은 적어도 크테시아스(Ctesias) 만큼이나 오래되었다. 내 생각으로, 이 이야기는 한두 사람들과 다른 동부 민족들이 원주민들을 악마로 표현하는 감정과 비슷한 '이국적' 용모에 대한 혐오감에서 비롯되었을 것이다. 쿠바 사람들은 콜럼버스에 따라, 카리브 사람들을 개의 주둥이를 가진 식인종으로 묘사했다. 그리고 옛 데인(Dane) 사람들에게는 핀란드의 사이노세팔리(Cynocephali, 개의 형상을 한 사람)에 관한 이야기가 있다. 아랍의 지리학자 이븐 사이드의 책에 보이는 이상한 한 문장은 몰트케(Moltke)와 폰 론(Von Roon)의 조상에 대한 모호한 찬사를 보내고 있

(사고전서본, 권435, 24a~b)에도 고스란히 채록되어있다. 또한 이덕무(李德懋)의 『청장관전서』, 권61에서도 인용되었다.

다. '보루스(Borús, 프러시아인)는 불쌍한 사람들이며 러시아인들보다 더 야만적이다. …어떤 이는 어떤 책에서 보루스 사람들은 개의 얼굴을 가지고 있다. 이것이 그들이 매우 용감하다고 말하는 방식이라고 되어있다'라고 했다. 이븐 바투타는 아라칸(Arakan) 즉 페구(Pegu)의 해안에 있는 인도차이나의 한 부족에 대해 개의 주둥이를 가졌다고 묘사했지만 여인들은 아름답다고 했다. 요르다누스(Jordanus) 신부도 개의 머리를 한 섬사람들에 대한 같은 기술을 들려준다. 이상한 말이지만, 중국과 에티오피아에 보이는 어떤 이야기는 수컷은 실제 개인 반면 암컷은 여인으로 묘사하고 있다. 이상하게도 바르브(Barbe) 신부에 따르면, 니코바르 사람들은 자신들을 개의 후손으로 표현하지만, 여성 쪽이라고 한다. 비슷한 이야기가 초기 포르투갈인들이 페구 사람들을 묘사한 것에 보이는데, 그들은 개와 중국 여인에게서 나왔다고 한다. 이는 카모엥시(Camõens)가 언급한 것이다. 그렇지만 더 야만 지역의 니코바르 사람들은 개의 돌출한 이빨을 가졌다고 말한 콜로넬 만(Colonel Man)의 기술에 주목하시오"라고 하며(앞의 책, 311~312쪽), 이들이 실제로 개의 머리를 한 것이 아니라, 개의 입처럼 툭 튀어나온 생김새를 말한 것으로 이해하고 있다.

⑷동북쪽으로는 말겁자(襪劫子)에 이르는데, 그 사람들은 활을 잘 쏘아, 사람을 만나면 곧바로 죽여 날로 먹는다(東北至襪劫子, 其人善射, 遇人輒殺而生食).

이 단락 또한 호교의 기술을 발췌했다. 『신오대사』, 권73, 「사이부록·거란(契丹)하」(907쪽): "동북쪽으로 말겁자(襪劫子)에 이르는데, 그 사람들은 다박머리[髽首]를 하고, 천을 갈라 옷으로 입는다. 안장이 없이 말을 타며, 큰 활과 긴 화살로 활을 잘 쏜다. [이들은] 다른 사람을 만나면 곧바로 죽여 그 살을 날로 먹어, 거란 등의 나라가 모두 그들을 두려워한다. 거란의 다섯 기병이라도 한 명의 말겁자를 만나면 모두 흩어져 달아난다. 이 나라는 삼면이 모두 실위(室韋)와 [접해 있는데], 한쪽은 실위, 또 한쪽은 황두실위(黃頭室韋), 또 다른 쪽은 수실위(獸室韋)라 한다. 이곳에서는 구리, 철, 금은이 많이 나고, 사람들은 손재주가 뛰어나 구리나 쇠로 만든 용기들 모두 정교하고, 털과 비단으로 [천을] 잘 짠다. 이곳은 유난히 추워, 말이 땅에 빠져도 얼음덩어리가 된다(東北, 至韈劫子, 其人髦首, 披布爲衣. 不鞍而騎, 大弓長箭, 尤善射. 遇人輒殺而生食其肉, 契丹等國皆畏之. 契丹五騎遇一韈劫子, 則皆散走. 其國三面皆室韋, 一曰室韋, 二曰黃頭室韋, 三曰獸室韋. 其地多銅·鐵·金·銀, 其人工巧, 銅鐵諸器皆精好, 善織毛錦. 地尤寒, 馬溺至地, 成冰堆).”

거란의 동북쪽에 있다고 기술한 ‘말겁자[mɨwɐt-kɨɐp-tsi](韈劫子)’란 나라는 여기 『오대사』에서만 보인다. 호교의 기술대로라면, 이 나라는 삼면이 ‘실위(室韋)’와 실위의 다른 부족들로 둘러싸여 있는 나라이다. 먼저 ‘실위[ɕɨĕt-gɨwər](室韋)’는 『위서(魏書)』(554~559년)에 같은 음인 ‘실위(失韋)’라는 표기로 처음 중국 정사에 등장한다. 권100에 실린 열전에 따르면(2221쪽), “실위국은 물길(勿吉, 말갈) 북쪽 1,000리에 있고, 낙양[洛]에서는 6,000리이다. 가는 길은 화룡(和龍, 랴오닝, 자오양)을 나와 북쪽으로 1,000리를 가서 거란국으로 들어간다(失韋國, 在勿吉北千里, 去洛六千里. 路出和龍北千餘里, 入契丹國)”라고 한 다음, 계속 북쪽으로 27(10+3+3+3+3+5)일을 가야 ‘실위’에 도착한다고 한다. 즉 거란의 북쪽으로 27일 가는 거리에 있다는 말이다.

『수서(隋書)』(636년), 권84, 「실위전(室韋傳)」에 따르면(1882쪽), “실위(室韋)는 거란계열로 남쪽에 있는 사람들을 ‘거란’이라 하고 북쪽에 있는 사람들을 ‘실위’라고 한다. [이 실위는] 다섯 부족으로 나뉘어, 하나로 아우를 수가 없어, 남실위(南室韋), 북실위(北室韋), 발[puɑt]실위(鉢室韋), 심말달[ɕi̯əm-muɑt-tɑt]실위(深末怛室韋), 태실위(太室韋)라고 하였다(室韋, 契丹之類也. 其南者爲契丹, 在北者號室韋. 分爲五部, 不相總一, 所謂南室韋·北室韋·鉢室韋·深末怛室韋·太室韋)”라고 한 다음, 순서대로, 남실위는 거란 북쪽 3,000리에 있고, 북실위는 남실위에서 북쪽으로 11일 가는 거리에 있으며, 발실위는 북실위의 북쪽으로 1,000리에 있고, 심말달실위는 발실위에서 ‘서남쪽’으로 4일 가는 거리에 있으며, 태실위는 [?에서] ‘서북쪽’으로 수천 리에 있다고 하였다.[221] 이에 따르면, ‘심말달’만 ‘발실위’의 서남쪽에 있다. 나머지는 모두 거란의 북쪽

221) 『책부원구』(사고전서본, 권17, 16b~17a)에 따르면, “남실위(南室韋)는 거란 북쪽 3,000리에 있다. 25개 부락으로 나뉘며, 각 촌락에는 막불만돌(莫弗瞞咄)이 있는데, ‘추장’과 같다. 북실위(北室韋)는 남실위 북쪽으로 10일 가는 거리에 있다. 이 나라는 9부락으로 나뉘어 있고 토흘산(吐紇山)을 둘러서 산다. 그 부락의 수령[渠帥]를 ‘걸인막하돌(乞引莫賀咄)’이라 부르고, 부락마다 막하불(莫何弗) 세 사람이 있어 [수령을] 보좌한다. 발실위(鉢室韋)는 북실위 북쪽 1,000리에 있는데 호포산(胡布山)을 따라 설며, 사람들이 북실위보다 많아 몇 부락인지도 모른다. 대실위(大室韋)는 북실위의 수천 리에 있다(南室韋在契丹北三千里, 分爲二十五部, 每部有餘莫弗瞞咄, 猶酋長也. 北室韋在南室韋北行十一日, 其國分爲九部落, 繞吐紇山而居. 其部落渠帥號乞引莫賀咄, 每部有莫何弗三人, 以貳之. 鉢室韋在北室韋北千里, 依胡布山而住, 人衆多於北室韋, 不知爲幾部落. 大室韋在北室韋西北數千里)”라고 하였다. 이에 따르면 거란에서 오로지 북쪽으로, 남실위-북실위-발실위-대실위 순으로 자리하고 있다. 『수서』에서 보이는 ‘심말달실위(深末怛室韋)’는 언급되지 않았다.

에 있으며, 가장 북쪽은 '태실위'이다.

따라서 '말겁자'의 '삼면'이 '실위' 계열의 나라와 접해 있다면, '실위'가 거란의 북쪽에 있으므로, '말겁자'는 실위의 북쪽에 있을 수밖에 없다. 『오대사』에서 실위는 『수서』에서 '방향'으로 지칭하는 방식 대신에, 그 부족의 특성으로 지칭하고 있는 것 같다. 억지라도 '삼면'을 따져보면, 말겁자의 북쪽은 '수실위(獸室韋)'[『수서』의 태실위?], 서쪽은 '황두실위(黃頭室韋)'[222], 남쪽은 『수서』에서 거란의 북쪽에 있다고 한, '남실위', '북실위'에 해당한다고 추측해 볼 수 있다.

⑸거란은 일찍이 10여 명을 보낸 적이 있다. [이들은] 마른 식량[乾麨]을 가지고 북쪽으로 1년을 가서, 43개의 성을 지났다. 사는 사람들이 대부분 나무껍질로 집을 짓고 살았는데, 그들 언어는 통역하는 사람이 없어, 나라와 땅의 명칭을 알지 못했다. 그곳에서는 평지면 따뜻하고, 산림이면 매우 추웠다. 33번째 성에 이르러서야 철전(鐵甸)의 말을 하는 한 사람을 만났는데, "여기부터는 용이나 뱀, 맹수, 도깨비가 무리 지어 다녀, 갈 수 없다"라고 했다. 이곳이 북황(北荒)의 끝이다(契丹嘗遣十人, 齎乾麨北行一年, 經四十三城. 居人多以木皮爲屋, 其語言無譯者, 不知國土名號.

222) 또한 『신당서』, 권220, '달구(達姤)' 기술에 따르면 "달구는 실위의 종복으로, 나하(那河)의 남쪽 동말하(涑末河) 동쪽에 있다. 서쪽으로 황두실위가 있고 동북쪽으로 '달말루(達末婁)'와 떨어져 있다고 한다(達姤, 室韋種也, 在那河陰, 涑末河之東, 西接黃頭室韋, 東北距達末婁云)"라고 하였다. 여기 나하(那河)는 '타루하(他漏河)'라고도 부른다고 했다. '중국정사외국전DB'의 주석에 따르면, 『요사』, 권37, 「지리지」(439쪽)의 타로하(他魯河)로 가정한 다음, 현 지린성 서북단, 네이멍구 자치구에 흐르는 타오얼 강(洮兒河)에 해당한다고 추정했다. 나는 이 근거를 찾지 못했지만, 이에 따르면 황두실위는 『오대사』 '말겁자'의 동남쪽에 있다고 추론할 수 있다.

其地遇平地則溫和, 山林則寒冽. 至三十三城, 得一人能鐵甸語. 云, 自此以往, 龍蛇·猛獸·魑魅群行, 不可往, 此北荒之極也).

『신오대사』, 권73, 「사이부록·거란(契丹)하」(907~8쪽)의 순서에 따르면, (3)에 이어지는 호교의 기록을 발췌한 단락이다. “거란은 백리마(百里馬) 20필을 선별하여, 10명에게 마른 식량[乾飲]를 주어 북쪽으로 가서, 다 보고 오도록 한 적이 있었다. 그들은 흑거자(黑車子)[223]에서 우제돌궐국[牛蹄國]을 거

223) ‘흑거자(黑車子)’는 거란계 부족 국가로, 『오대사』 호교(胡嶠) 기록에 들어있지만, 지봉이 채록하지 않았다. “또 북쪽으로, 흑거자는 천막[車帳]을 잘 만들었고, 그 사람들은 효행과 의리를 알았으며, 땅은 빈약하여 나는 것이 없다. 거란의 선조로, 언제나 위구르[回紇]를 부렸으나, 후에 배반당해 흑거자로 달아나 천막 만드는 것을 배우게 되었다(又北, 黑車子, 善作車帳, 其人知孝義, 地貧無所產. 云契丹之先, 常役回紇, 後背之走黑車子, 始學作車帳)”라고 기술되어있다. 또한 『요사』, 권106, 「국어해(國語解)」(1534쪽)에 따르면, “나라이다. 천막[車帳]을 잘 만들기 때문에, 이렇게 불렸다. 거란의 선조로 일찍이 사람들을 보내 배우러 가게 했다(國也. 以善製車帳得名. 契丹之先, 嘗遣人往學之)”라는 설명이 보인다.

‘중국정사외국전DB’ 주석에 따르면 “全稱은 黑車子室韋이고 黑車子韃靼 혹은 和解室韋 등으로도 부른다”라고 하였는데, 무엇에 근거했는지 모르겠다. 사실 ‘흑거자실위’는 『요사』에만 20여 차례 언급되었는데, 대부분 조공 사실을 언급하고 있다. 매번 ‘흑거자’와 ‘실위’로 읽어도 되는 경우가 많다. 별개의 나라로 볼 수 있는 유일한 예는 권46, 「백관지·북면속국관(北面屬國官)」(758쪽)에서 보이는데, 실위국왕부(室韋國王府) 다음에 흑거자실위국왕부(黑車子室韋國王府)가 그것이다. 이 또한 ‘흑거자에 있는 실위국왕부’라는 의미로 읽어야 할 것 같다. 따라서 ‘전칭(全稱)’이라 말할 수 없다. 한편 중국 정사에는 흑거자와 달단(韃靼)을 나란히 언급한 사례도 찾을 수 없다. 마지막으로 ‘화해실위(和解室韋)’는 『구당서』, 권195, 「회흘(迴紇)전」(5215쪽)에서 한 차례 언급되었는데, 843년 유면이 오개(烏介) 가한의 진영을 습격하자 “오개 가한은 놀

처 북쪽으로 1년을 가면서 43개의 성을 지났다. 사는 사람들은 대부분 나무껍질로 집을 지어 살았고, 그들의 말을 통역해 주는 사람이 없어, 그 나라들의 영토, 산천, 부족, 명칭을 몰랐다. 이 지역의 기후는 평지에서는 온화했지만, 산림에서는 매우 추웠다. 33번째 성에 이르러서야 철전(鐵甸)의 말을 하는 한 사람을 만나, 그들의 말을 조금 이해할 수 있었는데, 그곳의 명칭이 '힐리오우사언(頡利烏于邪堰)'이라고 하면서, '여기에서 북쪽으로는 용, 뱀, 맹수, 도깨비가 무리 지어 다녀 더는 갈 수 없다'라고 하여 그들은 돌아왔다. 이곳이 북황(北荒, 북쪽 가장 먼 지역)의 끝이다(契丹嘗選百里馬二十匹, 遣十人齎乾麨北行, 窮其所見. 其人自黑車子, 歷牛蹄國以北, 行一年, 經四十三城. 居人多以木皮爲屋, 其語言無譯者, 不知其國地、山川、部族、名號. 其地氣, 遇平地則溫和, 山林則寒冽. 至三十三城, 得一人, 能鐵甸語, 其言頗可解, 云地名頡利烏于邪堰. 云, 自此以北, 龍·蛇·猛獸·魑魅羣行, 不可往矣, 其人乃還. 此北荒之極也)."

(6)내가 말한다. 이 북황(北荒)의 밖에 『삼재도회』에서 기록하고 있는 것처럼 또 세계가 있을 줄 어찌 알겠는가(余謂此北荒外, 安知又有世界, 如三才圖會所紀者乎).

라 동북쪽 약 400리 밖으로 달아나 '화해실위'의 진영에 의지했다(烏介驚走東北約四百里外, 依和解室韋下營)"라는 기록이 보인다. 이 기록은 『신당서』, 권 217하, 「회골(回鶻)전」(6132쪽)에 가한이 나머지 군사를 데리고 의지한 곳은 흑거자(黑車子)라고 하였다[可汗收所餘往依黑車子]. 어느 기록이 정확한지는 판단할 수 없지만, '흑거자'가 '화해실위'의 다른 명칭이 아닌 것만은 분명하다. 이러한 오해는 급기야 '화해실위'의 추장이 흑거자(黑車子)였을 것이라는 추정을 낳았다('중국정사외국전DB', 「회흘전」 '화해실위' 주석).

『삼재도회(三才圖會)』는 왕기(王圻, 1530~1615)가 1607년 완성한 백과사전식 유서(類書)로, 총 106권으로 구성되어있다. 이 '도서'는 1609년에 간행되었고, 지봉은 『지봉유설』을 1614년에 탈고했으므로, 틀림없이 이 유서를 봤을 것이다. 『삼재도회』에는 「인물(人物)」 총 14권에 걸쳐 각국 사람들의 그림과 해설을 기록하고 있지만, 지봉은 여기 '외국'들을 기술하며 전혀 근거하지 않았다. 특히 「인물」 편에서 채록된 설명이 보여주는 부정확성 때문이었을 것이다.

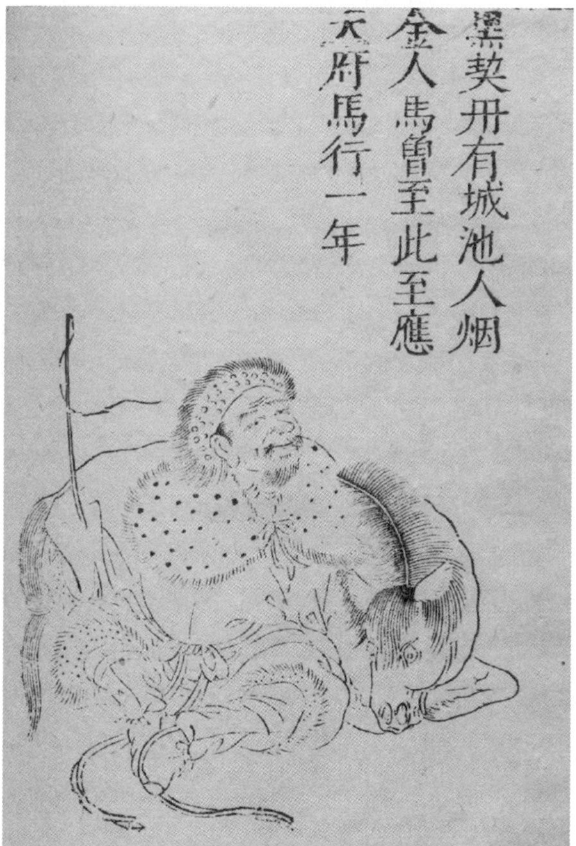

『삼재도회(三才圖會)』(하버드 옌칭 도서관, 1607년 간행본), 인물, 권13, 6b.

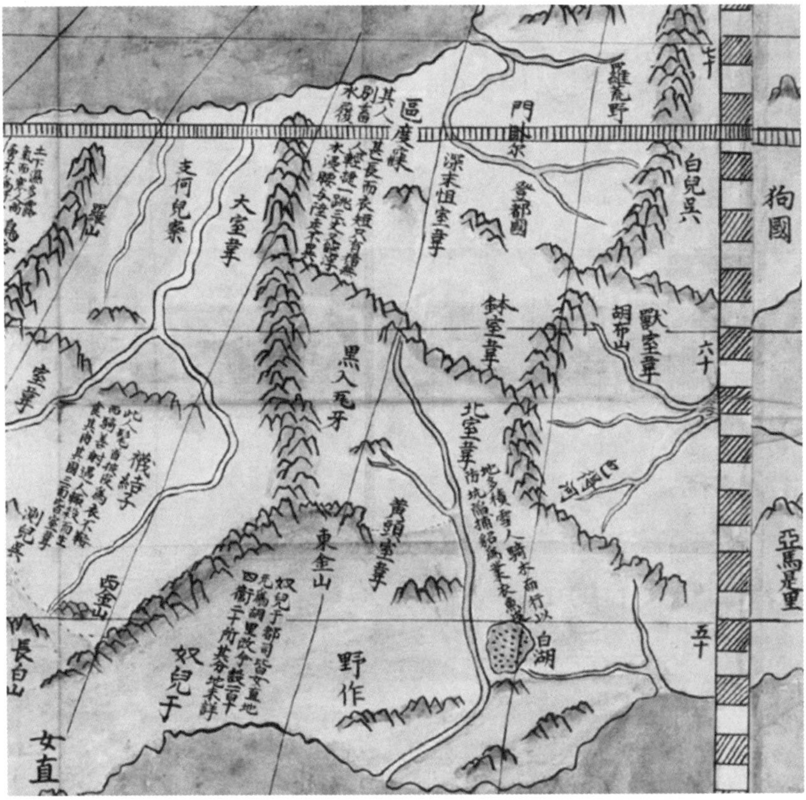

●

「곤여만국전도(坤與萬國全圖)」(일본 토호쿠 대학 도서관 소장본). 조선의 2시 방향의 동북쪽 지도. 이 지역의 지명들은 마테오 리치와 함께 작업한 중국 학자들의 정보에 따른 것일 것이다. 우리나라 숭실대학교 기독교 박물관에는 1603년 「양의현람도(兩儀玄覽圖)」라는 최고의 선본이 있고, 서울대학교 박물관에는 1602년 「곤여만국전도」를 1708년 모사한 것으로 추정되는 선명한 채색본을 소장하고 있다. 이 지도들이 토호쿠 대학처럼 왜 서비스되지 않는지 매우 유감이다.

‘회흘[ɣuǎi-ɣət](回紇)=회골[ɣuǎi-ɣuət](回鶻)=회회[ɣuǎi-ɣuǎi](回回)’ 설을 처음 주장한 학자는 바로 고염무(顧炎武, 1613~1682)일 것이다. 그는 『일지록(日知錄)』, 권29, 「토번회흘(吐蕃回紇)」에서 “당나라 시기의 토번(吐蕃)은 바로 지금의 토로번(土魯番)이다. 당나라 시기의 회흘(回紇)은 지금의 회회(回回)이다. 『당서』에 ‘회흘(回紇)은 회골(回鶻)이라고도 한다’라고 하였다. 『원사』에는 ‘외올아(畏兀兒)’ 부족이 있는데, ‘외(畏)’는 바로 ‘회(回)’이고 ‘올(兀)’은 ‘골(鶻)’이므로, ‘회회(回回)’라고 하는 것은 역시 회골(回鶻)의 음이 변한 것[轉聲]이고【『요사·천조기(天祚紀)』에 ‘회회국왕’이 보인다. 『원사·태조기(太祖紀)』에 회홀(回鶻)과 회회(回回)를 둘로 보았는데, 아닐 것이다】, ‘외오아(畏吾兒)’라고 하는 것 또한 외올아(畏兀兒)의 음이 변한 것이다【『책부원구』, 「국사에 따라 철륵(鐵勒)의 부족들을 기술함[按國史叙鐵勒種類]」에서 하미[伊吾] 서쪽, 카라사르[焉耆] 북쪽에는 계폐(契弊), 오호(烏護), 흘골(紇骨) 등의 부족이 있다고 하였다. ‘계폐’는 계필(契苾)이다. ‘오호’는 오흘(烏紇)로, 이후 회골(回鶻)이라 했다. ‘흘골’은 홀흘사(紇扢斯)로, 변하여 힐알사(黠戛斯)로 되었다. 아마도 오랑캐 말[夷音]에 완급이 있어 전사한 말이 같지 않은 것이리라】(唐之吐蕃, 即今之土蕃是也. 唐之回紇, 即今之回回是也. 唐書, 回紇一名回鶻. 元史有畏兀兒部, 畏即回, 兀即鶻也. 其曰回回者, 亦回鶻之轉聲也【遼史天祚紀有回回國王, 元史太祖紀以回鶻·回回爲二, 恐非】. 其曰畏吾兒者, 又畏兀兒之轉聲也【册府元龜按國史叙鐵勒種類云, 伊吾以西, 焉耆以北, 有契弊·烏護·紇骨等部. 契弊, 則契苾也. 烏護則烏紇也, 後爲回鶻. 紇骨則紇扢斯也, 轉爲黠戛斯. 蓋夷音有緩急, 即傳譯語不同】)”

라고 하였다.[224)]

1914년 비씨에르(A. Vissière, 1858~1930)는 「회회와 로로 민족 명칭들(Les désignations ethniques Houei-houei et Lolo)」[225)]에서 '회흘=회골=회회'로의 변화를 언급하며, 13~14세기극작가 무한신(武漢臣)의 「옥호춘(玉壺春)」이라는 잡극(雜劇)의 대화에서 "내 너를 회회, 달달, 로로에게 팔아버리겠다(我將你賣與回回達達虜虜去)"라는 문장을 토대로 다음과 같이 주장했다. "이 문장에서 우리는 대중적인 방식의 지칭으로, 부족이나 종족의 이름을 첫 번째 글자를 중첩해 쓴 연속적인 세 가지 예를 볼 수 있는데, 이는 중국에서 친족들을 부르는 호칭으로 사용하는 방식이다. 사실 같은 방식으로 구성되어 있는데, 그 호칭들은 다음과 같다. 파파(爸爸), 다다(爹爹), 마마(媽媽), 가가(哥哥), 저저(姐姐), 숙숙(叔叔), 노노(老老), 내내(奶奶) 등이 그러하다. 유럽어에 비슷한, 간혹 같은 형태의 지칭들이 있다. 유아기 언어에서 같은 구조의 다른 형태들을 알고 있다('삼촌(tonton)', '아이(fanfan)', '숙모(tata)' 등등). 이러한 방식은 중국인들에게도 흔한데, 그들은 특히 사람, 간혹 동물이나 별에도 적용한다. 그런데 중첩된 형태에서 강세는 항상 첫 번째 글자에 주어지며 첫 글자만 의미가 있다는 점에 주목할 필요가 있다. 그렇지만 중국어 술어에서처럼 이렇게 중복해 쓰는 방식은 의미를 강조하거나 명제의 더 강한 의미를 부여하도록 한다"라고 제기했다.

정수일 씨는 "회흘(回紇)이 활동하던 당시의 역사적 배경을

224) 진원(陳垣) 교주, 『일지록교주(日知錄校注)』, 안후이 대학출판사, 2007, 1684쪽.

225) 『JA』, 1914, 1~2월호, 175~177쪽.

감안할 때 회회가 회흘의 전성어임에는 의심할 여지가 없다" 라고 단언했다(『신라·서역교류사』, 102쪽). 사실, '회흘[ɣuăi-ɣət](回紇)와 회골[ɣuăi-ɣuət](回鶻)의 변화는 문제 되지 않는다. 『신당서』, 권217상, 「회골전(回鶻傳)」(6124쪽)에 "이때[788년], 가한이 공경히 올린 편지에 이르기를, '옛날에는 형제였고, 지금은 사위로, 반은 아들입니다. 폐하께서 서융(西戎)을 우려하신다면 아들이 군대로 저들을 없애게 해 주시기 바랍니다' 라고 했다. 또 '회흘(回紇)'을 '회골(回鶻)' 고쳐 줄 것을 청했는데, 맹금[鷙]을 잡는 것은 송골매[鶻]기 때문이라고 했다(是時, 可汗上書恭甚, 言, 昔爲兄弟, 今婿, 半子也. 陛下若患西戎, 子請以兵除之. 又請易回紇曰回鶻, 言捷鷙猶鶻然)"라고 '회흘'에서 '회골'로의 개명이 언급되어있다.

그러나 고염무의 설명이든 비씨에르의 설이든 이들의 음이 변하여 회회[ɣuăi-ɣuăi](回回)'로 되었다는 점은 석연치 않다. '흘'과 '골'은 입성의 글자로 't' 종성을 공유하고 있다. 결국 편의상 '회회'라고 불렀다는 말인데, 과연 그러한 것일까? 『원사』, 권1, 「태조본기」(6쪽)에 "왕한이 하서(河西), 회골(回鶻), 회회(回回) 세 나라로 가자, [이들은] 거란으로 달아났다(汪罕走河西·回鶻·回回三國, 奔契丹)"라고 하였고, 권6, 「세조본기」(118쪽), 1268년 3월 기사에 "여러 도의 여진, 거란, 한인(漢人)의 다루가치들은 폐지하고, 회회, 외올(畏兀), 내만(乃蠻), 당올(唐兀) 사람들은 예전 그대로 두었다(罷諸路女直·契丹·漢人爲達魯花赤者, 回回·畏兀·乃蠻·唐兀人仍舊)"라고 하였다. 고염무의 설명대로라면, 외올(畏兀)은 바로 회골(回鶻)이다. 이들을 과연 단순한 오기로 읽을 수 있을까?

1086~1093년 사이 완성된 심괄(沈括)의 『몽계필담(夢溪筆

談)』(사고전서본, 권5, 9b)에 "깃발 부대 가득히 수놓은 비단 쌓아 놓은 듯하고, 은으로 장식한 배외(背嵬)는 번쩍번쩍 빛나네(旗隊渾如錦繡堆, 銀裝背嵬打回回)"라는 노래 가사를 인용하고 있는데, 정수일 씨는 여기의 '회회'가 회흘(回紇)을 지칭하므로, 가장 이른 언급이라고 주장했다(『신라·서역교류사』, 104쪽). 그렇지 않다. '배외(背嵬)'란 정대창(程大昌)의 『연번로(演繁露)』(사고전서본, 권9, 9a)에 따르면, "'배외'란 대장의 군막 앞에 있는 용맹한 병사들이다. 장씨[章淵]의 『고간췌필(槁簡贅筆)』에, '배외'란 둥근 방패로, 가죽으로 만들고, 붉게 칠과 황금 꽃문양이 태양에 빛난다고 하였다(背嵬者大將帳前驍勇人也. 章氏槁簡贅筆曰, 背嵬即圓牌也, 以皮爲之, 朱漆金花, 煥燿炳日)"라고 하였다. '배외'가 전자이든 후자이든 '회회'는 문법적으로 '회흘(回紇)'을 지칭할 수 없다.

'회회'란 명칭은 12세기부터 나타난다. 중국 정사에서 가장 빠른 언급은 『요사』(1344년), 권30, 「본기·야율대석(耶律大石)」(356쪽), 보대(保大) 3년(1123) "회회국왕이 항복해 오며 산물을 바쳤다(回回國王來降, 貢方物)"라고 한 기록일 것이다. 13세기부터 '회회'란 명칭은 널리 수용되었던 것 같다. 문천상(文天祥, 1236~1283)은 『문산집(文山集)』(사고전서본, 권18, 20b)에서 명리(命裏)라는 사람에 대해, "높은 코에 깊은 눈, 얼굴엔 털이 나 있고 수염이 많은 회회인(回回人)이었다(見者莫不流涕, 命裏高鼻而深目, 面毛而多鬚, 回回人也)"라고 하였다. 그러나 『송사』에 '회회(回回)'는 겨우 두 차례 언급되었을 뿐이다. 반면 회흘(回紇)과 회골(回鶻)이 주로 사용되었다. 1225년 조여괄의 『제번지』에도 '회회'는 보이지 않는다. 따라서 13세기에도 사용된 '회회'란 명칭은 일반화되지는 않았다고 추론할 수 있다. 또한 '회회'와 '회흘|회골'이 공

존했다고 하더라도, 둘 사이의 연관성은 '회(回)'자 뿐이다. 다시 말해, '회회=회홀'설은 여전히 미심쩍다.

1220년 오고손중단(吾古孫仲端)의 『북사기(北使記)』을 보면, '회흘(回紇)'을 아홉 차례 언급되었는데, 모두 중앙아시아의 위구르를 지칭하고 있다. 이는 구장춘(丘長春, 1148~1227)이 1220년 산둥을 출발하여 1222년 아프가니스탄 힌두쿠시산맥에서 칭기즈칸을 친견하고 1223년 돌아온 기록인 『서유기(西遊記)』에서도 마찬가지다. 또한 야율초재(耶律楚材, 1190~1243)가 1219~1224년까지 칭기즈칸의 서역 원정을 수행하여 목격한 기록으로 1228년에 쓴 『서유록(西遊錄)』에서는 '회골(回鶻)'이 한 차례 사용되었는데, 역시 위구르를 지칭했다. 13세기 중반 상덕(常德)이 1259년 훌라구의 명을 받아 14개월에 걸쳐 다녀온 기록인 『서사기(西使記)』, 회흘(回紇)이 두 차례 등장하는데, 실제 이란 지역의 기술에서는 '회흘'이란 언급이 없고, 모두 중앙아시아 위구르 지역에서만 보인다. 13세기 초 중반 여행 기록에서 보이는 회흘 또는 회골은 모두 위구르를 지칭했고, '회회(回回)'는 한 차례도 등장하지 않는다.

원나라 시기, 13세기 말부터 14세기에 '회회'란 명칭의 사용은 폭증한다. 확실히 회흘 또는 회골보다 압도적으로 많이 등장한다. 그렇다고 회흘 또는 회골이 '회회'로 명칭이 바뀌었다고 단정할 수는 없다. 둘은 확실히 별도로 공존했다. 『고려사』(고려 시대 사료 DB), 충렬왕 2년(1276) 윤삼월 2일 기사에는 "윤월 정유일(2일) 원나라에서 임유간(林維幹)과 회회(回回) [사람] 아실미리(阿室迷里)를 보내와 제주도에서 [진]주를 채취하게 했다(閏月 丁酉 元遣林惟幹及回回阿室迷里

來, 採珠于耽羅)"라고 하였고, 『고려사』, 권89, 「충선왕 후비 계국대장공주(薊國大長公主)」에는 "위구르[畏吾兒]는 옛 회골이다(畏吾兒古回鶻也)"라는 정보가 보이고, 권112, 설손(偰遜) 열전에서는 그가 '회골(回鶻)' 사람이라고 기술했다. 주목할만한 것은 『고려사』에 '회흘(回紇)'은 단 한 차례도 등장하지 않는다는 점이다.

마환의 『영애승람』에는 '회회'를 자바[2-18], 코치[12-4], 캘리컷[13-3, 4, 16], 몰디브[14-2], 벵골[17-2, 6], 메카[19-2] 등에서 언급하고 있다. 동시대 비신(費信)의 『성사승람』에서도, '회회'는 퀼론(17-⑦) 기술에서 등장하는데, 두 기록의 '회회'는 그곳에 진출한 아랍인들로, 중앙아시아 위구르 지역의 회흘 또는 회골과는 아무런 관련이 없다. 따라서 '회흘=회골=회회'설은 성립하지 않는다.[226)]

자일스(Herbert Allen Giles, 1845~1935)는 "셈어 'khwei'는 형제를 의미하는데, 이슬람교도가 자주 사용하여, 중국인들

---

226) 정수일 씨는 "『중세사연구』의 저자 브레치네더(Breschneider)는 『元史』에 나타나는 回回, 回鶻, 畏兀兒 등 명사의 혼용에 대해 '이러한 여러 가지 명칭의 복잡다단한 기원을 설명한다는 것은 어려운 일이다'라고 못 박았다"라고 기술했다(『신라·서역교류사』, 105쪽). 정 씨가 밝힌 브레트슈나이더의 『중세연구』 해당 페이지에 '회회(回回)'는 언급되지 않았다. 이는 큰 잘못이다. '회회'를 끌어들여 혼란만 자초했다. 브레트슈나이더는 "그러나 『원사』는 위구르 사람들에게 새로운 명칭인 '외올아(畏兀兒)'를 부여했지만, 『원사』에 보이는 '회흘(回紇)'과 '회골(回鶻)'은 언제나 이슬람교도를 지칭했다. 명칭들이 이렇게 혼용된 원인을 설명하기는 어렵다. 아마도 중국인들이 투르키스탄, 카슈갈, 등지의 서 위구르가 이슬람을 받아들였기 때문에, 위구르와 이슬람교도를 혼동했을 것이다"라고 하였다.

이 그들에 대한 명칭으로 채택했다"[227]라고 하며 회(回)=이슬람교도를 의미한다고 설명했다. 여기서 자일스는 '회(回)' 자가 셈어 'khwei'를 음차했을 가능성을 언급했는데, 확실히 'khwei'와 중국어 고음 'ɣuǎi'의 음가는 닮아있다. 셈족은 아라비아반도를 차지하고 있었다는 점에서 회(回)와 아랍의 관계성은 충분하다. 형제를 뜻하는 'khwei'가 '회(回)'로 옮겨졌고, 회흘 또는 회골과 구분하기 위해, 비씨에르의 설처럼 '회회'로 불렀다고 추론할 수 있다. 확실히 서양학자로는 처음 『영애승람』을 역주한 밀스(Mills)는 이렇게 생각한 것으로 보인다(밀스, 『영애승람역주』, 93쪽). 상당히 그럴법해 보이지만, 근거할만한 자료를 찾지 못했다.

'회회'와 결합한 '회회인(回回人)', '회회법(回回法)', '회회력(回回曆)', '회회교(回回教)', '회회자(回回字)', '회회포(回回砲)', '회회석두(回回石頭)' 등등의 표현을 자주 보는데, 이들을 회흘 또는 회골로 바꿔 쓴 예는 보이지 않을뿐더러, 이들의 '회회'는 아랍인을 지칭했다. 이상으로부터 회흘과 회흘은 중앙아시아 위구르를 지칭했고, '회회'는 아랍인들을 일컬었다. 13세기 중앙아시아 위구르 지역이 이슬람을 받아들이면서, '회회'와 혼동이 있었고, 점차 '회회'가 정치적으로 우세한 지위를 확보하면서 '회회'가 더 지배적으로 많이 사용되었을 것이다. 결국 17세기의 고염무의 시대에 이르러 '회회'로 통칭하였다고 추론해 볼 수 있다.

(1)야사[稗史]에 회회국은 하늘과 조상을 섬기는 것 이외에는 숭배하는 것이 없다고 한다. 어떤 시에 이르기를, '승려들은 불자(佛子)가 서쪽

227) 『A Chinese-English dictionary』, 상해, 1892, no 5163.

하늘에 있다고 하고, 도사들은 봉래가 바다 동쪽에 있다고 하네. 유독 유학자들만 사실을 진실하게 여기니, 눈앞에 봄바람이 불지 않는 날은 없네'라고 했다(稗史言, 回回國, 事天事祖之外, 無所崇. 有詩曰, 僧言佛子在西空, 道說蓬萊在海東, 惟有孔門眞實事, 眼前無日不春風).

여기서 말하는 '패사(稗史)' 즉 야사는 육용(陸容)의 『숙원잡기(菽園雜記)』를 말한다. 사고전서본, 권2, 8b에 "회회교도들이 중국 사람과 다른 것은 불(佛)을 공양하지 않고, 신에게 제사하지 않으며, 존경하는 것은 오로지 '하늘' 한 글자이며, 하늘 이외에는 성인 공자를 가장 공경하여, 그들은 '승려들은 불자(佛子)가 서쪽 하늘에 있고, 도사들은 봉래는 동쪽 바다에 있다고 하네. 오로지 유교만이 사실을 진실로 여기니, 눈앞에 봄바람이 불지 않는 날이 없네'라고 한다(回回教門, 異於中國者, 不供佛, 不祭神, 不拜屍. 所尊敬者惟一天字, 天之外最敬孔聖人, 故其言云, 僧言佛子在西空, 道說蓬萊住海東, 惟有孔門真實事, 眼前無日不春風)"라고 하였다.

⑵내가 회회(回回)는 서역에 있다고 했지만, 말이 이와 같았다. 중화의 선비들이면서 불교를 숭상하는 것은 왜 그런 것인가. 회회의 문자는 전서, 초서, 해서 등 세 서체의 모양이다. 그 역법은 중국과 겨우 2각(刻) 밖에 차이가 없다. 듣자 하니 서남쪽의 여러 나라에서 회회교 교리를 받드는 자들이 많다고 하는데, 아마도 불법(佛法)을 배척하고 하늘을 섬기는 일을 중시하기 때문일 것이다(余謂回回在西域, 而其言如此. 以中華之士, 而乃尙佛教何也. 回回文字, 有篆·草·楷三樣. 其曆法與中國僅差二刻. 聞西南諸國, 奉回回教法者多云, 蓋斥佛法而以事天爲重耳).

이 단락은 장황(章潢)의 『도서편(圖書編)』(사고전서본, 권51, 111a~b), 회회관(回回館) 조목을 참고한 것으로 보인다. **"회**

회는 서역에 있다. 메카[天方國]와 가까운데, 그 조상은 바로 메디나[黙德那] 국왕 무함마드[謨罕驀德]로, 날 때부터 신령하여 서역의 여러 나라가 신속하며, 그를 높여 페이겜베르[別諳援爾]라 칭했는데, 중국어로 천사(天使)이다. 나라에 있는 경전[佛經] 30 보장(寶藏)은 3,600여 권이다. **서체는 전서, 초서, 해서를 겸한 [형태로]**, 서양의 여러 나라 모두 그 서체를 사용한다. 수나라 개황(開皇, 581~600) 연간에 그 나라 사람 살합팔살아적간갈사(撒哈八撒阿的斡葛思)가 처음으로 그들 종교를 전해 중국으로 들여왔다. 명나라[本朝] 선덕(宣德, 1426~1435) 연간에 메카[天方國]를 따라 사람을 보내 조공했는데, 숙주(肅州)로 들어왔다. 지금은 3년 또는 5년에 한 번 조공한다. 이곳에는 성지(城池), 궁실(宮室), 과수원, 시장이 있고, 대류강(大類江)이 그사이를 돌아 흐른다. 추위와 더위는 시절에 상응하며, 민물은 번성하다. 또한 음양, 천문, 의약, 음악 등 여러 기예가 있다. 사람들은[人俗] 살생을 중히 여겨, 같은 부류의 사람들이 죽인 것이 아니면 먹지 않고, 돼지고기를 먹지 않는다. 그 부근의 투루판[土魯番], 메카[天方], 사마르칸트[賽瑪爾堪] 같은 나라는 옛날 본관(本館)에 속해 번역되었다. 이 밖에 참파[占城], 일본, 캄보디아[眞臘], 자바[瓜哇], 말라카[滿剌加] 등의 나라들 모두 이슬람교[回回教]를 배워, 이따금 조공해 오면, 그 외국어[番文] 또한 본관에 보내 대역했다(回回在西域地, 與天方國鄰, 其先即黙德那國王謨罕驀德, 生而神靈, 臣服西域諸國, 諸國尊爲別諳援爾, 華言天使也. 國中有佛經三十藏, 凡三千六百餘卷. 書兼篆·草·楷, 西洋諸國皆用之. 隋開皇中, 國人撒哈八撒阿的斡葛思始傳其教入中國. 本朝宣德中, 國王遣人隨天方國朝貢, 由肅州入. 至今或三年五年一貢. 其地有城池·宮室·田園·市肆, 大類江淮間. 寒暑應候, 民物繁[蕃]盛. 亦有陰陽·星歷·醫藥·音樂諸技

藝. 人俗重殺, 非同類殺不食, 不食豕肉. 其附近諸國如土魯番·天方·賽瑪爾堪, 舊隸本館譯審. 此外如占城·日本·眞臘·瓜哇·滿剌加諸國, 皆習回回教, 遇有進貢, 番文亦屬本館代譯)"라고 하였다.

밑줄 친 정보는 『도서편』과 『숙원잡기』에 보이지 않는다. 1349~1350년 왕대연의 『도이지략』에 "'천당'이라 부르는 이곳에는 회회력(回回曆)이 있어 중국의 수시력(授時曆)과 앞뒤로 3일의 차이가 있을 뿐, 택일하는 것에는 큰 차이가 없다(名爲天堂. 有回回曆, 與中國授時曆前後只爭三日)"라고 하였다(『도이지략역주』, 472~473쪽). 또 『명일통지』(권90, 25b)에도 "회회력은 중국 역법과 앞뒤로 3일 차이가 있다(有回回曆與中國曆前後差三日)"라고 하였다. 아마도 지봉의 정보는 『명일통지』의 설명을 잘못 채록한 것으로 보인다.

⑶또한 그들이 잘 보양하고, 항상 불알[外腎]을 보호하여, 한기 들지 않도록 손으로 그것을 쥐고 따뜻하게 한다. 이것이 바로 살아있는 생명의 근본이니 보호하지 않을 수 없다고 말하는데, 이 말 또한 일리가 있다(又其俗善保養, 常護外腎, 使不着寒, 夜臥以手握之令暖, 謂此乃生人性命之本根, 不可不保護, 此說亦有理).

이 정보 역시 육용의 『숙원잡기』에서 가져온 내용이다(앞의 출처). "그들 풍속에 보양하는 다른 것은 없고, 오로지 불알만 보호하며 한기가 들지 않게 한다. 남쪽 사람들이 여름 베로 만든 바지를 입는 것은 매우 잘못되었다고 여기는데 불알을 서늘함으로 상하게 할까 두렵기 때문이라고 한다. 밤에 잘 때는 반드시 손으로 그것을 쥐고 따뜻하게 해야 한다. 이것은 살아있는 생명의 근본이므로 보호하지 않을 수 없다고 하는데, 이 말이 가장 일리가 있다(其俗善保養者無他法, 惟護外腎. 使不着寒. 見南人著夏布袴者甚以爲非, 恐凉傷外腎也云. 夜卧當以手握之令暖. 謂此乃生人性命之本根, 不可不保護, 此說最有理)"라고 하였다.

⑷혹 '회회'가 옛날의 대식국(大食國)이지 당나라의 회골(回鶻), 회흘(回紇)이 아니라고 한다. 내가 북경에 갔을 때, 그 나라 사람들을 보니 모두 흰 베로 머리를 싸매고 있었으니 또한 잘못된 것이다(回回或以爲古之大食國, 非唐之回鶻·回紇也. 余赴京時, 見其國人, 皆白布纏頭, 亦詭矣).

확실히 지봉은 흰 베로 전두(纏頭)한 모습을 목격하고 '회흘=회골=회회'라는 설에 동의하고 있다. 당연히 흰 베로 머리를 싸맨 것만으로 '회회'라고 판단할 수는 없다.

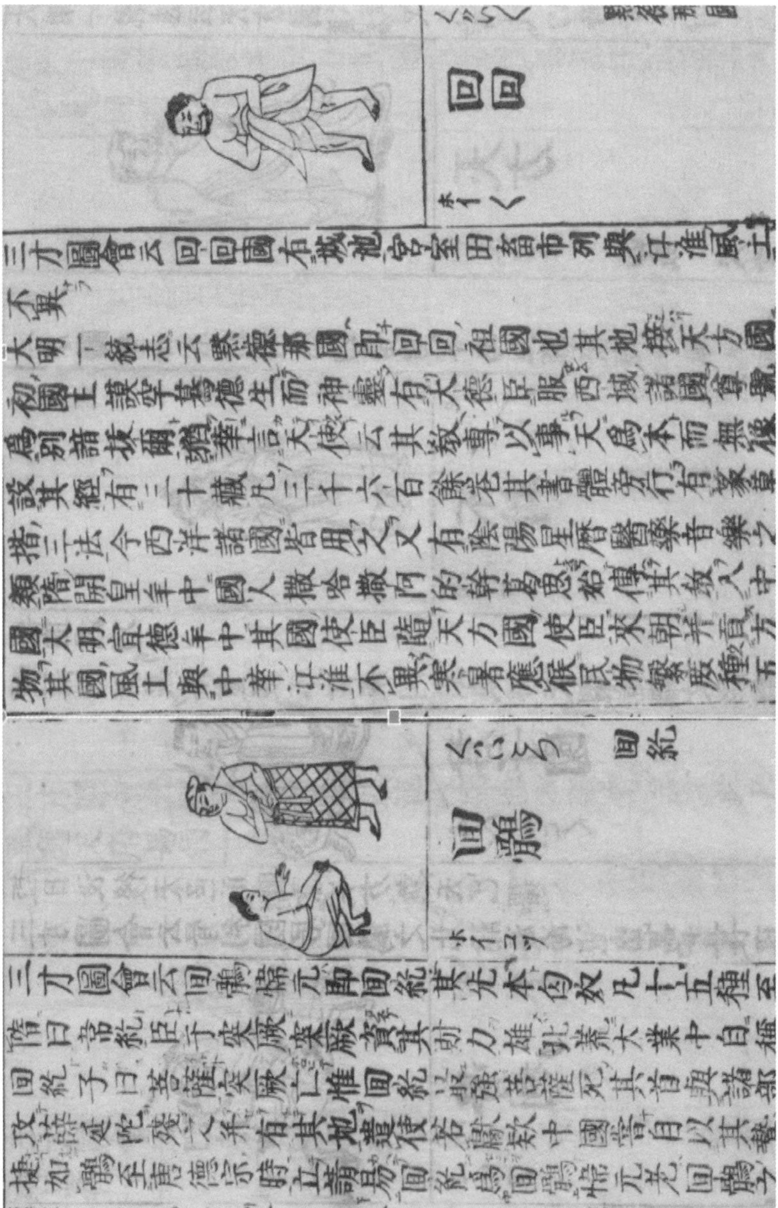

● 『화한삼재도회(和漢三才圖會)』(일본 국립국회도서관본), 권14, 왼쪽(35a), 회골(回鶻) 또는 회흘(回紇); 오른쪽(53a) 회회(回回). 회회 설명에는 메디나[默德那]가 회회의 조국이며, 메카[天方]과 접해있다고 한다. 위의 삽도에서 터번[纏頭]을 한 사람은 위구르[回鶻]이다.

[31] 나양국(裸壤國)

'나양(裸壤)'이란 '벌거벗은 사람들의 땅'이란 뜻이다. 이 표현은 3세기 후반 조지(趙至[景眞])가 사촌 형인 조번(嵇蕃[茂齊])에게 쓴 편지[與嵇茂齊書]에서 사용되었다. "이제 북방[玄朔]에 귤과 유자나무를 심고, 높은 언덕[脩陵] 연꽃에 꼭지가 달리게 하며, 옷을 입지 않는 땅[裸壤]에 용 문양을 드러내고, 듣지 못하는 사람들[聾俗]에게 순임금의 음악[韶舞]을 연주하려는 일은 본디 어렵지만 높이 살만하다(今將植橘柚於玄朔, 蔕華藕於脩陵, 表龍章於裸壤, 奏韶舞於聾俗, 固難以取貴矣)"라고 하였다(사고전서본, 『육신주문선(六臣註文選)』, 권45, 25a). 이선(李善)은 '나양'을 '옷을 입지 않는 나라(不衣之國)'로 설명했다.

또한 사혜련(謝惠連, 407~433)도 「설부(雪賦)」에서 '나양'이란 표현을 사용하여 "남쪽 나라 북호(北戶)라도 문짝을 바르고, 옷을 입지 않는 땅 나양이라도 비단을 걸치네(北戶墐扉, 裸壤垂繒)"라고 하였다. 먼저 이선은 '나양'을 설명하며 『동이전(東夷傳)』을 인용하여 "왜국(倭國) 동쪽 4,000여 리에 나인국(裸人國)이 있다(倭國東四千餘里裸人國也)"라고 주를 달았고, 이주한(李周翰)은 '옷을 입지 않는 나라(不衣之國)'로 설명했다(앞의 출처, 권15, 15a). 진(晉)나라 문인들은 '양(壤)'자가 땅이란 의미가 있으므로, '국(國)'자를 부연하지 않았다.

이선이 인용한 『동이전』의 정보는 『산해경·해외동경(海外東經)』(사고전서본, 권9, 2a) 곽박(郭璞)의 주에 보인다. 바로 "『동이전』에 이르기를, 왜국 동쪽 40여 리에 '나국(裸國)'이 있다. 나국 동쪽에 '흑치국'이 있는데 배로 1년을 가면 이를 수 있다고 하였다(東夷傳曰, 倭國東四十餘里, 有裸國. 裸國

東南, 有黑齒國, 船行一年可至也)"라고 한 문장이다. 여기의 '십(十)'은 '천(千)'자의 잘못일 것이다.

『삼국지·위서(魏書)』, 권30, 「오환선비동이전(烏丸鮮卑東夷傳)」(586쪽)에 "여왕의 나라[여왕국(女王國)] 동쪽으로 바다를 건너 1,000여 리에는 또 나라가 있는데, 모두 왜(倭)의 종족들이다. 또 난쟁이 나라[주유국(侏儒國)]이 그 남쪽에 있는데, 사람들의 키는 3~4척이고, 여왕의 나라까지 4,000여 리이다. 또 나국(裸國)과 흑치국(黑齒國)이 또 그 동남쪽에 있는데, 배를 타고 1년을 가면 이를 수 있다(女王國東渡海千餘里, 復有國, 皆倭種. 又有侏儒國在其南, 人長三四尺, 去女王四千餘里. 又有裸國·黑齒國復在其東南, 航行一年可至)"[228] 라고 하였으므로, 곽박과 이선의 '동이전'은 바로 이를 말하는 것이다.

여기 지봉이 채록한 정보는 중국 자료에 근거하지 않았다. 지봉은 자료 선택에 있어서, 문헌적 정보보다는 직접 현지에서 견문한 정보를 우선시했다. 지봉은 조선 중기의 문신 경섬(慶暹, 1562~1620)이 1607년 회답 겸쇄환사(回答兼刷還使)의

228) 이 기록은 『양서(梁書)』, 권54, 「동이·왜국전」도 보이는데, 여왕의 나라에 관한 이야기가 자세하게 보이고('중국정사외국전DB'를 참고하시오), 이어서 "[여왕의 나라] 남쪽에는 난쟁이 나라[侏儒國]가 있는데, 사람들의 키는 3~4척이다. 또 남쪽에는 흑치국과 나국이 있는데, 왜(倭)에서 4,000여 리 떨어져 있어 배로 1년가량이면 이른다. 또 서남쪽 10,000리에 바다 사람들이 사는데, 몸은 검고 눈은 희며, 벌거벗고 추하다. 이들의 살[肉]맛이 좋아, [그곳에] 간 사람들이 [그들을] 활로 쏴 잡아 먹기도 한다(其南有侏儒國, 人長三四尺. 又南黑齒國·裸國, 去倭四千餘里, 船行可一年至. 又西南萬里有海人, 身黑眼白, 裸而醜. 其肉味, 行者或射而食之)"라고 하는 야만적 정보도 보인다.

부사(副使)로, 일본에 다녀온 기록인 『경칠송해사록(慶七松海槎錄)』(『해행총재(海行摠載)』본, 45쪽)을 발췌했다. 경섬의 기록은 '만력 35년(1607)년 6월 2일'이라는 시간정보를 갖추고 있다. "날씨는 맑다. 에도[江戶]에 머물렀다. …'나양국'에서 온 한 사람을 봤는데, 신장이 매우 크고 피부는 재[灰]처럼 검었고, 눈동자에는 흰 부위가 많았으며, 이마는 튀어나왔고 코는 우뚝했으며, 머리카락은 양털 같았다(晴. 留江戶. …有一裸壤國人, 身長甚長, 色黑如灰, 目睛多白, 額鼻高尖, 髮如羊毛)."

경섬이 에도에서 목격하고 기술한 이방인은 아마도 아프리카 동안에서 노예로 팔려 온 '흑인'이었을 것이다. 경섬의 기술에는 옷을 입지 않았다는 정보는 없다. 그는 이 '흑인'이 어디서 온 사람인지 당연히 몰랐을 것이다. 경섬은 『문선』과 중국 정사 「왜전(倭傳)」에 언급된 이국인 정보들을 떠올릴 수밖에 없었을 것이다.

⑴나양국(裸壤國)은 일본에서 멀지 않은 곳에 있다(裸壤國, 距日本不遠).

지봉의 이 설명은 어디에 근거한 것일까? 앞서 본 『산해경·해외동경(海外東經)』에 "왜국 동쪽 40여 리에 '나국(裸國)'이 있다"라고 했기 때문일까? 지봉은 여기 '나양국'을 '나양'이라는 나라로 이해하고, '나인국(裸人國)' 또는 '나국(裸國)'과 동일시한 것으로 보인다. 앞서 언급한 것처럼 '나양국'은 중국 자료에 존재하지 않았다.

⑵그 사람들의 몸은 매우 크고, 온몸이 석탄처럼 검으며 눈은 대부분

희고, 이마와 코는 높이 돌출해 있으며, 머리털은 양털 같다(其人身甚長, 全身黑如炭, 目多白, 額鼻高突, 頭髮如羊毛).

이 단락은 확실히 경섬의 기록을 근거했다. 다만 『경칠송해사록』에서 “피부는 재[灰]처럼 검었고”라고 했지만, 지봉은 여기 ‘회(灰)’자를 ‘탄(炭)’자로 기술했다. 경섬이 기술한 이방인은 ‘흑인’을 묘사했으므로 ‘탄’자가 맞을 것이다.

⑶왜녀(倭女)에게 장가들어 일본에 사는데, 양만세(楊萬世)가 직접 보니 이와 같았다고 한다(娶倭女居日本, 楊生萬世親見如此云).

양만세(楊萬世)는 1602년 월사(月沙) 이정귀(李廷龜, 1564~1635)가 중국 사행길에 올랐으나 병이 들어 중도에 돌아와 엮은 『동사집(東槎集)』 서문에, 학관(學官)으로 수행했다고 기록하고 있고, 또 여기 경섬이 회답 겸쇄환사(回答兼刷還使)의 부사로 갈 때 수행한 인원을 기록한 목록에도, 학관으로 이름이 올라있다. 아마도 밑줄 친 정보는 지봉이 직접 양만세를 불러 의문의 ‘흑인’에 관해 자세히 물었던 것으로 보인다.

⑷대저 바다에는 ‘옷을 입지 않는 나라’라고 하는 곳이 많다(大抵海中之爲裸壤者多矣).

지봉의 이 정보는 정확하다. 이미 베트남 북부지역에서 서남쪽으로 적도 주변을 따라 여러 지역에서 ‘나국(裸國)’, ‘나인국(裸人國)’ 등을 찾아볼 수 있다. 가장 대표적인 예가 니코바르와 안다만 제도이다. 이에 대해서는 『영애승람역주』, 실론왕국[10-1], 『성사승람역주』, 전집, 15를 참고하시오.

(1)『한서』에 회계(會稽)의 바다 밖에는 동제(東鯷)라는 사람이 있는데, 나뉘어 30여 나라가 되었다고 한다(漢書曰, 會稽海外, 有東鯷人, 分爲三十餘國云).

지봉이 인용한 문장은 '동제[tuŋ-zie](東鯷)'는『전한서(前漢書)』, 권28하,「지리지」(1669쪽)에 보인다. "회계의 바다 밖에는 '동제' 사람들이 있는데, 나뉘어 20여 개 나라로 되었으며, 특정 시기마다 와서 [산물을] 헌상하고 [황제를] 알현했다고 한다(會稽海外有東鯷人, 分爲二十餘國, 以歲時來獻見云)"라고 하였다. '제(鯷)'자에 관하여, 안사고(顔師古)의 주에 따르면, 맹강(孟康)은 그 음으로 '제[dɦiei](題)', 진작(晉灼)은 '제[tiei](鞮)'를 제시했는데, 맹강의 음은 '시[ʑie](是)'라고 했다. 이로써는 '제'로 발음하는 것이 맞을 것이다. 이 지리 정보는『후한서』, 권85,「동이·왜전」(2822쪽)에서 더 간단하게 인용되었는데, "회계의 바다 밖에는 '동제인'이 있는데, 나뉘어 20여[229] 개국으로 되었다(會稽海外有東鯷人, 分爲二十餘國)"라고만 하였다. 이현(李賢)은 '제(鯷)'의 음은 '달[dɦ|tʰɑt](達)'자와 '해[ɣiei](奚)'의 반절로 읽는다고 하였다. 이에 따르면 우리 발음은 '대' 또는 '태'에 해당할 것이다.

문제는 결국 '동제' 전체가 해외의 어떤 나라나 민족을 지칭하는 말인지, 아니면 '동제인'의 '동'자가 방위를 가리켜, '동

229) 여기 '이십여국(二十餘國)'의 '이(二)'자는『후한서』교감학자들에 따르면, '민본(閩本)'에는 '삼(三)'자로 되어있다는 교감 사항이 보인다. 여기 지봉도 '삼(三)'자로 기록하고 있는데, 지봉도 이 '민본'을 참고한 것인지, 아니면 단순한 오기나 인쇄상 실수인지 분명하지 않다. 이 문장을 인용하고 있는 이후 자료에서 '삼(三)'자로 된 이본은 찾지 못했다.

쪽의 [제]라는 사람들'로 읽어야 할지, 또 아니면, 동쪽의 메기[鯷]처럼 생긴 사람들로 이해해야 할지 쉽지 않다. 나는 두 번째 풀이를 주장하고 싶다. 첫째, 3세기 후반 서진(西晉)의 좌사(左思)는 「삼도부(三都賦)·위도(魏都)」에서, "이때 동제가 귀순하고, 서경(西傾)이 예제를 따랐다(於時東鯷即序, 西傾順軌)"라고 하였는데, 여향(呂向)은 '동제'와 '서경'은 나라 이름이라고 설명했다(사고전서본, 『육신주문선』, 권8, 33b). 좌사는 '동'과 '서'를 대구로 사용하고 있다. 둘째, 『전한서』, 권95, 「남월전(南粵傳)」(3848쪽)에는 조타(趙佗)가 예물로 회유하여 예속시킨 '서구(西甌)'가 언급되어있는데, 안사고(顔師古)의 설명에 따르면, "여기 '서구(西甌)'는 바로 낙월(駱越)을 말하는데, '서(西)'라고 한 것은 동구(東甌)와 구분하기 위함이다"라고 했다. 셋째, 『전한서』, 권85, 「지리지」(1658쪽)에는 "낙랑(樂浪)의 바다에는 왜인들이 있는데, 나뉘어 20여 개 나라로 되었으며, 특정 시기마다 와서 [산물을] 헌상하고 [황제를] 알현했다고 한다(樂浪海中有倭人, 分爲百餘國, 以歲時來獻見云)"라고 하였는데, 이 문장은 앞서본 『전한서』, 「지리지」의 기술과 같은 구조로 기록되어있다. 즉 '제인(鯷人)'과 '왜인(倭人)'의 상대적 지칭으로 보자는 말이다. 그러나 나의 가설에는 결정적인 문제가 있다. 바로 '서제(西鯷)'란 지칭은 중국 옛 자료에서 전혀 보이지 않는다는 점이다. 그렇지만 이는 '동제'를 설명할 수 있는 유일한 해법이다.

'동제'는 어느 나라 또는 사람들을 말하는 것일까? 『우공추지(禹貢錐指)』(사고전서본, 권6, 71b~72a)에 『서경·우공(禹貢)』에 보이는 '도이(島夷)'를 설명하면서, 『전한서』에 보이는 동제(東鯷)에 관하여 다음과 같이 천착했다. "『한서·지리지』에 따르면 회계군(會稽郡)에 야현(冶縣)이 있는데, 안사고

(顔師古)는 [이곳이] 원래 민월(閩越)의 땅이라고 했다. 「지리지」에 동제는 회계의 바다 밖에 있다고 하는데, [그곳은] 현 푸젠 동남쪽의 여러 나라를 말한다. 『후한서』「동이전」에 왜(倭)는 한(韓)의 동남쪽 대해에 있는데, 섬[山島]을 따라 살며, 무릇 100여 개의 나라이고, 그 대왜왕(大倭王)은 야마대국(邪馬臺國)에 살며, 낙랑군(樂浪郡) 변방에서 그 나라까지는 12,000리라고 했다. 이곳은 대체로 회계군 동야(東冶)의 동쪽에 있다. 어환(魚豢)의 『위략(魏略)』에 왜는 대방(帶方) 동남쪽 대해에 있으며, 섬[山島]을 따라 나라를 이루었고, 바다로 1,000리를 건너면 또 나라들이 있는데, 모두 왜의 종족이라고 했다. 대저 '왜국'은 둘이 있다. 대방의 동남쪽에 있는 왜국이 바로 한나라의 왜인(倭人)이자, 『후한서』에서 한(韓)의 동남쪽 대해에 있다고 하는 곳이다. 바다 건너 1,000리에 있는 '왜'는 바로 한나라의 '동제인'으로, 『후한서』에서 대왜왕국(大倭王國)은 회계군 동야의 동쪽에 있다고 하는 곳이다. 동제는 지금의 일본이다(漢志會稽郡有冶縣, 師古曰, 本閩越地. 志云, 東鯷在會稽海外, 今直福建東南諸國是也. 後漢東夷傳, 倭在韓東南大海中, 依山島爲居, 凡百餘國. 其大倭王居邪馬臺國, 樂浪郡徼去其國萬二千里. 其地大較在會稽東冶之東. 魚豢魏略曰, 倭在帶方東南大海中, 依山島爲國, 度海千里, 復有國, 皆倭種. 蓋倭國有二, 其在帶方東南者即漢之倭人, 後漢書所謂倭在韓東南大海中者也. 度海千里復有倭者, 即漢之東鯷人, 後漢書所謂大倭王國直會稽東冶之東者也. 東鯷今爲日本)."

일본 강점기 대만 학자인 연횡(連橫, 1896~1936)의 『아언(雅言)』(대만문헌총간본, 권2, 59쪽)에 따르면 "『후한서』의 동제국(東鯷國)은 나 역시 '대만(臺灣)'이라 생각한다"라고 하며 '동제=대만'을 제기했다. 그 근거 중 하나로, 『임해지(臨海志)』를 인용하여 "오나라 적오(赤烏, 238~251년) 연간에 '동제'에 원정한 적이 있다. 당시 오나라의 세력이 강성할 때 동남쪽을 경략하여, 민(閩), 월(粵), 통킹[交趾]이 모두 판도에 예속되었고, 바다 건너 주애(朱崖, 해남도)를 차지했으며, 마침내 '동제'를 제압하고 일본까지 물길을 열었다(吳赤烏中, 曾用兵東鯷. 當是時吳力方盛, 經略東南, 閩·粵·交趾均隸版圖, 渡海而取珠崖, 遂撫東鯷以溝日本)"라고 한 것을 들었다(권2, 63쪽). 나는 이 인용문을 확인하지 못했지만, 사실이라면, '동제'가 타이완일 가능성도 없지 않다.

'제(鯷)'자는 다른 글자와 많이 결합하지 않는다. 주목할 만한 단어는 '제해(鯷海)'로, 사조(謝脁, 464~488)는 「영명악(永明樂)」 제5수(『사선성집(謝宣城集)』, 사고전서본, 권2, 7b)에서 "교화는 **제해(鯷海)**의 군주에게 미쳤고, 은택은 흉노의 수장을 변화시켰네(化洽鯷海君, 恩變龍庭長)"라고 했는데, 여기 '제해'는 바로 회계 밖의 바다, 말하자면 동제인의 나라를 지칭한다. 7세기 말 시인 노조린(盧照隣)은 「재주 남정에서 잔치할 때 지은 시집 서문(宴梓州南亭詩序)」에서 **'제영(鯷瀛)'**으로 표현한 바 있다(『노경지집(盧昇之集)』, 사고전서본, 권6, 9a). 또 위승경(韋承慶, 640~706)은 「영대부(靈臺賦)」에서 "**제학(鯷壑)**으로 가서는 충성을 온전히 했고, 용향(龍鄉)에 머물면서는 신의를 고집했네(赴鯷壑而全忠, 處龍鄉而執信)"라고 하였는데(사고전서본 『변자류편(駢字類編)』, 권225, 2b), 여기의 '제학(鯷壑)'은 중앙조정을 의미하는 용향(龍鄉)에 상대적 개념으로, 지방을 의미한다. 마지막으로 『구당서』, 권9, 「현종본기」(236쪽), 756년의 기록에, "상군(象郡), 염주(炎州)의 노리개, 계림과 '제해(鯷海)'의 보물은 사신들의 왕래에 끊어지지 않아, 응대하는 전속(典屬)들이 늘어섰다(象郡·炎州之玩, 雞林·鯷海之珍, 莫不結轍於象胥, 駢羅於典屬)"라고 하였다. 여기서는 '계림'을 언급하고 있으므로, '제해'는 일본일 가능성이 크다.

⑵이는 왜노(倭奴)를 말하는 것 같다. 지금 우리나라를 '제잠(鯷岑)'이라 하는데, 아닐 것이다. 어찌 스스로 그렇게 칭할 수 있겠는가(此則似指倭奴而言. 今以我國爲鯷岑, 恐未是. 況可自稱乎).

이익(李瀷, 1681~1763)은 『성호사설』, 권2, 「제잠(鯷岑)」(이돈형소장본, 51b~52a)에서 "제잠은 우리나라를 가리켜 말하는 것이다. 『한서(漢書)』에 '회계(會稽)의 바다 밖에 동제학(東鯷壑)[230]이 있는데 그 지역을 나누어 20여 국이 되었고, 세시(歲時)가 되면 와서 조공(朝貢)을 바쳤다'라고 하였고, 좌사(左思)는 「제도부(齊都賦)」에서 '그 동쪽에는 창명(滄溟)과 제학(鯷壑)이 있으니, 그 바다는 넓고 넓어 이루 헤아릴 수 없다'라고 하였다. 제(齊)나라의 동쪽 바다 밖에는 오직 우리나라가 있을 뿐이다. 제(鯷)는 '점(鮎)'이라고도 하고, '언(鰋)'이라고도 하는데, 바로 메기이다. 머리는 크고 꼬리는 작으며

230) '동제학(東鯷壑)'이란 표현은 7세기 초 우세남(虞世南)의 『북당서초(北堂書鈔)』(사고전서본, 권158, 7b)에만 보이는데, 우세남은 앞서본 『전한서』, 권28하, 「지리지」(1669쪽)를 인용하며, "會稽海外有東鯷壑, 分爲二十餘國, 以歲時來獻"라고 기록했다. 다시 말해 '동제인(東鯷人)'이 '동제학'으로 표기된 이본에서 비롯되었다. 한편, 장영(張英) 등이 황명을 받아 1710년 완성한 『연감유함(淵鑑類函)』(사고전서본, 권36, 13a)에는 이익이 제잠(鯷岑)을 설명하며 인용한 『한서』와 좌사의 「제도부(齊都賦)」의 문장이 고스란히 보인다. 따라서 이익이 근거한 자료는 바로 『연감유함』일 것이고, 또 장영 등이 채록한 『한서』는 『북당서초』에서 가져왔을 것이다.

등은 검푸르고 비늘이 없으며, 침이 많고, 머리는 납작하며, 두 눈은 위로 나 있고, 납작한 배로 땅에 붙어사는 물고기다. 지금도 못[陂澤]에 많이 있다. '제잠'은 '제학'에서 얻은 명칭이다(鯷岑者, 指我國也. 漢書云, 會稽海外有東鯷壑, 分爲二十餘國, 以歲時來獻. 左思齊都賦云, 其東則有滄溟·鯷壑, 洪浩汗漫. 齊東海外, 惟我國在耳. 鯷一名鮎, 一名鰋, 頭大尾小, 背靑黑, 無鱗, 多涎, 偃額, 兩目上陳, 偃腹平著地者也, 今陂澤中多有之. 鯷岑者, 又因鯷壑得名也)"라고 하였다.

최치원(崔致遠, 857~908?)은 유난히 '메기'라는 뜻밖에 없는 '제(鯷)'자를 여러 차례 사용했다. 먼저 '제잠(鯷岑)'이라는 표현을 보면, 『고운집(孤雲集)』(한국문집총간본, 권1, 7b), 「신라 하정표(新羅賀正表)」에서 최치원은 "선조(先祖) 때부터, 신정(新正)마다 경하하는 덕에 있어, 한 해도 예를 빠뜨린 적이 없었음이 사서에 빠짐없이 기록되어있습니다. [그런데] 근래 '메기 봉우리[鯷岑]'에 안개와 어둠이 끼면서, 파도가 '교룡의 골짜기[蜃壑]'를 놀라게 했습니다. 신은 선대의 덕업을 계승하여 펼[聿修] 뜻을 품고 있었으나, 성공적으로 지켜내지 못했고, 오래 육로와 바닷길이 막혔으니, 부월(斧鉞)의 [벌을] 피하기 어렵겠습니다(遂從先祖而來, 每慶新正之德, 年無闕禮, 史不虧書. 近屬霧暗鯷岑, 波驚蜃壑. 臣雖聿修有志而式遏無功, 久阻梯航, 難逃斧鉞)"라고 하였다.

또 최치원은 『계원필경집(桂苑筆耕集)』, 권20(한국문집총간본, 6a)에 수록된 「참산의 신령에게 제사 지낸 글[祭巉山神文]」에서 "오직 이 신령한 산[靈山]만 중첩되고 고고하여, 높이 메기 골[鯷壑]에 임했고, 깎아지른 듯 높이 솟구쳐 아래로 고래 못[鯨潭]을 굽어본다. 그 위로는 운무가 엉긴 뼈대가 되었고, 아래로는 파도가 격탕하는 소굴이 되었다(惟靈磊磊落落, 高臨鯷壑, 巉巉嵒嵒, 俯壓鯨潭, 上則爲雲霧縈纏之骨, 下則爲波濤激射之窟)"라고 하였다. 시인은 골짜기는 '메기[鯷]'에 못은 '고래[鯨]'에 비유했다. 이는 『고운집』, 권3(9b) 「대숭복사 비명 병서(大嵩福寺碑銘 竝序」에서, "앞에 임한 것은 검푸르게 늘어선 '메기 산[鯷嶠]'이요(前臨則黛列鯷嶠)"라고 하였는데, 그 원주에 "제(鯷)는 배는 크고 꼬리가 작은 물고기로, 산 모양이 그와 비슷하다(鯷, 腹大尾少魚, 山形似之)"라고 한 설명으로 확인할 수 있다. 따라서 '제학(鯷壑)'과 '제교(鯷嶠)'란 표현은 같은 이미지임을 추론할 수 있겠다.

마지막으로 『고운집』, 권1(22b) 「신라의 왕이 당나라 강서의 고 대부 상(湘)에게 보낸 글(新羅王與唐江西高大夫湘狀)」에서는 '제명(鯷溟)'이란 표현을 사용하여, 당나라 강서의 고상(高湘) 대부를 "'거북 산[鼇岫]'에 훌륭한 명성을 떨쳤고, '메기 바다[鯷溟]'에 경사로운 기운을 띄웠다(振嘉聲於鼇岫, 浮喜氣於鯷溟)"라고 추켜세웠다. '오수'와 '제명'은 대구로, 결국 땅과 바다에 명성과 경사로운 기운을 펼쳤다는 말일 것이다. 여기의 '제명(鯷溟)'은 앞서본 사조(謝朓)의 '제해(鯷海)', 노조린(盧照隣)의 제영(鯷瀛)과 같은 방식의 표현이다. 따라서 최치원의 '제잠(鯷岑)'을 우리나라를 지칭하는 상징적 표현으로 읽을만한 단서는 없다.

『동문선(東文選)』, 권37에 수록된, 박인량(朴寅亮, ?~1096)의 「요나라 황제에게 올리는 표문(上大遼皇帝告奏表)」(규장각장서본, 5b)에 "게다가 압록강이 형성되면서, 제잠(鯷岑)을 구획하여 경계를 세우고, 강을 따라 터전을 벌려 부여(扶餘)의 옛 군사 구역이 여전히 남아있습니다(且鴨綠之成形, 劃鯷

岑而作限, 沿江列址, 扶餘之古戍猶存)"라고 하였다. 여기의 '제잠'은 요나라 동쪽과 남쪽 지역을 범칭하고 있다.

이제현(李齊賢, 1287~1367)의 『익재난고(益齋亂藁)』, 권8(고려대 소장본, 9a)에 황태자 책봉을 경하하는 표문에 딸린 「경하 편지(賀箋)」에 "생각건대, 일찍이 외람되게 말단 관료로 도타운 은혜를 받았사오나, 제잠(鯷岑)에 발이 묶여, 경하하는 반열에 참여하지 못했습니다(伏念早忝末寮, 優承厚眷, 鯷岑滯迹, 未預賀班)"라고 하였다. 자신이 있는 곳을 '메기 모양의 산[鯷岑]'으로 표현한 것일 것이다. 아니면 실제 봉우리 명칭일지도 모른다. '제잠'을 우리나라로 읽는다면, '체적(滯迹)'이란 말을 이해하기 어려워진다.

이색(李穡, 1328~1396)은 '제잠'이란 표현을 가장 많이 사용한 문인이다. 『목은고(牧隱藁)』, 권11(규장각장서본, 19a), 「찬성사 반복해에게 내리는 교서(賜贊成事潘卜海敎書)」에서 "한나라 시기 공신들에게 맹세하게 한 말에 '태산이 숫돌처럼 [되고], 황하가 허리띠처럼 [되도록] 나라를 영원히 존속시켜 후손들에게 미치게 하라'라고 하였는데, 이제 과인도 [그 뜻을] 기술하여 맹세토록 하노라. '제잠이 숫돌로 납작해지고, 접해(鰈海)에 먼지가 일 때까지, 그대와 나의 자손들이 나라를 보위토록 하라'라고(漢誓功臣之辭曰, 泰山如礪, 黃河如帶, 國以永存, 爰及苗裔. 肆今寡人述而誓之曰, 鯷岑砥平, 鰈海塵生, 汝孫吾姓, 爲國干城)"하는 문장이 보인다. '태산'과 '제잠', '황하'와 '접해'가 서로 대응하고 있고, '제잠'과 '접해'는 대를 이루고 있다. 태산과 황하가 중국의 대표 산하이듯이, '제잠'과 '접해' 역시 우리나라의 산과 바다일 것이다. 이 밖에도 「촉(蜀) 평정을 경하하는 표문(賀平蜀表)」, 「황태자의 천추를 하례하는 기거 전(賀皇太子千秋起居箋)」, 「하 평정 안남 전(賀平定安南箋)」, 「은혜를 사례하는 표문(謝恩表)」에서도 '제잠'이 자신이 벼슬하고 있는 곳, 즉 우리나라를 지칭하고 있다.

조경(趙絅, 1586~1669)은 1643년 일본 황태자 탄생을 축하하는 통신사의 부사(副使)로 발탁되어 『조용주동사록(趙龍洲東槎錄)』을 남겼다, 그는 그해 7월 17일 두보(杜甫)의 「추흥(秋興)」의 시운을 빌려, 8수를 지어 당시의 감회를 노래했는데(해행총재본, 144쪽), 그중 제4수에서 "물고기 등 같은 배가 나아가자 파도가 성나 일고, '제잠'의 하늘 넓어 돌아갈 꿈 더디네(魚背舟行波怒立, 鯷岑天闊夢歸遲)"라고 하며, '제잠'을 일본에 비유했다.

이처럼 '제잠'이란 표현은 이색(李穡)에 문장에서 우리나라를 겸칭하는 말로 사용되었다. 이색이 무엇을 근거했는지, 이색의 창조적 비유였는지는 모르겠지만, 이러한 용례는 『조선왕조실록』에 수록된 15세기 기록에서도 20여 차례 찾아볼 수 있다. 기대승(奇大升, 1527~1572), 『고봉집(高峯集)』, 권2, 「성절표(聖節表)」(한국문집총간본, 5a)에서도 이색의 비유가 확인되는 만큼, 16세기뿐만 아니라 지봉이 『지봉유설』을 집필하고 있을 때도, 이러한 '잘못된' 통념은 여전했던 것으로 보인다. 이에 대해 지봉은 처음으로 이의를 제기했다. 효과적이었던가? 『조선왕조실록』에서 16세기 이후 '제잠'이란 표현은 거의 쓰이지 않았고, 17세기 조경의 기록은 분명 일본을 가리키고 있다.

● 나홍선(羅洪先, 1605~1564)이 편집 간행한 주사본(朱思本, 1273~1337)의 『광여도(廣輿圖)』(하버드 옌칭 도서관, 1566년 간행본), 권2, 90b~91a.

[33] 서역(西域)

‘서역(西域)’이란 사전적 정의에 따르면, 한나라 이래로, 옥문관(玉門關)과 양관(陽關) 서쪽 지역을 일컫는 총칭이다. 좁혀보면 파미르고원 동쪽을 지칭하지만, 그 너머 지중해 동안이나 심지어 인도나 아라비아반도 지역까지도 포괄한다. 지봉은 ‘서역’의 위치를 중앙아시아에 한정하고 있는 것으로 보인다.

천하의 기이한 보배는 대부분 서역에서 나는데, ①파려(玻瓈), ②마노(瑪瑙), ③포도(葡萄), ④서과(西瓜), ⑤호도(胡桃), ⑥사자(獅子) 같은 것들이다. 불법(佛法)과 환술(幻術) 모두 서역으로부터 나왔다. 비록 좌도(左道, 이교도)라고 하더라도 그 사람들에게 기예가 많다는 것을 알 수 있다. 그들 산천에 ⑦유사(流沙), 약수(弱水), 곤륜(崑崙), ⑧성수해(星宿海)가 있는데, 중국의 황하는 여기에서 기원하니 또한 신비롭고 이상하도다(天下奇寶, 多出於西域, 如玻瓈·瑪瑙·葡萄·西瓜·胡桃·獅子之類是也. 佛法幻術, 皆從西域而出. 雖曰左道, 可見其人多技藝也. 其山川, 有流沙·弱水·崑崙·星宿海, 中國之黃河源於此, 亦靈異矣哉).

①‘파려[pʰuɑ-liei](玻瓈)’는 중국 문헌 자료상, 구슬 형태인 ‘유리(流離)’ 또는 ‘벽류(璧琉)’가 출현한 이후, 5세기경 가열해 불어서 만드는 ‘유리(琉璃|瑠璃)’와 함께 등장한 ‘옥(玉)’ 계열의 제품으로 나타났다. 히어트(Hirth)에 따르면, “유리(琉璃)의 초기 형태인 벽류(璧琉)와 벽유리(璧流離)는 바로 산스크리트어 바이두리아(vaidūrya), 또는 팔리어 벨루리야(veluriya)의 초기 음역 형태로, 아마도 라피스 라줄리 또는 수정(水晶, rock-crystal)일 것이다”라고 ‘바이두리아’ 어원설을 제기했다(『조여괄』, 227쪽). 이는 사실 율과 버넬의 『영국-인도 용어 사전(Hobson-Jobson)』(88~89쪽)에서 제기된 설로 영어의 베

릴(beryl)의 어원으로 산스크리트어 바이두리아(vaidūrya), 프라크리트어 벨루리야(velūriya)을 들고, 이로부터 말레이어 바이두리(baiduri) 또는 비두리(biduri), 페르시아어 빌라우르(billaur), 그리스어 베룰로스(βήρυλλος)가 나왔다고 추정했다. 이 '바이두리아' 또는 '벨루리야'가 '벽류(璧琉)' 또는 '벽유리(璧流離)'로 표기되었다고 주장하는 학자가 바로 히어트인 셈이다. 따라서 말레이어는 산스크리트어에서 출발하여 'd'음이 남아있고, 프라크리트어에서 출발한 명칭들은 'd'가 'l'로 유음화되었음을 알 수 있다.

'파려'에 관하여 히어트는 "유리가 나타나고 훨씬 뒤에 우리는 중국 자료에서 일반적으로 투명한 유리에 사용된 또 다른 단어를 찾을 수 있다. 바로 파리(玻璃) 또는 파려(玻瓈), 벽파리(碧玻璃) 등인데, 유리와 벽유리를 옮긴 것으로 보인다. 우리가 찾아볼 수 있는 한, 가장 이른 기록은 5세기로 추정되는 『옥편(玉篇)』이다. 이 사전에 따르면 '보석'인 옥(玉)을 의미한다고 한다. 이 단어는 5세기 유리 제조가 중국으로 유입된 뒤에 만들어졌고, 이 보통 유리를, 더 비싼 유색의 연마한 것들과 구분할 필요가 있었던 것 같다. 축약된 형태로, 칠보(七寶, septa ratna) 중 하나인 산스크리트어 '스파티카(sphaṭika)'를 전사했으며 원래는 수정(rock-crystal)을 의미했다. 중국 불교 자료에서 '스파티카'는 '파치가(婆致迦)'로 옮기지만, 현장(玄奘)은 '파지(頗胝)'라는 축약형을 사용했다(『조여괄』, 228쪽). 확실히 히어트 씨는 가열해 불어서 만드는 유리와 원석을 연마한 제품을 구분하여 설명했다.

『중수옥편(重修玉篇)』(사고전서본, 권1, 10b)에 따르면, '파(玻)'자는 '보[pʰuo](普)'자와 '파[pua](波)'자의 반절로 읽는데, '파려옥(玻瓈玉)'이라고 하였고, '려(瓈)'자는 '력[lịək](力)'자와 '제[ʑiẹ](堤)'자의 반절로 읽으며, '파려(玻瓈)'라고 설명했다. 『중수광운(重修廣韻)』(사고전서본, 권2, 26b)에서는 파(玻)는 "파려옥(玻瓈玉)으로 서쪽 나라의 보배이다(玻瓈玉西國寶)"라고 설명했다. 이후 『강희자전』(사고전서본, 권20, 11a)에서는 『정자통(正字通)』을 인용하여, "'파(玻)'는 수옥(水玉)이라고도 하는데, 물처럼 투명하며, 옥처럼 단단하다. 갈아 냈을 때 빗방울이 있는 것이 진품이다. 명나라 삼보태감[정화]이 서양으로 나갔다가, 파려(玻瓈)를 굽는 사람들에게서 중국으로 가져와, 중국에 '파려'가 부쩍 많아졌다. 구운 것에는 공기방울이 있어 가볍다(一名水玉, 瑩如水, 堅如玉, 碾開有雨點者爲眞. 明三保大監出西洋, 攜燒玻瓈人來中國, 故中國玻瓈頓賤. 燒者有氣眼而輕)"라고 하였고, 다시 『정자통』을 인용하여, "혹 '파려(頗黎)'라고도 한다. 파려(頗黎)라는 나라에서 나므로, 그렇게 부른다(或作頗黎. 因頗黎國所出, 故名)"라고 하였다. 이로부터 '파(玻)'자는 5세기에 만들어진 글자로 보이는데, '파려'라는 고유 명칭을 옮기기 위함으로 추론할 수 있겠다. 여기 『정자통』의 설명은 '파려(玻瓈)'가 가열해[燒] 만든 것임을 암시하고 있다. 이는 히어트 씨가 말한 '유리'에 해당한다.

장열(張說, 667~731)은 「양사공기(梁四公記)」(『태평광기』, 사고전서본, 권81, 11b)에서 "서인도[西天竺國]에서 오는 부남(扶南)의 큰 바다 선박은 벽파리(碧玻璃) 거울을 팔았는데, 면의 넓이는 1척 5촌, 무게는 40근이었다. 안과 밖이 깨끗하고 투명했다. 오색의 물건을 그 앞에 두고 밝게 비추면, 그 실체를 알 수 없었다. 그 값을 물으니 약 1백만 관(貫)이었다(扶南大舶從西天竺國來, 賣碧玻璃鏡, 面廣一尺五寸, 重四十斤.

內外皎潔, 置五色物於其上, 向明視之, 不見其質. 問其價, 約錢百萬貫)”라고 하였는데, 큰 원석을 갈아서 만든 것임을 알 수 있다.

『구당서』, 권5, 「고종본기」(99쪽)에 따르면, 상원(上元) 2년(675) 지한군왕(支汗郡王)이 ‘벽파리(碧玻璃)’를 헌상했다고 하며, 권198, 「서융·불름(拂菻)」(5313쪽)에서는 정관 17년(643), 불름(拂菻)왕 파다력(波多力)이 적파리(赤玻璃)를 헌상했다는 기록이 보인다. 또한 권198, 「서융·니파라(尼波羅)」(5289쪽), 「서융·파사(波斯)」(5321쪽)에서는 ‘파려(玻瓈)’가 보인다. 마지막으로 『신당서』, 권221하, 「서역·토화라(吐火羅)」(6252쪽)에서는 개원(開元), 천보(天寶) 연간에 여러 차례 말, 당나귀[騾], 기이한 약물, 건타파라(乾陀婆羅) 200품(品), 홍벽파려(紅碧玻瓈)를 헌상했다는 기록이 보인다. 이로부터 파리(玻璃) 또는 파려(玻瓈)의 원래 명칭은 ‘벽파리’ 또는 ‘벽파려’였다고 읽어야 할 것이다.

②‘마노[ma-nɑu](瑪瑙|碼碯)’란 보석을 언급한 중국 자료로는 조비(曹丕, 187~226)의 설명이 가장 빠르다. 마노(瑪瑙)로 만든 굴레[勒]에 관하여 한 편의 부(賦)를 남겼는데, 다음과 같은 서문을 갖추고 있다. “마노는 옥 종류이다. 서역에서 나며 문양이 교착되어 있는데, 말의 뇌[馬腦]와 비슷한 것이 있으므로, 사람들이 그에 따라 그렇게 부르는 것이다. 목에 걸기도 하고, 굴레[勒]를 장식하기도 한다. 나는 이것으로 만든 굴레가 있는데, 아름다워 부(賦)를 짓는다. 진림(陳琳)과 왕찬(王粲)에게도 함께 짓도로 명했다(瑪瑙, 玉屬也. 出自西域, 文理交錯, 有似馬腦, 故其方人因以名之. 或以繫頸, 或以飾勒. 余

有斯勒, 美而賦之. 命陳琳·王粲并作)”[231]라고 하였다.

『예문유취(藝文類聚)』(사고전서본, 권84, 17b)에는 227년을 전후로 완성된 『광아(廣雅)』를 인용하여 “마노석은 옥에 버금간다(瑪瑙石次玉)”라고 하였고, 『광지(廣志)』를 인용하여 “마노는 서남쪽 여러 나라에서 난다(瑪瑙出西南諸國)”라고 하였으며, 『현중기(玄中記)』를 인용하여 “마노는 월지국(月氏國)에서 난다(瑪瑙出月氏國)”라고 했고, 마지막으로 『위략(魏略)』을 인용하여 “대진국에는 마노가 많다(大秦國多瑪瑙)”라고 하였다. 이로부터 3세기 전반 마노(瑪瑙)가 중국 자료에 처음 언급되기 시작했으며, 서역에서 들어온 옥에 버금가는 보석으로 알려져 있었다.

7세기 후반 『묘법연화경현찬(妙法蓮華經玄贊)』(T.1723, 685b)에는 불교의 칠보(七寶)를 설명하며, 맨 마지막으로 ‘마노(馬瑙)’를 들고, “마노는 산스크리트어로 아스마가르바(aśmagarbha, 遏濕摩揭婆)라고 하는데, 이것을 ‘오장(杵藏)’이라 한다. 혹 ‘태장(胎藏)’이라 하는 것은 견실하기 때문이다. 색깔이 말의 뇌[馬腦]와 비슷하므로 그 이름을 따라 ‘마뇌(馬腦)’라고 표기했다. 보석 종류이므로, ‘옥(玉)’의 부수를 가졌다. 혹 돌과 같으므로 ‘석(石)’을 부수로 가지기도 한다(馬瑙, 梵云遏濕摩揭婆, 此云杵藏, 或言胎藏者, 堅實故也. 色如馬腦, 故從彼名作馬腦字. 以是寶類故字從玉. 或如石類, 字或從石)”라고 설명했다. 또 현응(玄應)의 『일체경음의(一切經音義)』(C.1163, 권23), “아스마가르바[遏濕摩揭婆]는 ‘아륜마갈사(阿輪摩竭娑)’라고도 하는데, 적색의 보석이다(亦名阿輪

231) 『한위육조백삼가집(漢魏六朝百三家集)』, 사고전서본, 권24, 10a.

摩竭娑是赤色寶也)"라고 하였다.

『불광대사전(佛光大辭典)』(5839쪽)에 따르면, 팔리어로 '아사마(asama)'라고 한다고 한다. 이로서 아스마(aśma) 또는 아사마(asama)에 가르바(garbha)를 붙여 만들어진 단어임을 알 수 있다. 결국 마노는 이 '아스마' 또는 '아사마'를 옮긴 것이어야 하지만, 음성적으로 불가능해 보인다. 그렇다면 거꾸로 조식(曹植)이 말한 어원, 문양이 말의 뇌[馬腦]와 비슷하여, '뇌(腦)'자에 '옥(玉)' 또는 '석(石)'의 부수로 바꿨다고 이해할 수밖에 없다. 산스크리트어 '아스마'가 말을 의미하는 '아스바(aśva)'를 잘못 옮긴 것으로, 산스크리트어 '아스마가르바'는 결국 '말의 뇌'를 의미에 따라 옮긴 것으로 읽을 수는 없다. '마노'라는 보석은 언제나 중국 서쪽에서 들어온 보석이었다. 따라서 이 '마노'를 '아가트(agate)'에 대응시키는 것 또한 재검토가 필요하다.

③포도(葡萄) '포(葡)'자는 『강희자전』에 따르면(사고전서본, 권25, 66a), 1208년 편찬되었다고 추정되는 『오음편해(五音篇海)』에 "'박[bɦwɑk](薄)'자와 '호[ɣuo](胡)'자의 반절로 읽으며, 음은 포[bɦuo](蒲)이다. 사람들이 '포(葡)'자를 차용하여 '포도(蒲陶)'의 글자로 썼다(薄胡切, 音蒲, 俗借葡爲蒲陶字)"라는 설명이 보인다. 따라서 '포(葡)'자의 탄생은 상당히 늦으며 원래는 '포도(蒲陶)'였음을 확인할 수 있다. 반면 '도(萄)'자는 『설문』에 이미 보이는 글자이다. 따라서 우리는 포도(蒲陶) 또는 포도(蒲萄)의 초기 형태를 추론해 낼 수 있다.

'포도(蒲陶)'는 기원전 91년경 완성된 『사기』는 권117에서 사마상여(司馬相如)의 열전을 기술하면서 한무제(漢武帝, 기원전 156~기원전 87) 때 지은 「자허부(子虛賦)」에 처음 등장한다. 바로 '앵도(櫻桃)와 포도(蒲陶)'라는 구인데(3028쪽)[232], 배인(裴駰)은 『사기집해』에서 곽박(郭璞)의 설을 인용하여 "포도는 연지방 머루[燕薁]와 비슷하며, 술을 담글 수 있다(蒲陶似燕薁, 可作酒也)"라고 설명했다. 한편 권123에 실린 「대원열전(大宛列傳)」에서 '포도주(蒲陶酒)'로 2회, '포도(蒲陶)'로 2회, '포도(蒲萄)'로 1회 언급되었다. "한나라 사신이 그 열매를 가지고 오자, 천자는 처음으로 목숙과 포도(蒲陶)를 비옥한 땅에 심게 하고 천마(天馬)를 많이 기르게 했다. 외국의 사신들이 오면, 이궁(離宮) 별관(別館) 옆에 가득 심어 둔 '포도(蒲萄)'와 목숙을 끝까지 바라봤다(漢使取其實來, 於是天子始種苜蓿·蒲陶肥饒地, 及天馬多. 外國使來, 則離宮別觀旁盡種蒲萄·苜蓿極望)"라고 하였다. 여기서 말하는 '한사(漢使)'는 장건(張騫)인지는 분명하지 않지만, 기원전 1세기에 '포도(蒲陶)' 또는 '포도(蒲萄)'가 서역에서 유입되었다는 것은 분명하다.

그렇다면 '포도(蒲陶)'는 어떤 단어를 음차한 것일까? 이에 처음 설을 제기한 사람은 토마쉑(Wilhelm Tomaschek)으로, 그는 포도가 그리스어 '보트루스(βότρυς, 포도송이)'를 옮긴 것으로 추정했다.[233] 이어서 킹스밀(T. Kingsmill)은 "포도(蒲萄)에 대한 중국 명칭, 즉 여기에서 사용한 포도(蒲陶)는 원산이 아니다. 포도 자체로 말하자면 야르칸트(Yarkand) 인근에서 유입되었으므로 우리는 이 명칭이 나온 곳을 찾아내야 한

232) 『전한서』, 권57상, 「사마상여전」, 2559쪽에도 일치한다.

233) Wilhelm Tomaschek, 「Sogdiana」, 『Sitzungsberichte der Wiener Akademie』, 1877, 133쪽.

다. 스트라본은 여러 지면에서 중앙아시아에 포도가 많이 자란다고 언급했다. 그는 아시아의 포도주는 밀봉한 용기에 세 세대를 보관할 수 있다고 한다. 그는 마르지아나(Margiana)에 관한 기술에서 크기가 2큐빗인 포도송이를 언급했다. 그러므로 한자 표기는 그리스어 '보트루스(βότρυς)'에 정확히 대응한다. 그리스인들은 박트리아를 점령한 흔적이 남아있다"라고 설명했다.[234] 이 '보트루스'설은 1896년 히어트(Friedrich Hirth)[235]로 이어지면서, 동서양 학자들에게 일반적으로 받아들여졌다.

이 '보트루스(βότρυς)' 설에 대해 1919년 라우퍼(B. Laufer)는 매우 수긍할만한 이의를 제기했다. "토마쉑은 중앙아시아에서 포도 전파가 마케도니아-그리스 통치와 헬레니즘 영향과 관련이 있다고 주장했다. 이는 결정적으로 잘못되었다. 왜냐하면 포도는 북이란 전역에서 자생하기 때문이다. 그리고 이란에서의 포도 재배는 상당히 고대로 거슬러 올라갈 수 있으며 확실히 그리스보다는 오래되었다. 그리스인들은 포도와 포도주를 서아시아로부터 받아들였다. 그리스어 '보트루스(βότρυς)'는 십중팔구 셈어의 차용어일 것이다. 페르가나 사람들이 그리스 지배 시기에 재배되었던 한 식물의 지칭으로 그리스어를 채택했고, 장건의 여행 시기에 그리스어가 페르가나에서 알려지거나 사용되었다는 암묵적 인정에 대한 어

234) 킹스밀, 『사기』 「대원열전」을 역주한 글, 「The intercourse of China with central and western Asia in the 2nd cnetury B.C.」, 『Journal of the China Branch of the Royal Asiatic Society』, XIV, 19쪽.

235) 『중국 예술의 외래 영향(Ueber fremde Einflüsse in der chinesischen Kunst)』, München, 1896, 28쪽.

떠한 증거도 없을 가능성은 희박하다. 이란지역에서 그리스어의 영향은 매우 미약했다. 투르키스탄에서 발굴된 어떤 필사본에서도 그리스어는 찾아볼 수 없다. 내 생각으로, 포도와 '보트루스(βότρυς)', 그리고 '보트루스(βότρυς)'와 이란어 '부다와(budawa)' 사이에는 어떠한 연관성도 없다." 이로부터 우리는 그리스어 '보트루스'보다는 이란어 '부다와(budawa)'가 '포도'와 음성적으로 더 근접하다는 점은 인정해야 할 것 같다.

④서과(西瓜)는 수박을 말한다. 먼저 '과(瓜)'는 박과 식물의 총칭이다. 크게 박[calabash]과 멜론류를 지칭한다. 박은 포(匏), 호(瓠), 호로(胡盧), 포로(蒲蘆) 등이 있고, 멜론에는 호과(胡瓜, 오이), 동과(冬瓜, 동아), 서과(西瓜, 수박) 등이 있다. 따라서 중국 자료에서 '과(瓜)'자가 정확히 어느 종을 지칭하는지를 분별하기는 쉽지 않다. 여기 수박을 가리키는 '서과(西瓜)'에 관하여, 히어트(Hirth)는 그리스어 시쿠아(σικύα)의 음역으로 추정했다(『중국 예술의 외래 영향(Ueber fremde Einflüsse in der chinesischen Kunst)』, 1896, 17쪽). 사실 음성적으로 매우 근접해 있다. 그러나 시쿠아는 오이를 지칭할 뿐, 수박과는 전혀 다른 단어이다. 한편 라우퍼(B. Laufer)는 음역의 글자가 아니라, 의역한 것으로 '서역의 멜론' 즉 투르키스탄의 멜론이란 뜻으로 확인했다(『Sino-Iranica』, 445쪽). 분명 서과는 음역이 아니라 중국식 의역으로 보는 편이 더 그럴법하다. 중국 자료에서 '서과'를 언급한 가장 이른 기술은 『신오대사』 권73에 인용된 호교(胡嶠)의 『함로기(陷虜記)』일 것이다. "상경(上京) 동쪽으로 2정(程) 거리에 있는 평천에는 초목이 많았다. 처음으로 서과를 먹었다. 거란이 위구르[回紇]을 격파하고 이 종자를 얻어 소똥으로 시렁을 덮어 심었더니 중국의 동과(冬瓜)만 하게 컸다(至上京東二程之平川, 多草木,

始食西瓜. 云契丹破回紇, 得此種, 以牛糞覆棚而種, 大如中國冬瓜)"라고 한 것이다(『신오대사』, 권73, 「사이부록·거란」, 906쪽). 이는 분명 서과를 언급하고 있지만 중원이 아닌 북방의 거란지역에 있었다는 기술이다.

서과가 중원에 들어온 것은 2세기 이상을 더 지나, 금(金, 여진)에 사신으로 간 홍호(洪皓, 1090~1155)는 15년 동안(1129~43년) 그곳에 체류한 경험을 토대로, 『송막기문(松漠紀聞)』(사고전서본, 권2, 6a)이란 기록을 남겼다. "서과의 모양은 납작한 박[蒲, Acorus]처럼 둥글고, 짙푸른 색이며, 세월이 지나면서 누렇게 변한다. 오이류[Cucurvitacea]의 첨과(甜瓜, 멜론)으로, 맛이 달고 무르다. 안에는 즙이 있어 더욱 냉하다. 『오대사』 「사이부록」에 '소똥으로 시렁을 덮어 심었다고 한다.' 나는[홍호] 그것을 가지고 돌아왔다. 지금은 황실 정원, 시골 정원에 모두 있으며, 역시 수개월을 저장할 수 있다. 그러나 해를 넘기지 못하고, 또 누렇게 변하지도 않았다. 파양(鄱陽)에 오래 눈병을 앓은 사람이 [수박을] 햇볕에 말려 복용하자 나았는데, 아마도 그 성질이 냉했기 때문일 것이다(西瓜形如扁蒲而圓, 色極青翠, 經歲則變黃. 其瓞類甜瓜, 味甘脆. 中有汁尤冷, 五代史四夷附錄云, 以牛糞覆棚種之. 予攜以歸. 今禁圃·鄉囿皆有, 亦可留數月, 但不能經歲, 仍不變黃色. 鄱陽有久苦目疾者, 曝乾服之而愈, 蓋其性冷故也)"라고 하였다. 따라서 중국인의 눈에 수박이 확인된 것은 10세기부터이고 실제 중국에 유입된 것은, 12세기임을 알 수 있다. 하지만 당시는 양자강을 중심으로 나뉜 시기로, 남쪽으로 유입된 시기는 더 늦어질 것이다. 『대덕남해지(大德南海志)』 권7 물산 조목에는 "서과는 지원(至元, 1264~1394) 연간 [중앙아시아가] 복속된 뒤에야 이 종을 가지게 되었다(西瓜自至元

歸附後, 方有此種)"라고 한 것으로 짐작할 수 있다. 원산지에 대해서는 논란이 많다. '서'자를 붙인 것을 보면 수박은 확실히 외래종이다. 학자들 사이에서 주로 언급되는 곳은, 페르시아와 인도지역이다. 중국 남해 지역으로 들어온 두 번째 루트에 관해서는 『영애승람역주』, 5-11 주석을 참고하시오.

⑤호도(胡桃)는 2~3세기 서역에서 중국으로 유입된 견과 호두(Juglans regia)를 말한다. 중국 자료들은 종종 장건(張騫)의 시대로 거슬러 올라가지만, 근거는 '소설'의 수준에 불과하다. 자세한 설명은 역자의 「한중 외래문물에 관한 고문헌적 고찰: 호도」(『동아인문학』, 2010, 303~338쪽)을 참고하시오.

⑥사자(獅子)의 '사[ʂi](獅)'자는 5세기 『옥편』에 처음 수록되며, 맹수(猛獸)로 정의되었다. 『이아(爾雅)』에는 '산예[suan-ŋiei](狻麑)'라는 짐승은 "잔묘(虦貓)처럼 호랑이와 표범을 잡아먹는다(如虦貓食虎豹)"라고 하였는데, 주(注)에 "바로 사자(獅子)로, 서역에서 난다. 한나라 순제(順帝, 125~144년 재위) 때 카슈갈[疎勒] 왕이 봉우(犎牛)와 '사자'를 헌상했다. 『목천자전(穆天子傳)』에 산예(狻猊)는 하루에 500리를 달린다고 하였다(即獅子也, 出西域. 漢順帝時疎勒王來獻犎牛及獅子. 穆天子傳曰, 狻猊日走五百)"라고 설명되어있다(사고전서본, 『이아주소(爾雅註疏)』, 권11, 8b).

밑줄 친 정보는 『후한서』, 권6, 「순제본기」(263쪽)에, 양가(陽嘉) 2년(133), 6월에 카슈갈의 왕이 '사자(師子)'와 '봉우(封牛)'를 헌상했다는 기록으로 확인된다.[236] 한편, 『위략(魏略)』

236) 이현(李賢, 655~684)의 주석에 따르면, 사자(師子)는 "호랑이와 비슷하며 온

의 대진국(大秦國) 기술에 따르면, 이 나라에는 "다만 맹호와 사자의 해가 있다(但有猛虎·獅子爲害)"라고 '사자(獅子)'를 언급했다(『삼국지』, 권30, 861쪽). 이는 후한 시대에 '사(獅)' 자가 만들어지지 않았음을 보여주며, '사자(師子)'가 더 옛 음역 표기임을 암시한다. '사자(師子)'는 이미 『후한서』, 권3, 「숙종본기」(158쪽)에 따르면, 장화(章和) 원년(87)에 월지국(月氏國)에서 헌상했다는 기록이 있다. 따라서 '산예'가 바로 사자인지는 확인할 수 없지만, 기원후 1세기 후반부터 '사자'의 존재가 확인된다.

풀리블랭크(E. G. Pulleyblank)는 "사자(師子, 라이언)의 중고음은 [ṣi̯i-tsi̯ə]로 이는 토하라 A어 '시삭(śiśäk)', 토라하 B어 '세카크(ṣecake)'에서 나왔음이 틀림없다"라고 단정했다.[237] 또한 이 설에 근거하여 셰이퍼(E. H. Schafer)는 사자에 관하여 다음과 같이 설명했다. "중국에서 라이언에 대응하는 두 단어가 생겨났다. 첫 번째로 당나라 시기 동안 의도적인 의고주의에서 나온 사용되지 않는 예외인 ⓐ'수앙이(suangi)'처럼 들리는 단어인데, 기원전 인도에서 중국으로 들어왔다. 두 번째는 ⓑ'시삭(śiśäk)'처럼 들리는 단어로 몇 세기 뒤에 이란에서 들어왔다. 이것이 이 짐승에 대한 중세의 일반적인 명칭이었다."[238] ⓐ세이퍼 씨의 '수앙이'는 '산예(狻麑)'를 고음으

통 누런색이며 귀에서 턱까지 난 수염[顮耏]이 있고, 꼬리 끝에 난 털은 말[斗] 만하다(師子似虎, 正黃, 有顮耏, 尾端茸毛大如斗)"라고 한 것을 볼 때, 7세기에는 확실히 사자의 모습을 목격한 것으로 추측된다.

237) 「The Consonantal System of Old Chinese」, 『Asia Majors』, 9(1962), 109쪽.

238) Edward H. Schafer, 『The Golden Peaches of Samarkand』, University of California Press, 1985, 84쪽. 이 책은 2021년 이호영 씨가 『사마르칸트의 황금 복숭아』라는 서명으로 번역되었다. 그의 번역문은 다음과 같다(176쪽).

로 읽을 표기이다. 그는 미주에서 이 '산예'의 상고음은 'suân-ngiei'이고, 중고음은 'suân-ngieg'라고 설명했다(301쪽). '수앙이'로 읽은 것도 문제지만, 상고음과 중고음은 변화 없이 그대로임에도, 갑자기 종성에 'g'가 붙어있다. 또한 이 단어가 인도에서 들어왔다는 근거 없는 추정을 제시했다. ⓑ토하라A어 '시삭'에서 '사자(師子)'로 옮겨졌다는 풀리블랭크의 설을 검토 없이 따랐는데, 종성의 'k'가 소실되었다고 하더라도 'śä'가 자[tsi](子)로 음차된 점을 설명할 수 없다. 또한 토하라어에서 나왔다는 설이 이 단어가 이란에서 들어왔다는 결론을 끌어낼 수는 없다.

『당범양어쌍대집(唐梵兩語雙對集)』(T.2136, 1242c)에 따르면, '사자(獅子)'를 '시가[si-ka](枲加)'로 옮겨 놓았다. 사자는 산스크리트어로 '싱하(siṃha)'라고 하고 팔리어로는 '시하(sīha)'라고 한다. 이로써 볼 때, '사자'는 팔리어 '시하'를 옮긴 것으로 추론할 수 있다. 'g', 'k', 'h'는 후음(喉音)으로 중세 뚜렷한 구분이 없었음을 여러 외래어 한자 표기에서 확인할 수 있다.

⑦'유사(流沙)'란 『서경·우공(禹貢)』에서 "[우(禹)는] 약수를 끌어와 합려(合黎)에 이르게 하자, 나머지 물줄기는 유사(流沙)에 들어갔다(導弱水至於合黎, 餘波入於流沙)"라고 한 문장에 처음 보인 이래로 항상 '약수(弱水)'와 짝을 이루어 황

"사자와 함께 두 개의 다른 단어가 중국에 들어왔다. 우선 산예(狻猊, 수왕기, suangi)라는 것으로 이것은 기원전에 인도를 거쳐 중국에 들어왔다. 당나라 시대에는 의식적으로 낡은 어법을 사용할 때 외에는 쓰지 않았다. 그로부터 몇 세시 후 이란에서 들어온 사자(獅子, 시삭śiśäk)라는 말은 중세에도 자주 사용했다."

•
사자(獅子). 1672년, 페르비스트[南懷仁]의 『곤여도설(坤輿圖說)』(총서집성본, 권2, 191쪽).

하의 발원지 중 하나로 언급되어왔다. 사전적 정의는 호삼성(胡三省)이 설명한 것처럼, '유사'는 또한 사막[磧]이라 한다(流沙亦謂之磧)[사고전서본, 『자치통감』, 권181, 8a~b]. 『서경』의 문장은 『사기』, 권2, 「하본기」(69쪽)에도 보이는데, 『사기집해(史記集解)』에서는 정현(鄭玄)의 설을 인용하여 "「지리지」에 유사는 거연(居延) 동북쪽에 있는 거연택(居延澤)이다(地理志, 流沙在居延東西北, 名居延澤)"라고 하였고, 마융(馬融)과 왕숙(王肅) 모두 합려(合黎)와 유사(流沙)를 지명이라고 했다고 한다. 한편 『사기색은(史記索隱)』에서는 『광지(廣志)』를 인용하여 "유사는 옥문관 밖, 거연택과 거연성에 있다(流沙在玉門關外, 有居延澤·居延城)"라고 하였다.

한편 『수경주(水經注)』(사고전서본, 권40, 31a)에 "유사는 장액(張掖) 거연현 동북쪽에 있다. 거연택은 그 현의 옛 성 동북쪽에 있는데, 『상서』에서 말하는 '유사'라는 곳으로, 모양은 달이 생겨난 지 닷새 된 모습이다. 약수(弱水)는 유사로 들어가는데, '유사'란 모래와 물이 함께 흘러가는 것을 말한다(流沙地在張掖居延縣東北. 居延澤在其縣故城東北, 尙書所謂流沙者也, 形如月生五日也. 弱水入流沙, 流沙, 沙與水流行也)"라고 설명했다. 이로써 볼 때, '유사'는 사막의 의미로, 이 '약수'의 일부가 흘러드는 사막은 고비사막이 되어야 할 것이다.

⑧'성수해(星宿海)'란 명칭은 중국 정사에 에서는 『송사』, 권91, 「지리지·황하」(2255쪽)에 처음 언급되었다. 황하는 "현 티베트[西蕃] 도캄[朶甘思] 남쪽, '성수해(星宿海)'라는 곳이 그 수원이다(今西蕃朶甘思南鄙曰星宿海者, 其源也)"라고 하였다. 또한 원나라 왕희(王喜)의 『치하도략(治河圖略)』(사고전서본, 13b)에 따르면, 황하의 수원에 관하여 "티베트[吐蕃]

도캄[朶甘思] 서쪽 약 70~80리에 100여 개의 맑은 샘[泉]이 있는데, 높은 산에 올라 아래로 부면, 볓처럼 찬란하여 '오돈[鄂敦]'이라 했는데, 바로 성수해이다(自吐蕃朶甘思西鄙方七八十里有泉百餘泓, 躡高山下瞰, 燦若列星, 故名鄂敦, 即星宿海也)"라고 하였다.

장황(章潢)은 『도서편·하원총론(河源總論)』(사고전서본, 권53, 33a)에서 "황하의 수원은 티베트[吐蕃] 서쪽 100여 개의 도랑을 이룬 샘[泉]에 있는데, 그곳은 사방 70~80리이나 온통 진펄 지대로, 사람의 발길이 닿을 수 없어 샘을 가까이서 볼 수 없으므로, 그 옆 산에 올라 내려다보면, 도랑이 역력히 별처럼 보여 '화돈뇌아(火敦腦兒)'라고 불렀다. '화돈'이란 중국어로 별자리이고 '뇌아'는 바다라는 뜻이다. [물줄기들은] 성수해(星宿海)에서 합류하여 동쪽으로 흘러 두 택(澤)에 모여들었다가 다시 합쳐 흐르는데 비로서 '황하'라고 부른다(河源在吐蕃西鄙有泉百餘竇, 地方七八十里, 而皆沮洳, 不勝人跡, 泉不可逼觀, 登其旁嶺下視, 竇歷歷如列星然, 故名火敦腦兒, 火敦者, 漢言星宿也, 腦兒者, 海也. 星宿海合流, 而東滙爲二澤, 復合流, 始名黃河)"라고 기술하였다.

『수경주(水經注)』, 권수(卷首)에 수록된 「어제열하고(御製熱河攷)」(사고전서본, 3a~b)에 "현 중가르, 위구르 지역[平定回部]에 이르면, 황하의 수원을 알 수 있는데, 파미르고원[葱嶺] 동쪽의 호탄[和闐], 야르칸트[葉爾羌] 등의 강물이 모여 포창해(蒲昌海)【바로 鹽澤으로, 몽골어로는 로프 노르[羅布諾爾]라고 한다】를 이뤘다가 땅속으로 흘러 다시 나타나 성수해(星宿海)【몽골어로 '오돈 노르[鄂敦諾爾]'라고 하는데, 바로 『원사』에서 '화돈뇌아(火敦腦兒)'로 잘못 옮긴 곳이다. 이 강은 오르혼[枯爾坤] 동쪽에 있는데, 옛 황조께서 사신을 보내 황하의 발원지를 찾도록 하고, 이에 어제문으로 기록했다. 당시 위구르 지역은 판도에 들어오지 않아 성수해(星宿海)에서 그친 것이다】를 이룬 뒤, 적석(積石)에 이르러 비로서 '황하'라 불렀다(及今平定回部, 乃知河源, 自蔥嶺以東之和闐, 葉爾羌諸水瀦爲蒲昌海【即鹽澤蒙古語/謂之羅布諾爾】, 伏流地中, 復出爲星宿海【蒙古語謂之鄂敦諾爾, 即元史誤譯爲火敦腦兒者. 其水在枯爾坤之東, 昔皇祖遣使窮河源得之, 于此御製文以記. 其時回部未入版圖, 故止及星宿海也】, 至積石, 始名黃河)"라고 기술하고 있다.

●
장황(章潢), 『도서편(圖書編)』, 사고전서본, 권53, 3b.

[34] 불랑기국(佛浪機國)

지봉이 표기한 '불랑기[bʱi̯uət-laŋ-ke̯i](佛浪機)'는 중국 정사에서 '불랑기(佛郞機)'로 『명사』에서 처음 언급되었는데, '랑(浪)'과 '랑(郞)', '랑(朗)'의 옛 발음은 모두 [laŋ]으로 같으므로, 얼마든지 바꿔 쓸 수 있다. 『명사』에서는 '랑(郞)'자로 통일된 '불랑기'는 어떨 때는 나라 이름으로, 어떨 때는 무기 명칭으로 사용되었다. 먼저 국명(國名)으로 사용된 예로, 『명사』, 권16, 「무종본기」(212쪽)에 따르면 불랑기(佛郞機)는 정덕(正德) 15년(1520)에 처음 조공했다고 기록되어있다. 『명사』, 권92, 「병지(兵志)」(2264쪽) "가정(嘉靖) 8년(1529) 처음으로 우도어사(右都御史) 왕횡(汪鋐)의 말에 따라 불랑기의 쇠노(礮)를 제조하고 '대장군'이라 부르고 변방 진지에 배치했다. '불랑기'란 나라 이름이다(至嘉靖八年, 始從右都御史汪鋐言, 造佛郞機礮, 謂之大將軍, 發諸邊鎭. 佛郞機者, 國名也)"라고 하였다. 이 밖에도 불랑기 구리 총(佛郞機銅銃), 불랑기 쇠 총(佛郞機鐵銃) 등이 언급되어있다(2265쪽).

둘째, 무기 명칭으로 사용된 예를 보면, 『명사』, 권92, 「병지(兵志)」(2268쪽) 융경(隆慶, 1567~1572) 연간 "요동순무(遼東巡撫) 위학증(魏學曾)이 전투용 수레를 진영에 배치할 것을 건의하여, 편상거(偏箱車)의 구조를 모방하여 위에는 '불랑기' 두 개, 아래에는 뇌비포(雷飛礮)와 쾌쟁(快鎗) 여섯, 수레마다 보병 25인을 배치했다(遼東巡撫魏學曾請設戰車營, 倣偏箱之制, 上設佛郞機二, 下置雷飛礮·快鎗六, 每車步卒二十五人)"라고 하였는데, 여기의 '불랑기'는 분명 대포 명칭으로 사용되었다. 이어서 바다 선박에도 '불랑기'란 무기를 탑재했는데, "광둥의 선박은 쇠와 밤나무로 만들었는데, 시복선(視福船)이 더 크고 견고했다. 이 배는 불랑기를 쏠 수 있고, 불 포탄[火毬]을 투척할 수 있는 두 가지 이점이 있었다. 대복선(大福船)

도 그러했고, 100명이 탈 수 있었다(廣東船, 鐵栗木爲之, 視福船尤巨而堅. 其利用者二, 可發佛郎機, 可擲火毬. 大福船亦然, 能容百人)"라고 하였다. 여기 무기 이름으로 보면 '불랑+기'의 구조가 예상된다.

1349~1350년 왕대연은 고리불(古里佛, 남인도 콜람)을 기술하며, "산호, 진주, 유향 등의 물품은 감매리(甘埋里), 불랑(佛朗)에서 온다(其珊瑚·珍珠·乳香諸等貨, 皆由甘埋·佛朗來也)"라고 하였고(『도이지략역주』, 430쪽), 감매리(甘埋里) 기술에서 "불랑(佛朗)과 서로 가깝다(與佛朗相近)"라고 하였다(앞의 책, 487쪽). 이 불랑(佛朗)에 관하여, 후지타 도요하치는 1914년 그 연원을 다음과 같이 추적했다.

ⓐ원나라 유욱(劉郁)의 『서사기(西使記)』[239]에 "밀걸아국의 서쪽은 바다이다. 바다의 서쪽에는 부랑(富浪)이 있다. 부인들의 복식은 세속에 보살을 그려 놓은 모습과 같다. 남자들의 호복(胡服)은 모두 우수하여 잠잘 때도 벗지 않는다. 부부라고 해도 다른 곳에 산다. 타(駝)라는 큰 새가 있는데, 발굽은 푸른색이고, 날갯짓하며 다니며, 키는 1장 남짓이다. 불을 먹고 알은 되[升]만 하다(密乞兒國西卽海. 海西有富浪. 婦人衣冠, 如世所畫菩薩狀. 男子胡服, 皆善, 寢不去衣. 雖夫婦亦異處. 有大鳥駝, 蹄蒼色, 鼓翅而行, 高丈餘, 食火, 卵如升許)"라고 하였다. ⓑ『원사·곽간전(郭侃傳)』(3525쪽)에, 이미 밀석아(密昔兒)가 항복한 뒤, "무오년(1258)에 훌라구[旭烈

239) 『서사기』는 '상덕(常德)'이란 사신이 1259년 훌라구의 명을 받아 '서역'에 다녀온 14개월의 여정을 유욱(劉郁)이 엮은 책으로, 왕운(王惲, 1227~1304)의 문집 『추간집(秋澗集)』(사고전서본, 권94)에 수록되어 있다.

兀]는 곽간에게 서쪽으로 바다를 건너가 부랑(富浪)을 거두게 하였다. 곽간은 화와 복으로 타이르자, 올도(兀都) 술탄이 '어젯밤에 꿈꾼 신인이 바로 장군이구려'라고 하였다(戊午, 旭烈兀命侃西渡海, 收富浪. 侃喻以禍福, 兀都算灘曰, 吾昨所夢神人, 乃將軍也)"라는 대목이 보인다. 항복해온 '밀걸아'와 밀석아(密昔兒)는 므스르(Msr)의 다른 표기로, 즉 지금의 이집트를 말한다. 브레트슈나이더 씨는 부랑(富浪)이 바로 프랑크(Frank)에 해당하는 음으로, 바로 유럽인을 지칭하지만, 원나라 군대가 서유럽에는 이르지 않았고, 아마도 서유럽 사람들이 시리아에 있었을 것이라고 하였다(Bretschneider, 『Mediaeval Researches from Eastern Asiatic Sources』, I, 142쪽). 또 ⓒ『원사·순제기(順帝紀)』, 지정(至正) 2년(1342) 가을 7월에, "불랑국에서 기이한 말을 바쳤는데, 길이는 1장 1척 3촌이었고, 키는 6척 4촌으로, 몸은 완전히 검었으며, 뒤의 두 굽이 모두 흰색이었다(拂郎國貢異馬, 長一丈一尺三寸, 高六尺四寸, 身純黑, 後二蹄皆白)"라고 하였다. 율은 마리뇰리(Marignoli)가 바친 것으로 보았는데(Yule, 『Cathay and the way thither』, 340쪽), 그런 것 같다. ⓓ부랑(富浪), 불랑(佛朗)은 동음이자로 바로 프랑크(Frank)에 해당하는 음이다. 이후 불랑기(佛朗機) 또한 마찬가지"라고 추정했다(앞의 책, 438쪽).

후지타 씨의 이 설명은 온전히 브레트슈나이더(Emil Bretschneider)의 고증을 근거하고 있다. 그가 보탠 것은 『원사』, 권149의 곽간(郭侃)의 열전에 보이는 문장뿐으로, 이 또한 브레트슈나이더가 언급했다. 따라서 브레트슈나이더가 최초로 『서사기』를 역주하며, 고증한 '부랑[pi̯əu-lɑŋ](富浪)'을 따라갈 필요가 있다(『Mediaeval Researches from Eastern Asiatic

Sources』, I, 142~144쪽, 주391).

'부랑(富浪)'은 틀림없이 **유럽의 서쪽 사람들인 프랑크 (Franks)**를 *지칭한다. 15세기 초부터 프랑크 사람들은 자주 비잔틴 역사서에 언급되었는데, 이 명칭으로 연대학자들은 라틴과 게르만 출신의 민족을 지칭했다. 옛 게르만 민족인 프랑크 사람들은 발레리아누스(Valerianus, 246~253) 황제 시대 로마 역사에 처음 나타난다. 이들은 라인강 하류에 살았고, 이후 강력한 프랑크 제국으로 발전하며, 샤를르 대제(Charles the Great) 시기에는 유럽 대부분을 차지했으며 이와 더불어 프랑스와 독일의 역사가 시작되었다. 뒤 캉제(Du Cange, 1610~1688), 『Glossarium Mediae et Infimae Latinitatis』의 '프란치아(Francia)' 항목에서 "그때부터 프랑스인들의 명칭과 군사적 업적은 크게 확장되었고 그들의 통치력은 외국과 먼 유럽까지 펼쳐졌다. 이곳으로 그리스인뿐만 아니라 사라센, 아랍 그리고 아비신 사람들이 도래하여, 그들은 유럽사람들에게 프랑스인이라는 명칭을 부여했다"라고 하였다. 뒤 캉제는 이어서 프랑크란 단어의 의미에 관한 옛 저자들의 많은 문장을 인용했는데, 그곳에서 페르시아어 '파랑(farang)'은 프랑크 출신인 오늘날 모든 유럽 민족을 지칭했음에는 의문이 없다. 데르블로(D'Herbelot)는 『Bibliothèque Orientale』에서 "이슬람 저자들은 룸(Rum, 비잔틴 또는 그리스 제국으로 중국의 '拂菻')을 제외한 유럽 전체를 '파랑제(Farange)' 또는 '아프랑제(Afrange)'[아랍어 형태]로 불렀다. 프랑크 사람들은 사산 왕조의 페르시아 시대(226~652년)에는 알려지지 않은 것 같다. 『왕의 책(Shahnameh)』에서 이들의 명칭은 보이지 않지만, 룸(Rum)은 자주 언급되어있다. 아랍의 지리학자이자 역사가인 마수디(Mas'udi)는 프랑크 사람들에 관해 잘 알고 있었다.*

시인 사아디(Saadi, 13세기 초)는 프랑크 사람들을 언급한 최초의 페르시아 저자로 보인다. 그의 책 『정원의 꽃(Gulistan)』에서 알 수 있는 것처럼, 그는 트리폴리(Tripoli)의 죄수가 되었다. 중세 이슬람 사람들이 사용한 이 용어에 관해서는 율의 『Cathay and the Way Thither』, II, 336쪽과 비교하시오. 중세의 여행가 마리뇰리(Marignolli)는 '그들은 우리를 프랑스 출신이 아니라 프랑크 랜드(Frank-land)에서 온 프랑크 사람들로 불렀다'라고 하였다(앞의 책, 292쪽). 페골로티(Pegolotti)는 『Notices of the Land Route to Cathay』에서 '그들은 로마니아(Romania) 서쪽 이들 지역의 기독교도들 전체를 프랑크 사람들이라 불렀다'라고 하였다. 이슬람 저자들의 '로마니아'와 '룸'은 그리스 또는 비잔틴 제국이다.

ⓑ중국 여행자의 진술, 즉 몽골의 한 장군이 바다를 건너와 프랑크 사람들의 왕에 올랐다고 하는 것은 황당하다. 그러나 몽골인들은 시동(Sidon)에 정착한 프랑크 사람들과 약간 구분했으며, 훌라구가 시리아에서 프랑크 사람들을 축출하라고 명령한 것은 사실이다.

ⓒ『원사』, 「본기」, 1341 또는 1342년 조목에 불랑국(拂郎國) 왕이 길이 11피트와 키가 6피트 8인치의 멋진 검은 말을 조공했는데, 다리가 흰 것 외에는 온통 검은색이었다고 한다. 율은 『원사』에서 말한 이 말이 1342년 칸을 위해 큰 말들을 가지고 북경에 도착했다고 한 그의 기록을 통해 마리뇰리가 가져온 말이라는 근거를 제시했다(『Cathay and the Way Thither』, II, 340쪽).[240)]

240) 마리뇰리(John de' Marignolli, 1339~1353)는 "대칸은 큰 말들, 교황의 선물들

나는 『Notes on Chinese Mediaeval Travellers to the West』[241]의 초판에서, 당나라 역사서에서 극서에 있는 나라에 적용한 '불림(拂林)' 또는 '불름(拂菻)'이란 명칭도 프랑크 사람들을 지칭했을지도 모른다는 추정을 시도했다. 그러나 이제 자세한 조사를 통해 이러한 견해가 유지될 수 없음을 시인한다. 당나라 역사에서 불름(拂菻)은, 7세기 초의 서역에 관한 배구(裴矩)의 기록에 처음 보이는데, 이슬람 저자들의 비잔틴 제국 또는 룸(Rum)을 지칭한다. 히어트(Hirth)가 그의 매우 유용한 책인 『China and the Roman Orient』에서 입증하려 한 것처럼,

---

과 편지, 그리고 로버트(Robert) 왕의 선물과 편지, 황금 인장을 볼 때, 그리고 우리를 바라볼 때, 몹시 기뻐했을 뿐만 아니라 모든 것에 지나치게 즐거워하며 우리를 융숭하게 대접했다"라고 기록했다. 여기 '큰 말'에 관하여, 율(Tule)은 "우리의 사절이 중국 정사에 기록되지 않았지만, 이들이 가져간 '대마(大馬, dextraii)'가 보인다는 점은 만족스럽다. 중국 정사는 1342년 당시까지 중국에 알려지지 않은 '불랑국(拂郎國)'이 황제에게 말을 바쳤다고 기록했다. 이들 말 중 한 마리는 길이는 11피트 6인치였고, 키는 6피트 8인치였으며 뒷다리가 모두 흰 것을 빼면 온통 검었다. 이 선물은 매우 귀중하게 평가되었다. 고빌(Atoine Gaubil, 1689~1759)은 자신의 또 다른 저술에서 '원나라 마지막 황제인 순제(順帝)의 황궁에 조심스럽게 보관되어있는 한 그림은 멋진 말을 묘사하고 있는데, 모든 면에서 자세했다. 이 말은 프랑스[프랑스가 아니라 프랑크임] 왕국의 한 외국인이 순제에게 바친 말이라고 기록되어있었다'(『Traite de la chronologie chinoise』, 186쪽)라고 했다. 이 큰 동물은 확실히 몇 년 전 밀라이스(Millais) 씨가 이센브라스 경(Sir Ysenbras)에게 그려준 군마(軍馬)의 전형이었다"라고 설명했다(『Cathay and the Way Thither』, II, 339~340쪽).

241) 이 책은 구장춘(丘長春)의 『서유기(西遊記)』, 상덕(常德)의 『서사기(西使記)』, 오고손중단(吾古孫仲端)의 『북사기(北使記)』 야율초재(耶律楚材)의 『서유록(西遊錄)』을 역주한 책으로, 상해에서 1875년 출간되었다. 저자가 빠뜨린 해당 문장은 86쪽, 주131에 보인다. 본문에서 인용한 브레트슈나이더의 설명은 바로 이 출처를 수정한 것에 지나지 않는다.

그곳의 아시아 쪽 지역만이 아니었다. 이 주제에 관해서는 또 한 율의 『Cathay and the Way Thither』, I, 서문 57쪽에 보이는 고증을 참고하시오.[242)]

브레트슈나이더는 부랑(富浪)을 프랑크 사람들, 즉 서유럽 사람들에, 불름(拂菻)을 동로마 '룸'으로 명확히 구분했다. 『JA』, 1914년, 3월 학술회의록, 498~499쪽에는 폴 펠리오가 발표한 '불림(拂林)'에 관한 내용이 보이는데, "불림(拂林)이란 명칭은 여러 가설을 초래했다. 펠리오 씨는 지중해 동부의 명칭인 이 형태가, 중국에서 6세기 말이 아니라, 그의 생각에 따르면 확실히 550년경에 나타난다고 한다. 그의 설에 따르면, 심지어 더 오래되었다고 한다. 왜냐하면 5세기 중반에 여러 차례 언급된 보람[pʰuo-lăm](普嵐)이란 나라로 추정하고 있기 때문이다.[243)] 명칭의 어원에 관하여 펠리오 씨는 동로마에 적

242) 브레트슈나이더의 주석은 다음과 같이 이어졌다. "『원사』에서 '불름'이란 옛 명칭은 단 한 차례 보인다. 『원사』, 권134, 애설(愛薛, 아마도 Joshua 또는 Joseph) 열전에 따르면, 그의 출신은 '불림(弗林)'이라고 했다(3249쪽). 이어서 그는 서역의 언어, 천문과 의학에 정통했다고 했다. 그는 처음 구육 칸[定宗]에 복무했다. 쿠빌라이 칸은 1263년 그에게 '서역(西域, 서아시아, 페르시아)'의 천문과 의학 부서를 맡겼다. 이후 그는 '불림왕'[拂林忠獻王]이라는 칭호를 받았다. 그의 아들과 손자들도 같은 열전에 언급되었는데 모두 기독교도의 이름처럼 보인다. 즉 야리아(也里牙, Elias) 로합(魯合, Luke), 'Andun'(Antony) 등이다. 그의 딸 중 한 사람은 'A-na-si-mu-sz'라고 불렸다"라고 하였다. 마지막 두 사람은 현 중화서국본인 홍무 99권본에는 보이지 않는다.

243) 『위서(魏書)』, 권5, 「고종문성제본기」(115쪽)에 따르면, 태안(太安) 2년(456), 10월에 "에프탈, 보람(普嵐) 등의 나라가 모두 사신을 보내 조공했다(嚈噠·普嵐國並遣使朝獻)"라고 하였고, 또 화평(和平) 6년(465) "보람국(普嵐國)이 보검을 헌상했다(普嵐國獻寶劍)"라고 하였으며(123쪽), 「현조헌문제(顯祖獻文帝)본기」(128쪽)에서는 황흥(皇興) 원년(467) 9월에 "고려(高麗), 우전(于闐),

용되는 '롬(Rōm)'[244]으로 보는 설명에 동의하지만, 중국 고음을 보여주며 이 명칭이 중국에서 '프롬(Frōm)' 형태로 나타났다고 주장했다. 'f'라는 접두사 파생은 중국어적 현상이 아니다. 이 'f'는 초성을 대충 발음하려는 의도에서 나온 변형으로 밖에 설명할 수 없다. '롬(Rōm)'은 아르메니아어로 'Hrom' 또는 'Horom', 팔라비어로는 'Hrōm'이다. '파르티아' 형태의 이란 방언에서 'f'는 'h'로 옮겨졌다. 따라서 'Hrōm'이 'Frōm'으로 옮겨진 것은 이러한 대응 값을 가지고 있었던 방언을 통해서, 틀림없이 호라즘과 소그디아나의 방언에서 나왔을 것이다"라는 펠리오의 설을 요약하고 있다.

확실히 불름(拂菻) 또는 불림(拂林)은 불랑(佛郞|佛朗|拂郞)과는 다름을 인정해야 할 것 같다. 그러나 펑청쥔(馮承鈞)이 편저하고 루준링(陸峻嶺)이 증보 교정한 『서역지명(西域地名)』(중화서국, 1982, 27쪽)은 이전의 성과를 온통 뒤죽박죽 만들어 버렸다. "'파랑(Farang)'은 "페르시아어로 지중해 동안의 서구인들을 지칭한다. 신장 돌궐어에서는 '피랑(Firang)'으로 변했는데, 바로 유럽어 프랑크인(Franks)을 말한다. 『도이지략』에서는 '불랑(佛朗)'이라 했고, 『서사기(西使記)』와 『원사·곽간전(郭侃傳)』에는 '부랑(富浪)'으로, 「순제본기(順帝本紀)」에서는 불랑(佛郞)이라 했으며, 또한 『서역기(西域記)』에는 불름국(拂懔國), 『왕오천축국전(往五天竺國傳)』에는 대불림국(大拂臨國)과 소불림국(小拂臨國), 『경행기(經行記)』,

---

보람(普嵐), 속특국(粟特國)이 각기 사신을 보내 조공했다(高麗·于闐·普嵐·粟特國各遣使朝獻)"라고 한 기록이 보인다.

244) 로마제국이 동서로 분열되면서 지칭된 '동로마'제국은 '비잔티움'으로도 불리며 콘스탄티노플을 수도로, 1453년까지 존속했다. 이들은 자신들이 '로마인'으로 불렀고, 이슬람 세계에서는 '로마'를 '롬(Rōm)'으로 불렀다.

『수서(隋書)』, 「신·구당서(新·舊唐書)」에는 모두 불름국(拂懍國)이 있는데 모두 페르시아어 '파랑(Farang)'에서 나왔다고 보이며, 이 명칭으로 동로마제국과 서아시아 지중해 연안 등지를 명명했으므로 이전 사람들이 고증한 설들은 모두 폐기하는 것이 좋겠다"라고 설명했다. 펑청쥔의 이 엉터리 기술은 이어지는 오류들에 책임을 물어야 한다.

『고대남해지명회석』 편자들은 『도이지략』 감매리(甘埋里) 조목에서 언급된 문장을 인용하고 불랑이 바로 불름(拂菻)으로 추정했다(435쪽). 다시 불름(拂菻) 항목에서 불름(拂懍), 불랑(拂郎), 보람(普嵐), 부랑(富浪), 불랑(佛郎) 등의 다른 표기가 있음을 언급하고 『수서』, 권67, 「배구전(裴矩傳)」의 문장을 인용하여, 아랍어와 고대페르시아어로 로마제국[From, 즉 룸(Rum)이 와전된 형태]을 일컫는 음역 명칭으로, 동로마제국, 또는 그 수도 콘스탄티노플, 또는 소아시아 일대를 지칭한다고 추정했다(484쪽).

이상에서 부랑(富浪)이 프랑크 사람들을 지칭한다면, 불랑기의 '불랑(佛浪|佛郎|佛朗|拂郎)'과 같은 음역 명칭임을 인정할 수밖에 없다. 따라서 '불랑+기'의 구조를 인정해야 하는가? 다시 후지타 씨의 ⓓ의 설명으로 돌아가면, 이 설명 역시 브레트슈나이더의 설명에 근거했다. 그에 따르면, "프랑크 사람들은 『명사』에서 '불랑기(佛郎機)'로 언급되었다. 그러나 『명사』, 권325의 기술을 볼 때, '불랑기'란 나라가 '만랄가(滿剌加, 말라카)' 근처에 있다는 기술에 의아해해 할 필요는 없다. 그들은 틀림없이 포르투갈 사람들을 의미했다. 그들은 16세기 초, 말라카를 정복하고 그곳에 기지를 세웠고, 1517년 처음 광저우에 출현했다"라고 하였다(『Notes on Chinese

Mediaeval Travellers to the West』, 87쪽).

중국 자료에 따르면 '불랑+기', 즉 '프랑크 사람들의 무기'를 지칭하다가 이것이 프랑크 사람들이나 그들의 나라를 부르는 말로 정착되었다는 추론이 가능해진다. 그러나 앞서 브레트슈나이더가 데르블로(D'Herbelot)의 『Bibliothèque Orientale』의 설명을 참고하여 "이슬람 저자들은 룸(Rum, 비잔틴 또는 그리스 제국으로 중국의 '拂菻')을 제외한 유럽 전체를 '파랑제(Farange)' 또는 '아프랑제(Afrange)'[아랍어 형태]로 불렀다"라고 하였는데(『Bibliothèque Orientale』, II, 덴하그, 1777, 20~21쪽), 여기 '파랑제'가 '불랑기'의 원형으로 볼 수도 있을 것이다. 음성적으로는 상당히 만족스럽다. 어쨌든 두 추측은 결국 한 민족 또는 나라를 지칭하고 있다.

프랑크 사람들 13세기 중반부터 중국 자료에 등장한다. 이후 16세기 말까지 '불랑기'와 혼용되었다. 그러나 이들이 어디에 살며, 어떤 사람들인지에 관한 중국 쪽 기술은 상당히 희미했다. 그들은 16세기 초반 필리핀 열도, 특히 루손[呂宋]에 진출한 포르투갈과 스페인 사람들에 관한 기술로 나타났다. 1617년 장섭(張燮)은 『동서양고』(점교본, 권5, 89쪽)에서 '여송(呂宋)'을 상술하고 있는데, 장섭은 이 루손 지역을 '불랑기'로 기술하고 있다. 장섭은 당시 스페인 사람들이 이곳에 기지를 건설하는 과정을 다음과 같이 기록했다.

"[이곳에는] 불랑기(佛朗機)가 있는데, 자신들은 '간계랍(干系蠟)'[245]의 나라로, 대서[양]에서 와서 루손[呂宋]과 교역한

245) 간계랍[kan-ɣiei-lap](干系蠟)은 음성적인 근접성은 떨어지더라도 1065~1833년까지 존속한 카스티야(Castilla)에 대응시켜야 할 것 같다.

다고 한다. 이 추장은 자기들끼리 '이곳을 차지하여 대를 이어 살만하다'라고 하면서 황금을 바치고 루손왕의 장수를 빌며, 집을 지어 살 수 있도록 소가죽만 한 땅을 간청했다. 왕은 믿고 허락했다. 불랑기는 이내 소가죽을 가져와 잘라 계속 이어 붙여 사방을 두르고, 이곳이라며 땅을 간청했다. 왕은 난감해했지만, 다시 먼 오랑캐[遠夷]들에게 신의를 저버리지 못하고, 결국 그 땅을 주고, 매달 부족의 법에 따라 세금을 징수했다. 불랑기는 그 땅을 얻자, 성채와 집을 짓고, 총, 칼, 방패를 배치하여 잘 갖추었다. 한참 뒤에 여송을 포위하여 왕을 죽이고 사람들을 산속으로 내몰아 버렸다. 여송은 마침내 불랑기 소유로 되었다. 간계랍(干系蠟) 국왕은 총독[酋]을 방어진지[鎭]로 보냈는데, 몇 년마다 한 번씩 바꾸었다. 요즘 중국인들이 여송과 장사한다는 말은 바로 불랑기와 장사한다는 말이다(有佛郎機者, 自稱干系蠟國, 從大西來, 亦與呂宋互市. 酋私相語曰, 彼可取而代也. 因上黃金爲呂宋王壽, 乞地如牛皮大, 蓋屋. 王信而許之. 佛郎機乃取牛皮剪而相續之, 以爲四圍, 乞地稱是. 王難之, 然重失信遠夷, 竟予地, 月徵稅如所部法. 佛郎機既得地, 築城營室, 列銃置刀盾甚具. 久之, 圍呂宋, 殺其王, 逐其民入山. 而呂宋遂爲佛郎機有矣. 干系蠟國王遣酋來鎭, 數歲一更易. 今華人之販呂宋者, 乃販佛郎機者也)." 이어서 장섭은 1593년 스페인 총독이 말루쿠 원정에 동원한 현지 중국인들이 일으킨 반란, 1602년 4월부터 1605년까지 이어진 기역산(機易山)의 금은을 둘러싼 스페인과의 이권 다툼의 추이를 자세히 기록한 다음과 같이 루손의 '불랑기' 사람들을 다음과 같이 기술했다(『동서양고』, 점교본, 93쪽).

"불랑기 사람의 신장은 7척이며, 눈은 고양이 같으며, 입은

앵무새 같고 얼굴은 흰 회(灰) 같다. 수염은 빽빽하고 말려 오사(烏紗) 같지만, 머리털은 붉은색에 가깝다. 신부[僧]가 막중한 권한을 쥐고 있으며, 나라에 큰일이 있으면, 총독은 신부에게 가서 의논한다. 주인이 사형에 처한 자는 신부에게 성경을 읽어주어 [회개를] 권하게 하고, 수긍하면 형을 행한다【죄를 지으면 구속하는데, 가벼우면 발 하나를, 무거우면 두 발을 구속한다】. 부녀자들은 연중 정해진 시기에 교회[寺]에 가서 참회한다. 음란한 사건이 있으면 곧바로 은밀히 신부에게 가서 고백하면, 신부가 설법한 다음 수십 차례 채찍을 때리는데, 고통을 참으며 아무 말도 못 한다. 밤에는 교회에 머물면서 신부가 지시하는 바를 듣고 '예예'할 뿐이다. 결혼은 부모가 결정할 수 없고, 신부만 결정할 수 있다. 사람이 죽으면 베로 만든 자루에 넣어 교회로 가서 매장한다. 모은 재산의 반은 교회[僧室]에 들인다(佛郎機身長七尺, 眼如貓, 嘴如鸞, 面如白灰. 鬚密卷如烏紗, 而髮近赤. 其僧擁重權, 國有大故, 則酋就僧爲謀. 主人論死者, 僧誦經勸之, 首肯然後行刑.【中罪用拘, 輕拘一足, 重則拘兩足.】婦女歲時詣寺讖悔. 有陰事輒密向僧自輸, 僧爲說法, 鞭之數十, 忍痛不敢言. 夜留宿寺中, 聽僧意所指畫, 唯唯而已. 婚姻父母不能定, 惟僧所決之. 人死貯以布囊, 就寺以葬. 所畜財產, 半入僧室矣)."

한편 장섭은 1535년부터 1869년까지 8차에 걸쳐 편수(編修)된 『광동통지(廣東通志)』를 인용했는데, 가정(嘉靖, 1522~1566)을 언급하고 있는 것으로 보아 1602년 편수된 증보판일 것이다. 장섭의 인용문에 따르면(점교본 『동서양고』, 93~94쪽), "불랑기는 원래 중국과 통교하지 않았으나, 정덕(正德) 12년(1517) 큰 선박이 돌연 광저우 오구(澳口)에 이르러, 총성을 우레처럼 울리며 이로써 진공(進貢)할 명분으로 삼았다. 순무(巡撫)가 『회전(會典)』을 조사해 봐도 이전 예가 없어 [진공]을 행하지 않았다. 그러자 물러나 동관(東莞, 광둥 중부) 남두(南頭)에 정박하고, 집을 지어 나무 울타리를 만들어 화총(火銃)을 가지고 굳세게 지켰다. 어사 구도융(丘道隆)과 하오(何鼇)가 전후로 상소하여, '반역한 잔당들이 힘으로 그 나라 주인을 축출했습니다. 이전 해 거짓으로 말라카 사신에 넣어 화자아삼(火者亞三)을 몰래 보내오다가, 표류하여 오(澳)에 이르러, 왕래하며 몰래 염탐해 우리의 도로를 숙지하고, 갓난아이를 사서 삶아 먹었습니다. 근래 말라카 국왕이 나라를 빼앗은 원수를 죽이겠다는 등의 사정을 아뢰어 왔으므로, [저들의] 도륙과 약탈의 화를 더는 키울 수 없으니 곧바로 몰아내고, 지은 집과 성채들은 모조리 물리쳐 허물어 버려야 합니다'라고 하였다. 조서를 내려 그에 따랐다. 해도부사(海道副使) 왕횡(汪鋐)의 군대가 이르러 험지를 차지하고 전세를 역전시켰다. 상인들이 배에 구멍을 뚫는 계책을 썼으나 모두 사로잡혔고 나머지는 모두 달아났다. 가정(嘉靖, 1522~1566) 연간에 무리가 번갈아 왕래하며 밀무역하는 선박들이 여러 오랑캐 속에 섞여 교역했다. 우두머리들은 모두 코가 크고 피부는 희었는데, 양광의 사람들은 그들을 잘 식별해 낼 수 있었다. 방언으로 하늘을 '서라(西羅)'[246], 태양을 '사라(梭羅)'[247], 바람을 '면제(綿除)'[248], 산을 '문지(文池)'[249], 진

246) '서라(西羅)'는 스페인어 '씨엘로(cielo)'를 옮긴 것 같다. 포르투갈어는 '세우(céu)'이다.

247) '사라(梭羅)'는 포르투갈, 스페인어 모두 '솔(sol)'인데, 음성적으로 느슨하다. 불어로는 '솔레이(soleil)'이라 하는데, 이를 옮긴 것은 아닌지 모르겠다.

248) '면제(綿除)'는 포르투갈어로는 '벤투(vento)', 스페인어로는 '비엔토(viento)'이다. 'm'과 'v'은 모두 순음으로, 두 언어 모두 음성적으로 가능하다.

249) 문지(文池)는 확실히 스페인어 '몽따냐(montaña)'보다는 포르투갈어 '몽뜨

주를 '아사불(亞思佛)'[250], 대모를 '실제노아(實除奴牙)'[251], 코뿔소 뿔을 '아리고불(亞里高佛)'[252], 금을 '아라(阿羅)'[253], 은을 '파로초(巴勞礁)'[254]라 한다(佛郞機素不通中國, 正德十二年, 駕大舶突至廣州澳口, 銃聲如雷, 以進貢爲名. 撫按查無『會典』舊例, 不行. 乃退泊東莞南頭, 蓋房樹柵, 恃火銃自固. 御史丘道隆·何鼇前後具奏, 皆言, 殘逆稱雄, 逐其國主. 先年潛遣火者亞三假充滿剌加使臣, 風飄到澳, 往來窺伺, 熟我道塗, 略買小兒, 烹而食之. 近日滿剌加國王奏其奪國讐殺等情, 屠掠之禍, 漸不可長, 宜卽驅逐, 所造房屋城寨, 盡行拆毀. 詔從之. 海道副使汪鋐帥兵至, 猶據險逆戰. 商人鑿舟用策, 乃悉擒之, 餘皆遁去. 嘉靖中, 黨類更番往來, 私船雜諸夷中爲交易. 首領人皆高鼻白皙, 廣人能辨識之. 方言謂天爲西羅, 日爲椶羅, 風爲綿除, 山爲文池, 眞珠爲亞思佛, 玳瑁爲實除奴牙, 犀角爲亞里高佛, 金爲阿羅, 銀爲巴勞礁)"라고 하였다. 마

(monte)'에 더 잘 대응한다.

250) 진주는 포르투갈어로 'pérola', 진주조개는 'Ostra perlífera'라고 하는데, '아사불(亞思佛)'의 '아사'는 '오스트라'에, '불'은 '페를리페루'에 대응하는 음으로 보인다.

251) 대모(玳瑁)는 포르투갈어로 '타르타루가스 드 펜트(tartarugas-de-pente)'라고 하는데, '실제노아(實除奴牙)'는 바로 '타르타루가'에 해당하는 음일 것이다.

252) 코뿔소는 포르투갈어로 '히노세론트(rinoceronte)'라고 하고, 뿔은 '꼬르누(corno)'라고 한다. 따라서 코뿔소 뿔[서각]은 '꼬르누 드 히노세론트(corno de rinoceronte)'라고 하는데, 여기 '아리고불(亞里高佛)'과는 음성적 거리가 멀다. 당시 서각을 칭하는 별도의 포르투갈어 용어가 있었는지는 모르겠다.

253) '아라(阿羅)'는 포르투갈어로 금을 뜻하는 우로(ouro)에 잘 대응한다. 스페인어 'oro'로 가능하다.

254) '파로초(巴勞礁)'는 포르투갈어로 은을 뜻하는 '프라타(prata)'에 해당하는 음으로 보인다. 스페인어 '쁠라타(plata)' 역시 가능하다.

지막 소개한 어휘 정보들은 확실히 '불랑기'가 포르투갈임을 입증하고 있다.

이상에서 본 것처럼 17세기 초까지 '불랑기' 즉 스페인 기술은 필리핀 제도에 진출한 사람들에 대한 정보였다. 본국이 어디 있었는지는 『동서양고』 몇 년 뒤 예수회 신부들에 의해 알려졌다. 줄리오스 알레니(Giulios Aleni, 艾儒略, 1852~1609)가 1623년 지은 『직방외기(職方外紀)』(사고전서본, 권2, 14b~15b)에는 '불랑기'는 불랑찰[pʰi̯uət-lɑŋ-tʂʰat](拂郎察)로 기술되어있다. 이는 라틴어 '프랑치아(Francia)'를 옮긴 말이다. 알레니의 이 불랑찰 기술은 반세기 뒤인 페르디난트 페르비스트(Ferdinand Verbiest, 南懷仁, 1626~1688)의 『곤여도설(坤輿圖說)』(1674년)에서도 채록되었다.[255] 다시 말해, 중국인들은 동

---

255) 『직방외기(職方外紀)』(사고전서본, 권2, 14b~15b)의 불랑찰(拂郎察, 라틴어 Francia) 기술은 다음과 같다.

"남쪽 41도에서 시작하여 북쪽으로 50도에 이르며, 서쪽 15도에서 시작하여 동쪽 31도에 이른다. 둘레는 11,200리이고, 땅은 16 프로방스[道]로 나뉘어 있으며, 속국은 50여 개이고, 그 수도는 파리스[把理斯]이다. [파리스에는] 공학(共學) 1개소를 설립하여, 학생들이 항상 40,000여 명이고, 아울러 다른 [지방]의 학교 7개소가 있다. 또한 수도원[社院]을 두어 가난한 수사[士]들을 교육하는데, 일체의 비용은 모두 왕이 책임지며, 수사 한 명당 금화 100으로 계산한다. [한] 수도원에는 수십 명이 사는데, 모두 55개소가 있다. 중세[中古]에 루이스[Louis, 類斯]라는 어진 왕이 이슬람교도[回回]들이 유다이아['Ιουδαία, 如德亞] 땅을 차지하고 있는 것을 싫어하여, 처음으로 군대를 보내 정벌하며, 대포[大銃]를 만들기 시작했다. 이 나라가 유럽[歐邏巴] 내륙에 있었으므로, **이슬람교도들은 서쪽 땅의 사람들을 대충 '불랑기(拂郎機)'라고 불렀는데, 대포[銃] 또한 이 이름을 따랐다**(以西把尼東北爲拂郎察. 南起四十一度, 北至五十度, 西起十五度, 東至三十一度. 周一萬一千二百里, 地分十六道, 屬國五十餘, 其都城名把理斯. 設一共學, 生徒常四萬餘人, 併他[方]學共有

방에 진출해 있던 프랑크 사람들인 포르투갈과 스페인을 '불

七所. 又設社院以教貧士, 一切供億皆王主之, 每士計費百金. 院居數十人, 共五十五處. 中古有一聖王名類斯者, 惡回回佔據如德亞地, 初興兵伐之, 始制大銃. 因其國在歐邏巴内, 回回遂概稱西土人爲拂郎機, 而銃亦沿襲此名)."

이 나라의 왕은 천주님이 유독 남다른 총애를 내려, 예부터 지금까지의 군주들은 모두 신비로운 능력 하나를 내려주셨다. [그들] 손으로 사람의 결핵성 종창[瘰瘡]을 어루만지면 손이 가는 데로 낫는다. 지금도 이 나라 왕은 매년 하루씩 사람들을 치료하는데, 먼저 3일 동안 재계를 기다리며, 이러한 질환을 앓는 자들이 멀리 만 리밖에서 미리 천주의 전당 안으로 모두 모여든다. 국왕이 손을 들어 그들을 어루만지며, '왕이 너희들을 어루만지니, 천주님이 너희들을 구제하리라'라고 기도한다. 백 명을 어루만지면, 백 명이 낫고, 천 명을 어루만지면 천 명이 나으니 그 신기함이 이와 같다(是國之王, 天主特賜寵異, 自古迄今之主, 皆賜一神能. 以手撫人瘰瘡, 應手而愈. 至今其王, 每歲一日療人, 先期齋戒三日, 凡患此疾者, 遠在萬里之外, 預畢集天主殿中. 國王擧手撫之, 祝曰, 王者撫汝, 天主救汝. 撫百人, 百人愈, 撫千人, 千人愈, 其神異如此).

국왕의 맏아들은 별도의 땅을 소유하고 그에게 봉록을 지급하므로 일개 프린스[小王]와 다를 바 없지만, 다른 나라는 그렇지 않다. 나라의 땅은 매우 비옥하고, 물자가 풍부하여 주민들이 안락하다. 산에서 나는 어떤 돌은 남색이며 재질이 물러, 톱질하여 판자[처럼] 만들어, 기와[처럼] 지붕을 덮을 수 있다. 나라 사람들의 성품은 따스하고 명랑하며, 품위[禮貌]를 두루 갖추었고, 문학을 높이 사며 배움을 즐긴다. 수도에는 서적 간행이 번성하여 상당한 명성이 있다. 교리를 매우 독실하게 신봉하여, 천주님께 예배하고 교리를 강의하는 전당으로 지은 곳이 크든 작든 적어도 100,000만 개소에 달한다. 처음 이 나라에 교리를 전한 사람은 원래 유다이아 나라 성인인 라자로[Lazarus, 辣雜琭]로, 당시 죽은 지 나흘 만에 예수[耶穌]의 은총을 입고 생명을 얻어 부활한 사람이 바로 이 사람이다(國王元子別有土地, 供其祿食, 不異一小王, 他國不爾也. 國土極膏腴, 物力豊富, 居民安逸. 有山出石, 藍色質脆, 可鋸爲板, 當瓦覆屋. 國人性情溫爽, 禮貌周全, 尙文好學. 都中梓行書籍繁盛, 甚有聲聞. 又奉教甚篤, 所建瞻禮天主與講道殿堂, 大小不下十萬. 初傳教於此國者, 原係如德亞國聖人辣雜琭, 乃當時已死四日, 蒙耶穌恩造命之復活, 卽此人也).

랑기'로 생각했고, 알레니는 유럽을 '구라파(歐羅巴)'라고 통칭하고, 프랑스를 '불랑찰'로, 스페인을 '이서파니아(以西把尼亞)'로 소개하고 있다. 말하자면, 중국인의 '불랑기'와 알레니가 옮긴 '불랑찰'의 '불랑'은 당연히 프랑크 사람들을 지칭하지만, 실제 의미하는 나라는 달랐다.

마지막으로, 『명사』, 권323, 「여송전(呂宋傳)」(8370~8373쪽), 『명사』, 권323, 「미락거전(美洛居傳)」(8374~8375쪽)에 보이는 '불랑기'는 모두 스페인에 적용되었다. 따라서 '불랑기'는 포르투갈과 스페인 사람들을 지칭하는 용어로, 모두 옛 크랑크 사람들을 일컬었다. 또한 이 명칭으로 그들의 가장 대표적이면서 위력적인 무기인 총(銃)을 '불랑기'로도 부르게 되었다. 이들이 16세기 자바, 말라카, 타이완, 필리핀 제도 등으로 식민지 개척을 하는 과정에서 발생한 중국과의 이해 충돌을 통해 그곳에 진출한 사람들을 중심으로 기술되었다. 17세기에 들어서, 예수회 신부, 즉 서양인에 의해 처음으로 '불랑찰(拂郎察, 프랑스)', '이서파니아(以西把尼亞, 스페인)' 등으로 프랑크 사람들의 정확한 소재를 알게 되었다고 추론할 수 있다.

(1)불랑기국은 시암[暹羅]의 서남쪽 바다에 있는 서양의 대국이다(佛浪機國, 在暹羅西南海中, 乃西洋大國也).

17세기 이전 자료에서 '불랑기'를 기록한 정보들을 매우 드물다. 그래서 지봉 또한 많은 정보를 채록할 수 없었을 것이다. 지봉의 이 단락의 지리 정보는 앞서본 『지봉집(芝峯集)』에는 1611년 「유구사신증답록(琉球使臣贈答錄)」(한국문집총간본, 권9, 7a)에서 별도로 추가된 시암[暹羅] 항목에 근거하였다. “가장 동쪽에는 유구국(琉球國), 일본국(日本國)이 있으며, 서남쪽에는 불랑기국(佛浪機國)이 있으니 곧 대서양(大西洋)이다(最東有琉球國·日本國. 西南有佛浪機國, 卽大西洋也)”라고 한 기술에 따라 불랑기는 시암[暹羅]의 서남쪽에 있다고 판단했다. 이는 확실히 중국 자료에서 찾기 어려운 정보다. 지봉은 무엇을 근거한 것일까? 황충(黃衷, 1474~1553)은 『해어(海語)』(사고전서본, 권상, 7a)에서 다음과 같이 기술했다. “정덕(正德, 1506~1521) 연간에 불랑기【불랑기는 어떤 인종인지 모르며, 원래 중국과 통상하지 않았는데, 정덕 정축년(1517) 거짓으로 조공을 들였다. 광둥 가까이에 이르러 화포로 성책을 설치하고 공고히 한 뒤, 갓난아이를 잡아 와 삶아 먹었다. 지방 장관[守臣]이 군사를 이끌고 그들을 쳐 죽여버리자 달아났다】의 선박들이 교역할 때, 이익을 다투며 싸우자, 오랑캐 왕이 그들의 나달(哪噠)을 잡아 가두었다. 불랑기 사람들이 돌아가 그들 주인에게 하소연하여 반드시 그들에게 복수하자고 의론을 모았다. 곧 대형 선박 8척, 1만에 이르는 정예 군사를 꾸려 바람을 타고 빠르게 이르렀다. 시간은 이미 한 해가 흘러, [말라카] 나라에서는 방비를 적게 하고 있었으므로, 대부분 살해되고 약탈당했다. 불랑기의 총독[夷酋]은 진격하여 그 궁궐을 점거하자, 말라카[滿剌加] 왕은 피제리(陂隄里)로 물러나고, 남아있던 노약자들은 대부분 흩어졌다. 불랑기는 그곳을 시암[暹羅]에 뇌물로 주고 돌아가자, 시암이 그에 감사했다. 불랑기는 사람들을 정비하고 [노획물을] 가득 실어 돌아가자, [말라카] 왕이 곧바로 그곳으로 돌아왔다(正德間佛郎機【佛郎機不知何種, 素不通中國, 正德丁丑假作貢獻來. 至近廣恃火銃, 設柵自固, 擄嬰兒, 烹食之. 守臣率來軍攻殺之, 遁去】之舶互市, 爭利而鬨, 夷王執其哪噠而囚之. 佛郎機人歸, 愬於其主, 議必報之. 乃治大舶八艘, 精兵及萬, 乘

風突至. 時已逾年, 國中少備, 大被殺掠. 佛郎機夷酋進據其宮, 滿剌加王退依陂隄里, 老幼存者復多散逸. 佛郎機將以其地索賂於暹羅而歸之, 暹羅辭焉. 佛郎機整衆滿載而去, 王乃復所).” 황충이 말하는 ‘불랑기’는 포르투갈을 지칭한다. 밑줄 친 정보는 불랑기가 시암[暹羅, 태국]의 ‘서남쪽’에 있다는 추측을 가능케 한다.

⑵그들의 무기를 ‘불랑기’라고 하는데, 지금 병가(兵家)에서 그것을 사용한다(其火器號佛浪機, 今兵家用之).

1556년 호종헌(胡宗憲)은 『주해도편(籌海圖編)』(사고전서본, 권13, 37b~38a)에서 “형부상서 고응상(顧應祥)이 이르기를, 불랑기는 나라 이름이지 총 이름이 아니다. 정덕(正德) 정축년(1517) 나는 광동첨사(廣東僉事)로 부임하여 해도(海道)의 일을 처리했는데, 갑자기 큰 바다 선박 두 척이 곧장 광저우 성 회원역(懷遠驛)에 이르러 불랑기국이 진공하러 왔다고 했다. 그 선장은 가필단(加必丹, capitão)이라 했고, 그 사람들은 모두 코가 높고 눈은 깊었으며 흰 베로 머리를 싸맨 것이 아랍[回回]의 복장 같았다. 곧바로 총독 사헌공 진금(陳四軒公金)에게 보고했다. 광저우 성을 앞에 두고 그들이 무례하여 광효사(光孝寺)에서 사흘 동안 예법을 익히게 한 뒤에 인견토록 했다. 『대명회전(大明會典)』을 조사해 보니 이 나라는 조공을 들인 적이 없어, 사실대로 아뢰어 조정에서 허락하도록 했다. 해당 부서에 송부하자, 때마침 정덕제[武廟]는 남방을 순무하고 있어 회동관(會同館)에 1년을 머물렀다. 황제께서 등극했지만, 저들이 불손하여 역관[通事]에게 전형(典刑)을 분명하게 밝혀주고, 그 사람들을 광둥으로 압송하여 경계 밖으로 쫓아내고서야 끝났다. 저들은 광저우에 오래 머물며 성경[佛書]을 즐겨 읽었다. 그들의 총은 쇠로 만들었는데, 길이는 5~6척이고 총의 배는 크고 목은 길었고, 배에는 긴 구멍이 있어 소총 다섯 개를 돌아가며 화약을 장전하여 안전하게 총의 배로 들어오면 총 밖으로 쏜다. 또 나무로 쇠 덮개를 감싸 파열을 방지했다. 선박의 현 아래와 양쪽에는 너덧 개를 설치해 두고 선창 안에서 몰래 쏜다. 다른 선박과 근접하여 한 발만 걸려도 배의 갑판이 부서지고 물이 배로 새어 들어간다. 이 때문에, 바다에서는 비스듬하게 다녀, 대적할 만한 다른 나라가 없었다. 당시 해구들을 정벌할 때 역관이 총 하나와 화약방(火藥方)을 헌상하여, 이 무기를 교장(教場)에서 시험하게 하니 100보 거리에 떨어졌으니 바다 선박에는 유용한 무기였고, 수성에도 갖출 만하지만, 원정 전투에는 쓰임이 없었다. 뒤에 성재 왕횡(汪誠齋鋐)이 형부 상서가 되어 황제에게 주청하여 1,000여 발을 주조하여 세 변방에 공급하게 했다. 그중 일종은 나무로 만든 틀이 있어 낮추거나, 올리거나, 또는 왼쪽으로, 오른쪽으로 조정할 수 있었다. 중국에 원래 이런 것이 있었으니 불랑기(佛狼機)에서 나온 것이 아니라고 했다(刑部尙書顧應祥云, 佛朗機國名也, 非銃名也. 正德丁丑, 予任廣東僉事, 署海道事, 驀有大海船二隻, 直至廣城懷遠驛, 稱係佛朗機國進貢. 其船主名加必丹, 其人皆高鼻深目, 以白布纏頭, 如回回打扮, 即報總督陳四軒公金. 臨廣城, 以其人不禮, 令於光孝寺習儀三日, 而後引見. 查大明會典, 並無此國入貢, 具本參奏, 朝廷許之. 起送赴部, 時武廟南巡, 留會同館者將一年, 今上登極, 以其不恭, 將通事明正典刑, 其人押回廣東, 驅之出境, 去訖. 其人在廣久, 好讀佛書. 其銃以鐵爲之, 長五六尺, 巨腹長頸, 腹有長孔, 以小銃五箇輪流貯藥, 安入腹中, 放之銃外, 又以木包鐵蓋, 以防決裂. 海船舷下, 每邊置四五箇, 於船艙內暗放之. 他船相近, 經其一彈, 則船

板打破, 水進船漏. 以此橫行海上, 他國無敵. 時因征海寇, 通事獻銃一箇, 並火藥方, 此器曾於教場中試之, 止可百步, 海船中之利器也, 守城亦可持, 以征戰則無用矣. 後汪誠齋鋐爲兵部尙書, 請於上, 鑄造千餘發, 與三邊, 其一種有木架, 而可低可昂·可左可右者. 中國原有此制, 不出於佛狼機)."

이는 1730년 학옥린(郝玉麟)의 『광동통지(廣東通志)』(사고전서본, 권58, 44b)에서도 확인된다. "가정(嘉靖, 1522~1566) 연간에 왕횡(汪鋐)이 병권을 쥐고 불랑기(佛朗機)처럼 총[대포]를 제작하여 여러 번진(藩鎭)에 배치할 것을 건의하여, 조서로 허락받았다. 지금 공성(攻城)과 화전(火戰)은 모두 이에 힘입고 있다(嘉靖間汪鋐柄用, 遂請如佛朗機制爲銃, 頒諸邊鎭, 詔許之. 今衝鋒及火戰皆資焉)"라고 하였다. 이 지방지는 1535년 1차 완성된 이후 여러 차례 증보되었으므로 지봉이 『지봉유설』을 완성할 때인 1614년, 즉 1602년 3차 증보판에 수록되었는지는 확인하지 못한다. 어쨌든 우리는 '불랑기'식으로 만들어진 대포가 '불랑기'라는 명칭으로 불렸음을 알 수 있다.

(3)또 서양의 베는 매우 가볍고 섬세하여, 마치 매미 날개와 같다(又西洋布極輕細, 如蟬翼焉).

'서양포'는 왕대연의 『도이지략』에서 처음 언급되었다. 왕대연은 구체적으로 어디에서 생산되는지, 어떤 종류인지 언급하지 않았다. 중국 자료에 기술된 '서양포'는 대부분 '남인도'을 가리키고 있고, 기술된 내용으로 볼 때, 모슬린 또는 망사 일종으로 추정된다. 자세한 고증은 『도이지략역주』, 57~58쪽을 참고하시오.

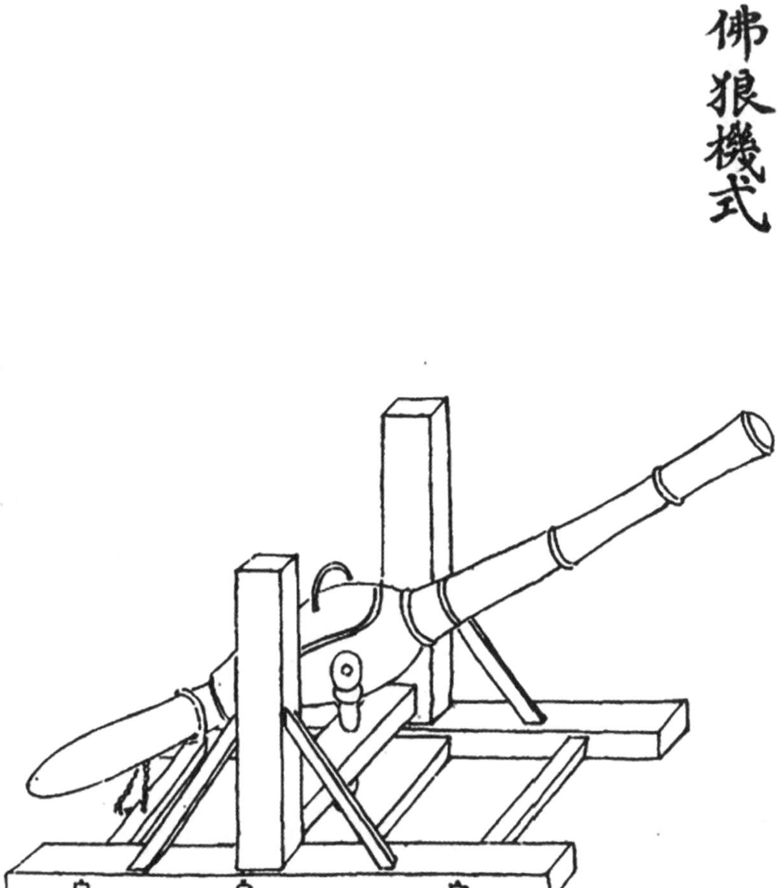

•
불랑기(佛狼機) 화포, 『주해도편(籌海圖編)』(사고전서본, 권13, 37a)

'남번(南番|南蕃|南藩)'의 사전적 정의는 중국 남쪽 변경을 의미한다. 그러나 지봉은 '남번국(南番國)'을 특정한 나라 명칭으로 이해하고 있다. 『조선왕조실록』, 선조 30년(1597), 5월 11일 기사에는 비변사(備邊司)가 올린 장계(狀啓)에 '남반(南班)'에 대해 이항복(李恒福)이 호(胡) 도사(都司)를 찾아가 문답한 내용이 수록되어 있다. "『해동제국기』에는 '남만(南蠻)'이니 '남번(南番)' 등의 말은 보이지만 '남반국(南班國)'은 듣지 못했고, 어디에 있는지 모른다. 왜인들이 자기들끼리 하는 말에 서남쪽으로 일본과 떨어져 있으며 물길로 1개월 여정이라고 하는데, '남반(南班)'이라 하지 않고 항상 '남반(南盤)'이라고 쓰는데, '반(盤)'과 '만(蠻)'의 소리가 서로 가까워 '남반(南盤)'이라고 하지는 않는가 하며 묻자, 도사(都司)는 '그렇지 않다. 분명 남번(南番)이다. 중국[上國]의 광저우, 푸저우 지방과 아주 가까워, 필시 관백(關白)이 군대를 나누어 중국을 치려는 것입니다'라고 하였다(海東諸國紀, 只見南蠻·南番等語, 而未聞南班國, 不知在何處. 倭中自中之言, 則西南距日本, 水路一月程, 而非南班, 常以南盤書之, 無乃盤與蠻聲相近, 而誤以南蠻, 爲南盤耶. 都司曰, 非也. 必是南番. 距上國廣·福地方至近, 必是關白, 分兵犯上國)"라고 하였다. 이로써 볼 때, 지봉의 '남번국'은 '남번(南番)'의 어떤 나라로 이해해야 할 것이다.

이는 『지봉유설』, 권1, 「인이(人異)」에서도 확인할 수 있다. "제독 유정(劉綎)은 사천총병(四川摠兵)이다. 만력 계사년(1593)에 촉지방 병사들을 거느리고 출병했을 때 그의 군대에는 해귀(海鬼) 같은 사람이 있었는데, 남번(南蕃) 출신으로, 낯빛이 칠처럼 까맣고, 바다 밑으로 잠수도 잘했으며, 그 모양이 귀신 같아 '해귀'라고 했다. 키가 큰 사람이 있었는데, 몸이 아주 커서 거의 2장(丈)이나 되었고, 말을 탈 수 없어 수레를 타고 다녔다. 아마도 장적(長狄)인 거무패(巨無霸)의 후손들일 것이다. 이로써 볼 때, 천하에 어떤 사물이 없겠는가(劉提督綎, 乃四川總兵. 萬歷癸巳, 領蜀兵出來, 其軍有海鬼者出南蕃, 面色深黑如漆, 能潛行海底而其貌如鬼故名. 有長人者形體絶大幾二丈, 不堪騎馬乘車以行. 疑卽長狄巨無霸之遺種也. 以此觀之, 天壤之間, 何物不有)"라고 하였다.[256]

유정의 군대에 있었던 흑인들은 '남번(南蕃)' 즉 베트남 남부 지역의 흑인들을 말한다. 지봉은 『지봉집』, 권9, 「유구사신증답록(琉球使臣贈答錄)」【신해년(1611) 북경에 갔을 때(辛亥赴京時)】에 부록으로 보이는 '섬라(暹羅)' 기술에서 자신이 목격한 섬라국 사신단을 보고 "용모도 괴이했으며, 얼굴은 대부분 검게 물들어 마치 바다귀신 같기도 했다(狀貌亦怪, 面多染黑, 或如海鬼樣)"라고 기록하기도 했다. 이는 확실히 중국 서남쪽 이민족들을 지칭하고 있음이 분명하다. 또한 『송사』, 권255, 왕대유(汪大猷, ?~1200) 열전(12145쪽)에 "비사

256) 이 정보는 이긍익(李肯翊, 1736~1806)의 『연려실기술(燃藜室記述)』(조선고서간행회본, 군17, 724쪽)도 보이는데, 『서애집(西厓集)』을 인용하여 "당초 유정(劉綎)이 촉 지방의 군사를 거느리고 출병했을 때, 그의 군대에는 해귀(海鬼) 같은 사람이 있었는데, 남번(南番) 출신으로, 낯빛이 칠처럼 까맣고, 바다 밑으로 잠수도 잘했으며, 그 모양이 귀신 같아 '해귀'라고 했다. 키가 큰 사람이 있었는데, 몸이 아주 커서 거의 2장(丈)이나 되었고, 말을 탈 수 없어 수레를 타고 다녔다. 이로써 볼 때, 천지에 없는 물건이 없다(初綎領蜀兵出來, 其軍有海鬼者出南蕃. 面色深黑如漆, 能潛行海底而其貌如鬼故名. 有長人者形體絶大幾二丈, 不堪騎馬乘車以行. 以此觀之, 天壤之間, 無物不有)"라고 했지만, 현전하는 『서애집』에는 보이지 않는다.

야(毗舍邪)는 얼굴 색이 칠처럼 검고 언어가 통하지 않는다(毗舍邪面目黑如漆, 語言不通)"라고 하였는데, 여기 '비사야'는 타이완 주변의 나라로 필리핀 계열의 사람들이다. 따라서 '남번(南蕃)'의 범위에 들어간다고 할 수 있다.

그러나 지봉이 일본 선박을 따라 우리나라 경내에 표류해 왔다는 '남번'의 배에는, 기술한 내용으로 봤을 때, 확실히 두 종류의 사람이 승선하고 있었다. 한 무리는 눈이 움푹하고 크며 수염이 양털처럼 북슬북슬한 사람들로서, 선장 이하 관리하는 사람들이고, 또 한 무리는 실제 하역이나 허드렛일을 담당하는 사람들이 있었다. 이 배는 서양의 선박 예컨대 포르투갈 또는 스페인 사람이 운영하는 선박이었을 것이다. 아마도 이들은 동남아 지역에 기지를 두고 본국과 일본을 왕래하며 장사하는 상인들이었을 것이다. 따라서 그들이 거느린 사람들은 아프리카의 흑인 노예들일 수도 있지만, 이 해역을 잘 알고 잠수에 능한 동남아의 흑인들을 말할 것이다. 이들은 루손, 자바, 말라카 등지에 기지를 두고 있었고, 실제 노역하는 사람들은 동남아 지역의 흑인들이었으므로, 지봉은 '남번'의 어떤 나라로 지칭했을 것이다.

남쪽 오랑캐 나라 사람들이, 만력(萬曆) 계묘년(1603), 왜(倭) 선박을 따라 우리나라 경내로 표류해 왔다. 그 사람들을 보니, 눈썹과 위의 눈꺼풀이 하나로 되어있었고, 구레나룻은 양의 수염 같았다. 거느린 사람들은 얼굴이 칠흑이었고 모습은 추하고 괴이하여 바다의 귀신무리 같았다. 언어가 통하지 않아, 왜인 통역사를 통해 물어보니, 그들 나라는 바다에 있고, 중국에서 80,000리 떨어져 있으며, 왜인들의 땅에 진귀한 보물이 많다고 생각하여 통상하러 온 것으로, 본토에서 8년 걸려 이곳에 이르렀다고 했다. 먼 나라 일 것이다(南番國人, 萬曆癸卯年間, 隨倭舶漂抵我境. 見其

人, 眉與上睫通爲一, 髯似羊鬚. 其率人面漆黑, 形狀尤醜怪, 蓋海鬼類也. 言語不通, 因倭譯問, 則國在海中, 距中國八萬里, 倭人以地多珍寶, 故往來通商, 離本土八年, 方到此云. 蓋絶國也).

「곤여만국전도(坤與萬國全圖)」(일본 토호쿠 대학 도서관 소장본). 가장 왼쪽으로 불랑기(포르투갈)가 보이고 오른쪽으로 불랑찰(프랑스)가 있고 그 위로 영국[諳厄利亞]이 그려져 있다.

후세의 가필이 아닐까 의심될 정도로, 현재 남아있는 동아시아의 기록으로, 영국을 언급한 가장 이르면서 유일한 자료이다. 1623년 간행된 『직방외기(職方外紀)』, 권2에 수록된 구라파(歐羅巴) 지도에만 '암액리아[ʔăm-ʔæk-li-ʔa](諳厄利亞)[257)]'로 표기되었을 뿐이다. 진륜형(陳倫炯)의 『해국문견록(海國聞見錄)』(1730년), 와세다대학 소장본(1793년 서문본)에는 '영기려(英機黎)'로 표기되어 있는데(24b), "영기려 일국은 덴마크[吝因], 독일[黄祁], 네덜란드[荷蘭], 프랑스[佛蘭西], 네 나라의 서북쪽 바다에 세 섬에 걸쳐 있다(英機黎一國, 懸三島於吝因·黄祁·荷蘭·佛蘭西四國之西北海)"라고 설명했다. 여기서 말하는 세 섬은 잉글랜드, 스코틀랜드, 아이슬란드를 말한다. 사청고(謝淸高, 1756~1821)의 『해록』에는 '영길리(暎咭利)'로 표기된 것을 보면, 스페인, 포르투칼어 '잉글리(Ingli)'를 음역한 것으로 추측할 수 있다.

(1)영결리국[jịwɐŋ-kiet-lji](永結利國)은 가장 서쪽 바깥 바다에 있다(永結利國, 在極西外洋).

---

257) 위원(魏源)의 『해국도지(海國圖志)』에서는 일관적으로 '영길리(英吉利)'로 표기했다. 권52(악록서사, 1419쪽)에서는 서계여(徐繼畬, 1795~1873)의 『영환지략(瀛環志略)』을 인용하여, 영기려(英機黎), 영규려(英圭黎), 응흘려(膺吃黎), 암액리(諳厄利), 영륜적(英倫的) 등의 다른 표기를 보여주었다. 전기철씨가 역주한 『직방외기』(198쪽) 주석에는 "'암액리아'가 포르투갈어 'Englia'를 음역한 것으로 보인다"라고 설명했다. 포르투갈어로 영국은 '잉글라테라(Inglaterra)'라고 하고, 형용사형으로 '앵글로(anglo)', '잉글리쉬(inglês)' 등이 보이는데, '암액리아'와 음성적으로 부합하지 않아 보인다. 셰팡은 『직방외기교주』(중화서국, 2000, 104쪽)에서 "암액리아는 앵글스(Angles)의 땅이라는 뜻이다"라고 설명했다. 나의 생각으로는 라틴어 '앙글리아(Anglĭa)'를 옮겼을 것이다.

지봉의 이 지리적 설명은 현 영국의 위치로 보면 부합하는 설명이다. 이 정보는 ⑺에서 밝힌 것처럼 왜(倭)의 사신에게서 나왔을 것이다.

⑵낮은 아주 길고, 밤은 겨우 2경(更)으로 곧바로 날이 밝는다(晝則極長, 夜纔二更, 旋卽天明).

이 정보는 ⑻의 고증에서 추론된 결과이다. 즉, 지봉은 이 '영결리'를 키르기스[吉利吉思]와 바이칼 호수의 튀르크 부족 골리간(骨利幹)의 '길리(吉利)', '골리(骨利)'로 생각했다. 골리간에 관해서는 아래 항목을 참고하시오.

⑶그 사람들은 밀가루를 먹고, 가죽옷을 입는다(其俗惟喫麥屑, 衣皮裘).

지봉은 여기의 '영결리'를 키르기스로 추정했기 때문에, 의식(衣食)에 관한 정보는 『신당서』의 힐알사(黠戛斯) 풍속에서 가져왔다. 권217하, 회골(回鶻)에 함께 기록된 키르기즈[黠戛斯]의 풍습에 관하여(6147쪽), "심는 것에는 벼, 조, 대맥, 소맥, 청보리[青稞]가 있고, 멧돌을 밟아서 밀가루를 만든다(稼有禾·粟·大小麥·青稞, 步磑以爲麵糜)"라고 하였고, "천한 사람들은 가죽을 옷으로 입고 모자를 쓰지 않는다(賤者衣皮不帽)"라고 한 것을 근거로 삼을 수 있다.

⑷배를 집으로 삼아, 네 겹으로 배를 만드는데, 쇳조각으로 안팎을 두루 싸고, 배 위에는 수십 개의 대나무 장대를 세우며, 선미에는 바람을 일게 하는 기계를 설치했고, 닻줄은 쇠사슬 수백 개를 합해 만들었기 때문에, 바람과 파도를 만나도 부서지지 않는다(以舟爲家, 四重造船, 以鐵片周裹

內外, 船上建數十檣竹, 船尾設生風之機, 碇索用鐵鎖數百湊合以成, 故雖遇風濤不敗).

⑸전투에는 대포를 사용하고, 출몰하여 약탈하는 것을 바다 여러 나라 중에서 감히 상대하여 막지 못한다(戰用大砲, 出沒行劫, 海中諸國, 莫敢相抗).

⑹근래, 일본에서 흥양(興陽) 경내에 표류해 온 적이 있는데, 그 배가 아주 높고 커, 층이 있는 큰 집 같았다. 우리 군대가 공격했지만 부술 수 없었고, [경내에서] 벗어나게 했다(頃年, 自日本漂到興陽之境, 其船極高大, 如層樓大屋. 我軍搏戰, 不能攻破, 致令脫去).

흥양(興陽)은 현 전라남도 고흥군에 있었던 남해안 지역으로, 1441년 보성군의 남양현(南陽縣)과 합하여 흥양현으로 개칭되었다.

⑺뒤에 왜의 사신에게 물어, 그들이 '영길리'사람들임을 알았다(後問倭使, 知其爲永結利人也).

⑷의 정보는 사실 '영국'의 선박을 기록한 가장 이른 동방의 기록이다. ⑹의 사건은 조선왕조실록에는 보이지 않는다. 그뿐만 아니라 1899년 편찬된 『신증흥양지(新增興陽誌)』에도 없는 정보이다.

⑻『원사』에 따르면, 길리길사(吉利吉思)는 중국에서 25,000여 리 떨어져 있고, 낮은 길고 밤은 짧으니, 바로 당나라 시기의 골리간국(骨利幹國)이라고 했다. '결리(結利)', '길리(吉利)', '골리(骨利)'의 음이 서로 비슷하므로 아마 이 나라일 것이다(按元史, 吉利吉思去中國二萬五千餘里, 晝

長夜短, 卽唐骨利幹國云. 結利與吉利·骨利音相近, 疑卽此也).

『원사』, 권63, 「지리지」 서북지역 부록[西北地附錄]에서 길리길사(吉利吉思)를 기술하며(1574쪽) "앙가랄(昂可剌)은 강물 이름을 따온 곳으로, 길리길사에 속국이다. 대도(大都, 북경)에서 25,000여 리 떨어져 있다. 사용하는 언어는 길리길사와 매우 다르다. 낮은 길고 밤은 짧으며, 해가 들어갔을 때, 양갈비[羊肋]를 구워 익으면, 동방에 이미 동이 튼다고 하니, 바로 당나라 사서에 기록된 골리간국(骨利幹國)이다(昂[昻]可剌者, 因水爲名, 附庸於吉利吉思. 去大都二萬五千餘里. 其語言與吉利吉思特異. 晝長夜短, 日沒時炙羊肋熟, 東方已曙矣, 卽唐史所載骨利幹[榦]國也)"라고 하였다. 지봉은 이전 자료에 '영길리'를 찾을 수 없었으므로, '길리길사'의 '길리'에 끌어다 붙일 수밖에 없었을 것이다.

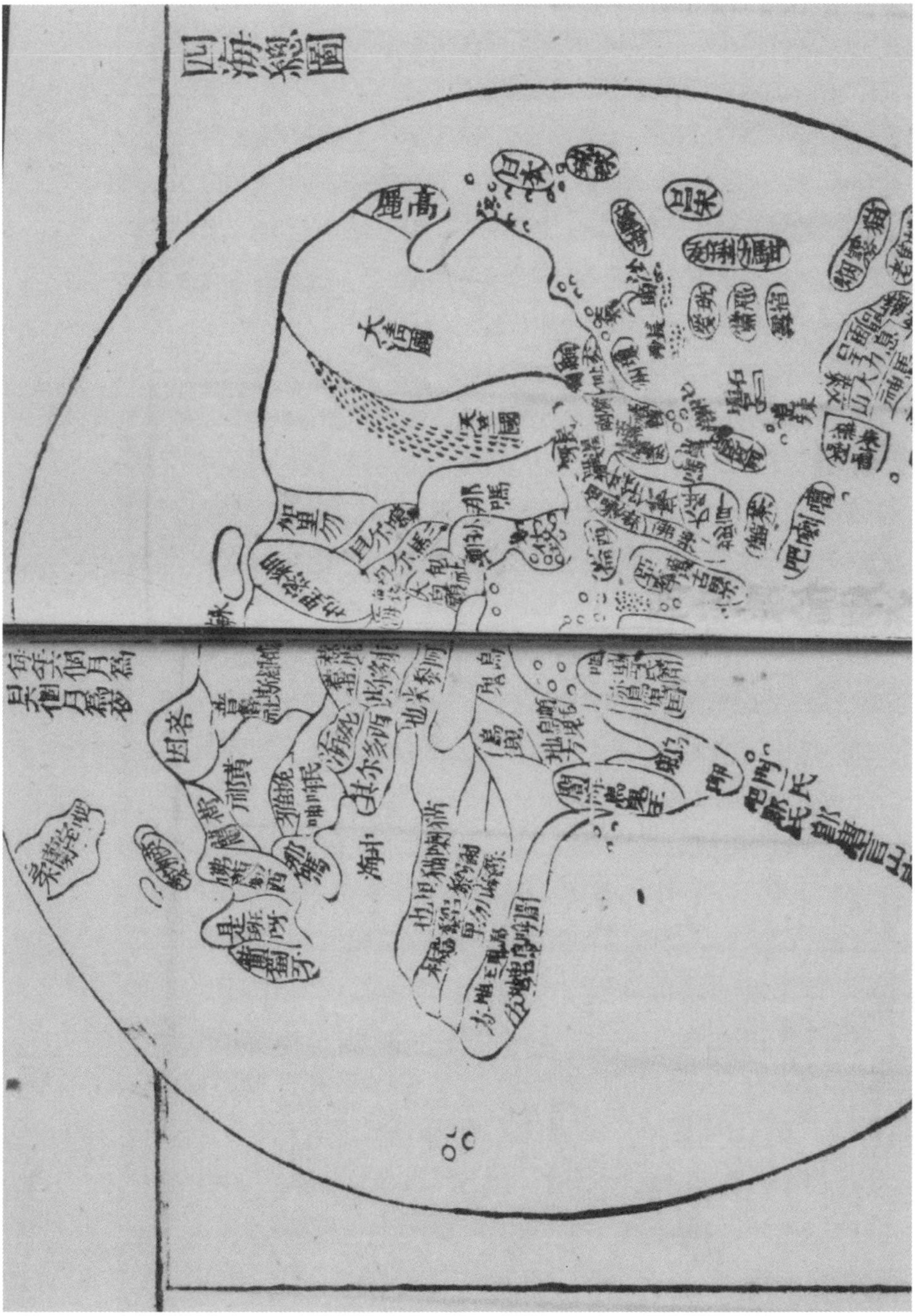

● 진륜형(陳倫炯)의 『해국문견록(海國聞見錄)』에 수록된 「사해총도」(1793년 서문-와세다대학 소장본). 왼쪽 11시 방향에 '영기려(英機黎)'라는 표기가 보인다.

• 국립중앙박물관 소장되어 있다는 '중국지도'(M번 138). 조선에서 종이에 그려진 지도라는 설명 뿐이다. 왼쪽 모퉁이 가장 먼 곳에 『영환지략』에 보이는 '영규려(英圭黎)'로 표기되어 있다.

[37] 쿠리칸[骨利幹]

『구당서』, 권3, 「태종본기」(60쪽)에 따르면, 정관(貞觀) 21년(647), 8월 신미일에 “골리간[kuət-lji-kɑn]국(骨利幹國)이 사신을 보내 명마(명마)를 조공했다(骨利幹國遣使貢名馬)”라는 기록이 보이고, 권35, 「천문지(天文志)」상(1304쪽)에 “또 골리간(骨利幹)이 있는데, 위구르[回紇] 북방 한해(瀚海)의 북쪽에 있으며, 풀에는 백약(百藥)이 많다. 그곳에는 명마가 나는데, 뛰어난 놈은 [하루에] 수백 리를 간다(又有骨利幹 居迴紇北方瀚海之北, 草多百藥, 地出名馬, 駿者行數百里)”라고 하였다. 이어서 철륵(鐵勒)의 방위를 기록한 다음(1306쪽), 철륵은 “남쪽으로 낙양과 9,811리 떨어져 있으므로, 5월은 해가 가장 길어, 저녁에도 항상 훤하다. 그렇다면 골리간은 그(철륵) 남쪽에 있다는 말이다(又南距洛陽九千八百一十里, 則五月極長之日, 其夕常明, 然則骨利幹猶在其南矣)”라고 하였다. 이로써 보면 낙양과 철륵 사이에 골리간이 있으므로 낙양에서 가장 북쪽에는 철륵이 있다고 추론할 수 있다.

또한 『구당서』, 권138, 「가탐열전(賈耽列傳)」(3785쪽)에 따르면, 건중(建中) 21년(800)에 『해내화이도(海內華夷圖)』와 『고금군국현도사이술(古今郡國縣道四夷述)』(40권)을 지어 헌상하며 올린 표문에 “태종께서는 성명(聖明)함을 계승하고 거듭 밝혀, 멀고 가까운 나라를 다독이시어, 큰 사막[大磧]을 넘어 길을 열고, 북쪽으로 선아(仙娥)에 이르셨고, 골리간(骨利幹)에는 현궐주(玄闕州)를 두셨다(太宗繼明重熙, 柔遠能邇, 踰大磧通道, 北至仙娥, 於骨利幹置玄闕州)”라고 하며, 골리간이 당나라 북방 이민족으로 당나라 통제권에 있었음을 보여준다. 이는 『구당서』, 권195, 회흘(5196쪽)에서는 “또 위구르[迴紇] 서북쪽 **결골(結骨)을 견곤부(堅昆府)로**, 그 북쪽 골리간을 현궐주(玄闕州)로, 동북쪽 구라발(俱羅勃)을 촉용주

(燭龍州)로 불렀다(又以迴紇西北結骨爲堅昆府, 其北骨利幹爲玄闕州, 東北俱羅勃爲燭龍州)"라고 한 것으로 확인된다.

마지막으로 『구당서』, 권199하, 「철륵전(鐵勒傳)」(5349쪽)에 "골리간은 북쪽으로 대해(大海)와 떨어져 있고, 장안에서는 가장 멀리 있어 옛날에는 중국과 통교하지 못했다(其骨利幹北距大海, 去京師最遠, 自古未通中國)"라고 하였다. 여기서 말하는 '대해(大海)'는 앞서 언급된 한해(瀚海), 지봉이 표기한 한해(翰海)이다.

『신당서』 또한, 권217하에서는 위구르[回鶻]에 골리간(骨利幹)을 넣어 기술하고 있는데(6144~6145쪽), 이전 정보보다 더 상세하다. "골리간은 한해(瀚海)의 북쪽에 있으며, 정예병은 5천 명이다. 풀에는 백합(百合)이 많다. 좋은 말이 나는데, 머리는 낙타 비슷하며 근육과 골격이 장대하여 하루에 수백 리를 달린다. 그곳은 북쪽으로 바다를 두고 있으며, 장안에서 가장 멀다. 또 그 바다를 건너면 낮은 길고 밤은 짧아, 해가 들어간 뒤에 양의 어깨뼈를 삶아, 다 익으면, 동방에는 이미 날이 밝는데, 아마도 해가 나오는 곳과 가깝기 때문일 것이다. [골리간이] 조공해 오자, 조서로 운휘장군(雲麾將軍) 강소밀(康蘇蜜)을 보내 노고에 보답하게 하고 그곳을 '현궐주'로 삼게 하였다. 그곳의 추장 사근(俟斤)이 사신을 보내와 말을 헌상하자, 황제는 말들의 특이한 점을 파악하여 '십기(十驥)'라 부르고 모두 아름다운 이름을 지어주어, …라고 하고, 그 사신들에게 두텁게 예우했다. 용삭(龍朔, 661~663년) 연간에 '현궐주'를 '여오주(余吾州)'로 고쳐 부르고 한해도독부에 예속시켰다. 연재(延載, 694) 초에도 조공해 왔다(骨利幹處瀚海北, 勝兵五千. 草多百合. 產良馬, 首似橐它, 筋骼壯大, 日中

馳數百里. 其地北距海, 去京師最遠, 又北度海, 則晝長夜短, 日入亨羊胛, 熟, 東方已明, 蓋近日出處也. 旣入朝, 詔遣雲麾將軍康蘇蜜勞答, 以其地爲玄闕州. 其大酋俟斤因使者獻馬, 帝取其異者號十驥, 皆爲美名: 曰騰霜白, 曰皎雪驄, 曰凝露驄, 曰縣光驄, 曰決波騟, 曰飛霞驃, 曰發電赤, 曰流金騧, 曰翔麟紫, 曰奔虹赤, 厚禮其使. 龍朔中, 以玄闕州更爲余吾州, 隸瀚海都督府. 延載初, 亦來朝)"라고 하였다.

이에 대해 '중국정사외국전DB' 주석에 따르면, 골리간은 "종족 명칭으로 고대 투르크계 유목민인 鐵勒의 하나였다. 고대 투르크어로 '쿠리칸(Quriqan)'의 음사이다.[258] 바이칼 북부 삼림 지역에 거주했다. 좋은 말이 생산되는 지역으로 당나라에 사신을 보내 바친 10마리의 말을 太宗이 '十驥'라고 했다. 貞觀 20년(646)에 唐나라에 귀부했고, 貞觀 22년(648)에 羈縻州인 玄厥州가 설치되었다. 龍朔 연간에 余吾州로 바뀌어 瀚海都護府에 귀속되었다. 이후 元代의 문헌에 '火里'라고 불리는 것과 연결되는데, 지금 부리야트(Buriyat) 몽골의 조상으로 추정된다(段連勤, 1988: 405)"라고 설명했다. 여기의 참조 사항은 무엇을 참고했다는 말인지 분명하지 않다. 어쨌든 두안롄진이 1988년 상해인민출판사에서 출간한 『정령, 고차와 철륵(丁零, 高車與鐵勒)』을 말하는데, 해당 페이지에는 철륵의 15 부족 중 하나라는 정보만 확인된다.

---

258) 이 정보는 어디서 근거했는지 모르겠다. 셰이퍼(Edward H. Schafer)는 『The Golden Peaches of Samarkand』(1963년) 골리간에서 헌상한 말들을 언급하며, 골리간은 'Qurïqan'으로 옮겼지만(69, 70쪽), 그에 대한 어떠한 설명도 찾을 수 없다

당태종이 골리간에서 헌상한 '십기(十驥)'에 각각 이름을 지어주었다는 정보는 단성식(段成式)의 『유양잡조』(사고전서본, 권1, 1b)에서 확인할 수 있다. "골리간국에서 말 100필을 헌상했는데, [그중] 10필이 특히 뛰어나, 태종[上]이 [각각] 이름을 지어주었다. '결파유(決波騟)'라는 말은 뒷다리 가까이 며느리발톱[距]이 있어 문 세 개의 제한을 넘어도 넘어지지 않아 태종은 이 결파유를 유난히 아꼈다(骨利幹國獻馬百匹, 十匹尤駿, 上爲製名. 決波騟者, 近後足有距, 走歷門三限不躓, 上尤惜之)"라고 하였다. 이 책을 역주한 정환국 씨는 골리간을 주석하며 "쿠리칸(Kourikan). 돌궐 부족의 하나. 수나라 말기와 당나라 초기에 몽골 고원의 사막 이북지역에서 유목생활을 하였으며, 특히 이곳에서 생산되는 말이 유명하였다. 여기 고사는 647년에 그 추장이 당태종에게 말을 헌상한 일을 일컫는다"라고 상당히 정확히 설명했다.

단 주석에서 언급한 '쿠리칸(Kourikan)'은 샤반이 『Documents sur les Tou Kiue (Turcs) occidentaux』(St.-Pétersbourg, 1903), 88쪽에서 처음 추정한 표기이다. 그에 따르면, "쿠리칸 사람들은 퀼 테긴(Kul tegin)과 빌가 카간(Bilga kagan)의 비문에서 언급되었다"라고 하며, 톰센(Thomsen)의 『판독된 오르혼 비문들(Inscriptions de l'Orkhon déchiffrées)』(Helsingfors, 1896), 98쪽을 참조토록 했다. 해당 페이지에는 사막의 강성한 민족들, 중국인들, 티베트인들, 아파르(Apar)와 아푸림(Apourim)인들, 키르기스(Kirghiz)인들, 세 쿠리칸(Kourikan)인들, 30[부족의] 타르타르인들, 키타이(Kitai)인들, 그리고 타타비(Tatabi)인들이 애도하러 왔다는 문장이 보인다. 지역적으로 음성적으로 '골리간'과 '쿠리칸'은 매우 그럴법한 복원임이 분명하다. 밑줄 친 설명은 『정령, 고차와 철륵(丁零, 高車與鐵

勒)』을 참고한 것이다.

마지막으로 이 골리간은 원나라 시기 '앙가랄[ŋaŋ-kʰa-lat](昂可剌)'로도 불렸다. 『원사』, 권63, 「지리·서북지부록(西北地附錄)」(1574쪽)를 보면, "'앙가랄(昂可剌)'은 강이름에 따라 이름한 것으로, 키르기스[吉利吉思]에 예속되어 있으며, 대도[북경]에서 25,000여 리 떨어져 있다. 그곳의 언어는 키르기스와 매우 다르다. 낮은 길고 밤은 짧으며, 해가 들어가고 양갈비를 삶아 익을 때면 동방에 동이 트는데, 바로 당나라 역사서 실린 골리간국이다(昂[昻]可剌者, 因水爲名, 附庸於吉利吉思, 去大都二萬五千餘里. 其語言與吉利吉思特異. 晝長夜短, 日沒時炙羊肋熟, 東方已曙矣, 即唐史所載骨利幹[斡]國也)"라고 하였다. 그러나 지봉의 시대 이곳이 어떻게 불렸는지는 추적되지 않는다.

⑴당나라 역사서에 따르면, 골리간(骨利幹)은 한해(翰海) 북쪽에 있다. 이곳에서는 낮은 길고 밤은 짧아, 해가 진 뒤에도 하늘색이 노을 진 듯하다가 양의 어깨뼈를 삶아 익을 시간이면 해가 다시 나온다고 하였다(按唐史, 骨利幹居翰海北. 其地晝長夜短, 日沒後天色正曛, 煮羊胛適熟, 日復出).

지봉은 이 단락을 『구·신당서』에서 인용한 것처럼 말했지만, 사실 지봉은 주희(朱熹)의 『어비자치통감강목(御批資治通鑑綱目)』(사고전서본), 권39상(34a)에 보이는 기술을 채택한 것 같다. "골리간은 한해(瀚海) 북쪽에 있는데, 그곳에서 낮은 길고 밤은 짧아, 해가 들어간 뒤에서 하늘색이 노을 진 듯하다가 양의 어깨뼈를 삶을 시간이면 해가 이미 다시 뜬다(骨利幹居澣海北, 其地晝長夜短, 日方没後, 天色正曛, 煮羊胛適熟,

日已復出)"라고 하였고, 이어서 권40(50b)에서는 "골리간은 철륵(鐵勒)의 여러 부락 중 가장 멀리 있다. [그곳에서] 낮은 길고 밤은 짧으며, 해가 진 뒤에도 하늘색이 노을 진 듯하다가 양의 어깨뼈를 삶을 시간이면 해는 이미 다시 떠오른다(骨利幹, 於鐵勒諸部爲最遠, 晝長夜短, 日沒後, 天色正曛, 煮羊胛適熟, 日已復出矣)"라고 한 문장에서 확인할 수 있다.

⑵당나라 초에 결골[kiet-kuət](結骨)이라 불렀다(唐初, 號結骨).

이 정보 또한 『어비자치통감강목(御批資治通鑑綱目)』(사고전서본, 권6, 32b)에서 가져왔다. "견곤[kien-kuən](堅昆)은 서역 나라 명칭으로, 이오(伊吾) 서쪽, 언기(焉耆)의 북쪽에 있는데, 사람들 모두 붉은 머리카락에 초록 눈동자를 가졌다. 당나라 초에는 결골[kiet-kuət](結骨)이라 불렀고, 당나라 말에는 힐알사[ɣat-kat-sie̯](黠戛斯, 키르기스)로 고쳐 불렀다(堅昆西域國名, 在伊吾西·焉耆北人皆赤髮綠晴[睛]. 唐初號結骨, 唐末改號黠戛斯)"라고 하였다. 이로써 볼 때, 지봉은 철륵(鐵勒)=골리간(骨利幹)=견곤(堅昆)=결골(結骨)=힐알사(黠戛斯) 모두 같은 민족으로 보고 있다.

『구당서』, 권3, 「태종본기」(60쪽)에 정관(貞觀) 22년(648) 2월 무오일에 "결골 부족을 키르기스[堅昆]에 두었다(以結骨部置堅昆)"라고 했고, 권195, 「회흘(迴紇)」(5196쪽)에서도 "또 회흘 서북쪽 결골을 견곤부로 만들었다(又以迴紇西北結骨爲堅昆府)"라고 하였으므로, 결골=견곤은 확인된다.

또 『신당서』, 권217하 「회홀하·힐알사(黠戛斯)」(6145~6147쪽)에 "키르기스[黠戛斯]는 옛날 견곤국이다. 그곳은 하미[伊

吾]의 서쪽을 마주하여, 카라사르[焉耆]의 북쪽, 악 타그[Aq tagh, 白山]의 옆에 있는데, 혹 거물(居勿), 결골이라고도 했다. 그 인종들은 정령(丁零)과 섞여 있는데, 바로 흉노 서쪽 구석이다. 흉노는 한나라의 항복한 장수 이릉(李陵)을 우현왕(右賢王)에 봉하고 위율(衛律)을 정령왕으로 삼았다. 이후 질지선우(郅支單于)가 견곤을 격파할 당시에, 동쪽으로 선우의 조정[單于廷]과 7,000리, 남쪽으로 거사(車師)와 5,000리 떨어져 있어, 질지선우가 그곳에 머물면서 도읍했다. 그러므로 이후 세상 사람들이 그곳을 차지하고 결골로 잘못 불렀고, 조금 뒤에는 흘골(紇骨), 또는 흘골사(紇扢斯)라도도 불렸다(黠戛斯, 古堅昆國也. 地當伊吾之西, 焉耆北, 白山之旁. 或曰居勿, 曰結骨. 其種雜丁零, 乃匈奴西鄙也. 匈奴封漢降將李陵爲右賢王, 衛律爲丁零王. 後郅支單于破堅昆, 于時東距單于廷七千里, 南車師五千里, 郅支留都之. 故後世得其地者訛爲結骨, 稍號흘골(紇骨), 亦曰紇扢斯云)"라고 하였다. 이로부터 힐알사=결골=견곤임을 확인할 수 있다. 그러나 철륵은 확실히 골리간과 남북으로 떨어져 있었고, 골리간과 힐알사는 다른 민족이다.

⑶주자는 "이곳은 땅의 모퉁이 끝자리로, 태양이 땅 아래로 들어갔다가 가려질 것이 없어 항상 밝고, 동쪽에 이르러 나오면 새벽이 되는데, 해가 지나는 곳에 가려지는 부분이 또한 그다지 많지 않기 때문이다"라고 하였다(朱子曰, 此是地之角尖處, 日入地下, 無所遮蔽, 故常光明, 及東出而爲曉, 其所經遮蔽處, 亦不多耳).

이 문장은 주희의 『주자어류(朱子語類)』(사고전서본, 권1, 10b~11a)에서 가져왔다. "『통감』에 어떤 사람이 외국에 갔는데, 밤에 양의 어깨뼈를 삶자 날이 밝았다고 한다. 이곳은 땅의 모퉁이 끝자리로, 태양이 땅 아래로 들어가지만, 이곳에는 가릴 것이 없어, 항상 훤하다가, 동쪽으로 나오면서 새벽이 되는데, 해가 지나가는 곳에 가려지는 부분이 또한 그다지 많지 않기 때문이다(通鑑說有人適外國, 夜熟一羊胛而天明. 此是地之角尖處, 日入地下, 而此處無所遮蔽, 故常光明, 及從東出而爲曉, 其所經遮蔽處, 亦不多耳)"라고 하였다.

『화한삼재도회(和漢三才圖會)』(일본 국립국회도서관본), 권14, 35b. 『삼재도회』에 따른 설명은 지봉의 (1)과 같은 내용이다.

지금도 우리가 유럽을 지칭하는 말로 간혹 사용하고 있는 '구라파[Ɵəu-la-pa](歐羅巴)'라는 음역 명칭은 기록상, 동방의 학자로는 지봉이 가장 빨리 언급했다. 마테오 리치가 편찬한 『건곤체의(乾坤體義)』라는 천문과 산술에 관한 책, 권중에는 「서태사의 땅은 둥글다[地圜]는 세 가지 논증을 붙임(附徐太史地圜三論)」(사고전서본, 권중, 20b)이라는 글이 보이는데, "서태자가 말한 '천지가 원형'이라는 것은 '2'가 다섯이면 10이 되는 것과 같다(西泰子之言天地圓體也, 猶二五之爲十也)"라고 한 문장 뒤에는 다음과 같은 쌍행 주석이 보인다. "지형의 둥긂은 구라파의 여러 학자가 1천 년에 걸쳐 정한 이론으로, 두(竇), 즉 내가 이 설을 지어낸 것이 아니다(地形之圜乃歐羅巴諸儒千年定論, 非竇創爲是說)"라고 하였다. 이로써 볼 때, '구라파'란 명칭은 마테오 리치가 처음 한자로 음역했음을 짐작할 수 있다. 마테오 리치가 언급한 '구라파'는 분명 자기 나라인 이탈리아만을 지칭한 것이 아니라 '유럽'임을 시사하고 있다. 만약 지봉이 당시로서는 최신 자료였던 이 책을 봤다면, 다음 기술에서 구라파국이 바로 이마두의 나라라고 기술하지 않았을 것이다.

⑴구라파국(歐羅巴國)은 역시 서쪽의 큰 나라[大西國]라고 한다. 이마두(利瑪竇)라는 자는 8년을 항해하며, 80,000리의 풍랑을 넘어 광동 동쪽[東粤]에서 10여 년을 살았다(歐羅巴國, 亦名大西國. 有利瑪竇者, 泛海八年, 越八萬里風濤, 居東粤十餘年).

이마두(利瑪竇)는 마테오 리치(Matteo Ricci, 1552~1610)의 중국식 이름이다. 지봉은 여기 구라파국이 바로 오늘날 이탈리아로 생각하고 있다. ⑴의 정보는 지봉이 단락 마지막에 밝힌 것처럼 『속이담(續耳譚)』에 보인다. 와세다 대학 소장본으로 1603년 서문이 있는 판본에 따르면, 이 필기류 소설집은 이언(李言), 심기(沈竒), 심환(沈垣) 세 사람이 지은 책으로, 권1, 두 번째 조목인 '서양이인(西洋異人)'에 "대서양국(大西洋國)에는 특이한 두 사람이 있는데, 한 사람의 성은 리(利), 이름은 마두(瑪竇)이고, 한 사람은 성이 곽(郭)이고 이름은 천우(天祐)이다. 모두 돌출한 이마, 깊숙한 눈, 붉은 얼굴, 자주색 수염이 있었다. 그들 나라로부터 중국까지 8년 바다를 항해하여, 비로소 광동의 동쪽[東粤]에 이르러, 그곳에서 10년을 살았다(大西洋國有異人二, 一姓利, 名瑪竇, 一姓郭名天祐. 俱突額深目朱顔紫髯. 從渠國中, 泛海八年, 始抵東粵, 居粵十年)"라고 하였다.

(2)[그는] 『천주실의(天主實義)』2권을 지었다. 먼저 천주가 천지를 처음으로 만들어, 편안하게 양육하는 도를 주재한다고 논했고, 다음으로 인간의 영혼은 불멸하여 금수와 크게 다름을 논했으며, 다음으로 윤회(輪回)와 육도(六道)의 오류와 천당, 지옥, 선악의 보응을 변증했고, 마지막으로 사람의 본성은 원래 선하며 천주를 공경히 모시는 뜻을 논했다(所著天主實義二卷, 首論天主始制天地, 主宰安養之道. 次論人魂不滅, 大異禽獸. 次辨輪廻六道之謬, 天堂地獄善惡之報. 末論人性本善而敬奉天主之意).

마테오 리치의 『천주실의』는 1603년 북경에서 처음 간행되기 이전에도 이미 필사본 형태로 이미 널리 유통되고 있었으므로, 지봉이 이 기독교 교리 입문서를 봤을 것이다. 어쨌든 『천주실의』에 대한 우리나라 최초의 간략 해제인 셈이다.

(3)그 사람들은 군주를 교화황(敎化皇)이라 부르는데, [그는] 결혼하지 않아 뒤를 이을 자식이 없으므로, 현명한 사람을 골라 세운다(其俗謂君曰敎化皇, 不婚娶故無襲嗣, 擇賢而立之).

이 설명은 『속이담』에 보이지 않는 것으로 보아, 지봉이 당시 알고 있던 정보를 기술했을 것이다. 교황(敎皇)은 라틴어 파파(papa), 그리스어로는 팝파스(πάππας) 즉 '아버지'란 일반적인 뜻도 가지고 있지만, 폰티펙스 막시무스(pontifex maximus)로도 알려져 있는데, 여기 '폰티펙스'는 '다리를 건설하는 사람'을 의미한다. 말하자면 신과 인간의 가교 구실을 하는 최고의 사제라는 뜻이다. 여기 지봉이 '교화의(또는 교화하는) 황제[敎化皇]'로 푼 것은, 상당히 그럴법한 독보적인 해석이다. 1708년 우리나라에서 그림을 그려 넣어 복제한 『곤여만국전도』에는 이탈리아[意大里亞], 지중해 부분에 다음과 같은 설명을 읽을 수 있다. "이 지역의 교화왕은 장가들지 않고, 오로지 천주의 가르침만 행하여, 로마국과 구라파의 여러 나라는 모두 그를 존숭한다(此方敎化王不娶, 專行天主之敎, 在邏馬國歐邏巴諸國皆宗之)"라고 하였다.

⑷또 그 사람은 우정을 중시하여 사사로이 [재물을] 축적하지 않았으며, 『중우론(重友論)』을 지었다(又其俗重友誼, 不爲私蓄, 著重友論).

이 정보 역시 『속이담』에서 가져온 것으로 보인다. "그 사람은 우정을 중시하며, 사사로이 [재물을] 축적하지 않았다. 중국에 들어오자마자, 밤낮으로 [중국의] 경전과 역사를 보았다. 『중우론(重友論)』을 지었는데, 격언들이 많다(其俗重友誼, 不爲私蓄. 一入中國, 日夜觀經史, 因著重友論, 多格言)"라고 하였다.

⑸초횡(焦竑, 1540~1620)은 서역의 이마두 군이 벗을 제2의 '나'로 생각하는데, 이 말이 매우 특이하다고 한다. 자세한 것은 『속이담(續耳譚)』에 보인다(焦竑曰, 西域利君以爲友者第二我, 此言奇甚云. 事詳見續

耳譚).

> 초횡은 마테오 리치와 유클리드의 기하학을 번역한 서광계(徐光啟, 1562~1633)의 스승으로 알려져 있다. 하지만 초횡이 저술한 책들이 방대하여 지봉이 어디에서 이 문장을 가져왔는지는 확인되지 않는다.
>
> 마테오 리치가 교우관계를 논한 책은 『교우론(交友論)』이라는 1권의 책으로, 『사고전서총목제요』에 수록되어 소개되었다. 이에 따르면, 마테로 리치가 남창(南昌)에서 유학하면서, 건안왕(建安王)과 우정을 논하여 그것을 기록하여 그에게 바친 책이다. 하지만 이 책에는 초횡(焦竑)이 말한 '제2의 나'라는 말은 보이지 않는다.
>
> 『도서집성(圖書集成)』(1934년 중화서국영인본) 「교의전(交誼典)」, 권12에는 『서역이마두우론(西域利瑪竇友論)』이란 책에서 "나의 벗은 남이 아니라, 바로 나의 반쪽이자, 제2의 '나'이므로 벗을 보기를 자기를 보듯이 해야 한다(吾友非他, 即我之半, 乃第二我也. 故當視友如己焉)"라고 이마두의 말을 인용하고 있다.

⑹만력(萬曆) 계묘년(1603)에 내가 외람되이 부제학(副提學)을 지낼 때, 북경에 갔다가 돌아오는 사신 이광정(李光庭, 1552~1629)과 권희(權憘, 1547~1624)가 '6폭'의 구라파국의 「여지도(輿地圖)」를 본관으로 보내왔는데, 북경에서 얻었을 것이다. 그 지도를 보니, 매우 정교하고, 서역에 대해서는 특히 상세했고, 중국 지방과 우리나라의 팔도, 일본 60주에서도 지리, 원근, 대소가 자세하며 빠짐이 없었다. 소위 구라파국은 서역에서 가장 멀리 떨어진 곳으로, 중국과는 80,000리 떨어져 있고 옛날부터 중

국 조정과는 통교하지 않다가, 명나라에 이르러서야 비로소 다시 조공을 들였다. 지도는 그 나라 사신 풍보보(馮寶寶)가 만든 것으로, 그 말단에 서문을 지어 이를 기록하고 있었다. 그 문자는 반듯하고 세련된 문장이었고 우리나라의 문장과 다르지 않았다. 처음으로 같은 문자를 썼다고 믿게 하므로, 귀하게 여길 만하다(萬曆癸卯, 余忝副提學時, 赴京回還使臣李光庭·權憘, 以歐羅巴國輿地圖一件六幅送于本館, 蓋得於京師者也. 見其圖甚精巧, 於西域特詳, 以至中國地方暨我東八道·日本六十州, 地理遠近大小, 纖悉無遺. 所謂歐羅巴國, 在西域最絶遠, 去中國八萬里, 自古不通中朝, 至大明始再入貢. 地圖乃其國使臣馮寶寶所爲, 而末端作序文記之. 其文字雅馴, 與我國之文不異, 始信書同文, 爲可貴也).

왕세자의 책봉을 청하는 사신으로 북경에 다녀온, 이광정과 부사 권희(權憘)가 돌아온 사실은 『조선왕조실록』, 선조 36년(1603), 4월 27일 기사를 통해 확인된다. 이들이 송부해 온 '구라파국여지도'를 지봉이 펼쳐 직접 확인한 사실을 기술하고 있으므로 '구라파국여지도'란 표현은 구라파국의 누군가가 그린 '여지도'라고 읽어야 할 것 같다. 이 지도는 1602년 마테오 리치가 이지조(李之藻, 1571~1630)와 공동으로 제작한 소위 「곤여만국전도(坤與萬國全圖)」는 아닐 것이다. 왜냐하면 구라파국의 사신 풍보보(馮寶寶)가 만든 것이라고, 지도 말단에 쓰인 서문을 확인하고 있기 때문이다. 이 지도는 전하지 않으므로, '풍보보'란 사람이 누구인지도 확인할 수 없다.

마테오 리치가 조경(肇慶)에 정착했을 때, 그곳의 지방관이었던 왕반(王泮)은 1584년 마테오 리치에게 한문으로 된 세계지도를 요청했다. 그 지도에 왕반은 '산해여지전도(山海輿地全圖)'라는 제목을 붙이고, 발문을 썼지만, 1586년 만력제의 칙령에 따라 자신이 써 주었던 '선화사(僊花寺)' 편액과 '산해여지전도' 목판의 서명을 삭제했다고 한다. 또한 1594년 5월 왕반은 친구 백군가(白君可)가 영남에서 얻은 '여지도'에 제발(題跋)을 썼다고 한다. 왕반이 제명한 두 지도는 현재 전하지 않고, 다만 이 '여지도'에 더 보태 그린 판본이 프랑스 국립도서관에 전한다.[259] '천하여지도'라고 이름이 붙여진 이 지도는 확실히 지봉이 본 '구라파국여지도'가 아님이 확실하다. 그렇다면 지봉이 본 지도는 '산해여지전도'였을까?

1584년 왕반이 제발(題跋)을 쓴 「산해여지전도」는 전하지 않는다. 다만 명나라 왕기(王圻)와 아들 왕사의(王思義)가 1607년에 완성한 『삼재도회(三才圖會)』에는 「산해여지전도」가 수록되어 있다. 이 지도가 마테오 리치가 그린 것을 모사한 것인지는 알 수 없지만, 왼쪽에는 '지중해(地中海)'라는 표기 위에 '구라파삼천여국(毆羅巴三千餘國)'라고 표기된 지역을 확인할 수 있다. 이를 근거로 지봉은 '구라파국여지도'라고 불렀을 것이다. 그러나 이 『삼재도회』의 지도에 지봉이 언급한 '우리나라 8도와 일본 60주'가 표기되어 있지 않고, '고려'와 '일본'으로만 그려져 있다. 이 상세한 설명은 '천하여지도'에 해당한다. 이 두 설명을 모두 충족시키려면, 1602년 북경에서 제작된 '곤여만국전도'라고 해야 부합한다. 그렇다면, '곤여만국전도'라는 지도 명칭은 1602년 북경 간행본의 명칭으로, 이전 필사본 형태로 유통된 것들은 각기 다른 명칭으로 불렸음을 상정해야 한다. 1602년 북경 간행본은 지봉이 접하지 못했을 것이다. 그래야 지봉이 앞서 설명한 여러 나라에

259) 劉曉生, 王超傑, 「明季肇慶知府王泮手跡考」, 『文化雜誌』, 99(2016), 98~103쪽. 이 프랑스 도서관 소장본은 한영우 교수가 「프랑스 국립도서관 소장 한국본 여지도」(『한국학보』, 1997년, 133~167쪽)라는 논문에서 정확한 고증을 했다.

관한 기록이 이해된다. 사실 1708년 그림을 그려 넣은 우리나라 사본에, '산해여지전도'의 '구라파'라는 명칭은 보이지 않고, '이탈리아[意大里亞]'라는 표기로 대체되었다. 만약 지봉이 당시로서는 가장 상세했던 1602년 이후의 간행본을 참조했다면, 과연 '구라파'라는 불특정한 명칭을 사용했을 리 없다.

⑺생각건대, 그 나라 사람 이마두(利瑪竇), 이응성(李應誠)이란 자에게도 모두 「산해여지전도(山海輿地全圖)」가 있고, 왕기(王沂)의 『삼재도회(三才圖會)』등의 책에서 상당히 그의 설을 채용했다. 구라파(歐羅巴)의 지리 경계는 남쪽으로 지중해에 이르고, 북쪽으로 빙해(氷海)에 이르며, 동쪽으로 대내하(大乃河), 서쪽으로 대서양(大西洋)에 이른다. 지중해는 바로 천지의 중앙이기 때문에, 그렇게 부른다고 한다(按其國人利瑪竇·李應誠者, 亦俱有山海輿地全圖, 王沂三才圖會等書, 頗采用其說. 歐羅巴地界, 南至地中海, 北至冰海, 東至大乃河, 西至大西洋. 地中海者, 乃是天地之中故名云).

지봉은 확실히 이마두, 즉 마테오 리치가 그린 세계지도를 '「산해여지전도(山海輿地全圖)」'라는 명칭으로 알고 있었다. 또한 지봉의 잘못인지, 필사한 사람의 오류인지는 분명하지 않지만, '이응성(李應誠)'이란 사람은 이응시(李應試)일 것이다.

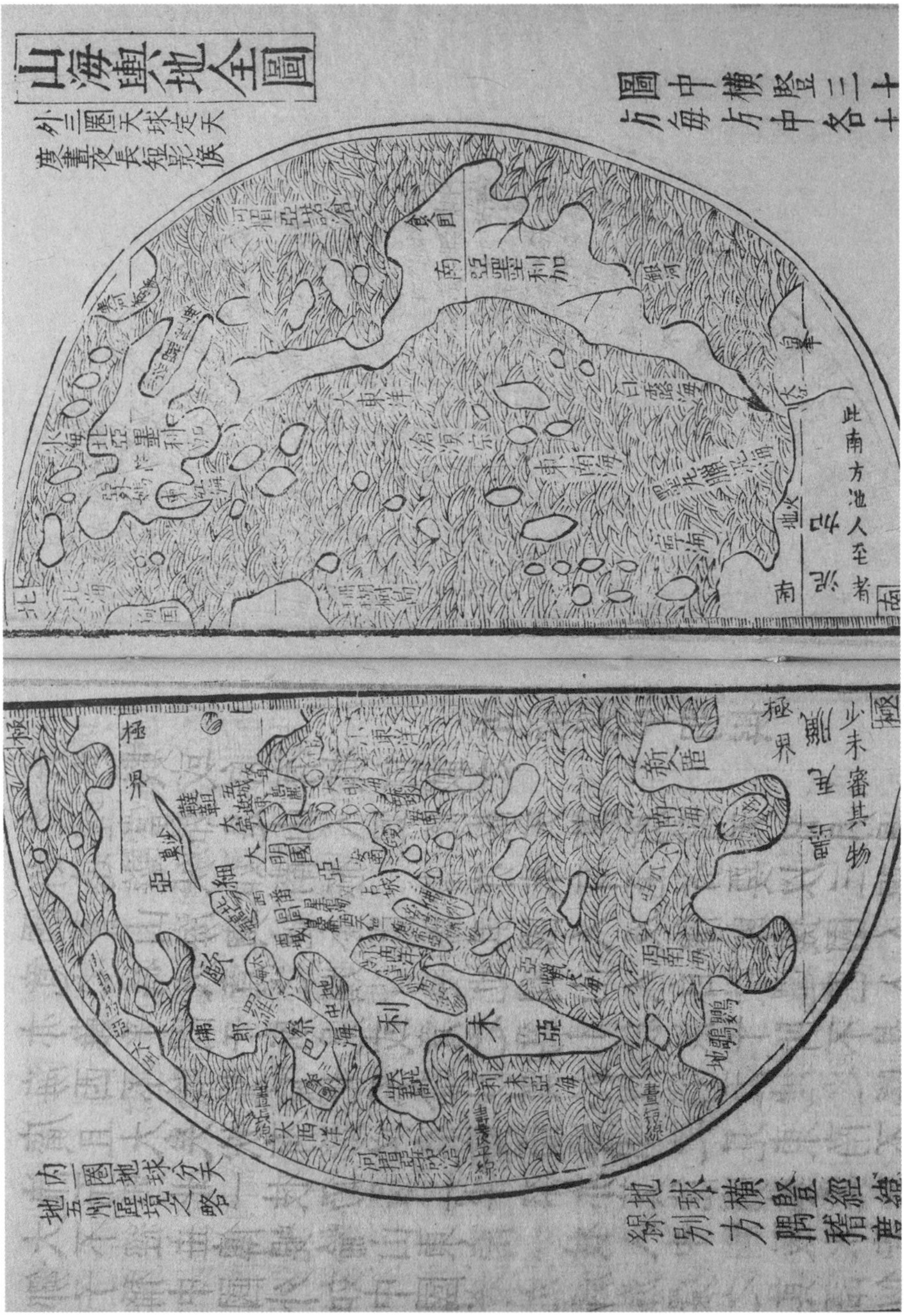

• 풍응경(馮應京, 1555~1606) 『월령광의(月令廣義)』(하버드대 소장본, 수권, 73a~b)-「산해여지전도(山海輿地全圖)」, 『삼재도회(三才圖會)』의 「산해여지전도」와 같음.

[39] 호인국(互人國)

‘호인(互人)’은 ‘호[yuo](互)’라는 사람들로 읽어야 할지, ‘호(互)’하는 사람들이라는 말인지 분명하지 않다. 다시 말해 음역 표기인지, 의역한 용어인지 판단하기 어렵다. 먼저 ‘호인(互人)의 나라[互人之國]’는 『산해경(山海經)』(사고전서본, 권16, 6b)에 처음 보인다. 곽박(郭璞)의 주에는 “호인(互人)의 나라는 염제(炎帝)의 손자로, ‘영개(靈恝)’라고 한다. 영개가 ‘호인’을 낳았는데, 그는 하늘을 오르내릴 수 있었다(有互人之國, 炎帝之孫, 名曰靈恝. 靈恝生互人, 是能上下于天)”라고 하였다. 곽박은 ‘호인’을 ‘사람 얼굴에 몸은 물고기(人面魚身)’로 구름과 비를 타고[能乘雲雨] 다닐 수 있었다고 설명했다.

오임신(吳任臣, 1628~1689)은 『산해경광주(山海經廣注)』(사고전서본, 권16, 13b)의 주석에서 “『국명기(國名記)』에 염제의 손자 영개(靈恝)가 ‘저인(氐人)’을 낳아 ‘저국(氐國)’을 세웠다고 한다. 민간에서 ‘호(互)’라고 하는 것은 잘못이다. 또 구양현(歐陽玄)의 『규거지(睽車志)』에 호인국(互人國)에는 백옥성(白玉城)이 있다고 하는데, 어찌 이곳이겠는가(國名記曰, 炎帝孫靈恝生氐人, 爲氐國. 俗作互, 非. 又歐陽玄睽睽車志互人國有白玉城, 豈即此耶)”라고 하였다. 이에 따르면 호인(互人)의 ‘호(互)’는 ‘저(氐)’자의 잘못이라고 한다.

다시 『산해경』의 ‘저인국(氐人國)’ 설명에 따르면(사고전서본, 권10, 3a), “저인국은 건목(建木)의 서쪽에 있는데, 그 생김새는 사람 얼굴에 몸은 물고기며, 발이 없다(氐人國在建木西, 其爲人, 人面而魚身, 無足)”라고 하였다. 곽박은 “대개 가슴 이상은 사람이고 가슴 이하는 물고기이다(蓋胸以上人, 胸以下魚也)”라고 좀 더 구체적인 주석을 붙였다. 오임신(吳

任臣)의 설명에 따르면(『산해경광주』, 권10, 6b), "바로 대황(大荒)의 호인국이다. 나필(羅泌, 1131~?)은 '호인'은 '저인(氐人)'으로 되어야 한다고 했다. 서현(徐鉉)의 『계신록(稽神錄)』에, '사중옥(謝仲玉)'이란 자가 물에 들어갔다 나왔다 하는 어떤 부인을 보니 허리 아래는 모두 물고기였다고 하였다. 『조이기(徂異記)』에는 사도(査道)가 고려(高麗)에 사신으로 가면서 바다 백사장에 어떤 부인을 보았는데, 팔꿈치 뒤에 붉은 지느러미가 있어, 물어보니 '인어(人魚)'라고 했다고 한다. 『직방외기(職方外紀)』에 바다에는 해녀가 있는데, 상체는 여인이고, 하체는 물고기 형태였다고 했다.[260] 또, 우(禹)가 홍수를 다스리며 황하를 살필 때, 흰 얼굴에 큰 사람이 인어의 몸으로 나와 '내가 하백의 정령이다'라고 했다고 한다(即大荒互人國也. 羅泌云互人宜作氐人. 徐稽神錄云, 謝仲玉者, 見婦人出沒水中, 腰以下皆魚. 徂異記曰, 查道奉使高麗, 見海沙中一婦人, 肘後有紅鬣, 問之, 曰人魚也. 職方外紀云, 海中有海女, 上體爲女人, 下體則魚形. 又禹治洪水觀于河, 見白面長人魚身出, 曰吾河精也, 形狀與此同)"라고 하였다.

이상으로부터 『산해경』에 나타난 이 바다 '동물'은 자형상의 혼동으로, '호인(互人)'이 되었든, '저인(氐人)'이든 모두 사람처럼 생긴 바다 동물을 기술한 것으로, 추측해 볼 수 있다. 그러나 여기 지봉이 원나라 이세진(伊世珍)의 『낭환기(瑯嬛記)』

260) 『직방외기(職方外紀)』(사고전서본, 권5, 6b)에서 해족(海族)을 기술하며, "또 해녀가 있는데, 상체는 바로 여인이나, 하체는 물고기 모양이다. 그 뼈로 염주 등의 물건을 만들고, 하혈을 그치게 할 수도 있다(復有海女, 上體直是女人, 下體則爲魚形. 亦以其骨爲念珠等物, 可止下血)"라고 하였다. 이로써 볼 때, 물개나 해표(海豹)를 묘사한 것으로 보인다.

(『설부』-사고전서본, 권32상, 1b)를 인용한 정보는 분명 바다 동물이 아니라, '인간'의 나라를 기술하고 있으므로, 앞서 오임신이 지적한 대로, 같은 '호인'으로 볼 수 없을 것 같다.

지봉이 채록한 '호인국(互人國)' 이야기는 송나라 구양현(歐陽玄, 1283~1357)의 『규거지(睽車志)』(『설부』-사고전서본, 권118상, 54a)에 등장한다. "천하에는 귀신이 없는 곳이 없이, 가득하기가 틈도 없다. 유독 호인국(互人國) 백옥성(白玉城)만 성가퀴[女墻]에서 성 아래까지 온통 백옥으로 만들어 귀신이 감히 들어가지 못한다. 아마도 귀신 허깨비 같은 것들은 검은색을 좋아하고 흰색을 두려워하기 때문일 것이다(天下無處非鬼, 充塞無間. 獨互人國白玉城, 自女墻至城下, 俱以白玉爲之, 鬼不敢入. 蓋鬼陰物喜黑而畏白耳)"라고 하였다.

(1)『이문지(異聞志)』에 "천하에는 귀신이 없는 곳이 없이, 가득하기가 틈도 없다. 유독 호인국(互人國) 백옥성(白玉城)만 백옥으로 지어 귀신들이 감히 들어가지 못한다. 아마도 귀신 허깨비 같은 것[鬼陰物]들은 검은색을 좋아하고 흰색을 싫어한다. 어떤 사람이 이 성(城)에 이르러 그 연유를 알고 돌아가 흰 돌로 집을 두르고 담장을 만들었는데, 당시 하간(河間)에 역병이 많았지만 유독 그 집만 감염된 자가 없었다. 요즘 사람들이 백악(白堊)으로 대문을 칠하는 것도 그러한 뜻이다"라고 하였다(異聞志云, 天下無處非鬼, 充塞無間. 獨互人國白玉城, 以白玉爲之, 鬼不敢入. 蓋鬼陰物, 喜黑而惡白耳. 有人至此城得其故, 歸以白石繞屋爲墻, 時河間多疫癘, 獨其家無染者. 今人用白堊塗門, 亦其遺意也).

지봉이 출처를 밝힌 '이문지(異聞志)'란 책은 보이지 않는다. 이 단락은 원나라 이세진(伊世珍) 『낭환기(瑯嬛記)』(『설부』-사고전서본, 권32상, 1b)에서 채록한 것으로 보인다. 따라서

'이문지'는 '기이한 소문을 기록한 책'이라는 의미로 읽어야 할 것 같다. "천하에는 귀신이 없는 곳이 없이, 가득하기가 틈도 없다. 유독 호인국(互人國) 백옥성(白玉城)만 **성가퀴[女墻]에서 성 아래까지** 온통 백옥으로 지어 귀신들이 감히 들어가지 못한다. 아마도 귀신 허깨비 같은 것[鬼陰物]들은 검은색을 좋아하고 흰색을 두려워하기 때문일 것이다. **현속(玄俗)이** 이 성(城)에 이르러 **담장을 그렇게 만드는 이유를 터득하고, 돌아와 흰 돌로 집을 둘렀다**. 당시 하간(河間)에 역병이 많았지만, 유독 **현속(玄俗)**의 집만 감염된 자가 없었다. **지금은 섣달그믐이면, 사람들이 백악(白堊)으로 대문을 둘러 [선을] 긋고, 성지(城池)에 무기 같은 것들을 늘어 두거나** 또한 칠하는 것도 그러한 뜻이다(天下無處非鬼, 充塞無間. 獨互人國白玉城, 自女墻至城下, 俱以白玉爲之, 鬼不敢入. 蓋鬼陰物, 喜黑而畏白. 玄俗至此城, 得其爲墻故, 歸以白石繞屋耳. 是時河間多疫癘, 獨玄俗家無染者. 至今除夕, 人家用白堊繞門畫, 城池列干戈之類, 亦遺意也)"라고 하였다.

⑵『후한서』에 따르면, 서역의 대진국(大秦國)은 돌로 성을 만들고, 늘어선 역참[郵亭] 모두 백악으로 칠했다고 한다. 호인(互人)은 역시 서역의 나라 이름일 것이다(按後漢書, 西域大秦國, 以石爲城, 列置郵亭, 皆堊墍之云. 互人, 疑亦西域國名).

지봉은 확실히 이 '호인국'을 추적하고 싶었을 것이다. 그는 백악(白堊)을 바른다는 정보를 단서로 『후한서』, 권88, 「서역전·대진(大秦)」(2919쪽)을 근거로 들었다. "대진국은 리건(犂鞬)이라고도 하는데, '바다' 서쪽에 있어, '해서국(海西國)'이라고도 부른다. 땅은 사방 수천 리이고 400여 성이 있다. 예속된 소국들은 수십 개국이다. 돌로 성곽을 만들고, 역참을 배치해 두었는데, 모두 [백]악(堊)을 발랐다(大秦國一名犂鞬, 以在海西, 亦云海西國. 地方數千里, 有四百餘城. 小國役屬者數十. 以石爲城郭, 列置郵亭, 皆堊塈之)"라고 하였다. 이를 근거로, 지봉은 이 나라가 서역에 있는 나라 명칭으로 추론했다.

그러나 『명일통지』(사고전서본, 권89, 17a)에 카라호자[和卓]를 기술하며 "천신을 섬기고 불법을 신봉하며, 말 사육을 중시하며 타고 활쏘기를 좋아한다(事天神信佛法, 貴食馬, 好騎射)"라고 하였는데, 딸린 주기 사항을 보면, 『송사』「고창국전(高昌國傳)」을 인용하여 "가옥은 백악(白堊)으로 덮는다(屋室覆以白堊)"라는 설명이 보이므로, 지봉의 추론을 전적으로 따르기는 어렵다. '호(互)'자는 '호(胡)'와 발음이 같다. 나의 생각으로, '호인(胡人)'들의 나라를 지칭하는 것은 아닌지 모르겠다. '호(胡)'는 당나라 이후 대체로 서역의 이슬람 나라를 지칭했다. 더위를 이겨야 했던 이들은 주거 형태를 흰색, 즉 백악(白堊)으로 칠하는 방식이 가장 적합했을 것이다.

Vol. II. pl. X.

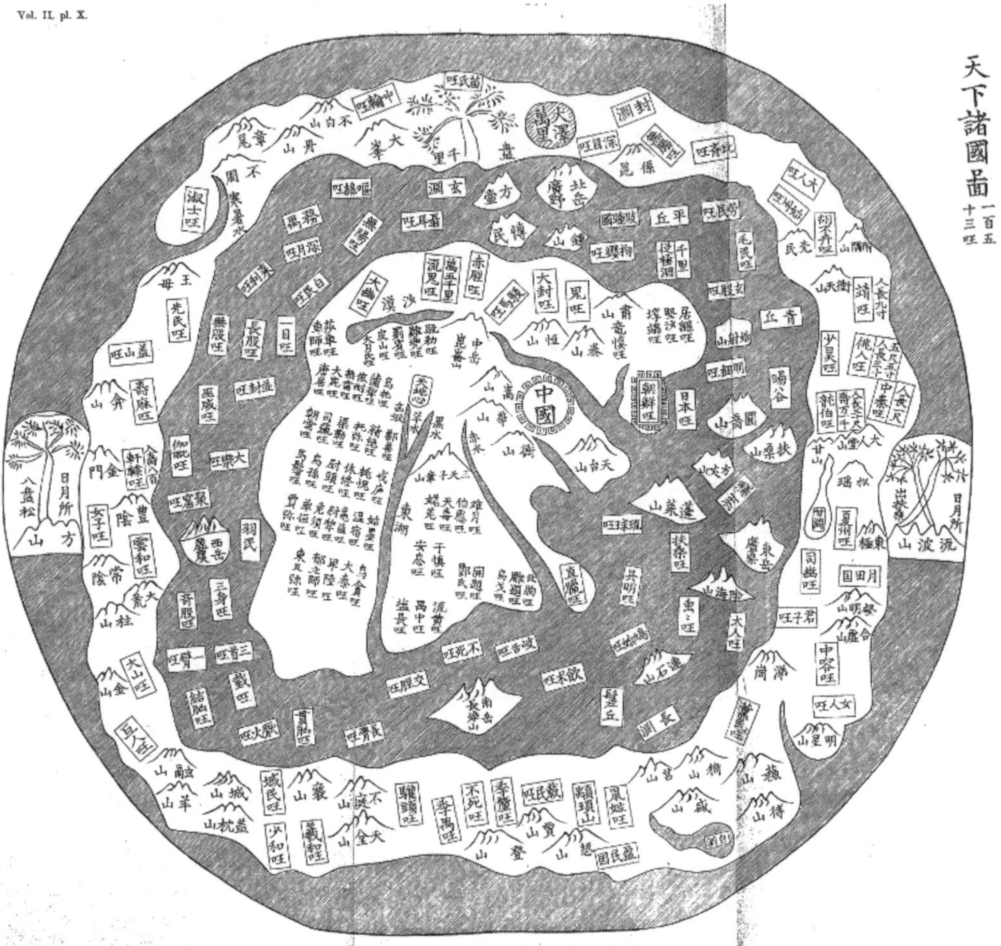

Carte du monde (*Htyen ha tjye kouk to*, n° 2187, I).

•

모리스 꾸랑(Maurice Courant, 1865~1935)이 『Bibliographie coréenne』, Paris, II(1894), no. 2187(480쪽)에서 복제한 「천하제국도(天下諸國圖)」. 꾸랑은 이 지도에 관해 "세계지도, 153개국이 들어있다. [481]중국이 가운데 있고, 나머지 나라는 같은 대륙에, 또는 섬들에, 또는 알려진 바다로 둘러싼 고리 속에 분배되어있고, 다른 지역들은 띠 모양의 바다로 제한되어있다. 이 바다 밖에서 우리는 동쪽에 부상(扶桑) 나무의 유파산(流波山)이 있는데 그곳에서 태양이 뜨고, 서쪽에는 반송(盤松) 나무의 만산(万山)이 있는데, 그곳으로 저녁에 태양이 지는 것을 알 수 있다"라고 설명했다. 지도의 7시 방향으로 '호인국(互人國)'이 보인다. 꾸랑은 '국(國)'자를 모두 '왕(旺)'자처럼 표기했다.

우리나라[我東方]는 예의(禮義)로 중국에 알려지면서, 박아(博雅)한 선비들이 뒤를 이어 나오기 시작했다. 그러나 전하는 기록은 대부분 없고 문헌으로 겨우 확인할 수 있으니 어찌 안타깝지 않은가! 역대에 소설 같은 책들은 많은 소문을 근거로 역사적 사실을 입증해 주므로, 그 또한 과소평가할 수 없다. 이전 왕조의 『보한집(補閑集)』, 『역옹패설(櫟翁稗說)』, 현 왕조의 『필원잡기(筆苑雜記)』, 『용재총화(慵齋叢話)』 등의 책들처럼, 10여 학자에 지나지 않는다. 그 사이 사적이 세상에 전해질 만한 것은 모두 사라져 버렸다. 식견이 적고 얕은 지식으로 내 어찌 망녕되이 저술의 숲에서 골라 쓸 수 있겠는가. 대략 한두 개씩 기록해 두어 유실과 망각에 대비하고자 함이 솔직한 나의 생각이다. 일이나 사건 중에서 **터무니없고 기괴한 것은 일절 기록하지 않았다**. 그러나 옛사람들의 시문(詩文)에 관해서 간혹 나의 견해를 넣기도 했는데, 외람됨이 심함을 잘 알고 있다. 그러나 나의 설들이 감히 맞는다고 생각하지 않으니, [보는] 눈을 갖춘 사람들이 가려주기를. 만력 42년(1614) 7월 중순, 이수광이 쓰다.

[我東方以禮義聞於中國, 博雅之士殆接迹焉. 而傳記多闕, 文獻鮮徵, 豈不惜哉. 夫歷代之有小說諸書, 所以資多聞證故實, 亦不可少也. 如前朝補閑集·櫟翁稗說, 我朝筆苑雜記·慵齋叢話等編, 不過十數家而止. 其間事蹟之可傳於世者, 率皆泯泯焉. 余以款啓劣識, 何敢妄擬於述作之林. 略記一二, 以備遺忘, 寔余志也. 若事涉神怪者, 一切不錄. 而於古人詩文, 間或參以臆見, 則固知僭越之甚. 然非敢以己意爲是, 惟具眼者擇焉. 萬曆四十二年七月中澣. 李睟光書.]

지난날 지봉공이 지은 '유설(類說)'이 있다고 들어, [공을] 따르며 보여 줄 것을 간구하였더니, 다행히 인색하지 않게 전질을 보여 주었다. 두세 차례에 걸쳐 완성한 것을 보면, 공이 당초 저술을 염두에 둔 것이 아니라, 바로 한묵을 즐기시는 나머지에 지나지 않음을 알았다. 그러나 위로 천시(天時)를 고구하고 아래로 인사를 탐문한 까닭이 있었다. 의리의 정밀함, 문장의 득실, 곤충과 초목의 변화에 이르기까지 수집에 빠짐이 없었고 분석함에 남김이 없었다. 사람들에게 읽게 한다면 총명함을 계발하고 지혜와 사고를 보태니 듣지 못하는 사람에게 귀가 셋이 생기고, 보지 못하는 사람에게 눈이 넷이 생기며, 면벽한 지 여러 해라도 '백수(柏樹)'가 서쪽에서 오게 된 [이유를] 깨닫는 것과 같을 것이다. 채옹[蔡中郎]이 얻은 기이한 서적이 이에 미칠 수 있을지 모르겠다. 탄복의 지극함을 이길 수 없도다. 통째로 필사하여 책상에 두지 못한 것이 한스러울 뿐이다. 나 현성은 공의 이 책이 후세에 반드시 전해져야 함에는 의문이 없다. 조금의 미진함도 있게 하면 안 되기에, 베껴 쓸 때, 간간이 탈자나 오자가 있어, 수정하여 [공에게] 물어보면, 공께서는 곧바로 옳다고 하며 고치는 것에 인색하지 않았다.[261] 이 또한 공께서 보잘것없는 사람의 [설을] 채택하는 너그러운 마음을 보여준다. 책을 빌리고 책을 돌려줄 때는 술 단지로 보답해야 하므로 이렇게 몇 마디로 대신하여 감사드린다. 김현성 삼가 쓰다.

[向聞芝峯公有所著類說, 從而求見. 幸蒙不鄙, 以全秩示之.

261) 밑줄의 정보는 확실히 1614년 이후 지봉이 살아있을 때, 김현성(金玄成, 1542~1621)에 의해 필사와 교정이 이루어졌음을 알 수 있다. 그렇다면 이 사본은 1614~1621년 사이에 만들어졌을 것이다.

卒業再三, 蓋知公初非有意於述作, 直遊戲翰墨之餘耳. 然有以見其上考天時, 下質人事. 義理之精微, 文章之得失, 以至昆蟲·草木之化, 蒐輯靡遺, 剖析無餘. 使人讀之, 開發聰明, 進益智慮, 如聾者之生三耳, 瞽者之得四目, 面壁多年, 悟柏樹之爲西來也. 不知蔡中郎所得之異書, 其能及此不. 不勝歎服之至. 恨不得寫一通而寘几案耳, 玄成以公之此書, 必傳後無疑. 不可使有一毫之未盡, 而繕寫之際, 間有脫誤, 故就加點竄而諮稟焉. 公卽一一頷可而不吝改, 此又見公擇於蒭蕘之盛心也. 借書還書, 宜有一瓻, 故敢以此數語, 代爲之謝. 金玄成謹題.]

부록 III. 1633년 목판본으로 간행된 『지봉집』 발-이식(李植)[260]

지봉 이선생은 묵묵히 중정(中正)을 지키며 옛 전적(典籍)을 연구하셨다. 평소 잡다한 손님들을 끊어 빈객들도 예물을 들고 명함을 넣는 것도 드물었다. 나는 고루하고 늦게 학문에 나아간 자로 다행히 한두 번 용문에 올랐으나, 감히 [지봉을] 모시고 가르침을 받으며 [그분] 문장의 오묘함을 엿보지 못했다. 1628년[戊辰] 도성에 들어갔을 때, 다행히 다시 당상에 올라 질의할 [기회가] 있었다. 처음으로 선생께서 논술한 '유설(類說)' 10책을 보여 주시며 책 뒤에 발문을 쓰게 하셨다. 나는 그러겠다고 하고 물러 나왔다.[262] 미처 [그 발문을] 완성하기도 전에 선생께서 돌아가셨다. 오호통재로다!

이번에는 선생의 영윤 두 사문(斯文)이 선고의 필사본 몇 권을 판각하며 선생께서 일찍이 '유설'에 관해 [발문을 써 줄 것을] 명한 것을 거듭 부탁하였다. 나는 지난날 불민하여 여태 선생의 부탁에 부응하지 못해 송구했다. 이번 문집에 한마디의 성의를 잊을 수 없었다. 다만 훌륭한 분의 서문이 갖추어졌는데, 나 같은 사람이 어찌 떠들 수 있겠는가.

생각건대 사람이 매우 뛰어나도 왼손으로 네모를 그리며 오른손으로 원을 그릴 수 없다. 고금의 문장가들은 본디 두루 문체를 겸했으나 산문에 뛰어난 자는 시 또한 산문과 비슷했고, 시가 전문인 사람은 산문이 시와 비슷하기도 하다. 어찌 뛰어남을 같더라도 곡조를 달리 하는 것은 더욱 어렵지 않겠는가! 지금 선생의 쌓은 학문이 풍부하고 문체가 모두 갖추어져, 무성하게 한 세대의 대가이시다. [이분] 시의 간고(簡古)

262) 지봉은 『지봉유설』에 발문을 택당에게 부탁했으나, 택당은 무슨 이유에서인지 그 발문을 쓰지 않았다. 확실히 『택당집』에 보이지 않는다.

함과 청절(清絶)함은 삼당(三唐)에 넘나드셨다. 운이 많은 장편이라 할지라도 끝까지 리듬과 격조를 잃지 않으셨다. 이는 참으로 옛날 사람 중에도 드문 것으로, 묵묵히 연구한 효과가 아니겠는가? 이 문집을 읽는 자들이 다행히 나의 말로 고구한다면, 전형으로 삼는 데 일조하기를 바라노라.

1634년[崇禎甲戌] 입춘에 덕수 이씨 이식 삼가 쓰다.[263]

[芝峯李先生, 恬靜守中, 研究墳籍, 平居門絶雜賓, 賓客亦罕贄刺. 以植之孤陋晚進, 雖幸一再登龍, 亦未敢奉款承誨, 以窺剞劂之妙. 戊辰入都, 幸復陞堂質疑, 始蒙先生示以所論述類說十冊, 且命植題跋其後. 植敬諾[喏]而退, 未及卒業, 而先生遽捐館. 嗚呼慟哉. 今先生之胤二斯文, 方梓[欙]行先稿抄本若干卷, 而以先生嘗所命於類說者申之. 植既不敏于疇昔, 迨[殆]無以副先生勤教是懼. 其於斯集, 宜不忘一言之效. 顧鉅公序述[引]備矣, 如植亦何容噍說. 抑惟念人雖至巧, 不能左畫方而右畫圓. 古今文章家, 固多兼苞[包]衆體矣. 然而長於文者, 詩亦[或]類文, 專於詩者, 文或[亦]類詩, 豈非同工異曲爲尤難哉. 今先生積學既富, 文體咸備, 蔚然爲一代大家. 而乃其詩簡古清絶, 出入三唐. 雖累韻疊篇, 而終不失調格. 此誠古人之所稀有者, 倘非恬靜研究之效歟. [後之]讀是集者, 幸以余言求之, 則庶爲模楷之一助[云爾][云].

崇禎甲戌立春日, 德水後人李植謹書.]

263) 1674년 목판 간행본 『택당집』, 권9(32b~33a)에 수록된 「지봉집발」에는 이러한 연대표기가 없다.

색인

[ㄱ]

가남향(伽南香) 112
가라희(加羅希) 128
가랄세마(可剌細馬) 125
가르바(garbha) 458
가릉(訶陵) 130, 370
가발파단(柯撥把丹) 379, 380
가살돌궐(可薩突厥) 415
가사(迦師) 247
가색나(伽色那) 217
가서(假嶼) 132
가수(假樹) 131, 132
가수(茄樹) 179, 180
가야여지(可也余志) 171
가욕관(嘉峪關) 226, 257, 275, 283, 307
가저진(迦底眞) 219
가필단(加必丹, capitão) 489
가필시국(迦畢試國) 234, 235
가한(可汗) 402, 403
간계랍(干系蠟) 480, 481
간다라 왕국[健馱邏國] 233
간양록(看羊錄) 149, 154
간지불(干支弗) 370
간타리(干陀利) 89
간포채(柬埔寨) 128
갈라팔(噶喇叭) 130
갈상나국(羯霜那國) 217, 245
갈석(渴石) 245, 247
감매리(甘埋里) 472, 479
감백주(闞伯周) 263, 307
감상(闞爽) 263
감파(甘巴) 379
감파국(甘坡國) 128
감파리(甘巴里) 369, 377, 378, 381, 382
감파리(甘把里) 377, 378, 382
감파이국(坎巴夷國) 380
감파이체국(坎巴夷替國) 381
감파일(甘琶逸) 382
감파자(甘破蔗) 128
강거(康居) 217, 221, 248, 352, 416
강국(康國) 221, 225, 232, 246
강남춘(江南春) 150
강소밀(康蘇蜜) 504
강연천(康延川) 404
강진향(降眞香) 211
강항(姜沆) 148, 151
개도(開道) 327
거란(契丹) 407, 408, 410, 411, 414, 417, 419, 423
거록(鉅鹿) 263
거무패(巨無霸) 494
거물(居勿) 509
거사국(車師國) 264, 270
거사전국(車師前國) 258
거사전부(車師前部) 259, 262
거사전왕(車師前王) 257, 258, 264
거사후국(車師後國) 258
거사후왕정(車師後王庭) 325
거사후왕(車師後王) 262, 263
거사(車師) 260, 261, 262, 267, 307, 310, 312, 314, 324, 325, 509
거연택(居延澤) 329
거용새(居庸塞) 255
거제(去諸) 409
거천(渠川) 40
건안군(建安郡) 63
건안왕(建安王) 514
건타파라(乾陀婆羅) 456
걸사(乞史) 248
겁비사야(劫比舍也) 233, 235
겁사(佉沙) 217, 247, 248
겁패(劫貝) 69
격곤국(隔昆國) 416
격국(激國) 137
격찰로(隔察老) 373, 374
견곤부(堅昆府) 503

견곤(堅昆) 508
견봉국(犬封國) 418
견융(犬戎) 25, 27, 32
견장(犬葬) 186, 226
결골(結骨) 503, 508
결리(結利) 499
결파유(決波騟) 506
경렴(景濂) 158
경섬(慶暹 440
경승(耿秉) 324
계빈(罽賓) 226, 233, 235, 237
계폐(契弊) 427
계필(契苾) 427
계해[우형]지(桂海[虞衡]志) 143
고거회(高居誨) 383
고구(姑句) 262
고구려(高句麗) 261
고구려[高麗] 406
고려(高麗) 261, 477, 520
고리불(古里佛) 472
고림국(故臨國) 360
고리(古俚) 189
고막해(庫莫奚) 408, 413
고미산(古米山) 65, 66, 78, 134
고산(鼓山) 69
고삼동(古森洞) 50
고사(姑師) 260, 261, 262
고스릉가(Gośṛṅga) 293
고스타니(gostanī) 288
고아길(口兒吉) 353
고아[臥亞] 381
고영서(高英嶼) 75, 76
고윤(高閏) 198
고창(高昌) 263, 264, 265, 267, 305, 307, 313, 325
고창공주(高昌公主) 266
고창국(高昌國) 253, 262
고창루(高昌壘) 262, 307
고창벽(高昌壁) 259, 261, 262
고창성(高昌城) 266
고창승(高昌僧) 266
고창왕(高昌王) 266
고창현(高昌縣) 313
고탄(Gothān) 288
고토(五島) 94, 153
고패(古貝) 180
고화서(高華嶼) 74, 75, 76
곤륜(崑崙) 453
곤륜산(昆侖山) 272
곤륜산(崑崙山 121, 126, 302
곤륜성(崑崙城) 47, 48
곤여만국전도(坤輿萬國全圖) 426, 426, 496, 515
골리간(骨利幹) 498, 503, 504, 507, 508, 499, 500
골리(骨利) 498, 499
과주(瓜州) 246, 384
과핑필(果平疋) 125
곽규(郭逵) 44, 46
곽주(霍州) 269
관만(冠漫) 403
관만행국(冠漫行國) 396
관백(關白) 156, 157
관음죽(觀音竹) 112
광한(廣漢) 40
광효사(光孝寺) 489
교어피(膠魚皮) 412
교우론(交友論) 514
교위성(校尉城) 325
교주(交州) 23, 41, 46
교주도독부(交州都督府) 23
교지(交趾) 24, 33, 42, 47, 49, 50, 107, 179
교지국(交趾國) 25, 55
교지군(交趾郡) 23, 24, 42, 43, 47
교하(交河) 261, 264, 265, 267, 310, 313
교하군(交河郡) 253, 264
교하성(交河城) 258, 307, 325
교하현(交河縣) 257, 264, 265, 270, 307
교화황(教化皇) 512
구구사(瞿九思) 72

구국(狗國) 28, 29, 30, 32, 33, 168, 417
구규(區逵) 107
구달(區達) 107
구도융(丘道隆) 483
구라발(俱羅勃) 503
구라파(歐羅巴) 487, 497, 517, 511
구란성(俱蘭城) 344
구련(區連) 105, 106, 107
구룡(龜龍) 195
구루령(句漏令) 42
구루(句漏) 38, 42
구루해(句漏海) 39, 42, 43
구마제(瞿摩帝) 298
구막(寇莫) 403
구막한국(寇莫汗國) 404, 405
구만(寇漫) 403
구만한국(寇漫汗國) 215, 399
구맥국(甌貉國) 47
구미양(狗尾羊) 338
구벽서(蠷螋) 74
구살단나(瞿薩旦那) 287, 288, 289, 298
구온(九醞) 221
구월(甌越) 54
구진(九眞) 42, 47
구치노에라부[永良部] 153
구항(舊港) 100, 101
굴단(屈丹) 287, 288, 291
굴사국(屈射國) 416
굴순(屈眴) 73, 222
굿첸(Goutchen) 261
권현수신(權現守信) 162
권희(權憘 514, 515
궤랑(机榔) 44
귀한리군(歸漢里君) 41
규벽오(奎壁澳) 77
규수(嬀水) 384
규주(嬀州) 255, 410
규천군(嬀川郡) 255
균충(筠冲) 241, 242
그라히[加羅希] 128, 175
금계(禁谿) 48
금련화(金蓮花) 360
금만(金滿) 312
금만현(金滿縣) 314
금벽(金碧) 275, 284
금산(金山) 150
금산도독부(金山都督府) 253, 264, 313
금시조(金翅鳥) 229
금포성(金蒲城) 324, 325
기고국(其苦國) 415
기교위(己校尉) 259
기내(畿內) 149, 155
기련(祁連) 220
기련산(祁連山) 311, 316
기역산(機易山) 374, 481
기이(紀伊) 162
기효신서(紀效新書) 58
길리(吉利) 498, 499
길리길사(吉利吉思) 499, 500
길패(吉貝) 71, 73, 180
길포(吉布) 71
김억추(金億秋) 138
김현성(金玄成 527
끌라파(Kelapa) 130
끌란딴(吉蘭丹) 123
끌란딴[加蘭丹國] 128

[ㄴ]

나가라(Nagárá) 32
나가파탐(Nagapatam)에서 365
나국(裸國) 439, 440, 441, 442
나달(哪嗟) 488
나란[la-lan](羅蘭) 365
나밀(那密) 219
나색파국(那色波國) 246
나성(螺城) 46, 47, 48
나양국(裸壤國) 439, 441
나인국(裸人國) 439, 441, 442

나패[나하]항(那霸港) 133
나하(那河) 422
나혹(羅斛) 115, 116, 129, 139
나혹(邏斛) 117
나흐샤브(Nakhshab) 246
나흐 아슈르(Nahr Aschoūr) 218
나흐 알 까싸린(Nahr al-Qaṣṣarīn 218
낙랑군(樂浪郡) 444, 445
낙월(駱越) 444
낙전(駱田) 47
낙제(落漈) 66, 79
낙토(樂土) 355, 358
낙후(駱侯) 47
난장(瀾滄) 34
난장(蘭場) 123, 124, 125
난택(蘭澤) 69
날고랄(捏古剌 353
남니화라국(南尼華囉國) 305
남두(南頭) 483
남딘(Nam Định) 44
남만(南蠻) 101, 106, 186, 187, 493
남반(南班) 493
남반(南盤) 493
남번국(南番國) 493
남번(南番) 493, 494
남번(南蕃) 71, 493, 494, 495
남비국(南毗國) 382
남실위(南室韋) 421
남월왕(南越王) 47
남장(南掌) 34, 124
남정(湳定) 44
남조(南詔) 36
남해(監奚) 405
남해(南海) 155
남해군(南海郡) 116
납직현(納職縣) 314
낭박(浪泊) 48
낭야(琅琊) 116
내만(乃蠻) 429
내위국(來威國) 248
냉형산(冷陘山 413
네그라이스 곶(Cape Negrais) 32
네그라이스(Negrais) 31
네덜란드[荷蘭] 497
노안(魯安) 341
노아(老丫) 34
노용(盧龍) 255
노조(老抓) 34
노좌(老撾) 25, 33, 34, 38, 124
녹옥하(綠玉河) 302, 304
뇌비포(雷飛礮) 471
뇌산(牢山) 35
누각(漏刻) 64
누란(樓蘭) 260
능주(陵州 87
닉찰올아(匿察兀兒 274

[ㄷ]

다라니코따(Dháranikoṭṭa) 363
다라목(多羅木) 166
다로(茶盧) 37
다루가치[達魯花赤 266
다마장(多摩萇) 370
다예(多檵) 155
다융(多隆) 370
다이다이덴[大內殿] 166
단마국(但馬國) 163
단마령(單馬令) 102
단주(澶洲) 87, 88, 160
단향(檀香) 124
달단(韃靼) 423
달랑고빈(達郞古賓) 387
달로레스(Dallolees) 67
달말루(達末婁) 422
담마안(談馬顏) 80
담수(淡水) 123
당가(倘伽) 201
당올(唐兀) 429

대곤륜(大崑崙) 121, 131
대구(大狗) 228
대내하(大乃河) 517
대니국(大泥國) 123
대단(大壇) 29
대둔성(大屯城) 384
대류강(大類江) 435
대마도(對馬島) 165
대만(臺灣) 445
대마(大麻) 69, 305
대마(對馬) 155
대모주(玳瑁洲) 122
대발률(大勃律) 252
대복선(大福船) 471
대불림국(大拂臨國) 478
대서양(大西洋) 131, 488, 517
대서양국(大西洋國) 512
대세포(大細布) 222
대식(大食) 335
대식국(大食國) 437
대왜왕(大倭王) 445
대요(大遼) 410
대월(大越) 24
대월지(大月氏) 227, 232
대유구 63, 78
대유황산(大硫黃山) 133
대인국(大人國) 168
대진국(大秦國) 229, 464, 522
대진서(大眞嶼) 122
대진수(大眞樹) 122
대천(大川) 322
대화주(大火珠) 111
대황(大荒) 520
대황(大黃) 46
대화(大和) 155
대횡(大横) 131
대횡산(大横山) 126, 132
덴마크[吝因] 497
도뇌곤(島腦緄) 125, 127
도뇌세(倒腦細) 125, 126, 127
도라면(覩羅緜) 69
도량(都梁) 68, 69
도로소(圖魯蘇) 391
도리파(闍利婆) 186
도사(徒思) 274
도완(刀完) 276
도이(島夷) 444
도캄[朵甘思] 467
도태산(徒太山) 400
도통사(都統使) 56, 57
도화(桃花) 44
독래첨목아(篤來帖木兒) 331
독막(獨莫) 217, 218, 246, 248
독일[黃祁] 497
독저(獨豬) 132
돈건성(頓建城) 344
돈손(頓遜) 366
돈전(頓田) 366
돈홍(敦薨) 251
돌궐(突厥) 406
돌동소(突董蘇) 409
돌라주(突羅朱) 187
동관현(東關縣 46, 49
동과(冬瓜) 209, 461
동구(東甌) 444
동남해(東南海) 346
동대양해(東大洋海) 170
동만우(東蠻牛) 124
동말하(涷末河) 422
동산(東山) 155
동산도(東山道) 147
동야현(東冶縣) 87, 160
동외산(東外山) 78
동우국(東牛國) 123, 124, 129
동인도(東印度) 199
동제(東鯷) 443, 444
동제국(東鯷國) 445
동제학(東鯷壑) 447
동조(東曹) 232
동조(同照) 95

동청목(冬青木) 166
동해(東海) 155
동해(東奚) 410, 413
동해도(東海道) 147, 162
동혼(東渾) 95
두고(竇固) 313, 324
두구(豆蔻) 125
두라금(兜羅錦) 71, 72, 73, 204, 304
두라면(兜羅綿) 69, 70, 71, 72, 204, 304
두라향(兜羅香) 68
두루향(兜婁香) 68
두목(杜牧) 150
두사(兜沙) 70
두서(斗嶼) 372
두와랄사(兜哇剌查) 377, 378
두파르 왕국[祖法兒國] 102
드라비다(Drávida) 362
등상(登相) 327
등아농(登牙儂) 102
등황(藤黃) 125
딴 호아(Thanh-hoa) 42

[ㄹ]

라오(Lao) 34
라자로[Lazarus, 辣雜琭] 486
랄라스(Lallaas) 66
람브리[南巫里] 379
람장(纜掌) 124
랑박(浪泊) 38, 39
랑선(Lạng Sơn) 44, 45
레호안[黎桓 24
렌카수카[凌牙斯] 102
로강(瀘江) 46
로진성(魯陳城) 322
로진(魯陳) 321, 324, 326
로쿠로쿠비(轆轤首) 114, 114
로프 노르[羅布諾爾] 468
로프 노르[鹽澤] 315
로합(魯合) 477
롬(Rōm) 478
료사(潦查) 33, 34
료조(僚獠) 40
루손[呂宋] 369
루송(lusong) 373
루이스[Louis, 類斯] 485
룬타이(Bügür) 254
룸(Rum) 474, 476, 479, 480
류국(柳國) 351
류성(柳城) 321, 324, 326
류중성(柳中城) 324, 325
류중(柳中) 313, 321, 324, 325, 326
류진(柳陳) 308
류진성(柳陳城) 318, 321, 325, 327
리건(犂鞬) 522
리료(俚獠) 41
리율(Li-yul) 293
리의(離倚) 133
리인(利仁) 46
링가(Linga) 376

[ㅁ]

마가(麻嘉) 241
마경국(馬脛國) 416
마기산(馬邑山) 78
마노(瑪瑙) 453, 456, 457
마뇌(馬腦) 457
마라도(麼羅島) 138
마라칸다(Marakanda) 217
마랄족(馬剌足) 333, 336
마래(麼賚) 284
마루차크[Maruchak, 馬魯察葉可] 390
마르지아나(Margiana) 460
마리(Mary) 389
마리록국(馬里祿國) 131
마리로(麻里嚕) 131
마리발(麻離拔) 335

마성익(馬成驥) 90
마아바르(Maabar) 367, 368
마원(馬援) 25, 37, 48, 105
마육갑(麻六甲) 72
마이마르그(Maimargh) 217, 219, 344
마일(麻逸) 373
마총(馬總) 50
마팔아(馬八兒) 366, 368
마필가랄만(馬那必加剌滿) 189
마한(馬韓) 405
마합목특(瑪哈穆特) 308
마합목팔(馬哈木八) 308
마합수(馬哈獸) 337, 339
마희부(馬喜富) 139
막당중[莫登庸] 24
막불만돌(莫弗瞞咄) 421
막설말갈(莫設靺鞨) 171
만달람(mandalam) 365
만델라(mandela) 362
만랄(滿剌) 278
만리라(蠻哩喇) 131
만리석당(萬里石塘) 133
만리장사(萬里長沙) 133
만리(蠻里) 41
만이(蠻夷) 26
말갈(靺鞨) 171, 172, 398
말겁자(襪劫子) 30, 419, 420
말라국(末羅國) 331
말라유(末羅瑜) 99
말라카[滿剌加] 100, 101, 129, 193, 379, 435, 488
말루쿠(Maluku) 131
망건(網巾) 95
망뢰(莽賚) 280
망속사(芒速沙) 196, 197
망해(望海) 49
매남(梅南) 136
매화(梅花) 63, 64, 141
맥흑맥륵(驀黑驀勒) 72, 73, 204
맹방(孟蜯) 171
맹화유(猛火油) 112
메디나[黙德那] 435, 243
메르브[馬魯] 390
메카[天方] 355, 356, 435
면양(綿羊) 338
면제(綿除) 483
모골리스탄(Mogholistan) 317
모국(毛國) 167
모녀왕자(茅女王子) 327
모라(毯羅) 338
모사(毯紗) 338
모산(帽山) 200, 206
모인(毛人) 85, 87, 89, 150, 153, 161, 167
모인국(毛人國) 87, 153, 167, 168
모화관(慕華館) 198
목랄이국(木剌夷國) 274
목면수(木綿樹) 179, 180
목면(木棉) 70, 71, 72, 73
목면(木綿) 222
목방(木邦) 33
목숙(苜蓿) 231
목후(沐猴) 228, 229
몰약(沒藥) 102
몽저독(蒙苴篤) 36
묘룡(苗龍) 27
묘정석(貓睛石) 102, 230
무교위(戊校尉) 259
무기교위(戊己校尉) 258, 262, 307, 318, 324, 325
무도곡(務塗谷) 258, 307
무릉(武陵) 26
무주(茂州) 37
무지(戊地) 220
무함마드[麻霞勿] 335
무함마드[瑪哈穆特] 309, 341
무함마드[謨罕驀德] 435
묵특선우[冒頓單于] 384
문랑국(文郞國) 47
문어(文魚) 150, 151
문지(文池) 483

물길(勿吉) 398, 404, 420
미국(米國) 217, 246
미낭카바우(Minankabau) 376
미락거(美洛居) 131, 374
미밀(迷密) 217
미석아(米昔兒) 249
미시마시섬[三島] 153
미후(獼猴) 229
민월(閩越) 445
밀걸아국(密乞兒國) 472
밀석아(密昔兒) 472, 473
밀이아리(密爾阿里) 342
미(米) 219, 220

[ㅂ]

바갈푸르(Bhagalpur) 129
바그다드[布達] 241
바다크샨(Badashan) 283
바라-나가리트(Bara-Nagarit) 31
바라와(Baraawe) 339
바라트(Bárat) 32
바라흐나가르(Barahnagār) 31
바르스(Bars) 317
바르스 쿨(Bars-kul) 317
바르쿨(Barkul) 316, 317
바리쿤(巴里坤) 316
바우다스(Baudas) 392
바이두리아(vaidūrya) 230, 453, 454
바이얀(Bayan) 353
박닌(Bắc Ninh) 45
박라합사(博囉哈斯) 280, 283
박추(縛芻) 245
반송(盤松) 524
반호(槃瓠) 25, 26, 27, 32
발니(浡泥) 123
발림(浡淋 101
발하슈(Balkhash) 317
발해(渤海) 402, 411
발흐(Balhk) 283
발[puɑt]실위(鉢室韋) 421
방갈라(Vaṅgāla) 199
방사(放沙) 124
방우승략(方隅勝畧) 103
방우(幇牛) 228
배외(背嵬) 430
백가산국(白加山國) 130
백견(白犬) 27
백리마(百里馬) 423
백산(白山) 400
백선향(白線香) 59
백수(柏樹) 527
백악(白堊) 521, 522, 523
백옥성(白玉城) 519, 521, 522
백옥하(白玉河) 302
백의만(白衣蠻) 37
백이(百夷) 33
백전(白氈) 71
백첩(白氎) 305
백첩포(白氎布) 222, 310
백학(白鶴) 46
번숭(樊崇) 116
번우(番禺) 175
번포(番布) 71
벌지국(伐地國) 245
범심(范尋) 136
법현(法顯) 297
베룰로스(βήρυλλος) 454
베릴(beryl) 453
베슈발릭(Beš-balīk) 295
벨루리야(veluriya) 453
벵골[榜葛剌] 199, 212
벽루(闢鏤) 68
벽안팔아(癖顏八兒) 241
벽유리(璧流離) 229, 453, 454
벽지불(辟支佛) 271
벽파리(碧玻璃) 454, 455, 456
별실팔리(別失八里) 267
병명(竝明) 27

보그도 울라(Bogdo-ōla) 261, 262
보그라 칸(Boghra Khan) 300
보람(普嵐) 477, 479
보루스(Borús) 419
보살석(菩薩石) 111
보일해(輔日海) 315
보트루스(βότρυς) 459, 460, 461
보한집(補閑集) 525
복랄와(卜剌哇) 339
복록(福祿) 337, 338
복사신(伏闍信) 301
본사에트(Bonsaet) 332
봉계현(封溪縣) 47
봉래(蓬萊) 87, 215
봉래산(蓬萊山) 272
봉미초(鳳尾蕉) 68
봉상청(封常淸, 252, 254
봉신(奉神) 64
봉우(封牛) 228
봉우(犎牛) 463
봉천부(奉天府) 400
봉풍(蓬豊) 370, 371
부남(扶南) 86, 89, 105, 137, 161, 175, 455
부다와(budawa) 461
부라악(浮羅嶽) 85
부랄두(不剌頭) 184
부랑(富浪) 472, 473, 474, 477, 478, 479
부량강(富良江) 38, 43
부류등(扶留藤) 143, 144
부리야트(Buriyat) 505
부사이(Bussay) 332
부새인(不賽因) 331, 389
부여(夫餘) 214, 215, 399, 401
부여(扶餘) 399, 401, 449
부하라(Bokhārā) 219, 348
부함산(不咸山) 215, 399, 400
북료사(北寮社) 77
북류(北溜) 211
북륙(北陸) 155
북실위(北室韋) 421
북정(北庭) 252
북해(北海) 352, 416
북황(北荒) 422, 424
분형(湓亨) 369
불랑국(拂郎國) 475, 476
불랑기국(佛浪機國) 131, 471, 488
불랑기(佛浪機) 471
불랑기(佛狼機) 490, 492
불랑기(佛郎機) 471, 479, 485
불랑기(佛朗機) 374, 473, 480, 491
불랑찰(拂郎察) 485, 487
불랑(佛郎|佛朗|拂郎) 472, 473, 478
불름(拂菻) 456, 476, 477, 478, 479
불름(拂懍) 479
불림(拂林) 476, 477, 478
불서(佛逝) 98, 99
불적(佛跡) 38, 39, 41
붕가랄(朋加剌) 199, 201
붕형(朋亨) 371
브라흐미(Brāhmī) 296
비두리(毘頭梨) 229
비리국(裨離國) 404, 405
비사나(毗舍那) 66, 72, 79, 84
비사도독부(毗沙都督府) 301
비사야(毗舍邪) 80, 81, 82, 84, 494
비사야(毗舍耶) 79, 80, 81, 84
비사야(Visaya, Bisaya) 82
비서록(比西祿) 125, 128
비슈발릭(Bishbalik) 266, 317
비자야나가라(Vijayanagara) 368
비자얄라야(Vijayālaya) 364
빈랑(檳榔) 120, 181
빈철(鑌鐵) 310
빌가 카간(Bilga kagan) 506
빙해(氷海) 517

[ㅅ]

사국(史國) 245, 246, 247

사도(査道) 520
사라농단(娑羅籠段) 72
사라목(娑羅木) 72
사라수(莎羅樹) 71
사락스(Sarakhs) 389, 390
사라(梭羅) 483
사록해아(沙鹿海牙) 385, 386, 387, 394
사룡성(思龍城) 47, 48
사리팔단(沙里八丹) 380
사마르(samar) 223
사마르칸드[撒馬兒罕] 226
사마르칸트[康國] 246
사마르칸트[撒馬兒罕] 217, 226, 244, 248, 249, 250, 275, 283, 286, 286, 308, 309, 346, 356, 385, 387, 394
사마르칸트[颯秣建國] 245
사마르칸트[賽瑪爾堪] 279, 341, 355, 387, 435
사모(紗帽) 95
사무드라[蘇門荅剌] 379
사문옥설(事文玉屑) 25, 167
사미사간(邪米思干) 224
사바(闍婆) 130, 183, 187
사산(Sasan) 67
사산(沙山) 251
사위(舍衛) 232
사이관(四夷館) 240
사이노세팔리(cynocephaly) 32
사이람[賽藍] 394
사일(沙壹) 35
사자국(師子國) 205, 340
사자(獅子) 453, 463, 464, 465, 466
사중옥(謝仲玉) 520
사주(沙州) 315, 383, 384
사주(沙洲) 389
사즉정(巳即丁) 333, 337
사탑아(沙榻兒) 73
사폭(梭幅) 338, 342
사혜련(謝惠連 439
사환(沙瓛) 241
삭삭란(搠搠蘭) 274
산도웨이(Sandoway) 32
산마(山馬) 178
산성(山城) 155
산슈[三州] 158, 159
산양(山陽) 155
산예(狻麑) 463
산융(山戎) 150, 152, 153
산음(山陰) 155
산진산[三神山] 160
산해여지전도(山海輿地全圖) 515, 517
살랄합알(撒剌哈歹) 389
살마(薩摩) 93
살마아한(撒馬兒罕) 217, 224, 226
살말건(薩末鞬) 217, 221
살전(撒殿) 359, 360
살합라전(撒哈喇氊) 338
삼도(三島) 373
삼불제(三佛齊) 97, 104
삼사(三梭) 73
삼서(三嶼) 305, 373
삼위(三衛) 135
삼재도회(三才圖會) 424, 425, 516, 517, 518
삽말건(颯秣建) 217, 221, 245
상가마(Sangama) 368
상경임황부(上京臨潢府) 412
상군(象郡) 24
상림(象林) 105, 106, 107
상산(常山) 255
상수(上水) 125, 127
상수속고저(上水速孤底) 127
상요주(上饒州) 112
상준(常駿) 116
사(史) 217, 220, 248
새마이감(賽瑪爾堪) 223, 224
새불정(賽弗丁) 336, 337
새인첩목아(賽因帖木兒) 318
생료(生獠) 41
샤르샨(Charchan) 303
샤흐루히야(Shahrukhiya) 388

샤흐르이사브즈(Shahrisabz) 245
샤흐리사브즈(Shahrisabz) 217
서경(西傾) 444
서과(西瓜) 453, 461
서구(西甌) 444
서금(西錦) 304, 306
서남이(西南夷) 39, 40
서남해(西南海) 346
서돌궐(西突厥) 414
서도(西屠) 54
서라(西羅) 4835
서란(西蘭) 366
서란산(西蘭山) 20
서리(西里) 49
서백(西伯) 25
서번(西蕃) 71
서복(徐福) 87, 159, 160, 162
서양포(西洋布) 337, 338
서역도호(西域都護) 263, 324
서역이마두우론(西域利瑪竇友論) 514
서역장사(西域長史) 262, 318, 321
서역(西域) 241, 346, 356, 453
서요(西遼) 221
서융(西戎) 429
서이(西夷) 39, 40
서제(西鯷) 444
서조(西曹) 218, 232
서주(西州) 253, 257, 264, 307, 313, 314, 316
서주도독부(西州都督府) 253, 264
서주현(西州縣) 325
서천(西天) 199, 360
서해(西海) 155, 312, 315, 356
서해(西奚) 410, 413
서호(西湖) 49
석가불(釋迦佛) 206
석란(錫蘭) 205, 366
석랄사(昔剌思) 390
석실현(石室縣) 42
석염(石鹽) 281, 282
석이(錫爾) 388
석(石) 220
선비(鮮卑) 215
선비산(鮮卑山) 408
선비씨(鮮卑氏) 408
선사판(善司坂) 129
선선(鄯善) 260
선아(仙娥) 503
선우(單于) 401, 403
선현성(善見城) 231
선화사(僊花寺) 515
설랄자(設剌子) 343
설미사간(薛迷思干) 224
섬(暹) 115, 116, 139, 140
섬국(暹國) 116, 127
섬라(暹羅) 72, 119, 125, 126, 175, 494
섬서(陝西) 275
섬파(睒婆) 73
섭섭(欇欇) 67
섭진(攝津) 155
섭호가한(葉護可汗) 234
성수해(星宿海) 295, 453, 467, 468, 469
세건성(稅建城) 344
세란(細蘭) 205, 366
세륜첩(細輪疊) 205
세미즈켄트(Semizkend) 223
세백화예포(細白花蘂布) 305
세오녀(細烏女) 160, 162
세이파딘(Seifadin) 337
세일란(Seilan) 367
세카크(ṣecake) 464
세향(細香) 70
소가란(小柯蘭) 379, 380
소갈란(小葛蘭) 380
소곤륜(小崑崙) 122, 126, 131
소나르가온(Sonārgāon) 199
소동산(小東山) 134
소로극합아(蘇嚕克哈雅) 387
소로극(蘇嚕克) 387
소목(蘇木) 118, 124, 142

소문답랄(蘇門答剌) 200
소무(昭武) 220
소불림국(小拂臨國) 478
소아란(小阿蘭) 379, 380
소월지(小月支) 384
소유곡(疏榆谷) 310, 311
소유구 63, 64, 68, 78
소유황산 133
소인국(小人國) 169
소주(蘇州) 37
소진서(小眞嶼) 122
소해(蘇薤) 217, 248
소횡(小橫) 131
속골태(束骨胎) 125, 127
속말수(速末水) 404
속문헌통고(續文獻通考) 139, 148
속선전(續仙傳) 214, 215
속이담(續耳譚) 511, 513
속특국(粟特國) 477
속향(速香) 124
솔라데삼(Soladesam) 361
솔라(Sola) 361
솔리(Soli) 364, 368
솔타니예(Soltaniyeh) 332
송 까 로(Sông Cà Lồ) 45, 46
송 까우(Sông Cầu) 45
송 뜨엉(Sông Thương) 45
송렴(宋濂) 158, 162
송응창(宋應昌 140
송클라[宋脚] 127
송화강(松花江) 215
쇄납아항(鎖納兒港) 199
쇄리(瑣里, 鎖里, 鎖俚) 368
쇄자포도(鎖子葡萄) 323, 328
쇄포도(鎖葡萄) 323
쇄폭(鎖幅) 342
쇼로만델(Choromendel) 362
수귀(首歸) 263
수르가[駿河] 160
수마트라[蘇門荅剌] 103
수문답랄(須文答剌 180
수문화예포(綉文花蘂布) 305
수미(水尾) 33
수미산(須彌山) 229
수선(偹鮮) 232
수시력(授時曆) 436
수실위(獸室韋) 420, 422
수이압[碎葉 344
수장(水葬) 186
수참(水站) 385
숙료(熟獠) 41
숙신(肅愼) 404
숙신국(肅愼國) 396
숙신씨(肅愼氏) 214, 395, 399
숙주(肅州) 275, 279, 320, 435
순다[順塔國] 129
순선(循鮮) 227, 231, 232
순천부(順天府) 142
술률(述律) 413
술탄[蘇勒坦] 280
술탄[速魯檀] 283
술탄[算彈] 368
술탄[鎖魯擅] 275
스루가슈[駿河州] 157
스리비자야[三佛齊] 97, 370
스아닌천황(垂仁天皇) 163
스타나(sthāna) 289
스파티카(sphaṭika) 454
슬저흔(瑟底痕) 218
승가랄(僧加剌) 205
시가[si-ka](葉加) 465
시국(柴國) 128, 129
시동(Sidon) 475
시두만(尸頭蠻) 111
시라즈[設剌子] 332
시리불서(尸利佛誓) 98
시복선(視福船) 471
시삭(śiśäk) 464
시암[暹羅] 100, 175, 193, 194, 212, 369, 371, 379, 487, 488, 489

시와우슈[周防州] 166, 167
시치어(屍致魚) 111
시쿠아(σικύα) 461
시하(sīha) 465
식신씨(息愼氏) 395
신경(申炅) 155, 165
신록(神鹿) 102
신리국(新梨國) 416
신숙주(申叔舟) 150, 173
신타(新拖) 130
실라(實喇) 387
실라사(失剌思) 342
실라소(實喇蘇) 341
실라합아(實喇哈雅) 386
실란(悉蘭) 366
실란지(悉蘭池) 205, 366
실랄사(失剌思) 343
실론[細蘭] 102
실리불서(室利佛逝) 98, 99
실만근(悉萬斤) 217, 221
실위(室韋) 406, 411, 421
실위국왕부(室韋國王府) 423
실제노아(實除奴牙) 484
심말달실위(深末怛室韋) 421
심번(潯番) 126
심사간(尋思干) 221, 223
십기(十驥) 504, 506
십양금전융화담(十樣錦翦絨花毯) 338
싱하(siṃha) 465
쓰시마[對馬] 153

[ㅇ]

아가트(agate) 458
아걉(Akyab, 시트웨) 32
아고(雅姑) 208
아고사(雅固沙) 355
아골(鴉鶻) 208
아단(阿端) 295
아라(阿羅) 484
아라칸(Arakan) 419
아란(阿蘭) 350, 351, 352
아란료(阿蘭聊) 351
아란아사(阿蘭阿思) 351
아랍[大食] 97
아로(阿魯) 375
아로국(雅魯國) 129
아루[阿魯] 369, 379
아루[雅魯國] 124, 129
아륜마갈사(阿輪摩竭娑) 457
아르카트(Arqat) 376
아리고불(亞里高佛) 484
아리마등국(阿里瑪等國) 412
아마(亞麻) 305
아무르(Amur) 215
아무르강[阿木河] 279
아발파단(阿撥把丹) 379, 380
아보기(阿保機 402
아브카제(Abkhaze) 350, 357
아사(阿思) 351
아사마(asama) 458
아사부래(阿史不來) 344, 345
아사부래성(阿史不來城) 344
아사불(亞思佛) 484
아산(牙山) 133
아소(阿蘇) 354, 357
아속씨(阿速氏) 353
아속(阿速) 349, 351, 353, 354, 356
아쇼카(Asoka) 364
아수트(Asut) 349
아숙(阿宿) 351
아슈파라(Aschpara) 344, 345
아스프라(Asferah) 348, 348
아스[阿速] 332, 349, 355
아실미리(阿室迷里) 431
아쓰(Asse) 350
아아사란(阿兒思蘭) 332, 353
아악(阿惡) 312
아안(鵝眼) 65

아위(阿魏) 102, 305, 310, 386, 387
아육왕(阿育王) 36
아자국(雅者國) 124, 129
아제(啞齊) 129
아쯔다산[熱田山] 160
아출(阿朮) 267, 269
아친(Achin) 376
아타고산[愛宕山] 160
아파르(Apar) 506
아푸림(Apourim) 506
아프랑제(Afrange) 474, 480
아홀석(鴉忽石) 208
안(安) 220
악 카슈(Ak-kash) 303
악팔리(握叭喇) 140
안게이슈[安藝州] 166
안남국(安南國) 16, 23
안남도통사(安南都統使) 24
안녕성(安寧城) 51
안독만(按篤蠻) 206
안득호이[安都呼] 280, 341, 342
안디잔[愛達罕] 341
안락성(安樂城) 257, 264, 265, 270
안양왕(安陽王) 47
안정(安定) 42
알단(斡端) 295
알린(alin) 350, 351
알말릭(Almalik) 284
암국(巖國) 351
암액리아(諳厄利亞) 497
암액리(諳厄利) 497
압록(鴨綠) 400
압요(壓腰 208
압주(鴨洲) 122
앙가랄(昂可剌) 500, 507
앙글리아(Anglĭa) 497
앙코르[祿兀] 175
애달한(愛達罕) 341
애뢰(哀牢) 35, 36
애뢰국(哀牢國) 25
애아성(崖兒城) 265, 270, 282
애주(愛州) 107
애탕산(愛宕山) 162
애호(愛嘷) 400
앵도(櫻桃) 459
앵무(鸚鵡) 95
야랑(夜郎) 40
야르칸트(Yarkand) 303, 459
야리아(也里牙) 477
야리(野里) 274
야마대국(邪馬臺國) 445
야마대(邪馬臺) 148
야마유(邪摩惟) 149
야마일(邪馬壹) 149
야마추(邪摩推) 149
야마퇴(邪摩堆) 149
야속부화(也速不花) 343
야스민(yāsmīn) 183
야실명(耶悉茗) 183
야실밀(野悉蜜) 183
야차국(夜叉國) 167, 168, 171
야차(夜叉) 172
야쿠트(yāqūt) 208
약수(弱水) 214, 215, 318, 328, 396, 399, 403, 453, 465, 467
양관(陽關) 453
양류(楊柳) 70
양만세(楊萬世) 167, 442
양선(楊宣) 252
양안(陽安) 40
양운국(養雲國) 404, 405
양종(楊淙) 25
어양군(漁陽郡) 265
언기(焉耆) 244, 251, 508
엄도회(俺都淮) 283
엄적간(俺的干) 341
엄채국(奄蔡國) 351
엄채(奄蔡) 352
에리(Eri) 273, 274
여강(廬江) 26

여국(女國) 167
여두산(黎頭山) 126
여락괴수(如洛瓌水) 404
여송(呂宋) 131, 373, 374
여왕국(女王國) 440
여지도(輿地圖) 514
여직(女直) 135
역력파력(亦力把力 284, 320
역사마인(亦思馬因 391
역사법항(亦思法杭) 341, 343
역사불한(亦思弗罕) 341, 342, 343
역사파한(亦思把罕) 341, 345
역속복(亦速福) 213
역옹패설(櫟翁稗說) 525
역참(驛站) 385
역청(瀝靑) 212
연관(綖貫) 65
연성(連城) 251
연연(蠕蠕) 29, 263
연오랑(延烏郞) 160, 162
연주(演州) 38, 39
연지향(臙脂香) 60
연파(燕頗) 402
열반(悅般) 28
열벽산(熱壁山) 133
열전(熱田) 162
염택(鹽澤) 260, 281, 282, 315
염화(炎火) 318
엽벽산(葉壁山) 133, 134
영개(靈犗) 519
영고탑(寧古塔) 400
영규려(英圭黎) 497, 502
영기려(英機黎) 497, 501
영길리국(永結利國) 497
영륜적(英倫的) 497
영산(靈山) 271, 272, 310
영양(靈羊) 337, 338
영원(寧遠) 33
영천군(榮川郡) 165
영취산(靈鷲山) 272
영평채(永平寨) 43, 44
예수[耶穌] 486
예실 카슈(yeschil kasch) 303
예안(乂安) 46, 132
옌딘(Yên Định) 42
오계(五溪) 26
오구(澳口) 482
오기(吾氣) 93
오단(五端) 295
오돈 노르[鄂敦諾爾] 468
오돈[鄂敦] 468
오뜨 아지(Haute Asie) 304
오랑카슈(Oranccasch) 303
오령산(五領山) 201
오령지향(五靈脂香) 60
오로(吾盧) 383, 384
오르혼[枯爾坤] 469
오리싸(Orissa) 365
오릭스(oryx) 339
오목(烏木) 124
오색앵무(五色鸚鵡) 113
오서(五嶼) 193
오세트(Osset) 349, 353
오손(烏孫) 28, 309, 415
오옥하(烏玉河) 302
오우(Ows) 349
오우미슈[近江州] 165
오월(吳越) 46
오익산리(烏弋山離) 227, 232
오장(杵藏) 457
오저(烏猪) 131
오저문(烏猪門) 132
오주(奧州) 150, 151
오창문 37
오충국(烏沖國) 129
오쿠로쿠도[北陸道] 163
오타국(烏秅國) 227
오피(烏皮) 44
오학편(吾學編) 18, 38
오호(烏護) 427

오호문(五虎門) 108
옥문관(玉門關) 453
옥와실(玉哇失) 353
옥의희(玉依姬) 156
옥지(玉之) 142
옥하관(玉河館) 57
온나사(溫那沙) 352
올눌제(膃肭臍) 304, 306
올돈갑석합(兀敦甲石哈) 267
올도(兀都) 473
옹관(雍管) 37
옹주(邕州 43, 44
와랄(瓦剌) 320
와불사(臥佛寺) 206
와적랄(瓦赤剌) 318
완위여편(宛委餘編) 103
왕기(王沂) 517
왕반(王泮) 515
왕세정(王世貞 103
왕월(王軏) 198
왕횡(汪鋐) 471, 483, 491
왜국(倭國) 439
왜녀(倭女) 442
왜노(倭奴) 147, 148, 447
왜노국(倭奴國) 147
왜인(倭人) 444, 445
외라(外羅) 132
외라산(外羅山) 121, 122, 132
외오아(畏吾兒) 427
외올아(畏兀兒) 427, 432
외올(畏兀) 429
요시토시[平義智] 165
용뇌향(龍腦香) 181
용산(龍山) 133
용송국(龍松國) 130
용수(榕樹) 67
용아문(龍牙門) 118
용아산(龍牙山) 118
용연서(龍涎嶼) 134
용연향(龍涎香) 212
용연(龍涎) 134, 213
용재총화(慵齋叢話) 143, 525
용주(龍州) 402
용창(永昌) 35
우공(禹貢) 328
우두산(牛頭山) 293
우둔(于遁) 287, 290, 292, 295
우문(宇文) 408
우전(于闐) 287, 288, 292, 293, 294, 296, 383, 477
우제돌궐국[牛蹄國] 423
우타리(于陀利) 86, 89, 161
우현왕(右賢王) 311
운남(雲南) 71, 127
운부(韻府) 214
울다라승(鬱多羅僧) 222
웅야(熊野) 162
웅야산(熊野山) 162
웅왕(雄王) 47
웅후(雄侯) 47
원별도(黿鼈島) 75, 76
원타서(黿鼉嶼) 65, 66, 77
월남(越南) 24
월상(越裳) 25, 37, 47, 106
월상씨(越裳氏) 34
월왕성(越王城) 38, 39, 46
월조백(月祖伯) 331
월지(月氐) 219, 395
월지국(月氐國) 457, 464
위구르[回鶻] 257, 305, 307, 327, 438, 504
위구르[回紇] 423, 461, 503
위구르[畏兀兒] 307, 308, 323, 328
위리국(尉犁國) 251
위율(衛律) 509
위타(尉他)가 47
유구(流求) 84, 85, 89, 161
유구(琉球) 133, 134, 138, 140
유구국(琉球國) 16, 63, 74, 75, 79, 80, 90, 131, 488
유귀(流鬼) 171

유귀국(流鬼國) 167
유규국(流虬國) 168
유다이아 485
유뢰 36
유룽카슈(Yurung Kash) 303
유리(琉璃) 453
유리(遺里) 273
유사(流沙) 322, 328, 329, 453, 465, 467
유사하(流沙河) 327, 328
유산(溜山) 211, 212, 215
유어(溜魚) 212, 213
유엽(柳葉) 137
유왕(幽王) 157
유택(泑澤) 315
유파산(流波山) 524
유화서(柳花絮) 69
유황(硫黃) 166
유황산(硫黃山) 133, 134
육곤(六坤) 125, 127
육곤(六昆) 125, 127
육과(六窠) 327
육도(六道) 512
육오주(陸奧州) 150, 152
육족구(六足龜) 118
윤대(輪臺) 253, 312
윤회(輪回) 512
융담(絨毯) 338
융오(融吾) 27
음아각(陰牙角) 310
읍루(挹婁) 215, 396, 399, 401
응에안(Nghệ An) 132
응우엣 기앙(Như Nguyệt giang) 45
응흘려(膺吃黎) 497
의산(椅山) 133
의성(義成) 263
의안(義安) 46, 74
의정(義淨) 98, 99
이광정(李光庭) 514
이단주(夷澶洲) 159
이도(夷島) 150, 152, 153
이디쿳(Idikut) 267
이락(Yrac) 392
이료(夷獠) 39, 41
이릉(李陵) 509
이마두(利瑪竇) 511, 517
이문지(異聞志) 521
이사파한(伊斯帕罕) 341, 343
이세(李勢) 40
이세[伊勢] 160
이소포합(伊蘇布哈) 341, 343, 344
이슈티한(Ischtīkhan) 218
이스파라(Isfara) 342
이스파한(Isfahan) 332, 341, 342
이식(李植) 529
이야바디우(Iabadiu 또는 Jabadiu) 183
이에야스[家康] 164
이오(伊吾) 508
이오로(伊吾盧) 383, 384
이응성(李應誠) 517
이응시(李應試) 517
이주(伊州) 314, 384
이주(夷洲) 87, 88, 89, 160
이즉정(已即丁) 334, 336
이지국(移支國) 312
이키[壹岐] 153
이해(夷海) 150, 151, 152
이현(李玹) 138
익리성(益離城) 273, 274
익주(益州) 40
인어(人魚) 520
인황(人皇) 156, 157
일군국(一群國) 404, 405
일기(壹伎) 155
일난국(一難國) 405
일남군(日南郡) 50
일남(日南) 106, 137
일라(日羅) 160, 162, 163
일란-발렉(Ilan-Balēk) 284
일리 발릭(Ili-Balik) 273
일리발릭[亦力把力] 284

일리스코예(Iliskoye) 284
일리(Ili) 273, 274, 284
일본(日本) 147, 488
일자국(一字國) 147
임영(林榮) 196
임유간(林維幹) 431
임읍(林邑) 51, 86, 89, 105, 106, 161
임정태자(臨政太子) 166, 167
임해(臨海) 87, 89, 315
잉글리(Ingli) 497

[ㅈ]

자바그(Zabag) 183
자바[闍婆] 97, 170, 187
자바[瓜哇] 379, 435
자바[爪哇] 100, 101, 123, 183, 194, 208
자연(自然) 215
자와카(Javaka) 183
자이야(Jaiya 128
자이(嘉義) 76
자중(資中) 40
자카르타[加剌把國] 130
잔묘(虦貓) 463
잠삼(岑參) 251, 252, 318
장강제(長虹隄) 134
장광업(張匡鄴) 383, 384
장락(長樂) 108
장보(張輔) 46
장사(長沙) 26, 27
장식(張植, 252
장액(張掖) 329, 403, 467
장준(張駿, 252
장진주(張鎭州) 74
저국(氐國) 519
저몽저(低蒙苴) 36
저인국(氐人國) 519
저인(氐人) 519, 520
적감서(赤坎嶼) 78
적감(赤坎) 131
적란오(赤卵塢) 205, 206, 209
적미(赤眉) 115, 116, 117, 140
적석(積石) 469
적석산(積石山) 315
적인도(赤印島) 206, 209
적차(逖遮) 246, 248
적토(赤土) 116, 117
전왕정(前王庭) 307
전지성(田地城) 325
점리파(占里婆) 129
점분(沾奔) 125, 126
점성(占城) 175
점파국(沾波國) 129
점필라(沾必羅) 132
접해(鰈海) 450
정권(鄭權) 161
정령(丁零) 509
정령(丁令) 416
정윤후(鄭允厚) 142
정주(庭州) 313, 314, 325
정해군절도사(靜海軍節度使) 23
제교(鯷嶠) 449
제명(鯷溟) 449
제영(鯷瀛) 446, 449
제인(鯷人) 444
제잠(鯷岑) 447, 448, 449, 450
제지항(淛地港) 199
제학(鯷壑) 446, 447, 449
제해(鯷海) 446, 449
젬스복(gemsbok) 339
조경(肇慶) 515
조경남(趙慶男) 152
조도(鳥島) 134
조리아(Joriya) 363
조번(嵇蕃) 439
조법아(祖法兒) 103
조세배(照世杯) 237
조어서(釣魚嶼) 78
조완벽(趙完璧) 160, 163

조와(爪哇) 183
조지(趙至) 439
조타(趙佗) 444
조하(朝霞) 111
조호르[柔佛] 372
종성(鍾城) 150
조(曹) 218, 220
조국(漕國) 232
좌가(撾家) 34
좌강(左江) 43
좌경대부(左京大夫) 166
좌법아(佐法兒) 103
주련국(注輦國) 359, 360
주르파탄(Jurfattan) 380
주리야(珠利耶) 362
주애(朱崖) 88, 89, 446
주우(周遇) 29, 168
주유국(侏儒國) 440
주지(珠池) 208
주천(酒泉) 267
주파(朱波) 187
죽서(竹嶼) 122
중도독부(中都督府) 264
중산왕(中山王) 141
중옹(仲雍) 156
중우론(重友論) 513
중운(仲雲) 383
중조(中曹) 219, 232
줘루(涿鹿) 254
지반산(地盤山) 372
지유(地乳) 287
지중해(地中海) 516
지향(脂香) 59, 60
지환뇌자(指環腦子) 360
직신(稷愼) 395
진가유(陳嘉猷) 196, 197, 198
진감(陳鑑) 198
진강현(晉江縣 80
진공서(陳公嶼) 126
진랍(眞臘) 86, 89, 122, 128, 161, 175
진릉(陳稜) 74, 76
진리부(眞里富) 129
진성(陳誠) 271, 273, 275, 283, 284, 307, 317, 321, 326
진서(晉書) 157, 214
진서(眞嶼) 122, 126, 131, 132
진수(眞樹) 131, 132
진안(晉安) 29
진의귀(陳義貴) 142
진절해(津絶海) 162
질력필실(迭力必失) 238, 240
짠타반(Chantaban) 129
쯩 니(Trưng Nhị) 48
쯩 짝(Trưng Trắc) 48

[ㅊ]

차류곡(遮留谷) 252
차올람(Chaolam 67
찬녕(贊寧) 222
찰도(察度) 79, 142
찰디와르(Tschaldywar) 344, 345
찰지항(察地港) 199
참파[占城] 37, 104, 105, 106, 123, 128, 175, 379, 435
채견(蔡堅) 90, 139, 143
채정란(蔡廷蘭) 48
챠이야[斜仔] 127
챨루키야(Chālujya) 364
천기교(泉崎橋) 134
천당(天堂) 241, 243
천란(穿蘭) 315
천리장사(千里長沙 133
천마(天馬) 459
천방(天方) 241, 243, 244
천방(天房) 241
천사관(天使館) 38, 39, 48
천산(天山) 310, 311, 313
천신(天神) 308, 309

천일창(天日槍) 163
천주(泉州) 63, 68, 80
천주실의(天主實義) 512
천축주(天竺酒) 95
천축(天竺) 365
철관곡(鐵關谷) 251
철려(鐵驪) 413
철려주(鐵驪州) 413
철륵(鐵勒) 235, 414, 427, 503, 508
철리(鐵離) 411, 412
철리실보선국(鐵离實保禪國) 412
철리주(鐵利州) 411, 414
철문(鐵門) 245, 252
철문관(鐵門關) 250, 252, 254, 255, 274
철문산(鐵門山) 248
철문협(鐵門峽) 226
철전(鐵甸) 410, 411, 422, 424
첨가렬사(帖乩列思) 393
첨과(甜瓜) 462
첨박(瞻博) 129
첨성(尖城) 105
첨파(瞻波) 129
첨파(瞻婆) 129
첨필라(尖筆羅) 133
첩간(牒幹) 211, 213
첩필력사(帖必力思, Täbris) 393
청양(靑羊) 102
초다(Choḍa) 364
초산도(楚山塗) 405
초자주(硝子珠 202
초화서(草花絮) 69
초횡(焦竑) 513, 514
촉반(蜀泮) 48
촉용주(燭龍州) 503
촐라(Chola) 361, 362, 363, 364, 365, 368
촐라-만달라(Chola-mandala) 361, 363
촐리야(Choliya) 363
총령(葱嶺) 220, 232, 233, 300, 302
추결(椎結) 184
추계(椎髻) 184
출란서(出卵嶼) 206
출란오(出卵塢) 206
출우(出羽) 151
춤폰[蓬豊] 102
취람도(翠藍島) 200
취람산(翠藍山) 207
취람서(翠藍嶼) 207
츄(Chu) 247
칠보(七寶) 454, 457
칠성산(七星山) 134
칠주양(七洲洋) 121, 136
칠주(七洲) 132
침향목(沈香木) 35

[ㅋ]

카니슈카왕[迦膩色迦王] 233
카라 봄베이(Qara-Bombay) 333
카라사르[焉耆] 252, 254, 258, 401, 427, 509
카라카슈(Kara Kash) 303
카라쿰(Karakum) 390
카라호자[和卓] 523
카라호자[火州] 321, 326
카라 호자(Qarā-Khodja) 261, 269
카랑구타그(Carangoutac) 303
카로슈티(Kharoṣṭhī) 288, 296
카르눌(Karnūl) 363
카르시(Karshi, Qarshi) 246
카르피사야(Karpiśaya) 233
카베리(Kaveri) 362
카부단(Kaboūdhan) 219
카사나(Kasana) 245
카슈가르[疏勒] 247
카슈갈(Kashgar) 348, 348
카슈미라(káśmīra) 235
카슈슈(Kaschsch) 218
카슈슈(Kašš) 245
카슈카 다르야(Kaškā-daryā) 218

카슈카드라야(Kshkadarya) 246
카슘(qaśm) 222
카스티야(Castilla) 480
카스페리아(Kaspēāria) 230, 235
카스피르(Kaspir) 230
카시아 쇼파(Κάσια Χώρα) 247
카이두[海都] 351
카일[加一] 368
카일[加異勒] 379
카피사(Kapisa) 231, 233
카피시(Kāpisī) 235
칸누르(Kannur) 380
칸치프라(Kánchipura) 362, 363
칸치(Kanchi) 361
칸치(Kánchi) 362
캄바에트(Cambaet) 382
캄바이(Cambay) 382
캄바트(Khambhat) 382
캄보디아[柬埔寨] 122
캄보디아[眞臘] 107, 435
캄사(kaṃsa) 293
캘리컷[古里] 379
케리야(Kerya) 296, 303
케세이(Cathay) 274
케슈[渴石] 217, 245, 250
케이폭(Ceiba pentandra) 180
코로만델(Coromandel) 362, 363, 365
코르타나(Kōrttana) 292
코를라(Korla) 252, 254
코슈 투투크(Qošu-tutuq) 267
코슈(Qošu) 268, 269, 270
코얌파디(Koyampadi 380, 381
코치[柯枝] 189, 190, 379, 381
코콩(Koh Kong) 122
코탄(Cotan) 300, 303
콘제베람(Conjeveram) 363
콜람[俱藍] 366, 368
쾌쟁(快鎗) 471
쿠 라오 짬(Cù lao Chàm) 133
쿠리칸(Kourikan) 505, 506
쿠마노산[熊野山] 160
쿠사나(Kuśāna) 245
쿠스타나(Koustana) 287
쿠스타나가사(kustañaǵasa) 288
쿠차[龜茲] 258, 301, 305
쿠츨룩 칸(Kutchluk Khan) 300
쿠카마(kukama) 339
쿨란(Kulan) 344
쿨자(Kuldja) 284
퀼론[故臨] 97
퀼 테긴(Kul tegin) 267, 506
크다(Kedah) 376
크두칸 부킷(Kedukan Bukit) 99
크레메소르(Cremesor) 392
크리슈나(Krishna) 362
키르기스[吉利吉思] 498, 507
키르기스[黠戛斯] 506, 508
키스티나(Kistina) 363
키이슈[紀伊州] 160
키이[紀伊] 160
키타이(Kitai) 506

[ㅌ]

타계(駞鷄) 102, 103
타라즈(Taraz) 394
타로하(他魯河) 422
타록톡(Taroktok) 73
타룡(鼉龍) 195
타루하(他漏河) 422
타브리즈(Tabriz) 391
타쉬켄트(Tashkent) 223
타슈켄트[達失干] 394
타우리즈(Tauriz) 391, 392
타우리지(Taurizi) 392
타타비(Tatabi) 506
탁라사(托喇思) 391
탁텃(Thạch Thất) 42
탄 꼬로아(Thành Cổ Loa) 47

탄슈[淡州] 160
탈라스[怛羅斯城] 344
탈라즈[討來思] 390
탈루투(Talutu) 73
탐라(耽羅) 85
탐부라(耽浮羅) 161
탑미설(塔米設) 393
태로수(太魯水) 404
태말산(太末山) 400
태백(太伯) 156, 157
태백산(太白山) 400
태실위(太室韋) 421
태장(胎藏) 457
태행산(太行山) 255
태화(太和) 149
택란(澤蘭) 68
테루모토[輝元] 164, 166
테젠(Tejen) 390
테젠트(Tejend) 390
토래사(討來思) 390, 391, 393, 394
토로번(土魯番) 257, 264, 325, 427
토리씨(Torissi) 393
토번(吐蕃) 427
토신(土薪) 166
토왜(討歪) 125
토이번(土爾番) 270
토크모크(Tokmok) 218, 247
토하레스탄[吐火羅] 246, 248
토흘산(吐紇山) 421
톤레사프 호수[淡水洋] 177
톨로(Tölö) 414
통엽호가한(統葉護可汗) 235
통주(通州) 402
투루(鬪鏤) 204
투루목(鬪鏤木) 66
투루판[土魯番] 257, 270, 281, 286, 286, 307, 308, 435
투루향(鬪鏤香) 68
투스(Tu)s 389
투양(鬪羊) 338
툴라(tula) 204
튀멘[吐門] 402
트리폴리(Tripoli) 475
특라보(特羅堡) 313
특박리소(特博哩蘇) 393
티무르[特穆爾] 280
티무르[帖木兒] 283
티베트[吐蕃] 307, 467, 468

[ㅍ]

파간 왕국[蒲甘國] 360
파간[蒲甘] 128
파고다 포인트(Pagoda Point) 32
파나사(婆那娑) 209
파다력(波多力) 456
파라내성(波羅柰城) 229
파라륵합(巴喇勒哈) 283
파라밀(波羅蜜) 113, 206, 209
파라셀 군도(Paracel Islands) 133
파라찰(婁羅刹) 117
파람(波覽) 218
파랑(Farang) 474, 478, 479
파랑제(Farange) 474, 480
파려(玻瓈) 453, 454, 455, 456
파려옥(玻瓈玉) 454, 455
파로(波路) 231
파로초(巴勞礁) 484
파르티아[大夏] 384
파리스[把理斯] 485
파미르[葱嶺] 315
파보르랑(Favorlang) 66
파봉(婆鳳) 370
파사(波斯) 235
파서(巴西) 40
파실해(婆悉海) 313, 314, 315
파쎄(Pase) 376
파양(鄱陽) 462
파이(擺夷) 36

파지(頗胝) 454
파초자(芭蕉子) 206
파치가(婆致迦) 454
파타니[大泥] 123, 127, 128
파항(Pahang) 129, 369, 370, 371, 372, 376
파항[彭亨國] 128
파황국(婆黃國) 371
판수르(Panchur) 376
팔답흑상(八答黑商) 283
팔랄흑(八剌黑) 283
팔렘방[舊港] 123
팔렘방[三佛齊] 360
팔절나간(八節那間) 305
팽갱(彭坑) 129, 369, 370, 371, 372
팽성(彭盛) 196
팽형(彭亨) 369, 370, 371, 372
팽호도(彭胡島) 65, 78
팽호도(澎湖島) 75
페구(Pegu) 419
페디르(Pedir) 376
페르가나[大宛] 384
페이겜베르[別諳援爾] 241, 435
편상거(偏箱車) 471
평도현(平道縣) 47
평화천(平和泉) 150, 151
폐유리(吠瑠璃) 229
포가율가(蒲訶粟可) 97
포규(蒲葵) 68
포도(葡萄) 453, 458
포도(蒲桃) 221
포도(蒲陶) 458, 459
포도주(蒲陶酒) 459
포로(蒲蘆) 461
포류택(蒲類澤) 311
포류해(蒲類海) 310, 313, 316
포류현(蒲類縣) 307
포류후국(蒲類後國) 310
포리로(蒲里嚕) 131
포정사(布政司) 91
포정사사(布政使司) 125
포창해(蒲昌海) 315, 468
포창현(蒲昌縣) 313, 314, 325
포창(蒲昌) 313, 314, 315
폰티펙스 막시무스(pontifex maximus) 513
표국(驃國) 36. 186, 187
푸꾹(Phú Quốc) 126
푸르엉(Phú Lương 44
푸스테트(Fustet) 66
풀로 아우르[東西竺] 372
풀로 콘도르[崑崙山] 123, 372
풍 깍 콴(Phùng Khắc Khoan) 55
풍보보(馮寶寶) 515
프란치아(Francia) 474
프랑스[佛蘭西] 497
프랑크(Frank) 473
프랑크 랜드(Frank-land) 475
프롬(Frōm) 478
피세록(皮細祿) 125, 126, 128
피스타치오(Pistacia vera) 249
피제리(陂隄里) 488
필가산(筆架山) 122, 126
필가산(必加山) 125
필사단(苾思檀) 249
필원잡기(筆苑雜記) 525
필조본(疋曹本) 125

[ㅎ]

하(何) 220
하간(河間) 521, 522
하내(河內) 155
하리광(何履光) 51
하미[哈密] 257, 321, 324, 384
하미[伊吾] 427, 508
하북도(河北道) 265
하서(河西) 233, 325, 429
하오(何鼇) 483
하이(蝦蛦) 87, 150, 151, 152, 153
하자르(Khazar) 415

하지[哈濟] 280
하치조섬[八丈島] 153
하코네[箱根] 158
하항(下港) 130
학정(鶴頂) 102
한(汗) 402
한국(汗國) 403
한유(韓愈) 161, 339
한창려(韓昌黎) 85
한해(旱海) 326, 327
한해(瀚海) 327, 503, 504, 507
합구성(合口聲) 51, 55, 58
합라(哈喇) 273
합랄곽주(哈剌霍州) 269
합랄복란(哈剌卜蘭) 249
합랄화자(哈剌火者) 269
합랄(哈剌) 269
합려(合黎) 328, 329, 465, 467
합려산(合黎山) 329
합렬(哈烈) 224, 273, 279
합리(哈里) 273, 279
합리(哈利) 273
합산(哈散) 318
합아마모(哈兒馬某) 332, 333
합아마사(哈兒馬思) 332
항원(行衙) 202
항홀사(杭忽思) 353
해귀(海鬼) 493, 494
해동제국기(海東諸國記) 150, 173
해리(海里) 273
해서국(海西國) 522
해족(海族) 520
해파(海巴) 66
해표(海豹) 520
핵도(核桃) 170
행국(行國) 403
행인(行人) 196
해(奚) 408, 409, 413
향산현(香山縣) 120
헤라트[哈烈] 273, 274, 275, 280, 281, 282, 283, 285, 286, 286, 389, 394
헤리루드(Herirud) 390
헤리(Heri) 273, 274
혁로(赫嚕) 273
현궐주(玄闕州) 503
현속(玄俗) 522
현장(玄奘 288, 289, 298
현토(玄菟) 214, 215, 401
현회(蜆灰) 143, 144
혈갈(血竭) 102
혜초(慧超) 299
호과(胡瓜) 461
호교(胡嶠) 410, 411, 423, 461
호금(胡錦) 304, 306
호노레[狠奴兒國] 382
호도(胡桃) 453, 463
호라산(Khorasan) 389, 390
호로적(胡盧磧) 383
호로(葫蘆) 191, 278, 461
호로(瓠瓟) 415
호르무즈[忽魯謨] 180
호르무즈[忽魯謨斯] 331, 333, 346
호박(琥珀) 279, 304, 306, 346
호이[俺都淮] 283
호이안(Hội An) 133
호인국(互人國) 519, 521, 522, 524
호인(互人) 519, 520, 522
호젠트(Khojend) 388
호 쭉 박(Hồ Trúc Bạch) 49
호탄[和闐] 468
호탄[于寶] 384
호탄[于闐] 287, 297, 300, 315, 383, 401
호포산(胡布山) 421
혼궤(混潰) 136
혼동(混同) 400
혼유국(渾窳國) 416
혼전(混塡) 137
혼 쯩런(hòn Trứng Lớn) 122
홀단팔리(忽丹八里) 296
홀로모사(忽魯謨斯) 181, 331, 332, 334

홀로모시국(忽魯謨厮國) 181
홀로모은(忽魯母恩) 333, 334, 337
홀로(忽虜) 150
홀리모자(忽里模子) 332
홀아도답(忽兒都答) 332
홀전(忽氈) 388
홀탄(忽炭) 295
홀흘사(紇扢斯) 427
홍벽파려(紅碧玻瓈) 456
홍호(洪皓) 462
화계(火鷄) 102, 103, 104
화돈뇌아(火敦腦兒) 295, 468
화룡(和龍) 420
화복록(花福祿) 338
화산(火山) 252, 322
화서(花嶼) 76
화심(火尋) 220
화염산(火焰山) 327, 328
화예포(花蘂布) 304
화인포(花印布) 305
화작(和卓) 265, 315, 326
화장(火葬) 186
화전(和闐) 296
화주회홀(和州回鶻) 266
화주(和州) 266, 267, 269
화주(火州) 257, 266, 267, 269, 270, 307, 308, 309, 315, 325
화참(火站) 385, 387, 388
화천(和川) 155
화탁(和卓) 270
화해실위(和解室韋) 423
환나(渙那) 287, 290
환왕(環王) 105, 113
환주(驩州) 38, 39, 107, 181
환회(歡會) 64
활단(豁旦) 287, 291
황건형(黃乾亨) 196
황두실위(黃頭室韋) 420, 422
황마서(黃麻嶼) 78
황제(黃帝) 27
황필(黃筆) 91
황하(黃河) 468
황호(黃虎) 195
회계(會稽) 418, 443, 447
회골(回鶻) 424, 427, 429, 430, 431, 432, 437, 438, 498
회동관(會同館) 489
회융(懷戎) 255
회회교(回回教) 194, 236, 278, 433
회회국(回回國) 427
회회력(回回曆) 242, 433, 436
회회법(回回法) 433
회회석두(回回石頭) 433
회회인(回回人) 430, 433
회회자(回回字) 433
회회포(回回砲) 433
회회(回回) 427, 429, 430, 431, 432, 434, 438
회흘(回紇) 427, 428, 429, 430, 431, 432, 437, 438
후성(候城) 259
후시[不死] 158
후연(後燕) 408
후정(後庭) 312
후지산[富士山] 158
후탄(Khutan) 291
훌라구[旭烈兀] 472
흑거자(黑車子) 424
흑령(黑嶺) 233
흑로(黑魯) 275, 283, 286
흑룡강(黑龍江) 406
흑루(黑婁) 273, 280, 281, 283, 286
흑수(黑水) 406
흑수말갈(黑水靺鞨) 167, 406
흑옥(黑玉) 303
흑옥하(黑玉河) 302
흑적아화자(黑的兒火者) 282
흑첩(黑疊) 225
흑치(黑雉) 166
흑치국(黑齒國) 440
흑호(黑虎) 194

흘골(紇骨) 427, 509
흘골사(紇扢斯) 509
흠렴(欽廉) 37
흠주(欽州) 37, 50
흥극영응왕(興國靈應王) 400
흥양(興陽) 499
희전(喜錢) 276
히데요시[平秀吉] 165
히라도섬[平戶島] 153
힐알사(黠戛斯) 427, 498, 508

저자: 이수광(李睟光, 1563~1628)
자는 윤경(潤卿), 호는 지봉(芝峯), 시호는 문간(文簡)이다. 조선 실학의 발전을 이끌고 서학(西學)의 지혜를 소개한 문신 학자이다. 저술로, 아들 이민구(李敏求, 1589~1670)가 1633년 목판본으로 간행한 『지봉유설(芝峯類說)』(1614년 서문이 있음)과 『지봉집(芝峯集)』이 대표적이다.

주해: 박세욱(朴世旭)
중국 고전문학과 예술, 특히 동서양 문물교류를 중심으로 공부하는 강사이다. 현재 경북대학교 퇴계연구소에 소속되어 학술연구교수로 활동하고 있다. 연관 도서로, 『실크로드』, 『제번지역주』, 『8세기 말 중국에서 인도로 가는 두 갈래 여정』, 『파리에서 둔황까지』, 『진랍풍토기역주』, 『도이지략역주』, 『영애승람역주』, 『성사승람역주』, 『유구변증설: 타이완과 오키나와』, 『통보 60년의 여정』(공역) 등을 펴낸 바 있다.

지봉 이수광이 바라본 세계 : 『지봉유설』의 외국을 중심으로
지은이 이수광
주해 박세욱
초판발행 2024년 2월 25일
초판2쇄 2025년 1월 13일
발행인 최외출
발행처 영남대학교출판부
경북 경산시 대학로 280
전화 053 - 810 - 1802~4
팩스 053 - 810 - 4722
book.yu.ac.kr
출판등록 1975년 9월 5일 경산 제16 - 1호
ISBN 978 - 89 - 7581 - 888 - 2 93910